中央编译局文库编辑委员会

主　　任：衣俊卿
委　　员：衣俊卿　俞可平　张卫峰　魏海生　王学东　杨金海
　　　　　　柴方国　尹汾海　何增科　季正聚　郗卫东　张文成
　　　　　　李惠斌　杨雪冬　李京洲　和　龑　薛晓源　陈家刚

中央编译出版社文库编辑中心编辑小组

和　龑　韩继海　薛晓源　邢艳琦　谭　洁　尹承东　贾宇琰　叶　芳
冯　章　董　巍　苗永姝　郑　锦　杜永明　李小燕　侯天保　李媛媛

国家"十二五"重点图书

国际共产主义运动历史文献

第12卷

主　编　王学东
副主编　戴隆斌（常务）童建挺

第一国际第五次（海牙）代表大会文献

本卷主编　许宝友

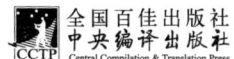

全国百佳出版社
中央编译出版社
Central Compilation & Translation Press

《国际共产主义运动历史文献》顾问委员会

衣俊卿 俞可平 顾锦屏 高 放 张中云 殷叙彝 胡文建
宋洪训 顾家庆 洪肇龙 杨光远 林勋建 和 龑

《国际共产主义运动历史文献》编辑委员会

主　　编：王学东
副 主 编：戴隆斌（常务）童建挺
编　　委：（以姓氏笔画为序）
　　　　　　王　瑾 邢艳琦 许宝友 张文成 张文红
　　　　　　陈新明 林德山 胡振良 彭萍萍 薛晓源

参加本卷译校工作的有
杨彦君 胡文建 顾家庆

参加本卷编辑出版工作的有
杜永明 江 洋 郑 锦

丛书编务统筹
苗永姝 郑 锦 李媛媛

总　序

　　国际共产主义运动，是由以马克思主义为指导的无产阶级政党领导的国际性的无产阶级革命运动，其宗旨是推翻资产阶级统治和一切剥削制度，建立和发展社会主义制度，进而最终实现人的彻底解放，建立共产主义社会。

　　国际共产主义运动迄今已有一百六十多年的历史。19世纪40年代，马克思、恩格斯在创立科学社会主义理论的同时，努力把它与当时西欧无产阶级的革命实践相结合，于1847年6月创建了第一个国际性的无产阶级政党——共产主义者同盟，亲自拟定并于1848年2月公开发表了同盟纲领《共产党宣言》。这标志着国际共产主义运动的兴起。

　　自从共产主义者同盟建立以来，历经第一国际（国际工人协会）、第二国际、第三国际（共产国际），国际共产主义运动由小到大、由弱到强，从西方推进到东方、从欧洲扩展到全球，终于突破资本主义链条上一个又一个薄弱环节，取得了社会主义由一国到多国的胜利。二战后社会主义阵营的建立、民族解放运动的胜利进军、社会主义国家革命与建设的重大成就，为国际共产主义运动史书写了辉煌的篇章。20世纪末，由于东欧剧变、苏联解体，国际共产主义运动遭遇了严重挫折。但是，历史并没有因此而终结。由《共产党宣言》奠基的国际共产主义运动仍在曲折中前进。各资本主义国家中的共产党、工人党仍在不断探索无产阶级取得解放的道路；中国等社会主义国家仍继续高举社会主义伟大旗帜，为完善社会主义、最终实现共产主义而不懈奋斗。

国际共产主义运动一百六十多年跌宕起伏的发展历程，积累了卷帙浩繁的文献档案，留下了丰富的历史遗产。深入发掘和充分利用这些文献档案，对于我们准确地了解和把握国际共产主义运动的发展进程及各个时期的特点，科学地研究和总结国际共产主义运动丰富且宝贵的经验教训，具有极其重要的意义。特别是无产阶级国际组织，作为国际共产主义运动的重要载体，其文献档案对于国际共产主义运动史研究更是具有特殊的重要意义。

早在1984年春，中国国际共产主义运动史学会就发起编辑出版《国际共产主义运动史文献》。当时由中共中央编译局、中国社会科学院马列主义毛泽东思想研究所和近代史研究所、中共中央党校和中国人民大学等单位共同组建了编辑委员会。编委会商定：这套文献主要收编共产主义者同盟、第一国际、第二国际、第三国际、共产党和工人党情报局这五个国际组织已发表的全部文献档案，包括历次代表大会、代表会议和其他重要会议的记录、决议和有关文件；收编材料力求齐全；凡外国有选编完整的版本者，根据外国版本翻译；凡文件散见于外国不同出版物者，尽力搜集完整，组织力量统一编译；文件完全按照原件翻译，译文力求准确，不作修改删节，以便读者根据完整、准确的第一手材料了解这些国际组织的历史。在当时代管全国哲学社会科学基金的中国社会科学院科研局的资助下，经过编辑委员会、编译工作者和中国人民大学出版社的共同努力，这套文献于1986年开始陆续出版，截至1997年共出版了21卷。

到上世纪末，文献的编辑出版工作遇到了巨大困难。首先是编委会发生了重大变故，主编林基洲、副主编王颖和校纪英相继谢世；其次是出版经费难以为继。为继续出版这套文集，中国国际共产主义运动史学会多方努力，组成以会长顾锦屏为主编的新编委会，从全国哲学社会科学规划办公室争取到一笔资助，于1999—2001年又出版了两卷。此后，因缺乏经费，编辑出版工作完全陷于停顿。

2010年，在中共中央编译局和中国国际共产主义运动史学会的鼎力支持下，中央编译出版社以这套文献申报国家出版基金项目，获得立项资助。中共中央编译局对此项目高度重视，在国家出版基金资助的基础上，给予了相应的资金支持，组建了新编委会，成立了专门机构负责文献整理和编辑工作，并将这套文献纳入"中央编译局文库"出版规划。

经新编委会研究决定，这套文献定名为《国际共产主义运动历史文献》，在其前身《国际共产主义运动史文献》的基础上重新编辑出版。通过进一步广泛搜集资料和适当改变编辑方式，新《文献》的资料更详尽、收文更齐全。例如，在原《文献》的某些卷次中，对已出版的马克思主义经典著作中译本只列目录，不收正文，而新《文献》则全部依据最新的中译本收录，以方便读者查阅。此外，《国际共产主义运动历史文献》扩大了文献资料的搜集和选材范围，采用开放式结构，规模暂定60卷，约2500万字。

中共中央编译局和中国国际共产主义运动史学会对这套文献的编辑出版工作给予了强有力的支持，中央编译出版社为这套文献的立项和出版做了大量艰苦细致的工作，文献的前两任编委会和编译工作者在十分困难的条件下为这套文献奠定了良好的基础，中国人民大学出版社为这套文献的重新编辑出版提供了帮助，在此一并表示衷心感谢。

《国际共产主义运动历史文献》

编辑委员会

2011年12月20日

编辑说明

本卷收入了国际工人协会（第一国际）海牙代表大会的会议记录和相关文件，是研究第一国际以及马克思和恩格斯反对巴枯宁主义的斗争的重要历史文献。

1872年9月2—7日在荷兰海牙召开的国际工人协会第五次代表大会，在历史上占有特殊的地位。这实际上是国际的最后一次代表大会。它表明：经过多年的斗争，马克思主义的纲领原则和组织原则在国际工人运动中得以确立；马克思主义在与国际的无政府主义和其他反马克思主义流派的较量中取得了胜利。

代表大会是在人类历史上第一个无产阶级政权——巴黎公社被镇压一年多以后，在反动势力占了上风、国际的组织受到破坏、国际的活动家遭到迫害的环境下召开的。代表大会的任务是要总结1869年巴塞尔代表大会以来国际的活动，并拟定在新的条件下的行动纲领。需要在国际的纲领性文件中反映巴黎公社的经验，需要改善协会的组织结构，保持和加强已经建立起来的工人阶级的各个方面的队伍之间的国际联系，结束巴枯宁分子的瓦解和分裂活动。因此，人们对代表大会寄予很大的希望。正如巴黎的国际会员们在致海牙代表大会代表们的信中所说："从未有过一次代表大会比这次使我们在海牙聚会的代表大会更隆重更重要的了。实际上，这次代表大会要讨论的不是这个或那个无关紧要的形式问题，不是章程的这条或那条普通的条文，它要讨论的是协会的存亡问题。"（见本卷第255页）

总委员会和各地的组织都为代表大会做了精心的准备工作；国际的许多优秀活动家——马克思、恩格斯、赛拉叶、杜邦、拉法格、赫普纳、左尔格、列斯纳、龙格等人，都作为代表前往海牙参加了会议。

与协会的历次代表大会相比，海牙代表大会是代表性最广泛的一次代表大会，有代表着法国、德国、英国、西班牙、葡萄牙、比利时、荷兰、瑞士、奥地利、丹麦、匈牙利、澳大利亚、爱尔兰、波兰、美国等15个国家及总委员会的65名代表出席这次大会，他们中的许多人本身就是工人。代表大会的公开会议专门安排在晚上进行，以便许多荷兰工人都可以参加。

当时世界上的一些最大的报纸，从工人阶级的报纸到赤裸裸的反动报纸，都派记者到海牙。资产阶级记者的报道中虽然包含着许多对国际工人协会及其领导人的诬蔑，但也不能不反映一些关于代表大会工作的正面消息。

马克思和恩格斯出席并直接领导了这次代表大会。大会围绕着组织和总委员会的权力问题以及无产阶级的政治活动问题展开了激烈的斗争，形成了以马克思的拥护者及参加过巴黎公社的布朗基主义者组成的多数派和以巴枯宁的拥护者及一些英国代表组成的少数派。

海牙代表大会的全部工作都是在巴黎公社的标志下进行的。朗维埃作为以被枪杀的公社社员费雷命名的巴黎支部的代表，被一致选举为代表大会的主席。朗维埃在自己的讲话中悼念了为巴黎公社的事业而牺牲的人；他把自己和其他代表称之为公社的代表；他颂扬了巴黎无产阶级的英勇斗争，鞭挞了公社的绞杀者、叛徒和刽子手。

瓦扬、龙格、拉法格、左尔格等许多代表强调了巴黎公社与国际工人协会之间的直接联系以及公社对今后国际工人运动的命运的影响。左尔格在他的关于代表大会的报道的引言中指出，巴黎公社的伟大事件"不可能不影响协会的内部生活，这些因素是在评论这次即第五次代表

大会的工作时必须时刻牢记的"。（见本卷第106页）

海牙代表大会的文件表明，联合在国际内的先进分子认识到公社的主要教训：每一个国家都必须有一个在组织上和思想上团结一致的独立的无产阶级政党。龙格是公社的捍卫者之一，他在代表大会上声称，如果在国际的纲领中有一项关于无产阶级的独立的政治组织的条文，"我们当时就会武装起来去进行斗争"。（见本卷第75页）

代表们谈到公社遭到失败的原因之一是在巴黎没有无产阶级的政党。龙格说，1870年9月4日，如果工人们更好地组织起来了的话，那么狡猾的资产阶级就不可能掌握政权，而革命也许不仅在巴黎，而且在柏林、维也纳和伦敦都取得了胜利。（参见本卷第73—74页和第165页）

国际的一些会员在写给代表大会的信中谈到了巴黎公社的教训。巴黎的国际会员一方面宣称自己是公社原则的信奉者，另一方面警告工人们："在巴黎的国际的干部没有得到改组之前，在工人的力量没有得到统一之前，在巴黎的每一个国际会员还没有全都充满社会原则的精神之前"，不要搞革命冒险主义，不要搞为时过早的没有准备好的示威行动。（见本卷第250页）

卢昂联合会的领导人埃·奥布里根据公社的经验指出，工人已经用行动表明他们能够管理国家。（见本卷第267—271页）

由此可见，马克思主义的创始人在19世纪40年代就已提出的、并且由公社的经验所证实了的关于政党对工人阶级解放斗争的决定性作用这一马克思主义的重要原理，当时已经成了国际无产阶级的财富。这一原理已由伦敦代表会议（1871年9月）在关于工人阶级的政治行动的第9条决议中固定下来了。在海牙代表大会上，马克思及其拥护者反对无政府主义的宗派主义以及小资产阶级的改良主义的斗争，正是围绕着这个根本问题展开的。把关于无产阶级的政党以及关于无产阶级专政的第7条（a）写进了共同章程，这标志着马克思主义的原则在国际纲领中的胜利。

大会代表赫普纳、瓦扬、龙格、拉法格等人谴责了放弃政治活动（弃权主义和政治冷淡主义）的无政府主义说教，谴责了巴枯宁分子在"反权威主义"的虚伪口号下反对总委员会的权威的言论。赫普纳说："在巴黎公社之后难道还可以反对权威吗？我们德国工人绝对相信：巴黎公社之所以垮台，主要是由于没有充分显示自己的权威！"（见本卷第164页）

大会的代表们认为，无产阶级政党具有战斗力的一个必不可少的条件，就是它的队伍在思想上和组织上的巩固。左尔格说："我们要求遵守纪律；我们要求不是服从某个人，某个委员会，而是服从原则，服从组织。"（见本卷第30页）多数代表认识到了必须保持和扩大协会的领导机关——总委员会的权力。

海牙代表大会通过的协会章程第2条和第6条的新条文强调说，总委员会是对协会全体会员负责的机关。马克思在论证必须加强总委员会的权力时指出，总委员会的主要力量就在于它受到整个组织的信任；总委员会如果得不到这种信任，它就永远是软弱无力的。（见本卷第58—59、156—157页）

大会从理论上、组织上彻底揭露和清算了巴枯宁主义和巴枯宁派，决定把巴枯宁等人开除出国际。海牙代表大会的决议为后来建立各国独立的工人阶级政党奠定了基础。

本卷发表了保存下来的直接反映代表大会及其各种委员会的工作的所有正式文件。发表的这些材料是国际工人运动和社会主义、共产主义运动理论与实践经验的凝结和体现，因此具有重要的历史价值和意义。

本卷所收录的文献材料主要由五个部分组成。

第一部分包括代表大会会议的原始记录以及与之有关的一些提案、声明和便条等。这些材料都保存在马克思的档案中，上面有许多批注、着重号和划在页旁的线条及记号,它们见证了由代表大会选出的出版会议记录和决议的编辑委员会所做的工作,包括马克思和恩格斯所做的工作。

正式选出的记录员勒穆修用法文作的记录,是从第三次会议(1872年9月3日上午)开始的。北美联合会代表弗·左尔格所作的详细记录,反映了前两次会议以及以后各次会议的进程,他的这份流传至今的记录有两个略有差别的手稿本。第一个是由代表大会代表泰·库诺手抄并经左尔格本人校阅过的,由本卷第一次发表于后。第二个是美国威斯康星大学图书馆收藏的没有经过校阅也没有署名的手稿本,曾以真迹复制的形式发表于《第一国际。1872年海牙代表大会记录及有关文件》(*The First International. Minutes of the Hague Congress of 1872 with Related Documents*, Edited and Translated by Hans Gerth. The University of Wisconsin Press, Madison, 1958)。本卷在脚注中注明了这两种手稿本之间的主要差别。

此外,本卷第一次发表了部分地保存下来的尼·茹柯夫斯基的记录。它反映了第一次和第二次会议的进程以及第三次会议开始时的情况(1872年9月2—3日)。茹柯夫斯基是以日内瓦宣传和革命社会主义行动支部代表的身份到海牙去的。从本卷所发表的文件中可以看出,他的委托书没有被资格审查委员会批准。茹柯夫斯基显然对代表大会的历次会议都作了详细记录,但目前得到的只有几页。

第一部分发表了直接与会议记录有关的瓦尔特于1872年9月16日写给勒穆修的信,以及曾出席代表大会的勒费弗尔-龙西埃于1872年11月14日写给马克思的信。应马克思的请求,勒费弗尔-龙西埃在信中根据自己所作的代表大会会议的详细记录,细致地描述了1872年9月7日举行的第十五次会议的一个情节。

除会议记录外,第一部分还刊载了代表们提交给大会主席团的书面提案、修正案、声明和便条（共42个文件），其中大部分都在代表大会上宣读过。这些文件在会议记录中全文照录的不多，大部分只是被提到，有些地方注明了参见书面文件。这些文件是按照写作日期或者在代表大会上宣读的日期的先后次序编排的，它们对于代表大会的会议记录是很重要的补充。

第二部分包括代表大会听取过的总委员会所作的总报告和财务报告，北美联合会委员会、许多法国联合会和支部、巴塞尔支部和毛里齐奥港的意大利支部、葡萄牙联合会委员会等地区的报告，以及各地的代表大会、联合会、支部和个人给代表大会发来的函件、声明、贺电等等。从会议记录中可以看出，这些文件在代表大会上宣读过的不多。由于时间所限，其中的大部分文件都转交给了专门选出的一个委员会，让它向大会提交一份综合报告。但是，提交这样一份报告的任务并没有完成。

这些性质各不相同的文件大部分是第一次发表，其中包含着关于第一国际的活动以及关于各国工人运动的丰富材料。它们反映了第一国际的广泛影响，反映了各地的会员想加强同国际无产阶级组织的有威信的领导机关——总委员会的联系的愿望。这些文件表明，总委员会在始终不渝地同无产阶级运动的敌人进行斗争的过程中，得到了各个地方支部的支持。大部分文件体现了第一国际建立八年来通过各种活动在国际会员身上培养起来的无产阶级国际主义的真实感情。

恩格斯起草的关于总委员会自1871年伦敦代表会议以来的财务活动的详细报告以及它的收支对照表，驳斥了资产阶级报刊以及巴枯宁主义者对总委员会一些领导成员的诽谤：似乎他们乱花了从工人们那里搜集来的经费。马克思指出："财务报告证明，总委员会的某些委员为了组织的利益，把自己的腰包掏得空空如也，可有人却诽谤他们，说他们靠工人的钱过日子！"（见本卷第170页马克思在海牙代表大会第十三次会议上的发言记录）大会的代表们谴责了在《汝拉联合会简报》上对总委员会及其成员进行诽谤的巴枯宁主义者。

巴黎的两个支部（费雷支部和劳动者权利支部）、纳博讷支部以及其他法国支部，向代表大会提出了关于改善国际工人协会的组织结构的建议。葡萄牙联合会和北美联合会建议加强总委员会的领导作用，要求对于吸收新会员和批准新支部采取更严格的态度，强调集中无产阶级的力量、加强在国际原则基础上的无产阶级的统一和思想上的团结的意义。

巴黎、纳博讷、卢昂等地的一些法国支部指出了工人运动的成就，赞扬了总委员会为工人阶级作出的贡献，要求赋予总委员会更广泛的权力，以便同协会内部的分裂分子和国际反动势力作斗争。

葡萄牙工人在致代表大会的呼吁书中说，工人阶级的组织是它的解放的必要条件；"在总委员会是否应当存在的问题上虽然发生激烈的争论，我们却认为它的存在是必要的；如果没有总委员会，应当……加以建立。"（见本卷第280页）

新马德里联合会认为，代表大会的主要任务就是要加强和扩大组织，"改造它，使它更顺利地履行它的任务……能够有效地行动"。（见本卷第291页）西班牙工人认为，严重的危险就是巴枯宁派同盟的阴谋活动，他们号召把宗派分子驱逐出国际，请求协会的全协会代表大会采取坚决行动。

从德国、瑞士、英国、西班牙以及其他国家向代表大会发来了许多信件和电报，向代表们表示祝贺并且表示同他们团结一致，号召为工人阶级的统一进行不懈的斗争。"全世界无产者联合起来！抛开种种争吵。团结就是力量。"（见本卷第298页）这表达了许多国际会员的心声。

第二部分几乎所有的文件都是按照莫斯科原苏共中央马列主义研究院中央党务档案馆中收藏的原件第一次发表的。第二部分的末尾全文发表了代表大会的各项决议,这些决议曾由马克思和恩格斯整理付印,于1872年10月在伦敦出版。

第三部分是代表大会代表资格审查委员会的文件,包括由资格审查委员会委员们亲笔签名的报告手稿、在代表大会召开期间曾经公布过的代表名单以及许多代表个人的证明其代表资格的委托书(可惜不是所有的委托书都保存下来了)。此外,还有葡萄牙联合会、汝拉联合会和西班牙联合会发给其出席代表大会代表们的三张集体的限权委托书,这三张委托书曾经在报纸上或者以传单的形式发表过。

代表资格审查委员会的报告列举了被承认有效的所有委托书,同时说明了有九份委托书没有被批准的原因。许多委托书中都有发出委托书的支部对自己的代表的明确指令。例如,纽约第一支部委托自己的代表马克思捍卫"严密的组织,首先是完全的集中",要反对巴枯宁主义者的阴谋,"因为他们显然是要瓦解国际工人协会"。(见本卷第345页)日内瓦工人教育协会在发给工人运动的老战士约·菲·贝克尔的委托书中,委托他投票赞成保留总委员会。杜塞尔多夫支部指令泰·库诺投票反对巴枯宁主义者的同盟。日内瓦女工中央支部在发给无神论运动的著名活动家哈丽雅特·罗的委托书中,让她为女工争取与男子同等的劳动条件和同等的劳动报酬。一些巴枯宁主义者的支部则要求力量的分散化、取消国际内的任何权威、把总委员会变为简单的通讯局,等等。

第四部分是关于代表大会同盟活动调查委员会的材料,其中包括该委员会的会议记录、它向代表大会提出的报告和经委员会的会议审查过的各种材料:总委员会关于同盟的报告、何·梅萨关于同盟在西班牙的活动的声明、尼·吴亭关于同盟在瑞士的活动及其与涅恰耶夫案件的关系的详细报告,以及许多反映代表大会以后调查委员会的活动的文件(其中包括从一些法国通讯员于1871—1872年间写给总委员会的信中所作的摘录,调查委员会于1872年年底起草的一个比较详细的报告以及它写的告国际工人协会会员书)。这一部分最后收录了马克思和恩格斯在保·拉法格参与下,为履行海牙代表大会的决议而撰写的、于1873年8月在伦敦出版的小册子《社会主义民主同盟和国际工人协会》。

第五部分刊载了马克思和恩格斯的遗稿,包括1872年夏马克思和恩格斯在海牙代表大会召开期间和大会闭幕以后所作的许多札记和摘录,还包括1869年9月至1872年4月这一时期内总委员会一些会议记录的摘录(关于1870年的代表大会的延期问题、关于召开1871年伦敦代表会议问题、关于总委员会的驻在地问题等等)、恩格斯关于讨论共同章程的程序的提案、恩格斯所作的赫普纳代表关于工人阶级的政治行动的发言的笔记、恩格斯写的总委员会的财务报告的草稿、代表大会及其各种委员会的文件的几种清单、关于《社会主义民主同盟和国际工人协会》这一小册子的材料。从这些遗稿可以看出,马克思和恩格斯为筹备代表大会以及在大会进行过程中和大会闭幕后为出版大会的文件做了大量的工作。

本卷系根据莫斯科政治书籍出版社1970年出版的俄文版《第一国际海牙代表大会。1872年9月2—7日。记录和文件》(Гаагский Конгресс Первого Интернационала. 2–7 сентября 1872 г. Протоколы и документы. Москва, Издательство Политической Литературы, 1970.)并参照莫斯科进步出版社1976年出版的该书英文版(*The Hague Congress of First International. September 2–7, 1872. Minutes and Documents.* Progress Publishers, Moscow, 1976.)译出。1970年俄文版收录的会议记录和文件都是根据莫斯科原苏共中央马克思列宁主义研究院中央党务档案馆中保存的原件和原件的照片刊印或翻译的,其中大部分文件是第一次发表。该书由原苏共中央马克思列宁主义研究院的依·巴赫主编,参加编辑工作的有依·巴赫、安·科罗捷耶娃和塔·瓦西里耶娃。

俄文版编者在脚注中对会议记录和文件原件的相关信息作了简短的

说明和补充，在卷末注中对会议记录和文件正文涉及到的一些内容作了背景介绍、情况说明或资料补充。俄文版原书正文前有一篇"前言"，署名为"苏共中央马克思列宁主义研究院"，书中有14幅插图，书后附有人名索引、报刊索引和地名索引。

本卷中文版最初收入《国际共产主义运动史文献》编辑委员会编《国际共产主义运动史文献》，书名为《第一国际海牙代表大会记录和文件（1872年9月2—7日）》，由中国人民大学出版社于1997年出版。中文版略去了俄文版中的插图和地名索引，正文未作删节和改动，注释、报刊索引补充了部分内容，人名索引根据《马克思恩格斯全集》等的相关资料增加了人物简介内容。马克思和恩格斯的著作和书信，凡《马克思恩格斯全集》中文版中已发表者，一律只存目录并标注参见卷次、页码，不印正文，相应的卷末注亦如此。

这次重新出版的中文版，以《第一国际第五次（海牙）代表大会文献》为卷名收入新编的《国际共产主义运动历史文献》。根据要求，编者对照原文中译本的译文、注释、人名索引和报刊索引中的明显错误和遗漏作了订正和补充，参照中央编译局编译马克思主义经典著作的标准，重新做了人名、地名、组织机构名、书名、报刊名等专有名词的译名统一工作，并将原中文版《文献》中省略的马克思和恩格斯的著作及插图全部编入新《文献》。选录马克思、恩格斯的著作和书信的原则是采用中央编译局编译的最新版本，选用顺序为《马克思恩格斯文集》、《马克思恩格斯全集》中文第2版、《马克思恩格斯全集》中文第1版。对选自《马克思恩格斯全集》中文第1版的马克思、恩格斯著作，亦依据新标准对涉及的人名、地名、组织机构名、书名、报刊名等专有名词及常用字做了统一，对报纸、杂志、著作、文章等名称的标点符号做了统一（均使用书名号）。马克思、恩格斯著作中文版的脚注和卷末注均予以保留，但对个别注释作了技术性处理，删除或归并了重复的内容，并根据本卷俄文版和英文版编者注补充了部分内容。本卷中文版译者或编者所加的脚注均注明"——译者注"或"——编者注"，文献原文作者所加的脚注均标明"——原作者注"，其他未加说明的脚注为原俄文版编者注或所收入的马克思、恩格斯著作中文版的编者注。编者在撰写"编辑说明"时利用了本卷原中文版"出版说明"和俄文版"前言"。

本卷的会议记录及相应的注释和报刊索引由杨彦君翻译；代表大会文件、代表资格审查委员会和马克思恩格斯遗稿及相应的注释和人名索引由胡文建翻译；同盟事件委员会及相应的注释和人名索引由顾家庆翻译。顾家庆做了原中文版的全书统一工作。

目　录

总委员会关于在海牙召开代表大会和代表大会
议事日程的决议 ………………………………………………… 1

代表大会会议记录 ……………………………………………… 5
本·勒穆修的记录 …………………………………………… 7
第三次会议（9月3日）………………………………………… 7
第四次会议（9月3日）………………………………………… 16
第五次会议（9月4日）………………………………………… 27
第六次会议（9月4日）………………………………………… 34
第七次会议（9月5日）………………………………………… 40
第八次会议（9月5日）………………………………………… 44
第九次会议（9月5日）………………………………………… 47
第十次会议（9月6日）………………………………………… 53
第十一次会议（9月6日）……………………………………… 70
第十二次会议（9月7日）……………………………………… 75
第十三次会议（9月7日）……………………………………… 90

第十四次会议（9月7日）…………………………………… 95
　　第十五次会议（9月7日）…………………………………… 95
弗·左尔格的记录………………………………………………… 106
　　预备会议（9月1日）………………………………………… 107
　　第一次会议（9月2日）……………………………………… 108
　　第二次会议（9月2日）……………………………………… 111
　　第三次会议（9月3日）……………………………………… 116
　　第四次会议（9月3日）……………………………………… 123
　　第五次会议（9月4日）……………………………………… 132
　　第六次会议（9月4日）……………………………………… 141
　　第七次会议（9月5日）……………………………………… 145
　　第八次会议（9月5日）……………………………………… 147
　　第九次会议（9月5日）……………………………………… 150
　　第十次会议（9月6日）……………………………………… 153
　　第十一次会议（9月6日）…………………………………… 161
　　第十二次会议（9月7日）…………………………………… 166
　　第十三次会议（9月7日）…………………………………… 169
　　第十四次会议（9月7日）…………………………………… 172
　　第十五次会议（9月7日）…………………………………… 172

声明和提案………………………………………………………… 183
　1. 莫拉戈等人关于首先讨论表决方式问题的提案 ………… 183
　2. 朗维埃、埃尔曼等人关于把同盟的问题交给专门委员会
　　　审查的提案 ………………………………………………… 184
　3. 路·海姆、维尔莫等人关于立即讨论总委员会的权力、
　　　它的驻地以及下届代表大会地点的问题的提案 ………… 185

4. 西班牙联合会代表阿莱里尼、莫拉戈等人关于代表大会上
 表决方式的提案 ………………………………………… 185
5. 阿·埃尔曼、罗·斯普林加尔等人关于
 行政问题的表决方式的声明 …………………………… 186
6. 詹·吉约姆关于成立一个委员会来研究《汝拉联合会简报》
 发表的罗格朗致勒穆修的信的问题的提案 …………… 187
7. 海牙代表大会给一切争取劳动解放的战士的致敬信 …… 188
8. 约·狄慈根因需提前离开代表大会主席团的便条 ……… 188
9. 爱·瓦扬、安·阿尔诺等人请求把关于工人阶级的政治行
 动的问题列入下届代表大会议程致代表大会的呼吁书 … 189
10. 托·莫拉戈对关于总委员会权力的议案的修正案 ……… 192
11. 泰·杜瓦尔、弗·左尔格等人关于讨论共同章程和组织
 条例的程序的提案以及弗·库尔奈、安·阿尔诺
 等人对这一提案的修正案 ……………………………… 192
12. 弗·左尔格、约·菲·贝克尔等人关于立即对章程
 第2条和第6条展开辩论的提案 ……………………… 193
13. 爱·瓦扬、安·阿尔诺等人关于代表大会公开会议
 议事日程的提案 ………………………………………… 194
14. 英国代表马·巴里、罗奇等人关于必须把辩论情况
 译成英语的声明 ………………………………………… 195
15. 爱·瓦扬、安·阿尔诺和弗·库尔奈关于讨论共同
 章程条文的程序的提案 ………………………………… 196
16. 卡·马克思、弗·恩格斯等人关于总委员会的驻地和
 成员的提案 ……………………………………………… 197
17. 关于把总委员会的驻地迁往马德里或巴塞罗那的提案 … 197
18. 法尔加–佩利塞尔和阿莱里尼关于总委员会成员的提案 … 198

19. 弗·库尔奈、爱·瓦扬和西·德雷尔要求把关于伦敦
    代表会议第9项决议写进章程的问题提付表决 ………… 199
20. 弗·库尔奈、加·朗维埃和爱·瓦扬关于要提前离开、
    关于赞成把伦敦代表会议第9项决议写进章程以及
    关于增加会费问题致代表大会代表的信 ……………… 199
21. 伯·贝克尔关于要提前离开致代表大会主席团的信 ……… 200
22. 乔·赛克斯顿关于要提前离开致代表大会主席团的便条…… 201
23. 弗·列斯纳关于要提前离开致代表大会主席的信 ………… 201
24. 古·路德维希关于要提前离开以及关于投票赞成选举
    总委员会的一些新委员致代表大会主席的便条 ………… 202
25. 安·阿尔诺关于要提前离开、关于赞成把伦敦代表会议
    第9项决议写进章程以及关于增加会费致代表大会
    代表们的信 ………………………………………………… 203
26. S.皮尔关于赞同总委员会的政策的声明 ………………… 204
27. 斯瓦尔姆和杜瓦尔关于投票赞成把伦敦代表会议第9
    项决议写进章程的便条 …………………………………… 204
28. 吕坎（波特尔）关于赞成巴黎各支部的纲领的便条 …… 205
29. 保·拉法格关于选举新的总委员会的方式的提案 ……… 205
30. 奥·赛拉叶关于取消国际遭到禁止的国家中的委员会
    和支部的权力的提案 ……………………………………… 205
31. 维·西里尔关于表决时弃权的理由的声明 ……………… 206
32. 杜蒙关于投票赞成把伦敦代表会议第9项决议写进章
    程以及抗议不让反对把这项决议写进章程的人发言
    的便条 ……………………………………………………… 207
33. 欧·杜邦、奥·赛拉叶等人关于会费数额的提案 ……… 207

34. 拉法格、斯瓦尔姆等人关于缴纳会费的方式的提案 ……… 208
35. 保·拉法格、弗·左尔格等人关于组织国际工会联合会
　　 的提案 ……………………………………………………… 208
36. 库诺关于表决章程第9条以及关于会费数额的便条 …… 210
37. 维沙尔关于表决章程第9条以及关于会费数额的便条 …… 210
38. 北美联合会的提案目录 …………………………………… 211
39. 调查委员会委员瓦尔特关于该委员会的报告的声明 …… 211
40. 少数派的声明 ……………………………………………… 212
41. 索瓦关于再召开一次北美联合会代表大会以及关于重新
　　 审查上次代表大会关于第2支部的决议的提案 ………… 214
42. 关于所有的协会成员必须严格遵守章程的决议草案 …… 214
附录 ……………………………………………………………… 216
　　 尼·茹柯夫斯基的记录 ………………………………… 216
　　 瓦尔特致勒穆修 ………………………………………… 220
　　 勒费弗尔-龙西埃致卡·马克思 ……………………… 221

代表大会的文件 ……………………………………………… 225
　　 总委员会向在海牙举行的国际工人协会第五次年度代表大会
　　 的报告（1872年9月2—7日）………………………… 227
　　 国际工人协会总委员会1871—1872年度财务报告 …… 236
　　 北美联合会委员会给海牙代表大会的报告 …………… 241
　　 费雷支部对共同章程提出的修改建议 ………………… 244
　　 纳博讷支部致海牙代表大会书 ………………………… 248
　　 巴黎各支部给出席代表大会的国际协会代表们的声明 … 250
　　 参加费雷支部的国际工人协会巴黎会员致海牙代表大会的
　　 代表们 …………………………………………………… 254

国际工人协会巴黎劳动者权利支部致海牙代表大会 …………… 259
法国支部卢昂联合会的报告 …………………………………… 266
葡萄牙联合会委员会的报告 …………………………………… 274
意大利毛里齐奥港支部的贺信 ………………………………… 282
国际工人协会巴塞尔支部给1872年在海牙召开的代表大会
　的报告 ………………………………………………………… 286
日内瓦联合会代表大会致国际工人协会海牙代表大会 ……… 289
弗·沙·奥斯坦的贺信 ………………………………………… 290
新马德里联合会致国际海牙代表大会 ………………………… 291
请代表大会代表瞻仰在海牙的阿·巴尔贝斯墓的邀请书 …… 293
荷兰联合会委员会致总委员会书 ……………………………… 294
阿姆斯特丹的国际会员的欢迎信 ……………………………… 295
施拉姆的声明 …………………………………………………… 296
国际会员卡塞尔的贺电 ………………………………………… 298
代表大会收到的一些信件的内容摘录 ………………………… 299
在海牙举行的全协会代表大会的决议（1872年9月2—7日）…… 300

代表资格审查委员会 ……………………………………………… 315
代表资格审查委员会向海牙代表大会的报告 ………………… 317
沙·阿莱里尼的委托书 ………………………………………… 323
约·菲·贝克尔的委托书 ……………………………………… 325
阿·赫普纳的委托书 …………………………………………… 332
维·达夫的委托书 ……………………………………………… 333
尼·茹柯夫斯基的委托书 ……………………………………… 334
革命社会主义宣传支部的电报 ………………………………… 338
泰·库诺的委托书 ……………………………………………… 339

哈丽雅特·罗的委托书 …………………………………………… 341
约·麦克唐奈的委托书 …………………………………………… 344
卡·马克思的委托书 ……………………………………………… 345
国际工人协会北美纽约第一支部委托书 ………………………… 347
尼·马尔塞劳的委托书 …………………………………………… 348
托·莫拉戈的委托书 ……………………………………………… 349
亨·奥伯温德的委托书 …………………………………………… 350
波特尔（吕坎）的委托书 ………………………………………… 351
托·罗奇的委托书 ………………………………………………… 352
阿·索瓦的委托书 ………………………………………………… 353
威·威斯特的委托书 ……………………………………………… 354
法尔加-佩利塞尔的委托书 ……………………………………… 355
皮·弗吕兹的委托书 ……………………………………………… 356
弗·恩格斯的委托书 ……………………………………………… 357
葡萄牙联合会给自己的出席海牙代表大会的代表的限权委托书 …… 360
给出席海牙代表大会的汝拉代表们的限权委托书 ……………… 362
西班牙联合会发给它的出席国际代表大会的代表们的限权
　　委托书 ………………………………………………………… 364
国际工人协会在海牙召开的第五次全协会代表大会代表名单 …… 368

同盟事件委员会 ……………………………………………… 373
同盟事件委员会记录 ……………………………………………… 375
代表总委员会向海牙代表大会提出的关于社会主义民主同盟
　　的报告 ………………………………………………………… 386
何·梅萨关于西班牙同盟的声明 ………………………………… 398
"人民裁判"协会外国代理人局致柳巴文 ……………………… 402

尼·吴亭向国际工人协会海牙代表大会的报告 ………………………… 405
  一 …………………………………………………………………… 405
  二 …………………………………………………………………… 409
  三 …………………………………………………………………… 414
  四 …………………………………………………………………… 422
  五 …………………………………………………………………… 426
  六 …………………………………………………………………… 428
  七 同盟分子在俄国的阴谋 ………………………………………… 436
  八 …………………………………………………………………… 441
  九 《人民裁判》 …………………………………………………… 450
  十 同盟在俄国的建立 ……………………………………………… 456
  十一 委员会的命令、它的警察、它的恐怖活动、它的报复 …… 465
  十二 谋杀 …………………………………………………………… 470
  十三 逃跑。巴枯宁的榜样 ………………………………………… 475
  十四 巴枯宁的责任 ………………………………………………… 477
  十五 巴枯宁和涅恰耶夫赋予妇女的作用 ………………………… 478
  十六 《人民裁判》第2期 …………………………………………… 480
  十七 巴枯宁的署名。对上述一切的赞扬是由巴枯宁署名的 …… 484
  结束语 ……………………………………………………………… 486

附录（五）斯帕索维奇律师的演说摘录 ………………………………… 494
附录 …………………………………………………………………………… 501
  一 巴枯宁的逃亡 …………………………………………………… 501
  二 巴枯宁在伦敦的革命宣传 ……………………………………… 504
  三 《罗曼诺夫、普加乔夫还是彼斯捷尔？》
     《人民事业》，1862年 ………………………………………… 510

同盟事件委员会的报告……………………………………………… 529
　　库诺给维沙尔的委托书……………………………………………… 532
　　奥·赛拉叶关于布斯凯、马尔尚等人的书信的摘录……………… 533
　　致国际工人协会会员………………………………………………… 543
　　海牙代表大会代表根据国际工人协会总委员会的建议任命的
　　　揭露名为同盟的秘密团体的活动的委员会的报告……………… 545
　　保·维沙尔的声明…………………………………………………… 554
　　社会主义民主同盟和国际工人协会………………………………… 555
　　　一　引言………………………………………………………… 555
　　　二　秘密同盟…………………………………………………… 558
　　　三　同盟在瑞士………………………………………………… 573
　　　四　同盟在西班牙……………………………………………… 588
　　　五　同盟在意大利……………………………………………… 599
　　　六　同盟在法国………………………………………………… 609
　　　七　同盟在海牙代表大会以后………………………………… 613
　　　八　同盟在俄国………………………………………………… 620
　　　九　结语………………………………………………………… 664
　　　十　补充………………………………………………………… 666
　　　十一　文件……………………………………………………… 679

卡·马克思和弗·恩格斯遗稿……………………………………… 699
　　1869—1871年总委员会记录摘要………………………………… 701
　　1870年6月—1872年4月总委员会记录摘要…………………… 714
　　总委员会向海牙代表大会的报告草稿……………………………… 717
　　托卡热维奇的来信摘译……………………………………………… 718
　　总委员会1871—1872年度财务活动和财务账目总平衡报告…… 719

关于共同章程和组织条例的讨论安排的建议……………………727
赫普纳在1872年9月6日晚上会议上发言摘记……………………728
尼·吴亭的报告的附录……………………………………………729
代表大会杂记………………………………………………………731
会费和支部统计……………………………………………………734
同　　盟……………………………………………………………736
代表大会的其他文件………………………………………………738
关于代表资格审查委员会…………………………………………740
调查委员会…………………………………………………………741
《社会主义民主同盟和国际工人协会》小册子所用材料………742
关于丹特雷格和盖得的札记………………………………………750
《社会主义民主同盟和国际工人协会》小册子所用文件目录……752

注　　释……………………………………………………………757
人名索引……………………………………………………………803
报刊索引……………………………………………………………848

插　图

弗·恩格斯所写总委员会关于在海牙召开协会代表大会的决议手稿……………3
本·勒穆修所作保·拉法格发言记录手稿……………………………12
勒穆修所作关于表决总委员会驻地的一页记录……………………67

左尔格所作的马克思关于威·威斯特委托书的发言记录(库诺抄本),
 上面有马克思用铅笔作的标记·· 134
意大利毛里齐奥港支部在海牙代表大会上提交的菲·李奇致卡·马克思
 的信的一页·· 284
弗·恩格斯所写的海牙代表大会决议的一页手稿································ 302
纽约第6支部给弗·恩格斯的参加海牙代表大会的委托书 ···················· 358
"人民裁判"俄国革命协会外国代理人局致尼·柳巴文的信 ············ 400—401
尼·吴亭提交给海牙代表大会的报告的一页,上面有马克思用铅笔作的标记 ······ 485
吴亭致代表大会代表泰·杜瓦尔的信的信封,上面有马克思和吴亭作的
 标记··· 493
卡·马克思和弗·恩格斯的小册子《社会主义民主同盟和国际工人协会》
 的扉页·· 559
卡·马克思和弗·恩格斯抄写的吴亭报告的附录································ 733

总委员会关于在海牙召开代表大会和代表大会议事日程的决议[1]

1. 鉴于巴塞尔代表大会曾决定在巴黎召开下次代表大会，后来由于代表大会无法在巴黎召开，于是根据共同章程第4条规定，总委员会又于1870年7月12日确定美因茨为召开代表大会的地点；其次，鉴于目前无论在法国还是在德国，国际都遭到政府当局的迫害，以致代表大会无论在巴黎还是在美因茨都无法召开；

总委员会根据共同章程第4条——这一条授权总委员会在必要时改变代表大会的开会地点——的规定，确定国际工人协会下次代表大会于1872年9月2日星期一在荷兰海牙召开。

2. 鉴于原定1870年9月5日在美因茨召开的代表大会的议事日程的内容目前已不适应国际的迫切需要，因为这些需要已由于发生的各种巨大历史事件而起了重大的变化；鉴于各国的许多支部和联合会都建议下次代表大会修改共同章程和条例；鉴于目前几乎在所有的欧洲国家中，国际都遭到迫害，因而国际面临的任务是巩固自己的组织；

总委员会决定把修改共同章程和条例作为海牙代表大会应予讨论的最重要问题列入议事日程，同时保留以后根据各支部和联合会的建议，拟定代表大会的较详细的议程的权利。

弗·恩格斯写于1872年6月18日
载于1872年6月29日《国际先驱报》第13号；1872年7月3日《人民国家报》第53号；1872年7月7日《平等报》第14号；1872年7月13日《解放报》第57号；1872年7月14日《自由报》第28号

原文是英文
《马克思恩格斯全集》俄文第2版第18卷第87—88页（参看《马克思恩格斯全集》中文第1版第18卷第102—103页）

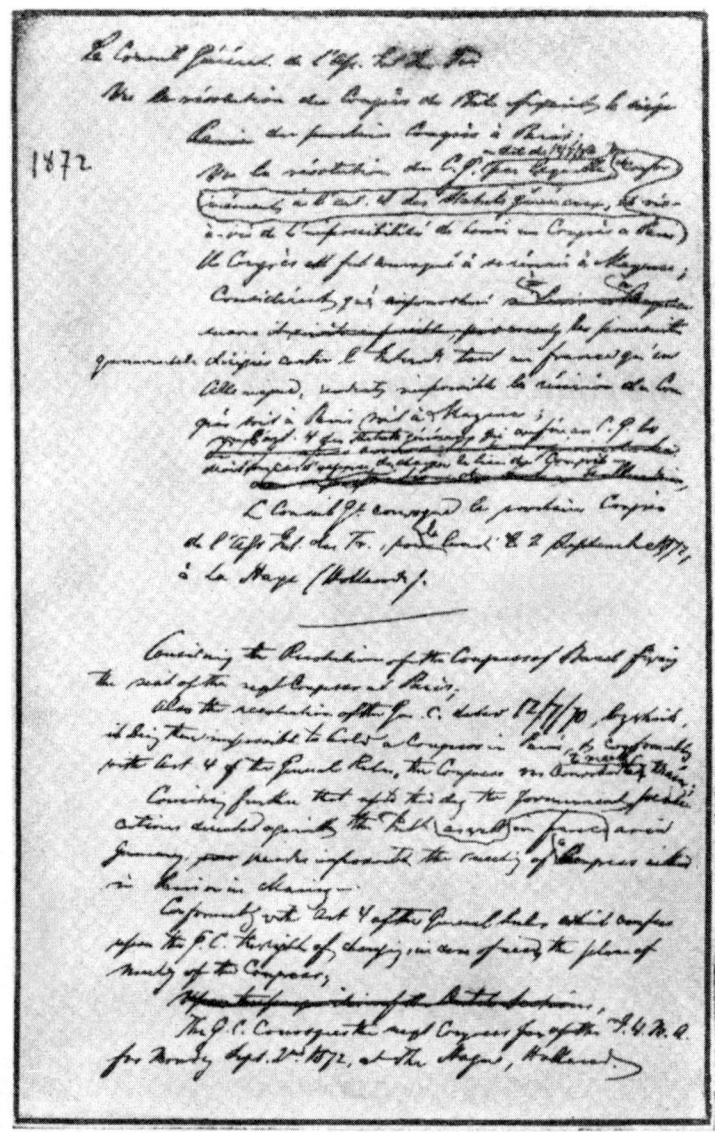

弗·恩格斯所写总委员会关于在海牙召开协会代表大会的决议手稿

代表大会会议记录

本·勒穆修的记录[2]

第三次会议
1872年9月3日,星期二,上午
会议记录
9月3日①

9时半开幕。

主席:范·登·阿贝勒②。

记录员:勒穆修——法文,
　　　　　赫普纳③——德文,
　　　　　罗奇——英文,
　　　　　范·德尔·豪特④——荷兰文。

恩格斯提议:

1. 在讨论委托书时,首先由不赞同该委托书的代表讲话,然后由持该委托书的代表讲话;接着由两个发言人——一个赞成者,一个反对者——发言;然后立即对问题进行表决。

---

① 这次会议的记录是担任临时记录员的勒穆修作的。
② 这是另一笔体写的。
③ 这是另一笔体写的。
④ 这是另一笔体写的。

2. 任何人发言不得超过5分钟。

朗维埃（资格审查委员会报告人）通知说，收到了发给弗吕兹的委托书；收到了另一份由法国寄来的发给赛拉叶的委托书，以及第三份由佛兰德①寄来的发给杜瓦尔的委托书。

一致通过接纳杜瓦尔的决议。

索瓦反对恩格斯的提案；他要求给每一个发言者10分钟，他声称：如果不提供这样长的时间，那就意味着剥夺他以及那些要提出详细论据的人以解释的机会。

德雷尔回答说，这种不方便对索瓦和他的对手是一视同仁的，因此，认为这当中有什么策略手腕是不恰当的。

杜瓦尔说，每1份委托书5分钟，索瓦有3份委托书，则他共有15分钟。

拉法格和**索瓦**要求给不赞同委托书的人和持该委托书的人各10分钟，给其他的②人各5分钟。

索瓦和**弗吕兹**表示同意限制发言时间，但不同意限制发言人的数目。

索瓦和拉法格的修正案以24票对24票被否决。

索瓦和弗吕兹的修正案也被否决。

恩格斯的提案被通过。

施维茨格贝尔不赞同瓦扬的委托书。

施维茨格贝尔说，在拉绍德封根本没有那个支部，它属于瑞士罗曼语区联合会；这是一个形式问题。

瓦扬没有听懂这个反对意见的意思。他接受了这份要反对汝拉联合

---

① 这是笔误。见本卷第116页。
② 这里删去了"表示同意的"这几个字。

会的限权委托书，汝拉联合会不过问政治，而他认为这是极其危险的。

吉约姆说，这份委托书寄来时是空白的，拉绍德封支部仅仅由埃尔赞格尔等四五个人组成，这些人毫无原则，而且同保皇党分子以及反动势力的一切代表人物有关系。

瓦扬的委托书被一致批准。

赛拉叶提出不参加讨论涉及批准委托书的一般性问题。

索瓦反对德雷尔的委托书。他只要求宣读第2支部提出的抗议书。接着他以第2支部的名义提出抗议说：纽约代表大会进行了两级选举，此外还决定，它的两个代表还将从总委员会的成员中挑选5人作为这次代表大会的代表。——此外，根据章程第6条的规定，德雷尔和左尔格不能被接纳，因为纽约代表大会所代表的国际成员数目不到1000人。——他宣读第42支部的抗议，反对纽约代表大会为所欲为的行动[3]。

主席说，索瓦所提供的材料太长了。

通过一项不同意宣读的决议。

德雷尔对此表示遗憾，但他不得不再次提出这个问题，他未必要费很大力气来捍卫自己和左尔格的委托书。①（1）总委员会和各联合会委员会的代表，实际上都是由两级选举产生的。所以，如果接受索瓦的论据，则有半数代表不得不离开。（2）关于应当选出的代表的数目问题，在代表着18个支部的纽约代表大会上曾讨论过，那么请全协会代表大会决定：难道由这个代表大会授予的两份委托书不比索瓦那份由1个甚至没有得到纽约联合会委员会承认的支部发出的委托书具有更大的效力吗？

布里斯梅表示同意德雷尔申述的理由。

---

① 后面删去："协会应当照章程办事"。

除索瓦以外，全体代表一致投票批准了委托书。

索瓦又对左尔格的委托书进行同样的攻击。①

左尔格对代表大会是否有权选出两个代表这个有争议的问题回答说，如果索瓦公民了解章程，那么他就应该知道，我们有权选出至少6个人。第42支部反对缴纳55美分[4]，因为它不愿意或者不可能缴纳，此外，美国代表大会以后，这个支部已无影无踪了。还有什么选举比由全国代表大会进行的选举更具有全权呢？②

除索瓦以外，全体代表一致投票批准了左尔格的委托书。

左尔格反对索瓦的委托书。他反对这些委托书不是由于任性，第29支部授予的委托书无效，因为该支部没有得到联合会代表大会的承认。③ 这是一个不坏的小支部，不过它没有加入联合会，也没有参加代表大会。章程规定，各团体均应派代表参加各地的中央委员会，可是第29支部提不出任何理由来为自己的消极态度作辩护。——第42支部曾经造代表大会的反，它参加了代表大会以后，拒绝向代表大会缴纳会费。它想保持自己的自主权。让它保持自主权吧，但这里不应当有它的代表。

索瓦回答说，第29支部已把自己的会费交给总委员会了，而第42支部已把自己的会费交给纽约代表大会了。

勒穆修说，第29支部同纽约联合会委员会和总委员会都没有建立

---

① 下面有一个用铅笔作的增补文句的记号和说明："见拉法格发言后面的后续部分"，被删去的话如下："**左尔格**回答说，德雷尔根本没有得到要选举5个总委员会成员的指示；代表大会只是号召各支部授予那些在欧洲有名望的朋友们以权利；在议事日程上只有选举两位代表。第42支部参加了代表大会；它的代表参加了选举。——这个支部根本不打算放弃自己的自主权等等，等等"。修改后的左尔格发言记录，作为增补文句，用铅笔写在一张单独的纸上，附在拉法格的发言记录的后面。

② 这一页的末尾空白。

③ 后面删去："第29支部"。

正常的关系①，而且索瓦代表曾经承认，他对财务委员采取了令其措手不及的办法，在财务委员②没有了解情况以前，急急忙忙把会费塞给了财务委员。

弗兰克尔是力量集中的拥护者；但是，既然目前这两个支部都同总委员会建立了正常的关系，所以他主张批准这两份委托书。

索瓦谴责勒穆修把他出于信任而告诉他的情况大肆宣扬；说他讲的不是第29支部的问题，而是第2支部的问题；第29支部的会费他是在到达3天之后交的。

勒穆修回答说，钱是在3天以后交的，这总归是事实；他驳斥了对他的谴责，并且声称，在他看来，代表整体利益的问题比个人考虑更重要。

马克思指出，索瓦对章程作了不正确的解释，该支部没有设法通过两条规定的途径之一，即联合会委员会或总委员会，被承认为一个独立支部。——关于缴纳会费，总委员会毫无所知，撇开总委员会把财务委员搞个措手不及的这一事实，并不意味着该支部被承认了。关于第2支部，他无话可谈，因为资格审查委员会建议认定它发出的委托书无效。

德雷尔提议把索瓦作为第42支部的代表予以接纳，附带条件是：他所代表的3个支部都要承认全协会代表大会的决议。

索瓦不接受任何条件，他说，人们如果方便的话，可以把他赶走。他补充说，第29支部没有参加过任何一次代表大会，因为它在等待着它承认其威望的全协会代表大会的决定，此外，资格审查委员会已承认第29和第42支部是合法的了。

报告人回答说，就缴纳会费而言，是这样，但在其他问题上有反对意见。

---

① 后面删去："对总委员会的劝告置若罔闻"。
② 后面删去："没有对该支部产生成见以前"。

本·勒穆修所作保·拉法格发言记录手稿

第 29 和第 42 支部发出的委托书以 31 票对 20 票被批准。

阿莱里尼反对拉法格的委托书。马德里①联合会的权力是有争议的。被联合会开除了的《解放报》编辑部曾要求马德里联合会委员会承认它是一个支部，但遭到拒绝；于是编辑部就去找总委员会，总委员会事先没有同地区委员会商量，就承认了他们⁵，同他们进行通信联系。因此，阿莱里尼反对这个团体的代表权，拉法格是另一支部，即阿尔卡拉支部的代表，他交了会费吗？这个支部同地区委员会建立了联系吗？此外，拉法格还拥有葡萄牙发给的委托书。他一开始就质问②。

拉法格一开始就质问西班牙联合会代表莫拉戈，创立新马德里联合会的一些会员是不是由于在《解放报》上发表了一篇题为《革命的调查》的文章而被开除的。

莫拉戈承认，创立新马德里联合会的一些会员被开除的原因的确是这篇文章。

拉法格：我们被开除而且被宣布为叛徒，其原因是发表了一篇文章，这篇文章我现在就可以给你们翻译出来。文章说，由于掌握着政权的人实行巧取豪夺，革命者不应花费自己的时间去揭露他们的盗窃行为，而应对政治活动家现在的财产状况进行调查，同他们上台执政前所掌握的东西加以比较。

拉法格向在座的公社社员们呼吁；他请问他们，这种调查是不是革命的调查？——这就是那些曾在西班牙创建国际的人被开除、被宣布为叛徒的原因。且看他们的被开除是怎样进行的。开除是在一次只有 15 名成员出席的会议上进行的，而且被开除者并没有事先受到警告，虽然支部章程第 24 条要求这样做。在那种情况下，被开除者就组成了一个

---

① 原稿中误作："马格达雷那"。
② 这页的末尾空白。下面是拉法格增补的，写在另一张纸上。

新的联合会，并请求联合会委员会接纳他们；该委员会拒绝了，理由是它应当尊重支部的自治权；可是联合会委员会忘记了，这里发生的是15个人破坏西班牙联合会章程一切原则的专横行为，而国际在西班牙的一切支部曾委托它维护这个章程。现在大家是不是想知道，是谁开除我们的？他们中的一位就在这里，此人就是莫拉戈，他曾两次背叛国际：一次是，当联合会委员会流亡到了葡萄牙的时候，他退出了，并且建议把国际的文件扔进海里；第二次是，在宣布国际为非法的萨加斯塔通告[6]发表之后，他退出了马德里地方委员会。我们被开除的真正原因是，我们对同盟进行了揭露；所以当时我们就去找总委员会，请求接纳我们，总委员会承认了我们是一个独立支部。①

马德里的新支部有权派出一个代表参加代表大会。

莫拉戈对于有人离开本题而去讨论一些节外生枝的问题并不感到奇怪。问题的实质在于，按照规矩那个支部是否成立了？有人责备他们，说他们没有征求这个支部的成员的意见；不过，我们于每个星期六开会，这是当时大家都知道的，难道要我们去请吗？总委员会未必就一贯正确②，它对一些事随心所欲地加以解释，它无权承认这个支部。所有这些问题不可能都由代表大会来彻底加以解决，如果已经把关于开除拉法格和他的朋友的问题列入议事日程的话，发言人倒是愿意讲讲这个问题。这些人曾两次被开除。有人给他们恢复了会籍，但一些新人的出现给支部带来了混乱，所以不得不执行决议。这里没有任何个人问题。按照章程，那个支部是否成立了？

恩格斯：这个问题很重要；我们应通过表决来解决：国际是否应服从一帮结成了秘密团体的人。这个团体中有6人在座。这点他们已经承

---

① 增补的文字至此结束。下面是勒穆修作的记录。
② 后面删去："无权承认支部"。

认了，这些人是：吉约姆和西班牙的代表。他在一般性辩论的过程中还将证明这一点。首先已经承认开除是非法的。刚才莫拉戈说了，不需要去请，可是恰巧相反，章程要求任命一个仲裁法庭。此外，莫拉戈还说，这是一个内部问题，跟代表大会没有关系。既然支部向总委员会发出了呼吁，那么这个问题就不再是内部问题了。总委员会承担了破坏章程的责任，因为问题涉及到在西班牙保存国际。那个秘密团体的目的是要瓦解国际，它在联合会委员会的8个席位中已经搞到了5个。那些人建议整个西班牙采用这样一种表决方式，这种表决方式把行动自由只留给那个秘密团体。对于总委员会来说，重要的是代表大会上有一个不属于那帮人的西班牙代表，总委员会为了协会的利益对这一行动承担了责任。

若昂纳尔对议事日程提出一个建议，他提议不考虑议事规则，先听取西班牙人的意见，以便他们遭到失败以后就无法说代表大会对他们不公正了。

弗兰克尔说问题只涉及一个代表；以后会有时间听取西班牙代表的意见的。

若昂纳尔的提案被否决。

拉法格的全权证书以40票被通过，无反对票。①

有人请求从1时半至5时半休会。

马克思提出一个意见，建议把同盟开除出去。因为有许多涉及这个团体的文件，所以他提议选出一个委员会。②

库诺拥有一份限权委托书：要开除一切不属于国际的人，但时机未到。首先必须结束批准全权证书的事。

---

① 原稿中有马克思用棕色铅笔在页边做的"＋"号。
② 后面删去："来对他们进行审查"。

马克思将在今天下午再谈这个问题。

于1时40分宣布休会两小时。

第四次会议

1872年9月3日，星期二，下午

于4时点名：22人缺席。

库诺说，主席应于3时40分宣布开会。

朗维埃声称，那些因委托书引起争议的人，以及那些因缺席而使我们浪费时间的人，应该受到谴责。

第二次点名——13人缺席。①

马克思通知说，收到了由李奇·菲力浦签署的一个重新组织起来的支部由毛里齐奥港寄给代表大会的信。②

麦克唐奈代替缺席的英文记录员。

巴里的委托书

索瓦说，芝加哥第3支部已由左尔格和德雷尔代表了，如果接纳巴里，那么该支部的代表就重复了。

左尔格：难道我们要像上午那样浪费时间吗？有人说，第3支部已由美国联合会代表了；但是，难道索瓦所代表的第42支部没有加入那个联合会吗？难道许多代表不都是这种情况吗？——可不可以否定各支部有发给委托书的权利？如果你们不坚持这一点，那我就没有更多的话

---

① 从这里起，记录是用墨水写在从账本上裁下来的纸上。

② 见本卷第282—285页。

可讲。——至于支部在组织上的合法性，如果有人对此有异议，我将坚决捍卫。

莫特斯赫德不打算反对，不过他感到奇怪的是，这位公民在伦敦不被看做是工人阶级的代表，他在这里却代表着德国支部。

马克思回答说，这同批准巴里的委托书毫不相干，巴里在这里不是代表一小撮英国领导人——他们已或多或少卖身投靠迪尔克之流了——，而是代表德国工人支部。至于他已被不列颠联合会委员会开除，那么这是由于他拒绝纵容黑尔斯先生的阴谋活动，黑尔斯为了进行阴谋活动把一些或多或少心怀恶意的分子塞进了联合会委员会。

委托书以39票对3票被批准。

杜瓦尔的委托书被一致批准。

主席宣布收到了由都柏林寄来的发给麦克唐奈的委托书，他本来就已经是代表了。

马克思收到了一份由莱比锡寄来的发给列斯纳的新委托书。

阿莱里尼的委托书

资格审查委员会只知道该支部同总委员会没有正常的联系；提议听取通讯书记的说明。

赛拉叶不知道马赛有这样一个支部。——总委员会没有收到过该支部按照章程第4条的规定缴纳的会费。——接着他证明，某些支部是由于要召开这次代表大会而专门成立的。因此，他坚决主张，不能接纳它们的代表。——否则就会造成一个恶劣的先例。

阿莱里尼表示放弃这份委托书。——只要马赛的工人参加了国际的运动，他就满足了。他谈到不幸的伦敦代表会议、总委员会的臭名远扬的通知，并且谈到有人在代表大会上玩弄权术，以便对国际实行清洗，把它置于某些人的控制之下。

赛拉叶说有人以某些谬论为根据攻击总委员会和它的书记们，他要求提供机会来对这些谬论加以驳斥，以便代表大会不致作出错误的判断。

对会议进行程序的这一提案被一致通过。

杜瓦尔说，去年9月，由于代表会议的代表培列没有出席，他同被拉西奥塔一个自封的支部开除的马齐奥进行了通信联系。这个完全可以信赖的而且了解那个假支部的底细的公民说，它没有生命力，而且充其量只有三四个成员；它没有同总委员会建立联系，不能派代表参加代表大会。——至于马赛的劳动者，那么我们的全部同情，正如阿莱里尼公民的同情一样，也在他们一边。

西里尔认为，赛拉叶说凡是没有缴纳会费的支部就不存在，这是不对的。——他肯定说，在法国南部就有一些支部，如果说它们过去没有宣布加入国际，那么它们以后一定会宣布的。

阿莱里尼要求发言进行解释。

左尔格说，大家已同意让总委员会发言进行答复，但这并不是让人进行无休无止的争论。

阿莱里尼说，康伯①的委托书已由马赛联合会办妥了，只是由于没有钱，康伯没法来。——他说明巴斯特利卡来了信，说他打算给代表们出经费等等。

赛拉叶请代表大会注意这一说明，因为总委员会从来没有委托巴斯特利卡往马赛写信以及提出诸如此类的建议。——这一点对于今后的讨论，将有很大的意义。

阿莱里尼要收回他的这份委托书。

---

① 原稿误作"库尔贝"。

弗兰克尔表示反对：他要求对这个问题进行表决。

弗兰克尔的提案被通过。

赛拉叶弃权；他不撤销他反对这份委托书的意见，他认为阿莱里尼是受了别人的欺骗。

在 30 票反对 14 票弃权的情况下，委托书被宣告无效。

茹柯夫斯基的委托书

资格审查委员会报告人说，该支部在瑞士，但瑞士联合会委员会和总委员会都不承认它。

茹柯夫斯基回答说，这个于 1871 年 9 月 6 日建立的革命宣传支部曾给总委员会写过信，当时总委员会没有答复[7]。总委员会根据章程第 4 条的规定拒绝接纳；这一条要由代表大会来决定[8]。他请求总委员会说明自己的理由。

杜瓦尔说，这个支部是同盟一手炮制出来的，它是为社会主义民主同盟效劳的；它没有得到联合会委员会和总委员会的承认，也不可能得到代表大会的承认，因为它没有参加国际的运动。①

布里斯梅认为这些理由不充足。如果这个团体所坚持的原则同我们的原则背道而驰，那就可以拒绝它；不过他要求首先由总委员会作出说明。

马克思回答说，同盟曾经在日内瓦获得了承认，因为当时人们不知道这是一个秘密团体——关于这一点以后再说。到召开代表会议的时候人们已经知道了；同盟宣布自己已经解散，代表会议注意到了这一点；但是该革命团体是同盟的继承者。

---

① 记录不确切。见本卷第 125—126 页。

他并不谴责秘密团体，因为他本人也参加过秘密团体，但是这个团体是反对国际的阴谋组织。——总委员会事先同罗曼语区联合会委员会商量过，该委员会表示反对承认。

布里斯梅说，对于在布鲁塞尔的独立的法国支部，有人却采取了另一种做法。总委员会曾经声称要同比利时委员会商量；但是当后者答复说有某种危险时，总委员会却直接承认了该支部。

吉约姆想对茹柯夫斯基的话加以补充。

恩格斯反对这样浪费时间。

吉约姆的议案被付诸表决，被否决了。

茹柯夫斯基说，该支部没有同联合会委员会联系，但同总委员会进行了联系。每个联合会都是由应当进行宣传工作的各个支部组成的，——当流亡者到达日内瓦时，他们不知道是否应当加入日内瓦中央支部；只有马隆和勒弗朗塞是例外。其余的人不愿意加入，是因为该支部正在进行宣传工作，它不想同已被搞垮的各个法国支部的残余割断联系。它同日内瓦联合会的行径格格不入，于是同汝拉联合会进行了联系，因为它想让代表大会来决定自己的命运，——它与同盟毫无共同之处，只不过有一个成员曾经参加过同盟，而且那还不是秘密同盟，对于秘密同盟，支部的全体成员都持否定态度；伦敦的公社流亡者可以证实这一点，因为他们曾经给自己的朋友、公社社员、该支部的一些成员写过信。根据这一切，他请求接纳这个支部。

资格审查委员会报告人提议，到通过了关于同盟的决议之后，再来解决这个问题，因为到那时可以有更多的根据来判断这个问题。

此提案被一致通过。

报告人谈到佩利塞尔、莫拉戈、阿莱里尼和马尔塞劳的委托书；关于这4个人，原因都是一样的——他们没有同总委员会联系，也没有交会费。——他说，关于茹柯夫斯基的委托书的问题，在下一步的讨论中会搞清楚。他要求在没有讨论关于同盟的问题之前，暂时把这个问题挂起来。

法尔加-佩利塞尔对于朗维埃的提案表示惊讶；昨天只有一个关于会费的问题，今天又提出一个关于同盟的问题。——最好澄清一下。——关于会费，他愿意加以说明：情况很困难，他们要同资产阶级进行斗争，而且几乎所有的工人都属于各种工会。——他们力求把所有的劳动者联合起来去反对资本。——国际正在西班牙取得巨大的成就，但是斗争要花费很高的代价。——他们是没有交会费。但他们一定补交。

恩格斯（西班牙书记）感到奇怪的是，代表们是带着钱来的，可是没有交会费。——在伦敦代表会议上所有的代表都立即交清了会费，本来西班牙人在这里是应当这样做的，因为这是为批准委托书所必需的。——对于人们把他们与同盟混为一谈，他们感到奇怪吗？这一点昨天就已经清楚了。——因此恩格斯提议，就像对茹柯夫斯基的委托书所作的决定一样，把这个问题挂起来，到搞清了关于同盟的问题以及他们交清了会费之后再讨论。——有人谈到国际在西班牙的发展，但正是由于后来被开除了的那些人原来在联合会委员会中工作才有那样的发展。

马尔塞劳回答说，援引的事实都不确切。钱是西班牙货币，必须兑换。带了钱来的人决不打算带回去，他们断然反对恩格斯的猜疑。——西班牙代表们对于新提出来的那些反对他们的委托书的意见表示惊讶。——他们认为，他们属于同盟这是自己的光荣，因为在西班牙建立了国际的恰恰是同盟，而不是总委员会。——同盟的成员做了各种各样的努力，而且忠心耿耿；至于他个人，人们可以把他撵走。他曾经为事业而饱尝辛苦，他不愿意被人看做叛徒。——他要追求真理，甚至不惜牺牲生命！某人来到西班牙，破坏了那里的团结。——现在存在着一种对同盟的偏见，而同盟起先是毫无过错的。现在它已解散。——它的成员曾不得不秘密地进行活动，因而受尽了千辛万苦。尽管如此，有人却打算以不可容忍的权威的名义把他们开除出去。西班牙的代表们要求总委员会和资格审查委员会充分主持正义。在这以后，他们将怀着完成了自己的职责的人的心情离开。

报告人说，争论已经扩大到关于同盟的问题上去了。他请西班牙人暂且不要申述自己的理由。——关于会费的问题还没有搞清楚，他曾经劝告过他们交会费。他是公正无私的，他号召他们以后再争论，那时他们的时间将不受限制，他们将有机会向我们作出说明。

克楠对提出关于同盟的问题感到遗憾。——如果代表们缴纳会费，他们就应当立即被接纳；否则他的限权委托书命令他离开代表大会。

吉约姆发表同样的声明。

朗维埃请求暂不讨论这个问题，他不同意吉约姆以及前面一个发言人所提出的关于信任的问题，因为提出这个问题的目的是要阻挠作坦率的说明。

莫拉戈认为，有人想把他们撵出去。——整个西班牙联合会都知道，他们是同盟的成员，因为某一个警察已向政府告发了他们，就是说，拉法格先生已公开揭露他们是一个秘密团体[9]，而且政府正在把他们当做这样的人进行迫害。

拉法格插话：莫拉戈的话翻译得不正确！

[**莫拉戈：**]代表大会的工作是要审查委托书是否合格，而不是要审查人是不是坏人。如果你们没有被指出的那些企图的话，你们也会这么办。

拉法格抗议秘密团体同盟指责他向警察告密，因为这个团体根本不搞政治，也不是一个敌视政府的团体。——要说叛徒嘛，同盟的队伍中是有的，他准备指名道姓。

马尔塞劳回答说，说什么因为同盟轻视政治问题，所以政府并不敌视他们，这是诡辩。关于拉法格似乎可以说出名字来的叛徒，他不相信这回事。

斯普林加尔不明白，为什么允许这样离开讨论的问题。有两个主要问题：

（1）委托书是否合格。

（2）马克思关于开除同盟的提案。

让我们先解决是否允许参加代表大会的问题，然后开除同盟的成员，如果同盟有罪的话。

主席①指出，西班牙代表可根据自己的意愿挑选捍卫自己的委托书的形式。

朗维埃提议，批准委托书之后再解决关于同盟的问题；不过，在西班牙人向总委员会交清会费之前，他反对批准。

法尔加-佩利塞尔交出会费，第三季度的除外。因为这个季度的钱他还没有收到。

朗维埃提议回到议事日程上来。——西班牙代表认为人们想开除他们，这种看法是不对的，情况完全相反，资格审查委员会注意的仅仅是要严格遵守章程。——因此，他提议批准这些委托书。

一致批准。

瓦扬和他的朋友们弃权，因为西班牙代表没有说明，他们是否反对代表会议关于政治行动的决议。

纽约第2支部

资格审查委员会提议认定委托书无效，因为该支部已被纽约联合会

---

① 范·登·阿贝勒。

委员会开除。

朗维埃补充说，它［该支部］没有同总委员会打过一次交道。

索瓦想说明一下这个支部的情况。——首先它已缴纳了会费。——它存在了两年，共有成员169人。——它建立了第14、第17、第15、第29、第43、第10、第22、第36等支部。——它原来在中央委员会中有代表，在中央委员会改组之后它与之断绝了联系。后来它同16个支部一起在斯普林街成立了委员会[10]。该委员会于3月18日组织过一次示威游行。——第1支部反对这次示威游行。——当第12支部被暂时开除直到应届代表大会为止时，第2支部由于尊重总委员会的决定便退出了斯普林街委员会，它是承认总委员会的权威的；它退出的第二个原因是政治上的考虑：想提伍德赫尔夫人为美国总统候选人。

第2支部在退出纽约的两个委员会之后，履行了对总委员会的职责，并派代表参加了纽约代表大会，不过受委托反对指派两个代表。他们弃权了。——联合会委员会要求我们出55美分以支付代表大会的费用。我们拒绝了。这就成了开除我们支部的理由。我们要求纠正这种蛮横的做法。

德雷尔说，该支部退出斯普林街委员会是由于后者的行为。——他问道：一个承认了代表大会及其议程的支部有没有权利拒绝履行代表大会的决议？

左尔格抗议资产阶级报纸对第1支部的诽谤。——他肯定，对于这种责难没有人能够提出证据。相反地，该支部参加了示威游行。——对其余的东西他甚至不屑回答。

马克思并不认为这样一来该支部就失去了作为国际的一个支部的性质。它可以成为一个得到总委员会承认的独立支部。——如果没有这后一个条件，它就不存在；不过它的成员仍然是国际的会员。

埃尔曼不愿提关于国际中的多数派的问题，他认为可以接纳第2支部的代表。

德雷尔以为人们没有听懂他的话。——他问道：既然该支部反对它派代表参加的代表大会的决议，难道它还保留着作为国际的支部的性质吗？

布里斯梅提议利用这次会议的最后这点时间来讨论这个问题，以便他和其他的一些同志能够阐明自己的观点，因为这不是一件无关紧要的事：他想要拯救人类。

左尔格说，德雷尔提出了关于信任的问题，这是他的权利。——这一点必须讲清楚。下面当我们研究第12支部的问题时，就会搞清楚，他们给美国工人运动的发展造成了多大的危害。——这就是对德雷尔所提出的关于信任的问题的回答。

宣读德雷尔的提案，全文如下：①

弗兰克尔认为这个提案不明确。——让大家投票表决关于批准委托书的问题吧。——他是不偏不倚的；不过他将投票反对自治支部的委托书，因为该支部出于任性，同中央委员会决裂，擅自提出口号，就像过去公社的某些社员所做的那样，他不愿意说出那些社员的名字，因为他们不在场。——如果制造这样的先例，就会把国际推到一个斜坡上，沿着这个斜坡滚下去，国际就会陷于灭亡。

埃卡留斯说，第2支部是一个老支部；他认为，第1支部似乎是反对3月18日的示威游行的。

巴里请求遵守议事规则，觉得把时间花费在无谓的争吵上面了。

索瓦说，如果代表大会批准美国委员会的决定，那就违反了国际的章程，因为章程规定，一个支部如果向总委员会缴纳了会费，它就有权

---

① 原稿中下面有一个增补文句的符号。德雷尔的提案没有保存在代表大会的材料中。

派代表参加代表大会，而该支部已交了会费。

朗维埃认为，有人把章程当儿戏。——第2支部同联合会委员会决裂了，已陷入无所作为的状态，但眼看全协会代表大会快要召开了，就想派代表参加大会，去反对那些进行了实际活动的人。再说，该支部又是怎样建立自己同总委员会的联系的呢？到8月26日它才交了会费。——这样一些行为无异于玩弄花招，是不能容忍的。所有这一切互相独立、互不联系的小帮派、小团体，跟共济会组织差不多，国际中不容有它们的地位。

宣读纽约联合会委员会关于开除第2支部的理由的说明[11]。委员会提请代表大会对这个问题作出最后的决定。

朗维埃补充说：该支部的先例会使所有的支部都各自为政，从而会使协会陷于灭亡。

就批准代表资格问题进行表决：

    反对者——38票，

    赞成者——9票，

    弃权者——11票。

布里斯梅解释说，他之所以弃权，是因为索瓦已向总委员会交了会费。

朗维埃提醒说，索瓦本应去找总委员会，而不应撇开总委员会去找财务委员。

第12支部

马克思代表资格审查委员会提议宣布该支部没有代表资格。

第12支部的一个代表①请求把这个问题推迟到明天审议。

鉴于这个问题的重要性，资格审查委员会表示支持。——今天晚上可以为明天的公开会议解决一些形式方面的问题。

马克思提议明天要成立一个委员会来审查关于同盟的问题。——他认为必须声明：西班牙代表以为是要把他们从国际中开除出去，这种看法是毫无根据的，问题仅仅是要开除同盟。

主席提醒大家注意已通过的要实行点名和对缺席者进行谴责的决定。

会议于10时闭幕。

第五次会议

会议于9月4日，星期三，上午9时开幕

点名：36人缺席。

议事日程：纽约第12支部。

报告人：马克思。

旧金山的法国人第3支部刚刚给瓦扬寄来了一份委托书。

索瓦提议在讨论第12支部时可不必遵守发言5分钟的决议。

赛拉叶在茹柯夫斯基的委托书被批准之前，对他的表决权提出异议。

吉约姆不同意使代表大会失去一个代表的表决票的做法。

赛拉叶请主席照章办事，即根据规章，茹柯夫斯基不能参加表决。

以38票对5票通过停止辩论，而对赛拉叶的提案的表决结果是26票对10票。

---

① 威廉·威斯特。

莫拉戈说，西班牙代表所持的是限权委托书，如果不取消现在采取的计算票数的方法，他们只能弃权，——因此他希望在批准委托书之后立即提出这个问题。

马克思宣布收到了由罗尔沙赫支部和苏黎世支部发给贝克尔的两张新的委托书。①

马克思代表资格审查委员会提议，宣布威斯特的委托书无效。因为：

（1）该支部已暂时被开除，而这个决议尚未撤销。

（2）威斯特是费拉德尔菲亚代表大会的参加者，而该代表大会不承认总委员会的权威，在阿波罗音乐厅举行了代表会议[12]。

（3）他是普林斯街委员会的成员，该委员会同总委员会断绝了关系，而且没有交会费。

接着，马克思对第12支部的人员情况、它的意图等等作了说明。该支部拒绝缴纳会费，以及它向总委员会提出的种种要求，都是同汝拉联合会的通知相吻合的，该通知中说，如果美洲和欧洲都拒绝交会费，总委员会就会自行垮台。

有两个美国的委员会曾向总委员会发出呼吁：一个赞成第12支部，另一个反对，总委员会已作出决议开除该支部，直到召开代表大会为止。根据这些情况，资格审查委员会提议认定其代表权无效[13]。

在**威斯特**讲了半小时之后，**布里斯梅**要求大会不要再花很长时间来讨论关于这个支部的问题，因为它没有交也拒绝交会费，而且它的所作所为是同协会的原则背道而驰的。

威斯特希望别人不要抱成见，应当考虑到他远道而来。主要原因在于该支部因拒绝缴纳会费以及不承认总委员会的权威而被暂时开除了。

---

① 见本卷第327—329页。

在最高法庭——代表大会面前，暂时开除是无效的，而且协会的未来取决于将要通过的决议。——该支部并没有得到通知，说它已被暂时解散，不能预先宣布它有罪。——他宣读一个宣言，宣言的目的是要说明，人们没有遵守实行暂时开除时所必需的手续。马克思叫做决议的那个东西，仅仅是讨论了三天的一个议案。再说，总委员会无权讨论支部的一些原则。——发言人承认代表大会的权威；不过他要求大家听取他的意见并且不偏不倚地作出判断。——第12支部希望男人和妇女都得到解放——它为了达到这一目的而进行政治活动。男人和妇女互相充当奴隶，如果说威斯特在实行自由恋爱，那么这只是他个人的事情。——在他们当中有唯灵论者。他们想消灭婚姻。——他们的目的是达到资产者的那种优越处境，他们想使所有的男人，包括未开化的人，以及妇女都达到那种处境。——他们没有同委员会断绝关系；他宣读一个决议案来证明这种说法。——他们没有得到被暂时解散的通知；关于各支部的成员的决议案，委员会根本无权通过。——这个委员会是一个专横霸道的、集中制的委员会。第12支部①反对集中制。至于会费，斯普林街委员会已寄来了，他可发誓担保！

左尔格：② 第12支部原来是按照一个虚假的理由被接纳的，因为威斯特曾声称，它的多数成员都是雇佣工人。——普林斯街委员会于12月初收到了福赛斯街委员会关于实行分裂的建议。总委员会并没有作出什么新的规定，它只是作了一个说明（关于应有2/3的雇佣工人）。——伍德赫尔夫人追求个人目的，这一点威斯特先生本人已经讲了。我们并不反对他们有思想自由或意见自由，我们只是拒绝他们把自

---

① 以下删去："敌视"。
② 这一页的末尾空白。左尔格的这个发言是由他本人书写在一张贴在原稿上的同样的纸上。

己的一些特殊的观点带到我们的组织中来。我们的对手无耻地破坏了伦敦代表会议的第17项决议,他们在大庭广众之中大讲特讲我们的种种意见分歧[14]。他们没有缴纳1871—1872年度的会费。他们非常起劲地传播那些阴谋反对协会的人的消息。

他们曾背着中央委员会、其他支部等等,力图从总委员会那里取得对美国的组织的领导权,妄图反对那些不幸出生在另一个大洲的同志,——这就有力地证明他们根本不是国际主义者。

他们在自己的会议上,往往以轻蔑的口气谈论那些他们妄图除掉的法国的公社社员和德国的无神论者,而且在他们的许可下,公开发表这些言论。

我们要求遵守纪律;我们要求不是服从某个人,某个委员会,而是服从原则,服从组织。

美国的工人阶级,首先是由爱尔兰人,其次是由德国人,再次是由黑人,最后才是由美国的本地人构成的,因为美国人宁愿从事投机活动和在办公室里游手好闲等等。由此可见,为了建立一个好的组织,我们非有爱尔兰人不可,可是爱尔兰人过去和现在都向我们声明:只要伍德赫尔、克拉夫林及其追随者们在那里当道,他们的同胞就决不加入协会。

由此可见,如果我们想要扩大和发展组织的话,便必须对协会加以净化。①

索瓦说,该支部为**牺牲了的公社社员**做了许多事情,伍德赫尔夫人为追悼会捐了100美元[15]。

左尔格:没有拿出分文来给活着的公社社员!

---

① 以下是由勒穆修作的记录。

[**索瓦**]：他是反对第12支部的，不过有些支部谴责暂时解散一些支部的这种做法，认为这是任意行事。威斯特已经把钱寄出了，这是完全可能的，既然他发了誓，对此就不必怀疑了；钱可能是遗失了。——斯普林街的委员会当时没有拒绝履行对公社的事情的责任，至少它否认有这种事。——代表大会给了威斯特以发表意见的机会，索瓦对此表示感谢。

　　吉约姆说,① 同资格审查委员会的说法相反，汝拉联合会根本没有向美国写信，没有号召拒绝缴纳会费。——它只写过唯一的一封信，其中说：你们惹出是非来了等等。我应当把一些支部的情况告诉你们。委员会行事专横霸道。他提出的回答说，卡尔·马克思的朋友们在组成新委员会时搞了政变。执行局早就成立了；对手已经被赶走了。——接着对许多支部进行批评，吉约姆由此作出结论说，复信的作者没有抱成见。

　　左尔格回答说：除了对他自己之外！

　　左尔格接着说，汝拉联合会在最近一期的简报中发表了一封反对协会和总委员会的臭名昭著的信[16]。他要求把吉约姆宣读过的该信的可靠副本拿出来，因为他打算对该信的作者给予答复。——该信中的一切指责都是无稽之谈。——埃利奥特曾对我的支部和我个人进行了无耻的诽谤；他因无法反对原则，就实行人身攻击。② ——为了证明斯普林街委员会的虚伪，我曾建议在该报进行公意审判；但他对我的建议没有回答。

　　勒穆修宣读发表在《汝拉联合会简报》上的信，这封信是斯普林街委员会为回答关于暂时解散第12支部的命令以及总委员会关于调整

---

① 后面删去："马克思声称"。
② 见本卷第138页。

一些支部的成员的决定而写给他的。——他想首先提醒一下，这封信把上述联合会委员会根据一些荒唐的考虑而通过的一个决议通知了总委员会，那个决议是打算把西班牙、瑞士和伦敦的一些分裂分子联合起来，成立一个新的协会。——由此可见，这些人根本无视代表大会授予总委员会的权力，他们不是按照章程的规定，推迟到现在来申诉自己的不满，而是企图建立一个新的组织，同国际公开决裂。——仅仅这一事实就要求宣布第12支部的委托书无效。——至于上述文件，汝拉联合会已抹掉了其中一些使它名誉扫地的地方，而且对其中另一些地方它也无耻地进行了伪造。——勒穆修特别提请代表大会注意：① 汝拉联合会的机关报以及它的兄弟报刊，即由韦济尼埃和朗德克出版的《联盟报》，对总委员会及其成员发动进攻，两者是互相呼应的，后者已被揭露出是一家警察的机关报；它的编辑是被伦敦的公社流亡者协会作为警察局的代理人而开除出去的。

这种伪造的目的是要把参加了总委员会的公社社员描绘为波拿巴制度的崇拜者，而根据这伙混蛋的胡说八道，总委员会的其他成员则是俾斯麦分子。似乎真正的俾斯麦分子和波拿巴分子，不是那些充当政府密探、伤害无产阶级事业的真正捍卫者的人，如各种各样的《联盟报》的下流文人等。因此，我要对他们这些无耻的诽谤者说：你们才是俾斯麦、波拿巴、梯也尔警察局的走狗。——你们是伪造者！

布里斯梅提出一个提案：

代表大会既然承认消灭阶级的原则，就不能接纳资产阶级支部的代表。

---

① 勒穆修的这个发言以下的部分，记录在记录着左尔格的发言的一张粘贴上去的纸的反面。

赛拉叶鉴于这是一个原则问题,提议进行记名投票。①

投票反对接纳的有:阿尔诺、贝克尔、布里斯梅、巴里、库尔奈、克楠、杜邦、达夫、杜瓦尔、德雷尔、埃伯哈特、弗吕兹、法尔卡什、弗里德兰德、弗兰克尔、格尔哈特、埃尔曼、赫普纳、海姆、若昂纳尔、马克思、库格曼、列斯纳、吕坎、拉法格②、勒穆修、米耳克、皮尔、朗维埃、斯瓦尔姆、索瓦、左尔格、肖伊、赛拉叶、赛克斯顿、舒马赫、罗什·斯普林加尔、瓦尔特、符卢勃列夫斯基、范·德尔·豪特、范·登·阿贝勒、瓦扬、维沙尔、狄慈根、杜蒙、麦克唐奈、维尔莫。

缺席者:龙格和恩格斯——有正当理由;其他缺席者有:贝尔纳③、西里尔、吉尔肯斯、黑尔斯、里廷豪森;弃权者:所有的4个西班牙人、埃卡留斯、吉约姆、哈科特、莫特斯赫德、施维茨格贝尔和罗奇。

第12支部的委托书被认为无效。④

西班牙人之所以弃权是因为要按照限权委托书办事,他们本人赞同这一措施。

哈科特之所以弃权是因为他对这个问题的提出不了解。

埃卡留斯之所以弃权是因为他曾同第12支部有通信联系,被指责为参与了反对总委员会的阴谋。他之所以对这个原则问题弃权是因为这预先决定了关于委托书的问题。

---

① 记录中没有对布里斯梅的提案进行记名投票。下面是对威斯特的委托书进行的记名投票,见本卷第139页。
② 后面删去:"龙格"。
③ 大概是伯恩哈德·贝克尔。
④ 下一页的开头重复了这句话。

莫特斯赫德对问题的原则投赞成票，对批准委托书弃权，因为昨天接纳了情况相同的巴里。

罗奇之所以弃权是因为如果承认这一决定，那就会使得该委员会和各支部的一半成员不得不被开除出去。

吉约姆对问题的原则表示赞同，但对问题的实际方面表示弃权，因为他认为自己对情况不够了解。

施维茨格贝尔的理由同吉约姆。

有20人签名提出一个议案：要求任命一个同盟问题委员会①。

吉约姆抗议代表大会对秘密团体进行审查。

赛拉叶提议把委员会的任命推迟到晚上进行，明天开公开会议。

已2时40分了：宣布散会，晚上的会议于7时开始。

35票对18票。

第六次会议

1872年9月4日，星期三下午

下午的会议

左尔格说，既然已批准了委托书，该最后任命大会主席团的成员了。

杜邦要求宣读记录。

主席表示反对，说这要花费很多时间。

左尔格坚决认为必须立即组成最后的大会主席团。

---

① 见本卷"声明和提案"部分文件2。

一致通过。

朗维埃通知说，收到了牟尔豪森支部发给汝拉联合会的委托书[17]。

左尔格要求立即任命主席团。

拉法格提议休会5分钟，以便拟定名单。

弗兰克尔提议只投一次票，得多数票者当选。

朗维埃	得36票	贝克尔	6票
格尔哈特	27票	弗兰克尔	3票
杜邦	27票	阿贝勒	4票
布里斯梅	26票	若昂纳尔	1票
左尔格	25票	赛克斯顿	1票，等等。

朗维埃当选主席。

杜邦表示推辞，主张选布里斯梅。如果这样的话，那就会是：1个法国人，1个比利时人和1个荷兰人。

布里斯梅表示推辞，因为有些人没有选他。

左尔格被提出进行表决，一致通过选举他。

库格曼提议对范·登·阿贝勒表示感谢。

朗维埃以代表大会的名义向阿贝勒致谢。

范·登·阿贝勒做了他所能做的一切，对于这种关心他很感动。

朗维埃以在萨托里兵营中牺牲的光荣的烈士费雷命名的支部的名义向代表大会表示感谢。①

---

① 这一页的末尾空白。勒穆修的笔体写着："下接第1页（用铅笔写的）"。以下是勒穆修作的记录，他被选举为最后一次大会的主席团的法文记录员；记录用铅笔写在账本上，编号1—36，以下有22页未编号。

会 议
9月4日（星期三），下午7时

选举最后的大会主席团。

朗维埃当选主席。

左尔格和格尔哈特当选副主席。

主席为代表大会给予他的荣誉——他是以牺牲在萨托里平原的光荣烈士费雷命名的支部的代表——向大会表示感谢；他以巴黎公社的名义向大会表示感谢，我们在这里是公社的代表。

任命翻译：

埃卡留斯和维尔莫——英文，

弗兰克尔和库诺——德文，

范·登·阿贝勒和达夫——佛莱芒文，

马尔塞劳和阿莱里尼——西班牙文。

记录员：

勒穆修——法文，

麦克唐奈——英文，

赫普纳——德文，

范·德尔·豪特——荷兰文，

马尔塞劳——西班牙文。

通 知

范·登·阿贝勒征得许多代表的同意，已预先通知了报界的代表，说明天举行公开会议。

格尔哈特宣读一封信,说阿姆斯特丹联合会委员会邀请代表大会在结束它的工作之后去该市举行一次会议。①

若昂纳尔请求把今天下午的会议延长,或者到明天上午8时再开,以便能为公开会议做好准备。他希望采取措施以避免好事者拥入会场。

范·德尔·豪特转达海牙支部的愿望:请代表大会尽可能地对公众广开大门。他谈到为了避免过分拥挤应该发门票的问题。②

埃卡留斯提议请委员会采取这些措施并转入议事日程。

大家一致同意转入议事日程。

左尔格宣读如下的提案:

鉴于德国和奥地利的代表必须出发去参加美因茨代表大会[18],而且某些丹麦和法国代表即将回国,应尽快地结束形式方面的问题,然后研究关于总委员会的问题,最后研究关于下届代表大会的时间和地点问题。

对章程的修改可放在这一切之后。

签字者:弗兰克尔、拉法格、库诺、贝克尔等。

索瓦认为,应当首先听取总委员会的报告,讨论它的活动并进行改选。

拉法格说,一些代表不能等待,为他们着想,应立刻提出关于总委员会的问题;总委员会的改选应放到最后进行。索瓦提不出一条有说服力的理由反对他的提案。

肖伊说,德国每年一次的代表大会于两天以后召开,要求他们出席。因此,他希望首先讨论最重要的问题:应当授予新的总委员会的权限,总委员会的驻地等等。

---

① 邀请信的全文见本卷第294页。
② 后面删去:"作为一种有助于维持秩序的措施"。

他很不愿意离开我们的代表大会；不过如果不出席美因茨的代表大会，他也同样感到遗憾，因为他和他的朋友们已收到了由奥地利、匈牙利和德国寄给他们的参加代表大会的委托书。

布里斯梅不理解，所谓应当授予总委员会的权限指的是什么。

拉法格给他作解释。

布里斯梅希望首先修改章程，而这就足以导致取消总委员会，比利时人在自己的代表大会上就曾提出过取消总委员会的提案[19]，只有在拔除总委员会的爪子和牙齿的条件下才暂缓执行。——如果不这么办的话，比利时人将退出国际，并且同瑞士、西班牙、美国的分裂出去了的人联合起来。

贝克尔说，有些人企图预先解决这个问题：肖伊已提出了有力的证据。最后，关于将来的总委员会的权力的问题，这应由代表大会来决定。

莫拉戈抱怨说没有让他发言。

主席说他没有登记。

吉约姆要求让莫拉戈发言——现在已给他登记上了。

赫普纳说，那些反对提案的人并没有了解那个提案。他补充说，代表大会的某些代表抱怨总委员会的权威；对这个问题的辩论非常重要，不能不让那些快要离开的代表听一听。

以42票通过休会的决定，无反对票。

以41票通过提案，无反对票。

西班牙人由于所持的是限权委托书而不得不弃权；他们提议立即修改表决方式，以便今后不再受约束。①

莫拉戈感到非常遗憾的是，他只能弃权，不过西班牙联合会认为，

---

① 见本卷"声明和提案"部分文件4。

现在的投票方式是不民主的，如果由许多人发给的委托书不比由一个小团体发给的委托书起更大的作用的话，那是不公正的。

恩格斯说，大会的时间是利用得恰当的；一些使国际不安的问题已在批准委托书的过程中解决了；但愿布里斯梅不要见怪，这些问题的解决是完全有利于总委员会的。

在德国实行的是西班牙人所建议的那种投票方式，既然有人说他是泛日耳曼主义者[20]，那么他就要捍卫德国的发明权。这到时候会实行的。西班牙人所持的是由他们的联合会委员会发给的限权委托书。所以在讨论章程的相应条文的时刻来到之前，他们还得受那种委托书的约束。最后，他重复说，如果他们在这个问题上占上风的话，那将是泛日耳曼主义的胜利。

埃尔曼要求立即对这一条文进行修改。比利时所实行的也是西班牙人所要求的那种方式。现在的方式会造成不公平，到时候他将指出这种现象。

赫普纳坚持不要打乱辩论的进程，并提议转入议程。

维尔马尔说，西班牙人提议的对章程的修改，即使被通过的话，也不适用于本届代表大会；否则，一些人数不多的支部的代表如果预见到这种情况的话，它们就会采取相应的措施。他举出一些例子来证明自己的这个思想。

西班牙人的提案被付表决，否决了。

吉约姆表示抗议，声称汝拉人也将弃权。

主席回答说，他们的行为是荒唐的，因为他们如此随随便便地攻击的东西，根本不是总委员会或本届代表大会创造的，而是国际工人协会的章程。

会议于半夜闭幕。

明天的秘密会议于上午8时开始，公开会议于10时开始。

记录员　**勒穆修**

第七次会议

1872年9月5日，星期四，上午

代表名单

阿尔诺，安东——代表瑞士支部

贝克尔，菲力浦——瑞士

布里斯梅——比利时

巴里——美国

贝克尔，伯恩哈德——普鲁士

库尔奈——英国

库诺——普鲁士

克楠——比利时①

会 议

9月5日，星期四

第一次点名于8时20分进行。

缺席者：

巴里、达夫、弗吕兹、弗兰克尔、赫普纳、罗奇、斯瓦尔姆、赛克斯顿、范·登·阿贝勒、瓦扬、埃卡留斯②。

主席提议暂不宣读记录，以便在10时公开会议开始之前结束这个会议。

---

① 本页末尾及下（第5）页空白，代表名单见本卷第368—371页。
② 以下删去："哈尔科……"

通过。

吉约姆要求任命一个委员会，并且要求在他所主编的报纸上发表经该委员会审核过的罗格朗的信的原件，以便证明，进行了伪造的是罗格朗，而不是他①。

马克思要求公布吉约姆宣读过的那封充满了谎言和诽谤的信。

勒穆修不赞成任命一个委员会，因为这封信本身就是假的和侮辱人的，而且那些复制这封信的人要同作者一道承担责任。此外，很可能是吉约姆和罗格朗合谋干出这种弄虚作假的没良心的事。

马克思、若昂纳尔、拉法格（资格审查委员会）

社会主义宣传支部给代表大会发来电报说，如果茹柯夫斯基冒充它的代表，那是毫无根据的。②

主席提请大会注意，威斯特不应混杂在代表之中。

索瓦说，他耳朵有点聋，在走廊里听不见。

恩格斯反对提供这样的特权，因为根据这一理由，所有的耳聋的人都有权混杂在我们当中，而且，威斯特曾经夸下海口说：他如果不是从大门的话，也要从窗户钻进代表大会。

威斯特站起来走向走廊。

茹柯夫斯基回答说，签署这封电报对他进行中伤的人，根本不属于该支部。

德雷尔认识签名人之一米雄以及电报的签署者拉科尔，他对拉科尔的话坚信不疑。

瓦尔特说，拉科尔不久以前干了不光彩的事，首先应对他进行调查。

---

① 见本卷"声明和提案"部分文件6。
② 电报全文见本卷第338页。

拉法格提议先转入议事日程,等一等电报中所说的那封信。

议事日程是任命同盟问题委员会。

左尔格提议委员会由 5 人组成,并且请求休会 5 分钟以便考虑人选。①

马克思说明:总委员会的报告之所以不涉及内部问题,是因为:(1)如果涉及了的话,则公开宣读这个报告,在国际遭到禁止的那些国家内会使国际受到损害。(2)各联合会没有履行最近几次代表大会所规定的义务,没有向总委员会提出报告。(3)因此,即使不考虑发表这个报告造成的危险,也不可能草拟出这样一个报告来。

马克思提议先把秘密会议和公开会议确定下来。②

吉约姆要求让受到控告的少数派派出 1 人参加由 5 人组成的委员会。

索瓦不知道这里谁是多数派,谁是少数派;但必须排除所有的当事人,无论是总委员会委员还是同盟盟员。

若昂纳尔提醒说,昨天上午马克思也提出过同样的建议。③

马克思提议最好选会说法语的代表,以便节省时间;他补充说,不是要对个人而是要对同盟这个团体进行审查,在进行审查时,凡是坚持真理的人④都会持公正的态度。

吉约姆对马克思的解释不满意,说因为已经指名道姓了。

马克思接着说:不过你们否认了。

休会 5 分钟以便提出候选人。

---

① 后面删去:"肖伊说"。
② 这里记得不确切。参看本卷第 146 页。
③ 后面删去:"杜瓦尔"。
④ 后面删去:"在探求真理当中团结起来的人"。

出席的有 57 个代表——共 50 张选票。

赛拉叶	1 票
杜邦	1 票
恩格斯	1 票
一张空白选票	
斯普林加尔	31 票，当选
肖伊	17 票
杜蒙	[12 票]
布里斯梅	17 票
达夫	[15 票]
库诺	33 票，当选
维沙尔	20 票，当选
瓦尔特	29 票，当选
吕坎	24 票，当选
索瓦	15 票
斯瓦尔姆	11 票
弗兰克尔	[3 票]
马尔塞劳	1 票
海姆	1 票
左尔格	[3 票]
皮尔	1 票
德雷尔	[2 票]
吉约姆	1 票
朗维埃	1 票

委员会由下列人员组成：库诺、斯普林加尔、维沙尔、瓦尔特和吕坎。

阿莱里尼和**吉约姆**要求成立一个由 5 人组成的委员会来审查总委员会的某些活动以及它的某些成员在幕后搞的阴谋。

左尔格问道,埃卡留斯是不是你们提到的总委员会的委员,如果是的话,说起来他的问题是很多的。

马克思提议让控告者自己去任命一个委员会。

阿莱里尼和**吉约姆**提议让审查同盟的委员会也对总委员会进行审查。

库诺说,让那些幼稚得要控告总委员会的人去任命自己的委员会好了。

由受委托对同盟进行审查的委员会调查一下阿莱里尼和吉约姆所提出的指控[21]。

第八次会议

1872 年 9 月 5 日,星期四上午

公开会议

点名:在第一次点名时凡未回答者将被认为缺席。

朗维埃在点名之前发言。种种事件使得我们在去年未能召开代表大会——有些人对此提出过抗议。国际会员遭到了凡尔赛人的迫害。

这些迫害加强了我们的力量,诽谤正在销声匿迹,胜利就在眼前,我们要不顾任何①迫害去夺取胜利。

代表会议②产生了非常好的影响,农业工人正在靠近我们;所有的劳动者都想促进自己的解放事业,促进遭到恶毒中伤的国际的事业。

---

① 后面删去:"攻击"。
② 1871 年伦敦代表会议。

他感谢荷兰，因为它懂得尊重自由，接待了我们。——一些卑鄙的部长曾要求不让"纵火者"入境；发言人提出了一些战略上的理由对纵火作了解释——我们所犯的罪就在于我们被那些背叛法兰西和共和国的人打败了。

瑞士尊重避难权。英国第一个声明，说我们是政治活动家，一个曾经允许波拿巴避难的国家不能不让失败的公社社员入境。——发言人说，茹尔·法夫尔和特罗胥这些叛徒和杀人犯竟胆敢说我们是强盗，而他们自己是好人。

那些曾经使国际陷于分裂的错误，在代表大会的光芒的照耀下一定会消失，全体国际会员一定会沿着人类进步的道路共同前进，他们以人类进步的名义要求劳动解放和消灭阶级。

点名：

缺席者：西里尔、赫普纳、哈科特和黑尔斯，他们都有正当的理由。

宣读总委员会的报告

格尔哈特宣读荷兰联合会委员会邀请代表大会在结束了自己的工作之后在阿姆斯特丹举行一次联欢会的信。①

大会注意到了。

拉法格提议把这个建议提交行政会议讨论。

赛克斯顿博士用英语宣读总委员会的报告。

龙格用法语宣读报告。

马克思用德语宣读报告。

---

① 邀请信见本卷第294页。

范·登·阿贝勒用佛莱芒语宣读报告。①

对批准报告的提案进行表决，一致通过。

主席估计，有些代表之所以弃权，是由于受自己的限权委托书的约束。

一致热烈鼓掌通过如下的提案：

在海牙召开的国际工人协会代表大会，代表全世界无产阶级，向为了自己的信仰而牺牲的争取劳动解放的英勇战士表示敬意，向目前在法国、德国、丹麦和全世界正在受到资产阶级反动派迫害的一切人致以兄弟般的同情的敬礼。

提案签署人：施维茨格贝尔、索瓦、布里斯梅、埃伯哈特、达夫、库诺、莫拉戈、拉法格等。

布里斯梅提议每次公开会议都在晚上举行，以便工人能够出席。

一致通过，未统计票数。

左尔格提议休息15分钟，然后举行秘密会议，公开会议从7时开始。

若昂纳尔说他不是铁打的，他提议宣布休会到4时，4时至7时继续开秘密会议，然后接着开公开会议。

左尔格对自己的提案加以解释：休息一刻钟，这个会议开到3时为止，从7时起开公开会议。

布里斯梅支持左尔格的提案。

若昂纳尔提出修正案：这个公开会议立即休会，4时再接着开，以便在7时以前结束。

以27票对19票通过。

库诺问道：德意志帝国的领事施拉姆先生是否在场，如果施拉姆不愿意被人们叫做胆小鬼和骗子的话，请在会议结束后走到他跟前去！

---

① 报告全文见本卷第227—235页。

日内瓦联合会致海牙代表大会

公民们!

在于尼凯堂召开的日内瓦联合会代表大会向你们表示最热烈的同情,并且希望在结束了你们在代表大会上的工作以后,我们的协会将变得更加伟大。

致兄弟般的问候。

国际工人协会万岁!

以联合会代表大会的名义

主席　培列

书记　雷蒙　德洛姆

点名:缺席者为赫普纳。

奥斯坦对出席代表大会的公社社员朋友们致以兄弟的敬礼。[①]

会议于2时闭幕。

记录员　勒穆修

第九次会议

1872年9月5日,星期四下午

会　议

9月5日,星期四,4时15分——(公开会议)

缺席者:西里尔、弗里德兰德、吉约姆、库格曼、斯普林加尔、阿

---

① 贺电全文见本卷第290页。

莱里尼。

左尔格通知说，狄慈根①公民因有急事不得不离开代表大会。

主席②代表费雷支部宣读一个通知[22]。

维尔马尔说，这是该支部给自己的一个代表写的一封信，如果我们宣读所有的这一类文件，则这个会到什么时候也开不完。

吉约姆指出，费雷支部的信中包含着攻击，把巴枯宁和马隆这些诚实的人的名字同声名狼藉的阿尔伯·里沙尔和加斯帕尔·勃朗混在一起。

龙格反对维尔马尔认为应对该信置之不理的建议。也许宣读那封信不是时候，但是，抛开人的名字不谈，读读这封信对于讨论是有益的。

龙格提议，把已经宣读过的部分翻译出来。

对要求转入议事日程的提议进行表决。

宣布瓦扬、朗维埃等人的一个提案。③

杜邦要求任命一个委员会来研究电报、信件、报告，以便节省时间。

利沙加勒请求主席号召听众遵守秩序。

主席请求那些爱发笑的先生们到别的什么地方去寻欢作乐。

弗兰克尔、德雷尔、拉法格、赫普纳、杜邦、布里斯梅被推荐参加建议成立的委员会。——全部当选[23]。

议事日程

讨论总委员会及其职能。

---

① 原稿误作："齐肯斯基"。
② 朗维埃。
③ 见本卷"声明和提案"部分文件9。

埃尔曼说，在一些国家内产生了是否应当取消总委员会的问题。在瑞士，有人认为，组织程度已经很高，可以不要中央管理机构了。——在比利时，人们的想法有些不同：他们希望削弱总委员会的权力，而且它应由各国的代表所组成，它无权加聘新的成员。我们的目的是要用举行罢工、建立联合会等一切办法来消灭雇佣劳动，但要让各国①不依赖于总委员会的权力自由地进行斗争。

拉法格说，埃尔曼转达了许多口头的和书面的委托，如果他拉法格也想讲他受到的许多委托，那他就得讲很长的时间。——议程上的头一个问题是关于总委员会存在与否的问题。

达夫反对拉法格所建议的议程。埃尔曼正确地提出了问题；发言人也得到了类似的指示。

龙格说，拉法格不对，埃尔曼是根据议程开始一般性辩论的。——他只是提议限制就每一个问题发言的人数。

杜邦要求遵守议事日程。——不应限制发言人数目，应对发言人进行登记，让赞成者和反对者轮流发言，当会议认定问题已经搞清楚时，就进行表决。

朗维埃要求，提出提案的人可以发言10分钟，如果他要再次谈这个问题时，还可发言5分钟，每人就每个问题发言不得超过两次。

进入议事日程。

一般性辩论

拉法格阐述他得到的指示的总的意图：消灭阶级；劳动是新社会的

---

① 后面删去："可以根据条件……不听从总委员会的权力……各自为解放而斗争。"

基础；实行公有制；把一切劳动工具转交给工人团体；实行国民教育。办法：使工人阶级脱离它的敌人——王权、教会、资本——，从而把它组织起来。

用争取消灭阶级的伟大斗争代替哲学的、政治的和宗教的等各种斗争形式。

总委员会必须把我们的协会在各个国家的会员联合起来，它的职能应当保留，而联合会委员会为自己的各支部向总委员会负责，总委员会本身向代表大会负责。——里斯本发给他的委托书就是按照这样的精神写成的①；那里的人们认为，必须有一个被赋予权力的总委员会，这是各个联合会之间的唯一的联系；如果没有它，就不能消除资产阶级为了分裂我们而设置的种种障碍。——假使不存在总委员会的话，我们也要建立它。

吉约姆回答说：国际中有两个派别，一个派别主张必须有一个由一些专门宣传某些社会教条的人组成的团体，认为如果没有这么一个中心团体就不会有统一。另一个派别认为，国际是每一个国家的经济条件的产物：资本主义剥削在全世界造成了共同的利益；因此，这不是某种特殊的观念。既然存在着这种共同性，那么它就构成各联合会之间的联系，要是没有这种共同性，那才需要总委员会。

汝拉联合会的委托书。——汝拉联合会有理由抱怨总委员会的权力，它的会员曾经错误地赞成赋予总委员会这种权力；经验告诉他们，存在着一种危险，他们希望扭转局势。总委员会尊重在比利时的国际的自由，但破坏了汝拉人的自由。我们已经在通告信[24]中阐明了反对总委员会的理由，这个思想已为自己铺平了道路。联合会委员会不拥有权力，总委员会也不应当拥有权力。

---

① 葡萄牙联合会发给拉法格的委托书全文见本卷第360—361页。

他们①本来没有要取消总委员会的想法；他们看到，比利时人提出了这个问题，其解决办法是建立一个通讯和统计的中央局。

是否需要强有力的中央权力呢？国际认为，经济斗争和政治斗争是不可分割的。政治斗争——而吉约姆认为这是坏事——表现为提出工人候选人或者进行革命，而在这一方面，总委员会什么事情也不可能做，而且什么事情也没有做过：无论是在罢工中还是在政治斗争中，伦敦没有提出过任何口号！

有人说，总委员会应当引导国际去进行街垒战和总罢工，应当作为一个巨大躯体的头脑——我们根本不需要这个东西。

左尔格：吉约姆依据的是实验的方法——了解一下他的经验倒是挺有意思的……我们的经验向我们表明的恰巧相反。汝拉人似乎没有任何权威。那么他们的那些发表在报刊上的幼稚言论是什么呢？总委员会什么事情也没有组织。——那么纽卡斯尔的罢工呢？巴黎铜匠的罢工呢？生产缝纫机的纽约工人请求总委员会干涉的事呢？[25] 如果说总委员会不是指挥国际大军的将军，那么它就是组织干部的总参谋部。

协会是否需要一个头呢？对这个问题的否定的回答会把我们降低到低等动物的水平。是的，我们需要一个头，而且是一个有脑子的头。——他们有经验，我可以给大家讲一个故事：关于他们搞自治制的大笑话，等等。——美国代表大会声明：我们需要集中制，如果没有集中制，我们在统治阶级面前就软弱无力。总之，我们需要总委员会，如果说过去总委员会做得不够，那么这是由于它没有足够的权力。——我们现在就是要授予它这样的权力。

有人提议遵守议事日程。

龙格说，也许斯普林加尔没有听明白；但要求缩小权力的人是投反

---

① 后面删去："起初"。

对票的。我们则要求扩大权力。

吉约姆声称，莫拉戈马上要出去参加委员会的会议，请范·登·阿贝勒让他先发言。

莫拉戈说，关于总委员会的问题，他的发言不能超出他的限权委托书，他希望取消总委员会。——他的委托书要求，总委员会对各联合会不应当有任何权力，它只应当是通讯和统计的媒介和中心。——过去工人们只知道国王的专制，在国际中不应有专制，如果我们建立这样的权力，用自己的暴政来代替国王的暴政，那我们就是犯罪。至于将来总委员会有多少成员，他们认为无所谓。——如果代表大会不仅保持而且扩大总委员会的权力，西班牙决不服从，西班牙人要保持自己的自由和自治。

他们的限权委托书要求废除总委员会，不过他们同意设立一个通讯和统计中心。西班牙人只希望同所有的人保持朋友关系——在这个意义上他们同意设总委员会。否则，如果代表大会让总委员会保持着专制的权力，那么，它的全部重担将由那些赞成的人承担。①

赛拉叶和**杜邦**要求把辩论推迟到明天下午② 6 时举行的公开会议上去进行。

业已登记的发言人的次序保持不变。

秘密会议于明天 9 时举行。

委员会要开会而且要征求代表们的意见，所以今天晚上不可能召开秘密会议了。

最后点名：缺席者，埃卡留斯、库格曼。

会议结束。

---

① 见本卷"声明和提案"部分文件10。
② "下午"是按英文本加的。——译者注

第十次会议

1872年9月6日,星期五,上午

会 议

9月6日,星期五(上午)9时半

缺席者:德雷尔、埃卡留斯、法尔卡什、弗里德兰德①、里廷豪森、维沙尔(因病)②。

有人提议立即开始讨论章程。③

(1)赞成者和反对者各有2人发言。(2)每人发言不得超过5分钟。④

达夫要求宣读记录;凡是说过的话,都要保存下来。

主席回答说,记录员无法完成这个任务。

杜邦提议举行秘密会议宣读所有的记录[26]。

范·登·阿贝勒说,在转入讨论章程之前,应彻底解决关于总委员会的问题。

瓦扬说,国际在等待着修改章程,如果代表大会不采取行动,而只限于发表演说,那就会辜负各个支部的愿望——因此,不能……

杜邦认为,两人发言不够,不应限制发言的人数。

---

① 后面删去:"吉约姆"。
② 后面删去:"瓦尔特代表请求允许它的成员退场以便进行自己的工作;他们的票数以后再统计。"
③ 后面删去:"方式如下:由一个赞成者发言,一个反对者发言。"
④ 后面删去:"签署人:杜瓦尔、左尔格、贝克尔、赫普纳、拉法格、皮尔、舒马赫、海姆、埃伯哈特、勒穆修。"见本卷"声明和提案"部分文件11。

此提案以 34 票对 4 票通过。

（此提案是对秘密会议而言。）

提案一：我们要求代表大会立即就下列条文开展辩论。

第 2 条——总委员会必须执行代表大会的决议，并且监督每一个国家严格遵守国际工人协会的共同章程和组织条例的原则。

第 6 条——总委员会也有权将国际的分部、支部、联合会委员会以及联合会暂时开除，直到应届代表大会为止。但是，对于加入了某一个联合会的支部，总委员会只有在事先听取了该联合会委员会的意见以后，才能使用这一权力。

总委员会在解散一个联合会委员会时，应同时建议联合会的各支部在 30 天以内选出新的联合会委员会。

总委员会在暂时开除整个联合会时，应立即通知所有的联合会。

如果大多数联合会都提出要求，总委员会应至迟在一个月内召开非常代表会议，由每一个民族各派一名代表出席，对争论的问题作出最后决定。

但是，不言而喻，国际遭到禁止的那些国家，享有与合法存在的联合会同样的权利。

署名人：左尔格、贝克尔、杜瓦尔、赫普纳、拉法格、皮尔、米耳克、贝克尔、勒穆修、舒马赫、海姆、古斯塔夫·路德维希。

贝克尔说，既然这里的问题是要讨论总委员会的权限，如果不作周密的考虑，那就会使得辩论没有什么益处；① 时间正在浪费过去。——他说，我们带的钱不允许我们耽搁，而我们不能什么结果也没有就离开。

瓦扬说，可以把那个关于立即讨论章程的提案挪到公开会议上去执行。——他说，在解决了关于总委员会的问题之后，应讨论把关于政治

---

① 后面删去：“有人提出种种反对意见来迫使我们浪费……”

行动的条文写进章程的问题,并且规定会费的数额。只有把这些问题解决了,国际才能继续前进。

瓦扬递交了自己的提案。①

布里斯梅说,这个提案的目的是要扩大权力,而他主张要缩小权力——这是一个原则问题。人民是有主权的,总委员会只应是一个咨询局。(汝拉人鼓掌)

龙格回答说,弗吕兹的逻辑性比布里斯梅还要多一些。没有他们所说的那样一个通讯局,也可以通讯。他说,各联合会委员会是各联合会的领导机关。——同样,总委员会应有可能对各联合会施加影响,以便代表大会的各项决议能得到贯彻。这里所讨论的领导机构的任务就在于此。②

吉约姆说,少数派已经表示了自己的意见;而多数派已商量好要发表自己的意见,我们的确是在浪费时间。你们事先已经决定要通过你们的提案的一切条文,那么,讨论这些条文就是无益的了。立即全部予以通过就够了。

赛拉叶说,他反对一切事先想好的主意,他拿吉约姆的话回敬吉约姆和一切持限权委托书的人。至于我们,我们是作为自由和自觉的人到这里来的。——吉约姆打断我的话,说我们只代表自己。——我回答他说,我们代表着30个行政区,我可以举出通信来作证:我们的通信比过去——在帝国下由弃权论者掌握着通信时——要广泛得多。

通过结束辩论的决议,只有5票反对。③

---

① 见本卷"声明和提案"部分文件13。
② 这句话在本书莫斯科英文版(第71页)中作:"他们所说的那些事情是办事员干的事"。——译者注
③ 后面删去:"索瓦希望每人都可以……"

对提案中的各项条文进行表决。

第2条。

莫拉戈说,根据这一条文,总委员会可以自由解释代表大会的决议;他确信,这些广泛的权力会造成灾难,会纵容它的霸道作风。——他重申,委托书责成他反对权威主义。

拉法格回答说,如果不授予总委员会这一权力,则一切支部,甚至警察支部就会享有这一权力;如果有一个协议,就必须有一个代表机构来进行监督,使之得到遵守。莫拉戈说总委员会霸道,难道莫拉戈本人不是来到这里把自己的委托书的霸道强加给代表大会吗?谁来参加代表大会,谁就应当服从①它的决议。

对第2条进行记名投票,以40票通过,有5票反对②,11票弃权。

赞成的有:

阿尔诺	拉法格
贝克尔,菲力浦	龙格
巴里	勒穆修
贝克尔,伯恩哈德	米耳克
库尔奈	皮尔
库诺	朗维埃
杜邦	罗奇
杜瓦尔	斯瓦尔姆
德雷尔	索瓦
恩格斯	左尔格
法尔卡什	肖伊

---

① 后面删去:"多数人的决议"。
② 原文如此。

弗里德兰德	赛拉叶
弗兰克尔	赛克斯顿
赫普纳	舒马赫
海姆	瓦尔特
若昂纳尔	符卢勃列夫斯基
马克思	瓦扬
库格曼	维沙尔
列斯纳	杜蒙
吕坎	麦克唐奈①

弃权的有：

克楠	范·登·阿贝勒
达夫	法尔加-佩利塞尔
埃伯哈特	莫拉戈
吉约姆	马尔塞劳
埃尔曼	阿莱里尼
施维茨格贝尔	

反对的有：

弗吕兹	斯普林加尔
格尔哈特	范·德尔·豪特

缺席的有：

西里尔	莫特斯赫德
埃卡留斯	里廷豪森

以上40人赞成

4人反对

---

① 后面删去："维尔莫、路德维希"。

11 人弃权

4 人缺席

范·德尔·豪特感到遗憾的是，存在着两个派别，而且有一个对一切问题都投赞成票的多数派。使他尤其感到吃惊的是，有一些公民是受到限权委托书的约束来到这里的，委托书迫使他们弃权。

第6条。

索瓦说，有人把事情说成是这样：似乎美国联合会想要扩大总委员会的权力。——选举他的人希望保留总委员会，不过首先是希望它没有任何权力，希望这个指挥者无权指挥自己的奴仆。（笑声）给予他的训令要求代表大会规定，在什么样的情况下总委员会可以暂时解散支部。在没有规定的情况下，总委员会不应有这样的权力。

龙格提议打破议事规则，满足反对这个提案的人的要求，让他们中的一个人发言。

埃尔曼说，在比利时联合会中不可能有滥用权力的事，因为联合会委员会是由对自己的选举人负责的代表组成的。如果在这种条件下联合会委员会被总委员会暂时解散，那么这就意味着在比利时的整个国际都被暂时解散。

马克思说，在讨论总委员会的权力的时候，人们指的不是原来的总委员会；就是说，不是针对我们，而是针对原则本身。他曾说过，与其投票赞成把总委员会变成信箱，不如投票赞成取消总委员会；信箱会落入新闻记者手中，而这对国际是莫大的危险。我们是要负责任的。而新闻记者先生则可以不负责。——不可能预见到一切情况，像索瓦希望的那样。在伦敦就出现过一个以章程作掩饰的警察支部。还出现过由行招魂术的人等搞起来的纽约第12支部那样的情况。我不明白，为什么汝拉人不同资产者作斗争，却在某种程度上同他们沆瀣一气。

再说，所要求的那种权力在章程中已经大体上反映出来了。提出的那项条文并没有赋予总委员会以无限制的权力，而是规定进行监督。

多年以来，总委员会碰到过许多情况：在奥地利和法国都有警察和资产阶级分子企图钻进国际，在法国，一个警察头目曾企图建立一个支部；当然，不能不予以解散。[27]韦济尼埃、朗德克和第12支部的资产者都为汝拉人辩护，他们是一丘之貉。——没有一个委员会受到的批评比比利时联合会委员会受到比利时工人的批评更多，人们责备比利时联合会委员会搞权威主义并不比总委员会搞得更少。法国人认为，他们民族主义者太多了，不能成为国际主义者。

在纽约有过暂时解散一个联合会委员会的理由；可能在其他国家某些秘密团体想控制联合会委员会，因而应当暂时把它们解散。——至于自由建立联合会的便利——如韦济尼埃、朗德克和一个德国密探所干的那样，根本不能容许。梯也尔先生已成为各国政府在反对国际的斗争中的公仆，总委员会必须拥有撤销一切腐化堕落分子的权力。

况且，现在的提案规定了保留条件。过去的总委员会无非是为协会的利益着想，而且仅仅暂时开除过一个第12支部。美国委员会的一个成员在谈及第12支部时，曾经当着荣克和勒穆修的面说过，联合会委员会没有足够的权力。

此外，联合会委员会对于向各支部发出的关于改选的呼吁可以否定——这是有利于联合会的；如果总委员会敢于采取毫无根据的步骤，各联合会的代表会议可以谴责它。

国际在某些国家中受到迫害，那是一些最好的国家，它们应享有同样的权利。你们说出来的那种担心，是骗人的东西，因为你们属于进行秘密活动的而且是最富于权威主义的团体。——总委员会既没有军队，也没有预算，它有的只是道义的力量，如果你们剥夺它的权力，那么你们自己也就会成为完全虚假的力量。

拉法格想知道荷兰的代表如何投票：他们是投票反对第一个提案的。由此可见，总委员会的反对者说什么它在荷兰准备了基地，这种责难是毫无根据的。

达夫回答说，责难总委员会选择了荷兰，这的确是诽谤。——不过，这实在不是一个重要问题。

马克思说，有记录在案，是比利时人坚决主张荷兰是最合适的地点。①

吉约姆声称，马克思曾谈到一些报纸的编辑不负责任；这种说法不适用于《汝拉联合会简报》编辑部，它是对联合会负责的。

对第6条进行记名投票：

赞成的有：

阿尔诺	列斯纳
贝克尔	拉法格
巴里	龙格
贝克尔	勒穆修
库尔奈	米耳克
库诺	皮尔
杜邦	朗维埃
杜瓦尔	斯瓦尔姆
德雷尔	左尔格
恩格斯	赛拉叶
法尔卡什	赛克斯顿
弗里德兰德	舒马赫
弗兰克尔	瓦尔特

---

① 马克思从总委员会会议记录中作了摘录，见本卷第701—713页。

赫普纳	符卢勃列夫斯基
亨·海姆	瓦扬
若昂纳尔	维沙尔
马克思	麦克唐奈
库格曼	路德维希

36

反对的有：

布里斯梅	埃尔曼
克楠	索瓦
弗吕兹	斯普林加尔

6

弃权的有：

西里尔	范·德尔·豪特
达夫	范·登·阿贝勒
埃伯哈特	杜蒙
吉约姆	法尔加-佩利塞尔
吕坎	莫拉戈
莫特斯赫德	马尔塞劳
罗奇	阿莱里尼
施维茨格贝尔	维尔马尔

16

以上36人赞成

6人反对

16人弃权

英国代表提出抗议说，由于讲某几种语言的代表的疏忽，他们没有机会阐述自己的观点。①

赛克斯顿说，他们听懂了，但他们没有获得发言的机会。法国人比较机灵：他们站到主席面前，就那么讲起来，没有理由因为英国人不那么吵吵闹闹，就不给他们发言的机会。

主席说，英国人往往到辩论已快完时才要求发言。而议事日程要求在他们发言之前就结束辩论。

巴里说，法国人和德国人比较狡猾，他们往往以一些个人的事情和对议事日程的提议等为借口获得了发言的机会。因此，他要求尽可能首先用英语讲话，以便他们能及时登记。

瓦扬、库尔奈、阿尔诺的提案：讨论关于把政治行动的条文写进章程以及会费数额问题。②

龙格说，他同意对两个问题的意义的评价，正由于这个原因他要求在今天下午的公开会议上讨论这两个问题。

瓦扬赞同龙格的这个提议，希望公开会议一开始就讨论这两个问题。

普鲁士领事③来了，他抗议似乎代表大会给他判了死刑。他要求任命一个委员会来审理对他的控告。

弗兰克尔说，库诺与领事之间的私事与代表大会无关。

主席说，这件事不应在代表大会上讨论。

施维茨格贝尔要求在讨论完瓦扬、库尔奈和阿尔诺的提案之后，提

---

① 见本卷"声明和提案"部分文件14。
② 见本卷"声明和提案"部分文件15。
③ 鲁道夫·施拉姆。

出关于表决方式的问题。①

恩格斯提出一个提案：在1872—1873年内把总委员会迁移到纽约去，它由北美的纽约联合会委员会的下列成员组成：卡瓦纳、圣克莱尔、塞蒂②、勒维埃尔、劳雷尔、贝尔特兰德、波尔特和康·卡尔③；他们有权进行增补，但委员总数不得超过15人。

签署人：马克思、恩格斯、赛克斯顿、符卢勃列夫斯基、龙格、麦克唐奈、列斯纳、勒穆修、杜邦、赛拉叶、巴里。

1872年9月6日于海牙。④

若昂纳尔指出，这样的提案不是第一个，他也签署过一个类似的。

通过一个提案：今天下午开始讨论关于把政治行动和会费的条文写进章程的问题。

恩格斯：我们的提案是基于下述考虑：过去总委员会一直设在伦敦是由于以下两个原因：（1）总委员会的国际性质——参加总委员会的有10个国家的代表；（2）这个地点对于我们的文件有充分的安全保障。

1870年，由于战争，不可能举行代表大会。总委员会曾向各联合会建议指定布鲁塞尔，但被大家一致否决了，所以仍旧设在伦敦；迁至纽约以后，我们将有2个法国人，2个德国人，1个瑞典人，1个英国人，2个意大利人等等。这就解决了各国的代表性问题；文件的安全是有保障的。其所以要对委员的数目加以限制（不超过15人），是由于如果人数太多会带来不便，在伦敦的总委员会的例子已证明了这一点。

应有12个通讯书记，1个财务委员以及2个代替缺席者的人。人们

---

① 后面删去："**恩格斯**说，施维茨格贝尔在这一点上是对的：转入政治问题的讨论就意味着离开了真正的议事日程。"
② 原稿误作："列蒂"。
③ 原稿误作："L. 卡尔"。
④ 见本卷"声明和提案"部分文件16。

对总委员会提出了许多责难，以致它的多数委员恐怕不会同意再次当选，如果总委员会仍然设在伦敦，那么它势必由一些不知名的人组成，那些人也不会提出各种保证，像被推荐作为设在纽约的总委员会委员的公民们那样。

他补充说，远离欧洲这是一个优点：各联合会将自由地发展，至于书信往来耗时费事这个不便之处，总委员会可以指定一些在欧洲的全权代理人而部分地加以消除。

瓦扬说，这个提案不能接受。从自由的观点来看是对的，但国际在那里发生了分裂，资产阶级在它的队伍中搞了阴谋活动。可能发生各联合会委员会与总委员会分庭抗礼的情况。——他不明白，为什么要让总委员会如此远离处在欧洲的基本队伍。——这支队伍将不得不为自己寻找另一个首脑，结果，某个联合会委员会会在欧洲占据这个位置。——有人说过，国际在它本身遭到迫害的那些国家中有最好的活动场所，由此可见，总委员会必须近在咫尺，——它必须设在伦敦。某些曾经作出了贡献的总委员会委员退出不干，这是令人遗憾的；但是，尽管如此，总委员会仍然应当设在伦敦。

索瓦请求听取3个美国代表的意见。——他受委托提议：（1）改变总委员会的权力；（2）根据人们对总委员会的责难，改变它的组成人员。不过他宁愿总委员会设在纽约，而不是设在伦敦。他反对增补的权力，因为有人曾滥用过这种权力。

在建议的组成人员当中有人曾经给协会造成了危害，他们可能会把一些危险人物增补进去。——因此，如果要把总委员会迁到纽约去的话，不应指定它的成员。第12支部比人们想要把它变成总委员会的联合会委员会更加不偏不倚。联合会委员会已表现出有权威主义，而且比伦敦的总委员会只多不少。——索瓦也提出了一些人。

有人要求结束辩论。

若昂纳尔表示反对，说对会议来说问题还没有完全澄清。

25 票赞成结束，19 票反对。

宣布结束辩论。

赛拉叶提议把下列问题付表决：（1）地址的迁移；（2）地址的选择；（3）委员的选举。

维尔马尔提议立即对地址进行表决。

这个修正案被否决。

对改变总委员会地址问题进行表决。

赞成的有：

贝克尔	龙格
布里斯梅	勒穆修
巴里	罗奇
库诺	瓦尔姆
克楠	索瓦
杜邦	左尔格
达夫	赛拉叶
恩格斯	赛克斯顿
若昂纳尔	符卢勃列夫斯基
马克思	范·登·阿贝勒
库格曼	维沙尔
列斯纳	杜蒙
拉法格	麦克唐奈

26

弃权的有：

西里尔	法尔加-佩利塞尔

埃伯哈特	莫拉戈
弗吕兹	马尔塞劳
吉约姆	阿莱里尼
施维茨格贝尔	

9

反对的有：

阿尔诺	吕坎
贝克尔，伯恩哈德	米耳克
库尔奈	皮尔
杜瓦尔	朗维埃
德雷尔	舒马赫
法尔卡什	斯普林加尔
弗里德兰德	瓦尔特
弗兰克尔	范·德尔·豪特
格尔哈特	瓦扬
埃尔曼	维尔马尔
赫普纳	路德维希
海姆	

23

26 票赞成

23 票反对

9 票弃权

总委员会的地址将迁移。

有人指出：西班牙人得到的指示是要迁移总委员会的地址，但他们在对这个问题进行表决时弃权。

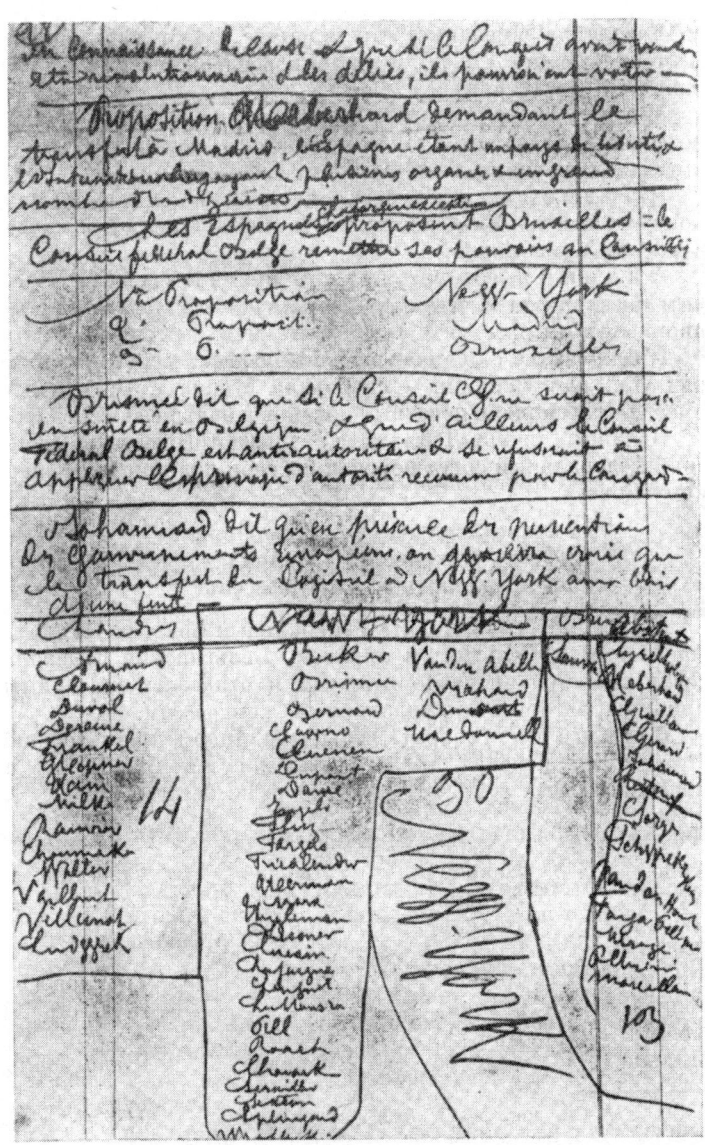

勒穆修所作关于表决总委员会驻地的一页记录

马尔塞劳说，有人讥笑他们弃权，这是不对的，这是不友好的，何况他们有根据——自己的委托书。

主席解释说，按照他们的委托书的意思，代表大会应当服从他们，人们讥笑的正是这种委托书而不是他们本人。

阿莱里尼说，他们接受委托书时，对事态是有充分认识的，如果代表大会愿意成为革命的大会，不束缚他们的手脚的话，他们也许会投票。

埃伯哈特提议，要求迁到马德里，因为西班牙是一个自由的国家，而且国际在那里有几家机关报以及许多会员。① 西班牙人——拉法格除外——提议布鲁塞尔；比利时联合会委员会似可把自己的权力转交给总委员会。

第一个提案：纽约。

第二个提案：马德里。

第三个提案：布鲁塞尔。

布里斯梅说，总委员会设在比利时恐怕不安全；再说，比利时联合会委员会是反权威主义的，恐怕会拒绝采取代表大会所承认的权威原则。

若昂纳尔说，面对着欧洲各国政府的迫害，人们可能认为，把总委员会迁至纽约形同逃跑。

赞成仍设在伦敦②的有：

阿尔诺	米耳克
库尔奈	朗维埃
杜瓦尔	舒马赫
德雷尔	瓦尔特

---

① 见本卷"声明和提案"部分文件17。

② 后面删去："纽约"。

弗兰克尔	瓦扬
赫普纳	维尔马尔
海姆	**路德维希**

14

赞成迁至纽约①的有：

贝克尔	吕坎
布里斯梅	拉法格
贝尔纳②	龙格
库诺	勒穆修
克楠	皮尔
杜邦	罗奇
达夫	斯瓦尔姆
恩格斯	赛拉叶
弗吕兹	赛克斯顿
法尔卡什	斯普林加尔
弗里德兰德	符卢勃列夫斯基
埃尔曼	范·登·阿贝勒
马克思	维沙尔
库格曼	杜蒙
列斯纳	麦克唐奈

30

---

① 后面删去："马德里"。
② 伯恩哈德·贝克尔。

弃权的有：①

西里尔	施维茨格贝尔
索瓦	范·德尔·豪特
埃伯哈特	法尔加-佩利塞尔
吉约姆	莫拉戈
格尔哈特	阿莱里尼
若昂纳尔②	马尔塞劳
左尔格	

13

纽　约

有人提议由各国的联合会推举一些成员来审查总委员会的财务报告。③

点名：缺席者。

第十一次会议

1872年9月6日，星期五下午

公开会议

9月6日，星期五，下午7时

点名：缺席的有：弗里德兰德、符卢勃列夫斯基。

---

① 后面删去："布鲁塞尔"。
② 后面删去："里廷豪森"。
③ 后面删去："**朗维埃**提议，要驳斥对总委员会的诽谤"。

瓦扬、库尔奈、阿尔诺提议结束关于总委员会的问题的辩论，因为在通过了今天上午的那些决议之后，辩论已没有什么益处了。

赫普纳问道：如果结束辩论，那么昨天登记的发言人哪能获得答辩的权利呢？

主席说，只要读一下今天上午通过的提案就足以证明再进行辩论是无益的。

海姆认为，到讨论关于工人阶级的政治行动的条文时，会有机会对昨天所说的东西进行答辩。

范·德尔·豪特对《南荷兰和海牙日报》的编辑表示愤慨，因为他把我们称为嗜血成性的公社社员。范·德尔·豪特说出了这个编辑的履历，此人的文章他就不屑翻译了，因为我们有比分析这些卑鄙行为更为重要的事情要做。

主席说，我们是怀着要尊重这个国家的法律的心情来到这里的。现在，正义的精神正在各国人民中发扬光大，荷兰人民同这个卑鄙的新闻记者相反，给了我们应有的东西。代表大会为荷兰人对我们表现的同情向他们致谢。

关于昨天公开会议上的一个偶然事故。——因为主席不懂德文，他未能……

库诺说明，他昨天攻击了德国领事，荷兰一些报纸登载了关于这件事情的消息。今天上午那位领事找到秘密会议上来了，我承认是发生了误会。经过解释以后，他给我写了如下的一封信："库诺先生曾受到过领事的无耻迫害，这理所当然地激起了他对领事的愤怒。至于我个人嘛，我从1866年起就已不再为普鲁士的政治服务，已经退休"等等。——库诺向这位先生表示了遗憾，因为他误认为这位先生是他的敌人。

吉约姆说，已经商定讨论完总委员会的职能之后立即讨论表决方式。——不应束缚西班牙代表的手脚。

若昂纳尔说，原来是商定在公开会议上解决关于表决方式的问题。他要求遵守议事日程。

宣读关于工人阶级的政治行动的条文（代表会议决议的条文）。提议把这一条文写进章程（见代表会议第9项决议）。[28]

瓦扬认为，在凡尔赛人实行的屠杀之后，证明政治行动之必要是多余的了。①

赫普纳说，弃权主义在德国已声名狼藉，他们领教够了。那伙人乃是拉萨尔分子和警察的大杂烩。1870年，弃权主义的工人都是沙文主义者，他们反对真正的国际主义者。弃权主义是工人在政治上愚昧无知的原因。——发言人真是不了解弃权主义者的特殊教义。总委员会的出版物受到了德国工人的赞同，关于内战的宣言在德国销售了15000册。

过分的权威和个人崇拜他是不喜欢的；但现在为了团结革命力量这是需要的。——他问在座的公社社员们：是他们的权威导致他们遭受失败呢，还是截然相反。

吉约姆声称，他和一些人认为，对这个问题我们之间存在着误解。1869年，弃权主义者就曾阐明过自己的观点。有些报纸说过，国际对各国政府的政治漠不关心，它不愿参与政府的阴谋。我们决心摧毁各国政府。可惜当时我们没有声明，我们要实行否定的政治，即力图实行消灭资产阶级政治的政治。

赫普纳把我们叫做政治上的弃权主义者，这是不对的。赫普纳说过，总委员会没有把自己的政治强加于人；那种政治适合于德国流行的观点，但不适合于其他国家流行的观点。

有些人，例如瓦扬，说要成为国际的会员就必须服从政治纲领，这

---

① 后面删去两行。本页末尾及下页整页空白。

种说法是不对的。——赫普纳说，公社不够革命。我也向公社社员们提出这个问题。赫普纳暗示弃权主义者是密探。蒲鲁东主义者也是弃权主义者——请去问问龙格吧。某些人同资产者合作，使自己声名狼藉，与其搞他们那样的政治，不如搞特定意义上的政治，就像所讲的弃权主义者所做的那样。——我们反对总委员会充当国际内的宗教裁判所的权力，而不反对它号召罢工的权力。

至于代表会议的第9项决议，既可作出积极政治的结论，也可作出消极政治的结论。——但论述部分表明，那是指的积极政治——夺取政权。提出这个决议来进行表决的人，正是在1848年①发表共产主义宣言的人。请同那个纲领的10项条文加以比较。[29]

（1）……

（2）②

我们在那个纲领中可以找到对工人阶级在政治上取得胜利的解释，那就是以工人的政权代替资产阶级的政权。

将来，当阶级消灭了的时候，国家也就不存在了，但在存在着集中制、政权、产业大军及其总参谋部的条件下，还会有权威。

这就是第9项决议得出的结论。

我们是联邦主义者，不是集中主义者，我们力求消灭国家，因此，我们反对第9项决议。

龙格： 吉约姆说发生了误会——这种误会只存在于他的头脑中；吉约姆③又说，我曾经是蒲鲁东主义的弃权主义的拥护者，但是他没有读过也不懂蒲鲁东的著作和他天天在那里反对的其他社会主义者的著

---

① 原稿中误作："1849年"。
② 后面留出了15个空行作增补文句之用。
③ 后面删去两行。

作。——且看我们是怎样成为弃权主义者的吧。

帝国使六月的刽子手们恢复了名声，危险就隐藏在受到在政治上一窍不通的无产阶级支持的这些人身上。蒲鲁东幼稚地认为：必须放弃选举斗争，组成政党和手持武器进行斗争是唯一可能的政治。像吉约姆说的那样，我们没有提出工人候选人。

如果在9月4日我们有一个工人的政治组织，那么9月5日在科尔德里广场上举行集会的国际就会成为公社的核心。[30] 如果有一个组织，那么公社在打退了入侵之后，就会在巴黎和柏林巩固起来。公社之所以垮台就是因为缺乏我所说的那样一个组织。如果在我们的纲领中写上了第9条，我们当时就会武装起来去进行斗争。

吉约姆不想根据我们获得的这一惨痛教训来说明这个决议；他回到要求废除继承权的1848年①宣言。要知道，吉约姆在巴塞尔代表大会[31]上是投票赞成废除继承权的。吉约姆的集体主义是发言人所无法理解的。听他对共产主义纲领的批评，就可以看出他是一个改头换面的资产阶级经济学家。——吉约姆和他的老师巴枯宁用这样一些词句来谈论废除国家，这些词句暴露了他们是国际的敌人。我们需要经济力量的组织，也需要政党，否则政治的集中会把它扼杀。

工人阶级还应当抛弃某些既没有头脑也没有罗盘的领导者，他们似乎是要为工人的事业服务，但他们的善良愿望会给工人造成灾难。

若昂纳尔反对休会，他所使用的某些词句受到主席的指责。②

休会。

---

① 原稿中误作："1849年"。
② 后面删去几个字。

第十二次会议

1872年9月7日，星期六，上午

公开会议

9月7日，星期六上午9时半

朗维埃就他不得不离开表示歉意。

副主席请会议更换主席。

左尔格当选为主席。

点名。

缺席的有：库诺①、弗兰克尔、赫普纳、列斯纳②、符卢勃列夫斯基、范·登·阿贝勒，他们未申述缺席理由。

瓦扬、库尔奈、朗维埃表示歉意说，他们不得不离开。——他们投票赞成把政治行动写进去并赞成增加会费。③

伯恩哈德·贝克尔不得不离开，他提出一些人的名字。他认为，这些人应参加新的总委员会——他请求把他对他们的赞成票记录在案。④

巴里已经走了，他也投票赞成未来的总委员会成员的名单。

赛克斯顿声明他要离开。⑤

列斯纳表示遗憾，说他不得不离开，他希望最后的结果将为我们的

---

① 后面删去："弗吕兹"。
② 后面删去："拉法格、龙格、斯瓦尔姆"。
③ 见本卷"声明和提案"部分文件20。
④ 见本卷"声明和提案"部分文件21。
⑤ 见本卷"声明和提案"部分文件22。

事业的胜利铺平道路。①

古斯塔夫·路德维希，来自美因茨，投票赞成参加新的总委员会的候选人名单。②

杜蒙请求允许他申述关于政治问题的意见；他作为巴黎的代表，认为把巴黎的意见——从昨天大会上的发言来看并非所有的代表都赞成的意见——加以说明，这是他的权利和职责。

莫拉戈昨天曾提出一个修正案，主席本应在会议开始时给他机会加以说明。

主席回答说，到时候会请他发言。但现在要进入议事日程，即讨论新的总委员会的组成人员。

杜蒙（巴黎代表）以25票对5票取得发言机会。他代表巴黎各支部宣读一份声明（记录的附件第1、2、3、4、5、6、7、8页）。③

巴黎的国际比任何人都更加赞赏布朗基的忠诚；它的指责是针对布朗基主义的某些头目的。

阿尔诺声明他要离开，他表示投票赞成政治行动和增加会费。④

皮尔，来自丹麦，没有得到机会就政治问题发言。——在丹麦国际有许多会员。——他代表他们表示赞成政治行动和拥有全权的总委员会。⑤

吕坎代表侨居在比利时的流亡者表示赞同杜蒙的纲领。⑥

恩格斯提议：

---

① 见本卷"声明和提案"部分文件23。
② 见本卷"声明和提案"部分文件24。
③ 页边有一增补文句的记号，声明全文见本卷第250—253页。
④ 见本卷"声明和提案"部分文件25。
⑤ 见本卷"声明和提案"部分文件26。
⑥ 见本卷"声明和提案"部分文件28。

（1）首先确定总委员会委员的数目。①

（2）选出将由大会推荐的人。

（3）②

阿莱里尼要求由各联合会指定自己的代表。

马克思提议首先选举美国联合会委员会③并委托它增补一些人构成总委员会。它原来是由自己的联合会选举的，这就会给我们一种保证，如果用别的方法我们是得不到这种保证的。

恩格斯撤销自己的提案，赞成马克思的提案。

阿莱里尼提议选举总委员会（每个联合会各出两个成员，它们有召回的权力）。他感到奇怪的是，总委员会和通讯书记对西班牙的国际成员的情绪并不了解；为了弥补这个缺陷和纠正总委员会通告中的大量不确切之处，他们宁愿自己推选自己的代表，因为他们对自己的代表最了解。过去总委员会的成员中有一些敌视国际的人，那些人把协会引上了一条西班牙人不愿意走的新道路。

赛拉叶说，我们应当立即选举总委员会④（根据章程第3条）。就是说，不是要让各联合会委员会去任命总委员会。如果采取这后一种办法，则西班牙、瑞士以及其他一些小国，国际在那里可以自由活动，它们的代表权就会比法国、德国这样一些大国还大，这是不公平的，而且也违背了章程。

恩格斯说，阿莱里尼指责他不了解西班牙的情况；的确如此，不过他同与阿莱里尼没有关系的两个联合会委员会有通信联系。他曾赞同二

---

① 第36页完。以下各页未编号。记录的某些地方像是草稿，有许多错字、修改、涂抹之处。
② 这一行空着。
③ 原稿中误作："美国联合会"。
④ 原稿中误作："代表大会"。

者之中的第一个委员会的意见。他给第二个委员会只写过正式信件，至于机密通知，那么它证明：总委员会所了解的西班牙的情况比这些先生要求的更多。

对阿莱里尼的提案进行记名投票。

反对的有：

贝克尔	拉法格
贝克尔	龙格
库诺	勒穆修
杜邦	米耳克
德雷尔	莫特斯赫德
埃卡留斯	皮尔①
恩格斯	斯瓦尔姆
法尔卡什	索瓦
弗兰克尔	赛拉叶投票②
赫普纳	维沙尔
海姆	杜蒙
若昂纳尔	麦克唐奈
马克思	维尔马尔
库格曼	路德维希
吕坎	

---

① 原稿中误作："米尔"。
② 根据俄文和英文两种版本，都有"投票"二字，即"投票反对"。这与统计数字是相符的。但下面的弃权者和赞成者的名单都与统计数字不符。——译者注

弃权的有：

西里尔	施维茨格贝尔
杜瓦尔	瓦尔特
埃伯哈特	4个西班牙人弃权
吉约姆	

8

赞成的有：

布里斯梅	格尔哈特
克楠	斯普林加尔
达夫	范·德尔·豪特
弗吕兹	范·登·阿贝勒

9

此提案以29票对9票以及8票弃权被否决。

马克思提醒大家注意他的提案的意义。

索瓦表示反对，他说，选出那个被推荐的联合会委员会的美国代表大会，只代表42个支部中的23个。——一些分裂出去的人站在斯普林街一边，而其他比较明智的人不表态。

在美国有三种成分——德国人，美国人，法国人；当时后者保持中立，而且在现今的联合会委员会——它也许比伦敦的联合会委员会威信要高一点——中没有代表。至于我可以向你们提出的一些人，你们可以信赖我。我的委托书要求由代表大会任命全体委员，不授予总委员会以增补的权力。

左尔格不打算对某些诽谤进行驳斥。索瓦说联合会委员会中德国人占多数，他宣读一些人的名字：

第一个——爱尔兰人，第二个——爱尔兰人，第三个——瑞典人，第四个——意大利人，第五个——法国人，第六个——法国人；9个成员中的第七个是我们的对手。9人中总共只有2个德国人。由此可见，我说得对：那种武断是不符合事实的。

［马克思：］索瓦说有三派；**马克思**说，有工人派、资产阶级派以及以索瓦为代表的明智派，这个明智派在重大斗争的时刻袖手旁观，同阴谋家混在一起，把事情搞糟。

伦敦代表会议以后索瓦已经改变了自己的观点。关于权威的问题，在伦敦时他是赞成总委员会的权威而反对各联合会委员会的——可是在这里他又坚持相反的东西。

使我感到惊讶的是德雷尔同索瓦结成联盟，因为德雷尔曾经声称，如果接纳代表第2支部的索瓦，他就要退出委员会。如果我相信德雷尔的意见的话，那么像索瓦这么一个人的时时刻刻在改变着的意见就不能得到我的任何信任。索瓦所代表的几个支部，是1848年的共和派和诸如此类的人所领导的支部。所以，可以说，索瓦在代表大会上不代表任何人。

增补权有章程为依据，在这里一些代表已经提到了。你们愿意支持工人呢，还是支持资产者呢，还是支持像索瓦那样的既不赞成这一方也不赞成那一方的明智派呢？

马克思提议：首先选举由9个人组成的设在纽约的联合会委员会；美国联合会再补选6个委员。

进行记名投票。

赞成的有：

贝克尔	拉法格
贝克尔	龙格
库诺	勒穆修
恩格斯	皮尔
法尔卡什	斯瓦尔姆

赫普纳	左尔格
海姆	赛拉叶
马克思	麦克唐奈
库格曼	路德维希

19①

反对的有：

德雷尔	莫特斯赫德
埃卡留斯	索瓦

4

弃权的有：

克楠	若昂纳尔
杜邦	吕坎
达夫	斯普林加尔
杜瓦尔	瓦尔特
埃伯哈特	范·德尔·豪特
弗吕兹	维沙尔
弗兰克尔	杜蒙
吉约姆	4个西班牙人
格尔哈特	维尔马尔
埃尔曼	

19②

---

① 原稿如此。
② 与上表中人数不符。原文如此。——译者注

弗兰克尔投票反对改变总委员会，并反对把它设在纽约。

杜邦之所以弃权是因为他提议增加的候选人没有被采纳。

达夫说弃权票有损于表决，但弃权票不计算。

吉约姆说，必须获得过半数的票，表决方为有效，而且，在巴塞尔代表大会上有对继承权问题进行表决的先例。

马克思说，弃权主义者等到一定数量的代表离开了之后，就要求计算弃权的票数。

杜邦和**维尔马尔**说，他们投弃权票是非正式的，他们同意选举该联合会委员会。

埃卡留斯说，在巴塞尔参加继承权问题的表决的共68人：32人赞成，23人反对，13人弃权，——提案被否决了。

主席把计算弃权票的问题付表决。

13票赞成计算弃权票。

15票反对。

马克思说，表决是有效的，不过为了使新的总委员会不致遭到反对，他提议重新表决。

通过了这个提案。

马克思建议把提案分成两部分，首先就选举联合会委员会作为新的总委员会的组成部分进行表决。——提案的第二部分保持不变。

德雷尔说，昨天没有让他发言，他要求今天就组成人员问题发言。

左尔格指出，要是这样的话，关于这个问题他也有许多话要说。

德雷尔同意选举联合会委员会，但要把塞蒂除外；大卫已经退出，只剩下7个委员，他们还得任命8个新成员。他提出12人，由这12人再去挑选3人。他的这个提案会使两个极端的派别都满意。

马克思公民指出，有人等到德国代表离开了之后就来实现这个阴谋。

左尔格：应考虑工人成分，不要推荐4个法国人，而只推荐3个德国人。

然后就提到索瓦，此人坚持一些同美国的真正工人运动相对立的理论，而且他对先前赞同过的东西后来投票时又反对。我反对把这样行事的人选进总委员会。——让德雷尔以德国人的名额代替索瓦，那时才能达成协议。——他补充说，联合会委员会原来绝没有料到会给它这样的荣誉，关于这一点，他本人是在有人提出这个议案时才知道的。

拉法格提议选举12人，他们有权增补3人；他要求休会5分钟，以便拟定名单。

表决：

46人参加投票，5人弃权。

41票有效，5票空白。

卡瓦纳	29票	1)①
圣克莱尔	29票	2)
福尔纳奇埃里	25票	10)
劳雷尔	29票	5)
勒维埃尔	28票	6)
德雷尔	26票	8)
大卫	26票	9)
贝尔特兰德	29票	3)
波尔特	29票	4)
卡尔	28票	7)
华德	22票	12)

---

① 得票数后由1至12的编号数字是马克思的手迹。

施佩耶尔　　　　　　23 票　11)

以上 12 人当选

索瓦　　　　　　　　8 票

皮龙　　　　　　　　12 票

西蒙　　　　　　　　1 票

费尔特曼　　　　　　2 票

潘达斯特尔　　　　　2 票

左尔格　　　　　　　5 票

塞蒂　　　　　　　　7 票

马克思　　　　　　　1 票

赛克斯顿　　　　　　1 票

瓦尔特①　　　　　　1 票

埃斯特尔霍　　　　　1 票

贝尔曼②　　　　　　1 票

埃尔曼说，比利时人只投了 3 个候选人的票。因为他受委托只选举 3 个代表比利时的人。

维沙尔提出意见之后，达夫公民被指定代替范·登·阿贝勒担任佛莱芒语的翻译，因为后者译得不好。

任命一些人组成一个委员会审查总委员会的财务报告，每个联合会各有委员 1 人。

被任命的有：

1）阿莱里尼　　　　9）法尔卡什

---

① 原稿中被删去。
② 原稿中被删去。

10）拉法格	4）库诺
5）杜蒙	2）布里斯梅
6）杜瓦尔	8）达夫
12）施维茨格贝尔	11）皮尔
3）伯·贝克尔	7）德雷尔

赛拉叶提议撤销由总委员会或各联合会授予国际遭到禁止的那些国家的某些国际会员的全权。只有新的总委员会有权授予这种全权。①

一致通过。

根据议事日程进行关于写上工人阶级政治行动条文的辩论。

布里斯梅表示反对。——达夫已经登记了,希望能对这个问题发表意见。3个发言人表示赞成,只有1人反对。

结束辩论。

会议由于吵闹而中断,投票表决本应在昨天下午进行,因为一些代表不能继续参加代表大会,他们应当获得表决的机会。

赞成写上的有:

阿尔诺	库格曼
伯·贝克尔	拉法格
贝克尔	龙格
库尔奈	勒穆修
杜邦	莫特斯赫德
杜瓦尔	皮尔
德雷尔	朗维埃
埃卡留斯	斯瓦尔姆

---

① 见本卷"声明和提案"部分文件30。

恩格斯	左尔格
法尔卡什	赛拉叶
弗里德兰德	瓦扬
弗兰克尔	麦克唐奈
赫普纳	维尔马尔
海姆	杜蒙
若昂纳尔	

29

弃权的有:

西里尔 1)①	索瓦
达夫 2)	马尔塞劳
埃伯哈特 3)	
弗吕兹 4)	8 人弃权
吉约姆 5)	西里尔和杜蒙说明理由:
埃尔曼 6)	第一……②

反对的有:

1)③ 布里斯梅	4) 施维茨格贝尔
2) 克楠	5) 范·德尔·豪特
3) 格尔哈特	

5 人反对

---

① 编号的数字是马克思的手迹。
② 后面删去:"由于匆忙"。见本卷"声明和提案"部分文件31、32。
③ 编号的数字是马克思的手迹。

通 过

赛拉叶提请注意：有一些成员正在各委员会中开会，由于这个问题很重要，他们应当来投票。必须把一些委员会委员以及正要离开的人的票加进去。

葡萄牙和马德里联合会——（No 1）①。

以22票通过，无反对票。

会 费

布里斯梅主张减少会费，因为工人必须给支部、联合会委员会交会费，每年向总委员会交10生丁他们有困难。他提议会费数额为5生丁，这样，按100万会员计算，总委员会可收入5万法郎，这就够了。

弗兰克尔宣读他得到的训令，其中建议每年50生丁，以便能派遣特使到各城市和农村去，并出版一些廉价的小册子。——弗兰克尔本人是雇佣工人，正因为如此，他认为，为了国际的利益绝对必须增加会费。——某些联合会只是最近才交，而且是尽可能少交。——现在总委员会的金库中一文不名。——说每人交5生丁，按100万人计算就有5万生丁，这是不严肃的说法。

弗兰克尔认为，只有增加会费才可能采取的宣传方式，会结束国际内部的争吵；过去如果总委员会有可能派遣全权代表到各个发生了意见分歧的国家中去的话，也许现在就不会有意见分歧。

杜邦说，这是最重要的问题之一，会费适当，在很大程度上是联合

---

① 见本卷"声明和提案"部分文件35。

的基本条件：我们的力量在各个巨大的工人团体之中。如果你们增加会费，就会把它们推开。至于小册子，那么让总委员会去竭力执行代表大会的各项决议好了。各联合会委员会可以自己出版自己的小册子[32]。

如果总委员会要求交 6 生丁，那么联合会委员会该要求交多少呢？

弗兰克尔说，别人没有听懂他的意思，他的意思是：让各联合会委员会去出版小册子，但总委员会可以用各种文字出版一些它认为最有用的东西。

对关于增加会费的提案进行记名投票。

反对的有：

贝克尔	法尔卡什
布里斯梅	格尔哈特
克楠	埃尔曼
西里尔	赫普纳
杜邦	斯瓦尔姆
杜瓦尔	左尔格
埃伯哈特	赛拉叶
埃卡留斯	维尔马尔
弗吕兹	

17

[弃权的有：]

达夫	施维茨格贝尔
德雷尔	4 个西班牙人
吉约姆	

18

赞成的有：

2）恩格斯　　　　　龙格
弗里德兰德　　　　勒穆修
弗兰克尔　　　　　皮尔
海姆　　　　　　　索瓦
若昂纳尔　　　　　1）杜蒙
吕坎　　　　　　　麦克唐奈①
拉法格　　　　　　阿尔诺
　　　　　　―――――
　　　　　　　13②

吉森（德国）的国际支部发来电报向我们表示同情和祝愿。③

维沙尔请求注明他投了**反对票**，他刚才在开委员会的会。④

赞成保持10生丁的会费数目者——18票，反对者——8票。

拉法格说，应做的第一件事情就是要把钱交给总委员会（巴塞尔代表大会关于这个问题的决议³³被推荐给总委员会）。⑤

散会。

决定接受阿姆斯特丹的邀请。⑥

---

① 后面删去："瓦扬、龙格、朗维埃"。
② 原稿如此。
③ 电报全文见本卷第298页。
④ 这句话是恩格斯加上去的。
⑤ 后面删去："龙格提议发给新闻记者入场券"。
⑥ 见本卷第294页。

第十三次会议

1872年9月7日，星期六下午

秘密会议

星期六，5时半

恩格斯说，不可能一下子把财务报告审查委员会的全体委员集合在一起。他们按2人一组分别进行了审查——8个代表已经签了名，只剩下两个组了。

恩格斯说，威斯特已不是协会的成员，他不愿在威斯特在场的情况下宣读报告。

总委员会的财务报告如下①：

		英镑	先令	便士
1871—1870②				
年度会费	英国	5	12	3
	联合会③	2	11	
	比利时	4	8	
	西班牙	12		
	共计	19	15	8
1871—1872	北美洲	4英镑	10先令	2便士
	荷兰		16	8

---

① 此记录不确切。报告手稿原文见本卷第236—240页。
② 原文如此。——编者注
③ 指罗曼语区联合会。

意大利	1	4	4
奥地利和匈牙利	3	14	1
瑞士（德语区支部）		11	
汝拉联合会		17	8
德国	2	18	4
法国	7	18	1
扣除由于兑换等原因而损失的7先令，**共计**	22	3	4

小册子			
个人捐款	100 英镑	14 先令	6 便士
总计	160 英镑	19 先令	1.5 便士

开支——秘书

5 周薪金，每周 10 先令	2 英镑	10 先令
43 周	32 英镑	5 先令
	34 英镑	15 先令

代表会议①	14 英镑	12 先令
在荷兰的房租	3 英镑	
总计	17 英镑	12 先令

给伦敦流亡者基金会的垫款

印刷费	47 英镑	7 先令	2 便士

---

① 1871年伦敦代表会议。

书信、报纸邮费	29 英镑	12 先令	2 便士
总共开支	166 英镑	13 先令	4 便士
结余	4 英镑	6 先令	9.5 便士
欠《内战》承印人债务	7 英镑	10 先令	
章程（英文版）	12 英镑		
印章程（德文版）拖欠：	3 英镑	18 先令	
为印法文版《内战》向总委员会一个委员借债	9 英镑	10 先令	4 便士
总计			
收西班牙人	353 法郎	40 生丁①	
收里斯本	28 法郎		
马德里联合会	2 法郎	70 生丁	
一个普鲁士代表		5 塔勒	
奥地利		5 塔勒	

报告被一致批准。

马克思指出，总委员会委员拿出自己的钱来支付国际的开销，可那些诽谤者却责难这些委员，说他们靠总委员会的经费过日子。

---

① 这里是按英文本译的，俄文本为"收西班牙人353英镑40先令、收里斯本28英镑、马德里联合会2英镑70生丁"。——编者注

拉法格①说，汝拉联合会就是散布这种诽谤言论的喉舌之一。

德雷尔和**拉法格**要求把这家散布诽谤言论的报纸的编辑开除出协会。

若昂纳尔说，《汝拉联合会简报》中那些辱骂我们的人是一批无耻之徒。

阿莱里尼说，当吉约姆不在场的时候，有人骂他无耻，如果这么干的话，他也要求把签署总委员会关于"分裂"的最近的通告信②的人开除出去。——既然是这种情况，他对于刚才他赞同了总委员会的财务报告感到遗憾。

主席。

龙格说，有人原来对财务报告表示了赞同，接着又对此表示遗憾，这样的人是能够进行任何诽谤的，是任何事情都干得出来的。——在汝拉联合会进行诽谤之后，警察局密探朗德克和韦济尼埃办的报纸③对这种诽谤大加赞扬。

阿莱里尼说，朗德克是一个诚实的人。

龙格和**勒穆修**回答说，这个诚实的人被公社的伦敦流亡者作为警察局密探开除了。

吉约姆说，在别人没有给他读一读汝拉联合会报纸上的这篇文章之前，他不打算给以答复。

拉法格说，在由克拉里斯签署的一封信中说，总委员会中有一些混蛋靠劳动者的金钱过日子。

龙格很乐意提起这篇文章，因为其中说，很难理解，像朗维埃、库

---

① 原稿中拉法格的名字写在被勾掉了的德雷尔的名字的上面。
② 《所谓国际内部的分裂》。
③ 《联盟报》。

尔奈和龙格这样诚实的人怎么会与小偷为伍[34]；作为一个被汝拉联合会认为是诚实的人，他今天很乐意把他对吉约姆的看法告诉他。

吉约姆回答说，汝拉联合会的会员偶然获得了总委员会的内部通告——因为它是保密的——之后，由于他们是通告的攻击对象而感到气愤，于是决定以自己的名义和由自己负责给予答复。谁认为在我们的报纸上发表诽谤言论是恰当的……

杜瓦尔插话说：你和加斯帕尔·勃朗属于同一个帮派。杜瓦尔说，纳沙泰尔的吉约姆、日内瓦的佩龙、里昂的阿尔伯·里沙尔和罗班——是罗曼语区联合会中的四大诽谤家。他们的简报断言罗曼语区联合会会员是贼。里昂由于勃朗和里沙尔的过错而遭受了镇压，当时他们同茹柯夫斯基、吉约姆以及他们那伙人，同整个巴枯宁帮派保持着联系[35]。勃朗和茹柯夫斯基事先没有通知行动委员会的委员，在一个晚上印出了他们的名单，打算把布告张贴出去。勃朗被捕，交出了布告。

他们如此诽谤国际会员，以至于使得资产阶级的报纸——他们是其卑鄙无耻的鼓舞者——也羞得脸红，这就是他们所谓的号召工人联合起来。他不收回他对吉约姆的指责：你和阿尔伯·里沙尔、加斯帕尔·勃朗属于同一帮派。

吉约姆说：有人指责他说，他现在仍然属于阿尔伯·里沙尔和加斯帕尔·勃朗帮派。我要求杜瓦尔进行解释；因为联合会已经痛斥了里沙尔、勃朗以及他们一伙。

杜瓦尔只是说："你原来是他们的朋友，而且现在仍在继续进行他们的事业。"

吉约姆谈到关于克拉里斯①的信："这我们要让他负责，我们为总委员会的答复留着篇幅。"关于指责罗曼语区委员会有偷窃行为的问题，

---

① 原稿误作："巴里"。

那只是说该委员会中有一些乌七八糟的事,而不是指责委员会。

召开应届代表大会的地点:

5票赞成伦敦,15票赞成瑞士,1票赞成芝加哥,1票赞成西班牙。

记录审订委员会:

马克思、恩格斯、杜邦、赛拉叶、弗兰克尔和勒穆修。

以13票对7票通过一个提案:今天下午不举行公开会议。

第十四次会议[36]

1872年9月7日,星期六晚上

公开会议

主席宣布已通过关于新的总委员会的驻在地,并宣读委员名单。

龙格说,总委员会报告中的某些地方被一家报纸歪曲了。俾斯麦似乎在那里被称之为普鲁士帝国的警察总监,而茹尔·法夫尔被称之为恶棍。——我们只是说,他是捍卫私有财产和家庭的当之无愧的代表人物。

达夫和范·德尔·豪特发言。

公开会议于9时半结束。

第十五次会议[37]

1872年9月7日,星期六晚上

秘密会议

9月7日晚10时

阿莱里尼提议改变表决方式。

主席回答他说，他的一些朋友的无益的发言占去了时间。

通过一项决议，说受委托对同盟的问题进行调查的审查委员会的报告……①

报告人宣读该委员会一个委员瓦尔特的信，瓦尔特已退出了该委员会，因为他认为没有足够的时间。到他退出的时候，他还没有形成明确的看法，不过吉约姆拒绝回答某些问题，使他产生了怀疑……②

瓦尔特说，他是总委员会的拥护者，他之所以退出审查委员会，是因为他认为时间不够等等。

宣读报告：证明同盟存在。

结论：把巴枯宁、吉约姆、马隆、路易·马尔尚和布斯凯开除出国际。鉴于4个西班牙代表答应今后不再与同盟保持联系，宣布对他们不予追究；对茹柯夫斯基也如此。

斯普林加尔（委员会委员）反对这个决定。③

库诺（委员会主席）说：凡是发言反对同盟发起者的人都承认，这是一个危险的团体，它的武器就是背信弃义和诽谤。——我们得出了结论：必须把它的组织者开除出去。

阿莱里尼说，人们对一些不在场的人实行判决，却不敢说明这一判决的理由。你们只有道义上的证据。他本人参加了同盟。正是同盟在西班牙建立了国际；它之所以不存在了，是因为叛徒卑鄙地把它出卖了。你们无权禁止我参加秘密团体。如果你们要这样做，那么我就要说，那是行帮、教会、神圣的宗教裁判所。今后，在我认为必要时，我还要参加秘密团体，继续为社会主义革命服务。

---

① 这句话没有记完。
② 这句话没有记完。
③ 以下删去了几个字。

若昂纳尔提出一个问题，委员会是否适当地履行了自己的职责——瓦尔特退出，动摇；斯普林加尔认为他对问题还没有完全搞清楚。若昂纳尔本人对某些人已有了明确的看法，但不赞成把他过去的好朋友马隆开除出去；他认为马隆所犯的错误不应使马隆受到人们想加给他的那样的处分。至于其他的人，如巴枯宁、吉约姆等，则他一直认为他们是我们的敌人，他们以诽谤为武器；他已对他们讲了自己的想法：他不维护他们，让他们听天由命。不过，如果委员会所掌握的反对马隆的证据同反对其他人的证据同样令人信服，那么他将投票赞成开除马隆。

斯普林加尔要求：让提议开除的人作一些说明。既然人们控告同盟是一个秘密团体，那么那些文件是怎么得到的呢？是从叛徒那里吗？——那样的东西不能信以为真。——马克思所提出的仅仅是一些赤裸裸的武断。应当证明：第一，存在着这么个同盟；第二，人们想要处罚的那些公民参加了这个同盟。——同盟是在国际之前成立的。——应当证明它现在还存在。它已不再存在了，它是一个你们根本不知道、而且除了通过叛徒之外你们根本不可能知道的幽灵。我遗憾地看到，你们打击像巴枯宁这样的把自己献给了革命的人。

马克思认为，斯普林加尔是以被告的辩护人的身份，而不是以审查人的身份发言；他请求委员会证明他提供了文件；说他提的似乎仅仅是一些武断，这是不对的。我证明了同盟的存在等等。

至于秘密文件，我们并没有索取过——它们的确是存在的；我提供给审查委员会的文件不是秘密文件。——①我指的是涅恰耶夫案件，这是我的权利。

吕坎：阿莱里尼对于没有点他的名感到奇怪。他同这个案件没有牵连。难道斯普林加尔认为，我们没有对一切都掂一掂分量吗？我们准备

---

① 这里删去了："此外"。

对向大家提出的决定承担全部责任。——斯普林加尔承认,巴枯宁公民曾企图建立秘密团体。建立一个企图破坏协会的团体,难道这还不够吗?起草这种计划的人——即使他们没有成功——难道不应从国际中开除出去吗?

赛拉叶: 阿莱里尼说过:如果同盟没有被叛徒出卖的话,我还是它的一个成员。可见,同盟是存在的。

莫拉戈说,按照库诺的说法,似乎他莫拉戈曾经断定同盟是危险的。而莫拉戈只说过:同盟中有一些危险人物。① 他引以为骄傲的是,他曾经参加了同盟。他曾在审查委员会面前谴责过另一个性质的同盟,如果有过那么一个同盟的话。②

吉约姆说,斯普林加尔已经阐明了自己的观点,他的论据是无可辩驳的!你们竭力制造了一个别有用心的案件来反对我们。——我们在公开会议上已经讨论过使我们发生分裂的那两个问题了。

人们倒是大大方方地给了我发言的机会,可没有让我的朋友们发言;昨天让我发言,但不让他们发言。由此可见,人们是想要让一个即将在星期六被开除的公民来申述少数派的意见。——人们是想要通过谴责我们的联邦主义理论的主要代言人来谴责这些理论。——上述报告中提到了一些诚实的公民,同他们一起被点名的还有发言人没有听说过的警察总局的某秘书。——他不愿意侮辱审查委员会,不过它所作出的判决令人想起对巴黎公社的判决来:把公社同盗贼一起送上断头台。

施维茨格贝尔早就知道他会受到谴责。若昂纳尔和库诺想要损害我们的道德面貌。我的行为光明正大,即使你们开除了我,我也决不

---

① 后面删去:"他们曾打算在里斯本建立同盟"。
② 后面删去:"但是"。

会因此而背叛国际的事业。我将问心无愧地离开。你们判定我们有罪,但是,到时候你们将被工人判定有罪,尽管你们断言我们不代表工人。

维沙尔把吉约姆提出的对审查委员会的指控转嫁到斯普林加尔身上。——瓦尔特曾声称要退出委员会,因为他要离开。——对人实行惩办,心情总是沉重的。——同盟中的人也是各不相同的。

阿莱里尼:请证明这一点。

[**维沙尔**:]报告因时间不够是有缺点,不过辩论已没有给我们留下任何疑点。——吉约姆曾威胁我们说要拿出一个什么文件来——那就请他拿出来吧。

达夫准备宣读文件;不过他首先声明,少数派没有看到一个像样的调查。——少数派已开过几次会。——这就是我们私下商谈的结果。

我们主张自治和……①

赛拉叶②说,这些人妄图取得法国③的代表资格;他们不代表任何人。

斯普林加尔说,多数派的报告是他起草的,尽管他反对这个报告。报告指控巴枯宁骗人钱财。茹柯夫斯基的解释是这样的:巴枯宁收到了1200英镑。——据说他只寄去了两三页著作。④ 巴枯宁欠了人家的钱,如此而已[38]。

马克思原来不想由于报告的问题而谈这封信。但是如果人们滥用一个秘密团体的名义,以威胁手段来为自己的事情开脱,那么对他们可就

---

① 原稿中后面从略。少数派的声明全文见本卷"声明和提案"部分文件40。
② 后面删去:"建议转入议事日程"。
③ 后面删去:"工人"。
④ 后面删去:"别人警告过他,叫他抓紧时间"。

要不客气了。

通过结束辩论的决议。

马尔塞劳说,为了弄清楚我们的行为是否正确,已在西班牙的多数联合会中进行了调查。——我也许走错了路,但我是无罪的。

开除巴枯宁①

赞成的有:

贝克尔	3)龙格
库诺	4)吕坎
德雷尔	麦克唐奈
杜邦	马克思
杜瓦尔	皮尔
恩格斯	赛拉叶
法尔卡什	左尔格
弗兰克尔	斯瓦尔姆
海姆	维沙尔
赫普纳	瓦尔特
若昂纳尔	符卢勃列夫斯基
库格曼	维尔马尔
1)拉法格	杜蒙
2)勒穆修	

27

弃权的有:

阿莱里尼	索瓦

---

① 编号的数字是马克思的手迹。

1）吉约姆　　　　　斯普林加尔
莫拉戈　　　　　　施维茨格贝尔
马尔塞劳

　　　　　　　　　———————
　　　　　　　　　　　7

反对的有：

1）布里斯梅　　　　3）弗吕兹
5）克楠　　　　　　4）埃尔曼
2）达夫① 　　　　　6）范·登·阿贝勒

　　　　　　　　　———————
　　　　　　　　　　　7②

在27票赞成，7票反对，7票弃权的情况下，开除巴枯宁。

开除吉约姆

赞成的有：

贝克尔　　　　　　吕坎
库诺　　　　　　　拉法格
杜蒙　　　　　　　龙格
杜邦　　　　　　　勒穆修
杜瓦尔　　　　　　皮尔
恩格斯　　　　　　斯瓦尔姆
法尔卡什　　　　　左尔格
弗兰克尔　　　　　赛拉叶
赫普纳　　　　　　瓦尔特
海姆　　　　　　　符卢勃列夫斯基

———————

① 后面删去："德雷尔"。
② 原稿如此。

若昂纳尔　　　　　维沙尔
马克思　　　　　　维尔莫
库格曼
　　　　　　　　　―――――
　　　　　　　　　　25

[弃权的有:]

阿莱里尼　　　　　吉约姆
德雷尔　　　　　　莫拉戈
法尔加-佩利塞尔　　马尔塞劳
弗里德兰德　　　　麦克唐奈
　　　　　　　　　―――――
　　　　　　　　　　8

反对的有:

1）布里斯梅　　　5）埃尔曼
6）克楠　　　　　索瓦
2）西里尔　　　　斯普林加尔
3）达夫　　　　　范·登·阿贝勒
4）弗吕兹
　　　　　　　　　―――――
　　　　　　　　　　9

吉约姆声明,他仍然认为自己是国际的成员。

拉法格曾经要求开除,而他的这些话是一个诚实的人的声明。

开除施维茨格贝尔

赞成的有:

贝克尔　　　　　　皮尔
库诺　　　　　　　勒穆修
杜蒙　　　　　　　斯普林加尔

恩格斯	瓦尔特
法尔卡什	符卢勃列夫斯基
赫普纳	维沙尔
马克思	
库格曼	

15①

[弃权的有：]

阿莱里尼	拉法格
杜瓦尔	莫拉戈
佩利塞尔	马尔塞劳
吕坎	麦克唐奈

7②

[反对的有：]

布里斯梅	若昂纳尔
克楠	龙格
西里尔	斯瓦尔姆
杜邦	索瓦
达夫	赛拉叶
德雷尔	范·登·阿贝勒
弗吕兹	维尔莫

---

① 名单中应增加海姆，见《马克思恩格斯全集》中文第1版第18卷第174页。——译者注
② 名单中应删去阿莱里尼，见《马克思恩格斯全集》中文第1版第18卷第174页。——译者注

弗兰克尔
埃尔曼

17①

恩格斯提议不要再开除人了，有这几个人作为例子已足够了。

瓦尔特宣读声明（文件2）②，并且说，他对针对马隆所通过的那个决议表示遗憾，因为那个决议可能使国际在法国陷于瓦解。——同盟的一个代表曾厚颜无耻地建议瓦尔特同总委员会决裂并且协助汝拉联合会的事业。③

通过公布有关同盟文件的决议。

卢昂联合会

收到奥布里的一份备忘录，它将作为报告的附件。④

赛拉叶对朗德克提出指责，他有责任把朗德克的情况告诉大会：拉肖的叔父来信说，朗德克曾提出拉肖作为候选人。

海牙支部的一个成员宣读一个通告（文件 No 3）⑤:[39]

我想，在代表公民们离开之前，向诸位表示一下依依惜别之情，是符合海牙支部的精神的，我是代表海牙支部这样做的。

我还想补充说一下，一方面，代表大会在我们这里召开使我们非常高兴，另一方面，我们感到有点遗憾的是，我们的接待工作做得未能如

---

① 应为16。见《马克思恩格斯全集》中文第1版第18卷第174页。——译者注
② 见本卷"声明和提案"部分文件39。
③ 后面删去："主席表示遗憾说……"
④ 见本卷第266—274页。
⑤ 以下是写在另一张纸上的增补文句。

我们希望的那样好。不过未必需要我们来对此表示歉意了。

诸位已亲自看到了，我们的国家还多么落后，诸位也一定同意：谁也不能否认集合在我们的旗帜之下的少数人的勇气，如果考虑到他们不得不克服的巨大阻力的话。因此，我本人作为一个了解本地情况的外国人，应当向这个小小的团体表示敬意，我向大家呼吁：不要气馁，你，这个小小的团体，要勇敢，要永远保持警惕，即使我们的太阳会落下去，它会很快地重新升起来。

代表公民们，海牙支部未能给诸位安排更好的接待，我要请诸位原谅；只有歹徒才能提供比他自己拥有的更多的东西；我想，这就是我要向诸位所说的一切，不过我还想请诸位不要忘记自己的职责，尽一切努力帮助这个国家。应当经常给最需要帮助的地方以帮助；同时，我代表海牙支部向诸位致以衷心的祝愿，请诸位别忘了，这里有一些决心奋斗到底的先锋战士。①

代表大会在"国际工人协会万岁！"的口号声中结束。

第一次发表　　　　　　　　　　　　　　　　　原文是法文
　　　　　　　　　　　　　　　　　　　　　　俄文是按手稿译的

---

① 增补文句至此结束。

弗·左尔格的记录[40]（副本）
国际工人协会第五次代表大会
1872年9月于海牙①

这次代表大会的任务是，在经过3年间歇之后，要重新巩固和加强受到了某些削弱的组织，以便回击来自内部和外部的进攻。在上次代表大会以来的3年当中，很自然地产生了观点方面的一些分歧，而且出现了各种各样的要削弱、分裂、毁灭协会，或者使之离开既定目标的企图。发生了一些伟大的历史事件。不可能不影响协会的内部生活，这些因素是在评论这次即第五次代表大会的工作时必须时刻牢记的，下面就是对这次代表大会的报道。

出席代表大会的共有65个代表，其中有：18个法国人，15个德国人，7个比利时人，5个英国人，5个西班牙人，4个荷兰人，4个瑞士人，2个奥地利人，1个丹麦人，1个匈牙利人，1个澳大利亚人，1个爱尔兰人和1个波兰人。

代表们共拥有95份委托书，其中：由比利时发给的17份，德国——15份，法国——14份，瑞士——11份，美国——7份，总委员会——6份，西班牙——5份，英国——5份，荷兰——4份，丹麦——2份，爱尔兰——2份，匈牙利——2份，葡萄牙——1份，波兰——1份，奥地利——1份，澳大利亚——1份。

---

① 库诺手抄的这个副本，共48页。

代表中有：裁缝5人，印刷工人4人，教师4人，著作家4人，鞋匠3人，医生3人，绘图员2人，细木工2人，皮匠2人，司机2人，化学技工1人，制刷工2人，商人1人，乐器匠1人，纺织工1人，首饰匠1人，石印工1人，淘金工人1人，纸花匠1人，瓷器工人1人，雕刻匠1人，工程师2人，鞋楦匠1人；大约有20几位代表没有注明职业。

讨论主要是用法语进行的，但通常总译成两三种有时甚至四种语言。法国人占多数的这一情况，在代表大会上引起了很多——有时是颇不愉快的——活跃场面。

预备会议
1872年9月1日，星期日，下午

9月1日下午7时举行了第一次会议，即所谓的预备会议。代表们不得不从密集的看热闹的人群中挤进布置得颇不像样而且很不方便的大厅。

由荷兰联合会委员会指派的一个委员会已出现在大厅里面，它宣布会议开始。非代表大会的代表被请求退场。

格尔哈特代表荷兰联合会委员会衷心地欢迎代表们光临："致以良好的祝愿！"并且强调说，我们有机会在荷兰当东道主，这不是"**出于恩赐**"，而是根据国家的法律，如果当局违背国家的这些法律，这就会引起一切党派的强烈反抗。接着他提出现在该从何着手进行工作的问题。

埃卡留斯说，根据以往历次代表大会的经验，这样的预备会议只不过是同志式的会见，明天要任命一个审查委托书的委员会，然后开始工作。

龙格提议确定明天的议事日程。

恩格斯提议代表们互通姓名。

弗兰克尔要求立即任命资格审查委员会,并且要求不要让代表们讲自己的支部的所在地,因为对于那些来自国际工人协会遭到禁止的国家的代表来说,这可能有危险:要知道,我们受到密探的包围。

左尔格要求给这些代表以用另外的名字的权利。

这两个提案都被作为不言而喻的提案通过。

朗维埃提议会议于下星期一上午9时开始,由荷兰联合会委员会主持,以便立即任命资格审查委员会等等。

马克思补充说,除海牙支部的成员之外的一切人不得参加会议。

黑尔斯要求允许国际工人协会的一切会员参加。

马克思赞同这个补充意见,但有一个附带条件:会员资格应经过证实无误。

一致通过朗维埃、马克思和黑尔斯的提案,至此会议暂停,下星期一上午9时继续举行。

然后代表们分别回到自己的住处,这时仍被许多好看热闹的人跟随着、包围着,他们像看野兽和怪物一样地看着代表们。

第一次会议

1872年9月2日,星期一,上午

代表大会第一次会议于9月2日,星期一,上午9时半开幕。

恩格斯要求不让新闻记者发表关于秘密会议的消息(这点也适用于同时给报纸写报道的代表)。

杜邦要求所有的非代表退出大厅,他们当中的国际工人协会会员可转移到走廊里去。

吉约姆提议任命正式的翻译。

杜邦、弗兰克尔和埃卡留斯被选举为翻译。

龙格反对让一些报纸的通讯员出席代表大会。

朗维埃要求对此通过一项决议。

对通讯员等问题进行长时间的辩论。

通过了一项决议：凡不是代表的人一律离开大厅；有2票反对。

恩格斯接着提议选举一个**由7人组成的审查委托书的委员会**。①

索瓦提出另一个提案：由每个联合会各出一个成员组成委员会。

瓦扬提议，只由5人组成委员会，国际工人协会遭到禁止的那些国家的代表的委托书应予销毁。

索瓦要求给他以解释和捍卫自己提案的权利，被允许了。他说，不能提供让人产生怀疑的任何借口，似乎参加委员会的都是总委员会的②支持者，因此应当从每个联合会中各选出一个成员参加委员会。

一致通过了恩格斯的提案（由7人组成委员会来审查代表资格）。

索瓦再次提出自己的提案，并且要求将它付诸表决。③

授权委员会与国际工人协会遭到禁止④的国家的代表进行协商。

吉约姆同索瓦一样，要求从每个联合会中各选举一个委员。

赛拉叶反对说：我们有7个以上的联合会，在有些国家各有好几个联合会，而在另一些国家一个也没有，等等，因此不能按联合会选举。

---

① 此处以及下面用黑体排印的字句是马克思打了着重号的。——译者注
② 后面删去："委员"。
③ 后面删去："主席未予理睬"。
④ 威斯康星大学所藏的抄本中下面还有："和摧残"。

龙格在赛拉叶解释以后发言反对索瓦的提案，但希望参加委员会的不全是总委员会的支持者，虽然他本人属于总委员会的维护者之列。

吉约姆说，国际工人协会是由各联合会组成的，因此各联合会都应当在委员会中有代表。他感到遗憾的是，龙格想要代表总委员会；他（发言人本人）代表国际。

杜邦声称，我们是工人运动的代表，而不是某一个国家的代表。

通过停止辩论的决议。

接着，在 4 票弃权的情况下，以 48 票对 9 票通过赛拉叶的提案：从出席会议的人当中不加区别地选举委员会委员。

莫拉戈发表声明说，西班牙的代表有直接的指示：如果进行表决时不计算第一个代表所代表的选举人的数目，他们就必须弃权。

拉法格声明，他也是西班牙的代表，但他并没有接到这样的指示。

宣布休息 10 分钟**以便准备选票**。

会议重新开始以后，根据**若昂纳尔**的提案通过决议：在这一次选举中只考虑**相对多数**就够了。

对选票进行统计，收回 58 张，有 3 个代表（西班牙人）弃权。

当选者：

马克思（41 票），朗维埃（44 票），罗奇（41 票），麦克唐奈（39 票），德雷尔（36 票），格尔哈特（50 票）和弗兰克尔（22 票）。

根据**左尔格**的提案，建议委员会退席并立即开始自己的工作，同时代表大会**宣布休会到下午 7 时为止**，以便接着听取委员会的报告。

德雷尔请求一切提案都以书面形式提出，同时请求代表们把自己的姓名、职业和住址通知资格审查委员会。

会议于 3 时结束。

第二次会议

1872年9月2日，星期一，晚上

晚上的会议8时半才开始，因为资格审查委员会的委员们到这个时候才来。

从今天晚上起由根特（比利时）的代表范·登·阿贝勒担任主席。

资格审查委员会报告说，下列代表履行了对总委员会的义务，有权出席代表大会的会议，并有表决权：①

斯瓦尔姆——代表法国的一个支部，

吕坎——同上，

龙格——同上，

若昂纳尔——同上，

朗维埃——同上，

瓦扬——代表法国的一个支部和拉绍德封的一个支部，

弗兰克尔——代表法国的一个支部，

瓦尔特——同上，

维沙尔——同上，

维尔莫——同上，

西里尔——同上，

德雷尔——代表美国的一个支部，

左尔格——同上，

马克思——代表纽约第1支部、莱比锡支部和总委员会，

吉约姆——代表汝拉联合会，

---

① 报告全文见本卷第317—322页。

施维茨格贝尔——同上,

亨·肖伊——代表一个维也纳支部、一个埃斯林根支部和一个柯尼斯堡支部,

古·路德维希——代表一个美因茨支部,

索瓦——代表纽约第29和第42支部,

卡·法尔卡什——代表两个匈牙利支部,

海姆——代表一个捷克支部,

麦克唐奈——代表一个爱尔兰支部,

伯·贝克尔——代表一个不伦瑞克支部和一个开姆尼茨支部,

勒穆修——代表(在伦敦的)一个法国人支部,

赛克斯顿医生——代表总委员会,

罗·斯普林加尔——代表沙勒罗瓦、库尔塞勒和古伊的几个支部,

皮尔——代表丹麦,

格尔哈特——代表荷兰联合会委员会,

罗奇——代表不列颠联合会委员会和斯特拉特福支部,

格·舒马赫——代表佐林根支部,

埃伯哈特——代表比利时联合会委员会和布鲁塞尔的油漆匠和鞋匠等等,

拉法格——代表新马德里联合会、一个西班牙支部和里斯本支部,

库格曼医生——代表策勒支部和汉诺威支部,

狄慈根——代表德累斯顿支部,

阿·赫普纳——代表纽约第8支部,

库尔奈——代表丹麦联合会委员会和总委员会,

杜邦——代表总委员会,

阿尔诺——代表卡罗奇支部,

符卢勃列夫斯基——代表在伦敦的各波兰人支部和总委员会,

范·德尔·豪特——代表阿姆斯特丹支部，

哈科特——代表维多利亚（澳大利亚）支部，

巴里——代表芝加哥第3支部，

塞拉叶——代表一个法国支部和总委员会，

黑尔斯——代表哈克尼街支部，

布里斯梅——代表布鲁塞尔支部，

弗·恩格斯——代表布雷斯劳支部和纽约第6支部，

米耳克——代表一个柏林支部和克里米乔支部，

吉尔肯斯——代表阿姆斯特丹的石印工人，

莫特斯赫德——代表（伦敦）贝斯纳尔格林支部，①

库诺——代表杜塞尔多夫和斯图加特的各支部，

埃卡留斯——代表伦敦的鞋楦工人支部，

克楠——代表安特卫普支部，

约·菲·贝克尔——代表巴塞尔、日内瓦、卢塞恩等地的几个支部和罗曼语区联合会委员会，

范·登·阿贝勒——代表根特支部，

弗里德兰德——代表苏黎世支部，

埃尔曼——代表列日支部。

接着，资格审查委员会报告说，**弗吕兹**以维德尔河（韦尔维耶）代表的身份来到这里，但没有真正的代表证书；有人对海牙支部的代表**维·达夫**提出了指控，首先必须把这些指控搞清楚；不能把**阿莱里尼**作为马赛的代表接纳，也不能把**茹柯夫斯基**作为日内瓦宣传和革命行动支部的代表接纳；**莫拉戈、马尔塞劳、法尔加-佩利塞尔**和**阿莱里尼**在没

---

① 威斯康星大学的抄本中后面还有："列斯纳，代表在伦敦的德国人支部"。

有履行对总委员会的义务之前应暂时不被允许作为西班牙联合会的代表出席代表大会；**纽约第2支部**的委托书无效，因为它已被美国联合会委员会开除，而且没有履行缴纳会费的义务；最后，对**威·威斯特**的委托书不予承认，因为他过去属于、现在仍属于被暂时开除的第12支部，而且是费拉德尔菲亚代表大会的参加者和普林斯街联合会委员会的成员[41]。

此时又收到一份发给约·菲·贝克尔的委托书以及比利时发给埃尔曼的几份委托书。

斯普林加尔收回他关于维·达夫所说过的话。

弗吕兹给达夫作了一个很好的介绍。

朗维埃提议对没有争议的委托书进行表决。

施维茨格贝尔要求再次宣读名单和接纳一切没有受到反对的人；其他的人一概予以拒绝。

埃卡留斯和**左尔格**对此表示反对。

资格审查委员会在听取了许多比利时代表的解释以后，承认**达夫和弗吕兹的委托书有效**。

恩格斯赞同施维茨格贝尔的提案。

索瓦表示附议，并要求立即作出决定。

朗维埃提议对资格审查委员会投信任票，从而加快进程，否则我们就不能在星期三以前结束关于委托书的问题，而且我们将没有时间处理其他工作。

拉法格赞同施维茨格贝尔的提案，主张立即进行表决。

阿莱里尼要求把所有的委托书交到资格审查委员会的一个委员手中，以便每个人都可以去查询。

巴里质问说，如果这么着，那么要任命一个委员会干什么？

马克思说，资格审查委员会只应研究两件事情：（1）是否正确地发了委托书；（2）发给单位是否履行了对总委员会的义务，就是说，它是否有权发给委托书。

施维茨格贝尔的一个提案得到了索瓦、拉法格等人的附议：把一切引起了疑义的人放到一边，其他的人在第二次宣读名单之后一起批准，——这个提案被通过，只有阿莱里尼和左尔格**投了**反对票。

再次宣读名单。

法尔加-佩利塞尔在宣读法国各支部派出的代表的头几个人的名单之后质问说，他们**缴纳了**会费吗？

朗维埃回答说，这正是资格审查委员会要解释的一点。

佩利塞尔只是想问一下：资格审查委员会是不是对所有的人一视同仁。

在宣读的过程中，首先，**施维茨格贝尔**反对**瓦扬**①的委托书，接着，**索瓦**反对**德雷尔**②和**左尔格**③的委托书，**左尔格**反对**索瓦**④的委托书，**阿莱里尼**反对**拉法格**⑤的委托书，**黑尔斯**反对**巴里**⑥的委托书。

吉约姆反对**总委员会代表的委托书**。

所有其他的委托书，包括总委员会代表的委托书，以 51 票一起被批准，但**布里斯梅**要求，关于后者的问题以后还要讨论。

拉法格要求被拒绝的人退到大厅后面去。

主席⑦认为应马上选举主席团，**左尔格**和**德雷尔**表示反对。

---

① 原稿中的着重号是库诺和马克思加的。
② 原稿中的着重号是库诺和马克思加的。
③ 原稿中的着重号是库诺和马克思加的。
④ 原稿中的着重号是库诺和马克思加的。
⑤ 原稿中的着重号是库诺和马克思加的。
⑥ 原稿中的着重号是库诺和马克思加的。
⑦ 范·登·阿贝勒。

黑尔斯抗议让左尔格发言。

弗吕兹发出同样的抗议。

会议于9时半结束。

第三次会议

1872年9月3日，星期二，上午

（9月3日）星期二上午9时半会议重新开幕。

主席对于有许多代表缺席表示遗憾。

通过一项决议：**选举4个记录员**：

勒穆修——法文记录员，

赫普纳——德文记录员，

罗奇——英文记录员，

范·德尔·豪特——荷兰文记录员。

恩格斯提议，对每一份委托书分别听取两个赞成者和两个反对者的发言，每人发言5分钟，然后付表决。

接着，资格审查委员会出示由比利时寄来的发给弗吕兹的委托书，由法国寄来的发给赛拉叶的委托书，以及日内瓦罗曼语区联合会委员会发给杜瓦尔的委托书；这些委托书都被批准。

朗维埃提出要对瓦扬的委托书进行讨论。

施维茨格贝尔对此表示反对。

索瓦反对5分钟，要求10分钟，以便有可能提出一切抗议（他要提4个抗议）。他认为上述提案是他的反对者的策略花招和小小的圈套，其目的是要堵他的嘴。

德雷尔认为这是伤人的话，无论我们还是你们都只有5分钟。

杜瓦尔表示对索瓦的话不能理解。

埃伯哈特也认为其中有计谋，并且预言这会造成恶劣的后果。

索瓦和拉法格提出修正案，给头两个发言人各10分钟。

吉约姆、施维茨格贝尔和**索瓦**提出另一个修正案，让每人发言10分钟，不限制发言人数。

索瓦和拉法格的修正案以24票对24票被否决。

吉约姆、施维茨格贝尔和索瓦的修正案也被否决。

恩格斯原来的提案在6票反对的情况下①**被通过**。

施维茨格贝尔就拉绍德封支部发给**瓦扬**的委托书的事发表声明说，那个支部根本不属于法国的支部，而只是加入了罗曼语区联合会。

瓦扬受委托维护罗曼语区联合会，反对汝拉联合会，因为后者的某些活动家提出了一些只会使国际工人协会陷于分裂的原则。

吉约姆反对瓦扬的委托书，其理由是，姓名是由另一笔迹于另一时间填写进委托书中去的。他说，拉绍德封支部同纳沙泰尔州的反动分子及老保皇党人有联系。[42]他们站在保皇党人一边，正如日内瓦人站在激进党人一边一样，两者都站在资产阶级一边，同资产阶级一起投票。他说，埃尔赞格尔②是在保皇党人的帮助下选出来的，而格罗斯兰是在激进党人的帮助下选出来的。

瓦扬的委托书③被批准。

赛拉叶要求对每一个人的情况都加以讨论，而不是讨论一般原则。

索瓦说，对**德雷尔的委托书**他手头有几份抗议声明，但没有时间宣读，所以他只好交给主席团算了。第2支部认为，美国代表大会违反章

---

① 在威斯康星大学的抄本中，后面有："以绝对多数"。
② 原稿误作："埃尔辛格尔"。
③ 威斯康星大学的副本为："几乎被代表大会一致"。

程选举代表，这种做法是不对的，要知道，这是两级选举。此外，美国代表大会授权左尔格和德雷尔选举 5 个总委员会的成员并发给他们委托书。再者，美国代表大会无权选举两个代表，因为它所代表的不足 1000 个会员，因此必须撤销其中的一个。不过，到底撤销哪一个呢？第 42 支部反对美国代表大会所进行的选举，因为这是一种自行其是的（自治的）做法。它不愿意放弃自己的主权，并且反对交 55 分会费，美国联合会委员会根本无权做这样的规定，因为章程规定的会费数目是 15 分。[43]

主席问道，他是否应当宣读提交给他的一切书面文件。

大会回答说不必。

德雷尔对这个决定以及限制就赛拉叶的提案开展讨论表示遗憾，因为这主要涉及到一些原则问题。如果在这里不承认间接选举，那么多数代表就不得不离开。美国代表大会是专门为了选举代表而召开的，因此，属于它的各个支部都应该服从。

布里斯梅说，他认为最后这一点具有决定性意义。

德雷尔的委托书除索瓦反对外被一致承认有效。

索瓦也反对**左尔格的委托书**，其理由是会员人数不足，他说，选举人不够 1000。

左尔格抗议说，如果对章程作正确解释的话，可以派出多得多的代表；他质问道：还有什么选举比专门为此而召开的代表大会所进行的选举更直接呢？还有什么委托书比代表大会发给的委托书更有效呢？索瓦断言，似乎德雷尔和左尔格还应选举 5 个总委员会委员，这是捏造，因为美国代表大会的决议说："代表大会选举两个代表，以共同的经费派他们出去，各支部可以把委托书发给可靠的党内同志。"他承认第 42 支部的主权，但否定它有权反对在它参加下通过的决议；他完全理解第 42 支部反对交 55 分会费，因为它本身拖欠了会费，而且不愿意交。如果它交不起，那是另一回事，但是它行事必须正大光明而不要拐弯抹角。

左尔格的委托书被承认有效，只有索瓦投票反对。

左尔格反对**第29和第42支部发给索瓦的委托书**，他说：第29支部同谁也没有联系，也没有缴纳会费，而第42支部自从美国代表大会以来若存在若不存在，它没有缴纳会费以应付参加本次代表大会的代表的开支，它只是偷偷摸摸地、拐弯抹角地发出了自己的委托书，以便把索瓦塞进代表大会，因为它预见到第2支部发出的委托书将被否定。所有这一切只不过是巧为筹划出来的鬼把戏而已。

索瓦说，在美国有许多支部，它们由于现存的意见分歧同谁也不发生联系，力求保持自己的独立性；第29支部就是其中之一。断言第42支部处于反对派的地位是由于交55分会费的问题，这是诽谤。它之所以处于反对派的地位是由于美国代表大会想要改变章程。再说，第29和第42支部已经履行了自己对总委员会的义务。

勒穆修说，第29和第42支部很清楚，总委员会只承认设在纽约沃德旅馆10号的联合会委员会；因此它们本来是应当通过联合会委员会缴纳会费的。而且，索瓦曾亲口对他说过，他（索瓦）在伦敦急急忙忙找到了司库荣克，以便预先防止这一类的反对意见；这就证明，他承认了自己的尴尬处境，企图用耍花招的办法钻进代表大会。

弗兰克尔认为如果今后再发生类似索瓦的这样的事是非常令人不快的。尽管如此，他不能不投票赞成接纳索瓦，因为，遗憾的是，现在章程允许支部存在于联合会之外。

（勒穆修的发言，弗兰克尔和埃卡留斯都没有翻译。）

索瓦声称，勒穆修滥用了他的信任，他今后不再随便给他讲什么了。

勒穆修说，他认为共同利益高于个人利益。

马克思解释说，各支部要么属于各个国家的联合会，要么必须得到总委员会的承认。关于第 29 支部，既不能说属于前者，也不能说属于后者。在某些场合下，独立的支部有时是非常有益的，但那时它们必须得到总委员会的承认，并且直接与总委员会联系。他坚决反对承认索瓦的委托书。

德雷尔主张接纳索瓦作为第 42 支部的代表，条件是第 29 和第 42 支部承担义务；承认美国代表大会和全协会代表大会的行动和决议，并且照着去做。

马克思表示赞同。

索瓦不作丝毫让步，因为第 29 支部只是等待着海牙代表大会的结果，以便决定自己今后的行动。

德雷尔收回自己的提案。

恩格斯回答有人提出的一个问题：这两个支部是否履行了自己①的义务，说，它们当中哪一个也②没有做到这一点。

在相当混乱的情况中进行表决，**索瓦以 30 票对 20 票被允许充当第 29 和第 42 支部的代表。**

库诺提议对主席进行谴责，因为他允许这么多人发言。

主席驳斥说，他有权这样做，因为问题涉及到两张委托书。

阿莱里尼反对马德里联合会和另一个西班牙联合会发给拉法格的委托书，其理由是，《解放报》的编辑在没有得到西班牙联合会委员会认可的情况下建立了一些新的支部和联合会，它们后来才去找总委员会联系；总委员会承认了它们，并且声称：去请示该联合会委员会是荒谬的，因为它的多数成员属于一个敌视国际工人协会的秘密团体。西班牙联合会委员会反对新马德里联合会，因为总委员会接受它是违反章程

---

① 在威斯康星大学的抄本中后面有："对总委员会"。
② 后面删去："没有缴纳"。

的。拉法格所代表的第二个西班牙联合会，同整个西班牙联合会一样，至今也没有向总委员会缴纳会费。

吉约姆纠正德语翻译中的一个错误。

拉法格宣读《解放报》上的一篇文章（这篇文章博得了代表大会上多数人的热烈鼓掌），就是这篇文章成了把该报的编辑开除出去的借口（莫拉戈承认这一点）；（130人中）投票赞成开除的只有15人，而且没有给被开除者丝毫的机会进行辩护。

西班牙联合会委员会批准了这一非法的开除，因此，新的联合会不得不直接向总委员会呼吁。莫拉戈已经两次背叛了国际工人协会的事业：一次是他逃到了里斯本，另一次是在发表萨加斯塔通告之后他背弃了国际。这15个人一贯宣扬他们喜欢自治，但是在事情于他们有利的时候，他们就搞极端的权威主义。他们的行为动机同他们自己的主张截然相反，他们之所以仇恨他，就是因为他在《自由报》上反对他们的秘密同盟[44]。

莫拉戈说，总委员会作出的决定是违反一切规定和准则的，是以纯粹臆造的理由为根据的。西班牙联合会委员会没有干涉各支部的内部事务。开除是符合规定的，因为支部的章程规定了正常的会议，其决议一切成员都必须服从，即使有人没有出席，也不管这些决议仅仅是以5票、15票或者50票通过的。西班牙联合会是一切联合会中最富有战斗力的联合会，在西班牙只是在一个人来到并且进行干涉之后才发生了争吵。他们严格遵守总委员会无权破坏的章程。他们不愿意进行个人之间的争吵，但打算在下届西班牙代表大会上就开除是不是正当的作出决议。

恩格斯说，我们必须解决的一个问题是：今后国际工人协会应当按照民主原则来管理呢，还是由一个秘密组织起来的而且是违背章程的匪帮（有人发出叫喊和抗议，反对"匪帮"这个词）来领导。在场的有6

个人属于这个秘密团体:4个西班牙人,施维茨格贝尔和吉约姆。

吉约姆打断恩格斯的话,尖声叫道:"这是胡说!"

恩格斯把一只手伸进口袋,① 掏出一封信来,说道:"这就是证据。"接着,恩格斯指出,任意开除是非法的,开除时没有任命章程所要求的仲裁法庭。新联合会同联合会委员会决裂并且直接向总委员会呼吁,这只不过是使用自己的权利。诚然,总委员会违反了章程,但它是有意识这样做的,其目的是要用这种办法来拯救西班牙的国际工人协会。同盟②是用国际工人协会的钱在西班牙进行活动的,西班牙联合会委员会的8个成员中有5个"同盟弟兄"。总委员会完全了解自己的行动的意义,但是它不得不这样做。

(当恩格斯说明现在的西班牙代表属于同盟时,**马尔塞劳**说:"是呀,是呀。")

若昂纳尔要求继续进行辩论,让西班牙人充分发表意见,以免他们责怪大会剥夺了他们的发言机会。

弗兰克尔表示反对,理由是这个问题下面还要讨论。

大会不赞成继续辩论。

拉法格被允许作为**新马德里联合会**的代表参加大会,40票赞成,没有一张反对票。

马克思提议**把同盟**从国际工人协会中**开除出去**,并且要求**任命一个委员会**来对各种文件和整个这件事情进行审查。

宣布休会两小时。

---

① 后面删去:"吉约姆狼狈退场"。这个修改是左尔格作的。
② 在库诺的抄本中"同盟"一词照例给加上了引号。

第四次会议

1872年9月3日，星期二，下午

于4时继续开会。

点名：22人缺席。

库诺责备主席说，会议开始晚了。

杜瓦尔提议再等15分钟。

主席说等得够久的了，这就已经引起了普遍抗议了；接着，他再次宣读名单。

马克思宣布收到热那亚附近的毛里齐奥港的一个支部寄来的贺信①。

麦克唐奈被任命为**英文记录员**，代替已经走了的罗奇。

通过拉法格的提案：每次会议开始时要把缺席的代表记下来，并且要把这个情况通知其选举人。

黑尔斯是反对**巴里的委托书**的，因为黑尔斯已经走了，所以**索瓦**乐意由自己来支持反对意见。②

左尔格质问说：有什么理由？难道有任何人反对该支部有权发给委托书吗？既然根本不能回答这个问题，也拿不出任何理由来进行攻击，那么索瓦就没有任何权利继续反对这份委托书；发言人谴责索瓦使工人的代表大会浪费时间；工人将对这样的人追究责任，因为他们使大会如此无益地浪费时间，他们妨碍我们讨论工人问题和工人的利益。③

---

① 贺信全文见本卷第282—285页。
② 在威斯康星大学的抄本中后面还有："不过，举不出任何一条理由"。
③ 在威斯康星大学的抄本中后面还有："他特别攻击索瓦"。

莫特斯赫德提问说，巴里在英国不属于领导人之列，也没有任何威望，为什么他却由一个德国支部派遣来参加代表大会？

马克思说，这个或者那个支部选举什么人，这与任何人都毫不相干。再说，如果巴里不属于英国工人的所谓领导人之列，这只会使他感到光荣：因为这些人都或多或少被资产阶级和政府收买了。巴里之所以受到攻击，仅仅是因为他不愿意充当黑尔斯的工具[45]。

巴里的委托书被承认有效，只有索瓦和莫特斯赫德投票反对。

资格审查委员会宣布收到几份新的委托书：由瑞士寄来发给杜瓦尔的，由都柏林寄来发给麦克唐奈的，由雷根斯堡寄来发给赫普纳的；建议承认这些委托书。

没有人反对。

资格审查委员会对于**马赛一个支部发给阿莱里尼的委托书**有疑问。

朗维埃要求赛拉叶作解释。

赛拉叶声称，他没有收到马赛的**任何**消息，也没有收到任何会费，因此不能批准这份委托书。同时，有人告诉他，不久以前有人为了派代表出席大会而成立了一些支部。

阿莱里尼说，当马赛人宣布自己属于革命工人党的时候，他听到这样一些话是"痛苦的"；不过，他放弃这份委托书，因为他看到，现在这里有人力图用种种权术对协会进行某种清洗，并且把它交到一小撮人的手中。去年总委员会曾打算寄一笔钱给马赛人，让他们派代表出席伦敦代表会议，但后来放弃了这个打算，因为马赛人不愿按照它的指示行事。

赛拉叶提议允许对这种责难立即给予回答。

通过了这个提案。

于是，**赛拉叶**解释说，他作为法国的通讯书记，在上述整个时期内，没有给马赛写过一封信，也没有收到过那里寄来的任何信，所以阿莱里尼的责难是毫无根据的。

杜瓦尔告诉大家说，有人从马赛往日内瓦写信，以便同罗曼语区联合会建立联系；不久以前罗曼语区联合会委员会的一个委员到马赛去了一趟，那里的人告诉他，不可能在那里建立一个支部。

西里尔表示一种想法：也许存在着一些与总委员会没有联系的支部。

阿莱里尼在大厅内一片吵嚷声中再次要求发言。

左尔格提问道：是否允许对与议程无关的问题进行辩论？

阿莱里尼说马赛已经发给了孔贝一份委托书，**巴斯特利卡**已代表总委员会同马赛进行了通信联系。

赛拉叶请求在记录中载明：巴斯特利卡曾答应给马赛人一笔钱，他没有任何权利代表总委员会写任何信。

弗兰克尔要求对马赛支部是否存在这个问题**进行表决**。

通过了进行表决的决议。

赛拉叶打算在表决时弃权；他不能肯定阿莱里尼提交的委托书是假的，因为阿莱里尼本人可能受了欺骗。

阿莱里尼对任何关于受了欺骗的假定表示抗议。

马赛支部发给阿莱里尼的委托书在38票反对、14票弃权的情况下**被拒绝**。

资格审查委员会对于**日内瓦的宣传和革命行动支部发给茹柯夫斯基的委托书**有疑问。

委员会主席**朗维埃**声称，瑞士有几个联合会，但茹柯夫斯基所代表的支部不属于它们之中的任何一个，而且没有得到总委员会的承认。

茹柯夫斯基声称，他的支部确实同总委员会联系过，但被拒绝了，因此向代表大会呼吁，并且要求总委员会说明拒绝的理由。

杜瓦尔接着说，在日内瓦的法国流亡者曾企图掌握《平等报》编辑部，他们之中的许多人加入了同盟。伦敦代表会议之前不久同盟①被解散了，同盟中的那些人便成立了上述的宣传支部，但是这个支部始终没有加入任何一个联合会。

布里斯梅反对法国人作为日内瓦、布鲁塞尔和其他地方的支部出现：可让他们联合起来作为一些团体并且缴纳会费好了。也许，他们之所以没有加入现有的联合会和支部是因为，例如在比利时，为了避免坏人钻进来，要对想加入的成员的行为和道德进行审查。

马克思说，同盟之所以被批准了，是因为起初人们不知道它的秘密性质。当时总委员会知道，同盟尽管曾正式声明已于1871年8月6日解散，但仍然继续存在；伦敦代表会议只能通过那些众所周知的决议，此外别无办法。他并不反对秘密团体本身，他本人也曾参加过秘密团体，他反对的是敌视和危害国际工人协会的秘密团体。罗曼语区联合会委员会曾激烈反对接纳现在我们所讨论的这个支部，所以总委员会也就按照章程拒绝了它。布鲁塞尔的情况则完全不同。那里的法国人支部曾给总委员会写信，说按照比利时联合会委员会的意见，它如果加入比利时的组织就等于把后者出卖给警察局。因此，总委员会只好承认该支部为独立支部，而对存在于布鲁塞尔的第二个法国人支部也就照此办理了。

吉约姆要求在茹柯夫斯基之后发言。

恩格斯反对让吉约姆发言，因为如果那样做就违背了已通过的议事规则。

吉约姆的要求被否决。

茹柯夫斯基承认他的支部根本没有去找过罗曼语区联合会委员会。日内瓦有一个在州里进行宣传的中央支部，法国流亡者起先不知道该去

---

① 在威斯康星大学的抄本中后面还有："于8月6日"。

找什么地方联系。因此,有些人就参加了这个中央支部。但是,因为他们不是想在日内瓦州,而是想在法国进行宣传,于是他们便成立了上述的支部,该支部与同盟毫不相干,几乎没有一个成员参加同盟。诚然,他本人曾经是同盟的成员,但他根本不知道同盟是秘密的。他的支部的成员一直避免参与同盟的事务,现在要求接纳他们作为国际工人协会的一个支部。

朗维埃提议把这个问题推迟到讨论马克思关于同盟问题的提案时去讨论。

通过了这个提案。

资格审查委员会对**莫拉戈、马尔塞劳、法尔加-佩利塞尔和阿莱里尼的委托书**提出疑问,因为西班牙联合会没有缴纳会费。

朗维埃要求把这个问题推迟到解决关于同盟的问题时去解决。

法尔加-佩利塞尔说,他们的支部交会费稍迟了一点,部分地是因为他们很穷,——这一点代表大会是容易理解的;所以他请求缓交最近3个月的会费。① 朗维埃的提案使他十分惊讶,因为对他和他的3个同事仅仅是由于没有交清会费才产生了疑问。决不应妨碍西班牙联合会的迅速发展,要知道,现在在反对资本的斗争中,它是唯一有成功希望的联合会。②

恩格斯感到十分奇怪:西班牙人把钱留在自己的口袋里,而不是像在代表大会上通常做和应当做的那样,连同委托书一起交出来。西班牙人对于为什么别人想把他们同关于同盟的问题纠缠在一起,感到茫然莫解,不过他们自己已经承认了,他们是同盟的成员。马尔塞劳和其他的

---

① 在威斯康星大学的抄本中后面还有:"因为他们自己还没有收到"。
② 在威斯康星大学的抄本中后面还有:"西班牙的各个支部在同资本的斗争中都非常积极,它们想要迅速消灭资本"。

3个人硬说,过去他们参加过同盟,可是现在已经退出了。恩格斯认为,现在他们仍然属于同盟,不过换了另外一个名称。他们侈谈国际工人协会在西班牙如何繁荣昌盛,不过他们应该明白,这些成就是在马德里被开除了的原来的联合会委员会成员取得的。

马尔塞劳认为,恩格斯的话不确切。他们根本就没想要把钱留在自己的口袋里,先得去把西班牙货币兑换,昨天下午才把这件事情办好。当然,他们交得迟了一些,就因为这一点而产生了反对他们的委托书的始料不及的意见。他本人曾经是同盟盟员;同盟在西班牙建立了国际工人协会,并且把它搞得轰轰烈烈。同盟盟员都是久经考验的党员和真正的革命战士。如果人们要把他撵走的话,他也不会埋怨。他知道,这个问题是预先决定了的。"我要说实话,我不怕为此而死去。我们的争吵是在某一个人来到的时刻起开始的。我们这些同盟盟员们为了事业做的工作和吃的苦头,比所有的总委员会委员和想要开除我们的人都多。只要你们公开说要撵走我们,我们就走,而把属于你们的钱留下。同盟在完成了自己的宣传任务而成为不必要的以后,已在萨拉戈萨代表大会上解散了。过去它是必要的,因为那时在西班牙我们没有集会权。"

朗维埃强调说,到处都发生关于同盟的问题,因此只有首先解决这个问题,才可能对西班牙人的案件作出判断。昨天他抱着信任的态度跟西班牙人说过,叫他们交清会费,以便消除哪怕这一个障碍。他坚决主张讨论关于同盟的问题。

克楠表示赞成接纳西班牙人参加代表大会,如果他们得到总委员会的承认并且缴纳会费的话。他的委托书责成他退出会场,如果西班牙人得不到承认的话。

朗维埃对斯普林加尔、吉约姆和其他人要退出会场的威胁表示抗议;这证明不是我们,而是**他们预先**已对这个问题作出了决定;他希望全世界的一切警察密探都这样退出会场。

莫拉戈声称，他们是西班牙联合会的代表，而不是同盟的代表，因此，他们与同盟毫不相干。如果采取这样一种不公正的态度，就会使整个西班牙联合会受到破坏。现在所讨论的不是关于同盟、关于权威、关于秘密团体的问题吗？是同盟建立、提高和扩大了国际工人协会；我们的所有的选举人都知道，我们参加过同盟（因为有人向警察局告密）。你们应当审查的是，我们的委托书是否合法，如此而已。我们是西班牙联合会的代表，可是这里有人却想不惜任何代价把我们从国际工人协会中撵出去。你们的权力只限于审查印鉴和是否缴纳会费等等。

拉法格为自己作辩护，驳斥了似乎他攻击过同盟就意味着他同西班牙警察局有联系的武断；同盟是可以不担心别人告密的，因为它的章程中载明：它不搞**任何政治**，① 而这是警察局所求之不得的。

马尔塞劳说，拉法格创办《解放报》就是为了告密，至于我们在这里所听到的那些诡辩，那是他刚刚想出来的。拉法格谈到一些叛徒[46]，这跟他马尔塞劳毫不相干。

拉法格同意这一点，他指的是其他的人。

斯普林加尔认为我们应当讨论的是委托书而不是同盟；无论如何我们应当感谢同盟在西班牙进行了积极的宣传活动。

会场上抗议之声四起：反对无休无止的辩论。

朗维埃反对在西班牙人交清会费和解决关于同盟的问题之前进行表决。

法尔加-佩利塞尔终于站起来，把西班牙联合会的账单和会费的现金交给了主席，但最近这个季度的除外。

---

① 后面删去："它的目的仅仅是要消灭国际工人协会"。

朗维埃现在表示同意接纳西班牙人。①

进行表决，**除一人弃权外，全体代表一致赞同接纳西班牙人**。

瓦扬说明他之所以弃权是因为，尽管西班牙人声称他们不再属于同盟了，但他们没有说他们承认并打算遵守伦敦代表会议的第9项决议[47]。

资格审查委员会宣布**纽约第2支部的委托书**无效，因为该支部跟任何地方都没有联系，而且没有加入任何联合的组织。

索瓦由于今天上午通过的各项决议而感到心情沉重。第2支部已缴纳了会费，现在169个成员，而过去有235个成员。② 自相矛盾的决议会给美国联合会造成严重的后果；美国联合会在"政变"以后参加了普林斯街的委员会（埃卡留斯③鼓掌）并组织过一次遭到第1支部反对的追悼游行。但它后来反对该委员会，因为后者反对总委员会并且同阿波罗音乐厅事件[48]有牵连。

埃卡留斯翻译这个发言并且加进了自己的一些意见。

左尔格为此对他进行谴责。

德雷尔质问道，难道一个支部可以不执行代表大会在它参加了的条件下所通过的决议吗？

左尔格列举事实驳斥对第1支部的指责。

马克思说，我们认为第2支部根本不存在，因为它没有作为一个独立支部同总委员会进行通信联系。

埃尔曼说，比利时代表大会也是以多数通过了一些决议，但它不能因此开除少数。"在国际工人协会中，任何多数都不能进行统治，因此，

---

① 在威斯康星大学的抄本中为："**朗维埃**提议同意作这样的修改，在没有解决关于同盟的问题之前，现在先接纳他们"。
② 在威斯康星大学的抄本中后面还有："它在圣路易斯、巴尔的摩、斯普林菲尔德、芝加哥等地建立了支部"。
③ 后面删去："心满意足地"。

在美国也不能这样做。"

德雷尔声称,如果接纳第 2 支部,美国联合会的代表就退出代表大会。

布里斯梅说明在比利时对待这样一些闹别扭的支部是怎样处理的;不仅停止它们的会籍,而且**永远开除它们**!

左尔格说,他提议把德雷尔提出的关于信任的问题推迟到讨论关于第 12 支部的问题时去解决。那时他将指出,这些人给工人阶级以及美国的工人运动带来了多么巨大的危害。

弗兰克尔坚决反对接纳第 2 支部,他列举了公社时期的一些事件,当时有个别的支部以张贴广告等办法,阴谋反对联合会委员会。他还表示赞成集中,而反对所谓的"自治"即**虚荣**。对每一个决议都表示反对的这种态度,今后再也不能容忍了,**纪律**必须遵守。

埃卡留斯说,第 2 支部是美国最老的支部之一,他从所收到的信件得知,第 1 支部是完全不赞同追悼游行的。

巴里反对破坏会议程序。

朗维埃反对接纳第 2 支部,因为它同其他所有的支部、同自己的家里闹翻了,现在为了有可能派遣代表参加大会,才于 8 月 26 日,即在总委员会在法律上几乎不再存在的时候,偷偷摸摸地向司库缴纳了会费。① 如果今后容许搞这一套,那么国际工人协会就会丧失存在的权利。那时让人们去进行共济会的活动好了,那时谁愿意建立多少宗派都可以。

若昂纳尔要求宣读索瓦提交的文件,并且大声地、激烈地要求这样做。

---

① 在威斯康星大学的抄本中,后面还有:"这只不过是玩弄花招的虚假的借口而已"。

恩格斯宣读这个文件；这是波尔特 8 月 4 日写给第 2 支部的信[49]。

朗维埃代表资格审查委员会再次坚决反对接纳第 2 支部。

在对关于接纳第 2 支部的问题进行表决时，**投票反对者 39 人，赞成者 9 人，11 人弃权**。

马克思宣布，威斯特请求把关于纽约第 12 支部的问题推迟到明天再讨论，资格审查委员会表示同意。他提出现在应讨论关于同盟的问题，并且声明，他建议要开除的仅仅是同盟，而**不是**西班牙的代表。

会议于晚上 10 时闭幕。

第五次会议

1872 年 9 月 4 日，星期三，上午

9 月 4 日，**星期三**，会议于上午 9 时 15 分开幕，有许多代表缺席。

维尔莫请求禁止在会场内吸烟，因为有一个代表有肺病。

吉约姆赞成这个要求。

巴里和**赛克斯顿**表示反对。

以 15 票对 13 票禁止吸烟。

拉法格提议谴责黑尔斯，因为他退出了代表大会；在几个英国代表作了解释之后，他收回了这个提案。

接着宣布一个通知：收到了**由旧金山寄来的发给瓦扬的委托书**；批准了这份委托书，然后代表大会转而讨论**第 12 支部发给威·威斯特的委托书**。

索瓦要求在进行这一讨论时，取消限制发言时间和发言人数的[①]议事规则。

---

① "限制发言时间和发言人数"这几个字是左尔格的笔迹。

这一提案以31票对8票通过。

赛拉叶认为，茹柯夫斯基没有表决权。

吉约姆主张有表决权。

对提案的表决结果是：26票赞成，10票反对，6票弃权，代表大会决定，**茹柯夫斯基没有表决权**。

莫拉戈要求**改变计算票数的方式**——要按所代表的会员的人数计算，因为西班牙人得到了指示：在解决这个问题之前不参加表决。

主席范·登·阿贝勒①同**若昂纳尔、朗维埃**等代表进行了长时间的交谈。

收到**两份发给马克思的新的委托书**。②

马克思代表资格审查委员会提议，宣布威斯特的委托书无效，因为威斯特：（1）是已被暂时开除的第12支部的成员；（2）是费拉德尔菲亚代表大会的参加者；（3）是普林斯街委员会的成员。此外，威斯特的委托书是由维多利亚·伍德赫尔签署的，而伍德赫尔多年来一直在进行阴谋活动，想当美国总统，她是那个行招魂术者的团体的主席，她鼓吹自由恋爱，经营一个银行企业等等。维·伍德赫尔所建立的第12支部起初几乎全是资产者，它主要是为妇女争取选举权而进行鼓动；它向讲英语的美国公民发出过一个臭名远扬的呼吁书，对国际工人协会进行了种种诽谤，国内许多这一类的支部就是根据这个呼吁书建立起来的。此外，呼吁书中还讲什么个人自由、社会的自由（自由恋爱）、对衣着格式的规定、妇女的选举权、通用的语言等等。10月28日[50]，他们宣称："工人阶级自己解放自己"仅仅意味着，不应违背工人自己的意志来解放工人阶级。他们把妇女问题置于工人问题之上，并且不愿意承认

---

① 后面删去："他很不善于主持会议"。
② 这里记录不确切，应为：马克思宣布收到两份发给约·菲·贝克尔的委托书。

左尔格所作的马克思关于威·威斯特
委托书的发言记录(库诺抄本),
上面有马克思用铅笔作的标记

国际工人协会是工人组织。第1支部对第12支部的这种行径曾表示抗议，并且要求每个支部的成员至少应当2/3是雇佣工人，因为在美国，迄今为止一切工人运动都被资产阶级所利用。第12支部反对关于要有2/3的雇佣工人的要求，并且挖苦地质问说：难道不当雇佣奴隶而当自由人倒是犯罪吗？当时双方都找了总委员会，总委员会于3月5日和12日通过了决议：暂时开除第12支部。

根据这一切，不能接纳威斯特。不过第12支部没有承认总委员会的决定。威斯特还是费拉德尔菲亚代表大会和普林斯街委员会的参加者，上述代表大会和委员会拒绝承认总委员会，而同汝拉联合会保持联系，据报纸报道，后者曾号召不给总委员会交会费，以便置总委员会于困境。

威·威斯特讲了将近一个半小时。他说，对他的判决早就作出了，不过他不远4000英里来到这里，为的是要履行对自己的选举人的义务。他只谈报告中的第三点，对其他毫无根据的指责不予置辩。不错，他是第12支部的成员。（停顿了4秒钟，神情激动）**他恰恰为此而感到骄傲！**（停顿了8秒钟）第12支部建立了许多英国人支部，在这里要对①那些毫无根据的指责和诽谤提出起诉。暂时开除是非法的，因为这是在没有听取被控告者的意见的条件下所作的控告、判决和惩罚。第12支部是清白无辜的，像新生的婴儿一样，在不能证明它的情况恰巧相反以前，它始终是清白无辜的。正因为如此，"我的朋友"**埃卡留斯**曾经拒绝转寄判决书。[51]大家都知道，开除的第一条理由中没有一句实话，因为第12支部根本没有通过那样一个决议，仅仅讨论过而已。第12支部甚至打算承认总委员会②，如果它采取公正态度的话。第二条理由也是

---

① 在威斯康星大学的抄本中，后面还有："敌对方面用书信散布的"。
② 在威斯康星大学的抄本中，后面还有："作为仲裁人"。

虚伪的，因为我们既没有做过，也没有说过任何违背章程以及代表大会决议的东西。工人问题——这也是妇女问题，而且妇女的解放应当先于工人的解放。（会场十分活跃）伍德赫尔夫人等人是行招魂术者和自由恋爱的拥护者。这难道你们能够禁止吗？在没有爱情的时候，难道你们能够逼着人家恋爱吗？（会场内一片哄笑）这不是你们的事情嘛！我们严格地遵守了章程。每一个人首先是人，然后才是工人或资产者。社会问题的发展和解决是这样实现的：人最初是奴隶，然后成为雇佣工人，然后成为资产者（中等阶级的人），最后，由于提高到了资产者水平的人的较高的智力发展，人才进行普遍的合作，即以共同的劳动代替个体的劳动。资产者具有和获得了必要的经验和智力的发展，这是我们在自己的运动中所必不可少的。

不错，我是费拉德尔菲亚代表大会的参加者，但该代表大会并没有通过任何反对总委员会的决议。何况你们昨天已经批准了一个支部（第29支部）的委托书，它也派代表参加了费拉德尔菲亚代表大会。我也承认，我是普林斯街委员会的成员，但我已根据它的要求退出了。——我们有神圣权利造任何专制主义的反，而总委员会两次①表现了专制主义；如果我们没有这个权利，总委员会就可能对我们为所欲为！关于支部应由2/3的雇佣工人组成这个要求，在美国根本行不通。我们不愿由别人代庖来为我们操心，不愿由总委员会来指挥我们美国人。我们赞成公社，赞成普选权（也包括妇女的），赞成直接立法。我们认为，我们的共和国不好，因此我们想要建立另外的共和国。如果你们想要始终如一的话，那么你们就也要开除瑞士人，因为他们争取全民投票以及其他的政治权利。第12支部肯定已交了第一年的会费，这一点左尔格可以

---

① 在威斯康星大学的抄本中，后面还有："违背了自己的职责。美国人不能接受关于2/3的原则。如果我们无权造反，总委员会就会为所欲为"。

证明；我准备起誓，第二年的会费它也交了。接着，发言人谈到左尔格派和威斯特派。

左尔格请求不要把他的名字同威斯特的名字扯在一起。

大会失去了耐性，许多不会说英语的代表退出会场。

布里斯梅不断高声喊叫，对由于威斯特而浪费时间表示不满。

威斯特在全场一片吵闹声中结束自己的发言。

左尔格驳斥威斯特说：他的任务减轻了，因为他只须回答很少几个问题了。第12支部原来是根据一些虚假的报告被接纳的，因为威斯特曾经诡称，该支部的多数人都是雇佣工人。第12支部对敌对方面的要求了解得一清二楚，联合会委员会并没有对应有2/3的雇佣工人这一点作出规定，只是建议这样做。伍德赫尔夫人插手我们的事业，是为了追求个人目的，威斯特曾亲口对他讲过这一点。没有人反对该支部有权对妇女问题、宗教、自由恋爱等等持自己的特殊观点；人们反对的只是把赞成这些观点的责任加到国际工人协会身上的权利。第12支部①最好不过地接受了汝拉联合会和伦敦的世界联邦主义委员会⁵²发出的种种呼吁。第12支部一直搞秘密的阴谋活动，妄图②攫取国际工人协会③的最高领导权；它在发表对它不利的总委员会决议⁵³时，竟然解释成有利于自己。最后，它排斥法国的共产主义者和德国的无神论者。"在这里，我们要求遵守纪律，要求不是服从个人，而是服从原则和组织，为了争取在美国的影响，我们无论如何必须把爱尔兰人吸引过来，但如果我们不同第12支部和'主张自由恋爱的人'断绝任何联系，他们就决不会

---

① 在威斯康星大学的抄本中，后面还有："及其追随者在广大公众面前无耻地披露了一切意见分歧，今年它没有缴纳会费，它"。
② 在威斯康星大学的抄本中，后面还有："从总委员会手中"。
③ 在威斯康星大学的抄本中，后面还有："在美国"。

同我们站在一起。美国工人阶级是由下列人组成的：（1）爱尔兰人；（2）德国人；（3）黑人；（4）美国人。为了使我们能够代表国际在美国做点应做的事情，请让我们摆脱那些有害的分子，并从而给我们以行动的余地和自由吧！"

索瓦不愿意为第12支部辩护，但决心维护伍德赫尔夫人的成就和尊严，她为追悼游行[54]捐献过100美元。他说，伍德赫尔夫人是一位出色的演说家；她捍卫过公社，建立过许多支部等等。第2支部认为，总委员会开除第12支部，这件事做得过于匆忙了，该支部肯定已缴纳了会费。排斥法国的共产主义者和德国的无神论者，这并不具有正式的性质。

吉约姆断言，汝拉联合会从没有向美国写过信，不过他本人由于听到关于美国发生了分裂的一些互相矛盾消息，曾给纽约的韦斯皮利埃写过一封私人信，请求告诉他关于那里的情况。韦斯皮利埃给他写过如下的一封私人回信。吉约姆宣读那封回信，其中对左尔格——"马克思的右手"和亲信——进行了指责；信中还说，他们的支部（第18支部）决不同挑起争论和搞"政变"的人打交道，左尔格只把关于"政变"的事告诉了自己的亲信，等等，等等。该信是8月4日写的。

左尔格索要韦斯皮利埃的信的副本，以便向这位在美国的写信人追究责任；他证明说，对手们一直在进行诽谤，因为他们认为，诽谤总能起点作用。他举了埃利奥特的一封发表在1871年12月9日《星报》上的信来证明这一点，埃利奥特在该信中没有反驳左尔格的答复中的一个字，而他左尔格在自己的答复中表示准备在任何仲裁委员会面前证明：埃利奥特撒了谎。

吉约姆答应把信交给秘书处复制一个副本[55]。

勒穆修对发表在《汝拉联合会简报》上的罗格朗的一封充满谎言和诽谤的信[56]表示抗议。（全场激动，呼喊）

布里斯梅在会场恢复平静以后，**提议**：国际工人协会不承认一切由资产者组成的支部。

威斯特要求对这个提案发言。

结果引起了全场激烈的喧哗，此时西里尔公民戴上帽子，使劲做了一个手势，离开会场。

赛拉叶提议：**实行记名投票**。

投票**赞成布里斯梅提案的有**：

阿尔诺、约·菲·贝克尔、布里斯梅、巴里、库尔奈、库诺、克楠、杜邦、达夫、杜瓦尔、德雷尔、埃伯哈特、弗吕兹、法尔卡什、弗里德兰德、弗兰克尔、吉约姆、格尔哈特、埃尔曼、赫普纳、海姆、若昂纳尔、马克思、库格曼、列斯纳、吕坎、拉法格、勒穆修、米耳克、莫特斯赫德、皮尔、朗维埃、斯瓦尔姆、索瓦、左尔格、肖伊、赛拉叶、赛克斯顿、舒马赫、斯普林加尔、瓦尔特、符卢勃列夫斯基、范·登·阿贝勒、瓦扬、维沙尔、狄慈根、维尔莫。

弃权的有：

埃卡留斯、哈科特、罗奇、施维茨格贝尔、范·德尔·豪特、法尔加－佩利塞尔、莫拉戈、阿莱里尼、马尔塞劳。①

六个代表缺席。

在表决**威斯特的委托书**时，投反对票的有：

阿尔诺、约·菲·贝克尔、布里斯梅、巴里、库尔奈、库诺、克楠、杜邦、达夫、杜瓦尔、德雷尔、埃伯哈特、弗吕兹、法尔卡什、弗里德兰德、弗兰克尔、格尔哈特、埃尔曼、赫普纳、海姆、若昂纳尔、马克思、库格曼、列斯纳、吕坎、拉法格、勒穆修、米耳克、皮尔、朗维埃、罗奇、斯瓦尔姆、索瓦、左尔格、肖伊、赛拉叶、赛克斯顿、舒

---

① 马克思在原稿上每个名字后面按照名字的字母顺序标上了1—9的号码。

马赫、斯普林加尔、瓦尔特、符卢勃列夫斯基、范·德尔·豪特、范·登·阿贝勒、瓦扬、维沙尔、狄慈根、杜蒙、麦克唐奈和维尔莫。

弃权的有：

埃卡留斯、吉约姆、哈科特、莫特斯赫德、施维茨格贝尔、法尔加-佩利塞尔、莫拉戈、阿莱里尼和马尔塞劳。

这样，威斯特的委托书就在49票反对、9票弃权的情况下被否决了。

西班牙人再次声明，只要不改变统计票数的方法，他们就实行弃权。

哈科特由于埃卡留斯在译成英语时译得不好，没有听懂这个问题。

埃卡留斯说明他之所以弃权是由于他与分裂分子有事务上的联系。他本人在这件事情上也是被控告者，不过给总委员会的那些信都是一派胡言。左尔格控告他在德国搞阴谋，其实，一切争吵都是左尔格挑起的，埃卡留斯很乐意证明这一点。

莫特斯赫德是因为巴里的委托书的问题而弃权。

罗奇之所以弃权是因为，如果按布里斯梅的提案办事，总委员会的一半委员就不得不辞职。

吉约姆之所以弃权是因为，没有让威斯特再次发言，不过，埃卡留斯的言论使他感到满意。

施维茨格贝尔声称，他对问题还没有完全搞清楚。

有人提议：把关于同盟的问题提交给一个特别的委员会，在秘密会议上讨论。

根据**赛拉叶**的提案通过一项决议：晚上讨论这些提案。决定晚上的会议于7时举行，明天开公开会议。

会议于下午4时左右结束。

第六次会议
1872年9月4日，星期三，晚上

晚上的会议于7时半开幕。

点名时发现有13人缺席。

左尔格提议立即任命大会主席团。

杜邦要求宣读记录。

主席①认为这是多余的；他宣布威斯特无权出席会议。

左尔格要求先就他的提案作出决定。

一致通过。

资格审查委员会报告说，收到一份发给汝拉联合会的代表的委托书。

左尔格坚持要立即选举大会主席团。

埃尔曼提格尔哈特、布里斯梅和杜邦为候选人。

赫普纳提朗维埃、左尔格和格尔哈特。

格尔哈特表示推辞。

维尔莫提议对3位主席中的每一位都单独进行选举。

弗兰克尔建议，3个人可以一次选出。

通过了弗兰克尔的提案。

结果选出**朗维埃**为主席，**格尔哈特**和**杜邦**为副主席。

杜邦表示推辞，主张选布里斯梅。

布里斯梅表示谢绝。

于是一致批准**左尔格**为副主席。

---

① 范·登·阿贝勒。

主席①根据**库格曼**的提议，以大会的名义向已完成了主席职责、进行了艰巨工作的代表②表示感谢，然后接替了主席职务，认为这不是给予他个人，而是给予费雷支部、巴黎市以及公社的光荣。

选举**库诺、弗兰克尔、埃卡留斯、维尔莫、达夫、范·登·阿贝勒、马尔塞劳**和**阿莱里尼**分别担任几种语言的**翻译**。

根据**左尔格**的提议，大会一致批准原来负责做记录的代表为记录员，但罗奇除外，由**麦克唐奈**代替他担任英文记录；**马尔塞劳**担任西班牙文记录。

范·登·阿贝勒已预先通知新闻界的代表，明天10时举行公开会议，给记者留了座位。

大会批准这些措施。

荷兰联合会委员会邀请代表们在结束会议之后去**阿姆斯特丹**。③

这个问题推迟到稍后的时候去解决。

若昂纳尔提议：明天上午8时再举行秘密会议，为了避免秩序紊乱应发门票。

范·德尔·豪特说，"当局"发来了许多通知。

格尔哈特提议：对进入会场者每人收费1盾。

弗里德兰德反对这个提案。

埃卡留斯认为，可把所有的这些组织工作**交给海牙的党员同志去酌情处理**。

通过一项决议：转入议事日程。

约·菲·贝克尔等同志提议：立即讨论关于总委员会的权限、它的

---

① 朗维埃。
② 范·登·阿贝勒。
③ 邀请信全文见本卷第294页。

驻地，以及关于召开下届代表大会和修改章程等问题。

索瓦希望先听取总委员会的报告，以便有可能向它提出一系列问题；总的说来，他也赞成选举新的总委员会。

拉法格支持贝克尔的提案。质询应在秘密会议上进行，必须给即将去美因茨[57]的德国同志提供参加一些最重要的辩论的机会。

肖伊是提案的签字者之一，他说，他们的愿望是非常正当的，因为德国工人代表大会很重要，而德国社会民主工党又是国际工人协会的分支。请给我们以完成自己的委托的机会吧！

布里斯梅主张首先讨论章程，因为很可能讨论完章程之后，总委员会就不再存在了，因而也就无需给它以任何权限了。比利时人希望决不要扩大总委员会的权限，相反地，他们来到这里，为的是要从总委员会手中夺回被它擅自据为己有的王冠。诚然，总委员会并没有干涉过比利时的事务，比利时人对它也无可抱怨，不过，美国、西班牙和意大利的事件都表明，总委员会拥有的权力太大，今后不能容许它干涉各联合会和支部的内部事务。

约·菲·贝克尔赞成肖伊的意见，不过认为会上有人讲了许多毫无根据的猜测。索瓦关于听取报告的要求是完全合情合理的，不过最迫切的任务是要决定总委员会的地位，应当首先解决这个问题。在以前的两次代表大会上正是这样做的。他认为，这个提案会使大会进行得更快一些。总之，理由完全是无可辩驳的，此外，几乎在场的所有的德国代表都要去参加美因茨代表大会，这是我们务必考虑的。

莫拉戈激烈抗议没有让他发言。

吉约姆对莫拉戈表示支持。

赫普纳对提案加以解释，要求首先完成最必要的事情；这恰恰应当是我们的对手所赞成的，因为他们急于获得机会倾诉对总委员会的"抱怨"；他们已埋怨了整整一年，现在倒要听听他们究竟想说些什么。

停止辩论。

贝克尔的提案以绝大多数（41票）通过。

宣读西班牙代表的一项提案：要求今后代表大会上的表决应按照所代表的协会会员的数目进行。①

莫拉戈坚决主张实行这一"真正革命的改革"②，并且声称，他和他的同事得到的训令是，只有当这一提案成为决议之后才参加表决。根据西班牙人的意见，一个代表100名选举人的代表不能与一个代表2000名选举人的代表具有同样的分量。

恩格斯反对这个提案，因为在此次代表大会上立即实行这个提案，是违背章程的，而且会使英国人和德国人受到很大的损失：如果按照会员数目进行表决，那么德国人和英国人为了同西班牙人相对抗，就不得不在另外的基础上进行选举和派出代表。一般说来，他作为"泛日耳曼主义者"赞成的正是这种表决方式，因为这样一来德国和英国就会取得决定性的多数。如果西班牙人被剥夺了参加表决的机会，那么对这一可悲的情况应当负责的不是我们，也不是西班牙的工人，而是由同盟分子所组成的西班牙联合会委员会。

埃尔曼声称，比利时人完全赞同西班牙人的立场。③

赫普纳提请注意，大会刚才已作出了决议，要确定总委员会的权限；因此，对于莫拉戈和他的同志们的提案，应按议事日程办事。

维尔莫表示反对。

主席通知说，时间已晚了（11时半），必须打扫会场。

关于应立即处理莫拉戈的提案的问题以大多数票对7票被否决。

---

① 见本卷"声明和提案"部分文件4。
② 在威斯康星大学的抄本中为："根据民主精神对表决方式所作的这种改变"。
③ 见本卷"声明和提案"部分文件5。

吉约姆声明，从此刻起汝拉联合会不再参加表决。

主席说，议程不是由总委员会或者个别人，而是由国际工人协会和它的历届代表大会制订的。因此，谁攻击章程，谁就是攻击国际工人协会和它的存在！

决定明天上午8时开秘密会议。

会议于午夜结束。

第七次会议
1872年9月5日，星期四，上午

9月5日，星期四。

会议未能于上午8时开幕，因为原来的主席范·登·阿贝勒把代表名单带回家去了，而他要到10时才能来到会场。

过了很长的时间以后大会开始工作。

主席宣布公开会议的议程，并宣读收到的一些信件。

吉约姆要求任命一个委员会，把罗格朗的那封信的原件同《汝拉联合会简报》上的文本加以对照。①

马克思说该信的内容全是谎言和谩骂。

勒穆修反对任命这样一个委员会，因为汝拉人在发表那封信之后，成了这些谎言和卑鄙勾当的参加者。

尽管如此，在会场上的吵闹声停止以后，最后，**马克思、若昂纳尔**和**拉法格**被批准担任这个委员会的委员[58]②。

---

① 见本卷"声明和提案"部分文件6。
② 在代表大会的文件中没有保存关于该委员会的工作情况的材料。

收到由日内瓦发来的一封电报①，否认茹柯夫斯基的委托书；随后还将补一封信来。

茹柯夫斯基说，发电报的那些人不是他的支部的成员。

恩格斯对**威斯特**出席会议表示抗议，并且提请注意此人曾经说过：如果他吃闭门羹，他将跳窗而入，如果连这也不可能的话，他将从烟囱里面钻进来。

威斯特被迫离开会场，到走廊里去了。

有人要求任命审查同盟问题的委员会。

左尔格提议任命一个由5人组成的委员会，并提议休会5分钟，以便考虑人选。

马克思通知说，总委员会的报告是打算在报刊上发表的；由于总委员会不可能公开地或秘密地报告各国的组织状况，又由于许多联合会例如汝拉联合会和比利时联合会在提供情报方面没有履行自己的义务，所以报告是一般性的。② 报告人表扬美国联合会，说只有它在进行通信联系和缴纳会费方面充分履行了自己的职责，他希望采取措施，把秘密会议和公开会议的议程定下来。

吉约姆就左尔格的提案提出意见说，迄今为止，无论在哪一个委员会里少数派连一个代表也没有，因此他要求允许"过去的"同盟成员指定一人参加审查委员会。

大会注意到这个提议。

吉约姆同西班牙人协商以后通知说，他们指定**斯普林加尔**。

马克思请大会考虑，为了不致把很多时间浪费在翻译上面，最好只选举懂法语的代表参加委员会。

---

① 电报全文见本卷第338页。
② 威斯康星大学的抄本中为："总委员会的报告不可能很详细"。

被选出参加**审查委员会**的有：

库诺、瓦尔特、吕坎、维沙尔、罗什·斯普林加尔。

阿莱里尼和**吉约姆**提议，任命一个由5位没有利害关系的人组成的委员会来审查总委员会及其"地下阴谋活动"①。

左尔格说，如果审查的对象也把埃卡留斯包括进去的话，他就赞成这个提案。

马克思②表示愿望说，审查对总委员会的控告的委员会**不要选举，由那些控告者自己去指定好了**。

吉约姆提议：把这件事委托给**审查同盟问题的委员会**（即库诺等人）去做，这个提案以14票对4票**通过**⁵⁹。

接着，宣布休会，以便为公开会议作准备。

第八次会议

1872年9月5日，星期四，上午

公开会议于10时开始。

许多听众坐满了预先给他们留出的席位，世界各大报的记者把走廊挤得满满的。

点名时只有3名代表缺席。

主席向与会者发表讲话，他首先说明最近两年没有召开代表大会的原因。

接着，他转而谈到国际工人协会对公社的态度。他驳斥了由于不了

---

① 威斯康星大学的抄本中，后面还有："（莱比锡叛国案）"。
② 威斯康星大学的抄本此处有笔误：把"马克思"写成"勒穆修"，参看本卷第44页。

解事情的真相而传播得很广的对公社的攻击，他证明说，所有这些非难和指责都是凡尔赛的"秩序党匪徒"所干的勾当。他赞扬了一些国家，因为它们允许公社流亡者避难，并且以应有的方式拒绝了卑鄙的茹·法夫尔制定的要求引渡流亡者的肮脏计划。他说，荷兰也是这样的国家之一。最后，他高呼国际工人协会"万岁"结束了自己的讲话。

宣读荷兰联合会委员会的一封邀请大会代表访问阿姆斯特丹的信。①

根据**拉法格**的提议，决定至大会闭幕时再对这个建议作出答复。

接着，**赛克斯顿**博士用英语宣读总委员会的报告，**龙格**用法语宣读，**马克思**用德语宣读，② 接着，**范·登·阿贝勒**把报告③译成荷兰语。

报告着重谈到了国际工人协会过去到处受到而且现在仍然受到的种种迫害，首先是在奥地利——它扮演着反动派的唐·吉诃德的角色——、法国、西班牙、德国、丹麦和意大利；对于现存的现代社会制度的维护者来说，国际工人协会在各国的存在是不能容忍的，因此，它被说成是反对国家的阴谋而遭到迫害；尽管从维也纳开始的这些迫害蔓延到了整个大陆，但代表着劳动人民的国际工人协会反而从中吸取了新的力量，最近已经在爱尔兰、丹麦、荷兰、葡萄牙、澳大利亚、新西兰和④巴西深深地扎下了根。如果回顾一下，各国工人需要经过多少岁月才能认识到1848年六月起义的意义，而公社却立即得到各国工人的支持，那么无产阶级运动的成就显得特别巨大。

---

① 邀请信全文见本卷第294页。
② 报告全文见本卷第227—235页。
③ 此处删去："很慢而且很不准确地"。
④ 在威斯康星大学的抄本中后面还有："布宜诺斯艾利斯"。

报告一再被大会代表和听众的掌声所打断。

最后，报告被一致通过。①

一个法国代表（不知是谁?）提议（或者这是一封电报?）向一切国家中受迫害的工人党党员表示同情，并且向②一切受苦受难的朋友致以兄弟的敬礼。

此提案被一致通过。③

根据**布里斯梅**的提案通过一项决议：秘密会议于白天举行，而把公开会议排在晚上举行，以便海牙的工人有可能出席。

左尔格提议休会15分钟。

若昂纳尔认为，经过这么紧张的工作之后，至少需要休息一小时。

布里斯梅发言支持左尔格的提案。

通过了若昂纳尔的修正案。

库诺就一个人的问题用意大利语发表声明：反对普鲁士驻米兰的领事施拉姆。④

日内瓦联合会发表一封贺电；奥斯坦向公社的同志们致以最良好的祝愿。⑤

点名，会议于3时左右闭幕。

---

① 后面删去："不言而喻，西班牙人和汝拉联合会总是弃权"。
② 在威斯康星大学的抄本中，此处删去："法国、德国等国家中"。贺信全文见本卷第188页。
③ 后面删去："西班牙人和汝拉人又弃权!"。
④ 后面删去："别人请他把这个声明翻译出来；他犹豫了一下才同意翻译出来：'如果驻米兰领事施拉姆是偶然地或者故意来到会场，而他又不愿意被人们叫做**胆怯的小偷**的话，那么，我请他在会后到我这里来一下'"。
⑤ 见本卷第289—290页。

第九次会议

1872年9月5日,星期四,下午

4时15分点名,开始举行公开会议。

狄慈根用书面通知:他已离开。① 肖伊也已经走了。

朗维埃宣读巴黎的费雷支部寄来的一封信的一部分,其中激烈地谴责拿破仑、巴枯宁、马隆、里沙尔、加斯帕尔·勃朗②等人,也谴责了由一些卑鄙龌龊的分子所组成的那个联合会等等。③

维尔莫对这封信表示抗议。④

吉约姆抗议把巴枯宁和马隆这样一些"值得尊敬的"名字同拿破仑、里沙尔、勃朗之流这些微不足道者的名字相提并论。

龙格表示反对维尔莫的意见。

大会转入议程。

收到阿尔诺、库尔奈、德雷尔、勒穆修、朗维埃和瓦扬的一个提案,提案谴责放弃政治活动,建议在下届代表大会议程中列入关于无产阶级革命力量的战斗组织和政治斗争问题,并委托总委员会在下届代表大会上对这个问题提出一个详细的报告。⑤

---

① 见本卷"声明和提案"部分文件8。
② 原稿中误作:"加斯帕尔、里沙尔、勃朗"。
③ 费雷支部的信见本卷第254—258页。
④ 威斯康星大学的抄本中为:"对宣读这封信表示抗议"。
⑤ 见本卷"声明和提案"部分文件9。下面是签字:"1872年10月1日于霍布根。已与原件核对无误:泰·弗·库诺,弗·阿·左尔格"。库诺的抄本的第一部分到此为止,共36页;左尔格没等誊写完就把这一部分寄给了马克思。其余部分共12页、(3张对折)有压花图案(华盛顿的国会大厦)的格纸。记录是用不同的墨水写成,密密麻麻,没有空隙。

根据**杜邦**的提案通过一项决议：任命一个委员会对提交给代表大会的一切材料进行审查并提出报告。当选参加该委员会的有：杜邦、赫普纳、弗兰克尔、德雷尔、拉法格和布里斯梅[60]。

议事日程上的问题是：讨论总委员会的权限。

埃尔曼发言，他阐明多数比利时人的意见，诚然，他们愿意保留总委员会，不过想要剥夺它的某种权力。

拉法格同埃尔曼的意见相反，要求先对应不应保留总委员会这个问题进行表决。

达夫表示反对拉法格，赞成埃尔曼。

龙格要求先进行一般性辩论，由两个赞成提案和两个反对提案的人发言，然后就个别问题进行辩论。

杜邦提议就按议事日程办，通过了这个提案。

接着，**拉法格**发言主张设立总委员会，他力图以社会经济条件来证明设立总委员会的必要性。他引用葡萄牙人的话结束他的发言说：如果没有总委员会的话，我们也应当立即建立。①

吉约姆发言，他说，运动中表现出有两种主要的思想：一种是由少数人操纵的集中制，另一种是这样一些人的自由联合，各国的相同的经济条件按照各国的利益相一致的思想把他们结合在一起。运动不可能仅仅是一个头脑的产物。为了领导运动并不需要一个被授予权威的总委员会。我们不希望有任何权力，在我们汝拉联合会中就没有任何权力。我们依靠经验。难道我们在经济斗争（罢工等）中需要总委员会吗？它什么时候曾经组织过②罢工呢？难道我们为了进行政治斗争需要总委员

---

① 见本卷第280页。
② 在威斯康星大学的抄本中这里有："哪怕是一次"。

会吗？总委员会什么时候曾经建筑过街垒呢？今后它打算做这样的事吗？它在什么地方做过什么有益的事情呢？如果有人问：国际工人协会是否需要一个头，那么我们回答说："不需要！"

左尔格回答吉约姆说：我们也有经验，我们倒想了解一下，汝拉人抱着自己那一套想法做出了什么成绩。老实说，你们有什么可吹嘘的呢？吉约姆说，他们的联合会中没有任何权力。要是他们没有刊登罗格朗的那封虚伪而卑鄙的信的权力，那才好呢！如果说，为了进行起义并不需要总委员会，那么他（左尔格）可以指出巴黎的铜匠、英国的司机以及纽约的制造缝纫机的工人，他们很快就认识到了这样一个国际协会能给他们带来什么样的好处[61]。哪怕总委员会不是一个将军，但它毕竟是配备和组织干部的总参谋部。

吉约姆希望国际工人协会没有头，这样一来他就把协会贬低到低等动物机体的水平。我们希望不仅有头，而且有一个有脑筋的头，当我们的敌人在用大炮进行射击的时候，我们不想用豌豆和铅砂去回击！

莫拉戈说，他倾向于取消总委员会而保留一个仅仅是进行通讯和统计的中央机构。西班牙联合会是完全自治的，它要求一个真正的、自由的、自治的国际工人协会。总委员会根本不应有权支配各支部和各联合会。至于总委员会委员的数目，这跟他们关系不大。如果代表大会想要赋予总委员会更大的权力，那么西班牙联合会决不承担或者接受任何义务，因为它是自由的、自治的，绝对不愿意服从任何人。让那些想要扩大总委员会权力的人去承担这样做的后果吧。

赛拉叶和**杜邦**提议把公开会议推迟到明天晚上6时举行。

通过了这个提案。

会议于晚上11时结束。

第十次会议
1872年9月6日，星期五，上午

9月6日，星期五。

会议于上午9时开始，先点名，结果有7人缺席。

瓦尔特请求允许审查同盟案件的委员会退场，以便着手进行工作。

通过了这个提案。

左尔格、贝克尔等同志提议：提前讨论章程中关于总委员会权限的条文，让一个赞成者和一个反对者各发言5分钟，然后进行表决。①

达夫要求宣读记录。

杜邦坚决主张专门召开一次秘密会议来完成这项工作。

范·登·阿贝勒反对左尔格等同志的提案。

瓦扬赞成这个提案，他说：我们来到这里为的是要改进这个组织，现在是着手办这件事情的时候了。

左尔格等同志的提案以34票对4票通过。

现在讨论上述同志提出的紧急提案：

"组织条例。总委员会，第2条。

总委员会必须执行代表大会的决议，并且监督每一个国家严格遵守国际工人协会的共同章程和条例的原则。

第6条。总委员会也有权将国际工人协会的分部、支部、联合会委员会以及联合会暂时开除，直到应届代表大会为止。

但是，对于加入了某一个联合会的支部，总委员会只有在事先听取了该联合会委员会的意见以后，才能使用这一权利。

---

① 见本卷"声明和提案"部分文件12。

总委员会在解散联合会委员会时，应同时建议联合会各支部在30天以内选出新的联合会委员会。

总委员会在暂时开除整个联合会时，应立即通知所有联合会。如果大多数联合会都提出要求，总委员会应至迟在一个月内召开非常代表会议，由每一个民族各派一名代表出席，对争论的问题作出最后决定。

但是，不言而喻，国际工人协会遭到禁止的那些国家，享有与合法存在的联合会同样的权利。"

约·菲·贝克尔主张立即研究这个提案，并且声称：老实说，对这个问题我们不必多费口舌，因为我们早已通过了一个完全相同的决议。代表大会已进行到第五天了，可我们还没有作出任何决定，也没有做任何一件事情，对此我们应当感到问心有愧；甚至不能把这归罪于所谓的反对派，因为反对派反对我们是由于他们好持反对态度。现在讨论的这个问题是最主要的问题；只要解决了这个问题，其他问题就能迎刃而解。我们大家都感觉到必须赶快回家，因为我们的经济状况迫切要求我们这样做。

瓦扬发表类似的意见；我们必须工作，而不只是发表演说。首先必须把主要的问题解决掉，然后才能解决关于政治的问题以及关于增加会费的问题。

布里斯梅说，讨论总委员会的权限毫无益处。比利时人不愿授予总委员会任何权力，而且这是一个原则问题，对此所有的比利时人意见完全一致。韦德尔河谷的代表甚至要求完全取消总委员会，我们则要求总委员会仅仅是国际工人协会的办事员，他不干预各个国家的内部事务。

龙格认为，人民毕竟不可能无所不在，他们应当有自己的全权代表，去完成某些并非每个人都能做的工作。弗吕兹要求完全取消总委员会，他的逻辑比布里斯梅还强一些，因为为了布里斯梅要求总委员会做的那些工作，总委员会实际上根本不必要：没有总委员会这些工作也能很好地完成。

吉约姆说：我们已经阐明了自己的观点，我们将不讨论这种提案。因此，我提议立即付表决。让多数派鼓足勇气去大喊大叫地发言好了。不过，发言人认为，属于多数派的许多代表根本没有任何选举人作后盾。

赛拉叶说，他在这里是不受约束的，与吉约姆和他的同志们不同，他们事先已对一切问题作出了决定，因为他们领到的是迫使他们按照固定的意见投票或者拒绝投票的限权委托书。因此他把吉约姆的话回敬吉约姆。他声称，他有关于这方面的证据：法国代表代表着30个行政区，在法国国际工人协会现在组织得比帝国时期更好，法国的国际会员完全赞同代表会议关于政治的决议[62]以及总委员会的活动！

以全体对5票通过决议：结束辩论。

索瓦认为，一个赞成和一个反对提案的发言人不能反映各种观点。

讨论第2条。

莫拉戈说，总委员会可以任意解释代表大会的决议和章程等等，而人们无法反对这种做法；因此他问道：如果总委员会滥用权力，有什么保证来加以反对呢？西班牙人认为，批准第2条是危险的，他们反对授予总委员会任何权力，他们之中没有一个人愿意有一个凌驾于自己之上的统治者。

拉法格解释说，莫拉戈用以反对总委员会的权力的理由，也可以用来反对某些支部：在国际工人协会遭到禁止的国家中有些支部是由密探和警察的代理人组成的。当莫拉戈大讲特讲总委员会可能实行专制的时候，他应该考虑到，他自己以及他的同伙的言行专横霸道到了极点，因为他们以退出协会相威胁，企图强迫我们向他们让步。

宣读第2条，这一条以40票赞成、5票反对和11票弃权被通过。

杜邦要求对那些要离开的人进行谴责。

范·德尔·豪特反对限权委托书,并且希望少数派向多数派让步。讨论第6条。

索瓦说,这里有人(左尔格)错误地断言,似乎美国的法国人支部主张扩大总委员会的权限。他们主张保留总委员会;他的委托书中说:总委员会有权暂时开除支部和联合会,但只能在代表大会所规定的某些情况下,而不是一般而言。

埃尔曼企图举例说明:暂时开除的权力曾经造成了不良的后果。

马克思说:我们不是为自己而是为未来的总委员会要求这些权力。与其像布里斯梅提议的那样,把总委员会变成某种信箱,我们倒宁愿赞成取消它,如果把它变成信箱的话,协会的领导权就会落入新闻记者,即非工人的手中。

发言人不明白,汝拉联合会和其他的弃权主义者怎么会支持第12支部;要知道,正是这个支部曾经企图利用国际工人协会作为推行资产阶级政治的工具。

有些人一听到别人提到警察建立的一些支部,就发出不信任的冷笑,该让他们知道:在法国、奥地利和其他一些国家都曾建立过这样的支部。奥地利有人曾请求总委员会不承认那些不是由总委员会的代表或者当地的组织所建立的支部。

韦济尼埃之流不久以前被法国流亡者撵出来了,他们支持汝拉联合会是理所当然的。有人向总委员会直接控告比利时联合会委员会为所欲为、滥用权力、徇私舞弊等等,没有一个联合会委员会像它这样,——而且提出控告的是比利时的工人,关于这一点有信件为证。根据我的观察,像韦济尼埃、朗德克等这样一些人,是先组织联合会委员会,然后再组织联合会和支部;俾斯麦的代理人可能也这样干。因此,总委员会必须拥有解散和暂时开除联合会委员会或联合会的权力,解散和暂时开除以后,应向各支部发出通知,这种做法有时可能是最适当的,因为可以通过人民的投票来决定该联合会委员会是否仍然是人民意志的体现者。在奥地利，一些空谈家、教皇权力至上论者、激进派和奸细正在建立支部，以便破坏国际工人协会的威信；在法国，一个警官已经建立了一个支部；尽管如此，凡是在国际遭到禁止的地方，那里的组织就是最好的，因为迫害往往带来这样的结果。

总委员会现在仍然可以通过把支部一个接着一个暂时开除的办法，暂时开除一个整个联合会。不过如果总委员会暂时开除一个联合会委员会或者一个联合会，它就要冒受到谴责的危险，因此它只有万不得已时才会使用这种权力。即使我们承认总委员会拥有黑人酋长或者俄国沙皇那样的权力，但只要总委员会不再代表国际工人协会的多数，这种权力就会成为子虚乌有；总委员会既没有军队，也没有预算，它仅仅是一种道义的力量，如果它得不到整个协会的支持，它就永远不会有力量。

拉法格说，有人责备总委员会说，似乎它在海牙召开代表大会，其目的是要保证自己获得多数。现在，人们看到，荷兰人和比利时人一直在投票反对总委员会，由此可以看出总委员会是怎样做准备工作的了。

达夫问道，代表大会为什么在海牙召开？

马克思说明，这是根据比利时人的提议。

布里斯梅证实这一点。

吉约姆声称，汝拉联合会委员会同时又是《简报》①的编委会，因此它对联合会负责。

表决第6条，该条文以36票赞成、6票反对被通过；有15人弃权。

瓦扬、阿尔诺和**库尔奈**提议：现在讨论关于工人阶级的政治行动的条文以及关于增加会费的问题。

英国代表共同抗议没有尊重他们的发言权，并且责备法国代表垄断

---

① 指《汝拉联合会简报》。

了辩论权,因为法国代表很活跃和激动,使他们一直没有发言机会。①

主席**朗维埃**说,这是他们自己的过错,因为他们要求发言总是太晚;不过他答应:以后翻译时,每次都首先译成英语。

英国代表对此表示满意。

龙格提议把关于工人阶级的政治行动的条文列入公开会议的议程。

驻米兰的领事**施拉姆**来到会场,他的抗议引起了很大的喧哗,直到库诺跟他一起出去了为止。

施维茨格贝尔要求讨论西班牙人关于改变表决原则的提案。

恩格斯、马克思和现在的总委员会的其他9个成员提议,把1872—1873年度的总委员会迁移到纽约去,它由美国联合会委员会的下列成员组成:卡瓦纳、圣克莱尔、塞蒂、勒维埃尔、劳雷尔、贝尔纳、波尔特和卡尔,他们有权把成员增补至15人。②

若昂纳尔反对把伦敦作为总委员会的未来驻地。不过恩格斯的提案也不能接受;发言人自己还拿不定主意应把总委员会迁往何处。

朗维埃提议,公开会议的议程如下:结束昨天的辩论,讨论关于表决方式的问题,第三,讨论关于工人阶级的政治行动的问题。

通过了这个提案。

恩格斯发言,论证他关于把总委员会的驻地迁往纽约的提案。总委员会过去之所以一直设在伦敦,是因为只有设在那里它才能是国际性的,它的文件和成员才有安全保障。在纽约与在伦敦一样,我们的文件也是安全的,而在欧洲大陆上的任何地方,即使在布鲁塞尔和日内瓦,也不能如此充分地保证文件的安全,过去警察所干的种种事情可以证明这一点。但是党的分歧在伦敦已达到如此尖锐的程度,以致非**改变**总委

---

① 见本卷"声明和提案"部分文件14。
② 见本卷"声明和提案"部分文件16。

员会的驻地**不可**。

此外，对总委员会的责难如此尖锐和频繁，以致原来总委员会的多数委员已感到腻烦了，他们已决定不再参加总委员会了。他可以代表马克思和他本人十分坚决地声明这一点。加之，在原来的总委员会中决不是向来都大家意见一致，它的全体成员都可以证明这一点。最后，总委员会设在一个地方已经8年了，为了避免不可容许的僵化，也应当迁移。基于这个理由，马克思还在1870年就曾建议把总委员会迁往布鲁塞尔，但当时所有的联合会都主张把它继续设在伦敦。那么，现在究竟应把总委员会迁往什么地方呢？迁往布鲁塞尔吗？比利时人自己声明说，这不合适，因为人员和文件的安全没有丝毫保障。迁往日内瓦吗？日内瓦人表示坚决反对，其理由部分地与比利时人的相同，他们举出了吴亭的文件遭到没收的例子。

总之，除了纽约之外没有别的地方。在那里我们的文件安全可靠，在那里我们有一个强有力的新的组织，在那里我们的党比在其他任何地方更具有真正的国际性质。只要看一看纽约联合会委员会就够了，它是由爱尔兰人、法国人、意大利人、瑞典人、德国人组成的，不久还将有美国人参加。说纽约离得太远的反对意见是经不起批评的，因为对于唯恐总委员会干涉其内部事务的某些欧洲联合会来说，这将有某种优越性；正因为距离遥远，才能防止这种干涉，才能防止个别的联合会对总委员会施加太大的影响。此外，总委员会有权、而且在某些情况下和对某些国家来说有责任指定驻欧洲的全权代表，它以前一直就是这样做的。

瓦扬反对把总委员会迁往纽约；虽然他也承认，除了伦敦之外纽约是最好的地点，不过现在美国存在着太大的意见分歧，而且一部分组织甚至为资产阶级政治效劳。纽约离活动舞台和国际工人协会遭到禁止的国家太远。①

他感到十分痛心和遗憾的是，一些久经考验的活动家要退出总委员会，不再愿意把自己的精力贡献给它；不过在伦敦有许多很好的国际会员，他们完全可以轻而易举地组成新的总委员会。

索瓦表示赞成改变总委员会的驻地和更换它的成员，但他自己还拿不定纽约是不是最好的地点。不过他宁愿要纽约而不要伦敦。他还反对总委员会可以自行把它的成员增补至15人。代表大会应当选出总委员会的全体委员，而不应转托一些人去进行增补，因为有些人尽管怀着最良好的愿望（他一再重复了这几个字）却干了许多不幸的事。北美联合会委员会哪怕怀有最好的愿望也不能克服个人的因素，它是权威主义的化身，其程度比过去的总②委员会如果不是更大的话，也不会更小。

通过一项提案：结束辩论。

赛拉叶提议把恩格斯的提案分为三个问题：（1）应不应把总委员会迁往别的地点？（2）迁往什么地方？（3）选举总委员会委员。

维尔莫主张仅仅分为两个问题。

通过了赛拉叶的提案。

第一个问题以26票对23票作了肯定的解决。

马尔塞劳埋怨说，当他和他的同志们弃权时，有些代表发笑。要知道，对这个问题他们有明确的训令。

朗维埃丝毫也不反对这些代表本人，他反对的仅仅是使他们陷于这种特殊境地的他们的委托书。

---

① 在威斯康星大学的抄本中这里还有："而在那些国家（奥地利、匈牙利、法国、德国）中，协会的情况最好"。

② 原稿误为："联合会"。

阿莱里尼解释说，他们自愿地接受了这种委托书，而且完全赞同它。

法尔加-佩利塞尔和**阿莱里尼**提议把总委员会迁往布鲁塞尔，它由每个联合会各选出两名代表组成，代表由各联合会自己指定。①

关于第二个问题的表决结果：31票赞成纽约，14票赞成伦敦，1票赞成巴塞罗那，11人弃权。

库诺转达以前驻米兰的领事施拉姆的声明，后者在声明中请求原谅，并且说，库诺的言论并没有伤害他，因为他不是库诺所指的那个人。②

恩格斯提议任命一个委员会来审查总委员会的账目，每个联合会各出一人。

此问题推迟到公开会议去解决，公开会议定于晚上6时举行。

第十一次会议

1872年9月6日，星期五，晚上

公开会议于晚上6时开始。

点名时有两人缺席。

瓦扬提议结束关于总委员会的辩论，因为在秘密会议上已通过了那些决议之后，进行这种辩论已完全没有什么益处了。

赫普纳质问说：这是不是意味着对昨天所讲的那些东西丝毫不能反对了？他和海姆要求就这个问题发言。

范·德尔·豪特向听众发表演说，激烈地驳斥《南荷兰和海牙日

---

① 在威斯康星大学的抄本中，后面还有："他们只对联合会负责。"
② 见本卷第296页。

报》的谎言和诽谤。

接着，**主席**宣读上午的会议上所通过的关于总委员会的决议。

库诺宣读施拉姆领事的书面声明①，并且当众收回他昨天反对施拉姆的讲话。

吉约姆要求讨论表决方式。

若昂纳尔提议在秘密会议上讨论这个问题。

大会接受了若昂纳尔的提案，转而讨论关于工人阶级的政治行动这一新的章程条文。

应插入共同章程的第7条和第8条之间的这项条文是：

"无产阶级在反对有产阶级联合权力的斗争中，只有组织成为与有产阶级建立的一切旧政党对立的独立政党，才能作为一个阶级来行动。

工人阶级这样组织成为政党是必要的，为的是要保证社会革命获得胜利和实现这一革命的最终目标——消灭阶级。

工人阶级由于经济斗争而已经达到的力量的团结，同样应该成为它在反对它的剥削者的政权的斗争中的杠杆。

由于土地巨头和资本巨头总是要利用他们的政治特权来维护和永久保持他们的经济垄断，即奴役劳动，所以夺取政权已成为无产阶级的伟大使命。"

瓦扬赞成把这一决定写进章程。人家使用强力反对我们，我们只有用强力才能对付强力。经济斗争同政治斗争应当是不可分割的，阶级统治的消灭应当在革命过程中通过无产阶级专政来实现。反对我们的有两种弃权论者：(1) 糊糊涂涂的弃权论者；(2) 搞政治的弃权论者，他们靠政治吃饭，他们正在喧哗鼓噪，猖狂肆虐，现在正坐在凡尔赛宫里；不过，凡尔赛宫不仅巴黎有，到处都有。我们应当组成自己的同各

---

① 施拉姆的信件的全文见本卷第296—297页。

统治阶级和有产阶级的一切政党对立的、同资产阶级毫无共同之处的党。成立宣言就曾提到了无产阶级的政治行动，而总委员会在这方面从来没有违背过自己的职责；伦敦代表会议非常理解这一条的必要性，它承担起了对公社的责任，各国的无产者也这样做了。

赫普纳过去一直以为国际的全体成员在这个问题上意见一致。昨天晚上的会议谈到有两种主要的思想，即集中制和联邦制。后者表现为放弃政治，不过这种放弃一切政治活动的做法会通往警察局，关于这方面在德国是有经验的。巴枯宁在德国的支持者是在施韦泽领导下的全德工人联合会的一些会员，而最后，人们揭露出施韦泽是警察的代理人[63]。战争开始时，这帮人甚至怀有极其浓厚的沙文主义情绪，而我们整个党是持中立的态度，它的口号不仅是"打倒拿破仑！"而且还有"打倒俾斯麦！"施韦泽的喽啰们羞辱了我们党，打破了我们的窗户！放弃政治的结果就是如此。只是在兼并阿尔萨斯—洛林以后，这些人才明白了自己的错误，认识到自己的沙文主义。

那么，放弃政治究竟导致什么样的情况呢？导致的情况是：当在法国爆发革命、实行政治变革的时候，我们袖手旁观，不闻不问！放弃政治同国际的运动是水火不相容的。有人谈到了钦赐某些教条的问题。没有人把任何教条强加给我们！请你们哪怕说出一个来！如果你们无法回答，那么这就意味着你们就是在无事生非。总委员会经常发布过一些宣言和通告——我们之中谁不热烈欢迎呢？当我们散发了4000多份关于《法兰西内战》的宣言并且交《人民国家报》发表之后，我们又订购了8000多本单行本。德国工人兴高采烈地接受富有经验和久经考验的党内同志发布的这样一些宣言。

这里有人反对权威；我们也反对任何越权行为，但是，为了团结全党，一定的权威，一定的威信，任何时候都是需要的。按照逻辑，这些反对权威的人也应该取消联合会委员会、联合会，甚至取消支部本身才对，因为在所有这些组织中都要在或大或小的程度上使用权威；他们想造成充分的无政府状态，即把有战斗力的国际变成优哉游哉的小市民的党。在巴黎公社之后难道还可以反对权威吗？我们德国工人绝对相信：巴黎公社之所以垮台，主要是由于没有充分显示自己的权威！

请看，这些反对权威的人的逻辑是多么奇怪！例如，吉约姆指责总委员会说：它在经济斗争和政治斗争中什么事也没有做，没有显示自己的权威；可是他同时又要求撤销总委员会，说是它的权威太大。这就充分暴露了反对权威的人的荒诞无稽。其次，他们责备总委员会说：它没有组织过革命，没有构筑过街垒！难道这伙人如此愚昧无知，以致认为革命是可以**制造**的吗？难道他们还不懂得，革命只能自然而然地发生，是历史发展的结果吗？难道他们还没有越过街垒战的阶段吗？

在把这一发言译成各种语言时，听众失去耐心，开始吵嚷起来。

吉约姆要求听众退出会场。（有人驳斥他说："这岂不是太权威了吗！"）

左尔格提议，在恢复会场秩序以前中断会议。

过了一些时候，最后，会场安静下来了，于是**吉约姆**回答说：我们之间存在着意见分歧，我想代表我自己和我的同志们作一点说明。关于这个问题在巴塞尔已经谈论过[64]。我们赞成安斯在布鲁塞尔所提出的观点，当时他说：我们不愿意对现在各国政府的体制、对议会制度进行干预，因为我们要彻底消灭一切政府。我们白白地被人称做弃权主义者，——还是蒲鲁东选择得很不恰当的一个词。我们信仰某种政治，即社会清算①、消灭资产阶级的政治和国家。赫普纳说，德国工人热爱总委员会和它历次发布的宣言。这是理所当然的，因为那些宣言所代表的正是德国社会党的，而不是其他各国党的观点。

---

① 在威斯康星大学的抄本中为："革命"。

对于说公社太没有权威的指责，公社社员们可以回答说，在法国宣扬放弃政治的是蒲鲁东和龙格。（喊声："是加斯帕尔·勃朗和里沙尔！"）

赫普纳指责德国的弃权主义者是沙文主义者，对此，发言人反驳说：瑞士的那些主张参与政治的人曾急急忙忙跑到大议会去投票，同资产阶级勾勾搭搭，而且一般说来都怀有十分浓厚的民族主义和沙文主义情绪。关于这一点，他以后还要更详细地谈。在提出的决议案中包含着一些根据1848年的《共产党宣言》所写的词句；他宣读《共产党宣言》的10项要求，并且质问道，这不正是在巴塞尔有些人要求写的东西吗[65]？（喊声："请接着往下读！"）他认为其中包含的原则就是夺取政权，夺取国家权力，以便自己成为资产者！而我们则反对夺取国家政权，相反地，我们要求彻底消灭作为政权之体现的国家。

马克思对佛莱芒语的翻译范·登·阿贝勒提出意见。

龙格说，吉约姆天天在攻击蒲鲁东和许多其他的社会主义者，但他从来没有读过他们的著作。接着，他描述了蒲鲁东回到巴黎时巴黎无产阶级的情况：巴黎无产阶级没有任何政治组织，而只不过是资产阶级阴谋家的**玩具**。因此1870年9月4日政治落到了六月的刽子手、不可救药的资产者的手中；因此蒲鲁东在1863年只能向工人宣传放弃政治，因为当时唯一正确的政治就是动用武器。后来国际工人协会保证他们能讨论经济问题；如果他们更好地组成了政党的话，茹·法夫尔之流就不可能掌权，而公社就不仅会在巴黎，而且会在柏林、维也纳和伦敦宣告成立并取得胜利。赫普纳认为公社失败的原因之一是没有足够的权威，这种看法是错误的；公社之所以失败是由于政治组织不够！如果不把力量集中起来，巴枯宁和吉约姆的集体主义有什么价值呢？为了进行政治斗争，工人必须组织成为政党，否则国际就会一事无成。吉约姆和他的老师巴枯宁抱着这样的观点就不可能留在国际工人协会之内！

在进行翻译时，会场上又吵嚷起来。有人要求对章程的几条新条文进行总的表决。

若昂纳尔大吵大嚷，会场秩序混乱，**主席**只好于晚上 11 时宣告闭会。

第十二次会议
1872 年 9 月 7 日，星期六，上午

会议于 9 月 7 日，**星期六**，上午 9 时半开始。

宣读主席朗维埃的一封信，他在信中说明由于有急事不得不离开。①

根据大会的决议，**左尔格**担任主席。他首先宣读伯·贝克尔、舒马赫、阿尔诺、马里、库尔奈、海姆、列斯纳、赛克斯顿、瓦扬等人的信件，他们在信中说明自己要离开，而且几乎全都希望把他们关于章程的新条文、关于选举新的总委员会等问题的票记录在案。②

收到由吉森发来的一封贺电。③

大会开始讨论昨天已部分通过的赛拉叶提案的第三点，即新的总委员会的选举。

索瓦反对选举美国联合会委员会的 8 个委员作为总委员会的提案，重申他以前关于这个问题的声明，并且断言这个联合会委员会中的多数人是德国人。

左尔格发出喊声打断他的话说："这个说法不对！"他请约·菲·贝克尔担任主席，接着引用索瓦本人和德雷尔的话证明：参加美国联合会

---

① 见本卷"声明和提案"部分文件 20。
② 见本卷"声明和提案"部分文件 21—25。
③ 见本卷第 298 页。

委员会的只有3个德国人，而且只有设在沃德旅馆10号的旧的临时联合会委员会的两个委员。他以索瓦的言行为例指出，对手们的论断有什么价值。不过，关于这个问题他不想多讲了，以免浪费宝贵的时间。

马克思说明国际在美国有三派：（1）真正的工人派；（2）能言善辩之徒的资产阶级或小资产阶级派；以及（3）"明智之士"派，这些人从来不明白自己在跟谁跑，所以他们造成的危害最大。索瓦就属于这种人，他来了一个令人惊异不止的大变化：起初他在伦敦是完全拥护总委员会的，而现在却同联邦主义者、汝拉人和同盟分子结成兄弟联盟。至于德雷尔同索瓦达成了协议，那么他感到遗憾的是，德雷尔竟然做这样的事；他认为索瓦关于这个问题的说法没有任何价值，德雷尔的意见倒有更大的意义。

接着，以19票对4票、19票弃权，通过了最初的提案：把卡瓦纳、圣克莱尔、塞蒂、劳雷尔、勒维埃尔、贝尔特兰德、波尔特和卡尔选入总委员会，他们有权把总委员会的委员增补至15人。

有人提出尖锐的抗议，说这一表决不合法，因为提案没有得到多数票赞成。有人提出了各种各样的提案，以便适当地解决这个问题。

杜邦和**赛拉叶**要求把皮龙的名字加进总委员会委员的名单中。

马克思提议对这个问题重新加以研究，从而结束了会场的混乱。

通过了马克思的提案。

西班牙代表团提议：以各联合会都有代表（每个联合会有代表2人）的方式来选举总委员会；此提案被否决。

根据**拉法格**的提案通过一项决议：选出新的总委员会的12个委员，授权他们把委员数目增补至15人，休息5分钟为表决作准备。

左尔格声明，他同德雷尔与索瓦之间的协议毫无关系。他提请德雷尔注意：德雷尔与索瓦共同拟定的名单中写进了4个法国人，却只有3个德国人，这是令人不能容忍的。他赞成选德雷尔，但决不赞成选索瓦，并且要求至少还要选1个德国人。他自己坚决拒绝当候选人，并且告诉代表们说，他本人和纽约人对于把总委员会迁往纽约感到十分意外，这对纽约人是一个沉重的负担，如果跟他们一起选出一些他们无法与之和衷共济地工作的人①，那就会使这个负担更加加重。

选出了1872—1873年度的总委员会，它有权把委员增补至15人，当选者：

卡瓦纳、E. P. 圣克莱尔、福尔纳奇埃里、劳雷尔、勒维埃尔、大卫、德雷尔、卡尔、波尔特、贝尔特兰德、施佩耶尔和华德。

通过一项决议：每个联合会各出一名代表来审查总委员会的财务。

接着进行昨天中断了的表决：是否把关于工人阶级的政治行动的条文写进章程。

该项条文以27票对4票、9票弃权，被通过。②

接着讨论关于增加会费的提案。

布里斯梅就此指出：这太不切实际、太不合理了。减少会费更恰当一些。

弗兰克尔主张增加会费，并指出，总委员会为了进行工作需要大笔款项；如果它的金库更充实一些的话，它可能做更多的事情。

杜邦反对弗兰克尔的意见。

接着以大多数通过决议：保持原来的会费数额不变。

赛拉叶提出一项提案：

"原来的总委员会给予个人、委员会、支部等等的权力应予收回并宣告作废，授权设在纽约的总委员会颁发新的全权证书。"

---

① "他们无法与之和衷共济的人"是左尔格亲笔写的，代替被勾掉了的："会妨碍他们的全部工作的人"。

② 在威斯康星大学的抄本中后面还有："从而成了章程中的合法条文"。

此提案被一致通过。

拉法格、左尔格等人提出一项提案：

"总委员会应当着手成立国际工会联合会，为此目的，在一个月之内应当写出一个呼吁书，译成各种文字，并分别寄给总委员会能够与之建立联系的各国工会联合会，以便听取它们的意见；然后把收到的反映加以比较，对结果进行一次表决，并把整个这件事情提交下届全协会代表大会最后批准并通过决议。"

此提案被通过，无反对意见。

巴黎一些支部寄来一份声明，反对宗派主义，特别是反对所谓的布朗基派，——虽然这些支部对布朗基本人怀着并且表示最大的敬意①。

大会决定接受荷兰联合会委员会的邀请，于明天即星期天上午9时去阿姆斯特丹。

哥本哈根人**皮尔**宣读丹麦党内支持总委员会的同志的一份声明。②

通过一项决议：下次的秘密会议于5时开始，7至9时开公开会议，公开会议上应主要用荷兰语发言。9时以后再开一次秘密会议。

会议于下午3时半闭幕。

第十三次会议

1872年9月7日，星期六，晚上

公开会议于5时半开始。

恩格斯报告说，财务委员会还没有结束自己的工作，不过有8个联合会的代表已对账目进行了审查，承认总委员会的财务报告是正确的，

---

① 声明全文见本卷第250—253页。
② 见本卷"声明和提案"部分文件26。

并且已经签了字。根据一些人所表示的愿望，他提出总委员会的详细的财务报告，这个报告证明，协会还欠个别委员和其他一些人的债25英镑以上。①

埃卡留斯根据财务报告指出：我们在征收和确定会费时应当多么小心谨慎，如果我们不想把所有的工会推开的话，我们连考虑增加会费也是多么不应该。此外，报告表明，只有很少的人履行了自己的义务，因为从中看出，只有西班牙（?）、法国（和美国）充分履行了自己的职责。

马克思提请大会注意，财务报告证明，总委员会的某些委员为了组织的利益，把自己的腰包掏得空空如也，可有人却诽谤他们，说他们靠工人的钱过日子！

财务报告被一致批准。

德雷尔提议对一些诽谤性的报纸给以坚决的谴责。

拉法格提议把它们的编辑开除出去。

若昂纳尔把那些散布这样的诽谤而又没有勇气公开进行指控的人称之为胆小鬼。假使如这些人胡说的那样，我们是马克思的奴仆的话，那么他们自己是应该受到鞭挞的狗。

阿莱里尼为他的朋友——在其不在场的情况下遭到人们谴责的吉约姆——进行辩护。如果人们在这里要求实行开除的话，那么他提议首先开除《所谓分裂》那本卑鄙的小册子的发起者和作者们，他还对龙格个人进行猛烈的抨击。

拉法格和**龙格**宣读曾经发表在《汝拉联合会简报》上的攻击和指责总委员会及其个别委员的文章[66]。（会场上从四面八方发出喊声，对这篇文章的内容表示愤慨）

---

① 财务报告全文见本卷第236—240页。

阿莱里尼说，他以充分的信任在财务报告上签了字，不过仔细审查起来，他似乎可以从中找出某些问题。

吉约姆声称，小册子《所谓分裂》出版以后，他们费了九牛二虎之力才搞到，《简报》编辑部给那些受到这本小册子攻击的人提供版面发表声明，它对此不承担任何责任，但准备刊载反驳的意见；不过，他们同意收回自己的指控，如果有人证明他们的指控没有根据的话。

龙格和杜瓦尔参加同吉约姆的激烈争论。

杜瓦尔叙述了在里昂举行起义的企图，这个企图对于巴枯宁、茹柯夫斯基、里沙尔、加斯帕尔·勃朗①等人来说是很不光彩的；他认为吉约姆作为这些人的朋友和支持者，也属于他们一伙，应对当时发生的事件[67]负责。

吉约姆拒绝承担任何责任，他说，他们刚一了解里沙尔和勃朗的底细，就揭露了其奸细面目，因此不能对其阴谋负责。

对此人们回答说，他们亲自豢养了这些人。

根据左尔格的提案通过一项决议：

"在瑞士召开下届全协会代表大会，地点由总委员会选择。"

德雷尔提出一项提案：

"任命一个由5个住在伦敦的成员组成的委员会，负责整理和翻译代表大会记录，并把信札和文件转交给新的总委员会。"

一致通过一项决议，指定下列人参加该委员会：马克思、恩格斯、赛拉叶、杜邦、弗兰克尔[68]。

左尔格把美国联合会关于调整在代表大会上的代表权以及简化属于国际的一些团体的名称的提案交给秘书。

因为已经7时了，宣布休息10分钟以便准备举行公开会议。

---

① 原稿中为："加斯帕尔·里沙尔，勃朗"。

休息时在代表中进行两项募捐：（1）作为对某些海牙的党员同志损失的时间的补偿；（2）用于支付印刷代表名单的费用。

第十四次会议
1872 年 9 月 7 日，星期六，晚上

公开会议于 7 时半开始。

达夫、范·德尔·豪特、范·登·阿贝勒和**布里斯梅**相继发言，讲国际工人协会的任务和目的。前三人讲荷兰语，后一人讲法语。①

布里斯梅谈到了比利时资产阶级对待工人的种种残酷行为，并指出，所谓的舆论诽谤巴黎公社的支持者是杀人放火犯和匪徒，而对1831 年的资产阶级纵火者却噤若寒蝉，他的这些话引起了赞同的欢呼。②

公开会议于 9 时结束，宣布休息，以便清扫场地。

第十五次会议
1872 年 9 月 7 日，星期六，晚上

秘密会议于 10 时以点名开始。

报告关于募捐的情况。

接着大会决定：听取审查同盟案件的委员会的报告，并根据这个报告开展辩论。

瓦尔特在宣读报告之前提出了关于他退出审查委员会的书面和口头

---

① 后面是左尔格在另一张纸上亲笔增补上去的文句，标明："I"。
② 增补文句终了。

声明：他认为，要对此案件进行彻底审查时间太少，而吉约姆又拒绝回答某些问题。①

吕坎接着宣读报告，内容如下：（报告全文见文件②）

库诺继吕坎之后发言，他说：有人在协会内部搞阴谋，这是毫无疑义的。谎言、诽谤和欺骗的事实业已证实。委员会以超人的努力进行了工作，今天就连续开了13个小时的会。现在，它希望大家把对它的信任表现为批准它在报告中所提出的要求。因为时间不够，我们无法对整个案件作详细的描述，我们只能说一下提出的报告中的结果。

阿莱里尼认为，委员会只有道义上的深信不疑，但没有事实上的证据。他曾经是同盟的盟员，他感到骄傲的是，正是同盟在西班牙建立了国际工人协会，而且把它巩固到了这样的程度，以致那里现在有84个联合会。你们是某种神圣的宗教裁判所。我们要求公开的审查和确凿的证据！

若昂纳尔对委员会的报告的正确性深信不疑。不过，他认为不应开除马隆；马隆的政治路线倒是应当受到责备。至于巴枯宁、吉约姆、施维茨格贝尔等人，他充分信赖报告，不过希望委员会以应有的谨慎态度办事；要知道，把一个人开除出国际工人协会，这是一个人所能受到的最坏、最可耻的惩罚；这个人今后就再也不能参加值得尊敬的组织了。

在**赛拉叶**对马隆的问题作了说明之后，**若昂纳尔**也表示赞成开除马隆。

斯普林加尔要求对情况作更详细的说明，想了解马克思是通过什么方式获得巴枯宁所写的文件的；这里面一定有什么不恰当的地方。诚然，恩格斯提出了一些证明巴枯宁的不光彩的行为的文件，可是马克思

---

① 见本卷第211—212页。
② 见本卷第529—531页。

仅仅作了一些武断。巴枯宁只不过没有履行翻译马克思著作的诺言，因为别人劝他不做这件事[69]。在成立国际之前，同盟在西班牙就已存在，而日内瓦的同盟甚至是经过总委员会批准的。后来同盟是否存在应当以会议的记录和报告而不是以章程和书信来证明等等。

马克思说（斯普林加尔老是很不礼貌地打断他的讲话），斯普林加尔在审查委员会中充当同盟的辩护士，而不是作公正的法官。斯普林加尔虚伪地（**马克思**自己更正说，应为"错误地"）断言，似乎他（马克思）没有提出任何证据。但他完全清楚，马克思已把所有的这些文件交给恩格斯了。西班牙联合会委员会本身已提供了书面证据；他（马克思）从俄国得到了另一些证据，不过他不能说出提供者的名字、而且审查委员会已规定不要宣扬在委员会内所讲的事情，特别是不要提任何名字；它关于这一个问题的决定是不可动摇的。斯普林加尔可以有别的想法；文件是通过非常正当的途径获得的，就是说，是未经索取而寄来的。

吕坎质问斯普林加尔，难道审查委员会中的多数人都不像他那样认真和深思熟虑吗？他质问斯普林加尔，是否要等到同盟破坏和瓦解了国际时才提出证据？我们不愿意等待这么长的时间，我们发现哪里有祸害，就在哪里反对它，因为这是我们的职责。

莫拉戈用西班牙语作长篇发言，维护同盟，反对审查委员会的决定等等。

时间已经很晚——快到半夜了。

范·登·阿贝勒通知主席说①，必须清扫场地，等等。

大会不赞成翻译莫拉戈的发言，何况他和他的同志们并没有受到控告。

---

① 后面删去："恐怕街上秩序不好"。

接着通过一项决定：在进行表决之前再听取吉约姆和施维茨格贝尔的发言。

吉约姆辩护说：斯普林加尔的立场是唯一正确的立场，整个审查程序都是带有倾向性的。这里有些人想置所谓少数派于死地，而少数派实际上是多数派。在最近几天的辩论中，人们老是把我推到首位，让我发言，以便用在星期六把我开除出去的事实来表明，联邦主义原则在这里受到了谴责。(喊声："不对！不对！")

施维茨格贝尔说，他深信，要宣布他有罪，这是早就预先决定了的。他声明，他继续忠于工人党，将为它的事业而奋斗，他尽管被开除，也永远属于国际。

维沙尔发言反对斯普林加尔，并且谴责瓦尔特的特殊行动，因为他以要离开为借口退出了审查委员会，可是现在却在这里。

瓦尔特对这个问题作了说明，完全支持审查委员会，并且揭露汝拉联合会派遣了代理人梅契尼柯夫，企图促使巴黎的各支部与总委员会决裂。

达夫手里拿着一张纸，走到会场中央，说：他们，即所谓的少数派，对所谓的多数派的行为进行了仔细的观察，因此他们经常私下在一起开会；下面的声明①是他们协商的结果。

(请看文件！)[70]

德雷尔回答所谓反对派的声明说，不到一个小时以前，阿莱里尼在同他交谈中自称是朗德克——人所共知的伦敦的警察密探——的密友；他还引用了阿莱里尼的其他一些话。

吉约姆把……卡菲埃罗的一封信转给主席，卡菲埃罗要求人们也对他提出控告。

---

① 后面是左尔格亲笔写在另一张纸上的增补文句，标明"Ⅱ"。

主席拒绝接受，随后吉约姆把卡菲埃罗的信拿回去了。①

在开始表决审查委员会的提案之前，尼·阿·马尔塞劳提出如下的声明[71]：

我愿向代表大会宣告，可在多数西班牙联合会中进行调查，看看我们过去做得对还是不对；我借此表示殷切地希望进行这样的调查，因为我确信，我过去做得对，假使我过去上当受骗或者充当了某个人的工具的话，那么我希望痛斥在这方面有罪的人。

尼古拉斯·阿隆索·马尔塞劳②
1872年9月7日于海牙

在达夫宣读完上述声明以后，对审查委员会的提案进行记名投票，通过了如下的决议：

把巴枯宁开除出国际工人协会——以29票赞成、7票反对、8票弃权，通过；

开除吉约姆——以25票赞成、9票反对、9票弃权，通过。

吉约姆声明，他尽管已被开除，仍忠于国际，随后离开了会场。

开除施维茨格贝尔——以16票反对、15票赞成、10票弃权，被否决。③

根据**恩格斯**的提议，大会决议，不把以下的实行开除的提案（提案的第3条）付诸表决，而通过其他各条。④

---

① 后面左尔格亲笔标明："Ⅲ. 应把马尔塞劳的声明移至 No Ⅱ 之后"。增补文句至此终了。

② 整个这段增补文句终了。

③ 后面删去："接着有些人提出抗议，反对把巴枯宁同马隆之流的密探混为一谈，结果引起了非常激烈的喧哗。

　　于是**恩格斯**提议，去掉审查委员会提案的第3条，对第4条及以下各条进行表决"。

④ 后面删去："恩格斯的提案被一致通过"。

索瓦①提交各式各样的提案以及他的选举人的书信。

根据**主席**的提议，代表大会结束自己的工作，委托新的总委员会把未完成的工作进行到底。

主席声称，尽管他已失去了声音（嗓子哑了），但并没有失去对事业的信心。他以高呼"光荣归于劳动！"于午夜12时半宣告国际工人协会第五届全协会代表大会闭幕。

投票赞成开除的有：

[巴枯宁]	[吉约姆]	[施维茨格贝尔]
约·菲·贝克尔	同左	同左
泰·弗·库诺	同左	
杜蒙	同左	同左
杜邦	同左	
杜瓦尔	同左	
德雷尔		
恩格斯	同左	同左
法尔卡什	同左	同左
弗里德兰德②		
弗兰克尔	同左	
赫普纳	同左	同左
海姆	同左	同左
若昂纳尔	同左	
马克思	同左	同左

---

① 后面删去："伸手向主席"。
② "吉约姆"栏内，在对着弗里德兰德的名字的地方删去"走了"二字。

库格曼	同左	同左
吕坎	同左	
拉法格	同左	
龙格	同左	
勒穆修	同左	同左
麦克唐奈		
皮尔	同左	同左
斯瓦尔姆	同左	
左尔格	同左	同左
赛拉叶	同左	斯普林加尔
瓦尔特	同左	同左
符卢勃列夫斯基	同左	同左
维沙尔	同左	同左
维尔马尔	同左	

投票反对开除的有：

[巴枯宁]	[吉约姆]	[施维茨格贝尔]
布里斯梅	同左	同左
克楠	同左	同左
西里尔	同左	同左
		杜邦
达夫	同左	同左
		德雷尔
弗吕兹	同左	同左
		弗兰克尔
埃尔曼	同左	同左

		若昂纳尔	
		龙格	
		斯瓦尔姆	
	索瓦	同左	
	斯普林加尔	维尔莫	
		赛拉叶	
范·登·阿贝勒	同左	同左	

弃权的有：

阿莱里尼，西班牙人。吉约姆和施维茨格贝尔

	德雷尔	库诺	
		杜瓦尔	
索瓦	弗里德兰德	同左	
斯普林加尔		吕坎	
		拉法格	
	麦克唐奈	同左	

投票赞成总委员会的权力的有：

[第2条]	[第6条]	[第2条]	[第6条]
阿尔诺	同左	勒穆修	
伯·贝克尔	同左	米耳克	同左
约·菲·贝克尔	同左	皮尔	
巴里	同左	朗维埃	
库尔奈	同左	罗奇	
库诺	同左	斯瓦尔姆	同左
杜邦	同左	索瓦	

杜瓦尔	同左	左尔格	
德雷尔	同左	赛拉叶	
恩格斯	同左	赛克斯顿	
法尔卡什	同左	舒马赫	同左
弗里德兰德	同左	瓦尔特	
弗兰克尔	同左	符卢勃列夫斯基	
赫普纳	同左	瓦扬，维沙耳	
海姆	同左	杜蒙	
若昂纳尔	同左	麦克唐奈	
马克思	同左	路德维希	同左
库格曼	同左	维尔马尔	
列斯纳	同左		
吕坎			
拉法格	同左		
龙格	同左		

反对的有：

［第2条］	［第6条］
布里斯梅	同左
弗吕兹	同左
格尔哈特	克楠
	埃尔曼
斯普林加尔	同左
范·德尔·豪特	索瓦

弃权的有：

[第2条]	[第6条]
克楠	西里尔
达夫	同左
埃伯哈特	杜蒙
吉约姆	同左
埃尔曼	同左
范·登·阿贝勒	范·德尔·豪特
施维茨格贝尔	同左
	吕坎
	莫特斯赫德
	罗奇
	维尔莫
法尔加-佩利塞尔 莫拉戈 马尔塞劳 阿莱里尼 }	同左

投票赞成把总委员会迁往纽约的有：伯·贝克尔、约·菲·贝克尔、布里斯梅、巴里、库诺、克楠、杜邦、达夫、弗吕兹、法尔卡什、弗里德兰德、恩格斯、埃尔曼、吕坎、马克思、库格曼、列斯纳、拉法格、勒穆修、皮尔、罗奇、斯瓦尔姆、斯普林加尔、赛拉叶、赛克斯

顿、符卢勃列夫斯基、范·登·阿贝勒、维沙尔、杜蒙、麦克唐奈。①

第一次发表　　　　　　　　　　　　原文是德文
　　　　　　　　　　　　　　　　　俄文是按库诺的抄本译的

---

① 在威斯康星大学的抄本中还加上了："大多数代表于9月8日上午9时10分出发去阿姆斯特丹。他们受到了当地党员同志的热情接待，并且参加了人民的会议。马克思、约·菲·贝克尔、杜瓦尔、符卢勃列夫斯基、拉法格、杜邦、左尔格和范·德尔·豪特在会上发表热情洋溢的演说，他们谈到关于国际工人协会的任务、关于刚闭幕的代表大会的工作，以及关于协会的未来"。

声明和提案

1. 莫拉戈等人关于首先讨论表决方式问题的提案

预先的和紧急的提案

由于在审查代表权的全部过程中，西班牙联合会的代表被剥夺了参加表决的可能性，我们请求代表大会从公平原则出发，决定首先讨论表决方式。

托·冈萨雷斯·莫拉戈
法尔加-佩利塞尔　阿莱里尼
致全体代表大会，1872年9月4日于海牙①

第一次发表	原文是德文
提交1872年9月4日举行的第五次会议	俄文是按手稿译的

---

① 这个文件由莫拉戈执笔和签署，以下是其他提案人的亲笔签名。

2. 朗维埃、埃尔曼等人关于把同盟的问题交给专门委员会审查的提案

由于对委托书的审查以及一些妨碍进行任何有益的讨论的私人问题已经浪费了时间，由于议事日程的重要性，我们要求把关于同盟的问题交给由大会任命的一个委员会去审查，然后在秘密会议上进行讨论，代表大会立即进入议事日程。①

朗维埃　阿尔弗勒德·埃尔曼　阿·索瓦　范·德尔·豪特　罗什·斯普林加尔　德·布里斯梅　杜邦　亨·格尔哈特　皮·弗吕兹　菲·克楠　茹·若昂纳尔　维克多·达夫

我表示附议，同时抗议代表大会对一个秘密团体的事情进行任何审查。詹·吉约姆

法尔加-佩利塞尔　马尔塞劳　托·冈萨雷斯·莫拉戈　N.埃伯哈特　昂·范·登·阿贝勒　格奥尔格·约·埃卡留斯　杜蒙　托·莫特斯赫德　库诺

第一次发表
提交1872年9月4日举行的第五次会议

原文是法文
俄文是按手稿译的

---

① 这个文件由加·朗维埃执笔，后面是提案人的亲笔签名，附言由吉约姆执笔。

3. 路·海姆、维尔莫等人关于立即讨论总委员会的权力、它的驻地以及下届代表大会地点的问题的提案

鉴于德国、奥地利以及匈牙利的代表必须出发去参加于本月7日在美因茨开幕的工人代表大会，瑞士和丹麦的代表必须回国，而某些法国代表必须去伦敦。

下列签名人提议，代表大会在完成了一些最必要的手续之后，立即讨论总委员会的权力、它的驻地以及召开下届代表大会的地点，然后转而修订共同章程。

路德维希·海姆①   拉法格
维尔莫   泰·杜瓦尔②

第一次发表
提交1872年9月4日举行的第六次会议

原文是法文
俄文是按手稿译的

4. 西班牙联合会代表阿莱里尼、莫拉戈等人关于代表大会上表决方式的提案

西班牙区域联合会的代表根据签发给他们的限权委托书的指示，提出下列提案请代表大会审议。

---

① 这个文件由海姆执笔，后面是所有提案人的亲笔签名。
② 拉法格和泰·杜瓦尔的签名是用铅笔写的。

鉴于过去在国际历届代表大会上所实行的以出席代表的多数通过决议的方式是不公平的，西班牙联合会代表团提议：

（1）按持有限权委托书的代表所代表的国际会员的数目的比例统计票数，在委托书中应注明所代表的会员的数目；

（2）不持有限权委托书的代表，如他们所代表的支部和联合会没有对代表大会上所讨论的问题进行过讨论并通过表决作出决定，则他们的票数不予计算。

为了实行这种制度，为了使代表大会的决议真正体现国际工人协会的意见，通过的决议应在代表大会闭幕两个月之后才生效。在此期间，凡没有就所讨论的问题发给自己的代表以限权委托书的支部，或者未能派出代表的支部，可进行表决，将表决情况在国际的报纸上公布，并通知被专门授权统计票数和公布其结果的联合会委员会。①

阿莱里尼　莫拉戈　马尔塞劳　法尔加-佩利塞尔

致海牙代表大会，1872年9月4日

第一次发表

提交1872年9月4日举行的第六次会议

原文是法文

俄文是按手稿译的

5. 阿·埃尔曼、罗·斯普林加尔等人
关于行政问题的表决方式的声明

限权委托书责成我们对行政问题应力争按各国的联合会进行表决。

---

① 这个文件由阿莱里尼执笔，日期是莫拉戈写的，后面是提案人的亲笔签名。

比利时代表①：阿尔弗勒德·埃尔曼　罗什·斯
　　　　　　普林加尔　皮·弗吕兹　N. 埃伯
　　　　　　哈特　德·布里斯梅　菲·克楠

第一次发表　　　　　　　　　　　　　原文是法文
提交1872年9月4日举行的第六次　　　俄文是按手稿刊印的
会议

6. 詹·吉约姆关于成立一个委员会来研究《汝拉联合会简报》发表的罗格朗致勒穆修的信的问题的提案

　　请求主席同意任命一个由3人组成的委员会来把斯普林街委员会的信件的手稿同《汝拉联合会简报》上发表的文本加以比较，以便证明汝拉联合会没有像勒穆修公民所说的那样进行过伪造。

詹·吉约姆

第一次发表　　　　　　　　　　　　　原文是法文
提交1872年9月5日举行的第五次　　　俄文是按手稿译的
会议

---

① 后面是声明人的亲笔签名。弗吕兹的签名是用墨水写的，其他的签名都是用铅笔写的。在这一页的后半部分还用铅笔写有："瓦扬、索瓦、若昂纳尔、埃伯哈特、达夫、阿莱里尼、赛拉叶（赞成恩格斯的提案中所说明的表决方式）、赫普纳、左尔格"。

7. 海牙代表大会给一切争取劳动解放的战士的致敬信①

在海牙举行的国际工人协会代表大会以全世界无产阶级的名义，向争取劳动解放的英勇战士、为自己的忠诚而献身的牺牲者表示钦佩，并且向目前在法国、德国、丹麦和全世界受到资产阶级反动派迫害的所有的人致以兄弟的、同情的敬礼。

汝拉联合会代表	阿德马耳·施维茨格贝尔
美国第2支部代表	阿·索瓦
比利时代表	德·布里斯梅　N.埃伯哈特
海牙代表	维克多·达夫　德国的库诺
西班牙区域联合会代表	菲·克楠
	托·冈萨雷斯·莫拉戈

提交1872年9月5日举行的第八次会议

发表于1872年9月15日《自由报》第37号；1872年9月15日—10月1日《汝拉联合会简报》第17—18号

原文是法文
俄文是按手稿译的

8. 约·狄慈根因需提前离开致代表大会主席团的便条

谨通知目前在此地召开的国际工人协会代表大会主席团：一些紧急

---

① 致敬信的全文以及施维茨格贝尔和莫拉戈的签名是用红墨水写的，其余的全是用铅笔写的。

的情况要求我回去。我寄希望于留下来的党员同志们,请他们分担我的一份工作并把协会的事业进行到顺利结束。

约·狄慈根

1872年9月5日于海牙

第一次发表

提交1872年9月5日举行的第九次会议

原文是德文

俄文是按手稿译的

9. 爱·瓦扬、安·阿尔诺等人请求把关于工人阶级的政治行动的问题列入下届代表大会议程致代表大会的呼吁书

致在(荷兰)海牙举行的国际工人协会代表大会

公民们:

曾在巴黎遭到屠杀,现在到处受到迫害、到处受到压迫的无产阶级的代表,在巴黎陷落之后,第一次出席这次国际代表大会。因此,现在所有的目光都在注视着海牙,——我们的敌人在期待着我们承认自己软弱,或者说,他们担心受到我们的挑战,因为我们的挑战证明他们的疯狂的反动势力无能为力。而人民则在期待着被他们视为自己的代表的人说出充满信心的话,并且为了眼前的复仇、为了眼前和最后的胜利而许诺要进行坚韧不拔的努力。

因此,我们,**公社社员**,代表大会的代表,相信认识到自己的职责的代表大会是不会违背自己的职责的,我们以被枪决、被流放、被驱逐

出境的人的名义，以正在遭受苦难的人民的名义，要求你们说出充满信心的话，你们是不会拒绝他们而不这样做的，因为只有说出充满信心的话，才是证明你们不辜负他们的信任的保证。

面对着战胜了的资产阶级对战败了的无产阶级实行的如此野蛮和罕见的迫害，

面对着要把由于失败而陷于紊乱的无产阶级的力量组织起来去进行顽强的活动的必要性，

面对着国际工人协会的某些团体——它们以放弃政治这一害死人的教条，或者以同名称各不相同的资产阶级政党结成叛卖性的联盟和实行妥协，来掩盖自己背叛人民事业的行为——对资产阶级政治所表现出的畏缩态度，

鉴于

既不可能把社会革命硬塞进一些公式里，也不可能通过一些不痛不痒的方式来把它付诸实现，而且，如果想要把它付诸实现，就应当把它当做一个整体来实现，

破坏全部资本主义的私有制，

消灭阶级，实现社会革命，只有通过调动一切革命力量的毅力才能做到，

放弃政治行动是对工人阶级首要职责的否定，因为夺取政权的目的是要把旧社会从地球上扫除掉，并且通过无产阶级的革命专政创造新社会的因素，

同任何色彩的资产阶级政党的联盟，无论采取什么借口，都是某些个别人或团体对无产阶级事业的背叛，他们这样做是有罪的，

如果建立了反抗团体，把这些团体联合起来，开始把工人阶级组织起来，这就是给工人阶级以同资本主义压迫作斗争的武器，

如果罢工是革命行动的手段，那么街垒也是这样的手段，而且是一切手段中最强有力的手段，

代表大会声明：

（1）把组织无产阶级的革命力量和政治斗争列入下届代表大会的议事日程。

委托总委员会提出这一组织工作的方案。

（2）凡自称属于国际但被揭露出由于软弱、畏缩或教条主义的愚蠢而背叛了革命无产阶级的事业的个人或团体，不能继续留在国际工人协会之内。

总委员会可以先把这些个人或团体开除出国际，然后由代表大会通过最后的决议。

安东·阿尔诺　弗·库尔奈
德雷尔　勒穆修[①]
朗维埃　爱德·瓦扬[②]

提出这个议案的公民们请求代表大会在修订共同章程之后，立即把这一提案列入议程进行讨论。

提交于1872年9月5日举行的第九次会议	原文是法文
发表于1872年9月15日《自由报》第37号	俄文是按手稿译的

---

① 后面用重笔抹掉了："拉法格"。
② 下面的附言是爱·瓦扬写的。

10. 托·莫拉戈对关于总委员会权力的议案的修正案

修正案

总委员会对各支部和联合会不拥有任何权力。它仅仅是通讯和统计中心,其职能是充当各区域联合会之间的中介人,它有充分的自由,主动向各地区组织或代表大会提出建议;根据它通过通讯和统计得到的材料,作出它认为最恰当的某些决定。

托马斯·冈萨雷斯·莫拉戈

第一次发表

提交 1872 年 9 月 5 日举行的第九次会议

原文是西班牙文

俄文是按手稿译的

11. 泰·杜瓦尔、弗·左尔格等人关于讨论共同章程和组织条例的程序的提案以及弗·库尔奈、安·阿尔诺等人对这一提案的修正案

我们提议,代表大会立即讨论章程。
(2)让两个赞成提案的以及两个反对提案的人发言。

(3)每个人的发言都不得超过5分钟。①

泰·杜瓦尔　弗·阿·左尔格　阿道夫·赫普纳
S.皮尔　约·菲·贝克尔　保·拉法格　弗·米耳克　伯恩哈德·贝克尔　格奥尔格·舒马赫　路德维希·海姆　古斯塔夫·路德维希　勒穆修②

对第2点的修正案

(2)让一个赞成者和一个反对者发言。

弗·库尔奈　安东·阿尔诺　爱德·瓦扬　朗维埃

路·库格曼医生

第一次发表	原文是法文
提交1872年9月6日举行的第十次会议	俄文是按手稿译的

12. 弗·左尔格、约·菲·贝克尔等人关于立即对章程第2条和第6条展开辩论的提案③

我们请求代表大会立即开始对下列条文的辩论:

---

① 这个文件由杜瓦尔执笔,后面是提案人的亲笔签名。拉法格、皮尔、伯·贝克尔、米耳克的签名是用铅笔写的,其他是用墨水写的。左角标明:"9月6日"。
② 下面是另一种笔迹写的修正案以及提案人的亲笔签名。
③ 这个文件以及下面发表的代表大会少数派声明(见本卷"声明和提案"部分文件40)都是由库诺转抄的。

第 2 条。总委员会必须执行代表大会的决议并且监督每一个国家严格遵守国际的共同章程和组织条例的原则。

第 6 条。总委员会也有权将国际的分部、支部、联合会委员会以及联合会暂时开除，直到应届代表大会为止。

但是，对于加入了某一个联合会的支部，总委员会只有在事先听取了该联合会委员会的意见以后，才能使用这一权利。

总委员会在暂时开除整个联合会时，应立即通知所有联合会。

如果大多数联合会都提出要求，总委员会应至迟在一个月内召开非常代表会议，由每一个民族各派一名代表出席，对争论的问题作出最后决定。

但是，不言而喻，国际遭到禁止的那些国家，享有与合法存在的联合会同样的权利。

弗·阿·左尔格　约·菲·贝克尔　泰·杜瓦尔

阿道夫·赫普纳　保·拉法格　S. 皮尔　弗·米耳克

伯恩哈德·贝克尔　勒穆修　格奥尔格·舒马赫

路德维希·海姆　古斯塔夫·路德维希

提交1872年9月6日举行的第十次会议 　　原文是法文

发表于1872年9月15日《自由报》 　　俄文是按库诺的抄件译的

第37号

13. 爱·瓦扬、安·阿尔诺等人关于代表大会公开会议议事日程的提案

在下面签名的公民请求把代表大会公开会议的议程作如下的安

排：在表决完章程和条例中有关总委员会的条文之后，代表大会立即讨论：

（1）把伦敦代表会议关于工人阶级的政治行动的决议作为共同章程的条文写进章程的提案。

（2）安·阿尔诺、库尔奈、德雷尔①、勒穆修、朗维埃、爱·瓦扬等公民关于组织无产阶级的革命力量的提案。

（3）组织条例中关于应向总委员会缴纳会费的条文。

（4）然后，代表大会转而讨论章程和条例的其他条文，讨论按最新版本的章程中条文的次序进行②。

爱·瓦扬　安·阿尔诺　弗·库尔奈　朗维埃　勒穆修

第一次发表	原文是法文
提交1872年9月6日举行的第十次会议	俄文是按手稿译的

14. 英国代表马·巴里、罗奇等人关于必须把辩论情况译成英语的声明③

代表大会主席：

我们，在下面签名的代表大会代表，抗议本人掌握几种语言的代表大会的多数代表忽视那些只会讲英语的代表的最基本的权利。我们几乎

---

① 后面删去："拉法格"。
② 这个文件由瓦扬执笔，后面是提案人的亲笔签名。
③ 此件记录在有阿·埃尔曼、罗·斯普林加尔等人的声明（见本卷"声明和提案"部分文件5）的那张纸的反面。

不可能对代表大会发生的事情有所了解，也不可能哪怕是对某个问题发表一点意见，这种困难使我们代表团的作用化为乌有，而且使我们的出席成为笑柄。

  签名人：巴里 莫特斯赫德 罗奇 赛克斯顿 麦克唐奈

第一次发表	原文是法文
提交1872年9月6日举行的第十次会议	俄文是按手稿译的

15. 爱·瓦扬、安·阿尔诺和弗·库尔奈关于讨论共同章程条文的程序的提案

  我们请求，在讨论完关于总委员会必须督促各国遵守协会的基本原则以及关于总委员会同各联合会的关系这两个提案之后，立即把关于将代表会议关于工人阶级的政治行动的决议写进共同章程的问题，以及关于必须向总委员会缴纳会费的问题提上议事日程。①

    爱德·瓦扬 安·阿尔诺 弗·库尔奈

第一次发表	原文是法文
提交1872年9月6日举行的第十次会议	俄文是按手稿译的

---

  ① 这个文件由瓦扬执笔，后面是阿尔诺、库尔奈的亲笔签名。反面写有："朗维埃"。

16. 卡·马克思、弗·恩格斯等人关于总委员会的驻地和成员的提案[72]

我们提议，把1872—1873年度总委员会的驻地迁至纽约，它由北美联合会委员会的下列委员组成：**卡瓦纳、圣克莱尔、塞蒂、勒维埃尔、劳雷尔、F. J. 贝尔特兰德、弗·波尔特、K. 卡尔**。他们将有权加聘新的委员，但总委员会委员的总数不得超过15人。①

  卡尔·马克思 弗·恩格斯 瓦列里·符卢勃列夫斯基 沙·龙格 奥·赛拉叶 麦克唐奈 欧仁·杜邦 弗·列斯纳 勒穆修 M. 马尔特曼·巴里

1872年9月6日于海牙②

提交1872年9月6日举行的第十次会议

原文是法文
俄文是按库诺的抄件译的

17. 关于把总委员会的驻地迁往马德里或巴塞罗那的提案

  鉴于西班牙拥有最多的社会主义报纸，因而那里的社会主义组织比其他任何地方都更强大，那里有集会自由，访问那里的人比别的地方更多；

  鉴于我们只有通过**辩论**才能得到明确的认识，1869年以来在伦敦的总委员会中进行的**辩论**几乎等于**零**；

---

① 这个文件是库诺抄写的副本。
② 这个文件是库诺抄写的副本。

我提议以马德里或巴塞罗那作为总委员会的驻地。

注意：对于电报来说距离已不再是一种障碍。①

第一次发表 原文是法文
提交1872年9月6日举行的第十次 俄文是按手稿译的
会议

18. 法尔加-佩利塞尔和阿莱里尼关于总委员会成员的提案②

提 案

我们以西班牙地区联合会的名义提议：

1. 每个联合会各出两人组成总委员会，他们由各联合会直接选举，也只能由各联合会撤销。

总委员会设在比利时。责成比利时联合会委员会把自己的权力转交给即将选出的总委员会。

拉·法尔加-佩利塞尔　阿莱里尼

第一次发表 原文是法文
提交1872年9月6日举行的第十次 俄文是按手稿译的
会议

---

① 在第4页上有一个签名："N. 埃伯哈特"。
② 这个文件写在一张有方格的蓝色纸上。由法尔加-佩利塞尔执笔并签名，后面有阿莱里尼的签名。文件上有用铅笔做的记号。

19. 弗·库尔奈、爱·瓦扬和西·德雷尔要求把关于伦敦代表会议第9项决议写进章程的问题提付表决

我们要求在今天晚上散会之前结束辩论,并且对关于把代表会议关于工人阶级的政治行动的决议作为章程条文写进共同章程的问题进行表决。①

     弗·库尔奈 爱德·瓦扬 西·德雷尔

第一次发表   原文是法文
提交1872年9月6日举行的第十一   俄文是按手稿译的
次会议

20. 弗·库尔奈、加·朗维埃和爱·瓦扬关于要提前离开、关于赞成把伦敦代表会议第9项决议写进章程以及关于增加会费问题致代表大会代表的信

公民们:

  我们必须回伦敦去,我们请求你们原谅我们要离开而不能出席代表大会最后的几次会议。②

---

 ① 这个文件由库尔奈执笔,后面是提案人的亲笔签名。
 ② 这个文件由库尔奈执笔,后面是提案人的亲笔签名。

此致敬礼和兄弟的情谊

弗·库尔奈　朗维埃　爱德·瓦扬①

上述签名人尽管要离开，但对于应讨论的问题是关心的，希望留下对昨天讨论的关于政治的决议案的意见：他们投票赞成该决议案。

他们也投票赞成增加应向总委员会缴纳的会费。

朗维埃

第一次发表	原文是法文
提交1872年9月7日举行的第十二次会议	俄文是按手稿译的

21. 伯·贝克尔关于要提前离开致代表大会主席团的信

致代表大会主席团：

因为我不得不立刻离开，谨把我投票赞成选进总委员会的代表姓名通知大会主席团，因为我不愿意由于我不能等到开完今天的会议而失去投票的权利。我投票赞成附上的名单②中列出的公民。

布伦瑞克、开姆尼茨和比雷菲尔德代表
伯恩哈德·贝克尔

1872年9月7日于海牙③

---

① 后面的补充由朗维埃执笔。
② 这张总委员会委员候选人名单没有保存下来。
③ 在第4页上有伯·贝克尔笔迹写的字："（亲自）交代表大会主席团"。

第一次发表	原文是德文
提交1872年9月7日举行的第十二次会议	俄文是按手稿译的

22. 乔·赛克斯顿关于要提前离开致代表大会主席团的便条

敬请允许我在此次会议之后离开代表大会，我因有特别紧急的事要去伦敦。

赛克斯顿

于1872年8月5日①

第一次发表	原文是英文
提交1872年9月7日举行的第十二次会议	俄文是按手稿译的

23. 弗·列斯纳关于要提前离开致代表大会主席的信

1872年9月7日②于海牙

致国际工人代表大会主席

亲爱的公民：

很遗憾，我不得不于今天上午离开海牙去伦敦。因此我希望您通知

---

① 这是明显的笔误。
② 原稿中笔误为："8日"。

代表大会：确实是真正的必要性迫使我不能完成这件令人愉快的事情并卸去我待到结束大会的工作时为止的职责。

我衷心希望：大会能英明地处理下一步的工作，齐心协力和善良愿望将是这一工作的特点，而它的结果将是世界无产阶级事业的光荣胜利。

您的怀着兄弟情谊的

伦敦德国人支部代表

弗·列斯纳

第一次发表	原文是英文
提交1872年9月7日举行的第十二次会议	俄文是按手稿译的

24. 古·路德维希关于要提前离开以及关于投票赞成选举总委员会的一些新委员致代表大会主席的便条

主席：

我因为不得不于今天离开，谨送上我选举总委员会委员的选票①。

美因茨代表　古斯塔夫·路德维希

第一次发表	原文是德文
提交1872年9月7日举行的第十二次会议	俄文是按手稿译的

---

① 选票没有保存下来。

25. 安·阿尔诺关于要提前离开、关于赞成把伦敦代表会议第9项决议写进章程以及关于增加会费致代表大会代表们的信

1872年9月7日于海牙

致代表大会代表

公民们：

　　由于昨天晚上收到的来自伦敦的消息，我不得不离开海牙，我今天不能参加代表大会的工作，请求大会原谅。因为我不能等到下星期二，所以我不能不于今天离开。

　　我将遗憾地离开你们；也许，今后我们将在更加顺利的环境下见面。

　　趁此机会通知你们，我投票赞成把我们关于工人阶级的政治以及关于增加会费的提案写进章程。

　　敬礼和平等！

安·阿尔诺

第一次发表	原文是法文
提交1872年9月7日举行的第十二次会议	俄文是按手稿译的

26. S. 皮尔关于赞同总委员会的政策的声明

我因为昨天没有机会就政策问题发言,故特此请求代表大会主席替我说明:虽然我是这里的唯一的丹麦代表,但是,丹麦的会员数目是很多的,我以丹麦分部的名义声明,我们赞同总委员会的政策。如果有这样一些委员参加总委员会,使得我们不能赞同总委员会的话,我将感到非常遗憾。

S. 皮尔

第一次发表

提交1872年9月7日举行的第十二次会议

原文是德文

俄文是按手稿译的

27. 斯瓦尔姆和杜瓦尔关于投票赞成把伦敦代表会议第9项决议写进章程的便条

我的委托书责成我**坚决**维护第9项(工人阶级的政治行动)并力求把它写进章程。

因此我要求作出最后的决定。

斯瓦尔姆　杜瓦尔

第一次发表

提交1872年9月7日举行的第十二次会议

原文是法文

俄文是按手稿译的

28. 吕坎（波特尔）关于赞成巴黎各支部的纲领的便条

我以我在代表大会上所代表的 X 地政治流亡者支部的名义，表示赞同杜蒙公民所阐明的巴黎各支部的纲领。

吕坎

第一次发表　　　　　　　　　　　　　　　原文是法文
提交1872年9月7日举行的第十二　　　　俄文是按手稿译的
次会议

29. 保·拉法格关于选举新的总委员会的方式的提案

我提议任命12个人，赋予他们以加聘3人的权力，并提议休会5分钟。

保·拉法格

第一次发表　　　　　　　　　　　　　　　原文是法文
提交1872年9月7日举行的第十二　　　　俄文是按手稿译的
次会议

30. 奥·赛拉叶关于取消国际遭到禁止的国家中的委员会和支部的权力的提案[73]

我提议：取消由总委员会以及**国际**遭到禁止的国家中的委员会和支

部授予的一切权力，并且授予新的总委员会以在这些国家任命全权代表的唯一权利。

几个巴黎支部　　奥·赛拉叶①　　杜蒙

法国代表　　吕坎

法国代表　　保尔·维沙尔

（几个法国支部）　　欧仁·杜邦　　斯瓦尔姆

法国代表　　茹·若昂纳尔　　沙·龙格

第一次发表	原文是法文
提交1872年9月7日举行的第十二次会议	俄文是按手稿译的

31. 维·西里尔关于表决时弃权的理由的声明

我之所以弃权，是由于关于这个问题，我本应说明自己的限权委托书，但我未能这样做，因为在预定的时间以前结束了辩论。

法国　　维克多·西里尔

第一次发表	原文是法文
提交1872年9月7日举行的第十二次会议	俄文是按手稿译的

---

① 这个文件由赛拉叶执笔，后面是提案人的亲笔签名。

32. 杜蒙关于投票赞成把伦敦代表会议第9项决议写进章程以及抗议不让反对把这项决议写进章程的人发言的便条①

我投票赞成第9项宣言，但为了表决的合法性，我表示抗议——因为没有让反对这一宣言的人发言。

巴黎一些支部　杜蒙

第一次发表　　　　　　　　　　　　　　　原文是法文
提交1872年9月7日举行的第十二　　　　　俄文是按手稿译的
次会议

33. 欧·杜邦、奥·赛拉叶等人关于会费数额的提案

我们提议，会费保持共同章程所规定的数额。②

　　　杜邦　奥·赛拉叶　约·格·埃卡留斯
　　托马斯·莫特斯赫德

第一次发表　　　　　　　　　　　　　　　原文是法文
提交1872年9月7日举行的第十二　　　　　俄文是按手稿译的
次会议

---

① 在这个文件的上方有一个不认识的笔体用墨水写的批注："丹麦代表"以及用铅笔写的"皮尔"。
② 这个文件由杜蒙执笔，后面是提案人的亲笔签名。

34. 拉法格、斯瓦尔姆等人关于缴纳会费的方式的提案

我们提议：会费每三个月分作几部分缴纳。①

几个法国支部　保·拉法格　斯瓦尔姆

雷·维尔莫　泰·杜瓦尔　杜蒙②

第一次发表

提交1872年9月7日举行的第十二次会议

原文是法文

俄文是按手稿译的

35. 保·拉法格、弗·左尔格等人关于组织国际工会联合会的提案③

提　案

我以葡萄牙联合会和新马德里联合会的名义提议：

特责成新的总委员会建立各种国际工会联合会。

为此目的，在代表大会以后一个月以内总委员会应当写出一个呼吁书，译成一切文字出版，并分别寄给所有加入国际或虽未加入国际而知

---

① 这个文件由拉法格执笔，后面是提案人的亲笔签名。
② 这个文件的后面有新总委员会候选人的名单："卡瓦纳、圣克莱尔、劳雷尔、福尔纳奇埃里、大卫、勒维埃尔、贝尔特兰德、波尔特、卡尔、华德、德雷尔、施佩耶尔"。
③ 这个文件上有一个用铅笔作的标记："No. I"。

道其地址的工人团体。

在这个呼吁书中,总委员会应当号召各工人团体按行业成立国际联合会。

建议每个团体自己决定它愿意加入该行业国际联合会的条件。

责成总委员会收集赞成建立国际联合会的团体提出的条件,并且起草一个共同的草案,建议愿意加入各国际工会联合会的一切团体暂时采纳。

最近一次代表大会将确定各种国际联合会的正式章程①。

保尔·拉法格,赞同者:**弗·阿·左尔格**——代表美国联合会,**伯恩哈德·贝克尔**,印刷工人、柏林代表 **弗·米耳克**,S. **皮尔**(哥本哈根),**斯瓦尔姆**(法国),**爱·瓦扬**(法国),**莱奥·弗兰克尔**(法国),**约·菲·贝克尔**,**泰·杜瓦尔**(罗曼语区联合会),**布里斯梅**,**弗·库尔奈**(丹麦),**安·阿尔诺**(瑞士),**阿道夫·赫普纳**(莱比锡),**瓦尔特**,**西·德雷尔**(美国),**吕坎**(法国),**杜蒙**(法国支部)

第一次用俄文全文发表	原文是法文
提交1872年9月7日举行的第十二次会议	俄文是按手稿译的
发表于1872年9月14日《解放报》第65号;1872年9月15日《自由报》第37号	

---

① 这个文件由拉法格执笔,后面是提案人的亲笔签名。

36. 库诺关于表决章程第 9 条以及关于会费数额的便条①

库诺的投票：关于章程第 9 条（关于政治行动）——"赞成"。
　　　　　关于增加会费："赞成"。

库诺

第一次发表　　　　　　　　　　　　　　　　原文是法文
提交 1872 年 9 月 7 日举行的第十二　　　　俄文是按库诺的便条译的
次会议

37. 维沙尔关于表决章程第 9 条以及关于会费数额的便条

维沙尔赞成第 9 条。
反对增加会费。

第一次发表　　　　　　　　　　　　　　　　原文是法文
提交 1872 年 9 月 7 日举行的第十二　　　　俄文是按便条译的
次会议

---

① 这个便条是库诺用红铅笔写的；在这张纸上还有维沙尔用普通铅笔写的一个便条（见下一个文件）。

38. 北美联合会的提案目录

左尔格代表美国联合会提出：

（1）关于调查统计表的提案；

（2）关于在代表大会上的代表权的提案；

（3）关于简化参加国际工人协会的各种团体等等的名称的提案；

（4）美国代表大会关于对总委员会的态度以及对那些反对它的指责的态度的决议案，这些决议案对总委员会表示坚决支持，并且要求把我们的力量充分集中起来。

第一次发表	原文是法文
提交1872年9月7日举行的第十三次会议	俄文是按手稿译的

39. 调查委员会委员瓦尔特关于该委员会的报告的声明

我认为有责任公开声明：由我的信决不能得出结论说，调查委员会采取了轻率的行动和作出了毫无根据的结论。我提请注意：昨天晚上退出了调查委员会，当时，除了我个人的信念之外，我已有强烈的怀疑，根据后来提出的一些证据，这些怀疑也许会变成确信。我充分信赖委员会的公正，我本来无论如何是会支持它的结论并且投票赞成开除的。而在听了阿莱里尼脱口说出的几句话之后，我就对一切都明白了，尤其是因为吉约姆公民在代表大会的全体会议上，以及当我还是调查委员会委员时，曾当着我的面辩护说，巴枯宁是正当的和诚实的，然而真正的无可辩驳的文件现在证明，巴枯宁的不诚实的欺骗行为损害了一个圣彼得堡出版商的利益。

瓦尔特

1872年9月7日于海牙

第一次用俄文发表

原文是法文

俄文是按手稿刊印的

40. 少数派的声明

我们，在下面签名的海牙代表大会少数派成员，一批赞成自治制和联邦制的工人，被迫要投票赞成一些决议，而这些决议在我们看来是违背我们在已结束的代表大会上所代表的国家所采取的原则的，不过我们想避免在国际工人协会内部造成任何分裂，故发表下述声明，我们将把这项声明提交委派我们的各支部认可：

（1）我们将继续同总委员会保持缴纳会费、进行通信联系和劳动统计的事务关系。

（2）我们所代表的各联合会相互之间以及同国际的一切常设机构之间将建立直接的和经常的联系。

（3）当总委员会企图干预某一联合会的内部事务时，下列签名人所代表的各联合会在不违背日内瓦代表大会所通过的国际共同章程的情况下，一定要本着互相团结的精神维护自己的自治。

（4）我们建议所有的联合会和支部现在就准备在下次代表大会上宣告作为劳动组织之基础的联合会自治原则在国际内取得胜利。

（5）我们坚决拒绝同所谓伦敦世界联邦主义委员会[74]以及任何其他

类似的敌视国际的组织发生任何联系。

  维德尔河联合会代表　皮·弗吕兹，西班牙地区联合会代表　托马斯·冈萨雷斯·莫拉戈，西班牙代表　阿莱里尼，汝拉联合会代表　阿德马耳·施维茨格贝尔，根特支部（比利时）代表　昂·范·登·阿贝勒，安特卫普代表　菲·克楠，布鲁塞尔代表　N.埃伯哈特，荷兰联合会委员会代表　亨·格尔哈特，布鲁塞尔支部　德·布里斯梅，阿姆斯特丹代表　范·德尔·豪特，海牙代表　维克多·达夫，西班牙代表　尼·阿隆索·马尔塞劳，西班牙联合会代表　拉·法尔加-佩利塞尔，北美第22及第42支部代表　索瓦，罗什·斯普林加尔（比利时），阿·埃尔曼（比利时）①

1872年9月7日于海牙

提交1872年9月7日举行的第十五次会议	原文是法文
发表于1872年9月15日《自由报》第37号；1872年9月15日—10月1日《汝拉联合会简报》第17—18号；1872年9月29日《国际报》第191号；《汝拉联合会的备忘录》桑维耳耶1873年版第277—278页	俄文是按库诺的抄本译的

---

① 在原稿中后面删去了："'我声明，海牙代表大会只是一个骗局，社会科学没有从中得到任何好处'（法国代表维克多·西里尔）"。

41. 索瓦关于再召开一次北美联合会代表大会以及关于重新审查上次代表大会关于第 2 支部的决议的提案

（1）我提议：在海牙召开的此次全协会代表大会建议美国联合会于 1873 年 3 月的头一个星期天召开一次全国代表大会，以便解决该联合会内部的意见分歧，——但只有向总委员会缴纳了会费的支部的代表才应当参加该代表大会。委托总委员会指定召开该代表大会的地点。

（2）此次全体代表大会应重新审查它所通过的关于开除纽约第 2 支部的决议。

（3）代表大会应对纽约第 10 支部的备忘录加以考虑。①

第一次发表
提交 1872 年 9 月 7 日举行的第十五次会议

原文是法文
俄文是按手稿译的

42. 关于所有的协会成员必须严格遵守章程的决议草案②

鉴于：工人的解放只能是工人自己的事情，

他们应当集中全力去维护和获得自由的能力，应当排除只能导致破坏他们的解放企图的一切影响、一切政治的和资本主义的庇护，

---

① 在原稿的反面删去了："我提议：1. 在海牙召开的全协会代表大会召集一次代表大会。4. 让海牙代表大会的代表注意伦敦流亡者的生活毫无保障的处境，并采取措施，为他们募捐。"

② 手稿的反面有用铅笔写的草稿。

代表大会声明：凡参加协会的一切团体或个人，除了章程中所阐明的原则之外，不承认其他的行为准则，并且务必遵守章程的原则。

杜邦

第一次发表

原文是法文
俄文是按手稿译的

附　录

尼·茹柯夫斯基的记录[75]

第一次会议①
1872年9月2日，星期五，上午

……在我们当中，在代表本身当中。让我们把这些无谓的问题搁下来，任命资格审查委员会吧。

布朗基主义者照旧支持马克思的提案。

讨论这个问题花费了两个小时。

终于付诸表决了！

在多数人赞同、两票反对的情况下，让新闻记者退出了会场。

西班牙代表在比利时人和汝拉人的支持下要求按照各联合会进行表决。资格审查委员会应当由所有的联合会的代表组成。

马克思（得到所有的布朗基主义者和所有的德国人的支持）说，这种表决方式同协会的章程相矛盾；他说，每一个支部都有代表权，它的代表都有表决权[76]。

龙格声称，他既是总委员会委员，但又是法国南部一个支部的代表；

---

① 尼·茹柯夫斯基的记录写在4张不大的纸上。缺开头的部分。

这个支部虽然是一个单独的支部,但它的代表毕竟有权参加表决。我来到这里是为了维护总委员会并且要求扩大它的权限的。总委员会的反对者受托来投反对票;这是他们的事情,但是一些联合会不能不让一个单独的支部独立地表示自己的观点和进行表决。

若昂纳尔支持龙格。

西班牙代表们要求发言。

与会者当中开始喧哗:多数人要求进行表决。

赞成按联合会进行表决的——11票

赞成按代表进行表决的——48票

弃权的——3票

莫拉戈(西班牙)说明为什么他的联合会要求按联合会进行表决。他说,这是唯一正确和唯一公平的表决方式。代表30名会员的5个同志永远可以轻而易举地压倒一个代表5000名有组织的缴纳会费的劳动者的同志。西班牙区域组织要求代表大会首先讨论这个问题,因为它的代表得到的是限权委托书,限权委托书规定:如果在代表大会上旧的表决方式继续有效,它的代表便应实行弃权。

拉法格(代表那个机智地建立起来的马德里联合会和里斯本联合会)声称,他所持委托书和西班牙的其他代表的委托书截然相反。

多数人坚决支持他,他们一个劲儿要求:表决!表决!

当选者:**格尔哈特**(阿姆斯特丹),**马克思**(总委员会),**朗维埃**(总委员会),**罗奇**(英国),**麦克唐奈**(爱尔兰),**德雷尔**(美国),**弗兰克尔**(总委员会)。

第二次会议

1872年9月2日，星期一，下午

星期一，下午的会议

朗维埃作为资格审查委员会的报告人宣读没有争议的委托书的单子，并且提出了委员会认为应予拒绝的委托书的单子。后者是指下面的人的委托书：

（1）达夫。布鲁塞尔人应当提供说明。

（2）阿莱里尼。由马赛来的，赛拉叶表示反对。

（3）茹柯夫斯基。由日内瓦来的，总委员会表示反对。

（4）莫拉戈

（5）法尔加

（6）马尔塞劳

（7）阿莱里尼

﹜西班牙。未交会费。

（8）索瓦。未经总委员会承认的纽约第2支部。

（9）威斯特。美国，第12支部，费拉德尔菲亚支部，斯普林街委员会。

朗维埃提议对被承认有效的委托书的单子进行表决。

施维茨格贝尔提议要听取关于所有的委托书的意见。

埃卡留斯支持………提案。①

恩格斯支持………提案。②

[**朗维埃**]提议投信任票。

---

① 原稿字迹不清。
② 原稿字迹不清。

拉法格。让我们把那些有人反对的委托书搁在一边，先对批准其他的委托书进行表决，然后讨论有争议的委托书。

西班牙人要求改变表决方式。

马克思。我们不能改变现行的章程。

有人叫喊，要求：闭会！

30票赞成。

12票反对。

发生了施拉姆事件。

布里斯梅。总委员会应该参加表决吗？我认为，在这个大范围内应采取在我们国家的小范围内的那种做法。比利时联合会委员会的委员……①

马克思。我们应当遵守章程；章程并不排除总委员会委员代表支部，因而他们可以而且应当参加表决。

多数人坚决支持。

第三次会议
1872年9月3日，星期五，上午

9月3日上午10时的会议

任命记录员——勒穆修、赫普纳、罗奇。

恩格斯。如果对每一份委托书有四个人发言，那么为每一份委托书就要花费一小时；因此就每一份委托书发言的人不得超过四个。这个提案以绝大多数票通过。西班牙人弃权②……

---

① 记录至此中断。这一页的末尾是空白。马克思的发言记在另一页上。
② 记录的其余部分没有保存下来。

第一次发表 原文是法文
俄文是按手稿译的

瓦尔特致勒穆修

1872年9月16日于巴黎

亲爱的公民：

按照您的愿望，我把我在对表决关于开除巴枯宁和吉约姆的提案的问题发表声明之前和以后所讲的几句话寄给您。

那些话是这样的：

"公民们，既然我通知退出调查同盟活动的委员会的那封信被一些人所误解，而且被另一些人作了错误的解释，我认为我有责任发表一个书面的声明，这个将载入会议记录的声明将非常准确地澄清事实。"

接着就是那封信……

"我还要补充一点：我感到非常遗憾的是，代表大会拒绝对马隆公民采取像对巴枯宁和吉约姆公民所采取的那种措施，而把解决关于开除他的问题推迟到将来。我认为，马隆是国际的最危险的敌人。他的那些学理正在传播，而且正在获得追随者：他们已在阿维尼翁站稳了脚跟，他们正在破坏花费了宝贵的代价在那里建立起来的一些支部。我的一位住在该城市的通信者，感到自己越来越软弱，无法坚持这场力量悬殊和力不胜任的斗争，不久前他请求我给以援助，并且告诉了我关于那种危险的情况。

最后，我要说明一点：几个星期以前汝拉联合会曾把梅契尼柯夫作为使节派到我这里来，建议我同总委员会决裂，而且引诱所有的法国支部实行这种决裂。"①

我的话大致就是这些。此信由赛拉叶公民转交给您,因为我不知道您的地址。致以

兄弟的敬礼!

瓦尔特②

第一次发表

原文是法文
俄文是按手稿译的

勒费弗尔-龙西埃致卡·马克思[77]

1872年11月14日于戈维尔街

汉特里街18号

亲爱的公民:

我把给您寄我作的记录的摘要这件事耽搁得太久了。这决非出于漫不经心;现在跑出版社是可以作为辩解的理由的,我相信,您了解这一点。——我算是已经找到了一个用英文出版的人,但我不得不早就把我的手稿送出去。

我重新翻阅了一下自己的记录,现在把它的摘要寄给您:

9月7日星期六的闭幕会议是由吕坎宣读审查委员会的那个不成功的报告开始的。接着斯普林加尔发言,说明他提出抗议的理由:

---

① 引号是按英文本加的。——译者注
② 信封上有作者写的字句:"烦急交勒穆修公民"以及马克思开的名单:"库诺、吕坎、马克思、维沙尔、符卢勃列夫斯基、瓦尔特"。

※

"我抗议同盟调查委员会的报告，我保留向代表大会申述自己的理由的权利。我认为，在辩论过程中只搞清楚了一个问题，即巴枯宁公民企图在国际内组织一个秘密团体。

对于调查委员会多数人提议开除的问题，我声明，我不能以上述委员会委员的身份发表意见，我没有受到这样的委托，我打算在代表大会上反对这个决定。"

若昂纳尔公民主张代表大会通过该报告的各项提案：

"他认为，业已证明：巴枯宁在协会内部组织秘密团体，该团体散布一些同协会的基本章程相抵触的见解和原则，而且反对协会。该团体仍然存在，而且已经成为纠纷的发源地，使国际发生分裂的一切纠纷都是从那里开始的。他认为，开除巴枯宁、吉约姆、施维茨格贝尔、布斯凯和马尔尚等公民是必要的，但是，他建议代表大会不要把这一措施推广到马隆公民。

马隆是前巴黎公社社员、协会最老的会员之一。若昂纳尔接着说，无疑，一年以来他没有走正道，而且似乎已同我们的敌人结成联盟，但是，有理由相信代表大会的决议会使他变得理智一些，相信他会改正他的老朋友们为之惋惜不已的那些错误。"

根据若昂纳尔的建议，代表大会宣布对马隆不予追究。

接着，吉约姆公民发言，他说，他决定不为自己作辩护了：

"他和他的朋友们成了某种策略的牺牲品，那种策略现在他懂得了。人们让他们来出席整个这次代表大会；人们挑动他们进行原则性的争论；他们老老实实地阐明了自己的理论，可万万没有想到，等待着他们的是一场别有用心的审判。

不过，这是骗不了人的。那些在这次代表大会上是多数派的人，在协会中是少数派，他相信，他在大会上的言行是符合派他来当代表的那些人的思想感情的。"

施格茨格贝尔公民说："他本人是工人，他代表本国的工人，他们都为自己阶级的社会的和政治的解放事业效力。即使对于究竟通过什么方法最有把握获得解放这个问题有观点上的分歧，但他们的目标毕竟是共同的。不管代表大会通过什么样的决议，他将一如既往，忠于国际工人协会的思想和学说。"

在结束代表大会的那次会议上宣读的文件，即少数派的声明、海牙支部的通告等，您比我了解得更清楚。

我把涉及吉约姆和施维茨格贝尔的全部内容逐字逐句地转抄给您了，因为我想，您最感兴趣的正是这一点。这一点之所以尤其重要，是因为，如果我没有记错的话，当时汝拉联合会对于施维茨格贝尔发言的转述的准确性提出了异议。

尽管我一天比一天忙，但我打算最近去拜访您。我随时都乐意告诉您，您认为对总委员会和您本人有用的关于海牙代表大会的一切。

您的著作有希望在**最近**出版吗？

我迫切地想读到它的续篇。

亲爱的公民，请接受忠实于您的保证。

勒费弗尔-龙西埃

请转达对您全家的敬意和对拉法格公民的问候。

第一次发表

原文是法文
俄文是按手稿译的

代表大会的文件

总委员会向在海牙举行的国际工人协会第五次年度代表大会的报告[78]

1872年9月2—7日

公民们①!

自从我们上一次在巴塞尔举行代表大会以来,两场大战——普法战争和法兰西内战——改变了欧洲的面貌。在这两场战争以前就已经爆发,曾同这两场战争同时进行,而且现在仍在继续进行的还有第三场战争,——这就是反对国际工人协会的战争。

巴黎的国际会员们②公开而明确地警告过法国人民,参加全民投票,就等于投票赞成法国国内专制和对外战争。1870年4月23日[79],即全民投票的前夕,他们被逮捕了,借口是他们参加了谋杀路易·波拿巴的阴谋。同时在里昂、卢昂、马赛、布勒斯特以及其他城市也跟着逮捕国际会员。总委员会在1870年5月3日的声明中说[80]:

"最近这次阴谋也一定会同已经传为笑柄的前两次阴谋相媲美。为对付本会法国各支部而掀起的叫嚣和采取的暴力措施,只是追求一个目的——玩弄全民投票的骗局。"③

而事实上,在十二月帝国倾覆以后它的后继者们公布的文件也已经

---

① 在传单和《人民国家报》上不是"公民们",而是"工人们"。
② 在《国际报》、《自由报》等报纸上,这段话的开头是这样写的:"当帝国要求法国通过新的全民投票来使它的存在神圣化的时候"。
③ 在传单和《人民国家报》上接着是:"我们看对了"。

证实,最近这次阴谋是由波拿巴警察当局亲手制造出来的[81],在全民投票前夕,奥利维埃在一个秘密通告中直接指示他的下属说:

"必须逮捕国际的领导人,否则全民投票便无法令人满意地进行。"

全民投票这出闹剧演完以后,在7月8日,巴黎联合会委员会的委员们果然受到路易·波拿巴的法官们的审讯,但这仍然只是因为他们"罪恶地"参加了国际,而不是因为他们参与了臆造的阴谋。[82]可见,波拿巴政府认为,要发动一场法国任何时候都没有遭到过的为害最大的战争,就必须先对国际工人协会法国各支部进行征伐。不应该忘记,法国工人阶级团结一致地摈弃了全民投票。也不应该忘记,
"欧洲各国的交易所、政府、统治阶级和报刊都欢庆全民投票的成功,认为这是法国皇帝对法国工人阶级的辉煌胜利"(1870年7月23日"总委员会关于普法战争的宣言"[83])。

全民投票以后几个星期,波拿巴主义的报刊就开始在法国人民中间煽起好战狂热,巴黎的国际会员们不顾政府的迫害,于7月12日发表了"告全世界各民族工人书",痛斥正在发动的战争是"犯罪的疯狂行为",而且对"自己的德国弟兄们"说:

"我们相互仇视只会使专制制度在莱茵河两岸都获得完全胜利";他们声明说:"我们国际工人协会会员不承认任何国界。"[84]

这个号召在德国得到了热烈的响应,因此总委员会有充分的权利断言:"官方的法国和官方的德国彼此进行同室操戈的斗争,而法国的工人和德国的工人却互通和平与友谊的音讯。单是这一件史无前例的伟大事实……表明,同那个经济贫困和政治昏聩的旧社会相对立,正在诞生一个新社会,而这个新社会的国际原则将是**和平**,因为每一个民族都将有同一个统治者——**劳动**!

这个新社会的先声就是国际工人协会。"（1870年7月23日宣言）

在共和国宣告成立以前，巴黎联合会委员会的委员们一直被囚于狱中。而协会的其他会员每天都被当众痛骂为被普鲁士收买的叛徒。

第二帝国像它以模仿剧开始一样，以色当投降而告终，于是普法战争进入了第二阶段。它变成了反对法国人民的战争。普鲁士曾不止一次地庄严宣称，它拿起武器的唯一目的是击退外国侵略，而现在则抛开了假面具，宣布进行侵略战争。从这个时候起，它就不仅要在法国反对共和国，而且也要在德国反对国际。在这里我们只能对这一斗争的经过作一个概略的叙述。

宣战以后，北德意志联邦的大部分领土（汉诺威、奥登堡、不来梅、汉堡、不伦瑞克、什列斯维希—霍尔施坦、梅克伦堡、波美拉尼亚和普鲁士省）马上宣布戒严，让福格尔·冯·法尔肯施坦将军在那里逞凶肆虐。这种作为防御外国入侵的措施宣布的戒严，立即变成了一场反对德国的国际会员的战争。

在巴黎宣告成立共和国的第二天，德国社会民主工党——在考虑到邦的法律的情况下成立的国际支部——的不伦瑞克中央委员会于9月5日发表了一个宣言，号召工人阶级利用它所掌握的一切手段来反对瓜分法国，要求实现使法国获得光荣的和平，并且争取承认法兰西共和国。[85]宣言谴责吞并阿尔萨斯和洛林的意图是一种犯罪行为，其结果会使整个德国都变成普鲁士的兵营，并使战争成为欧洲的一种常规。9月9日，福格尔·冯·法尔肯施坦下令逮捕不伦瑞克委员会委员，给他们戴上镣铐，发配到600英里以外位于俄国边界的普鲁士要塞勒特岑去。他们在那里所受到的卑鄙虐待同国王的贵宾在威廉堡①受到的特意款待

---

① 威廉堡（加塞尔附近）是普鲁士国王的城堡，前法国皇帝拿破仑第三被普鲁士人俘虏后，于1870年9月5日至1871年3月19日被囚于此。

成了鲜明的对比。尽管大肆逮捕并把工人们从德国这个邦流放到那个邦去，尽管封闭工人报刊，尽管进行军事镇压和警察百般刁难，但是德国工人阶级的先锋队仍旧按照国际的精神和根据不伦瑞克宣言行动。因此福格尔·冯·法尔肯施坦9月21日①下令禁止社会民主党举行任何集会。这道禁令被10月5日的另一道命令废除了，在后一道命令中他狡黠地指示警探们，

"要把一切公开发表言论鼓励法国反对德国提出的和谈条件的人都报告给他本人，以便他能够使这些人在战争继续进行期间不致为害"。

普鲁士国王一方面让毛奇照料国外的战争，另方面自己则竭力使国内的战争发生新的转变。根据他本人10月17日的命令，福格尔·冯·法尔肯施坦必须把勒特岑的囚犯们交给不伦瑞克地方法院审理，而该法院则应该找到法律根据把他们囚禁起来，或者交回给残暴的将军严加看守。

自然，全德国都效法了福格尔·冯·法尔肯施坦的先例，而俾斯麦在外交通告中却采取了一种侮辱欧洲的手法，把自己装扮成维护法国主和派的言论自由、出版自由和集会自由的义愤填膺的卫士。正当他要求法国要有一个自由选举的国民议会的时候，在德国本国他却因为倍倍尔和李卜克内西曾在德国国会中代表国际发言反对过他而下令把他们关进监狱，以便在即将举行的普选中阻止他们再度当选。[86]

他的主子征服者威廉支持了他，从凡尔赛发出了命令，延长了戒严的期限，就是说，在整个选举期间废除一切民法。国王实际上只是在同法国签订和约两个月以后才准许在德国解除戒严。他顽固地坚持在国内实行戒严，他多次亲自参与对他自己德国内的俘虏的处理，这一切证明，在无敌武器的轰隆声中和整个德国资产阶级疯狂的喝彩声中，他对

---

① 1870年。

日益成长壮大的无产阶级政党感到恐惧。这是物质暴力对精神力量的迫不得已的重视。

这场反对国际的战争起初只是在法国（从全民投票日起到帝国崩溃为止）进行，后来只是在德国（在共和国反对普鲁士的整个斗争期间）进行，但是从巴黎公社宣告成立之日起以及在巴黎公社失败以后，就成为遍及一切地方的战争了。

1871年6月6日，茹尔·法夫尔向外国发出了通告，要求把公社流亡者①作为刑事犯加以引渡，并且号召对国际——这是以法夫尔本人为当然代表的家庭、宗教、秩序和财产的敌人——发动一次全面的十字军征讨。[87]奥地利和匈牙利立即响应了这个号召。6月13日，在佩斯对他们认为的工人联合会的领袖进行了强盗式的突然袭击；他们的文件被没收了，他们本人被逮捕并被控以叛国罪而交付法庭审判。[88]这时正在佩斯的国际维也纳支部的某些代表也被解送到维也纳去作同样处置。博伊斯特再向议会要求并得到了3万英镑，

> "作为政治情报工作的开支，因为国际日益危及整个欧洲，这种工作比过去任何时候都更为必要"。

从此以后，在奥地利和匈牙利便建立了对付工人阶级的真正的恐怖统治。奥地利政府甚至在垂死的时候还拼命挣扎着抓住它旧有的、扮演欧洲反动派的唐·吉诃德角色的特权不放。

茹尔·法夫尔的通告发出以后过了几个星期，杜弗尔向自己那个地主议会提出了一项现在已经具有法律效力的法案。[89]这个法案规定，只要参加国际工人协会或承认它的原则，就以犯罪论处。梯也尔以证人身份向地主议会的杜弗尔法案委员会讲话时，吹嘘说这个法律是他本人睿

---

① 在传单上和《人民国家报》上不是"公社流亡者"，而是"公社委员"。

智的产物，说什么他自己最先发现了这个可靠的法宝：用西班牙宗教裁判所对付异教徒的办法来对付国际。但是，即使这一点他也不能以独创性自诩。早在他就任社会救主的职位以前很久，统治阶级用于国际会员的这种真正的法律理论就已经由维也纳各法院制定出来了。

1870年7月26日，奥地利无产阶级政党的最卓越的代表们被认为犯了叛国罪，判处每月禁食一天的多年苦役。判决书的原文如下：

"犯人们自己供认，他们接受了在爱森纳赫举行的德国工人代表大会（1869年）的纲领，并根据这个纲领进行了活动。这个纲领包括了国际的纲领。国际的建立是为了把工人阶级从有产阶级的统治和政治上的依附状态下解放出来。这种解放同奥地利国家的现存制度是不相容的。因此，凡是接受和传播国际纲领的基本原理的人，就是进行预谋颠覆奥地利政府的活动，从而犯了叛国罪。"

1871年11月27日，对不伦瑞克委员会的委员们作出了判决。他们被判处了期限不同的监禁。法院非常明确地把维也纳作出的判决书的根据当做先例加以援引。

在佩斯，被监禁的工人联合会的成员在经受了英国政府用以对待芬尼亚社社员[90]的那种卑鄙虐待几乎整整一年以后，才在1872年4月22日出庭受审。在这里检察官也要求按照维也纳制定的法律理论将他们治罪。但是，他们被宣告无罪。

在莱比锡，1872年3月27日倍倍尔和李卜克内西被控犯有图谋叛国罪，判处了两年要塞监禁，——也是根据维也纳作出的那份判决书。所不同的只是维也纳法官们的判决在这个场合是由萨克森的陪审员们批准的。

在哥本哈根，国际中央委员会的三位委员布里克斯、皮奥和盖列夫于5月5日①被投入监狱，因为他们不顾警察当局的禁止，坚决要举行

---

① 1872年。

露天集会。他们在被关进监狱以后才得知，对他们提出的指控具有更加一般的性质，这就是社会主义思想本身就同丹麦国家的存在不相容，因此，单是宣传这种思想就构成了违反丹麦宪法的罪行。又是维也纳制定的那一套法律理论！被告直到现在还被拘留，听候审讯。

由于对茹尔·法夫尔关于引渡公社社员的要求作了表示支持的答复而大出风头的比利时政府，赶忙通过马鲁提出了一个照抄杜弗尔法的法案。

至圣的教皇庇护九世在告瑞士天主教徒晋谒团书中发泄了他的愤怒。

他说："你们的共和国政府认为自己应当为那个叫做自由的东西作出重大的牺牲。它给大批最下等的人提供了避难权。它在自己国内容忍一个叫做国际的教派，而这个教派是想要像对待巴黎一样去对待整个欧洲的。对于国际的这些先生——说来他们根本称不起什么先生——是应当加以提防的，因为他们是按照天主和人的死敌的利益来行事的。为什么要保护他们呢？应该为他们祈祷。"

先把他们绞死，然后再为他们祈祷！

受俾斯麦、博伊斯特和普鲁士特务头子施梯伯支持的奥皇和德皇于1871年9月初在萨尔茨堡会晤，毫不掩饰他们的目的是建立反对国际工人协会的神圣同盟。

俾斯麦私人的 moniteur〔通报〕《北德报》声称："只有这种欧洲同盟才是拯救国家、教会、财产、文明，一句话，拯救欧洲各国所赖以建立起来的一切的唯一可行的办法。"

显然，俾斯麦的真正目的是保证自己在即将爆发的对俄战争中获得同盟者，而国际不过被用来撩惹奥地利罢了，就像斗牛者用红布来撩惹公牛一样。

朗扎干脆下令禁止国际在意大利活动。萨加斯塔宣布国际在西班牙不受法律保护，[91]他大概指望以此来博得英国证券交易所的好感。自从农奴制废除以来被迫采取一些冒险措施——今天对人民的要求做些小心翼翼的让步，为的是明天能够把这些让步收回——的俄国政府，从迫害国际的普遍号召中找到了在国内重新加紧反动的借口。为了刺探我们协会的秘密，它在国外进行活动，劝说一个瑞士法官当着一个俄国密探的面搜查俄国的国际会员、我们的罗曼语区联合会机关报——日内瓦《平等报》的编辑吴亭的住宅[92]。只是由于瑞士的国际会员们进行宣传鼓动工作才防止了瑞士的共和国政府把公社流亡者引渡给梯也尔。

最后，格莱斯顿先生的政府虽然没有能够在大不列颠本土按照这种精神行事，但是至少也证实了他的善良意图：它在爱尔兰肆意使用警察恐怖手段来反对我们在那里建立的支部，并且命令它的代表在国外收集有关国际工人协会的情报。

但是，欧洲各国政府合力谋划的一切镇压措施，同文明世界的造谣力量发动的诽谤战争相比，都会黯然失色。强加于国际的各种无中生有的事件、对国际的"秘密"的揭露、无耻伪造的公函和私函、耸人听闻的电讯，接二连三地迅速出现；出卖灵魂的可敬的报刊所控制的一切诽谤的闸门一下子都打开了，卑鄙龌龊的洪流汹涌而出，要把可恶的敌人淹死。这场用诽谤来进行的战争，无论按其遍及所有国家的战场规模来说，还是按照统治阶级中各种色彩的人物参战的齐心协力的程度来说，在历史上都是无与伦比的。在芝加哥发生大火的时候，全世界传遍这样一个电讯：这是国际干的恶毒勾当；他们没有把荡平西印度的台风也说成是国际用魔法召唤来的，这倒是令人感到奇怪的。

总委员会在它过去各次年度报告中通常总是对协会从上一次代表大会以来的成就作一个概述。公民们①，这次使我们不得不打破这个惯例的原因，你们当然会了解。况且各国代表的报告在一定程度上将会弥补

---

① 在传单上和《人民国家报》上不是"公民们"，而是"工人们"。

这个缺陷，他们知道得最清楚，他们在自己的报告中可以谈到什么程度为止。我们只是指出，自从巴塞尔代表大会，尤其是1871年9月伦敦代表会议以来，国际在英格兰的和爱尔兰本地的爱尔兰人中间，在荷兰、丹麦、葡萄牙都获得了广泛的发展，它巩固了自己在合众国的组织，在布宜诺斯艾利斯、澳大利亚和新西兰也有了分支。

如果我们回顾一下1848年时期，工人阶级在没有国际组织时和有了国际时的区别就显得特别明显。要使工人阶级自己认识到1848年六月起义是它自己的先进战士的事业，曾经需要很长的岁月。而巴黎公社却立即受到了整个国际无产阶级欢欣鼓舞的声援。

你们，工人阶级的代表们，聚会在一起，为的是加强旨在解放劳动和消灭民族纠纷的协会的战斗组织。几乎与此同时，旧世界的帝王们也在柏林聚会，为的是锻造新的锁链和策划新的战争。[93]

国际工人协会万岁！

卡·马克思写于1872年8月底
1872年在不伦瑞克印成传单：《伦敦总委员会在国际代表大会的公开会议上作的正式报告》，并载于1872年9月18日《人民国家报》第75号；1872年9月29日《自由报》第39号；1872年10月6日《国际报》第195号；1872年10月5日和13日《解放报》第68、69号；1872年10月5、12和19日《国际先驱报》第27、28和29号

原文是英文
俄文译自《国际先驱报》，并根据德文传单校对过
《马克思恩格斯全集》俄文第2版第18卷第123—131页（参看《马克思恩格斯全集》中文第1版第18卷第143—152页）

国际工人协会总委员会 1871—1872 年度财务报告[94]

收　入

	镑	先令	便士
1. 上年结余	5	4	8
2. 各支部和加入的团体交来的会费：			
（1）英国：编筐工	—	17	6
木工和细木工协会联合会	1	2	1
西头鞋匠	—	6	—
伦敦瑞士人支部	1	—	—
全国改革同盟	—	5	—
不列颠联合会委员会	2	1	8

　　　　　　　　　　　　　　　_____5 镑 12 先令 3 便士

（2）其他国家：上年会费			
瑞士：罗曼语区联合会	2	16	—
汝拉联合会	—	11	8
比利时	4	8	—
西班牙	12	—	—

　　　　　　　　　　　　　　　_____19 镑 15 先令

1871—1872年会费：

美国	4	10	2
荷兰	–	16	8
意大利（都灵和米兰）	1	4	4
奥地利和匈牙利	3	14	1
瑞士：日内瓦德国人支部	–	11	–
汝拉联合会	–	17	8
德国	2	18	4
法国，包括德国人支部	7	18	1
	22	10	4
减去兑换外汇时的损失	–	7	–

22镑3先令4便士

（会费共计 47 11 3）

3. 销售印刷品（包括从美国
得到的5镑8先令6便士　　7镑8先令8便士
4. 个人会费　　　　　　　100镑14先令6.5便士

共计收入160镑19先令1.5便士

支　出

	镑	先令	便士			
1. 书记的薪金：						
5周，每周10先令	2	10				
43周，每周15先令	32	5		34	15	—

2. 伦敦代表会议　　　14　12
   海牙代表大会　　　 3　17　12　—
3. 房费　　　　　　　12　 7　 —
4. 给流亡者的
   预支款　　　　　　19　 —　 —
5. 印刷费（已付）　　47　 7　 2
6. 零星费用，
   邮寄书信和报纸等　25　12　 2　156 镑 13 先令 4 便士
   　　　　　　　　　　库存结余　4 镑 6 先令 9.5 便士

总委员会1871—1872年度财务账目总平衡表

1871年			收入			支出			
			镑	先令	便士		镑	先令	便士
	1	结余	5	4	8				
		9月	1	14	4	9月	2	13	2.5
		10月	74	3	6	10月	29	6	5.5
		11月	7	7	3	11月	31	17	10.5
		12月	36	17	7	12月	26	-	7.5
1872年		1月	10	6	10.5	1月	13	6	10.5
		2月	1	15	1	2月	9	12	6.5
		3月	-	12	6	3月	5	10	9.5
		4月	8	13	8	4月	4	19	7.5
		5月	-	17	9	5月	6	4	2.5
		6月	-	8	-	6月	7	19	10
		7月	3	10	8	7月	4	12	3.5
		8月	43	2	3	8月	48	4	-
						结余	4	5	9.5

194 镑 14 先令 1.5 便士

1871—1872年度实际收入

	镑	先令	便士
上述共计	194	14	1.5
减去1872①年8月31日结余	5	4	8
	189镑9先令5.5便士		

减去从那时起已偿清的预付款
给马克思的15镑7先令
给恩格斯的15镑5先令　　　　　30　　12　　—

　　　　　　　　　　　　158镑17先令5.5便士

194镑14先令1.5便士

应偿付的债务

	镑	先令	便士
因印刷〈内战〉尚欠特鲁拉夫大约	7	10	—
因英文版章程尚欠特鲁拉夫大约	12	—	—
因德文版章程欠《人民国家报》大约	3	18	—

	镑	先令	便士		镑	先令	便士
由书记在邮费等方面花费的法国会费	4	0	7	马克思提供用于《内战》法文版的预付款；余	11	12	—
补偿用德文印刷《章程》的费用的德国会费	2	18	4	共约 本平衡表结账后又收入不列颠联合会委员会会费	35 2	— 1	— 8

165镑16先令4.5便士

总委员会1871年9月1日—1872年8月21日实际收入

经代表大会任命的委员会批准

    欧·法伊埃　代表法国

    阿莱里尼　代表西班牙

    卡尔·法尔卡什　代表奥地利和匈牙利

    德·布里斯梅　代表布鲁塞尔联合会

    西·德雷尔　代表美国联合会

    S. F. 皮尔　代表丹麦

    保·拉法格　代表新马德里联合会和葡萄牙

    约·菲·贝克尔　泰奥多尔·杜瓦尔　代表罗曼语区联合会（瑞士）

    阿德马尔·施维茨格贝尔　代表汝拉联合会

1872年9月7日于海牙

曾部分地发表于麦·内特劳《米哈伊尔·巴枯宁传（1896—1898）》伦敦—纽约石印版的第62章	原文是法文 俄文是按有财务委员会委员签名的恩格斯手稿译

北美联合会委员会给海牙代表大会的报告

美　国[95]

1867年春,德国人支部在先前的共产主义俱乐部[96]的基础上于纽约成立。这个支部在它最积极和最热心的成员抱着把各种职工团体组织和集中起来这一基本目的而加入全德工人联合会[97]之前,有一年或更多的时间只是名义上存在着。由于支部的努力,成立了纽约各德国职工会第一中央小组。这一中央小组一方面同合众国全国劳工同盟[98]有联系,另一方面又同国际工人协会有联系,同伦敦的总委员会和日内瓦各德国人支部中央委员会保持定期的通信联系,还向巴塞尔代表大会寄了贺信和报告。主要由于当时还以纽约第五劳工同盟闻名的全德工人联合会的影响,费拉德尔菲亚美国全国劳工同盟得以派出一名代表(安·卡·卡梅伦)出席巴塞尔代表大会[99]。

1869年12月初,上述全德工人联合会——第五劳工同盟——正式宣布加入国际工人协会,并建成为纽约德国人支部,在宣传方面(欢迎芬尼亚社社员,答复克吕泽烈将军[100]等等)表现很积极。1870年底,由共和同盟[101]组成法语支部。于是在两个支部之间很快就开始频繁往来;结果,首先是出版了关于当时爆发的普法战争的宣言,其次是11月19日在库伯学院举行了大型反战群众集会[102]。

鉴于各方面纷纷提出各最先进的工人协会要建立一个中央机关的建议,1870年12月1日,上述德国人支部、法国人支部和新建立的捷克人支部选出了任期一年的国际工人协会北美中央委员会。芝加哥的两个德国人支部马上加入，而总委员会在1871年3月14日的信中也正式承认了这个中央委员会，并对它的工作表示满意。新的支部在全国各地纷纷产生，并且，由于爱尔兰流亡者的到来和中央委员会对他们的接待，同爱尔兰人，即美国工人阶级中人数最众多的队伍进行接触有了可能。爱尔兰支部成立了，同爱尔兰工人建立了在许多问题上都大有希望的联系。

与此同时，纽约第12支部（它的最著名的成员是伍德赫尔和克拉夫林女士）在虚伪的借口下加入了组织，它玩弄阴谋、行为古怪，在制订章程和条例方面采取令人惊讶的蛮横态度，因而引起激烈的争吵，明显地阻碍了国际工人协会在美国工人中的扩展。

9月16日和17日，第12支部发表了荒谬的致讲英语的公民的宣言。10月15日来了一封针对第12支部的活动提出的抗议书并发生了辩论，辩论的结果是以19票对5票通过了一项关于停止中央委员会例行会议的决议。19名代表当中的14名代表立即成立了临时联合会委员会，并采取措施反对所谓的改革者和店铺老板的这类干涉国际事务的企图。反对派企图推翻临时联合会委员会，但白费心机，于是退出并建立了对抗委员会。1872年3月5日和12日，总委员会通过了关于美国各支部的分裂的决议，基本上支持临时联合会委员会采取的方针。对抗委员会拒绝承认总委员会的决议并正式同总委员会脱离关系；总委员会于是不得不宣布沃德旅馆10号的临时联合会委员会是国际工人协会在美国唯一合法的和得到承认的中央机构。

承认总委员会的决议和职权的工人支部代表大会7月6日[①]在纽约沃德旅馆10号召开，同年7月8日闭幕。代表大会的任务是：

（1）建立常设的联合会委员会；

（2）制订在美国的组织的章程和条例；

---

① 下面删去"在晚上5时"。

（3）规定国际工人协会在美国对现有政党所持的立场；

（4）决定关于向海牙代表大会派出代表或呈送报告的问题。

出席代表大会的代表共23名，代表22个支部，即：纽约9个支部，勃鲁克林1个支部，西霍布根1个支部，费拉德尔菲亚2个支部，巴尔的摩1个支部，芝加哥3个支部，圣路易斯2个支部，旧金山3个支部，共计22个支部。在代表当中，德国人12名，法国人4名，美国人（或者说讲英语的人）3名，还有些爱尔兰人和意大利人，代表约1000名会员。选出常设联合会委员会，由9名委员组成，他们有权再加聘5名委员。通过了组织结构，宣告反对一切旧政党，通过了一些大力支持总委员会的决议，并选出2名代表在海牙代表北美联合会。通过了详细的统计调查表，调查表还将提交全协会代表大会批准。到8月4日还有4个支部申请加入，毫无疑问，在这一年——总统选举年之后，如果联合会能同先前的分裂分子更加疏远的话，会员数目将大幅度增加。同样，很明显，爱尔兰人——美国工人阶级各组成部分中人数最众多最重要的一部分——永远不会加入一个由于与过去属于、现在仍属于对抗委员会的异己的一伙阴谋家、小政客、毫不中用的改革者和空谈家有联系而玷污了自己的党。

在今年，组织只能指靠自己了；但毫无疑问，它摆脱这一畸形现象之后，今后必将取得很大的成就。

第一次发表

原文是英文
俄文是按手稿影印件译的

费雷支部对共同章程提出的修改建议[103]

第 6 条

总委员会是沟通各种全国性和**地方性**团体之间的联系的国际机关，它应该使一国工人能经常知悉其他各国工人阶级运动的情况；为了调查工作等等等等。在一切适当场合，总委员会应主动向各个**地方性**和全国性协会提出建议。为了减轻等等。

第 7 条

既然工人运动的成功等等……所以，国际协会的会员应该竭力使他们本国的分散的工人团体联合成由全国性中央机关来代表的全国性组织。

第 6 条

总委员会是沟通各种全国性团体之间的联系的国际机关，它应该使一国工人能经常知悉其他各国工人阶级运动的情况；为了调查工作等等等等。在一切适当场合，总委员会应主动向全国性协会提出建议。

为了减轻等等。

第 7 条

既然工人运动的成功等等……所以，鉴于有一个指导每个国家的工人运动的行动中心可以使协会的各种团体之间更易于建立联系，每个国家应建立**中央委员会**，只由它同总委员会发生直接联系。

但是，不言而喻，章程中这一条的运用要取决于每个国家的法律的特点，同时不管是否存在法律造成的障碍，并不排斥独立的地方性团体同总委员会发生直接的联系。

但是，在存在法律造成的障碍或同中央委员会发生分歧的场合，各支部可以同总委员会发生联系，总委员会在这后一场合要解决争端①。

第8条

上条所取消的原条文由下面的条文代替：

在法律不设置障碍的国家，中央委员会由全国各支部选举产生。

在法律设置障碍的国家，中央委员会由总委员会根据各支部的建议加以任命。

中央委员会在每次代表大会之后重新改组。

不言而喻，这一委员会只是情报、领导和监督中心，决不能破坏各支部的自治。

各支部负担中央委员会的一般开支。

中央委员会制订出条例，规定自己与本国各支部的相互关系和自己的权限。

这一条例应事先得到各支部赞同。

总委员会应建立起各国中央委员会之间的联系。

---

① 在条文的末尾注明："另见反面"。在页边注有版本说明："巴黎。费雷支部石印所"。

对组织条例提出的修改建议

一、全协会代表大会

3. 每个代表在代表大会上只有 1 票。

3. 每个代表享有的票数同他在代表大会所代表的支部的数目相等。

二、总委员会

4. 每一个希望加入国际的新支部和协会应立即把自己的申请通知总委员会。

4. 每一个希望加入国际的新支部或协会应立即把自己的申请通知中央委员会或在不知道中央委员会的驻在地的情况下通知总委员会。

6. 总委员会也有权将任何一个支部暂时开除出国际，直至下次代表大会。

6. 总委员会只有根据中央委员会的报告才能暂时开除任何一个支部，直至下次代表大会。

在 1872 年 8 月 8 日的会议上获得通过。

第一次用俄文发表

载于石印传单《费雷支部对共同章程提出的修改建议。——对组织条例提出的修改建议》1872年巴黎石印版

原文是法文

俄文是按石印版译的

纳博讷支部致海牙代表大会书[104]

全世界的工人们，各国的国际会员们，你们的兄弟从法国向你们致兄弟般的问候。

我们想向你们介绍一下没有派代表出席代表大会的各个支部，为了国际工人协会的兴旺提出的看法和办法。

为了不超出议程的范围和考虑到一些爱虚荣的人（在日内瓦的流亡者）引起的分裂给资产阶级提供了看笑话的场面而必须杜绝这些虽然滑稽可笑，却威胁着协会的生存的阴谋，各支部提议采取如下解决办法：

1. 本届代表大会应通过新的选举来恢复总委员会的权力，并对总委员会为工人事业所做的工作表示感谢。

2. 总委员会的权力应作更加周密的考虑；它应当具有极广泛的权力，以使心地卑鄙龌龊、双手沾满鲜血的唯利是图的资产阶级反动势力的种种阴谋诡计，在代表大会给予自己的代表的强大力量面前彻底粉碎。

3. 由于通信秘密遭到凡尔赛刽子手们的代理人极其卑鄙的破坏，我们建议对共同章程第8条加以修改：删去"有权任命自己同总委员会通讯的书记"，代之以"每个支部有权任命自己同本国联合会委员会通讯的书记。只有联合会委员会才有权同总委员会通讯"。

国际各支部没有必要去抱怨凡尔赛刽子手颁布的那些迫害协会的组织措施。杜弗尔法[105]的主要后果就是我们支部诞生了。换句话说，这一恫吓的法律只起激发我们更加努力干的作用。

我们支持代表大会将通过的一切决定。①

我们祝贺工人阶级在最近时期以来取得的成就。从今以后，劳动（我们自豪地认为自己是劳动的坚决的捍卫者）将同无能和怯懦的凡尔赛"左翼"毫无共同之处，他们不能全体一同站起来离开那每天下令枪杀最优秀的共和党人的讲台。我们要求审判杀害费雷、拉乌尔·里果、瑟里齐埃的刽子手，审判凡尔赛的丘八们执行的大枪杀和大屠杀的罪魁祸首！

公正的裁判，我们等待着你的来临！我们的苦役犯、我们的被囚犯和流放犯在向你呼唤。请赶快救助他们。阳光灿烂的日子一定到来，那是你来临的见证，那时我们将同你在一起，并充满坚定不移的决心，去执行你的判决。

民主社会共和国万岁！

1872年8月12日在纳博讷②（法国）举行的非常会议上讨论通过。

以支部的名义和受支部委托

书记③

第一次发表

原文是法文
俄文是按手稿译的

---

① 下面删去一句话："坚决谴责日内瓦的分裂分子和糊涂虫，并保持对总委员会的完全信任"。

② 在原件上"在纳博讷"用铅笔删掉。

③ 文件上盖有印章："国际工人协会波尔多联合会委员会"。

巴黎各支部给出席代表大会的国际协会代表们的声明[106]

公民们!

我们不想进行新的冒险。何况我们队伍的人数已经不多了,我们的优秀战士被驱逐或被枪杀了。这是不能忘记的。所以,我们断然和决然地向你们声明,在巴黎的国际的干部没有得到改组之前,在工人的力量没有得到统一之前,在巴黎的每一个国际会员还没有全都充满社会原则的精神之前,我们不参加任何鲁莽的和暴力的示威行动。

我们坚决拒绝同一个纯政治的党搞任何妥协。我们不想变成秘密团体,也不想滚到纯经济进化的泥潭里去。秘密团体一定会去搞冒险,搞冒险则人民总是牺牲品,而纯经济进化会造成新的阶级,这是与国际的精神相抵触的。

我们认为,并断言和声明:我们现在是国际,将来仍然是国际。根据我们的观点,共同章程(我们把伦敦代表会议的决议包括在共同章程之内)是明确而坚决地主张政治革命的。根据我们的观点,共同条例确定的机构是充分保证个人行动和集体行动之间的平衡的,而政治、经济和社会问题的解决办法也正在于这种平衡。

公民们,这是不是说我们不承认对章程和条例所作的任何修改呢?不是!

这是不是说我们否认巴塞尔代表大会的决议和伦敦代表会议的决议呢?不是!

相反，在总委员会中，对于凡是有助于保证总委员会的必要行动的一切，我们都加以支持，当然，对于凡是从一开始并且实际上妨碍各团体和联合会自治的一切，我们都要从总委员会中加以清除。

而且，我们向总委员会和代表会议的代表们致贺，祝贺他们在公社失败的第二天，就为国际规定了今后应该走的新道路，从而保证国际不会背叛自己的原则和目的，不会背叛自己所体现的革命。

我们再说一遍：我们始终坚持章程的立场，并希望保存我们的自治；不言而喻，我们在自治的同时，也承认团结和监督。

但我们请求代表大会信赖巴黎无产阶级的健全理智，让我们有可能恢复自己的力量，以等待我们能够同总委员会重新建立原先那样的关系的日子来临。正是在现在，当我们由于种种艰难和非常的情况而不得不提出这一保留意见的时候，我们请求你们作出这种信任的表示。

我们有关总委员会的意见如下：

首先，总委员会是否应当保留它目前具有的权限？它是否应当像协会的创建者建立它时的那个样子，是简单的联络中心？我们向支持这种看法的人声明：要总委员会恢复到它最初的简单的职能，完全不等于认为，在协会创立时总委员会只可以是联络的中心，完全不等于认为在国际开始扩展的时候，有必要给予总委员会以新的权限。这恐怕是对国际的性质本身估计不足的表现，共同章程有两段文字表达了国际的性质：

"……一切努力至今没有收到效果，是由于每个国家里各个不同劳动部门的工人彼此间不够团结，由于各国工人阶级彼此间缺乏亲密的联合；

劳动的解放既不是一个地方的问题，也不是一个民族的问题，而是涉及存在有现代社会的一切国家的社会问题。它的解决有赖于最先进各国在实践上和理论上的合作。"

如果你们断言总委员会是个无益的因素，各联合会可以不要它而彼此通信，那么你们就是鼓动各支部拿同样的论据来说同样的话，——到那时，国际工人协会就会瓦解。无产阶级就会被抛回到行会时代。

如果像行会那样，你们一旦能够从封建制度那里为自己争得若干可怜的让步，就会漠不关心你们的兄弟的利益，就会全然不管你们某个国家的兄弟在剥削的压迫下死去活来的命运。

而我们巴黎人向你们声明，我们一代代流血牺牲并不是为了地方的利益。

我们声明，你们根本不了解国际协会的性质和使命。

你们会反驳说：那么自治呢？难道个体的权利不先于集体的权利，不高于集体的权利吗？

让我们来说说我们关于自治和集中的想法吧。

公民们，中央委员会和公社给了巴黎无产阶级沉痛而有益的教训。

实际上，巴黎无产阶级体验过个人自治和团体自治的整个毁灭性的后果，在实行这种自治时，无论是团体还是个人，都辗转于可说是深入到现代人骨髓里的集中制传统和以抽象状态、纯理论状态活在现代人脑海中的自治概念之间。

然而，公民们，自治对于现代社会来说是拯救的原则。不过，这里有一个明确的和绝对的条件，就是说，这一原则的运用要用权利和义务的意识加以调节。否则，如果运用这一原则的个人没有权利和义务的意识，如果他们不得不与由于有权威而纪律严明的对手斗争，运用这一原则怎么能不招致混乱和溃败呢？

公民们，我们应当，无论如何都应当把纯理论的东西扔掉不管，应当忘记自己并记住：群众是没有受过教育的，他们有许许多多的偏见，因而固执、怠惰。教育他们、改造他们，最后是解放他们，——这就是国际工人协会的使命。

联邦制源出于自治制；而自治只有建立在权利和义务的概念上才能提供社会保障和政治保障。

国际协会之所以是比较高的观念，是因为它宣布这样的相互原则："没有无权利的义务，也没有无义务的权利"，是因为它规定了个人是社会发展的出发点。

为了把这一事业进行到底，需要有一个中央组织，处处使工人的行动纪律严明和得到指导。总委员会应当成为发扬无产阶级各项原则和普遍意志的因素。

我们决不希望总委员会是首脑和领导。决不希望！因为那必然地、注定地造成独裁。

那是钻入总委员会的雅各宾党人梦寐以求的理想。他们期望他们的这种理想成为现实。那样，他们就会把总委员会改造成为协会的执政内阁。这符合他们的传统，符合他们的天性。无论他们说些什么，无论他们做些什么，我们宁可一事无成，也决不为这类企图效劳！

总之，

我们希望各地普遍进行政治革命，如果可能，又希望各地同时进行政治革命，因为需要普遍的政治革命，它是普遍的社会革命重要和唯一的保证。

因此，在我们的力量尚未做到纪律严明之前，在目标尚未明确认清之前，我们坚决主张不搞任何鲁莽的政治行动。这是一项艰巨的、耐心细致的工作，但是只要坚持不懈、不急不躁、严选战士，完成这项工作就能够比人们所预料的更迅速。

第一次用俄文发表	原文是法文
1872年9月7日在代表大会第十二次会议上宣读	俄文是按《自由报》译的
载于《自由报》1872年9月15日第37号	

参加费雷支部的国际工人协会巴黎会员致海牙代表大会的代表们[107]

公民们!

我们深知即将召开的代表大会是一次重要的代表大会,我们如果能派一名代表出席,那是深感荣幸的。但情况不容许我们这样做,我们被迫不派代表,而采取间接委托的办法,让一位公民①照顾我们的利益,他由于有可悲的流亡自由才免遭反动派的暴力。

当然,我们做了这种十分不得已的事,并不是不感到遗憾的;但是,我们虽然同意作出履行义务要求我们作出的牺牲,坚决迎着危险前进,不顾种种艰难险阻,却仍然认为,有些牺牲会是不适时宜、是犯罪性的,在骇人听闻的大屠杀(这些大屠杀就像血腥的伴侣一样伴随着凡尔赛刽子手的胜利而出现)之后,无产阶级的党遭受的损失太大了,以致没有权利轻率地去浪费力量,这些越消耗就越宝贵的力量,死刑、囚船里的折磨、苦役和放逐,使我们的大军遭受了可怕的打击;所以,我们应当爱惜它,同时,我们怀着正当的自豪心情指出,在那悲惨的五月事件之后不足一年,它已重新集结好自己的队伍,队伍里令人悲痛的空位正由那些迸发出令人惊叹不已的自我牺牲精神的人们一一补上。

总之,我们能够光明磊落地走上斗争舞台,能够摘下假面具去满足我们那些时刻寻找借口,以便把自己的刑讯室和监狱塞满的敌人们的血

---

① 朗维埃。

腥贪欲的时刻还没有到来。我们喜爱白天的光亮和太阳的照耀，但是既然我们被迫处于暗处，我们就要善于利用黑暗的掩护，不露形迹地监视那些为王位和祭坛效劳的人们的种种无耻阴谋。

公民们，这就是迫使我们决定不把我们支部的成员派到你们当中去的重要理由。我们的同志并不是决心不足，但我们要他们克制自己，把自己的热情用到更适当的场合。何况，当我们想到有公民朗维埃在代表大会上代表我们，我们也就感到安慰了，我们预先相信，他一定能够表现出他是他曾经大力保卫过的英雄巴黎的无愧而英勇的全权代表。

公民们，从未有过一次代表大会比这次使我们在海牙聚会的代表大会更隆重更重要的了。实际上，这次代表大会要讨论的不是这个或那个无关紧要的形式问题，不是章程的这条或那条普通的条文，它要讨论的是协会的存亡问题。

那些肮脏的沾满共和派的鲜血的手，早就企图在我们当中挑起不和，而不和只会使一切恶魔中最凶残的恶魔路易·波拿巴称心如意；那些从我们队伍中被可耻地赶出去的阴谋家们——巴枯宁们、马隆们、加斯帕尔们、勃朗们、里沙尔们，企图建立鬼知道是什么滑稽可笑的联合会，按照他们沽名钓誉的意图，建立这种联合会就是要扼杀协会。公民们，这就是不和的种子，它荒诞无稽，却充满种种无耻阴谋的危险，无论如何应当把它消灭。它同我们是水火不相容的，我们指望他们进行不屈不挠的奋斗，以便取得决定性的辉煌的胜利。不要怜惜，要狠狠地打击而毫不动摇，因为如果你们退缩，如果你们哪怕是稍为减轻打击，你们就不仅要为协会遭到毁灭承担责任，而且要为无产阶级事业遭受可怕的后果承担责任。

公民们，为了达到这一目的，为了在反动派和心怀嫉妒的竞争者迫使我们进行的战斗中坚守自己的阵地，必须认真研究形势要求我们的组织进行的改革。其实，总委员会的委员们对这一点了解得十分清楚，所以他们把重新审查章程作为主要问题提上了日程。

因此，我们马上就来谈谈事情的主旨，并用预先讨论的方式阐明我们支部的全权代表受委托在适当的时间地点应维护的决议。

公民们，有一个问题虽然在上次代表大会上就提出过，并且，尽管这个问题很重要，但是，至今尚未得到解决。我们指的是在各国建立中央委员会一事。这个措施在平常就是个有益的措施，现在无可争辩地变得必需了。过去的教训和目前的局势断然要求我们采取这一措施。

我们当然不是不知道，一些有头脑的人起初会反对建立这些委员会，把这些委员会看做是制造嫉妒、阴谋诡计和专横独断的场所。但是我们坚信，这种成见在我们有力的论据面前是一定会消除的。

首先，为了避免人们怀疑这里面暗藏什么野心，我们指出，这些委员会的职权应由章程严格限定，排除对支部自治的任何侵犯；此外，这些章程应由各支部审查并投票表决批准方能生效。

其次，让我们粗略地看看这一措施的一些重大的优点。

在这反动和凡尔赛迫害的黑暗年代，在这资产阶级恐怖和暗检室的年代，在一个国家内建立有许多个中心的广泛的内部联络网，会使协会的发展遭到严重的障碍，并且会使协会会员的自由遭到严重的威胁。我们认为，如果总委员会的书记们只同各国的某一个人建立联系，而不必去答复为数众多的通讯员的质询，工作就会完成得更快，书信的来往就会更为可靠。通过各中央委员会中转，涉及协会活动的通知可以准时无误地得到传达。一旦发生我们应当预见和准备的事件，口号对于战斗的成功总是极其必要的，如果这样的口号有可能成为普遍起义的信号，那么各中央委员会可以就地把它传到四面八方。

即使所建议的措施只有这些优点，也应当立即作出决定加以采纳。这一措施还有许多其他优点，但是我们认为，在这里介绍其他论据，用过多的时间谈论我们的全权代表在一般辩论时会维护和阐发的东西，那就会浪费你们的宝贵时间。

但是，如果我们不再说几句话，我们就不想往下讲另外一件事。我们要说的就是：即使其他国家的代表由于这一措施涉及到他们而认为必须否决这一措施，我们也仍然最坚决地赞成这一措施，并要求专门在法国采用。

章程第6条规定总委员会出版定期的通报。在洛桑代表大会上，公民瓦尔兰就曾遗憾地指出这一规定未得到执行。我们现在再一次表示这种遗憾。通报具有极大的意义，是极其强大的宣传工具，所以它的出版是忽视不得的。总委员会的委员们想必也像我们一样懂得这一点，所以我们假定在执行这一重要决议方面产生了严重的困难，并期待作出令人信服的和明确的解释。为了整个协会的利益，我们要求作出这种解释。

我们本可以再向你们提出许多有关重新审查章程和在法国进行改组这两方面的意见，但这些意见在辩论时提出比较合适，因为在这里提出，可能对开展讨论无益。我们英勇的代表会选择适当的时机提出这些意见供你们投票表决时作出评价。

公民们，国际工人协会在巴黎虽然战败了，但它并未倒下，它每天都在重新获得它往日具有的可畏的力量，使自己的可怜的对手连同他们的大炮和雇佣刽子手们浑身发抖。我们对光辉灿烂的未来充满希望，并团结在它的不朽旗帜下向你们保证，我们的忠诚是不可动摇的。这一点，我们在三月十八日的宣言[108]中已经说过，让我们在这里再说一遍：我们的伟大事业是毁灭不了的；它像太阳一样，会暂时被阴云遮挡，它又像太阳一样，会在重新出现时更加光辉夺目，慷慨地放射出生气勃勃的万丈光芒，普照各国人民。

我们并没有失却勇气、毅力、忠诚和自我牺牲精神，因为我们引以自豪的是，我们在为巴黎公社的崇高原则而战斗。任何东西都阻挡不了我们奋勇向前，任何东西都动摇不了我们的意志，我们向反动派发出挑战,即使是在他们正在下流卑鄙地欢庆胜利的时候。如果需要,我们会不惜牺牲一切,不惜牺牲我们的自由,甚至不惜牺牲我们的生命,以使委托我们用双手保存的宝库完好无损;我们会不惜流尽最后一滴血,使委托我们用毅力保卫的光荣岗位岿然不动。如果我们当中有人注定要牺牲,那么我们会懂得,我们是在光荣的战斗中阵亡的,我们留下的朋友将替我们报仇,并继续进行我们的神圣事业。

公民们,我们在整整一年当中都生活在悲哀和苦痛之中:一些人生活在暗无天日的流放地,充满苦难和贫困,另外一些人生活在忘恩负义的祖国,生活在不是兄弟,却是间谍和刽子手的同胞当中。残酷的考验并没有使我们倒下,并没有使我们的力量丧失殆尽。我们虽然历尽了种种不公,备受了种种不幸,但是并不心灰意冷,心中深深保存着夺取最近和最终的胜利的希望;我们知道,无产阶级的战士在自己一边不仅有人数和英勇,而且还有两件不可战胜的武器,两件使我们的敌人最疯狂的进攻也要破产的武器。

这两件武器就是——斗争的**权利**和**意志**。

民主的社会的世界共和国万岁!

国际工人协会万岁!

1872 年 8 月 23 日于巴黎

第一次发表 原文是法文
1872 年 9 月 5 日在代表大会第六次 俄文是按手稿译的
会议上宣读

国际工人协会①巴黎劳动者权利支部[109]
致海牙代表大会

同志们：

在我们伟大协会的第五次代表大会正在召开的这一隆重时刻，你们的巴黎兄弟虽然由于不公平的法律而无法完全按惯例派代表到你们当中去，但认为自己的神圣责任是以社会主义原则的名义，以被压迫阶级——我们全都是它的保卫者和儿子——的名义表示自己的意见，和向你们发出强烈的呼吁。

同志们！

你们要当心资产者！他们正在暗中窥伺你们，他们正在把你们包围起来，他们竭力要钻到我们当中来！要钻到你们当中去。

可不是么！他们已经钻进来，并造成发霉腐烂的后果了。

每种生物都有自己的天性，豺狼和鬣狗，蜜蜂和蚂蚁，各有各的天性。资产者也有自己的天性——靠喝劳动者的血汗生活。

这类有害的东西又分若干种，每一种都是有害的，但有的害处小些，有的害处大些。有厚颜无耻的敌人——工业家、商人、空论家，他们公开剥削我们，用赋税折磨我们，就像以前中世纪的贵族老爷们压迫他们的和我们的父辈一样；也有这样的资产者——伪君子、自由派和自

---

① 在正文前面有不认识的笔迹用铅笔标明："文件"、"一"，并盖有"佛尔维耶和郊区面包合作社"的印章。

由放任者、共和派、民主派、蛊惑家、无政府主义者、集体主义者、共产主义者,不胜枚举!对他们来说,名称没有意义,不管什么信条,只要能使他们把政权捞到手就行。到那时,如果我们胆敢稍微动弹一下,如果我们胆敢哪怕是心平气和地要求他们履行我们给他们当台阶时他们许下的诺言,好家伙,火枪、机关枪就一齐大显神威,我们这些昨日的朋友们枪杀起我们来,比任何真正的君王都更加疯狂和更加残忍。

同志们!

我们呼吁你们警惕的正是这类资产者,应当从你们当中清除出去的正是他们,因为他们已经钻到你们当中去了。

这要作些说明。我国最近发生的一些事件的前后始末,你们是知道的,至少是略知一二;你们知道,以前的革命教唆者们,当他们的部长职位,或者只不过是议员席位受到威胁时,是怎样对待我们的;你们得知**人血流成河**,得知"**整整八天八夜**","**革命的巴黎变成了杀人的大屠场**"之后,曾经惊愕不已,并且再一次确信,资产阶级上台执政之后,将怎样对待被压迫的无产阶级的要求。

同志们!

我们应当一五一十地全都告诉你们:有罪过的不仅是凡尔赛分子,他们不是唯一欺骗我们和牺牲我们的资产者。

谁是**公社**的领导人?是劳动者吗?不是!大部分是担任公职的资产者。他们当中最正直的人也不止一次地否认社会问题本身的存在,他们维护和喋喋不休地一再重复专横的雅各宾主义的原则。如果这些人领导了一场按起源是社会主义的,按后果是联邦主义的运动,那么他们这只是为了把独裁政权夺到自己手中,他们很快就会——我们现在确信这一点——滥用这个政权,把真正的劳动阶级的期望埋葬在社会深渊的底层。

根据他们执掌了最高政权时忘掉了什么东西,就可以预料他们在胜利之后奉行什么行动路线。

他们关心社会改革吗？他们推行过稍微有点社会主义味道的措施吗？他们开始为社会清算奠定什么基础了吗？他们哪怕只是在口头上宣布过，在他们过去希望建立的社会制度中，劳动者可以相信不致饿死，不致流落在革命城市繁华街道的十字街头吗？

没有！根本没有！他们根本没有为那些奉他们的命令奔赴死亡的人做过什么好事。他们执政了，这就够了。在他们当中，有多少人早就是玷污了我们党的人呵！咖啡馆的常客、酒徒、没有正当生活来源的人、先前的间谍、帝国的奸细，一切卑鄙下流的家伙全都在这一伙里面找到栖身之地，他们只需有资产者这一个特性就足够了！

当上了巴黎革命政府成员的真正的劳动者太无知、太软弱，而主要的是太胆怯，看到资产者大喊大叫，人数多得多，就被迷惑住，就手足无措，不想撇开他们单独行动。

同志们！

这就是巴黎公社的真实情况，如果有人胆敢反驳我们，我们会举出姓名和事实回答。但斗争刚一结束，我们的总委员就会热情地伸开双臂接待这些人，不加区别地赞同他们的一切行动，一句话，宣布自己同他们团结一心，从而轻率地把整个国际工人协会同他们牵扯在一起。

同志们！

在失败后，我们不宜预先提醒你们，使他们丧失任何一个流亡者有权得到的援助。而后来我们又身处逆境！我们在凡尔赛的地牢里，在萨托里，在水上监狱里。

但是现在，已经经过相当的时间，我们相见重逢并检验了自己的印象，终于确信，这些人在法国给劳动者的事业造成了可怕的打击之后，正在得到各种族各语区与他们同类人的支持，并准备在其他国家继续干他们的阴险奸诈的勾当。所以，同志们，我们今天对你们说：当心资产者！当心贵族！

同志们！

国际在分裂，国际有瓦解甚至灭亡之虞；在我们兄弟般的协会里出现了分裂的根源。这该是谁的过错呢？难道是劳动者感到过有必要使种族对抗复活？难道是劳动者渴望创立新教皇而不怕招来强烈的敌视？难道是劳动者喋喋不休地一再宣称无产阶级的解放，即靠白人奴隶和黑人奴隶的劳动果实过着阔绰富裕的生活，并厚颜无耻地周游世界，显示自己资产阶级的闲情逸致？不是！这不是劳动者！

这种人却仍然在你们当中，他们的名字挂在你们嘴上。更糟糕的是，我们由于软弱，竟让这些资产者、他们的同伙、他们的走狗、他们的党羽在某种程度上充当我们伟大的协会的代表，全世界都把他们当做国际伟大的领导人。

同志们！

为了牺牲了的人们，为了捍卫社会思想，我们无比愤慨地抗议这种亵渎和篡夺行为。

你们不会容许这种情况继续存在下去。

怎样才能办到这一点呢？

回到基本原则上去。

这种情况是一种错误，即一种对基本契约原则的破坏的自然后果。

这种错误和这种破坏，是1866年日内瓦代表大会造成的，当时通过了共同章程第8条，这一条的条文说道：

"凡接受和维护协会原则者均可入会成为会员。"

的确，这一条还说道：

"但接纳他的支部对此负有责任。"

这种责任是虚幻的，事实完全证明了这一点，因为敌人利用这第8条钻到我们当中来，夺取了我们这支大军的领导权，利用这支大军去实现自己的野心、自己的主张、自己的资产阶级和贵族的复仇愿望。

另一个错误就是支部的组成没有得到调整，而这是可以在不破坏我们协会这些基本团体的自治——我们珍视自治不亚于别人——的情况下办到的。

资产者的特性同任何走向没落的阶级的特性一样，是个人主义和利己主义的特性，资产阶级达到自己的目的之后就只知道一味享受！

劳动者的特性则完全不同，它使劳动者趋向联合、趋向团结。

但团结不是偶然的任意的事实，它同一切东西一样服从自然界的规律。这些规律当中的第1条就是利益的共同性，这是团结感的第一泉源。

在这种感情的影响下，同一职业的工人结成团体和联合起来以便集体自卫；然后，他们同本市从事其他职业的人联合起来；以后他们同自己其他城市的兄弟联合起来；最后出现伟大的国际工人协会，它的解放活动正向全世界扩展。

但实际上现在的情况完全不是这样；我们知道整个事情是怎样发生的。当时是应当建立国际协会的时候，虽然，当时还只有很少的一些行会式的联合。当时必须启发过于悲观绝望的被压迫者鼓起勇气和增强信心。但这并不能取消我们所说的自然规律，根据这一规律，伟大的协会代表共同的利益，而小的联合代表局部的团体利益。但在我们的社会里，自然产生的团体是些行会式团体。

同志们，正是这种情况使我们产生了一种看法，此后我们一直坚持这种看法，这就是：日内瓦代表大会犯了一个严重的错误，没有使行会团体成为国际工人协会的基础。

同志们！

必须尽快纠正这个错误！

因此，**劳动者权利**巴黎支部对这一问题作了仔细的讨论之后，通过了如下决议，以便提交应于9月2日在海牙召开的全协会代表大会。

1. 鉴于：

1864年9月28日在伦敦创立的国际工人协会规定自己的目的是"**劳动者自己解放劳动者**"；

根据这一宣言，任何不是劳动者的人不应被接纳入会去参加争取给协会规定的目标；

由此可见，日内瓦代表大会所通过的共同章程第8条与最初的原则宣言相抵触；

在协会出现分裂种子的这一时刻，协会必须回到成为协会创立的基础和协会的力量所在的原则上来。

劳动者权利巴黎支部认为，第8条的条文应予取消，代之以如下的表述：

"凡不是从事手艺和靠本人劳动成果为生的真正工人，不得加入协会，并不得被接纳为支部成员。"

2. 鉴于：

国际协会的目的是维护劳动者的物质利益和精神利益；

这些利益不仅是按地区特征，按劳动者所在的国家、省、区划分，而且还按行业划分；

劳动者权利巴黎支部认为，应当在共同章程里面列入新的条文，其表述如下：

"各支部务必由同一职业的真正从事这一职业和靠自己的劳动成果为生的劳动者组成。

非支部的积极成员，不能成为这一支部的负责人员，或不能代表支部出席地方、全国或全协会的代表大会"。

同志们!

你们接受这个方案之后,而且仅仅是这样做了之后,肯定会消除威胁着我们协会的种种不幸,因为你们这样做将是在我们当中永远根除卑鄙下流的资产阶级属性。

向大家致敬,为大家劳动!

巴黎 { **劳动者权利巴黎支部**
主　席　**瓦耶**,普埃布拉街 15 号,首饰匠
副主席　**威尔纳**,沙兰顿街 47 号,细木工
副主席　**杜毕伊**,欧贝维利耶,制革工
书　记　**J. 卡龙**,拉雷街 8 号,装订工

第一次发表　　　　　　　　　　　　　　　　原文是法文
在 1872 年 9 月 5 日第九次会议上提　　　　　俄文是按手稿译的
交代表大会

法国支部卢昂联合会的报告[110]

下塞纳省和艾尔省诺曼底联合会

亲爱的同志们：

自从巴塞尔代表大会之后，到不久前，无产阶级进行了许多战斗。标志着这些战斗的严酷事件，迫使战败了的巴黎公社社员开始沉默。他们在热情奋发之中忽视了最普通的历史教训：为了克服阻挡前进的障碍，人类无须复活已经过时的旧日的传统。

英勇豪迈的巴黎人民习惯于只靠别人的头脑思考，因而犯了一个错误，把保卫自己的权利——人类的权利——的事业托付给这样的人们，他们大部分人虽然真诚可靠，但头脑里过多地充斥着那些断送掉1789年以后的一切革命企图的政治成见。

要公正无私地评价社会主义短暂地执掌政权的种种活动，现在还不是时候。

我们只能对不能忘怀的斗争——劳动反对享受特权的资本联盟的斗争，表示自己的沉痛和同情。

我们在失败后所处的境况，使我们不能直接派出诺曼底联合会的代表，不能为你们继续进行的极大地促进着文明的事业尽自己一份微薄力量。人们正在极其卑鄙地针对我们全协会所捍卫的原则和事业散布下流的诽谤，只要社会舆论不结束这种诽谤，理智和我们事业的利益就要我们坚持革命的立场。

我的委托人热切地劝告我不要没有必要地使自己的自由和自己家人

的命运遭受危险，因此，按照他们的坚决主张，我全权负责指定一位代表，他将代表我和诺曼底联合会的成员，把我们的**愿望**的简述转交你们。

我在布鲁塞尔短暂逗留期间，同公民法①建立了关系。我们之间的关系，促使我挑选他作为我们的代表。

我们期望你们的热忱和好意，给他以良好的接待，并请从他手中接受下面写的几页东西。

时间和情况都不容许我们把我们一直遵循的原则更详细地告诉你们，同时，这些原则是你们大家已经知道的，想必无须赘述。

由于我们没有能够得到我们代表大会应讨论的问题清单，我们的意见一定会有疏漏之处，但法国同志会以自己的坚定信念和自己的忠诚，把我们的疏漏之处一一补充说明。

在公社事件之后，特别是在法国，国际工人协会成了种种攻击的对象，面对这种种攻击，同时考虑到协会即使没有被凡尔赛资产阶级代表人物在仇恨和恐惧的驱使下通过的杜弗尔法案所打倒，无论如何也被它所中伤，我们认为，我们代表大会应当竭尽全力重新树起无产阶级的旗帜，并重新确认国际主义的原则，而我们的敌人要破坏国际主义是不会不遭到打击的。让被压迫者懂得，他们仍然有权利把手伸出国界互相握手。

我们联合会希望代表大会制定出我们协会明确的和正确的原则纲领，以此向不学无术的家伙们证明，我们才是与现代科学的最新成就相适应的自由、所有制、家庭和祖国的代表。

在下面署名的人曾经荣幸地——假如他今天也能有这种荣幸，他会

---

① 法伊埃。

感到幸福——在上次代表大会上就上述问题讲述了自己的意见。

　　同志们，我们坚持个体的所有制，坚持政区自治和民族自治。

　　至于家庭，我们一贯主张巩固家庭——我们不能想象没有家庭会有文明。

　　良心的自由一直是我们行动路线的最高法则。

　　我们今后仍将遵循我们的这些原则，并确信：不承认这些原则，就没有无产阶级的胜利，而我们认为，无产阶级的胜利是同**国际**分不开的。

　　从纯经济的观点看，我们也继续否定资本有优先扣除的任何权利，我们认为这种扣除是我们的一切不幸的根源。我们认为，只有当资本承认自己是劳动的产物的时候，人民才将翻身得解放。

　　关于政治活动，我们仍然坚决主张，只有从普选或一些重大事件使劳动主持公社的管理之日起，也就是说只有从工人阶级掌握了政权之日起，政治活动对大家来说才是正确而有益的活动。

　　在实践上我们确信，劳动只有在广泛的范围内运用团结的原则才能成为胜利者，因为只有团结的原则才能实现国际的要求——"**工人自己解放自己**"。

　　可惜，由于资产阶级蓄意给团结的发展设置障碍，在建立公平方面出现明显的延迟，这一点使我们担心，有朝一日胜利竟是暴力的利益冲突的结果。

　　但是，在社会主义潮流近两年来在帝国中所经受住的战斗之后，完全有必要让存在于社会各阶层的英勇无畏和学问渊博的人们寻求和提出各种办法，来克服我们的共同敌人——愚昧无知，使过渡较为稳妥和较少痛苦。

　　统治阶级——他们自己这样称呼自己——绝对不愿像最基本的道德法则所要求的那样，让人民通过比较容易和和平的途径不断上升；相反，他们宣布要千方百计地使现代奴役永世长存；他们宣称：雇佣劳动永远不应废除，雇佣劳动是文明之必需！这完全是古代奴隶主的言论！

在一部分声称只靠自身才智的力量便可获得成功的人当中存在一种想法，认为无产阶级在不久的将来就能获得解放。这种想法冲昏了他们的头脑，驱使他们去加快运动的进程。

这一部分人对于加快社会崩溃的原因一无所知，却千方百计去加紧进行这一运动，而不是作某些牺牲来使这一运动缓慢下来。

由于我们这个阶级相当多的一部分人的愚昧无知，资产阶级因此而洋洋得意，他们要增加自己的享受而不是减少自己的享受，正闭着双眼直奔深渊。

他们由于贪得无厌，加强了垄断的责任和权力，结果，在组织他们那衰退的经济时，使本来已经相当严重的混乱越发严重了。

更有甚者，不久前，他们还通过那些体现着他们对促进改造的一切改革的仇恨的人们，盲目地投票赞成向他们愚蠢地称做原料的东西课税。

这样，运动被物质的胜利中断了若干时候之后，正是在那些最拥护特权的人的促进下重新兴起了，并且比前更为迅猛。

这就是为什么我们在上面说，社会主义的前进运动的停滞只是表面假象。

道德的沦丧比比皆是，这证明我们的胜利正为期不远了，因为这是改造的先兆，而我们的对于将要采取的一切经济措施，是由极端的愚昧无知主宰的；看来，他们已同对抗精神签订了条约，以便加快社会原子的分解。

对历史事实的观察表明，人类在不断地向着实现能提供越来越多的精神福利和物质福利的理想前进。

这种观察还教导我们，引导人类去夺取这些成就的各个阶级，当它们丧失理解新兴运动的精神意义的能力时，就会消逝。

对近年来的社会科学和历史的研究向我们证明，资产阶级不仅已经丧失了这种理解能力，而且已经成为发展人类发现的障碍，他们只是竭力把科学使用于它自己独自享受的目的。

又根据这些观察，无可争辩的是，衰落的等级应当消逝，以便让位给最尊崇道德和正义的阶级。

先于我们获得解放的那个阶级，它的精神沦丧已到了刻不容缓地需要加以遏制的地步了。唯独劳动才有能力提高道德的水平，因为劳动要求多费脑筋和持续操作，使头脑弃绝懒惰所固有的物质欲念；因此，劳动也就应当执掌政权。

绝无仅有的一种反驳意见是：工人具有管理和领导社会所必需的品质吗？根据工人在公社中的短时间的活动，我们认为工人目前可以取代那些在社会各个领域真正制造着混乱的人，而不会有产生混乱的危险。只要看看凡尔赛会议的表决就可以相信这一点了。我们知道，还会有人对我们说：你们已经遭到了失败，这证明你们没有对社会进行你们所理解的那种领导所必需的能力。

对于这一结论，我们的回答是：劳动是与战争相反的两极。劳动只有靠生产来自卫，如果它遭到了失败，那仅仅是因为它天真地把自己的营队托交给那些自诩为防卫专家并许诺给它带来胜利的人们，是因为它习惯地轻信那些向新生的劳动政权阿谀奉承的人们的话。

其次，难道未来不是属于生产？经过伟大的改造之后，难道破坏将具有另外的形式，而不是交换所造成的产品消耗？

不，我们敌人的论据是不能接受的，只根据他们自己所承认的来看，就已经是不能接受的了：他们肯定地说，工人自己现在已经具有从事管理的必要条件，因为我们不同于先前的管理者的地方还在于我们不想管理别人。我们只管自己的事；这就是问题的解决办法。

同志们，我们的联合会指望你们在最后确定的纲领中宣布我们这个阶级的政治才能和经济才能，并向全世界声明：我们才是**秩序、家庭和财产**的拥护者。

我们请求你们以我们不朽的1789年产生的自由和正义的名义，响亮地声明，无产阶级只有在下述条件下才认为自己获得解放：

1. 凡劳动者均可个人占有劳动产品，个人占有劳动产品不再是非生产者的特权。

2. 凡属分散后必定破坏社会和谐的财产，仍由乡镇、区、县、省、地区或全国行政机关管理。

集体财产指把区与县与地区联结起来的以及把这种部分领土之间联结起来的铁路、公路和水路。

我们认为，邮政、电报和一切公共设施以及设备均属集体财产，在不言而喻的条件下，所有这种形式的财产，均由相应的当局管理。

例如，在社会的组织中起极其重要作用的设备，属于利用这些设备对原料进行加工的团体或工人集体。

3. 运用联邦制的原则来维护一切私人的和集体的利益。

4. 毫不留情地把集中制的政权作为共产主义最粗暴最无耻的表现加以取消，革命在法国已经同这种共产主义的表现斗争了80年。[111]

5. 一切垄断，包括教育垄断，一概取消，毫无例外。

6. 一切公共工程均根据国家首都的职业联合会确定的同行业的工资率交由工人协作社承办。

7. 一切信仰，如不侵犯科学自由，均享有最广泛的自由。

8. 正式宣布家庭不可侵犯，并通过给妇女以公民权来加以保障。

9. 只有当劳动可以根据全国联合会通过的固定标准，来自由确定自己产品的相对价值时，当资本真正成为只是节余或产品的积累，无权抽取优先的扣除和**不得以任何借口实现这种扣除**时，无产阶级才获得解放。

10. 作为自己解放的概括表述，无产阶级宣布：他把词源学意义上的相互关系，即借贷的相互关系——国际工人协会的崇高口号"**没有无权利的义务，没有无义务的权利**"的同义语，作为生产者不管地位差异一律平等的基础。

如果代表大会制定对社会进行经济改造的基本原则的纲领（我们对此毫不怀疑），我们希望代表大会根据我们联合会有幸提出的那种精神加以制定。

我们坚信，我们的纲领，尽管可能还需要表述得更明确，但它可以粉碎我们的敌人散布的诽谤，可以使更多的人拥护我们的原则。

我们的纲领还有一个巨大的优点，这就是能使专为吓唬怯懦者而制定的残酷法律起不了作用。这是因为它把写进法律里的和大多数国际会员从未有过的主张强加给我们的种种理由一扫而光。

在协会总的组织工作方面，我们希望总委员会像我们协会的章程所说的那样只是代表大会的意志的执行者，希望在总委员会中越来越多地取消权威原则。

让地方联合会委员会有权监督支部的行动，以便支部不能破坏联合协定；让地方联合会委员会也有权暂时开除犯错误的支部，直至下届代表大会作出最终决定。

和解的精神会使代表大会的与会者感到鼓舞，这种精神对我们来说是排除一切困难的可靠保障；代表大会将千方百计用大部分的会议来制定一个纲领，使尚未下决心帮助我们提高文化的可敬人士成为忠实积极的会员。

在讨论预见不到的一些问题时，我们委托法伊埃同志维护我们的利益。

我们充分意识到这次代表大会的重要性，请全体代表接受我们表示的衷心祝愿，把我们看做忠实的同志。

代表诺曼底联合会
亨·里·①

第一次发表 　　　　　　　　　　　　原文是法文
在1872年9月27日第十五次会议　　俄文是按手稿译的
上提交代表大会

---

① 亨利·里卡尔是埃·奥布里的假名。

葡萄牙联合会委员会的报告[112]

葡萄牙工人致海牙全世界代表大会代表①

葡萄牙工人向自己劳动和贫困的同志表示祝贺；我们请求接受爱你们的人的祝贺；我们有共同的期望，我们忍受同样的重负，我们遭受同样的压迫。我们同你们在一起。

当我们想到你们为之斗争的伟大事业，想到你们为被压迫的人类，为正义的光荣所做的牺牲，心里就激动不已，我们抑制住这种激动心情来向你们述说我们认为会使你们感兴趣的情况。

我国人口约 400 万，领土约 900 万公顷。经济学家把它划分为 4 个农业地区：**北部地区、中部地区、南部地区和山区**。耕地面积约 200 万公顷，其中谷物作物耕地面积 140 万公顷，其他作物耕地面积 60 万公顷。

北部地区占有面积 1892836 公顷，居民 1850197 人；这里山多平原少。基本作物是黍稷、小麦。这个地区主要是小农所有制和小农经济，实行小农对分制。差不多所有的地产都被用来作抵押；真正的所有者是高利贷者，他们攫取了非常勤劳节俭的农民的差不多全部劳动成果。从某一时期起，畜牧业在这里兴盛起来。

中部地区占有面积 1770394 公顷，居民 836166 人。这里山少平原

---

① 原件上写有："Ⅱ"。右角有用蓝铅笔标出的记号"——"。

多，主要种稻，土地非常肥沃。这里是大所有制和大农经济，但耕作不得法而且粗放。

南部地区占有面积2979574公顷，居民528000人。这是丘陵地区。这里基本上是种植果类植物（无花果树、扁桃树）等。这里是大所有制、大小农经济兼有。

山区占有面积2311206公顷，居民769000人。小所有制、小农经济。生产谷物和牧养毛用牲畜。

在北部地区，每逢收获季节就有西班牙工人流入，干完一定的活之后离去。南部地区则有全国各地的农民定期流入，在一定的时期这里可汇集农民达3万人。

我们不能向你们提供有关地产的确切的统计资料，但根据我们对土地税数额所作的计算得出的数字，我们可以编出下面的图表：

北部地区	每1土地所有者拥有8公顷
中部地区	每1土地所有者拥有28公顷
南部地区	每1土地所有者拥有102公顷
山区	每1土地所有者拥有20公顷

根据总面积的比例，每1土地所有者应有土地21公顷。

根据耕地面积的比例，每1土地所有者耕种土地4.7公顷。

根据人口总数的比例，每9个土地所有者耕种土地100公顷。

农业居民的划分是这样的：

土地所有者	419000人
食利者	139000人
仆人、牧人、雇工等	105000人
日工	210000人

日工靠从事农业劳动赡养1个平均4口之家。

农业居民的一般境况极其艰难，日工的境况尤甚。他们吃的差不多全是黍稷、蔬菜、鳕鱼和咸沙丁鱼。他们住的房子很不卫生，最富饶的和耕作得好的地区也不例外。统计表明，葡萄牙约有乞丐 4 万人。遗弃路旁的孩子数以千计。娼妓很多。1871 年年底在里斯本，警察局登记的娼妓有 1359 人（许多娼妓并未登记），而居民不足 20 万人。

在我国，在救济社会贫困的虚伪借口下成立了众多的宗教团体（协会、兄弟会），其中有些很富有，开办了医院和收养院。这种慷慨施舍的目的就是要增强宗教感情。宗教迷信的泛滥对社会道德和生产劳动活动产生极其有害的影响，宗教狂热和迷信挤掉了生产劳动活动。

葡萄牙首都没有什么工农业活动。大地产的耕作最差。劳动阶级是主要的剥削对象，是土地所有者取得最大利润的源泉。有农业公司，拥有的地产价值在 200 万法郎以上，它们的工人的生活却极端可怜。

大地产主要种植葡萄，出口产值约 4400 万法郎。养猪牛羊；土地适宜耕种，森林产橄榄、扁桃、无花果等。小所有者不为出口生产。

你们从下列进出口商品一览表可以看到我国工业的更完全的情景。

1866 年　进口

畜产品	9000000 法郎
鱼	8000000 法郎
羊毛和皮革	11000000 法郎
棉花	31000000 法郎
谷物	12000000 法郎
铸币黄金	11000000 法郎
各种金属	8500000 法郎
共计	91000000 法郎

出口

兽皮和畜产品	7000000 法郎
水果（无花果、扁桃）等	14000000 法郎
金属	14000000 法郎
矿物	75000000 法郎
酒	44000000 法郎
共计	86500000 法郎①

沿海居民人数相当众多，尤其是从事渔业的居民，但你们从鱼的进口总值可以看出，他们极其贫苦。在这里，所有制的形式对工人来说极其沉重难忍。此外，他们还深受苛捐杂税之苦。我国沿海有完全从事捕渔业的居民，在有些地方，捕鱼工具全部是公共财产，因为租金归公社，捕获所得在工人当中平分。几乎所有的海上居民都有自己独特的合作组织，这种组织取得的成果不错，形式灵活易变。

工厂的生产证明资本的无能、所有者的无知和愚钝。在这一经济领域，如同在其他领域一样，受剥削的主要是劳动者。葡萄牙的厂主不会利用，也不去利用材料本身，他们是一种不折不扣的寄生虫。统治阶级现在实行的剥削，与其一贯的所作所为全无差别。你们知道这个阶级在非洲和美洲作为征服者的所作所为。时至今日，贩卖奴隶仍然是那些名门望族幸福安乐的源泉。

只有一个工业部门是他们擅长的，这就是黑奴"**生产**"。许多葡萄牙商人在巴西有领地，有成百的奴隶。所有的生产惯例都还带有奴隶贩卖制度的痕迹。

---

① 原件如此。

作坊生产完全是原始的简陋的。主要原料除了亚麻和羊毛，全部是进口。为了获得销路和高额利润，工厂主窃取工人的劳动果实，劳动报酬大大低于劳动价值。在山区有一个州，近万人（有男人、妇女和儿童）从事羊毛加工，他们每日所得不超过35—45生丁。只有几百人能获得1法郎50生丁的报酬。最高工资是2法郎50生丁。

除了这个工场手工业州之外，工业集中在里斯本和波尔图这两个城市。最发达的工业部门是建筑业、食品业和制铁工业。这两个城市还有规模可观的棉纺厂和棉织厂，以及很大的烟厂。工作日几乎处处都是在12—16小时之间。所有这些生产部门的工资都少得可怜，只有制铁工业例外，这里的工资稍微高些。

这些基本资料可以使你们对我国的经济有所了解。政治状况与经济状况相适应。尽管选举资格规定的财产条件很低（555法郎），但对工人阶级来说并无政治生活可言。土地所有主和工厂主在进行统治方面不会遇到什么障碍。小所有主只不过是高利贷者手中的消极工具，农场主是土地所有主手中的消极工具，日工是农场主和土地所有主手中的消极工具，城市工人则是企业主和权势人物手中的消极工具。

在政治方面工人阶级只是一群乌合之众，尽管他们对一切都深恶痛绝。至于政治，他们却听从任何一个骗子的愚弄。他们每走一步，人们都可以感觉到，任何一个哪怕有一点点社会地位的人都可以对他们施加影响。所以，必须完成的最重要的任务，就是要使工人阶级与一切政治党派断绝关系，消除他们对资产阶级政治活动家和对可以得到的好处所抱的错误看法，帮助他们取得政治权力。

国民教育几乎等于零，技术知识对工人阶级来说是个禁果。政府办了两所工业学校，一所在里斯本，一所在波尔图。同时，政府禁止到它所办的企业里参观作业。在海洋军械厂守则中有如下规定：

"第 221 条：在军械厂中禁止学生在工作时间参观作业表演。"

招摇撞骗在我国政治生活、精神生活和经济生活中起着重大的作用。除了经济方面的剥削之外，还有政治方面和宗教方面的剥削。工人阶级从我国的似乎是自由主义的宪法中并没有得到任何好处，我们这里甚至连集会的权利也没有。我们这里有两个社会主义学派。其一是所谓的**人民**学派，它宣扬资产阶级经济学家的社会主义。它企图强迫我们颂扬像其他国家由慈善家开办的那类工人组织。工人阶级对这一学派不屑一顾。另一学派就是政治上的社会主义学派，这种社会主义者企图通过议会进化的道路进行经济革命。这一学派对工人群众并无影响。所以，工人阶级并无统治阶级灌输的任何重大信念和任何追求。工人阶级只有最肤浅的见解，这些见解一天天在改变。

1871年10月，在里斯本成立了一个不大的**国际主义者**（这是人们对他们的蔑称）小组。这个小组几乎全由工人组成，今年1月以前，一直在不断壮大。1月，小组决定建立抵抗团体，作为发展工人的团结和友爱的最好手段之一。2月，我们建立的协会勉勉强强共有会员400名，3月700名，4月1000名，5月1200名，6月1800名，7月2200名，而现在已大约有会员3000名。按照这一团体的榜样，在里斯本郊区和塔霍河沿岸也建立了其他团体。

这些协会共有会员4000多名，国际的精神在所有这些协会中起主导作用。

我们有一家报纸，叫《社会思想报》，它宣传国际的主张。它是由10个人创办的，不久前被宣布为抵抗团体的机关报。

兄弟们！你们即将讨论一些极其重要和极其复杂的问题，其中的一个问题——组织工人阶级的问题——可能是目前最迫切的问题，也是成功的唯一条件。

我们认为，阐述我们在这个问题上的看法，向你们讲述我们对组织的理解是我们的一种义务。

我们组织的基础是按职业特点建立的地方支部；支部在委员会中有自己的代表，委员会是由这种支部的代表组成的。我们从组成"**各单个的联合会**起，到组成**一个全国的联合会**"，又从组成全国的联合会起，到组成国际的联合会，而全国联合会和国际联合会相应地由全国委员会和国际委员会代表。各委员会的构成相同，执行一定的职能——技术方面、统计方面、通讯方面和行政方面的职能。

我们用这些简单的机体去组成复杂的机体，在建立工会的同时，我们相应地建立地方联合会、区域联合会、国际联合会，它们具有像支部以及类似组织那样的代表机关。这些工会成立地方联合会、全国联合会和国际联合会，它们具有相应的代表机关。这种结构在我们看来是自然的，因为这种结构是由劳动的关系决定的，是发源于经济组织的。

除了这种劳动组织，我们还看到一种发源于、服从于和依赖于这种组织的社会性结构，这种结构是由不同于劳动关系及其经济现象的一些因素决定的，这些因素就是：行政机关和社会性机构。每一工会支部选出自己为数不多的成员去参加由地方联合会委员会、全国联合会委员会和国际联合会委员会组成的这些社会性机构。所有这些委员会目前具有与组织、宣传和经济斗争有关的临时性职能。

这样，在总委员会是否应当存在的问题上虽然发生激烈的争论，我们却认为它的存在是必要的；如果没有总委员会，应当根据我们现有的新的团体概念加以建立①……

代表同志们！全世界的无产阶级都在注视着你们，你们当前要做的

---

① 原件上接着是省略号。

是加强我们的联系和改善我们的国际组织……

葡萄牙的工人不能对现代无产阶级的感情和希望无动于衷：如果他们还没有全都加入你们的行列，那只是因为不是全都了解你们，但他们很快就会结识你们并同你们并肩前进，因为我们全都希望成为人，全都希望维护自己的权利和履行自己的义务。

国际葡萄牙各支部向出席海牙代表大会的兄弟们致以兄弟般的敬礼。

受里斯本联合会委员会的委托和以它的名义

书记　若·诺布雷-弗朗萨

1872年8月15日于里斯本

第一次用俄文发表　　　　　　　　　　　　　　　原文是法文

俄文是按手稿译的

意大利毛里齐奥港支部的贺信

1872年8月26日于毛里齐奥港

代表公民们！

我是一个青年，无人知晓和没有受过教育，但根据我自己的原则来看，早在强大的协会在伦敦给自己的组织奠立基础之前，就已经是国际主义者了，现冒昧地给你们，代表世界无产阶级的公民们，给一切在特权等级的压制下受尽折磨的人们所注视的伟大的代表大会——因为事关他们的解放——写这封信，为的是给你们讲述西利吉里亚工人阶级的贫苦状况。国际协会肩负着这样的使命：给那为了一小撮镶金带银的游手好闲者发财致富而从早到晚汗流满面地劳动的一部分备受贫困和压迫的人类指明新的道路。但是，它的原则的振奋人心的信息还没有传到伟大的劳动家庭的这一小小而英勇无畏的支部。

我们省有1—2万工人和农民，这里有几个衰落了的互助团体，它们回避社会问题，盲目地只受大资产阶级的支配，大资产阶级已把它们变成自己的驯服工具。这样的事实是荒诞可笑的，但它反映出我国工人忍饥挨饿的艰难命运，他们不敢向自己的主人大声宣布自己劳动者的权利。资本家们十分清楚这种如此可悲的状况，就加以利用，以便这个受鄙视受压迫的无权者阶级更加驯服地服从他们卑鄙的精神上和经济上的专制。

于是，任何自尊感都在我们极大的一部分工人的心中熄灭了，为了不至于饿死，我们极大的一部分工人不得不挨了巴掌还说打得好。这是何等可悲的情景！在一些大工业中心，屡屡发生反对资本家老爷的罢工，这至少向资本家老爷们表明，工人已认识到有不公平的现象，他们仅仅是屈从这所谓立宪社会的确定不移的强权逻辑才不得已忍受着这种现象。但在这里，人们不知道什么叫抗议。在我们这里，罢工一词失去了意义，并且，正如我们已经说过的，劳动者在呻吟和沉默，根本不知道他们自己的双手所创造出来的强大力量，根本不知道他们的分布在全欧各地的弟兄所处的社会政治地位。这是他们冷漠消极的唯一原因，除此之外，别无其他原因，因为在我们利吉里亚工人的工作服底下跳动着的心，是会支持解放受苦受难阶级的最有力计划的。

在这种状况下，工人的工资低得可怜，维持不了生活。为了说明这是实话，只须举一两个例子就够了。例如，鞋匠虽然每昼夜工作12—14小时，但每周只赚10里拉！

农民的情况怎么样呢？他们从天明到天黑，汗流满面地在从富裕地主那里租来的土地上劳动，活像依附在土地上的奴隶，每天赚的不超过1里拉20生地西姆！

公民们，这就是利吉里亚劳动者所处的恶劣的生活条件。但愿伟大的国际协会注意到这个不幸的地方，但愿伟大的国际协会的学说穿过那漆黑的夜，把希望的光芒照射到我们受苦受难的工人的心田。

毛里齐奥港是行政长官府邸所在地，同名省份的首府、利吉里亚西部最重要的城市，具有成为利吉里亚工人运动领导中心的得天独厚的条件。下面的签名人，深受这些原则的鼓舞，已经在这里把各行各业的工人团结在贫苦人民的旗帜下，以便建立伟大协会的支部，并请求总书记卡尔·马克思公民代表这个支部出席这次全协会代表大会。

我们坚信，你们，尊敬的公民们，将适当地注意这里报告的情况，千祈记住并考虑到这个城市的具有新信念的工人的支部，同它直接通信，并证实已收到本通知，我们请求暂且接受我们的握手和兄弟般的敬礼。

意大利毛里齐奥港支部在海牙代表大会上提交的
菲·李奇致卡·马克思的信的一页

致在海牙的世界无产阶级的代表。
国际一个正在建立的支部的全权代表

李奇·菲力浦

在1872年9月3日第四次会议上提交代表大会
载于《马克思恩格斯同意大利人的通讯（1848—1895）》1964年米兰版第243—245页

原文是意大利文
俄文是按手稿影印件译的

国际工人协会巴塞尔支部给1872年在海牙召开的代表大会的报告[113]

预先说明

我们的报告将从在我们的城市召开的第四次代表大会①说起,并尽可能避免涉及个人。

很难相信,自从我们有幸接待了世界各国工人的代表以来,我们这里的各个支部的人数大大减少了。那时,巴塞尔有14个行业支部,共有成员350—400人,如果善于领导,这个数目还可增加,但并未出现这一情况,因为前主席阿·布吕安解散了各行业支部,并开始酝酿种种沽名钓誉的计划。所说的中央支部②维护自己的自治而反对这种行为。有过几次统一的尝试,但由于阿·布吕安毫不让步而遭失败,我们要取消主席职位,他则死抱住不放。如果委员会不够坚强,全党恐怕已变成业余戏剧爱好者小组一类的东西了。1871年新年前夕,所谓的布吕安派完全解散了,但地方支部很快就通过留下的布吕安派成员同中央支部统一而重新建立,取名为巴塞尔支部;"中央支部"的名称也随之不复存在,并且,就我们所知,巴塞尔支部应当被看做是这里唯一的一个支部,或者,无论如何应当被看做是这里唯一具有全权的支部。

---

① 指1869年的巴塞尔代表大会。
② 在原件上是:"母支部"。

这次不能令人满意的解体过程当然不会不为公众所知，它使我们的原则声誉扫地并使许多成员离开我们。意识到在这以后的一定时间内，鼓动工作会毫无成果，支部首先创办了社会主义书籍图书馆，以便为更有计划的鼓动作准备。对支部来说，特别是在初期，要在这里巩固起来是件不容易的事，一方面是因为由于过去领导所犯的错误，工人已开始持不轻易信任的态度并丧失了决心，另一方面，是因为1868年底至1869年初的运动间接地改善了这里的社会状况[114]。值得注意的还有：夏天，小纺织厂的厂主为自己的工人举办提供饮料的郊游，以阻碍国际的进一步发展；但这完全没有妨碍未等官方报纸上那一片卑躬屈节的感恩戴德之声沉寂下来，霍兰德父子工厂就爆发了罢工。罢工的导火线是厂主们企图缩减，也就是伪造所谓的工资支付单，以弥补郊游开支。为了取得全体居民的同情，罢工者声明自己不属于国际，但所有的罢工者仍被警察法庭判处5法郎罚款或24小时监禁。而在1868年和1869年，罢工者——国际会员——当中没有一个人受法庭追究。地方支部利用这种愤怒，建立了名叫"社会民主工人协会"的团体，它即使还没有加入国际，也是完全处于国际支部的领导和影响之下。自由资产阶级的盘算未能得逞。

如果我们上面说社会状况"间接地"得到改善，那应该这样理解：在一些企业里，工作日从12小时减为11—10小时半，同时工资平均增加10%。这些改善的获得，并不是由于工人方面作了很大努力，而是由于当时的情况，由于雇主们面临工人运动重新高涨的形势而感到恐惧，因为当时瑞士其他城市都发生了强烈的骚动。实际上，当时粮价和房租在猛涨，新的社会运动可能不久即随之爆发。

巴塞尔支部无法夸耀自己的活动取得很大的成果，一方面是因为上面已经提到过1871年发生过内部纠纷，另一方面是因为它由于同各德语小组的组织联系有所削弱而处于相当孤立的地位。我们仍然希望，一俟我们一直尽量促使建立的瑞士协会最终成立，我们就获得新的力量来积极参与工人阶级自己解放自己的斗争。

此外，我们委托我们的受托人赞同伦敦代表会议的决定，并代表我们主张保留总委员会。

致我们社会共和的兄弟敬礼并同世界各国工人握手！

以巴塞尔支部的名义并受其委托

委员会：A. 哈特曼

C. 许尔曼

C. 费

H. 霍夫曼（财务委员）

J. 杜马（书记）

1872年8月30日于巴塞尔①

第一次发表 原文是德文

俄文是按手稿译的

---

① 文件上盖有椭圆形图章："国际工人协会巴塞尔支部"。

日内瓦联合会代表大会致国际工人协会海牙代表大会①

公民们!

在于尼凯堂召开的日内瓦联合会代表大会向你们表示最热烈的同情,并且希望经过你们在代表大会上所做的工作,我们的协会将变得更加伟大。

致兄弟般的问候。

国际协会万岁!

   以联合会代表大会的名义②

    主席 昂·培列

    书记 雷蒙·沙尔 埃马纽埃尔·德洛姆

          1872年9月1日于日内瓦③

第一次发表   原文是法文

在1872年9月5日第八次会议上提 俄文是按原件译的

交代表大会

---

① 左角上用铅笔写着:"宣读"。
② 以下是亲笔签名。
③ 信封上写着:"荷兰,国际工人协会海牙代表大会泰奥多尔·杜瓦尔公民收"。

弗·沙·奥斯坦的贺信

奥斯坦公民向自己巴黎公社的朋友们致以兄弟般的拥抱。

日内瓦代表大会代表　**奥斯坦**

第一次发表
1872年9月5日在代表大会第八次会议上宣读

原文是法文
俄文是按手稿译的

新马德里联合会致国际海牙代表大会①

代表同志们：

无论我们大家在全力促进无产阶级（我们是它的一部分）反对那些非法侵占它的财产和它的劳动成果的人的斗争取得胜利方面所肩负的责任是多么巨大，我们再说一遍，无论我们在揭露和粉碎那些企图不择手段地消灭我们强大的组织的人的阴谋诡计方面所肩负的共同责任是多么巨大，也大不过你们这些极为荣幸地代表很大一部分在我们协会的革命行列中进行战斗的无产阶级的人所肩负的责任。

如果（我们对这一点毫不怀疑）你们有足够的魄力，有足够的勇气，最后，如果你们有足够的决心，把所谓的同情和反感之心统统抛到一边（如果你们深知自己所肩负的任务，这些都是微不足道的），直奔基本目标——加强和扩大我们的组织，改造它，使它更顺利地履行它的任务，使它在给我们以无限力量的同时，能够有效地行动（否则我们一无所成），——那时我们将说，你们履行了自己的责任，你们无愧地履行了自己的责任。

目前，所谓的社会主义民主同盟是特别威胁着我们亲爱的协会的危险之一。这个同盟竭力靠秘密设置的圈套和公开散布的诽谤来分裂我们，为此目的，它正玩弄着种种阴谋诡计。

因此，你们必须表现出足够的毅力，并根据你们掌握的情报和证

---

① 文件上盖有印章："国际工人协会新马德里联合会地方委员会"。

据，把混入我们协会、要瓦解和侮厚我们协会、为此正利用一些颇有影响的人物的一伙宗派分子从我们的队伍中驱逐出去；世界各国有些相当活跃的人物一直是他们的同谋者，而自己有时甚至还不晓得这一点。

同志们，不要徘徊观望了！要坚决有力，要非常坚决有力，这才是解决问题所需要的，因为国际的未来有系于此。

亲爱的同志们，请接受新马德里联合会兄弟般的问候，它祝你们诸事顺遂，社会清算，并最后宣告：

国际工人协会万岁！

以新马德里联合会的名义

外部事务书记　**维克多·帕赫斯**

1872年9月1日于马德里

第一次发表

原文是西班牙文
俄文是按手稿译的

请代表大会代表瞻仰在海牙的阿·巴尔贝斯墓的邀请书

9月3日于阿姆斯特丹

寄海牙，卡尔·马克思先生收

兄弟般问候

阁下：

在我们协会的代表大会闭幕之后，我们协会的全体会员极宜共同瞻仰葬于海牙"杜比·杜恩"墓地的我们的朋友和兄弟，伟大的公民和民主主义者**巴尔贝斯之墓**。

致热烈的问候

亨利·提梅尔
尼德兰中央委员会委员

祝幸福并致兄弟般问候。

第一次发表

原文是荷兰文
俄文是按手稿译的

荷兰联合会委员会致总委员会书[①]

致总委员会

国际的代表先生们：

尼德兰联合会委员会友好地请求你们在代表大会闭幕之后出席阿姆斯特丹的会员集会。

以委员会的名义 卡尔斯霍文

又及：如果这个请求能得到满足，请尽快答复我们，以便我们采取必要的措施。

地址：涅斯46号吉尔肯斯收。

第一次发表	原文是荷兰文
1872年9月4日和5日在代表大会	俄文是按原件译的
第六次和第八次会议上宣读	

[①] 左角上盖有椭圆形图章："阿姆斯特丹国际工人协会"。

阿姆斯特丹的国际会员的欢迎信

1872年9月5日于阿姆斯特丹

亲爱的兄弟们：

我们虽然没有机会在你们当中，但我们不愿错过向你们表示我们最热烈的欢迎的机会。当我们想到，此刻就在我们旁边，来自远方的人们正齐集一堂，为我们仍然处于国家和教会统治下的工人阶级寻求改善生活的条件和获得解放的手段，内心就激动不已。

我们呼吁你们勇敢顽强地工作，我们把自己称做你们在社会民主党进行的伟大斗争中并肩战斗的忠实兄弟。

A. 拉斯　G. 霍赫斯特拉滕　W. G. 达尔
J. P. 普伦　L. A. 范·黑德　威·安辛格
Allon Tutal Kains Zoonen①

第一次发表 　　　　　　　　　　　　　　　　原文是荷兰文
　　　　　　　　　　　　　　　　　　　　　俄文是按手稿译的

---

① "凯恩所有的儿子们"（戏谑语）。下面是这一文件由荷兰文译成法文的译文。

施拉姆的声明[115]

— ①

库诺先生谈到他在意大利受到的迫害,我听完之后认为,他对迫害他的所有官员表示愤怒是正当的;如果他说的事情确实无误,如果大卫·马克领事先生确实收到了他的信,那我绝对可以同意这种意见:马克先生是个庸碌无能之辈,不配在意大利代表德意志帝国。我决无把自己与此人在任何方面混同起来的愿望,并且认为,事先不弄清我是什么人,而马克先生又是什么人,就把我痛斥一顿,是令人极其伤心的事。

鲁·施拉姆

第一次发表   原文是法文
在1872年9月6日第十次会议上提   俄文是按手稿译的
交代表大会

---

① 在最后一页上有马克思笔迹写的总计页数和不认识的笔迹写的字:"施拉姆致库诺的声明"。

二

1866年3月22日我写了一封寄往佛罗伦萨给普鲁士大使乌泽多姆伯爵的信。我在信中说：由于欧洲的政局，我的名誉不允许我继续作为奥地利的领事进行活动。

我从未收到过库诺先生不管是发自米兰、杜塞尔多夫还是列日的任何信件——这些信件想必是落入德意志帝国现任领事大卫·**马克**先生手中。据我看，库诺先生写给我的信不是写给我个人，而是写给德国的代表。不过，据我看，如果马克先生本人收到了上面所说的信，他应当把这通知我。我不认为这些信会被意大利警察截获。这些信应当是落入马克先生手里。我将写信给马克先生，要求他作出解释。

鲁道夫·施拉姆
1872年9月6日于海牙

我是1866年9月请求免去普鲁士总领事的职务的，大臣于同月接受了这一请求。此后我就不负责普鲁士领事事务。1866年以前，凡是没有奥地利领事的地方，奥地利的事务均由普鲁士的领事们负责办理。

第一次发表 1872年9月6日在代表大会第十一次会议上宣读	原文是法文 俄文是按手稿译的

国际会员卡塞尔的贺电

[1872年] 9月7日11时50分于吉森

海牙，国际工人协会代表大会收

代表大会万岁！全世界无产者联合起来！抛开种种争吵。团结就是力量。**卡塞尔**①

第一次发表	原文是德文
在1872年9月7日第十二次会议上	俄文是按电报单译的
提交代表大会	

---

① 在电报单上有德文电文："1872年9月7日中午12时49分在海牙收到"。下面是弗·左尔格用铅笔写的法文译文和不认识的笔迹用墨水写的荷兰文译文。

代表大会收到的一些信件的内容摘录[116]

1. 日内瓦联合会向代表大会致兄弟般问候。①
2. 有一个法国支部提出若干建议,已经代表大会讨论和表决,结果建议如下:

曼彻斯特的一个代表②因身体不适,不能出席代表大会,来信向聚集在这里的会员致兄弟般的问候。

佐林根生产合作社给代表大会寄来便函,谈这个企业的组织和目的,这一便函很长③。

国际的支部没有必要去抱怨凡尔赛刽子手颁布的那些反对协会的组织措施。杜弗尔的法律的主要后果就是我们的支部产生了。换句话说,这一恫吓的法律只不过是激发我们更加努力干而已。我们支持代表大会将通过的一切决定。我们祝贺工人阶级取得的成就。

第一次发表

原文是法文和荷兰文
俄文是按手稿译的

---

① 后面删掉一句话:"巴黎有个团体寄来文书,不宣读"。日内瓦联合会的贺信正文见本卷第289页。
② 爱德华·琼斯被选为国际曼彻斯特各支部的代表。
③ 下面是用墨水写的这一便函正文的荷兰文译文。再下面是纳博讷支部致代表大会的信的摘录。见本卷第248—249页。

在海牙举行的全协会代表大会的决议[117]

1872年9月2—7日

一
关于章程的决议

在章程第七条之后，应该补入下列概括伦敦代表会议（1871年9月）第九项决议内容的条文。

第七条（a）工人阶级在反对有产阶级联合权力的斗争中，只有组织成为与有产阶级建立的一切旧政党对立的独立政党，才能作为一个阶级来行动。

工人阶级这样组织成为政党是必要的，为的是要保证社会革命获得胜利和实现这一革命的最终目标——消灭阶级。

工人阶级由于经济斗争而已经达到的力量的团结，同样应该成为它在反对它的剥削者的政权的斗争中的杠杆。

由于土地巨头和资本巨头总是要利用他们的政治特权来维护和永久保持他们的经济垄断，来奴役劳动，所以，夺取政权已成为无产阶级的伟大使命。

以29票对5票通过；8票弃权。

投票赞成的有：阿尔诺、约·菲、贝克尔、伯·贝克尔、库尔奈、德雷尔、杜蒙、杜邦、杜瓦尔、埃卡留斯、恩格斯、法尔卡什、弗里德兰德、弗兰克尔、赫普纳、海姆、若昂纳尔、库格曼、拉法格、龙格、勒穆修、莫特斯赫德、皮尔、朗维埃、赛拉叶、左尔格、斯瓦尔姆、瓦扬、维尔莫、麦克唐奈。

投票反对的有：布里斯梅、克楠、格尔哈特、施维茨格贝尔、范·德尔·豪特。

弃权的有：范·登·阿贝勒、达夫、埃伯哈特、弗吕兹、吉约姆、埃尔曼、索瓦、马尔塞劳。

代表大会通过正式决定，承认由于忙于各委员会的工作未能出席会议的代表所投的票有效。下列代表投票赞成：库诺、吕坎、马克思、维沙尔、瓦尔特、符卢勃列夫斯基；共计6票。没有一票反对。①

二
关于条例的决议

1. 总委员会的权力。

第二章的第二条和第六条改用下列条文：

第二条 总委员会必须执行代表大会的决议，并且监督每一个国家严格遵守国际的共同章程和条例的原则。

第六条 总委员会也有权将国际的分部、支部、联合会委员会以及联合会暂时开除②，直到应届代表大会为止。

但是，对于加入了某一个联合会的支部，总委员会只有在事先听取

---

① 在恩格斯的手稿中接着删去了："由于决议获得了三分之二以上的赞成票，所以根据共同章程第十二条规定，它从现在起就成为共同章程的一部分。"
② "暂时开除"在法、英、德文版中是"suspende"，"suspend"，"suspendiren"，意为"暂停会籍"。——译者注

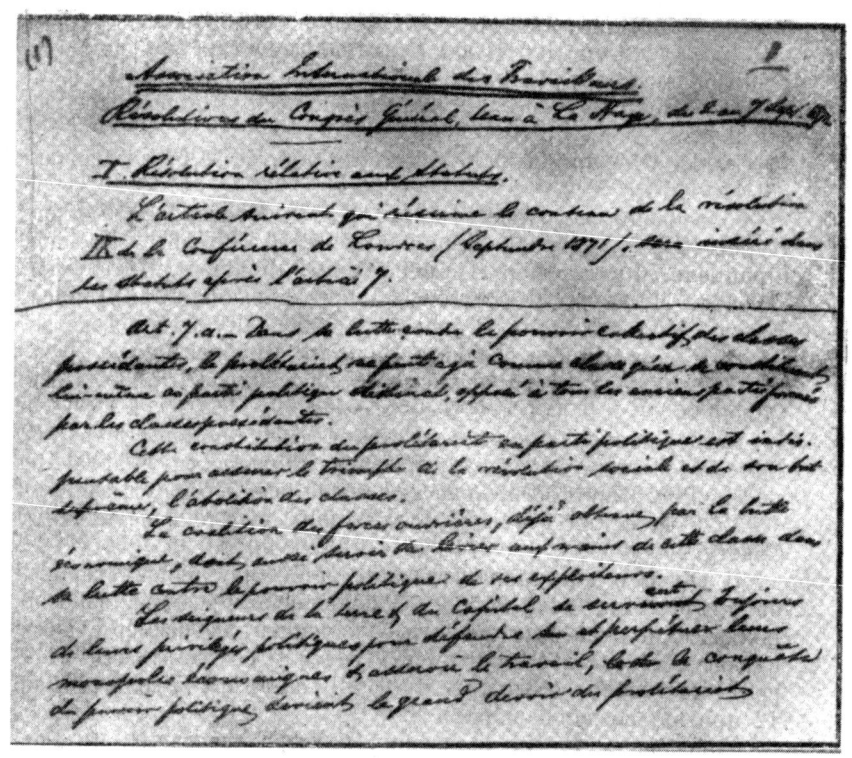

弗·恩格斯所写的海牙代表大会决议的一页手稿

了该联合会委员会的意见以后，才能使用这一权利。

总委员会在解散联合会委员会时，应同时建议该联合会各支部在30天以内选出新的联合会委员会。

总委员会在暂时开除整个联合会时，应立即通知所有联合会。如果大多数联合会都提出要求，总委员会应至迟在一个月内召开非常代表会议，由每一个民族各派一名代表出席，对争论的问题作出最后决定。

但是，不言而喻，国际遭到禁止的那些国家，享有与合法存在的联合会同样的权利。

第二条——以40票通过，4票反对，11票弃权。

投票赞成的有：阿尔诺、巴里、约·菲·贝克尔、伯·贝克尔、库尔奈、库诺、德雷尔、杜蒙、杜邦、杜瓦尔、恩格斯、法尔卡什、弗兰克尔、弗里德兰德、赫普纳、海姆、若昂纳尔、库格曼、拉法格、列斯纳、勒穆修、龙格、吕坎、麦克唐奈、马克思、米耳克、皮尔、朗维埃、罗奇、索瓦、肖伊、赛拉叶、赛克斯顿、左尔格、斯瓦尔姆、舒马赫、瓦扬、维沙尔、瓦尔特、符卢勃列夫斯基。

投票反对的有：弗吕兹、格尔哈特、斯普林加尔、范·德尔·豪特。

弃权的有：阿莱里尼、克楠、达夫、埃伯哈特、吉约姆、埃尔曼、莫拉戈、马尔塞劳、法尔加-佩利塞尔、施维茨格贝尔、范·登·阿贝勒。

第六条——以36票通过，6票反对，16票弃权。

投票赞成的有：阿尔诺、巴里、约·菲·贝克尔、伯·贝克尔、库尔奈、库诺、德雷尔、杜邦、杜瓦尔、恩格斯、法尔卡什、弗兰克尔、弗里德兰德、赫普纳、海姆、若昂纳尔、库格曼、拉法格、列斯纳、勒穆修、龙格、路德维希、麦克唐奈、马克思、米耳克、皮尔、朗维尔、赛拉叶、舒马赫、赛克斯顿、左尔格、斯瓦尔姆、瓦扬、维沙尔、瓦尔特、符卢勃列夫斯基。

投票反对的有：布里斯梅、克楠、弗吕兹、埃尔曼、索瓦、斯普林加尔。

弃权的有：阿莱里尼、西里耳、达夫、杜蒙、埃伯哈特、吉约姆、吕坎、马尔塞劳、莫拉戈、莫特斯赫德、法尔加-佩利塞尔、罗奇、施维茨格贝尔、范·登·阿贝勒、范·德尔·豪特、维尔莫。

2. 关于应向总委员会缴纳的会费。

由于收到了许多申请书，一方面，有人要求增加会费，另一方面，有人要求减少，代表大会应该决定改变现有的每年缴纳10生丁的会费数额，或者保持不变。代表大会以17票赞成、12票反对、8票弃权决定保持10生丁的会费不变。

投票反对改变会费数额的有：约·菲·贝克尔、布里斯梅、克楠、西里耳、杜邦、杜瓦尔、埃伯哈特、埃卡留斯、法尔卡什、弗吕兹、格尔哈特、埃尔曼、赫普纳、赛拉叶、左尔格、斯瓦尔姆、维尔莫。

投票赞成改变会费数额的有：杜蒙、恩格斯、弗兰克尔、海姆、若昂纳尔、拉法格、勒穆修、龙格、吕坎、麦克唐奈、皮尔、索瓦。

弃权的有：阿莱里尼、达夫、德雷尔、吉约姆、马尔塞劳、莫拉戈、法尔加-佩利塞尔、施维茨格贝尔。

下列代表由于不得不在讨论这个问题以前就离开海牙，他们用书面的方式投票赞成增加会费：阿尔诺、库尔奈、朗维埃、瓦扬。

三

关于各抵抗团体之间的国际联系的决议

特责成新的总委员会建立各种国际工会联合会。

为此目的，在代表大会以后一个月以内总委员会应当写出一个呼吁书，译成一切文字出版，并分别寄给所有加入国际或虽未加入国际而知道其地址的工人团体。

在这个呼吁书中，总委员会应当号召一切工人团体按行业成立国际联合会。

由每个工人团体自己决定它加入该行业国际联合会的条件。

责成总委员会收集赞成建立国际联合会的团体提出的一切条件，并且起草一个共同的草案，建议愿意加入各国际工会联合会的团体暂时采纳。

最近一次代表大会将确定各种国际联合会的正式章程。

除几个人弃权以外，一致通过，弃权的人数未记入记录。

四
关于接受和开除支部的决议

代表资格审查委员会由下列人员组成：格尔哈特（50票）、朗维埃（44票）、罗奇（41票）、马克思（41票）、麦克唐奈（39票）、德雷尔（36票）、弗兰克尔（22票）。

1. **北美联合会第二支部**（纽约，法国人支部）。——该支部曾经被美国联合会委员会开除。总委员会也不承认它是独立支部。代表大会不允许这个支部参加。反对它参加的有38票，9票赞成，11票弃权。

2. 被总委员会暂时开除的北美联合会**第十二支部**（纽约，美国人支部）①。

在讨论关于第十二支部的代表资格证问题的过程中，在47位代表投票赞成、无人反对、9票弃权的情况下通过了下列提案：

---

① 见《马克思恩格斯全集》中文第1版第18卷第57—58页。

"以消灭阶级的原则为基础的国际工人协会不能接受任何资产阶级的支部。"

投票赞成的有：阿尔诺、约·菲·贝克尔、巴里、布里斯梅、库尔奈、库诺、克楠、达夫、德雷尔、狄慈根、杜邦、杜瓦尔、埃伯哈特、弗吕兹、法尔卡什、弗兰克尔、弗里德兰德、吉约姆、格尔哈特、海姆、赫普纳、埃尔曼、若昂纳尔、库格曼、拉法格、勒穆修、列斯纳、吕坎、马克思、米耳克、莫特斯赫德、皮尔、朗维埃、索瓦、肖伊、舒马赫、赛拉叶、赛克斯顿、左尔格、斯普林加尔、斯瓦尔姆、瓦扬、维沙尔、维尔莫、符卢勃列夫斯基、瓦尔特、范·登·阿贝勒。

弃权的有：阿莱里尼、埃卡留斯、哈科特、马尔塞劳、莫拉戈、法尔加-佩利塞尔、罗奇、施维茨格贝尔、范·德尔·豪特。

49票决定开除第十二支部，无人反对，9票弃权。

赞成开除的有：阿尔诺、巴里、约·菲·贝克尔、布里斯梅、库尔奈、克楠、库诺、达夫、德雷尔、狄慈根、杜蒙、杜邦、杜瓦尔、埃伯哈特、弗吕兹、法尔卡什、弗兰克尔、弗里德兰德、格尔哈特、海姆、赫普纳、埃尔曼、若昂纳尔、库格曼、拉法格、勒穆修、列斯纳、吕坎、麦克唐奈、马克思、米耳克、皮尔、朗维埃、罗奇、索瓦、肖伊、舒马赫、赛拉叶、赛克斯顿、左尔格、斯普林加尔、斯瓦尔姆、瓦扬、范·登·阿贝勒、范·德尔·豪特、维沙尔、维尔莫、符卢勃列夫斯基、瓦尔特。

弃权的有：阿莱里尼、埃卡留斯、吉约姆、哈科特、马尔塞劳、莫拉戈、法尔加-佩利塞尔、莫特斯赫德、施维茨格贝尔。

3. **马赛支部**。——该支部未被允许参加，因为总委员会和与总委员会有通信联系的法国各支部根本不知道有这个支部。反对它参加的有38票，无人赞成，14票弃权。

4. **日内瓦宣传和革命行动支部**。——该支部无非是1871年8月解散了的（公开的）社会主义民主同盟日内瓦支部的复活，它既未得到罗曼语区联合会委员会的承认，也未得到总委员会的承认。总委员会已把汝拉联合会委员会寄来的会费退还该支部。代表大会决定暂时把它开除，在关于秘密同盟的问题讨论结束后再行处理。① 一致表决通过暂时开除，只有几个人弃权，弃权的人数没有记下来。

5. 新马德里联合会。——新马德里联合会由原西班牙联合会委员会部分委员组成，这些委员由于揭露秘密同盟反对国际工人协会的阴谋而被旧马德里联合会明显地违反现行条例加以开除。该联合会起初向西班牙联合会委员会申请，该委员会拒绝接受它。于是它向总委员会申请②。总委员会未与西班牙联合会委员会协商，就由自己负责承认了它，③ 因为西班牙联合会委员会的8名委员中，至少有5名参加了秘密同盟。代表大会在40票赞成、无人反对、几个人弃权的情况下接受了这个联合会，弃权的人数没有记下来。

五
对总委员会财务报告的审查

为了审查总委员会（在1871—1872年期间）财务报告而由代表大

---

① 在恩格斯的手稿中接着删去了："代表大会由于在这个讨论以后不得不立即结束自己的工作，所以没有解决这个问题。"
② 在恩格斯的手稿中接着删去了："总委员会承认了它，没有按照组织条例规定，事先征求西班牙联合会委员会的意见。在这件事情上总委员会是没有遵照条例而自己负责处理的，因为西班牙联合会委员会的8名委员中至少有5名是秘密同盟的盟员。他们之所以想把新马德里联合会开除出去，正是由于这个反对国际工人协会的阴谋被揭露了出来。"
③ 见《马克思恩格斯全集》中文第1版第18卷第139页。

会选出的委员会，包括下列公民：杜蒙代表法国；阿莱里尼代表西班牙；法尔卡什代表奥地利和匈牙利；布里斯梅代表比利时；拉法格代表新马德里联合会并代表葡萄牙；皮尔代表丹麦；约·菲·贝克尔代表瑞士德语区；杜瓦尔代表罗曼语区联合会（瑞士）；施维茨格贝尔代表汝拉联合会（瑞士）；达夫代表荷兰；德雷尔代表美国；库诺代表德国。

向该委员会提出的财务报告经该委员会全体委员批准并签字，只有缺席的达夫除外。

财务报告宣读以后获得了代表大会的一致批准。

六
关于总委员会和各联合会委员会给予的权力

代表大会决定："总委员会以及各联合会委员会给予国际遭到禁止的那些国家的国际会员的权力一律取消，并且授予新的总委员会以在这些国家任命国际工人协会全权代表的唯一权利。"

除几个人弃权外，一致通过，弃权的人数没有记下来。

七
关于同盟的决议

受委托调查社会主义民主同盟（秘密同盟）活动的委员会，由下列公民组成：库诺（33票）、吕坎（24）、斯普林加尔（31）、维沙尔（30）、瓦尔特（29）。

该委员会的多数在向代表大会的报告中声明，"秘密同盟是根据同国际章程完全对立的章程建立的"，并且建议：

把米哈伊尔·巴枯宁开除出国际，因为他是同盟的创建者，并且品行不良；

开除同盟盟员吉约姆和施维茨格贝尔；

开除被揭发进行破坏国际工人协会的活动的贝·马隆、布斯凯①（法国贝济埃警察局秘书）和路易·马尔尚；

认为阿莱里尼、马尔塞劳、莫拉戈、法尔加-佩利塞尔和茹柯夫斯基与此事无关，因为他们已经正式声明他们不再属于同盟。

授权委员会公布它据以作出结论的文件。

代表大会决定：

1. 开除米哈伊尔·巴枯宁。27票赞成，6票反对，7票弃权。投票赞成的有：约·菲·贝克尔、库诺、德雷尔、杜蒙、杜邦、杜瓦尔、恩格斯、法尔卡什、弗兰克尔、海姆、赫普纳、若昂纳尔、库格曼、拉法格、勒穆修、龙格、吕坎、麦克唐奈、马克思、皮尔、赛拉叶、左尔格、斯瓦尔姆、维沙尔、维尔莫、瓦尔特、符卢勃列夫斯基。

投票反对的有：布里斯梅、达夫、弗吕兹、埃尔曼、克楠、范·登·阿贝勒。

弃权的有：阿莱里尼、吉约姆、马尔塞劳、莫拉戈、索瓦、斯普林加尔、施维茨格贝尔。

2. 开除吉约姆——25票赞成，9票反对，8票弃权。

投票赞成的有：约·菲·贝克尔、库诺、杜蒙、杜邦、杜瓦尔、恩格斯、法尔卡什、弗兰克尔、海姆、赫普纳、若昂纳尔、库格曼、拉法格、勒穆修、龙格、吕坎、马克思、皮尔、赛拉叶、左尔格、斯瓦尔姆、维沙尔、瓦尔特、维尔莫、符卢勃列夫斯基。

投票反对的有：布里斯梅、西里耳、达夫、弗吕兹、埃尔曼、克

---

① 委员会不知道公民布斯凯已经根据本支部的要求被总委员会正式决定开除了。——原作者注

楠、索瓦、斯普林加尔、范·登·阿贝勒。

弃权的有：阿莱里尼、德雷尔、弗里德兰德、麦克唐奈、马尔塞劳、莫拉戈、法尔加-佩利塞尔、施维茨格贝尔。

3. 不开除施维茨格贝尔。15票赞成开除，16票反对开除，7票弃权。

投票赞成开除的有：约·菲·贝克尔、库诺、杜蒙、恩格斯、法尔卡什、海姆、赫普纳、库格曼、勒穆修、马克思、皮尔、斯普林加尔、瓦尔特、维沙尔、符卢勃列夫斯基。

投票反对开除的有：布里斯梅、克楠、西里耳、达夫、德雷尔、杜邦、弗吕兹、弗兰克尔、埃尔曼、若昂纳尔、龙格、索瓦、赛拉叶、斯瓦尔姆、维尔莫、范·登·阿贝勒。

弃权的有：杜瓦尔、拉法格、吕坎、麦克唐奈、马尔塞劳、莫拉戈、法尔加-佩利塞尔。

4. 委员会的其他关于开除的建议不提交表决。一致通过，只有几个人弃权。

5. 公布有关同盟的文件。一致通过，只有几个人弃权。

有必要指出，关于同盟的这次表决是在大多数法国①和德国代表不得不离开以后进行的。

八
未来的总委员会的驻在地和成员

1. 关于变更总委员会驻在地问题的表决。26票赞成变更，23票反对变更，9票弃权。

---

① 在恩格斯的手稿中接着是："英国"。

投票赞成的有：巴里、约·菲·贝克尔、布里斯梅、库诺、达夫、杜蒙、杜邦、恩格斯、哈科特、若昂纳尔、库格曼、拉法格、列斯纳、勒穆修、龙格、麦克唐奈、马克思、罗奇、索瓦、赛拉叶、赛克斯顿、左尔格、斯瓦尔姆、维沙尔、范·登·阿贝勒、符卢勃列夫斯基。

投票反对的有：阿尔诺、伯·贝克尔、库尔奈、德雷尔、杜瓦尔、法尔卡什、弗兰克尔、弗里德兰德、格尔哈特、海姆、赫普纳、埃尔曼、吕坎、路德维希、米耳克、皮尔、朗维埃、舒马赫、斯普林加尔、瓦扬、维尔莫、瓦尔特、范·德尔·豪特。

弃权的有：西里耳、埃伯哈特、弗吕兹、吉约姆、马尔塞劳、莫拉戈、法尔加-佩利塞尔、施维茨格贝尔、阿莱里尼。

2. 总委员会驻在地迁往纽约。30票赞成，14票反对，他们赞成留驻伦敦，12票弃权。

投票赞成纽约的有：约·菲·贝克尔、伯·贝克尔、布里斯梅、库诺、克楠、达夫、杜蒙、杜邦、恩格斯、法尔卡什、弗吕兹、弗里德兰德、埃尔曼、库格曼、拉法格、列斯纳、勒穆修、龙格、吕坎、麦克唐奈、马克思、皮尔、罗奇、赛拉叶、赛克斯顿、斯普林加尔、斯瓦尔姆、维沙尔、范·登·阿贝勒、符卢勃列夫斯基。

投票赞成伦敦的有：阿尔诺、库尔奈、德雷尔、杜瓦尔、弗兰克尔、海姆、赫普纳、路德维希、米耳克、朗维埃、舒马赫、瓦扬、维尔莫、瓦尔特。

弃权的有：西里耳、埃伯哈特、格尔哈特、吉约姆、若昂纳尔、阿莱里尼、马尔塞劳、莫拉戈、法尔加-佩利塞尔、左尔格、施维茨格贝尔、范·德尔·豪特。

3. 代表大会决定选出12名委员组成驻纽约的总委员会，并授予它再加聘3名委员的权利。

当选的有：

贝尔特兰德，德国人——29票

波尔特，德国人——29票

劳雷尔，瑞典人——29票

卡瓦纳，爱尔兰人——29票

圣克莱尔，爱尔兰人——29票

勒维埃尔，法国人——28票

卡尔，德国人——28票

大卫，法国人——26票

德雷尔，法国人——26票

福尔纳奇埃里，意大利人——25票

施佩耶尔，德国人——23票

华德，美国人——22票

九
下次代表大会的召开地点

由于有人建议下次代表大会在瑞士召开并且要总委员会明确确定地点，就这个问题表决的结果如下：赞成瑞士的有15票，赞成伦敦的有5票，赞成芝加哥的有1票，赞成西班牙的有1票。

十
记录审订委员会

一致选出：杜邦、恩格斯、弗兰克尔、勒穆修、马克思、塞拉叶。

委员会：

欧·杜邦　　　弗·恩格斯
莱奥·弗兰克尔　　勒穆修
卡尔·马克思　　奥古斯特·赛拉叶

1872年10月21日于伦敦

卡·马克思和弗·恩格斯起草
1872年以小册子《在海牙举行的全协会代表大会的决议（1872年9月2—7日）》在伦敦出版，并载于1872年11月2日《解放报》第72号和1872年12月14日《国际先驱报》第37号

原文是法文
俄文是按小册子《在海牙举行的全协会代表大会的决议（1872年9月2—7日）》译的，并根据恩格斯的手稿校对过
《马克思恩格斯全集》俄文第2版第18卷第143—152页（参看《马克思恩格斯全集》中文第1版第18卷第165—177页）

代表资格审查委员会

代表资格审查委员会向海牙代表大会的报告[118]

下列代表的委托书已被承认有效，因为这些代表的委托书是由履行了与总委员会章程有关的一切手续的支部发给的。

第1号	委托书，由法国支部发给	
	公民	斯瓦尔姆
第2号	法国支部所派代表，	
	公民	吕坎

这位代表还获得其他一些法国支部发给的几份委托书。

第3号	法国支部	龙格
第4号	法国支部	若昂纳尔
第5号	费雷支部（法国）	朗维埃
第6号	法国支部	瓦扬
第7号	法国支部	弗兰克尔
第8号	法国支部	瓦尔特
第9号	法国支部	维沙尔
第10号	法国支部	维尔马尔
第11号	布鲁塞尔法国人支部	西里尔
第12号	法国支部，它没派代表，但寄来了信，此信应由通讯书记在代表资格审查之后在代表大会上宣读	

第 13 号	美国联合会支部所派的代表	**德雷尔**
第 14 号	纽约代表大会	**左尔格**
第 15 号	纽约第 1 支部	**马克思**
	总委员会的委托书	同上
	来自莱比锡的委托书	同上
	来自美因茨的委托书	**马克思**
16①.	汝拉联合会	**詹姆斯·吉约姆**和**阿代马尔·施维茨格贝尔**
17.	埃斯林根德国人支部	**亨利希·肖伊**
	第 2 份委托书:作为奥地利代表	
	第 3 份委托书:作为科尼斯堡代表	
18.	美国第 29 支部和第 42 支部	公民**索瓦**
	委员会认为应提请你们取消由第 2 支部发给这位代表的委托书,因为该支部无权派代表出席代表大会	
19.	佩斯两个支部	公民**卡尔·法尔卡什**
19.	波希米亚支部	**海姆**
20.	爱尔兰支部	**麦克唐奈**
21.	不伦瑞克支部	**伯恩哈德·贝克尔**
22.	来自开姆尼茨的 2 份委托书	同上
23.	伦敦法语支部	**勒穆修**
24.	总委员会	**赛克斯顿**医生

---

① 在原件这个地方和其他一些地方,编号有改变;卡·马克思的 4 份委托书算作第 15 号(见上)。

25.	沙勒罗瓦小组	公民罗什·斯普林加尔
	库尔谢尔小组（比利时）	同上代表
	古伊小组	同上代表
26.	联合会委员会（英国）	托马斯·罗奇
	斯特腊特弗德联合会分会	同上
27.	佐林根（莱茵普鲁士）	格奥尔格·舒马赫[①]
28.	布鲁塞尔联合会委员会	埃伯哈特
	这位代表代表下述团体：皮革匠、鞋匠、裁缝、细木工、油漆匠、皮革染色匠、大理石工匠团体	
29.	马德里联合会	公民拉法格
	第2份委托书由阿耳卡拉-德-埃纳雷斯发给	同上
	第3份委托书由里斯本联合会委员会发给	同上
30.	策勒支部	库格曼
31.	德累斯顿	狄慈根
32.	纽约第8支部	阿道夫·赫普纳
33.	哥本哈根中央委员会	库尔奈
	第2份委托书由总委员会发给	同上
34.	总委员会	欧·杜邦
35.	绍德封法国人支部	瓦扬

---

① 原件上是古斯塔夫。

36.	卡鲁日支部	安东·阿尔诺
37.	伦敦波兰人支部	符卢勃列夫斯基
	第2份委托书，由总委员会发给	同上
38.	阿姆斯特丹支部	S·范·德·豪特
39.	澳大利亚维多利亚卢克斯支部	埃·哈科特
40.	芝加哥第3支部	巴里
41.	总委员会	赛拉叶
	第2份委托书，由蒙彼利埃法国人支部发给	同上
42.	伦敦哈克尼街支部	黑尔斯
43.	布鲁塞尔支部	德西雷·布里斯梅
44.	普鲁士布勒斯劳支部	弗里德里希·恩格斯
	第2份委托书，由纽约发给	同上
45.	柏林支部	米耳克
	第2份委托书，由萨克森地区克里米乔支部发给	同上
46.	阿姆斯特丹的石印工人	吉尔肯斯
47.	伦敦贝斯纳尔格林支部	莫特斯赫德
48.	伦敦德国人支部	列斯纳
49.	普鲁士杜塞尔多夫支部	库诺
	维尔腾堡斯图加特支部	同上
50.	伦敦造型工支部	埃卡留斯
51.	安特卫普造型工支部	克楠
52.	巴塞尔支部	约·菲·贝克尔
	第2份委托书，由罗曼语区联合会委员会发给	

第3份委托书，由巴塞尔的另一支部发给

第4份委托书，由日内瓦德国人支部

  楚格支部（瑞士）

  卢塞恩支部（同上）发给

53.	根特支部	**范·登·阿贝勒**
54.	哥本哈根支部	**皮尔**
55.	荷兰联合会委员会	**格尔哈特**
56.	苏黎世	**胡果·弗里德兰德**
57.	**埃尔曼**，列日矿区联合会的代表，代表机械工、手工业协会、联合的木工、联合的大理石匠和联合的塑造工	
58.	**里廷豪森**[119]。慕尼黑支部的代表①	
60.	**维克多·达夫**，海牙支部的代表（荷兰）	
61.	**弗吕兹**，维德尔联合会的代表（比利时）	
62.	**泰奥多尔·杜瓦尔**，细木工，瑞士罗曼语区联合会委员会代表	

委员会提议推迟承认公民达夫的委托书，等待布鲁塞尔支部作出解

---

① 手稿删去科伦，改写上慕尼黑。下面删去："59. 日内瓦德国人支部，约·菲·贝克尔。"

释；这位公民是荷兰海牙支部所派的代表。

委员会提议推迟承认公民阿莱里尼作为马赛支部代表的委托书，等待法国通讯书记作出解释。

委员会提议不允许日内瓦宣传和社会主义革命行动支部的代表茹柯夫斯基公民出席代表大会。这个支部既未得到罗曼语区联合会委员会的承认，也未得到总委员会的承认。

委员会提议，西班牙的代表阿莱里尼、莫拉戈、马尔塞劳、法-佩利塞尔在联合会缴清应向总委员会缴纳的会费之前，不得出席代表大会。

委员会提议不承认纽约第2支部的代表，因为这个支部已被纽约联合会委员会开除。

委员会提议取消公民威斯特提交的纽约第12支部的委托书，理由如下：

1. 公民威斯特是被暂时开除的支部的代表，而代表大会尚未恢复这一支部的权利。

2. 公民威斯特是费拉德尔菲亚代表大会的参加者，而费拉德尔菲亚代表大会拒绝承认总委员会。

3. 公民威斯特是斯普林街联合会的成员，而这个联合会声称不想向总委员会缴纳会费。

委员会提议代表们领回自己的委托书并把他们从自己的委托书授予者那里获得的指示转交代表大会。

代表资格审查委员会[①]　西·德雷尔　莱奥·弗兰克尔
　　　　　　　　　　　　约·帕·麦克唐奈　卡尔·马克思
　　　　　　　　　　　　格尔哈特　托马斯·罗奇　朗维埃

第一次发表　　　　　　　　　　　　　　　　　　　原文是法文
　　　　　　　　　　　　　　　　　　　　　　　　俄文是按手稿译的

---

① 下面是委员们的亲笔签名。

沙·阿莱里尼的委托书①

一

兹证明：巴塞罗那联合会选派沙尔·阿莱里尼同志（教师）为出席国际的代表大会的代表，他作为代表，在自己的整个言行中应遵循西班牙联合会的限权委托书，特给他开具本文件以资证明。

以联合会委员会的名义并受其委托

内部事务总书记

弗朗西斯科·托马斯②

"交沙尔·阿莱里尼同志，教师"。

1872年8月25日于巴伦西亚

第一次发表

原文是西班牙文

俄文是按原件译的

二

我们是加入委员会的国际马赛会员，现派公民阿莱里尼作为我们的

---

① 文件上盖有圆形印章："国际工人协会。西班牙联合会委员会"。
② 背面有铅笔写的西班牙文："沙尔·阿莱里尼，工人兼教师，化学家，（西班牙）巴塞罗那梅尔卡德列街42号"。

代表出席海牙代表大会。

代表签名①

阿沙尔　J·巴蒂斯特·杜昂

何塞·帕尔米阿斯　何塞·卡帕雷②

1872年8月22日于马赛

第一次发表　　　　　　　　　　　　　　原文是法文

　　　　　　　　　　　　　　　　　　　俄文是按原件译的

---

① 下面是亲笔签名。
② 文件上在这后面有西班牙文写的附言:"文件上没有盖印,因为印章被扣;我们作此说明,希望得到注意。"

约·菲·贝克尔的委托书

一、委托书

巴塞尔德国工人教育协会授予公民约·菲·贝克尔

巴塞尔德国工人教育协会在1872年8月20日的非常会议上,根据日内瓦协会的提议,决定派公民约·菲·贝克尔作为出席国际海牙代表大会的代表;

兹以协会名义通知在海牙的全体党内同志并致社会民主主义敬礼。

主席 雅·施佩特茨曼
书记 柯尼希 格奥尔格
1872年8月20日于巴塞尔①

第一次发表

原文是德文

俄文是按原件译的

二、委托书②

兹委托公民约·菲·贝克尔全权代表我们协会出席国际海牙代表

---

① 文件写在压有"巴塞尔德国工人教育协会"字样的淡蓝色方格纸上,并盖有该协会的椭圆形印章。
② 文件上盖有"日内瓦工人教育协会"的椭圆形印章。

大会。

该代表受委托以主张保留总委员会为原则进行投票表决。

150名会员的年度会费已缴纳。

受协会的委托：

主　席　C. 梅伊

财务委员　K. 默尔勒

书　记　J. 明希

1872年8月28日于日内瓦

第一次发表

原文是德文

俄文是按原件译的

三①

日内瓦国际工人协会德国人支部选举公民贝克尔（约·菲·）为代表出席1872年9月2日在海牙举行的国际工人代表大会，并授予他这份委托书。

受日内瓦国际工人协会德国人支部的委托

主　席　C. 梅伊

财务委员　S. 坎嫩贝格

1872年8月28日于日内瓦

---

① 文件上盖有椭圆形印章："国际工人协会日内瓦支部"。

第一次发表　　　　　　　　　　　　　　　　　　　　原文是德文
　　　　　　　　　　　　　　　　　　　　　　　　　　俄文是按原件译的

四①、委托书

　　兹委托公民约·菲·贝克尔全权代表巴塞尔支部出席海牙的全协会代表大会，并以巴塞尔支部名义在代表大会上投票表决。
　　　　以巴塞尔支部的名义并受其委托：
　　　　　　财务委员　　H. 霍夫曼　　A. 哈特曼
　　　　　　书　　记　　J. 杜马　　C. 许尔曼　　C. 费
　　　　　　　　　　　　　　　　　　　　　　1872年8月28日于巴塞尔
　　下列签名者证明：巴塞尔支部已向总委员会缴纳了自己的22名会员的年度会费。钱已同其他支部的会费一起由苏黎世支部转交总委员会。
　　　　以苏黎世支部的名义
　　　　　　通讯员　　海尔曼·格罗伊利希
　　　　　　　　　　　　　　　　　　　　　　1872年8月28日于苏黎世

第一次发表　　　　　　　　　　　　　　　　　　　　原文是德文
　　　　　　　　　　　　　　　　　　　　　　　　　　俄文是按原件译的

---

① 文件上盖有两个椭圆形印章："国际工人协会巴塞尔支部"，"国际工人协会苏黎世支部"。

五①、委托书

兹委托公民约·菲·贝克尔全权代表乌斯特支部出席海牙共同的代表大会，并以乌斯特支部的名义在代表大会上投票表决。

以乌斯特支部的名义

通 讯 员　Pr. 黑格

财务委员　Hr. R. 肖恩

1872 年 8 月于乌斯特

下列签名者证明：乌斯特支部已向总委员会缴纳了自己的 20 名会员的年度会费。钱已同其他支部的会费一起由苏黎世支部转交总委员会。

以苏黎世支部的名义

通讯员　海尔曼·格罗伊利希

1872 年 8 月 27 日于苏黎世

第一次发表　　　　　　　　　　　　　　　　原文是德文

俄文是按原件译的

六②、委托书

兹委托公民约·菲·贝克尔全权代表罗尔沙赫支部出席海牙的全协

---

① 文件上盖有椭圆形印章："国际工人协会苏黎世支部"。
② 文件上盖有两个椭圆形印章："国际工人协会苏黎世支部"和"国际工人协会罗尔沙赫支部"。

会代表大会，并以罗尔沙赫支部的名义在代表大会上投票表决。

以罗尔沙赫支部的名义并受其委托

主　　席　武尔·费德雷尔
书　　记　约翰·格拉夫
财务委员　莱茵赫·林格尔

1872 年 8 月于罗尔沙赫

下列签名者证明：罗尔沙赫支部已向总委员会缴纳了自己的 52 名会员的年度会费。钱已同其他支部的会费一起由苏黎世支部转交总委员会。

以苏黎世支部的名义

通讯员　海尔曼·格罗伊利希

1872 年 8 月 27 日于苏黎世

第一次发表　　　　　　　　　　　　　　　　　　原文是德文

俄文是按原件译的

七、委托书①

本协会兹委托日内瓦的约·菲·贝克尔公民全权代表协会出席国际工人协会代表大会。

受楚格德国工人康科迪亚教育协会的委托

财务委员　J. 萨克斯
书　　记　狄茨朔尔德
主　　席　C. 格尔奈尔特

---

① 文件上盖有椭圆形印章："楚格，康科迪亚"。

1872 年 8 月 27 日于楚格

第一次发表

原文是德文
俄文是按原件译的

八、全权委托书①

本同盟委托日内瓦的约·菲·贝克尔公民全权代表同盟的社会民主原则出席海牙国际代表大会。

以德国同盟的名义

主席　B. 莫耶

书记　J. 罗斯奈尔

1872 年 8 月 27 日于卢塞恩

第一次发表

原文是德文
俄文是按原件译的

九、致国际工人协会海牙代表大会②

公民们：

罗曼语区联合会委员会在自己最近的一次会议上指定公民约·菲·贝

---

① 文件上盖有椭圆形印章："卢塞恩德国工人同盟"。
② 文件上盖有椭圆形印章："国际工人协会罗曼语区联合会委员会"。

克尔为自己出席代表大会的代表，请你们承认他是受我们委托维护我们的原则和我们的主张的受托人。

请接受我们的兄弟般的问候

以罗曼语区联合会委员会的名义

总书记　**昂·培列**

1872年8月29日于日内瓦

第一次发表　　　　　　　　　　　　　　　　　　原文是法文

俄文是按原件译的

阿·赫普纳的委托书

本地的国际工人协会会员 8 月 25 日集会，指定**莱比锡**的阿道夫·赫普纳公民为自己出席 9 月 2 日开幕的**海牙**代表大会的代表。

会议主席　C. F. **里克**

书　　记　W. **霍克**

1872 年 9 月 1 日于雷根斯堡

第一次用俄文发表	原文是德文
载于《第一国际在德国》文集 1964 年柏林德文版第 673 页	俄文是按原件译的

维·达夫的委托书

国际工人协会海牙支部在今天的会议上委托公民**维克多·达夫**代表支部出席9月2日开幕的国际工人协会海牙代表大会。

上述支部的通讯书记
布鲁诺·李贝尔斯
1872年9月1日于海牙①

第一次发表 原文是荷兰文

俄文是按手稿译的

---

① 下面有恩格斯用铅笔写的字:"维克多·达夫,教师,(比利时)列日,利波特街4号"。

尼·茹柯夫斯基的委托书

国际工人协会①
日内瓦宣传和社会主义革命行动支部[120]
1872年8月30日会议

日内瓦宣传和社会主义革命行动支部8月30日举行会议，委托支部成员茹柯夫斯基公民持下述限权委托书代表支部出席海牙代表大会：

鉴于国际工人协会1866年在日内瓦召开的第一次代表大会通过了排斥任何权威主义观念的自治原则作为国际工人协会的组织基础；

鉴于由于随后几次代表大会通过的组织方面的决定，这一基本原则为伦敦总委员会所破坏，它擅自修改了我们的章程并正式加以公布，而只有代表大会才有这种权利；

鉴于这一事实恰恰在巴黎公社的失败本应使我们团结协会的一切力量来进行宣传和行动的时候引起了整个协会组织的破坏；

鉴于这种状态使国际的力量丧失活动的能力；

宣传和社会主义革命行动支部对总委员会关于把修改章程列入议程的提案表示附议。

---

① 在文件的第7页上（共8页）盖有圆形印章："国际工人协会。宣传和社会主义革命行动支部。没有无权利的义务，没有无义务的权利。自由、平等、博爱。日内瓦"。

一、支部声明，联邦制的原则应是国际的组织基础。

协会的联合会由各自治的支部组成，协会则由各自治的联合会组成。

支部应在所有生产部门按职业特点组织起来，但完全有必要除建立这些行业性支部外又建立研究和宣传支部，这些支部可自行决定自己的名称和特性。

研究和宣传支部之所以必要，是由于下列原因：行业性支部不得不把自己的时间全部用于处理工会事务，即组织对资本的反抗。它们不得已地忽略原则问题，因而加入国际协会的工人常常不知道国际协会的目的和原则是什么，并且对各次代表大会的基本决议毫无所知；他们被迫靠劳动谋生，辛苦劳累而不得温饱，他们是本能的革命者和社会主义者，但是，要改变现状，必须变本能为自觉，而这又只有通过学习才能做到。

二、各支部应当自由加入两类联合会：为了反对资本而加入工业区的联合会，为了反抗资产阶级和贵族的政权而加入全国的联合会。

各支部间的连结环节是联合会委员会，它只执行通讯和统计局的职能。区域性联合会委员会有权暂时开除支部，直到下届区域代表大会为止，只有代表大会才能解决这一问题。

联合会委员会可互相交往，但对于整个协会来说必须有一个统一的中央统计局，并且，考虑到总委员会在初创时是有益的，而现在不仅已经多余而且有害，支部所派的代表应当要求：

1. 取消这个总委员会。

2. 建立一个中央通讯和统计局，这一机构不再由代表大会委托，而且区域联合会按照每个联合会派出1—3名成员组成；这个机构将对各支部进行登记注册和出版协会通报；每个会员每年会费为10生丁，统一交统计局的出纳处。凡到每年2月1日尚不缴纳会费的支部，将丧失派代表参加应届代表大会的权利。

协会的通报应只包含关于工人运动的准确报告，完全不涉及各支部和各联合会之间的分歧，不触及各联合会应在自己的报纸上自行探讨的原则问题。

国际的每一个支部将免费获得一份这一通报。

三、代表大会预先拟定两个城市作为举行下届代表大会的地点，第一个城市享有优先；如果由于某些原因而不能在这一城市举行代表大会，中央通讯和统计局与各联合会商量后确定第二个城市。不言而喻，举行代表大会的地点应尽可能处在欧洲的最中心。

四、支部的代表应声明：

1. 反对由总委员会选定举行代表大会的地点。

2. 反对上述总委员会擅自公布的秘密通告，国际任何一次代表大会并未赋予它发布宣言的权利。

五、为了使代表大会能顺利完成工作，即在国际工人协会中恢复它已在丧失的统一，代表应当：

1. 支持旨在使协会建立承认小组完全自治，排除任何权力和杜绝权威主义措施的制度的一切建议。

2. 坚决主张在代表大会上断然不允许讨论个人事务。

六、最后，如果在海牙代表大会的日程上有原则问题，宣传和社会主义革命行动支部的代表应根据下列三项原理阐发这些原则：

（一）用公社联邦取代国家。

（二）由集体掌握劳动工具的生产团体的劳动者用集体力量废除财产。

（三）通过完整的教育来取消教会、宗教和宗教团体，以及一切与之有关的团体。

以上在日内瓦支部1872年8月30日全体会议上通过。

支部委员会：

书　　记　　L. 德克雷
主　　席　　阿·克拉里斯
财务委员①　A. 米雄

第一次发表　　　　　　　　　　　　　　　原文是法文

　　　　　　　　　　　　　　　　　　　　俄文是按原件译的

---

① 下面用铅笔注明："尼·茹柯夫斯基，教师，日内瓦，特拉西埃尔，特赖贝尔宅"。

革命社会主义宣传支部的电报[①]

革命社会主义宣传支部没有派代表出席代表大会，如有人出席，委托书无效。信在会议后寄上。

代表支部一批成员：

公社中央委员会成员　拉科尔

支部成员　勒德鲁瓦　埃尔皮金

第一次发表
在1872年9月5日第七次会议上提交代表大会

原文是法文
俄文是按电报单译的

---

① 电文前写有："电报 No 7/92。1872年9月4日11时50分从日内瓦发出。1872年9月5日1时48分海牙收到。"

泰·库诺的委托书

一、委托书①

以在这里聚会的国际工人协会会员（共50人）的名义委托公民泰·库诺（来自布鲁塞尔）代表我们出席海牙代表大会。

委托人：
特·布尔克哈特　G.克鲁尔　弗·迈耶尔
W.乌姆兰德　弗·黑贝尔
书　记　特奥多尔·布尔克哈特

木刻家……贝尔格街②18号
1872年8月26日于斯图加特

第一次发表　　　　　　　　　　　　　　　　原文是德文
　　　　　　　　　　　　　　　　　　　　　俄文是按原件译的

---

① 在委托书的右角有库诺1932年用英文写的说明："我本人的全权证书"。左下方有下述附言："库诺——工程师，无固定住处，即将离开欧洲。库诺1872年9月2日于海牙"。

② 街名不清。

二、

  1872年8月26日星期一在杜塞尔多夫成立了**国际工人协会**的一个支部,共有成员10人。支部委托公民**泰·弗·库诺**把支部建立一事通知总委员会,并把10个小银币的会费转交给它。同时,**库诺**被委托在**海牙**代表大会上从9月2日起到代表大会闭幕止,大力维护现行章程和反对由**巴枯宁**领导的"社会主义民主同盟"的阴谋诡计。

  委托人:恩斯特·赖歇尔,新街1/Ⅱ,
     泰·贝克尔　V.雷德曼　A.德莱塞,十字街14号,
     H.奈勒尔斯赫姆　弗里德里希·毛①

1872年8月29日于杜塞尔多夫

第一次全文发表
原文是德文
俄文是按原件译的

---

① 在文件的上方有库诺亲手写的说明:"杜塞尔多夫支部发给我的委托书,并指示我反对巴枯宁"。

哈丽雅特·罗的委托书

1872年8月30日于日内瓦①

女士：

中央女工支部对于您盛情提出由您代表支部出席海牙代表大会的建议向您表示感谢。支部接受您的盛情帮助，深信不可能有更适合于维护它的事业和更有能力争得它的事业的胜利的人来代表它的事业了。

致

敬礼和团结

以支部的名义
书记　V. 蒂奈尔

给哈丽雅特·罗女士②

中央女工支部兹委托哈丽雅特·罗女士代表中央女工支部出席海牙代表大会。

本委托书是**限权委托书**。罗女士作为支部的代表，不得偏离委托书包含的表述。委托书发给人预先反对她们的受托人超出本委托书给她所

---

①　左角盖有椭圆形图章："国际工人协会日内瓦中央女工支部"。
②　左角盖有椭圆形图章："国际工人协会日内瓦中央女工支部"。

作的①规定而可能说的或可能做的一切。

罗女士将把如下希望通知代表大会，并在必要时向代表大会加以阐述：

第一，鉴于：女工和男工的需要是一样的，而女工的劳动报酬却少得多，

中央女工支部请求代表大会在自己的决议中写明，今后在雇主与有妇女从事的某一职业的罢工者之间达成的协议中为妇女规定与为男人规定的相同的好处；根据罗曼语区联合会今年在斐维举行的代表大会的决定。[121]

第二，鉴于：

在达到**劳动的解放**这一共同目标的道路方面持有不同看法的团体越多，就越容易使工人运动遍及各地，而又不丧失促进取得最终结果的任何一支力量（甚至是意见极为分歧的力量当中的任何一支力量）；

在国际原则的范围内应让各人有权根据他们自己的倾向和看法结成团体；

中央女工支部的女工们因此要求：

任何一个支部，不管它给自己规定什么样的特殊目的，不管它有什么样的原则，只要它的目的和原则不损害国际工人协会的目的和原则，并可以同共同章程并行不悖，总委员会就不能把它摈弃。

1872年8月30日于日内瓦拟定。

以支部名义

总书记　V. 蒂奈尔

在这一文件的原件上签名的女士有：

吕茨（玛丽亚）、吕茨（莉娜）、萨特勒、弗雷、朱约姆、拉普、

---

① 此处删去"全部"两字。

皮尼耶、瓦特、贝尔纳、布罗特、安迪纽、拉瓦累特、维图、布朗热、莫西

V. 蒂·

在本文件上有一字被删。

V. 蒂奈尔

第一次发表

原文是法文
俄文是按原件译的

约·麦克唐奈的委托书

爱尔兰

都柏林支部

1872 年 8 月 28 日会议记录摘抄。

一致通过委托公民约·麦克唐奈代表都柏林支部参加 1872 年的全协会代表大会。

8 月 28 日于都柏林

书记　韦里

都柏林，下彭布罗克街 28 号①

第一次发表

原文是英文

俄文是按原件译的

---

① 背面写有："都柏林，下彭布罗克街 28 号。麦克唐奈朋友：为我们做您能做的一切吧，我们信赖您。韦里"。

卡·马克思的委托书[①]

1872 年 7 月 30 日于纽约

国际工人协会第一支部,北美,沃德旅馆 10 号
致卡尔·马克思(伦敦)

尊敬的同志:

我荣幸地通知您,在 7 月 28 日会议上您被任命为上述支部的代表出席海牙全协会代表大会,我们期望您同意我们的选举并将代表纽约第一支部出席该代表大会。

您的委托书将由我们出席代表大会的本地代表中的一位代表到达欧洲时转交给您。

按照 7 月 28 日那次会议的决定,对您出席海牙代表大会的委托是,您必须同从我们这里直接去的代表一起坚决支持北美联合会代表大会的各项决议。这些决议的主要目的是严密的组织,首先是完全的集中,以及反对**巴枯宁、吉约姆**之流的阴谋,因为他们显然是要瓦解国际工人协会以便于他们个人自由搞阴谋和破坏我们的运动。

我们联合会自己的代表大会这一次没有让纽约第一支部在决议中写

[①] 参看《马克思恩格斯全集》中文第 1 版第 44 卷第 703—704 页。——编者注

上它认为必须修改共同章程的看法，因此我们授权您在海牙代表大会上对这个问题，以及这次代表大会将要讨论和解决的一切其他问题自行酌情处理。

纽约第一支部完全意识到，它把代表的职责交给您，还应当考虑支付与此有关的费用，但是我必须向您说明，我们的经费现在已经完全用尽，对我们来说哪怕支付最少的费用也是不可能的。

尽管有这种情况，海牙代表大会的重要性要求我们直接派出代表，因此我们希望您即使没有我们的资助也能找到完成这一任务的机会。

致兄弟般的问候

通讯书记　**卡·施佩耶尔**

通讯书记的通讯处：纽约第5号大街南76号卡·施佩耶尔收

第一次发表

原文是德文
俄文是按手稿译的

国际工人协会北美纽约第一支部①
委托书②

本件持有人卡尔·马克思于1872年7月28日在上述支部会议上当选为该支部出席海牙全协会代表大会的代表,是纽约第一支部的有表决权的全权代表。

通讯书记　卡·施佩耶尔
会议主席　弗·阿·左尔格
1872年7月28日

第一次发表

原文是德文
俄文是按原件译的

---

① 文件上盖有椭圆形印章:"国际工人协会北美联合会委员会"。
② 参看《马克思恩格斯全集》中文第1版第44卷第704页。——编者注

尼·马尔塞劳的委托书[①]

你经直接表决当选为西班牙联合会出席我们亲爱的国际工人协会国际代表大会的代表；现通知你，你在自己的行动中应当完全遵照地区联合会的限权委托书。我们受托把这一委托书交给你。

敬礼和社会清算。

以联合会委员会的名义并受它的委托

内务总书记　**弗朗西斯科·托马斯**

交塞维利亚联合会成员尼古拉·阿隆奈·马尔塞劳同志。[②]

1872年8月25日于巴伦西亚

第一次发表

原文是西班牙文

俄文是按原件译的

---

① 文件上盖有圆形印章："国际工人协会西班牙联合会委员会"。
② 页边写有："交政论家和丝织厂帮工（地址）。卡尔德列罗斯14号"。

托·莫拉戈的委托书[①]

你经直接表决当选为西班牙联合会出席我们亲爱的国际工人协会国际代表大会的代表；现通知你，你在自己的行动中应当完全遵照地区联合会的限权委托书。我们受托把这一委托书交给你。

敬礼和社会清算。

以联合会委员会名义和受它的委托

内务总书记 **弗朗西斯科·托马斯**

交雕刻师，马德里联合会成员托马斯·冈萨雷斯·莫拉戈同志。[②]

1872年8月25日于巴伦西亚

第一次发表

原文是西班牙文
俄文是按原件译的

---

① 文件上盖有圆形印章："国际工人协会西班牙联合会委员会"。
② 页边写有："托马斯·冈萨雷斯·莫拉戈，西班牙马德里卡巴列罗-德-格拉西亚街8号"。

享·奥伯温德的委托书[①]

全权委托书

兹委托维也纳的奥伯温德公民在海牙召开的国际代表大会上代表我们的利益。

主席　路易斯·胡果
1872年8月30日于赖兴堡

第一次发表　　　　　　　　　　　　　　　　原文是德文
　　　　　　　　　　　　　　　　　　　　　俄文是按原件译的

---

① 文件上贴有已付会费的标志，标志上有下述文字："国际工人协会总委员会。1871—1872"。在这些字前面有弗兰克尔笔迹写的字："不应公布。奥地利"。

波特尔（吕坎）的委托书

1872年8月31日于布鲁塞尔

下面签名的侨居布鲁塞尔的公民建立了一个得到伦敦总委员会……①承认的支部，现派公民波特尔作为代表出席在海牙召开的国际工人协会代表大会。

C. E. 里杜埃、G. 蒙代

第一次发表 　　　　　　　　　　　　　　　　　　　原文是法文
　　　　　　　　　　　　　　　　　　　　　　　　俄文是按原件译的

---

① 手稿上留有空白，以便填写日期。下方有批注："归档"。

托·罗奇的委托书

1872年8月29日于［伦敦］红狮子大院7号①

兹证明：公民托马斯·罗奇确实当选为不列颠联合会委员会出席将于1872年9月的第一个星期一在海牙举行的协会全协会代表大会的代表。

签名：
主席　查尔斯·阿瑟·淮亚特
书记　艾德蒙·希尔斯

第一次发表　　　　　　　　　　　　　　　　　　原文是英文
　　　　　　　　　　　　　　　　　　　　　　　俄文是按原件译的

---

① 文件写在印有"国际工人协会不列颠联合会委员会"字样的公文用纸上。

阿·索瓦的委托书

国际工人协会

美国分会①

合众国纽约第 2 支部在 1872 年 8 月 4 日的会议上指定公民阿尔塞讷·索瓦为出席应于 1872 年 9 月的第一个星期一在海牙召开的世界代表大会的代表。

会议主席　H. 夏尔尼埃
出　　纳　T. 米洛
会议书记　E. 戈东
通讯书记　让德鲁 G.
财务委员　阿·索瓦

1872 年 8 月 4 日于纽约

第一次发表　　　　　　　　　　　　　　原文是法文
　　　　　　　　　　　　　　　　　　　俄文是按原件译的

---

① 文件上盖有椭圆形印章："国际工人协会纽约第 2 支部",页边用铅笔写着："169 名会员"。

威·威斯特的委托书

1872年8月13日于纽约

美国国际工人协会第12支部于1872年8月8日星期四晚上在百老汇大街48号举行了专门会议。会议的目的是选举支部出席9月第一个星期一将在荷兰海牙举行的国际工人协会全协会代表大会的代表。

威廉·威斯特公民经适当的方式当选为上述代表,他受委托维护支部,反对可能来自任何方面的对支部的责难,同时受委托保证取消由在英国伦敦的总委员会作出的关于暂时把支部开除的不公正决定。

主　　席　　维多利亚·C.伍德赫尔
记录秘书　　约翰·利特尔

第一次发表

原文是英文
俄文是按原件译的

法尔加-佩利塞尔的委托书[①]

兹证明：拉斐尔·法尔加-佩利塞尔，排字工人，是巴塞罗那联合会所选出的出席国际代表大会的代表；他在自己的言行中应完全遵循西班牙联合会的限权委托书。

为此目的，特授予他这份委托书。

以联合会委员会的名义并受它的委托

内务总书记　**弗朗西斯科·托马斯**

交拉斐尔·法尔加-佩利塞尔，印刷工人。

1872年8月25日于巴伦西亚

第一次发表

原文是西班牙文
俄文是按原件译的

---

① 文件上盖有圆形印章："国际工人协会西班牙联合会委员会"。在第4页上用蓝铅笔写着："拉·法尔加-佩利塞尔，印刷工人，西班牙巴塞罗那卡雷塔斯街63号之一"，第2和第3页空白。

皮·弗吕兹的委托书

我们是比利时的代表,兹证明弗吕兹同志是维德尔河谷联合会出席海牙代表大会的代表。①

罗什·斯普林加尔②　德·布里斯梅
阿尔弗勒德·埃尔曼　菲·克楠
N. 埃伯哈特　昂·范·登·阿贝勒③

下面的签名者是佛尔维耶支部成员,曾出席上述联合会的代表大会,派弗吕兹同志作为出席海牙代表大会的代表。

维克多·达夫

第一次发表 　　　　　　　　　　　　原文是法文
　　　　　　　　　　　　　　　　　俄文是按原件译的

---

① 下面是比利时的代表们的亲笔签名。
② 下面删去:"维克多·达夫"。
③ 下面是达夫笔迹写的。

弗·恩格斯的委托书

一

全权证书

国际工人协会布雷斯劳的会员委托伦敦的弗里德里希·恩格斯先生代表他们出席今年9月2日在海牙召开的国际工人协会代表大会。

亨利希·厄梅　保尔·博克　海尔曼·克里米兴

1872年8月19日于布雷斯劳

第一次发表

原文是德文
俄文是按原件译的

二

伦敦的弗里德里希·恩格斯先生正式当选为国际工人协会纽约（北美）第6支部出席1872年9月2日起在海牙举行的全协会代表大会的代表，特此证明。

代理主席　弗·J.贝尔特兰德
书　　记　约翰·斯托克

1872年8月8日于纽约

> This is to certify that Mr. Fredr. Engels of London is duly elected to represent section six of the I.W.A. of New York North America in the General Congress which is to be held at Hague from the 2 of September 1872.
>
> New York August 8th 1872.
>
> fr. S. Bertrand
> Chairman pro temp.
>
> John Stock Secretary
>
> To certify the genuineness of the above credentials I affix hereunto the seal of the Federal Council for North America and my signature
>
> New York, August 9th 1872.
>
> F. Bolte, Fed. Sy.
> of the F.C. I.W.A. N.a.

纽约第6支部给弗·恩格斯的参加海牙代表大会的委托书

为了证明本委托书属实，兹盖上国际工人协会北美联合会委员会的印章并加上本人签名。

国际工人协会北美联合会委员会①总书记

弗·波尔特

1872年8月9日于纽约

第一次发表 原文是英文

俄文是按原件译的

---

① 文件上盖有椭圆形印章："国际工人协会北美联合会委员会"。

葡萄牙联合会给自己的出席海牙代表大会的代表的限权委托书[①]

下面签名的国际工人协会各支部出席里斯本地方委员会会议的代表，

从报刊报道中获悉社会主义民主同盟成员在各国掀起公开争论的情况之后，

鉴于：同盟的所作所为给国际工人协会的威望造成了不幸的后果；

同盟力图使我们的协会服从同盟的统治，使我们的协会的组织涣散，并把工人阶级引向谋求特殊的目的；

如果有理由责难总委员会，这个问题应提交各支部研究，在各支部当中解决并由代表大会核准；

还鉴于：意大利各支部的行为违背国际共同章程的文字和精神；

上述各支部独断专横，篡夺了召开全协会代表大会的权利以破坏章程的条款；

根据所有这些原因，我们建议：

1. 对于同盟：

宣布它是危险的团体，它对工人阶级的经济解放极为有害，代表大会应对它采取有力的反对措施。

---

① 葡萄牙联合会的代表是保·拉法格。

2. 对于意大利各支部：

把它们作出召开全协会代表大会的决议一事，看做是破坏适用于协会一切劳动者会员的章程条款的行为。

丹尼尔·阿尔维斯（会议主席）
何塞·阿尔梅达-桑托斯
何塞·达·西尔瓦　何塞·佩雷拉
雷蒙·卢巴　桑托斯·莱特
塞莱斯蒂诺·阿斯普罗（书记）
诺布雷-弗朗萨（书记）

1872年8月23日于里斯本

第一次用俄文发表　　　　　　　　原文是西班牙文
载于1872年9月14日《解放报》　　俄文是按《解放报》译的
第65号

给出席海牙代表大会的汝拉代表们的限权委托书

汝拉联合会的代表们领到了限权委托书,受命在海牙代表大会上坚持以下述原则作为国际的组织基础。

任何工人团体,只要承认日内瓦代表大会所通过的共同章程的导言所阐述的国际纲领,并保证在反对垄断资本的斗争中同一切工人和工人组织在经济方面团结一致,就可以成为国际的享有充分权利的支部。

由于联邦制原则是国际的组织基础,所以,各支部是彼此自由地联合成联合会的,各联合会又彼此自由联合,各自享有充分的自治,并根据需要,建立它们认为必需的一切联络机构、统计局等等。根据上述原则本身导出的结果,汝拉联合会主张取消总委员会,取消国际内的任何权威。

汝拉的代表们应同西班牙、意大利、法国的代表以及一切公开和广泛反对权威原则的人完全团结一致地行动。因此,如果不许这些联合会的任何一个代表出席代表大会,汝拉的代表们就应立即离开代表大会。

同样,如果代表大会不承认国际的上述组织原则,代表们就应同那些反权威的联合会的代表一起离开代表大会。

汝拉的代表们应当尽其所能地拒绝讨论任何个人问题,只有在迫不得已时才加入讨论,同时建议代表大会忘记过去并在今后选出公意审判会,它每当国际成员遭到指控时负有作出决定的责任。任何指控者如无真凭实据证明自己的指控,就应作为诽谤者被开除出协会。

第一次用俄文发表

第一次发表于1872年8月15日—9月1日《汝拉联合会简报》第15—16期

原文是法文

俄文是按《汝拉联合会简报》译的

西班牙联合会发给它的出席国际代表大会的代表们的限权委托书

1. 我们深感痛苦地看到，总委员会未与各地方联合会协商就指定了代表大会举行的地点；

我们遗憾地看到，总委员会指定海牙为举行代表大会的地点，致使各国联合会不可能派出如指定在比较适中的地点时本可派出的那样多的代表；

由于欧洲南部地区出现了反对总委员会的倾向，这样做显然是经过仔细考虑的，是为了使这些地区尽可能少派代表出席代表大会。

由于这一切，代表们应当在代表大会上声明，总委员会在这个问题上破坏了公平原则。

2. 我们认为，迄今国际各次代表大会遵循的按代表数目计票的原则是不公平的，因此我们请求按每个代表所代表的人数计票，每个代表的限权委托书应说明他所代表的人数。如果代表没有限权委托书，或者如果他所代表的支部和联合会未曾讨论提交代表大会的问题，未曾就这些问题作出决议，他们所代表的票数不应计入。

为了保证这一原则的执行，为了使代表大会的决议能真正表达国际工人协会的意志，决议应当在作出两个月之后方能生效。在这两个月期间，那些没有给自己的代表以讨论这些问题的限权委托书或没有可能派出代表的支部和联合会将表示自己的意见，这些意见可发表在协会的机关刊物上和通知将有责任执行这一职能的联合会委员会。

如果代表大会坚持采取传统的表决方式，我们的代表就只参加讨论，而不参加表决。

比利时联合委员会将受委托统计那些没有派代表或没有给予代表关于讨论的问题的限权委托书，但将表示自己的意见的支部和联合会的票数。

3. 代表大会的组织决议，只有经支部和联合会表决批准才是所有国际会员必须遵守的。对原则问题进行表决，只是为了表明什么意见最能被接纳；有关这些问题的决议不是必须遵守的。

4. 总委员会不应对各支部和联合会拥有任何统治权。照它现在存在的那个样子，它就应当被取消，它的职能应当是在各国的联合会之间起中介作用；因此，它的活动将缩减为简单的通讯和统计中心的活动，它仍有充分的自由来主动向各国的联合会或代表大会建议通过它根据从通讯和统计中获得的资料认为更适当的决议。

5. 总委员会驻在地在下届代表大会之前应是布鲁塞尔。

应委托比利时联合会委员会：

统计那些没有派代表或没有给予代表关于讨论的问题的限权委托书，但将表示自己的意见的支部和联合会的票数。

代表大会后两个月，应使当选的总委员会执行职能。

6. 总委员会应由每个国家的联合会派出2人组成；他们直接由相应的联合会任命，并只有相应的联合会才能把他们召回。

7. 我们的意大利兄弟同总委员会决裂的责任完全在于后者；如果国际的意大利会员不计较这种情况，仍派自己的代表出席海牙代表大会，我们声明，只要他们像现在那样维护革命的旗帜，我们的代表就永远同他们并肩站在一起。

如果意大利人坚持与海牙代表大会同时或在海牙代表大会之后在纳沙泰尔召开代表大会，我们的代表在完成自己在海牙的使命之后将赴纳沙泰尔参加所述代表大会或领取一切必要的资料，以便回去后报告我们在这个巨大而重要的问题上感兴趣的一切情况。

8. 我们的代表应采取一切可行的手段，在自己可能的范围内争取国际的统一，但决不放弃我们的代表会议和全国历次代表大会宣告的任何一条革命原则。

为此，我们的代表应与意大利和汝拉的代表取得协议，以便共同维护鼓舞这些国家的原则，因为他们的意见是一致的或相同的。

9. 西班牙联合会的代表应领取海牙代表大会以及纳沙泰尔代表大会的会议记录副本，以便所有地方联合会能了解两个代表大会的情况。

10. 他们还应得到各联合会，尤其是西班牙联合会给总委员会制订的会费清单，以及从上次巴塞尔代表大会起到今天止的增长数字和指数。

11. 我们的代表应就下述问题发言：

最好把代表大会即将讨论的各项议程具体化，因为在"修改章程和共同条例"项下可能会出现许多极其复杂的问题。我们指示他们，对于这一委托书由于上述原因未能预见到的所有项目，他们遵循的准则应当是集体主义的原则，即无政府主义的、反权威主义的和分权主义的原则，这一原则是我国的国际会员的准则，又是巴塞罗那代表大会、萨拉戈萨代表大会和巴伦西亚代表会议宣布过的原则。他们应当时刻遵循代表会议通过的公式：必须把全人类联合成农业工人和工业工人自由协作社的包罗一切的自由联邦。

12. 西班牙代表应全面遵循这一委托书，回来之后即应详细报告完成委托的情况，首先是向自己的联合会委员会报告，以便它向各地方联合会传达，其次是向巴塞罗那联合会的专门会议，向巴塞罗那联合会全体会议直接派出的代表报告，但这不应影响向联合会委员会书面报告自己完成使命的情况。

13. 联合会本月已积极缴纳会费的共有15000多国际会员。

以西班牙区域联合会的名义,联合会委员会委员:

会　　　　　计　　维森特·罗塞尔,丝织工
出　　　　　纳　　维散特·托雷斯,书商
财　务　书　记　　维森特·阿森西,细木工
北部地区通讯书记　佩雷格林·蒙托罗,丝织工
南部地区通讯书记　塞韦里诺·阿尔瓦拉辛,教师
西部地区通讯书记　弗朗西斯科·托马斯,泥水匠
东部地区通讯书记　卡耶塔诺·马尔提,石匠
中部地区通讯书记　弗朗科·马丁内斯,染色工

1872年8月22日于巴伦西亚

原文是西班牙文
1872年以传单形式发表于《国际工人协会西班牙地区联合会通告(1872年8月22日)》

俄文是按《巴枯宁文库》第2卷《米哈伊尔·巴枯宁和国际内部的冲突》）1965年莱顿版第345—347页译的

国际工人协会在海牙召开的第五次全协会代表大会代表名单[122]

1. **阿尔诺（安东）**，化学技工，（瑞士）日内瓦卡鲁日支部代表。
2. **阿莱里尼**，西班牙联合会代表。
3. **贝克尔（菲力浦）**，制刷工，罗曼语区联合会委员会、巴塞尔的两个支部、楚格支部、卢塞恩支部、（瑞士）日内瓦德国人支部的代表。
4. **巴里**，鞋匠，（北美）芝加哥支部代表。
5. **贝克尔（伯恩哈德）**，政论家，（普鲁士）不伦瑞克支部代表。
6. **布里斯梅（德西雷）**，印刷工人，（比利时）布鲁塞尔支部代表。
7. **库尔奈（弗雷德里克）**，教师，伦敦总委员会和（丹麦）哥本哈根中央委员会代表。
8. **库诺**，（普鲁士莱茵省）杜塞尔多夫支部和（维尔腾堡）斯图加特支部代表。
9. **克楠**，鞋匠，（比利时）安特卫普支部代表。
10. **西里尔**，店员，（比利时）布鲁塞尔法国人支部代表。
11. **杜蒙**，巴黎和卢昂的法国人支部的代表。
12. **狄慈根**，制革工人，（萨克森）德累斯顿支部代表。
13. **杜邦（欧仁）**，乐器匠，伦敦总委员会代表。
14. **达夫（维克多）**，（荷兰）海牙支部代表。
15. **杜瓦尔**，细木工，（瑞士）日内瓦罗曼语区联合会委员会代表。

16. 德雷尔，鞋匠，（北美）纽约代表大会代表。

17. 埃伯哈特，裁缝，（比利时）布鲁塞尔制革工人、鞋匠、裁缝、细木工、油漆匠、皮革染色工和大理石工人支部代表。

18. 埃卡留斯，裁缝，伦敦造型工支部代表。

19. 恩格斯（弗里德里希），政论家，（普鲁士）布雷斯劳支部代表和（北美）纽约第6支部代表。

20. 法尔加-佩利塞尔，印刷工人，西班牙联合会代表。

21. 弗吕兹，织工，（比利时）维德尔河谷联合会代表。

22. 法尔卡什（卡尔），机械工人，（匈牙利）佩斯两个支部的代表。

23. 弗里德兰德（胡果），（瑞士）苏黎世支部代表。

24. 弗兰克尔（莱奥），首饰匠，（法国）法国支部代表。

25. 吉约姆（詹姆斯），印刷工人，（瑞士）纳沙泰尔代表大会代表。

26. 格尔哈特，裁缝，（荷兰）阿姆斯特丹联合会委员会代表。

27. 吉尔肯斯，石印工人，（荷兰）阿姆斯特丹石印工人支部代表。

28. 哈科特（埃德威尔），采金工人，（澳大利亚）维多利亚支部代表。

29. 埃尔曼，列日机械工人联合会、（比利时）细木工、大理石工和雕塑工协会联合会代表。

30. 赫普纳（阿道夫），记者，（北美）纽约第8支部代表。

31. 黑尔斯（约翰），伦敦哈克尼街分会代表。

32. 海姆，（奥地利）波希米亚支部代表。

33. 若昂纳尔，制花工人，（法国）法国支部代表。

34. 卡尔·马克思，政论家，总委员会代表，纽约第1支部、（普鲁士）莱比锡支部和美因茨支部代表。

35. **库格曼**，医生，（汉诺威）策勒支部代表。

36. **吕坎**，（法国）法国支部代表。

37. **列斯纳**，裁缝，伦敦德国人支部代表。

38. **拉法格（保尔）**，医生，新马德里联合会和（葡萄牙）里斯本联合会代表。

39. **龙格（沙·）**，教师，（法国）法国支部。

40. **勒穆修**，绘图工，（英国）伦敦法国人支部代表。

41. **米耳克**，印刷工人，（普鲁士）柏林支部代表。

42. **莫拉戈**，西班牙联合会代表。

43. **马尔塞劳**，西班牙联合会代表。

44. **莫特斯赫德**，伦敦贝斯纳尔格林分会代表。

45. **麦克唐奈**，伦敦爱尔兰人支部和都柏林支部代表。

46. **皮尔（S. F.）**，（丹麦）哥本哈根支部代表。

47. **朗维埃**，瓷器画工，（法国）巴黎费雷支部代表。

48. **罗奇（托马斯）**，（英国）伦敦联合会委员会代表。

49. **里廷豪森**，政论家，慕尼黑支部代表。

50. **斯瓦尔姆**，绘图工，（法国）法国支部代表。

51. **索瓦（阿尔塞讷）**，裁缝，（北美）纽约霍布根和帕特森第29和第42支部代表。

52. **赛克斯顿（乔治）**，医生，伦敦总委员会代表。

53. **舒马赫（格奥尔格）**①，制革工人，（普鲁士莱茵省）佐林根支部代表。

54. **斯普林加尔（罗什）**，（比利时）沙勒罗瓦小组代表。

55. **左尔格（弗·阿·）**，教师，（北美）纽约代表大会代表。

---

① 原件为：古斯塔夫。

56. **施维茨格贝尔**，雕刻工，（瑞士）纳沙泰尔代表大会代表。

57. **赛拉叶**，造型工，总委员会和法国支部代表。

58. **肖伊（亨利希）**，（维尔腾堡）埃斯林根支部代表。

59. **瓦尔特**，（法国）法国支部代表。

60. **符卢勃列夫斯基**，教师，伦敦波兰人支部代表和总委员会代表。

61. **豪特（范·德尔）**，（荷兰）阿姆斯特丹支部代表。

62. **阿贝勒（范·登）**，（比利时）根特支部代表。

63. **瓦扬**，民用工程师，（瑞士）绍德封支部代表，（法国）法国支部代表和（北美）旧金山支部代表。

64. **维沙尔**，（法国）法国支部代表。

65. **维尔莫**，（法国）法国支部代表。

第一次用俄文发表　　　　　　　　　　　　　原文是法文
1872年9月5日和9日之间在阿姆　　　　　　俄文是按传单译的
斯特丹T. A. D. 维斯舍印刷厂以传
单形式刊印

同盟事件委员会

同盟事件委员会记录[123]

[1872年9月5日会议]①

1. **恩格斯**宣读总委员会关于同盟的报告②，同时还提交了能证实该报告结论的从西班牙得到的信。（佩龙于1869年6月22日寄自日内瓦的信）。

2. 宣读1866年日内瓦代表大会后的国际工人协会章程——

吉约姆解释说，寄发第1点中提到的那封信的同盟是另一个组织，是公开的同盟。

1872年6月2日《解放报》报道过西班牙同盟的解散。

3. 宣读1869年解散的同盟的章程；这个章程同1872年解散（见《联盟》第155号）的同盟的章程基本相符，但其中有一条宣布，在我们的斗争中不应采用不能**直接**导致工人事业胜利的手段。

4. 在马德里行业支部的章程中，也有1条同已解散的日内瓦同盟的章程的其他条文完全相符。

5. 1872年解散的同盟的章程的第1条非常含糊，它在文字上是这样写的：社会主义民主同盟由国际会员组成，其目的是传播**它的**纲领原则。这里的"它的"一词太不明确。

---

① 在原稿的标题前面用铅笔把"1872年9月5日会议记录"改为"证词记录"。
② 见本卷第386—397页。

第 2 条宣布，同盟是一个完全秘密的团体。

第 9 条说，对每个盟员都可以不说明理由而予以开除。

同盟的鼓动的后果是：（1）许多西班牙工人认为它的章程同国际的章程是相同的；（2）使西班牙联合会委员会同工人群众之间发生严重分歧。

6. 萨拉戈萨代表大会揭露了这些情况并提出了二者必居其一的抉择：不是同盟，就是国际[124]。

调查的结论是，同盟认为国际中有两个等级——聪明人和傻瓜；前者利用其余的人来达到自己的特殊目的。

7. 意大利的 21 个冒牌支部通过了一项同总委员会彻底决裂和在纳沙泰尔召开反权威主义代表大会的决议[125]；但是纳沙泰尔代表大会迄今没有召开。

有人问：西班牙人和意大利人之间有什么相互关系？**恩格斯**回答说，关于这一点，他不知道确切的情况；但是有一个他不能说出来的人告诉过他这一点。关于纳沙泰尔代表大会，巴枯宁发出过反命令。何塞·梅萨曾写信给恩格斯谈了西班牙和意大利的相互关系以及反命令，但是他不能担保这些消息可靠。

里米尼代表大会的决议意味着公开违反章程。

8. 指出西班牙（秘密）同盟的章程和瑞士同盟的章程之间有差别，例如，关于无神论和继承权问题。

9. ① 巴枯宁于 1872 年 4 月 5 日从洛迦诺写给莫拉，**即给"西班牙朋友"**的信。

"亲爱的同盟盟员和同志：**我们的同盟的同志们**"等等；信中说，曾为国际做过许多贡献的人们现在的行为是权威主义的和专制的；诚

---

① 在第 9 点旁边的空白处有库诺笔迹写的批注："巴枯宁亲笔写的文件"。

然，国际可以容忍这些人，但是应当使他们的影响不能为害。巴枯宁认为，当前在大陆上召开代表大会是有困难的（他同时又谴责总委员会在1871年没有召开代表大会，虽然那时离公社的失败还近得多）。他把最大的希望寄托于西班牙和意大利，因为这两国的战士具有青年的热情。① 他始终只谈同盟的章程和纲领，似乎这就是**国际的章程**。其次，信中还谈到在意大利、西班牙和瑞士的盟友。在意大利的是《钟声报》、《玫瑰小报》和《铁锤报》的编辑卡菲埃罗，在瑞士的是吉约姆、住在纳沙泰尔校场街5号的雕刻匠阿代马尔·施维茨格贝尔。**恩格斯**指出，不管怎样，有一点是清楚的：或者吉约姆关于他没参加同盟的声明是欺骗，或者巴枯宁的信是谎言。

10. 根据《联盟》第155号看，西班牙的同盟已经解散，因为它的存在已被揭露。发表章程也是出于相同的原因。

11. 在国际内部的同盟组织分为三级：（1）国际兄弟。（2）民族兄弟。（3）半秘密组织。从整个组织中可以看出，该组织中存在着三个不同的级，并且是由一些人欺骗另一些人。所有这一切是如此离奇古怪，以致委员会里不断产生愉快的活跃气氛。这种过分的做法通常被看做神经错乱。在该组织的一切环节上都表现出最大的专制主义。在这整个事件中充满了肆无忌惮的、完全不合时宜的荒唐行为。全部活动的用意——夺取国际的领导。——**俄国社会民主派**。

有人提议宣布这个组织的制造者（人们认为这就是巴枯宁）不是发了疯，就是晚出生了200年。

---

① 空白处用法文写着："莫拉戈兄弟"。

12. 法尔加的代号是**拉法尔**。①

[1872 年 9 月 6 日会议]

拉法格说，马德里的同盟是由巴塞罗那策动成立的，他于 1872 年 6 月 27 日在马德里公布了整个成立过程[126]。同盟分子没有出面反对他的小册子，也没有进行任何驳斥。

这本小册子里证明，根本不是同盟在西班牙建立了国际，相反，同盟是后来出现的。有 8 个地方建立了同盟，它曾为运动做了许多事情。

他断定，西班牙的同盟根本没有解散。莫拉等人曾要求解散，但萨拉戈萨代表大会没有就这一建议通过决议。

这一点的最好证明是 1872 年 6 月 2 日的马德里通告，在这一通告上签名的有：梅萨、帕赫斯、弗朗西斯科·莫拉、鲍利诺②·伊格列西亚斯、英诺森特·卡列哈、瓦伦亭·萨恩斯、安赫尔·莫拉、路易斯·卡斯蒂利翁、伊波利托·保利。

对这项通告做了答复的只有**加迪斯**支部。

拉法格举了《解放报》上发表的拒绝解散的声明来作证据，对上述声明没有人否认。

拉法格、莫拉和其他人被西班牙联合会开除了，原因是他们揭露了同盟盟员；他相信是这样的，因为找不出要开除他们的其他理由。拉法格认为揭露他们是自己的职责，因为巴伦西亚代表会议制定的西班牙章

---

① 这句话是用铅笔写的；原稿第 8 页的空白处有一个说明："经常和法尔加-佩利塞尔通信的莫拉戈和吉约姆不知道谁叫拉法尔。佩利塞尔承认这是他的假名。"

② 应为：帕布洛。

程的条文之一禁止在国际内部存在任何别的组织。

拉法格认识巴枯宁的笔迹；他也知道巴枯宁写给里斯本一个国际会员的信，1872年8月10日《解放报》刊登了这封信，并且直到现在也没有人否认这封信。信里包含着对总委员会的攻击，但是葡萄牙人没有给予答复。

巴塞罗那的同盟在报刊上宣布解散，并公布了章程，但是拉法格认为它在那里也没有解散，因为巴塞罗那人支持在纳沙泰尔召开代表大会。

施维茨格贝尔

库诺问施维茨格贝尔：他是否曾经是被称做同盟的秘密组织的成员？他将作书面回答。①

第二个问题：您是否认为这个团体现在还存在着？

对第一个问题，施维茨格贝尔既没答是，也没答否，因为这是一个"**原则性的问题**"。

问：您是否认为巴枯宁会说谎？

第四个问题：如果巴枯宁说您是秘密同盟的成员，您是否同意这种说法？

第五个问题：巴枯宁在一封信里说您参加了秘密同盟；您对此作何回答？

吉约姆声明，他从未参加**公开的同盟**，并拒绝提供**秘密同盟**的任何

---

① 见本卷第547—548页。

情况①。

马尔塞劳声明，在萨拉戈萨代表大会之后同盟就解散了。萨拉戈萨代表大会期间他在坐牢。人们告诉他，同盟已解散，签署1872年6月2日通告的马德里支部的成员把这件事告诉他，而他回答说，他认为这个同盟是不存在的，因为它没有开过会。他不知道，除了加迪斯支部之外，有哪个支部答复过上述通告。

他从来没有和瑞士或任何别的国家的同盟中的任何人通过信。

塞维利亚的同盟是在西班牙的国际建立之前成立的；塞维利亚的国际是1871年5月28日才成立的。

1870年有人从巴塞罗那寄给他一个社会主义民主同盟的盟员证。1871年人们告诉他同盟解散了。

索里阿诺怂恿他和许多别的人建立国际的支部，而他们既没有也不了解国际的纲领。他只在塞维利亚才认识同盟盟员。直到1871年，他丝毫不能证明他参加了国际。

拉法格和莫拉是在同盟问题发生以前被开除的，是因为《解放报》上的一篇文章，马德里联合会的传单报道过此事。

他对巴塞罗那同盟的解散一无所知。

他是否知道巴枯宁的一封信？他承认同盟的纲领，并认为这给他带来了荣誉。

吉约姆：巴塞罗那人从未赞成过里米尼的建议，因为意大利人的数量很少，因而这是没有意义的；他握有意大利人给汝拉人和西班牙人的正式电报，其中说他们不去纳沙泰尔；他证实库诺本人所作的声明。

他不愿回答5个问题中的任何一个，但对第三个问题，他回答说，

---

① 在第4页下面的签名是："调查委员会主席泰·弗·库诺，1872年9月6日于海牙"。

巴枯宁不会撒谎。

卡菲埃罗声明，他从未参加公开的同盟。他不回答关于秘密同盟的问题，而且一般地也不回答关于秘密团体的任何问题；只在向他问及关于某个违背国际原则的团体的情况下，他才回答。

他认为，有时说谎是必要的，但是他认为巴枯宁不会故意撒谎。

瓦尔特退出委员会，因为没提出反对被告的任何证据（见瓦尔特的证词）。

符卢勃列夫斯基不认识巴枯宁的笔迹，他也不知道是谁把关于秘密团体同盟的文件交给总委员会的。他发自内心地相信同盟是存在的，同样也相信是巴枯宁领导着同盟。巴枯宁也是其目的是使欧洲革命化的"红色委员会"的成员。他没掌握这件事的证据和证明。他深信，公社覆灭后**到处**都建立了秘密同盟。他有关于此事的无形的和有形的证明，但是他不愿说出来并且将来也不说。他不知道同盟的章程。

（**斯普林加尔**不认为上面引用的是无形的证明）。

马克思不能提供关于同盟在西班牙没有解散的证明。

印出来的秘密章程不是真正的章程。马克思证实拉法格说的话。

里米尼代表大会的参加者和巴塞罗那人是根据《联盟》的通知一致行动的。他认为，从道义上看，**卡菲埃罗**是同盟盟员。

同盟的章程在不同的国家以不同的形式出现，其目的始终是滥用国际的名义。

为了证实这个秘密团体的存在，他引用了俄国法庭公布的正式文件。

总委员会没有同意日内瓦同盟恢复自己的活动。

同盟解散过三次。

在宣读下述文件之前，**马克思**说，巴枯宁曾经承担把《资本论》译成俄文的工作。

这件事是人们私下告诉**马克思**的,问题是关于某些罪行的情报不要广泛宣扬。

巴枯宁只送了两个印张的译稿。

宣读了大概是涅恰耶夫写的一封信。

是对一个属于秘密团体的大学生的威胁,不准他坚持要巴枯宁继续这项工作。署名是**"人民裁判"俄国革命协会外国代理人局,1870年**① 2月25日(13日),第73号。信中含有威胁之词,这封信肯定是巴枯宁本人所属秘密团体的文件。该信的收信人是:

海德堡范得加斯街16号
瓦尔德寡妇交柳巴文先生

巴枯宁在自己的文章中说,整个组织比这个章程中指出的广泛得多。

莫拉戈说,除了加迪斯支部外,他不知道有别的支部对莫拉等的通告给予答复。他是在萨拉戈萨代表大会前参加同盟的,但是在召开代表大会前退出了,因为他的同志们认为同盟继续存在是不恰当的,同盟的盟员已经和最初不一样了,**同盟**已不像章程中规定的那样领导国际,而是屈从国际的统治了。

他不知道,西班牙是否仍有国际存在。

他退出同盟是因为它对莫拉等人没有给以应得的处置。

对第三个问题:巴枯宁是否会撒谎,他回答说,对巴枯宁了解得不够清楚。

对第四个问题:巴枯宁在谈到他时说他是同盟的盟员,这是不是真

---

① "年"字是用俄文写的。

话，他回答说——**绝对不是**！

他不知道巴枯宁所说的"兄弟"是什么意思，并真心希望了解关于巴枯宁的真相。

茹柯夫斯基说，巴枯宁同一个大学生和一个出版商进行过关于翻译马克思的《资本论》的谈判。这个情况同对涅恰耶夫阴谋的揭露相符。他同巴枯宁谈妥了翻译《资本论》挣稿费的事，但是了解到这事没搞成，因为涅恰耶夫对翻译的事进行了威胁；但是他不认为巴枯宁会利用秘密团体来达到强迫某人干某事的目的。不管怎么说，事实是《资本论》是由某个他不认识的人翻译的。

他同巴枯宁没有任何关系，对于第三个问题，他只能做出施维茨格贝尔和吉约姆那样的回答。

有时每一个秘密工作者都不得不撒谎①。

杜邦对于同盟的存在，无论是在有形方面还是无形方面都没有任何话可说。

赛拉叶在读了1872年9月1日由"阿·哥尔茨"署名寄给"亲爱的拉拉加尔德"的一封信后回答问题。他相信存在着一个秘密同盟，他从道义上相信这一点，他的相信是建立在恩格斯提供的文件的基础上的。

他不知道已在西班牙解散的同盟的章程。

他认为，参加日内瓦同盟和西班牙同盟的都是同一批人。关于第三个同盟，他有一些文件，但是这些文件不能确切地证明某一个人参加了这个团体。

在他的文件中没有发现"同盟盟员"、"兄弟"之类的字眼。

对第三个问题，他回答说，巴枯宁会撒谎。

---

① 第8页记录下面的签名是："调查委员会主席泰·弗·库诺，1872年9月7日于海牙"。

他知道巴枯宁的两种笔迹：一种是大字，一种是小字。

他不知道巴枯宁的秘密团体组织计划。

他知道图谋危害我们的组织的人。在图卢兹的《解放报》上曾发表过一系列反对我们的组织的文章，署名是**腊祖阿**；此外，还有两份文件是由**马隆**署名的。

杜邦声明：

如果巴枯宁同第三个问题有牵连，那么第一、第二以及第三个同盟就是由巴枯宁领导的反对我们的协会的一整套阴谋。

第一个证明他在巴黎认识几个国际委员，他们邀请他到寺院区的贝杜什那里去参加一个会议。会上将最后确定同盟的宣传（1868**年底**）；但是他没出席会议。

在巴塞尔代表大会后六个星期，曾向有国际存在的所有国家发出通告，号召建立这个组织，后来在这些地方都建立了委员会。

在里昂召开建立法国联合会的代表会议期间，巴枯宁一直同吉约姆、巴斯特利卡和瓦尔兰在一起。总委员会收到了关于这次代表会议的正式通知，以及章程和其他报道。

赛拉叶1871年11月29日在《解放报》上刊登了一篇通讯，其中指出，国际似乎已分裂成两派，其中只有一派是真正的；**腊祖阿**的答复是他从汝拉联合会的《社会革命报》上搬来的。

在1871年12月19日那天的报纸上，他在回答"由于过分聪明而被总委员会开除的分子是什么人？"这个问题时说：是**贝济埃首席警官的秘书布斯凯**。

1871年11月13日从**贝济埃**写来的信。信中要求把警官布斯凯从国际中驱逐出去。

然而，就是这个**布斯凯**却获得了**汝拉委员会的委托书**，贝济埃的委员会（**革命行动委员会**）也签署了相应的文件。

1872年7月24日从纳博讷写来的信证明这个警探是同盟的人！（见**文件之2**）

1872年7月14日"斯瓦尔姆"从图卢兹写来的信证实了**布斯凯**事件。

关于路易·马尔尚的信（1871年11月24日寄自波尔多）。他也是**同盟**盟员，有人揭发他进行间谍活动和叛变。

沙尔·多萨克确认最后这封信。

"……这就是现在担任日内瓦侨民团体的书记的那个马尔尚"。

1871年11月22日寄自波尔多。

一个俄国人、同盟盟员直接去巴黎找过瓦尔特，向他打听同总委员会决裂的情况。

瓦尔特于1872年8月14日寄自巴黎的信。

爱德华·沙穆于1872年8月24日寄自阿维尼翁的信。信中说有个叫圣马丁的同盟盟员受到指责和揭露，说他卖身投靠资产阶级。

瓦尔特的信：（见文件之2）。他要求**把汝拉人开除出国际**（见文件之2）。

马隆曾代表汝拉人签署委托书，人们揭发他进行出卖和**背叛**活动。

斯瓦尔姆谈到布斯凯时说，他是贝济埃的警官，曾同凡尔赛人达成协议。他为汝拉人和巴枯宁工作。他的来往信件可作证明。他是鼓动反对国际的组织的头目之一。①

第一次发表 　　　　　　　　　　　原文是德文
　　　　　　　　　　　　　　　　俄文是按手稿译的

---

① 第12页记录原稿下面的签名是："调查委员会主席泰·库诺，1872年9月7日于海牙"。

代表总委员会向海牙代表大会提出的关于社会主义民主同盟的报告[127]

社会主义民主同盟是米·巴枯宁在1868年底建立的。这是一个企图在国际工人协会内部和外部同时进行活动的国际团体。这个团体是由协会会员组成的，他们要求有参加国际会员的一切集会的权利，但是却希望有权同国际并列地保留自己的地方性组织、自己的全国性联合会、自己的代表大会。可见，同盟从一开始就企图成为我们协会内部的一个特殊的贵族集团，一个有自己的纲领、享有特权的上等人物的派系。

同盟中央委员会和我们总委员会当时来往的信件，已经在《所谓国际内部的分裂》这一通告的第7—9页①（第一号文件）上刊印出来了。只要同盟保持着独特的国际性质，总委员会就拒绝接受它；总委员会答应，只有在同盟解散自己特殊的国际组织，它的支部变成我们协会的普通支部，并且总委员会知道每一个新的支部的所在地及其人数的条件下，才能接受它。

这个②以后在自己和总委员会的交往中自称为"社会主义民主同盟日内瓦支部"的同盟中央委员会，于1869年6月22日对这些要求做了如下的答复：

---

① 见《马克思恩格斯全集》中文第1版第18卷第11—15页。
② 手稿中接着删去了："为此改变了自己的名称"。

"根据你们的委员会和社会主义民主同盟中央委员会商定的条件,我们向同盟的各组织提出了解散同盟这个独立于国际工人协会之外的组织的问题……我们高兴地通知你们,绝大多数组织都赞同中央委员会打算作出关于解散国际社会主义民主同盟的决定的意见。**今天关于解散的问题已经解决**。我们在把这一决定通知同盟各组织的同时,已建议它们按照我们的榜样组成国际工人协会的支部,并且争取你们或者各相应国家的协会联合会委员会承认它们为这样的支部。为了证明你们寄给前同盟中央委员会的信已经收到,我们今天把我们支部的章程送给你们审查,并请求你们正式承认它为国际工人协会的支部……"(签字)临时书记 沙·佩龙(第二号文件)。

文件中附有一份同盟的这个章程,列为第三号。

日内瓦支部是请求接受它加入国际的唯一的一个支部。关于同盟其他那些似乎存在的支部,毫无所闻。然而,尽管同盟分子在不断搞阴谋,力图把自己特殊的纲领强加于整个国际并夺取我们协会的领导权,当时可以认为同盟履行了自己的诺言,解散了自己。可是①,总委员会收到了相当确凿的材料,根据这些材料不能不作出结论:同盟连想都没有想过要把自己解散,和它庄严地许下的诺言相反,它作为一个秘密团体过去存在过,并且现在还继续存在着,它正利用这个地下组织来像以前那样追求它原来的目的——取得统治权。由于同盟本身发生内讧,它的存在特别是在西班牙的存在这件事已经越来越明显了。关于同盟内讧的经过,我们下面再作叙述。这里只说一点就够了,就是由曾身兼同盟西班牙中央委员会委员的那些旧西班牙联合会委员会委员起草的通告(见《解放报》第61号第3版第2栏,第四号文件[128])暴露了同盟的存

---

① 手稿中接着删去了:"从今年5月以来"。

在①。[在更早的时候，]1872年6月2日的通告就通知同盟在西班牙的所有支部说，通告的签署者刚刚把自己的同盟支部解散了，并且建议其他组织效法它们。[129]通告发表在《解放报》（第59号，第五号文件）上。

这个通告的发表，迫使同盟的报纸即巴塞罗那的《联盟》（1872年8月4日，第155号）也发表了同盟的章程（第六号文件）。于是，这个团体的存在便被完全证实了。

我们把秘密团体的章程和同盟日内瓦支部向总委员会提出的章程作了比较，首先，我们发现第一个文件前面的引言部分和第二个文件前面的引言部分是一样的，只是文词上有一些不同，即在秘密章程中巴枯宁的特殊纲领表述得更加明确。

下面就是准确的统计表：

日内瓦章程	秘密章程	
第一条	第五条	一字不差
第二条	第一条	大体相同
第三条	第二条	一字不差
第四、五条	第三条	大体相同
第六条	第四条	大体相同

秘密章程本身是以日内瓦章程为基础的。例如，秘密章程第四条和日内瓦章程第三条一字不差；秘密章程第十条是由日内瓦章程第八条和第九条压缩成的，同样，秘密章程第三条是由日内瓦章程第十五条至第二十条压缩成的。

和同盟分子目前的做法相反，日内瓦章程第七条鼓吹国际的"强有力的组织"，规定同盟的一切盟员必须"支持……代表大会的决定和**总**

---

① 手稿中接着删去了："由于无法把自己在国际中的义务同自己又身为国际内部一个秘密团体的成员的处境调和起来，他们在6月2日表示"。

委员会的权力"。这一条在秘密章程中没有，但是原先有过，马德里seccion de oficios varios〔各行业联合支部〕条例（第七号文件）第十五条几乎是一字不盖地照搬了这一条就是证明，该条例也包括了同盟的纲领。

显而易见，同我们打交道的不是两个不同的团体，而是同一个团体。一方面，日内瓦中央委员会向总委员会保证说同盟已经解散，并且根据这一声明被接受为国际的支部，而另一方面，以巴枯宁先生为首的这个中央委员会的首领们却加强了这个同盟的组织，把它改变成秘密团体，并且保持了他们答应要放弃的它的国际性质。他们用不体面的办法骗取了总委员会和得到书面通知的整个国际的信任。这些人既然开始就撒了这样的谎，当然再也没有任何理由不去进行各种阴谋诡计，以便控制国际或者一旦失败，就破坏国际。

现在我们把秘密章程的主要条文引在下面：

"（1）社会主义民主同盟**由国际工人协会会员组成**，目的在于宣传和发展**自己纲领**的原则，并且研究能够推进直接和**立即解放工人阶级**的一切手段。

（2）为了取得可能取得的最好成就，并且不至于影响社会组织的发展的声誉，同盟应当是**完全秘密的**。

（4）凡是事先不完全地和不真诚地承认纲领的原则的人，均不能被接受为盟员，等等。

（5）同盟将尽可能从内部影响工人的**地方联合会**，使它不致走上反动的或者反革命的道路。

（9）多数盟员**可以不说明理由而把任何盟员从同盟中开除出去**。"

可见，同盟是在国际内部建立的、有特殊纲领的秘密团体，它的纲领根本不是国际的纲领；这是一个旨在宣传这个它认为是唯一革命的纲领的团体。这个团体规定其成员有义务在他们的国际地方联合会中进行活动，使这种联合会不致走上反动的或者反革命的道路，就是说使它在任何方面都不违背同盟的纲领。这就是说，同盟的目的是要依靠自己的秘密组织把它的宗派主义的纲领强加于整个国际。达到这个目的的最有效的办法，就是利用秘密组织的力量争取把同盟盟员选入各个地方委员会和联合会委员会以及总委员会，以便把这些委员会都抓在自己手中。凡是同盟认为有成功希望的地方，它就是这样做的；这一点我们在下面就可以看到。

很清楚，如果同盟盟员①宣传自己的纲领，那谁也不可能对他们有意见。国际是由属于各种极不相同的派别的社会主义者组成的。它的纲领非常广泛，足以容纳所有这些派别；巴枯宁派是根据和其他派别同样的条件被接受进来的。巴枯宁派之所以受责备，正是因为他们违反了这些条件。

至于说到同盟的秘密性质，那就完全是另一回事了。在许多国家，在波兰、法国、爱尔兰，秘密组织都是保护自己免遭政府的恐怖措施之害的合法手段，国际不能忽视这一点。但是，国际在伦敦代表会议上已经声明，它愿意仍旧完全不同这些团体发生关系，并且不承认这些团体是自己的支部。可是主要的是，在这里我们面对着这样一个秘密团体，它的建立不是为了反对各国政府，而是为了反对国际本身。

组织类似的秘密团体不仅显然违反对国际承担的义务，而且也显然违反我们的共同章程②的文字和精神。我们的章程只承认有一种在权利和义务上都平等的国际会员；同盟却把他们分成两类，即亲信者和非亲信者、贵族和平民，而且承认真理、正义和道德是自己行为的准则；同盟却规定自己的拥护者把造谣、伪装和欺骗当做首要的义务，指使他们

---

① 手稿中接着删去了："公开地"。
② 手稿中接着删去了："和条例"。

欺骗国际的非亲信的会员，向他们隐瞒秘密组织的存在，以及自己言行的动机和真实目的。同盟的创始人知道得很清楚，国际广大的非亲信的会员群众只要一知道存在类似的组织，就永远不会自觉地服从这种组织的。这就是他们要把它变成"完全秘密的"组织的原因。因为有必要强调指出，这个同盟的秘密性质并不是为了瞒过各国政府的耳目，否则它开始就不会作为一个公开的团体而存在了；这种秘密性质①的唯一目的，就是要欺骗国际非亲信的会员，同盟对总委员会进行的不体面的欺骗便证实了这一点。所以，这是一个反对国际的真正阴谋。在工人阶级斗争的历史中，我们第一次在工人阶级内部遇到了一个目的不是要摧毁现存的剥削制度，而是要摧毁为反对这种制度而进行最坚毅斗争的协会本身的秘密阴谋。

而且，可笑的是硬说什么某个团体之所以要处于秘密状态，是为了保护自己免遭各国现政府的迫害，而这个团体自己却在到处鼓吹起削弱作用的完全放弃政治活动的学说，并且在自己的纲领（秘密章程导言第三条）中宣布：它

"反对不以工人反对资本的事业的胜利为直接和立即的目的的任何革命行动。"

这个秘密团体在国际内部搞了些什么活动呢？

对于这个问题，在总委员会的内部通告**"所谓的分裂"**中已经部分地做了答复。但是由于当时总委员会还不知道这个秘密组织的规模，而从那个时候以来又发生了许多重要的事件，所以这只能是一个不完全的答复。

首先必须指出，同盟的活动可以很容易地区分为两个阶段。起初，

---

① 手稿中接着删去了："事实证明了这一点"。

它以为它能够控制总委员会，从而在我们的协会中夺得最高领导权。正是那个时候，它要求自己的拥护者支持国际的"强有力的组织"，首先是支持

"总委员会以及各联合会委员会和各中央委员会的**权力**"；

正是那个时候，同盟的先生们在巴塞尔代表大会上要求总委员会必须有广泛的权力，可是后来他们又如此厌恶地把这种权力当做是**权威主义**的权力来加以反对。

巴塞尔代表大会至少是在一段时间内打破了同盟的希望①。从此以后，它就策划"**所谓的分裂**"中所谈到的那些阴谋；在瑞士汝拉地区，在意大利和西班牙，它都不断地用自己特殊的纲领来偷换国际的纲领。伦敦代表会议通过了关于工人阶级的政治和关于各个宗派主义支部的决议，结束了国际内部这种 qui pro quo〔偷梁换柱的手法〕。同盟便立即又重新活动起来了。同盟在瑞士的堡垒汝拉联合会用它的桑维耳耶通告来反对总委员会、强有力的组织、总委员会的权力、在这个通告上签字的人自己提出并投票通过的巴塞尔各项决议，都被宣布为**权威主义的**，——看来，只要给戴上这顶帽子就足以不分皂白地给它们定罪了；这个谈到"在我们队伍中爆发的一场战争，一场公开的战争"的通告要求使国际具有一种不是适合于当前斗争的需要，而是适合于未来社会的什么玄妙莫测的理想的组织形式，等等。从此以后策略就改变了。命令下达了。在同盟有分支的地方，在意大利，特别是在西班牙，巴塞尔代表大会和伦敦代表会议的各项权威主义的决议同总委员会的权威主义

---

① 手稿中接着删去了："它的活动就是在各地搞阴谋。在伦敦代表会议通过关于工人阶级的政治和关于各个宗派主义的支部的决议，强调指出国际的最初纲领和同盟的纲领不同……以前，它一直是相当镇定的"。

一样，到处都遭到了疯狂的攻击。所谈的不外乎是关于支部自治啦、自由联合小组啦、无政府状态啦，等等。这一切是完全可以理解的。随着国际的公开组织的削弱，国际内部秘密团体的影响自然要加强起来。在同盟道路上的最大的障碍是总委员会，所以首先遭到攻击的也正是它，但是现在我们就会看到，如果有适当的机会，他们对各联合会委员会也会采取同样的态度。

除了国际或多或少地处于同盟影响下的那些国家如意大利和西班牙以外，汝拉通告无论在哪里也没有产生影响。在西班牙，同盟和国际都是紧接着在巴塞尔代表大会以后同时建立的，他们甚至使西班牙最忠实的国际会员都相信，同盟的纲领和国际的纲领是一样的，这个秘密组织到处都存在，加入这个组织似乎是每个人的义务。伦敦代表会议（在这次会议上，一个身为本国同盟中央委员会委员的西班牙代表①，也确信情况恰好相反）以及汝拉通告本身都澄清了这种糊涂看法；而汝拉通告对代表会议和总委员会的疯狂攻击和诽谤马上得到了同盟所有机关报的响应和支持。汝拉通告在西班牙产生的第一个后果，就是在西班牙的同盟内部，在那些首先是国际会员的人和那些由于国际不服从同盟而不想承认国际的人之间发生了分歧。这场斗争起初是非公开性的，但很快便在国际的各种会议上公开地激烈展开了。当巴伦西亚代表会议（1871年9月）[130]选出的联合会委员会以自己的行动表明，它宁愿服从国际而不愿服从同盟以后，同盟占统治地位的马德里地方联合会就把该委员会的大多数委员开除了[131]。在萨拉戈萨代表大会上，他们被恢复会籍，其中有两个人②，莫拉和洛伦佐，又重新被选入新的③联合会委员会，虽

---

① 安·洛伦佐。
② 手稿中接着删去了："它的最积极的成员"。
③ 手稿中接着删去了："设于巴伦西亚的"。

然旧委员会的全体委员事先就声明说他们不愿意接受这两个人①。

萨拉戈萨代表大会[132]使同盟的首领们担心西班牙会摆脱他们的控制。同盟立即发动了一个反对西班牙联合会委员会权力的运动,重复了汝拉通告用来反对总委员会的所谓权威主义的权力的那些攻击。在西班牙,完全民主的、同时又非常明确的组织形式,是由巴塞罗那代表大会[133]和巴伦西亚代表会议制定出来的。由于巴伦西亚选出的联合会委员会所进行的活动(这种活动经代表大会专门投票表示赞同),这个组织获得了在总报告②中已经谈到过的那些辉煌成就。在萨拉戈萨,同盟在西班牙的灵魂莫拉戈宣称,联合会委员会在西班牙组织中的权力是**权威主义的**,必须加以限制,必须剥夺委员会接受或不接受新支部的权力,即决定新支部的章程是否符合联合会章程的权力,总而言之,就是把委员会的作用归结为简单的通讯统计局的作用。代表大会否决了莫拉戈的提议,决定保留现有的权威主义的组织形式(见第八号文件《第二次工人代表大会文件摘录》第109、110页[134]。关于这一点,萨拉戈萨代表大会代表公民拉法格的证明将是重要的)。

为了使新的联合会委员会摆脱在马德里发生的分歧,代表大会把联合会委员会迁到了巴伦西亚。但是,产生这些分歧的原因,同盟和国际之间已经开始发展的对抗,并不是地方性的。代表大会由于甚至连同盟的存在也不知道,所以成立了一个完全是由这个团体的成员组成的新委员会;但是,其中有两个人,即莫拉和洛伦佐,却成了它的反对者,莫拉并且拒绝参加这个委员会。作为对汝拉通告的答复的总委员会通告

---

① 手稿中接着删去了:"代表大会选择了巴伦西亚作为联合会委员会的驻在地,是希望巴伦西亚成为一个中立地区,并且希望以后不再发生纠纷。但是在新的联合会委员会的五名委员中有三名是同盟的走狗,而由于加聘委员的结果,同盟的走狗的人数至少又增加到了五名"。
② 见《马克思恩格斯全集》中文第1版第143—152页。

"所谓的分裂"使得一切国际会员必须声明自己或者拥护国际，或者拥护同盟。以《解放报》为一方，以同盟的报纸巴塞罗那的《联盟》和塞维利亚的《理智》为另一方的论战，越来越尖锐化了。最后，6月2日，前联合会委员会的各位委员——《解放报》的编辑们和同盟西班牙中央委员会的委员们——决定向一切西班牙的同盟支部发出通告，宣布解散自己这个秘密团体的支部，并且号召其他支部效法他们。报复跟着就来了。他们马上又重新被驱逐出了马德里地方联合会，这显然违反了现行条例。于是，他们组成新马德里联合会，请求联合会委员会予以承认。

但是，这时同盟分子在委员会中已经用加聘委员的办法巩固起来了，取得了完全的统治，而洛伦佐也已退出了该委员会。新马德里联合会的请求遭到了联合会委员会方面的断然拒绝，因为联合会委员会当时已经在集中全部力量保证同盟的候选人当选为出席海牙代表大会的代表。为此目的，它给各地方联合会分别寄去了7月7日的内部通告，重复了"联盟"周报对总委员会的诽谤，向各联合会提议派一个由多数票选出的全西班牙共同的代表团去出席代表大会；当选人的名单将由该委员会自己确定。（第九号文件）对于一切知道在西班牙国际内部存在着一个秘密组织的人来说，这很明显就是要选出同盟的先生们，由国际的会员出钱派他们去出席代表大会。总委员会（通告没有寄给它）一知道这些事实①，就在7月24日给西班牙联合会委员会发出了一封信，这封信附在文件②（第十号）中。联合会委员会③于8月1日回信说，

---

① 手稿中接着删去了："这正是在它得到了关于存在有秘密组织的第一批不可辩驳的证据的时候。"
② 见《马克思恩格斯全集》中文第1版第18卷第135—138页。
③ 手稿中接着删去了："起初力图赢得时间，声称似乎"。

它需要时间，以便把我们这封用法文写的信翻译出来，而8月3日它给总委员会写了一封支吾搪塞的回信，发表在"联盟"周报上（第十一号文件）。在这封回信中，它开始站在同盟方面。总委员会接到了8月1日的信以后，就在《解放报》上发表了这次来往信件。

这里补充一句，秘密组织刚一被揭露，有人就断言说，同盟在萨拉戈萨代表大会上已经解散。但是，这一点并没有预先通知中央委员会（第四号文件）。

新马德里联合会否认这个事实，而它是应当知道这件事的。而且，硬说像同盟这样一种国际性团体的西班牙支部不同其他国家的支部商量就可以解散，实在是可笑的。

此后，紧接着同盟就企图发动 coup d'état〔政变〕。同盟鉴于在海牙代表大会上重新使用在巴塞尔和绍德封使用过的手法已无法保证自己获得虚假的多数，[135]于是就利用自封的意大利联合会在里米尼召开的代表会议，以便公开宣布分裂。聚集在那里开会的代表一致通过了一个决定（见第十二号文件）。这样同盟的代表大会就和国际的代表大会分庭抗礼。但是，他们很快就考虑到，这个计划是不会获得成功的。于是放弃了这个计划，决定前往海牙，就是那些在21个支部中**只有一个**是属于我们协会的意大利支部，在否定了海牙代表大会以后，又厚颜无耻地派自己的代表到海牙来了。

鉴于：

（1）由米·巴枯宁建立和领导的同盟（其主要的机关是汝拉联合会中央委员会）不是竭力使国际服从它的统治，就是竭力破坏国际，因此它是一个敌视国际的团体。

（2）因此国际和同盟是不相容的。

代表大会决定：

（1）把米·巴枯宁和社会主义民主同盟现有的全体盟员一律开除

出国际工人协会。他们只有公开同这个秘密团体断绝任何联系，才可以重新加入国际工人协会。

（2）把汝拉联合会这个组织开除出国际。

弗·恩格斯用法文写于1872年8月底
1872年9月5日提交调查委员会
第一次用俄文发表于《马克思恩格斯全集》1940年第1版第13卷第2部

原文是法文
《马克思恩格斯全集》俄文第2版第18卷第132—142页（参看《马克思恩格斯全集》中文第1版第18卷第153—164页）

何·梅萨关于西班牙同盟的声明

声 明[136]

致国际海牙代表大会的代表

同志们!你们即将揭露秘密团体社会主义民主同盟盟员所策划的反对国际的阴谋并消除其危害,关于这个阴谋,我认为,如果我不尽自己的力量帮助弄清楚事实,并对你们有责任予以解决的极其严肃的问题提出确切的意见,那我就是没有尽到崇高的道义上的义务,或者是背叛了因为同盟的阴谋诡计而受到危害的无产阶级的事业。

因此,为了上述目的,我声明:

今年1月底,前马德里联合会的成员、本届代表大会的代表托马斯·莫拉戈-冈萨雷斯曾经来找我,并建议把所有我们的朋友(马德里同盟的盟员)召集起来,听取他打算向弗朗西斯科·莫拉提出的指责,因为莫拉没有执行自己的同盟的义务。为了向我说明他的指责的根据,上述莫拉戈公民向我阐述了你们已经知道的全部同盟的理论,并让我看了米哈伊尔·巴枯宁的信,信中阐述了一整套建立对工人阶级的统治的马基雅弗利①式的计划。

---

① 马基雅弗利是15—16世纪时的意大利政治思想家和历史学家,主张建立统一而强大的君主国;为了达到这个目的,可以不择手段。——译者注

这项计划的要点如下：

在外表上，同盟应当存在于国际内部，而实际上，应当同它保持一定距离，以便更好地监视它和更容易地控制它。为此，必须使参加国际的联合会委员会和支部委员会等的国际会员，永远在同盟各支部中占少数。

莫拉戈对莫拉提出指责的理由和根据是，他让前联合会地区委员会的全体成员知道了同盟的秘密；这样一来，那些可以认为是积极的国际会员就组成了同盟马德里支部的大多数，从而无法在联合会委员会里建立统治地位和瓦解联合会委员会，而据公民莫拉戈供认，这正是同盟的任务。

就是这位公民还给我看了日内瓦寄来的同盟的会员卡或会员证，寄来的日期记不得了。

我以名誉担保上述一切属实。

何塞·梅萨
1872年9月1日于马德里[①]

第一次全文发表 　　　　　　　　　　　原文是西班牙文
　　　　　　　　　　　　　　　　　俄文是按手稿译的

---

① 文件上有弗·恩格斯作的标记：No 15。

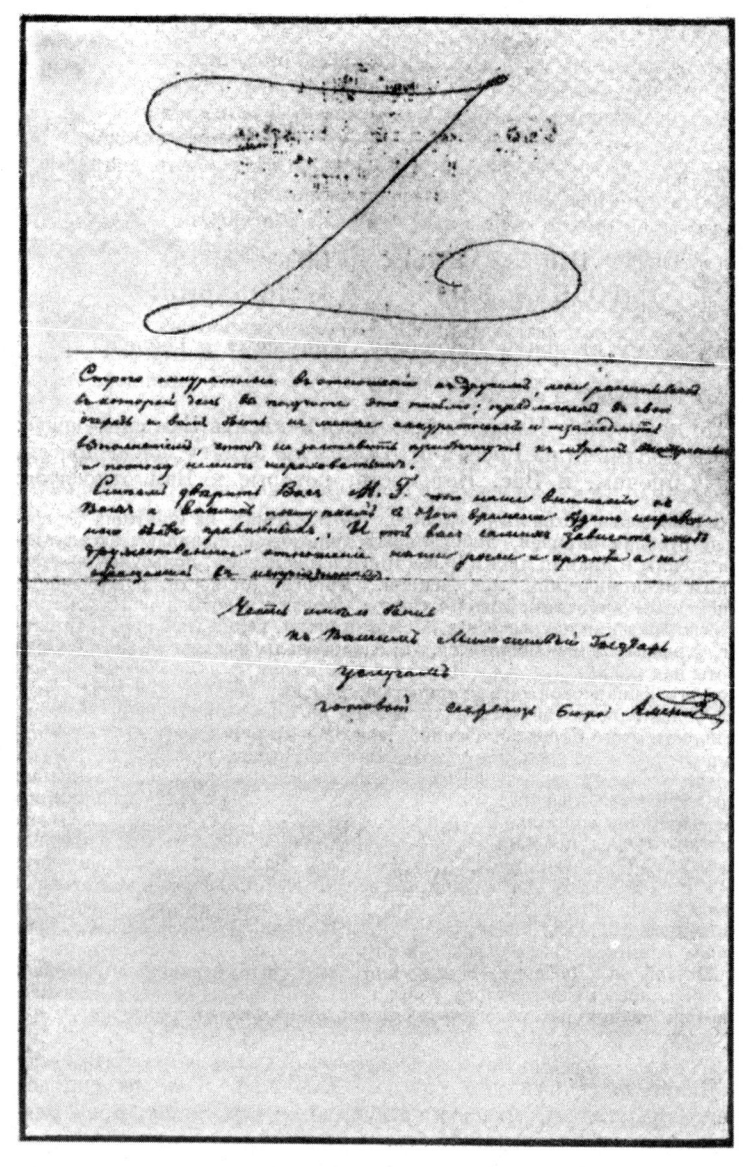

"人民裁判"俄国革命协会外国代理人局致尼·柳巴文的信

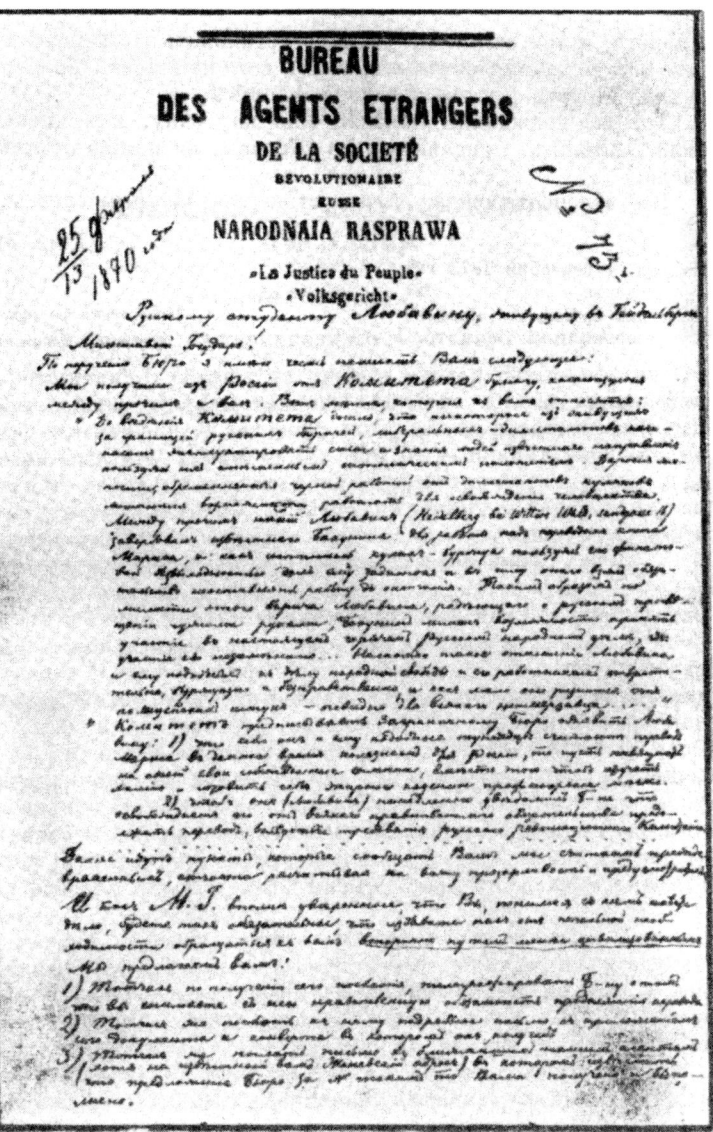

"人民裁判"俄国革命协会外国代理人局致尼·柳巴文的信

"人民裁判"协会外国代理人局致柳巴文[137]

致居住在海德堡的俄国大学生柳巴文①

阁下：

根据局的委托，我荣幸地写信通知您下述事项：

我们收到从俄国委员会发来的一项文件，其中也涉及到您。有关您的段落如下：

"**委员会**获悉，居住在国外的俄国贵族和自由主义的浅薄之徒中的某些人利用某方面人士的经济拮据的状况，开始剥削他们的体力和知识。可贵的人才由于承担浅薄之徒——富农交给的沉重工作，从而丧失了为人类解放工作的可能性。其中有一个柳巴文（住海德堡范得加斯街16号瓦尔德寡妇处）招募著名的巴枯宁从事马克思著作的翻译工作，并像一个真正的富农——资产者那样，利用他在财政上无出路的状况，付给他定金，从而使他承担了在工作结束之前不能中断的义务。这样一来，承蒙这位用他人的劳动来关照俄国的教育的柳巴文老爷的垂青，巴枯宁被剥夺了参加真正轰轰烈烈的俄国人民事业的可能性，而他于这项事业是不可或缺的……由于柳巴文及其同类对人民自由的事业及其工作人员的这种态度是可恶的、资产阶级的和不道德的，并且同警察的诡计不相上下——这对任何一个正派人都是显而易见的……"

---

① 这封信是用印有"'人民裁判'俄国革命协会外国代理人局"字样的信笺写的。信的左上角标着"1870年2月25（13）日"，右上角标着"第73号"。

"**委员会**命令外国局向柳巴文宣布：

（1）如果他和他那一类的寄生虫认为现在翻译马克思的著作对俄国有益，那就让他们把自己的力量用来做这件事，而不要去研究化学和为自己谋取国家的教授肥缺。

（2）让他（柳巴文）立即通知巴枯宁：由于俄国革命委员会的要求，解除他继续翻译的一切道义上的义务。"

接着还有几点，我们认为现在通知您还为时过早，这部分地是估计到您的远见卓识和预见性。

总之，阁下，我们完全相信，您懂得是在同谁打交道，并且必定不会使我们可悲地有必要**再次以更不文明的方式**对付您。

我们建议您：

（1）接到这封信后立即电告巴枯宁，您解除他继续翻译的道义上的义务。

（2）立即给他写一封详细的信寄去，并附上这个文件和给您寄文件的信封。

（3）立即寄一封信给我们最亲密的代理人（哪怕是按您所知道的日内瓦的地址），通知他们，您已收到局的某某号建议并已执行。

我们对别人是严格守时的，我们能计算出您该哪一天收到这封信；我们也建议您同样守时，并立即执行，免得我们采取特殊的，因而也是有些麻烦的措施。

阁下，我们请您相信，从现在起，我们对您和您的行为的注意将是无比准确的。是否让我们的友好关系发展和巩固，而不变成令人不快的关系，这取决于您自己。

阁下，我荣幸地准备为您效劳。

代理人局书记

1872年9月6日在调查委员会会议上宣读

按原件刊印

尼·吴亭向国际工人协会海牙代表大会的报告[138]

(机密)①

一

1871年伦敦代表会议还没有来得及结束自己的工作，汝拉联合会的委员会和报纸②就大声疾呼地要求**立即召开**全协会代表大会，以拯救国际协会，使它摆脱具有俾斯麦思想方式的人们领导下的总委员会的独裁统治，并惩罚叛徒和解决瑞士的两个联合会之间的**冲突**。

汝拉人这种伴随着人身侮辱和公开吵闹的鼓动没有奏效，代表大会没有召开。从那时以来，公开的攻击和秘密的阴谋就没有间断过。根据为数众多的支部和许多联合会的愿望，总委员会认为有必要在**内部通知**③中揭露这些阴谋中的一部分。

针对这项通告，汝拉委员会出版了1号篇幅增加了2倍的《简报》，其中用24栏以刊登来信的方式，对总委员会委员、日内瓦联合会和马德里联合会的成员进行了**直接的和个人的指责**。[139]在这些来信中的一封信里，汝拉联合会的会员（我们不知道这个会员是哪个支部的）**巴枯宁**在向"自己亲爱的共患难的同志们"呼吁时宣布：

---

① 在俄文版和英文版中，报告标题的右上角注有"给第五次代表大会"的字样，并在脚注中说明吴亭在报告中用斜体强调了一些字词，其他人用加黑的斜体再次强调了这些字词，中文版中均用黑体字来表示。——编者注
② 《汝拉联合会简报》。
③ 《所谓国际内部的分裂》。

"我始终保留向荣誉法庭控告所有**诽谤者**的权利,应届全协会代表大会无疑不会拒绝我关于成立这种法庭的要求。"

《简报》编辑部(在第13号的附刊上)则以下述方式提出了自己的代表大会纲领:

"情况发生了变化,正如巴塞罗那的《联盟》正确地指出的,因为发生了更严重的斗争,**目前正在使国际分裂**成两个阵营的斗争;这是一场**联邦制和自治原则**同**权威原则**之间的斗争。现在,当这场斗争具有**尖锐危机**的性质时,我们要是**拒绝捍卫我们的原则**,就不能不是**背叛**。首先,让我们互相把话说清楚,解决使我们**分裂的大问题**,清除阴谋家、叛徒和窃贼,然后我们就能互相拥抱了。"

因此,从这些声明中可以清楚地看出,代表大会将不得不讨论个人问题,其中也包括**巴枯宁个人的问题**,他要求成立荣誉法庭来调查他的案件。其次,代表大会还应当确定,究竟谁是**阴谋家、叛徒或窃贼**,因为汝拉委员会声称这种人是存在的并且应当清除他们。

同样清楚的是,每一个多少忠于我们的协会的会员,对于对国际如此重要的事情,都有责任提出自己的证明和提供自己所掌握的情况;诚然,在我们的历次代表大会中未必能找到比这次更可悲的了,内部纠纷和个人争吵将吸引住代表大会的注意力和占用它的大部分时间,而这本来是应当完全用于讨论更坚实、广泛和**有效**地发展**工人组织**的途径的。

除此之外,我还补充一点,我认为代表大会不可能任命一个由我们的会员组成的这种荣誉法庭,以便在会议闭幕之前解决所有这些个人问题。① 为了做到这一点,所任命的这些法庭成员必须能在日内瓦这个"叛徒和阴谋家"选中的第一个**活动**中心开几个星期的会,因为他们只

---

① 空白处标有"注意"字样。

有详细地了解了两方的报纸和文件，听取了他们的证人的证词之后，才能充分了解情况并作出结论。

这仅仅是我个人的意见，它当然是无论怎样也影响不了事态的，因为汝拉委员会①和汝拉联合会的几个会员要求代表大会解决这个"**尖锐的危机**"，而**巴枯宁**则坚持要求成立"**荣誉法庭**，而代表大会**无疑不会拒绝我关于成立这种法庭的要求的**"。

在这种情况下，彻底调查清楚下列问题当然②是好的和有益的：在我们的组织里，联邦制原则的拥护者分布在什么地方，谁企图侵犯**自治**并打算使工人协会**屈**从某些人所体现的**权威**原则？《简报》编辑部所警告的那种"**秘密阴谋**"在哪里，谁是那种为保障自己的"**统治**"而在各国进行以夺取"所有联合会的**领导权**"为目的的"**地下工作**"的"**代理人**"？

简报编辑部宣布，它掌握了揭露所有这一切的**文件**，并将在适当的时候（显然，是在代表大会上）拿出来，以证明**存在着阴谋**……而巴枯宁则保证说：

"如果这个法庭能给我提供作出公正的和严肃的判决的一切保证，我可以向它对一切政治性质和个人性质的**事实做必要的详细的说明，而不必担心由于不小心的泄露而引起的不便之处和危险**。"

从这个声明中可以看出，巴枯宁和他的汝拉朋友们是以什么为根据而认为有必要在荣誉法庭面前和代表大会上进行讨论的；他们打算宣扬和阐述一切必要的详细情节，他们打算公布**揭发文件、或多或少带有私**

---

① 见《几个汝拉国际会员的答复》（作为**小册子**单独发表）第36页。——原作者注
② 在"当然"一词上面的空白处标有"注意"字样。

人性质的文件。

他们的这种做法也就使协会的每一个正直的会员有责任向这个作为荣誉法庭的代表大会提交有关**阴谋活动、地下工作、秘密阴谋和诽谤性攻击**的一切文件、一切揭发文件和一切必要的详细情节，

"而不必担心由于不小心的泄露而引起的不便之处和危险"。

我现在努力去做的正是这件事——况且，正如下面将要看到的，我所承担的这种责任在某种程度上是各国代表的一致愿望**加在我身上的**。

事先我只做两点说明，第一，我的证明将是**很长的**，我只好请我的听众耐心地听下去；这不是我造成的，这是因为这些证明包括了在一些国家的广阔舞台上不间断地搞阴谋诡计的**漫长的**三年时间。我愿向在座诸位担保，我所谈的题目远没有包括所有的**细节**，我将不得不只谈这个长期阴谋活动的最有代表性的特点和最明显的表现。

其次，我的报告中的某些话可能会使某些人**感到不快**，而这首先恰恰是那些整天骂我们是强盗、骗子手、撒谎者、叛徒等等的那些人——在去年的代表会议上，我曾断言，对这些话最**敏感**的恰恰是绝无仅有的两位汝拉委员会的拥护者——罗班先生和巴斯特利卡先生，而这个汝拉委员会在两年期间内不断地向俄国的日内瓦会员和总委员会委员倾泻最粗暴的侮辱，这种侮辱甚至在《费加罗报》和《高卢人报》这样的报纸上都是少见的。

我可以克制自己的不满，不表示厌恶，但是，我不能不按其本来的面目说出事实，而如果这些话听起来感到刺耳，那么这仅仅是说明，事实本来就是如此，必须用这样的话来表达。

但愿人们不要抱怨表达方式，而是去抱怨事实本身和造成这些事实的人去吧。

二

1871年9月，伦敦代表会议曾委托我向总委员会提交一份关于被称做"**涅恰耶夫案件**"的暧昧案件的简短报告，以便（根据我本人的坚持要求和不理会巴斯特利卡先生关于对我完全信任的保证）经总委员会审查后予以公布。

这个案件同**国际协会**的关系确实太密切了，因此协会对它不能漠然置之。用简单的表达方式来说，这个案件是一出可怜的悲喜剧，它**以我们协会的名义**通过最令人厌恶和最厚颜无耻的形式表演了**撒谎、欺诈、偷窃和凶杀**，为**社会革命**增添了无上光荣。

人们只要研究一下这个案件，就会吃惊地问自己：敢于如此玷污我们的原则，滥用我们协会的伟大的名义，去驱使天真无知的俄国青年学生搞荒唐的行为①和犯罪活动，使他们遭受监禁和到西伯利亚服苦役，挑动反动派的恐怖活动，使我国如此必需和我们如此盼望的进步发展重新受到长期阻遏的**究竟是谁**？

无可争辩的是，代表会议、总委员会和现在的代表大会的直接的责任，就是防止国际的名义、原则和组织被用来使我国的进步因素受到**罪恶的削弱**和增加无谓的牺牲，而由于一些存心不良的人利用我们协会的名义蛊惑思想不成熟的人，以败坏我们协会的真正性质和活动方式的手段来欺骗他们，对他们施加影响，无谓的牺牲就会增加。

无可争辩的是，总委员会和代表大会的职责是调查是否真地发生了这种滥用的情况，如果发生了，那就要在我们协会的全体拥护者面前揭露干这种事的人，对他们进行惩罚。

---

① "荒唐的行为"几个字是吴亭后加上的。

但是，如果已经无可辩驳地调查清楚有下述情况，这种职责就更是不可推诿的并且必须采取其他措施，这就是采取这种罪恶行为的人还不满足于有限的目标，他注意的不是某一个国家（在这个国家里，他为了替自己关于**进行社会革命的有害企图**辩护，可以拿这个国家的**特殊情况**作根据！），他还力图在所有别的国家实现暧昧的意图，这种意图可归结如下：

（1）**诱使**国际完全离开它的章程和历次代表大会所宣布的真正目标；

（2）同一小撮同谋者一起，借助阴谋活动，在协会里建立一个**秘密的最高领导机构**，从而把协会掌握在自己手中；

（3）**歪曲**协会历次代表大会的性质，只派遣按照秘密领导机构的命令行事的代表参加代表大会；

（4）以**另外的**纲领偷换我们协会的**纲领**，而这个纲领则既是荒诞的，也是无法实现的，它只会使我们的协会变成笑柄并使工人群众同它疏远；

（5）① 以**一小撮**代表人民进行革命的**密谋家**的行动代替在国际协会中联合和组织起来的**工人群众的行动**。

我应当证明我在这里肯定的情况，下面我就以手中的文件来证明。

这些文件**决不是秘密**。据我所知，许多国际会员都有。这就是**秘密组织同盟**的纲领和原则，这些文件是**巴枯宁起草和散发的**，起先他把这些文件发给他的主要助手本人（我们将会看到，这些助手属于**哪一类**的革命者），然后再发给所有愿意参加他的**阴谋活动**的人和那些他希望向他们展示自己杰出的纲领②以吸引他们参加自己的阴谋活动的人。请留

---

① 此处删掉了下面几个字："在纲领中"。
② "向他们展示自己杰出的纲领"这句话是吴亭的笔迹写的。

心并**注意**，这里提到的那个纲领和组织，直到现在还没有**公布**（用代表大会的成员懂得的语言），这些起初是由**巴枯宁用法文写的**，而大多数代表还**不知道**。总之，不应当把**秘密同盟**同那个代表们可能已知道它的章程的**同盟**相混淆。至于这个纲领的**已公布的文本**，那可以在**俄文的文件**中找到（对一些无关的荒唐话做了一些删节），这些文件是**巴枯宁和涅恰耶夫在日内瓦**出版的，当时他们正在迫使青年学生在**俄国**演那出喜剧。

在开始谈有关反对国际的巴枯宁阴谋的文件和证据之前，我首先要做一个非常重要的个人性质的声明。

我收集了将在我的报告中谈到的所有文件，在其他一些人配合下肯定无疑地会调查清楚**用法文写的**文件不是某个爱开下流玩笑的人伪造的，而确实是出自巴枯宁本人之手；然后，我把这些文件的**内容**同所有同样是出自巴枯宁之手的**用俄文印刷的**文件，同在圣彼得堡法庭上所作的**公开证词**作了比较，在这之后我被迫停止执行代表会议托付给我的任务。

这项任务对我来说是过于吃力不讨好了，因为要**公开揭露**的是这样一个人的卑鄙行为，他搞的是秘密的阴谋，在这种阴谋中，不诚实的行为**往往**变成一出滑稽剧，渺小的虚荣心同**对所有**不愿向他个人的永无谬误顶礼膜拜的**革命者的刻骨仇恨**结合在一起，假装的多情善感的幻想勉强地掩盖着这个独一无二的说要"通过流血来消灭全部现存秩序"的特殊预言家本人的残酷性——总之，**揭露**这个人扮演的**毁坏**我们协会的**赫罗斯特拉特**①式的历史人物的角色，这会引起对讲述这一切可怕情景

---

① 赫罗斯特拉特是小亚细亚的希腊人，他为了出名，于公元前356年纵火焚烧了著名的阿泰密斯神庙。——译者注

的人产生"**轻信者的不信任感**"和**伪善者**（这种人在我们协会的队伍里还是有的）的责难。前者可能要大喊大叫地说：**这是不可能的**，巴枯宁从来不承认他写过这类东西和干过这类事！后者则会含着眼泪责备，说**我把个人因素带进**（！）"**我们伟大的原则斗争**"。不言而喻，这一切都是考虑到①我们的某些会员的狭隘眼界和伪善态度。

但是，促进我停止发表报告的还有另一个更重要的考虑。这就是考虑到发表这个报告可能引起一个接踵而来的反动报刊狡诈地反对国际的运动，它们会不顾羞耻地宣布，我们协会的**一个会员**的**卑鄙**活动就是整个协会的活动，既然这个会员的**学生**和**亲密**朋友听从他的建议进行了在巴枯宁的俄文著作中公开宣扬的强盗和谋杀，就等于我们协会的全体会员都进行了盗窃和谋杀！而如果我们坚决否认这种连带责任，那么反动报刊就会要求（这一次不是没有理由的）我们回答：为什么这个人不仅没有被**开除**出我们的协会，而且还在我们的联合会之一（汝拉联合会）的机关刊物上明显地享有特殊的爱戴和尊敬？

这就是促进我**变通执行**（由我自己承担责任）代表会议对我的委托的原因。

我决定等到这次代表大会召开时，让它首先"**关起门来**"讨论这件事并负责公开揭露这个反对国际的、长期的、暧昧阴谋的所有细节。总之，我决定向代表大会提出一项**秘密**报告。但是，起草这项报告，翻译所有文件和搜集有关巴枯宁主义者的阴谋的所有事实需要十分长时间的伏案工作，而我在日内瓦的事务妨碍我这样做。因此，我决定利用暂时离开日内瓦的机会，来把全部时间用于准备报告。我就带着这种打算**到苏黎世**去了；但是，我一到那里就成了谋杀对象，仅仅是因为有几个

---

① 下面删掉了"弱点"一词。

青年人赶来救助，谋杀才未能得逞，然而却使我未能按照我所希望的那样来准备报告。

那些袭击我的人用几块很重的石头砸破了我的头和眼睛；这永远损坏了我的眼睛并使视力长久衰弱，我仅仅是最近几天才能吃力地重新开始写作和口授。因此，我的报告在某种意义上说是不充分的，因为我本可以用**好几本十分确凿的证明文件来证实**①我下面所做的**保证绝对可靠的叙述**。

顺便说一下，我刚才提到的对我的谋害同我的报告的内容并不是完全无关的；因为这次谋害完全是巴枯宁的业绩之一，它完全是巴枯宁在自己的小册子中和对付所有不愿服从他的人的**教义问答**中所宣布的那些**革命**原则的一次**忠实的**运用；最后，这完全是巴枯宁的拥护者们所谓的"伟大的原则斗争"的实际表现之一。我在这里所说的决不是假设，而是确实可靠的情况，如果不是怕以自己个人的事吸引代表大会的注意力，我可以在这里无可辩驳地证明袭击我的人是谁。但是，还有比我个人更重要的事；我的报告同对我的谋害有更密切的关系。在总委员会的**内部通告**②发表以后，巴枯宁和他的信徒懂得，公布关于**他们在俄国的业绩**的报告的计划已阻止不住了；相反，总委员会打算最近就发表报告；他们的目的是阻止这个报告在代表大会之前发表，以便他们出席代表大会时不暴露自己的真面目，因为他们知道公布他们真正的理论和实践纲领只会使他们在我们协会的心目中遭到毁灭，何况他们还力图成为我们协会的**最高领袖**。③ 我再说一遍，阻止这个报告的公布就是夜间袭

---

① 下面删掉一句话："所说的一切"。
② 《所谓国际内部的分裂》。
③ 我将在后面证明这一点，**尽管**，或者更正确地说，**恰恰是因为**他们如此高声喊叫必须**取消总委员会**。我这样说丝毫不是要暗指比利时代表在他们的地区代表大会上彼此之间就此交换意见。——原作者注

击我的八个杀人犯所要达到的最重要的目的,我清楚地知道他们之中有几个人是巴枯宁的拥护者和朋友。此外,在这之后,他立即亲自来到苏黎世,带着胜利者的神情,在一大群年轻的斯拉夫人的簇拥下漫步街头,可耻的是,在这些斯拉夫人当中就有袭击我的人!

让代表大会来判断吧,巴枯宁主义者向忠诚的国际会员预示的是**一种什么样的斗争**,巴枯宁及其同盟者的伟大原则是怎样付诸实践的!

让代表大会根据对事实的充分了解来表示意见吧,它是赞成维护国际协会,还是赞成放弃国际协会的组织和原则以取得巴枯宁和他的同盟者的欢心。

我们的生存完全取决于代表大会的坚决果断的决定。

如果巴枯宁主义者获得胜利,那么过去曾经和今后仍然应该保证工人阶级的政治和经济解放事业获得胜利的国际就会灭亡。

相反,如果巴枯宁主义者的秘密阴谋和公开活动受到应有的惩罚,那么我们之中的某些人就可能成为暗地派来的刺客的疯狂报复的牺牲者,这些刺客将能为自己的暴行向某个政府要求奖赏,而这些牺牲者则将由于为工人协会效劳而得到百倍的补偿,因为他们保卫了工人协会,防止了那些只会使伟大的工人运动——工人协会蒙受耻辱并最后使它毁灭的**资产阶级的赫罗斯特拉特们**对工人协会的专政!

三

国际内部目前的**分裂**从何而来?

它是谁引起的?

引起分裂的祸首在哪里?

每一个哪怕稍微了解一点协会的历史和发展的人都清楚地知道，在1870年4月的**罗曼语区各支部的绍德封代表大会**之前，在我们协会内部没有任何分裂，无论是资产阶级报刊还是资产阶级人士都根本不可能因看到我们公开争吵而感到高兴。

德国发生过真正的国际主义同施韦泽的盲目的拥护者之间的斗争，但是这场斗争没有越出德国的国界，并且各国的国际主义者都很快就表示反对这个原先以极端革命的面貌做伪装的普鲁士政府代理人[140]。

在比利时，有位库德莱先生曾经企图利用我们协会来达到自己的个人目的，他起初也似乎是一个忠于我们事业的有影响的国际会员；而当情况表明他完全是一个阴谋家的时候，比利时联合会委员会和比利时各支部很快就跟他分手了，尽管他善于装出一副道貌岸然的样子。

尽管有这些短暂的事件，国际仍继续前进，像一个真正的兄弟的友爱家庭一样，共同的目标鼓舞着这些兄弟，他们不可能为了无谓的个人争吵而浪费时间。

突然，在国际本身内部发出了进行**自相残杀的战争**的号召；这个号召是在《团结报》的第1号上发出的。① 随之而来的是对所有日内瓦支部和它们的联合会委员会（似乎已被出卖给在此之前一直默默无闻的一个会员）对《平等报》的编辑之一公民韦里的特别严厉的公开指责……《团结报》在同一号上预言，很快就会在日内瓦建筑工人联合会的反动分子（出席绍德封代表大会的代表）和某些会员之间发生深刻的分裂。就在这同时，日内瓦的大街上出现了舍瓦累、科尼翁、亨格

---

① 应当指出，这一号报纸在**《平等报》出版前**就已出版。《团结报》在这一号报纸上非法地窃取了属于《平等报》的**罗曼语区联合会**机关报的**头衔**。——原作者注。最后一行被删去。

和沙尔·佩龙签名的号召书，宣布这些签名者①已作为纳沙泰尔的代表来到日内瓦，以便向日内瓦的国际会员说明绍德封代表大会的真相。号召书等于**公开**指责全体代表是**撒谎者**，指责他们向国际会员**隐瞒了真相**。

就在这时，瑞士的资产阶级报纸向全世界报道说国际内部发生了**分裂**。

引起这种分裂的**明显**原因是关于在绍德封代表大会上，承认不承认社会主义民主**同盟**是日内瓦联合会的**支部**，因而允许不允许它的盟员参加罗曼语区各支部代表大会的斗争。

这个同盟是什么组织呢？

接受或拒绝接受一个普通支部，怎么会引起一场持续了两年多、而现在竟威胁着国际协会存在本身的分裂呢？

这就是我们必须提出和研究的一个问题。

1866年在瑞士成立的国际协会曾经沿着自己的自然的道路在那里平静地发展，起初它在日内瓦以中央支部的形式存在，这是一个混合性的支部，吸收各种行业的代表参加；后来，随着支部成员人数的增加，某一个行业的工人单独组成了**行业性的支部**，这并不妨碍他们继续当**中央支部**的成员，以加强对我们协会的原则的宣传。② 这样一来，**中央支**

---

① 在签署号召书的四个人当中，舍瓦累和科尼翁曾被**同盟分子**的代表大会选为**联合会委员会**的委员，而过了两个月，同一家《**团结报**》斥责他们是窃贼，他们确实盗窃了绍德封裁缝合作社的财物。与此同时，沙·佩龙遭到中央日内瓦支部开除，因为他进行分裂阴谋，另一个原因是不能让他既当日内瓦支部的成员，同时又以《**团结报**》记者的身份污蔑日内瓦的国际会员。——原作者注

② 后面删掉了下面这句话："和组织工作：所有参加成立和发展的人都集中在那里"。

部就自然而然地成了宣传和组织工作的中心；它集中了协会在瑞士成立时期和发展时期的所有参加者。各行业的工人都向它提出自己的建议和想法；它的大门向每一个人敞开着，从来也没有任何怨言来破坏日内瓦各支部成员之间的和谐。

1869年1月，《平等报》在日内瓦出版，以代替绍德封的《未来呼声报》。同时，瑞士法语区的所有支部组成了**罗曼语区联合会**。

而**社会主义民主同盟**是1868年12月才在日内瓦成立的，这个同盟宣布自己是国际工人协会的支部。这个新支部在15个月里曾3次申请接纳它参加日内瓦支部集团并3次遭到拒绝，拒绝它的一开始是日内瓦各支部的中央委员会，后来是罗曼语区联合会委员会。1869年9月，同盟的创建者**巴枯宁**在日内瓦遭到失败，他曾在那里提名自己当出席巴塞尔代表大会的代表**候选人**，但是落选了。日内瓦人选举**格罗斯兰**为自己的代表。以巴枯宁本人为首的巴枯宁拥护者在于尼凯堂（国际会员集会的地方）挑起了一场争论，以便**迫使**格罗斯兰放弃委托书，把它让给巴枯宁，但这场争论向巴枯宁证明，日内瓦没有他施展阴谋的合适土壤。日内瓦的工人在自己的会议上已向他公开表明了自己对他的响亮的空话的不满和轻蔑。这个事实再加上某些俄国的事件①，成了促使巴枯宁自愿离开日内瓦的原因。但是，罗曼语区联合会的机关报《平等报》仍然掌握在巴枯宁分子占多数和听任巴枯宁的朋友和追随者**佩龙**和**罗班**独断专行的编委会手中。由于这些先生们的领导，一方面，对巴枯宁的某些文章（例如，他攻击自己过去在**和平等同盟中同伴**的文章）不满的国际会员大量退订，另一方面，这家小小的报纸债台高筑（不久以后报纸被迫暂停出版，以便清偿债务）。

---

① "再加上某些俄国的事件"这句话是吴亭的笔迹。

正是在这个时期,佩龙和罗班开始在《平等报》上公开攻击**总委员会**[141](顺便说一下,其原因是总委员会竟敢于反对美国政府对芬尼亚社员的卑鄙迫害);洛克勒的《进步报》追随《平等报》走上了这条道路,它急急忙忙地转载了这些攻击。**就在这个时候,罗班通知我,正在起草反对伦敦总委员会的意见书**,并且问我是否愿意在上面签名,因为原来就打算在各国征集签名。我虽然是国际的新会员,但是我理所当然地拒绝参加这种没有道理的瓦解活动。就在罗班准备以这种方式继续进行反对总委员会的公开的和秘密的活动的同时,他接到**安斯**的一封来信,信中对于煽动工人报刊反对总委员会的建议作了答复,建议停止这一活动,因为这违背了国际中的普遍的意见。罗班把信念给我听,并对我说:"您是对的,**我们的比利时人也向我提出了同样的建议**。"虽然我决定不仿效巴枯宁分子的行事方式,甚至把真的或捏造的两个人单独进行的谈话予以公布,但是我还是要在这里提起这件事实,因为比利时人能够证明这是否真实,还因为这件事实清楚地表明,以瓦解我们的组织为目的的运动究竟是从什么时候开始的。

联合会委员会从一开始就反对所有这些对总委员会的攻击。除此之外,编辑部里有一个成员因为他经常出席总委员会的会议而使得巴枯宁分子感到他极其碍事,这个人就是工人事业的老战士**韦里**老爹,他的职业是裁缝;巴枯宁分子没有任何理由或根据要求他**离开**编辑部,并威胁说如果联合会委员会拒绝这一要求,他们就要离开报纸。使他们感到十分惊奇的是,联合会委员会竟答复他们说,韦里担负这项职务是罗曼语区代表大会决定的,只有应届代表大会才能撤销他的职务。罗班和佩龙把这一切转告了**中央支部**,该支部对他们进行了最严厉的斥责;在这之后他们就只好真的退出了编辑部。

这样一来,巴枯宁分子,或者叫做分立主义分子,本来就对日内瓦各支部拒绝接纳**同盟**而感到不满，现在又因为**联合会委员会不执行他们**关于撤销韦里老爹的职务的**命令**并使他们因此而失去了对报纸的控制而更加不满意了。由于这两个问题，旧**罗曼语区联合会**就注定要被毁掉①。后来罗班和佩龙就到纳沙泰尔去了，以便印刷**伪造的文件**并同吉约姆这帮人商量把联合会委员会和罗曼语区的几家报纸迁往纳沙泰尔的事，这事预定通过罗曼语区联合会代表大会的决议来实现。② 这些先生们对自己的胜利竟如此有把握，以致在代表大会之后佩龙竟满不在乎地直接向同盟盟员**控告**联合会委员会，而不是向代表大会主席团控告；代表大会还没有分裂成两个阵营，**同盟分子**的代表大会就作为最高法庭审理起佩龙的控告来了。

总之，同盟盟员出席绍德封代表大会时抱着两个打算：

（1）以代表大会的愿望来迫使日内瓦各支部接纳同盟；

（2）把联合会委员会和报纸编辑部迁出日内瓦，以便往后由他们自己的人在纳沙泰尔组成这两个机构。

要想了解同盟的山区支部的成员同国际的拥护者之间的斗争，应当

---

① 要在这里分析罗班和佩龙在这件事里的全部行动，那太费时间了；他们甚至不经本人同意就利用各种人的名字来**伪造签名**。到时候将由联合会委员会把这些文件交给总委员会。罗班后来到巴黎去了。他的行为使我很生气，而且我知道，他自称是我最尊敬的那些比利时同志中的某些人的朋友，我就写信给**安斯**，想通过他了解德巴普和布里斯梅对罗班的行为的看法。安斯的答复如下："我们完全赞成您参加《平等报》的工作；你们断言，那些进行无谓争吵的小集团进入国际之日，也就是国际灭亡之时，这是对的，罗班在这个问题上是不对的。"——原作者注

② 在绍德封代表大会的记录中有一些代表的发言，其中透露了吉约姆和施维茨格贝尔向他们提出的关于把联合会委员会和报纸迁到纳沙泰尔去的建议。在那里应由吉约姆担任报纸的总编辑。罗班在去巴黎时建议我也支持吉约姆和佩龙一伙实现这项计划。——原作者注

读一读绍德封代表大会的详细记录。① 至于我，那么我不能在这里谈论这些争论。我仅仅指出（而这也是被记录完全证实了的），同盟分子令人气愤地破坏了代表大会，本来代表们应当讨论列入代表大会日程的问题，日内瓦的代表一再要求把**同盟**的问题放到代表大会后期处理，然而同盟分子置这些于不顾，除了这个问题之外，他们对任何别的事情连听也不愿听；他们对日程上的项目丝毫不感兴趣。而十分清楚的是，对同盟分子来说，罗曼语区联合会以及它的存在和成就只有在**同盟以合法的和正式的途径参加进去**的条件下才有意义。这话正确到什么程度，可以从下面所说的情况中看出。所有日内瓦的代表在辩论中通知代表大会，他们的支部坚决地指示他们，"由于同盟的活动家搞阴谋诡计并且有独裁倾向"，不得接纳同盟，宁可离开代表大会，也不同意接纳这样的支部参加，也就是说，情况表明，如果依仗由少数**外省**支部的代表组成的多数通过接受同盟，那就无异于有意识地决定分裂罗曼语区联合会。这时，吉约姆和施维茨格贝尔大喊大叫地说，这不会**吓倒**他们，他们仍然建议代表们就接纳同盟进行表决。表决进行了，代表大会也分裂成了两个阵营。日内瓦代表立即向各日内瓦支部请示，各支部用电报发来了指示，**全体**日内瓦代表按照各支部的指示同**绍德封**的**全体**代表②和一名**纳**

---

① 1870年《平等报》公布了这些记录（第16、17、18号）。《团结报》宣布，这只不过是日内瓦人的卑鄙谎言和肮脏的捏造，为了使日内瓦的撒谎者丢脸，同盟分子最近期间将公布真正的报告；但是这个**真正**的报告至今还没有问世。——原作者注

② **值得注意的是，在瑞士的大工业城市里巴枯宁分子始终没能建立起自己的支部。**

在绍德封，所有支部都对巴枯宁和吉约姆之流抱极端仇视的情绪，那里没有一个支部是支持他们或属于他们的。当然，吉约姆说这是因为绍德封的工人是资产阶级化的和反动的，但是，他自己的《前进报》在代表大会前夕发表的一篇文章却直接反驳了这种解释。——吴亭笔迹写的注

沙泰尔的代表继续留在**工人俱乐部**开会，而同盟的成员则搬到一家咖啡馆去开会，并立即宣布自己的集会是罗曼语区联合会代表大会；这个代表大会匆忙地选出了**自己的罗曼语区联合会**委员会（其中有两名盗贼——舍瓦累和科尼翁），并委托吉约姆出版《团结报》，这家报纸非法地窃取了属于《平等报》的"罗曼语区联合会机关报"的称号。

这样，同盟分子就违背了这个联合会本身的章程，因为章程的第53和55条规定，代表大会的任何重要决议要获得法律效力，必须取得2/3的罗曼语区支部的赞同；然而，反对接纳同盟的日内瓦支部和**绍德封**支部加在一起已超过了所有罗曼语区支部的2/3，而同盟盟员是清楚地知道这一点的。除此之外，章程的第54条规定：

"**涉及协会的原则**的代表大会的任何决议必须得到总委员会的批准，在必要的情况下，总委员会可以制止决议的实行，直至全协会代表大会通过最终决议。"①

任何人都不会否认关于同盟的问题是**涉及协会的原则**的；正如日内瓦的代表在绍德封代表大会上强调指出的，问题在于**协会**是打算**仍然作为争取工人自己解放自己的工人团体的联合会**，还是打算因为一个小集团的**阴谋**活动而放弃自己的纲领，而这个小集团是几个**资产者**建立的，它的**明显**的目的就是借助自己的**公开的机关报和秘密的诡计**来夺取协会的领导权……

现在，同盟分子反对**国际**的斗争的中心问题正是这个问题，就是**关于原则的问题**，有关这一事件的所有文件都证明了这一点。

---

① 在这方面有趣的是，无论是草拟巴塞尔条例[142]时，还是制订瑞士罗曼语区联合会的章程时，主要的参加者恰恰是同盟盟员（1869年1月）。

顺便说一下，签署这项章程的是弗·亨格和施维茨格贝尔。——原作者注

四①

　　为什么接受同盟参加协会的队伍一事对巴枯宁的拥护者有如此巨大的重要性，而日内瓦各支部拒绝接纳它竟给国际带来了如此的灾难，在国际的队伍中引起了这种造成分裂的鼓动，以致今天代表大会不得不进行**清洗**，以便防止在工人本身中间产生**真正的分裂**，对这些究竟应当怎样解释？

　　为了回答这个问题，我首先要略谈一下同盟的产生，然后再分析一系列文件。回答本身可归结如下：

　　对巴枯宁分子来说，极端重要的是，首先使日内瓦各支部正式承认**同盟**；否则它这种处在罗曼语区联合会和日内瓦联合会**之外**的地位和由此而引起的在日内瓦的**不可避免的显然的孤立处境**就会向国际的其他会员证明，同盟的情况不大对头，其中有些事是当地的**国际会员所不能接受的**，而这些会员所处的**条件最便于**给同盟以应有的**评价**。这自然会**破坏和来抵消**同盟的创建者所幻想的"声誉"以及如我们将在下面看到的那样打算**主要**在日内瓦**以外**获得的影响。

　　反之，如果作为一个得到整个日内瓦和罗曼语区的团体**承认**和接纳的支部，**同盟**就能够按照它的创建者的设想，使自己有权代表**整个罗曼语区联合会**说话，而且，这必将使它在瑞士以外的地方获得很高的身价。同盟的创建者及其拥护者是不会不去滥用联合会的名义的，当我们往下看到他们恬不知耻地不仅滥用罗曼语区联合会的名义，而且也滥用整个**协会**的名义时，我们就会对这一点深信不疑。至于为什么选择**日内瓦**作为同盟**公开活动**的中心，这是因为，巴枯宁认为瑞士是对自己最安全的

---

① 写在划掉的"三"字上面。

地方，而且，整个说来，日内瓦同布鲁塞尔一样，具有国际在大陆上的主要中心之一的声誉（我说的是当局正式允许其存在的**这样**一些中心）。

这就是同盟盟员不惜牺牲**一切**，甚至不惜与罗曼语区联合会决裂，对它进行公开诽谤（后来对整个协会也使用了这种方式）的原因。对他们来说，这是一个生死攸关的问题，或者是同盟攫取**国际**，根据**自己的纲领**控制它和利用它，或者是**它在做不到这一点的情况下**就将把协会（仍然是**根据自己的纲领**）看做对同盟没有任何意义的，甚至是**敌对的**（这是完全正确的）东西，因而是只能予以**消灭**的敌人。

是不是这样呢？汝拉委员会本身已经公开宣布同盟"只不过是一个驻在地和会员都在日内瓦的**国际的支部**"，"它的一切活动都是**公开的**"，"它自行解散已将近一年"，为什么现在，在这之后要讨论这件事呢①？

---

① 它究竟为什么要在伦敦代表会议前不久自行**解散**呢？在绍德封发生分裂之后，在日内瓦的两次大型集会上，日内瓦的代表曾在全体国际会员一致鼓掌欢迎的情况下提出建议说，只要同盟不再要求加入我们的协会，不参加我们的队伍，不要一味要求这样，兄弟般的和好立即就能实现；**一些对同盟感到失望的同盟盟员在退出之前曾在一次会议上建议同盟宣布解散，巴枯宁当时根本不听**，他和他的信徒顽固地把同盟又保持了一年多，那么，为什么在这一切之后，在代表会议召开前不久，这个组织突然宣布自己解散了呢？是不是它意识到了自己的罪过，害怕代表会议审查它的活动，指望以**自愿解散**来逃避对它过去的活动的审查？难道这种解散不正是又一次的欺骗吗？甚至汝拉委员会（当时它还自称为罗曼语区委员会）在1871年11月12日的正式报告中**自己就揭穿了同盟分子的花招就是改变名称："同盟支部解散了自己……在日内瓦成立了一个新支部。它是由过去的同盟盟员和一部分居住在日内瓦的法国流亡者组成的；它的名称是社会主义革命宣传和行动支部"**（见《社会革命报》第5号）。由此可见，**分立主义者阵营继续**盘踞在日内瓦，同国际会员的阵营相对立，只不过**换了一个名称**，过去的同盟盟员又把某些法国流亡者置于自己的庇护之下了。——原作者注

总之，**公开**同盟算是解散了，那么，**秘密**同盟呢？

也许根本不存在**秘密**组织？？谁的话是真的，谁的话是假的？

对于是**谁**，怎样和为什么**创建了同盟**这个问题，**总委员会的内部通告**①作了回答，不过对这个回答还要做某些细节上的补充。

同盟是巴枯宁在他在和平和自由同盟伯尔尼代表大会上遭到失败后建立的。原来**巴枯宁**在长达一年（从1867年9月到1868年9月）的时间里曾经是这个同盟的委员会的最积极和最热心的委员之一。甚至可以说，他同**目前的凡尔赛议员巴尔尼先生**是这个委员会的灵魂。例如，他曾准备像书的**副标题**所宣布的那样，**在**"和平同盟委员会"的**庇护下**发表自己的著作《联邦主义、社会主义和反神主义》②。后来他坚持要向布鲁塞尔代表大会发出邀请信，以便使同盟和国际协会这两大组织**联合起来**③。他自己在出席和平同盟代表大会的**秘密**邀请信里说明了他对这种联合的理解，这封邀请信是**他起草的**，但不是由他签名的，而是由**同盟主席团**的主席和书记签名的。巴枯宁曾向所有同自己相识的人散发的这封秘密邀请信④对每个人呼吁说：

"坚定地相信你们也愿意尽你们所拥有的力量和手段来促进**这第二次代表大会取得完全的成功**。"巴枯宁继续写道："对同盟在目前情况下，在存在着长期来使欧洲的自由、和平和**繁荣**有被消灭的可能的各种危险的情况下所着手的事业的迫切性，你们当然将看得比任何时候都清楚。""代表大会的目的是在**各国**

---

① 《所谓国际内部的分裂》。

② 这一著作已开始印刷，在印了最初的3个印章之后，"**由于原稿没有继续发排**"便停止印刷了，巴枯宁曾把这3个印章分送给同自己相识的人。——原作者注

③ 他本人于1868年7月被接受参加国际（由埃尔皮金介绍参加日内瓦中央支部）。——原作者注

④ 附上一份由巴枯宁亲笔写上地址的邀请信。——原作者注

人民中唤醒对自己力量的信心和对他们的义务和权力的认识。""非常清楚,**各国人民**只要**仍然**是**分散**的,就将没有可能进行反抗,等等"。

在上面援引的这几句话里,巴枯宁**似乎没把**国际**放在眼里**,或者是不愿了解,国际是唯一真正把各国人民**联合起来**并使他们有能力进行反抗的严肃的组织。在他看来,**只要他**巴枯宁以及他自己的那个组织**不去帮助各国人民**,他们就仍然是**分散**的,而他果真呼喊道:

"我们应当以**各国人民的联盟——工人的联盟**来对抗压迫者的毁灭同盟。"

总之,按照巴枯宁的思想,这个**工人联盟**应当在和平同盟的怀抱中产生;而关于国际协会,他却只字不提。

和平同盟的事业应当成为"**真正的人民事业**"。巴枯宁还在那封内部邀请信中写道:

"未来是属于我们的。我们只有**成为千万个劳动者的真诚的和郑重的代表**,才能够有所作为,劳动者创造了财富和文明,但是被剥夺了享有它们的权利,至今还只能每天为之做出巨大的牺牲。"

我觉得这封邀请信到此可以结束了。一个资产阶级的组织,力图为千万个劳动者谋福利,想以"**真正的人民事业**"为消遣,并继续像在自己的第一次代表大会上那样对真正的国际工人协会表示根本不放在眼里和完全付诸遗忘,那它就多半是妄想使**不幸的**工人**挣脱**我们协会的**有害影响**,——这种组织的性质是显而易见的,我们已经看到这一点,并且现在还能每天看到这一点。不久前还仇视公社社员的资产者们不是曾经打算在巴黎成立一个鼓励**正直工人**的团体吗?

然而,如果我们以为和平同盟的真实意图仅限于此,那我们就大错特错了。不,**它**,更正确地说,是**他**,即巴枯宁,并**没有忘记**国际协会；相反，他很喜爱国际协会，并**希望**给它安上一个**资产阶级活动家组成的最高议会来在政治方面领导它**。

在巴枯宁的**内部**邀请信快要结束时确实有下面这段话：

"要成为一支**有益的和现实的**力量，我们的和平同盟就应当成为伟大的经济的和社会的利益和原则的**纯粹的政治表现**，欧洲和美洲的**伟大的国际工人协会目前**正在如此顺利地**发展**和**推广**着这种利益和原则。"

五

布鲁塞尔代表大会召开了。它冒失地拒绝了和平同盟的邀请。巴枯宁非常恼怒和不满，因为，一方面，协会逃避了他的**庇护**，不愿听他的"纯粹的政治表现"；另一方面，和平同盟的主席**古斯塔夫·福格特教授**对他进行了斥责，并代表委员会要求他作出解释。

"或者是你不相信（这是福格特先生写给巴枯宁的信里的话，我**几乎是逐字逐句地**引用他的话）我们的邀请会被接受，在这种情况下，你就是在利用我们的诚恳，利用我们对你的判断的信任，而使我们的同盟丢脸；或者是你预先就知道你在国际里的**朋友**给我们准备了什么样的意外的礼物，而在这种情况下，你就是以不体面的方式欺骗我们，我要问你，我们怎么向我们的代表大会交代？"

巴枯宁写了**一封信**回答这个向他提出的二者必居其一的难题，他向许多熟人①念过这封信，我也听他念过几次。他写道：

"是的，我没有想到国际代表大会竟会以如此**粗鲁和自负的侮辱**来回答我

---

① 后面删掉了下面这句话："我也在其中"。

们，我知道这是什么原因造成的。这是一个**掌管一切和仇视俄国人**（！）和一切局外人的**德国人集团**的阴谋（在这里，他口头上向自己的听众解释说，这就是**马克思集团**！）。你问我：现在我们怎么办？我请求委员会**允许我在我们的代表大会的讲坛上代表委员会亲自回答这种粗鲁的侮辱**。"

让巴枯宁来试一试，他能不能否认**他说过的哪怕一句话**；要从古·福格特教授（他现在住在苏黎世）那里搞到这封信的副本并不困难，因为这封信特别重要，这一点从我刚才摘引的话里就可看出。它证明，**即使不是更早一些，至少也是从这个时候起**，巴枯宁就开始对公民**马克思**，**德国人**和整个**国际**进行**污蔑攻击**了，他辱骂国际是公民马克思和**德国人集团**（之后巴枯宁的代理人又把它称做具有俾斯麦思想方式的人的权威主义集团）手中的盲目的工具，这种攻击在**当时**完全是**信口开河**，因为他当时根本不了解国际的组织和活动。巴枯宁对总委员会，特别是对它的某些委员的仇恨就是这个时候种下的。

然而，巴枯宁没敢在和平同盟伯尔尼代表大会上回答国际对同盟的"粗鲁的侮辱"；他仅仅笼统地对德国人说了几句粗鲁的话，据我记忆所及，他责备德国人的是他们剥削俄国（见刊载在赫尔岑的《钟声报》和日内瓦印刷的单行本小册子上的他的讲话）[143]。他采取了完全不同的行动路线：他想使代表大会承认"各个阶级和个人**平等**的伟大原则"。他坚决反对共产主义，祈求代表大会宣布土地必须属于农民，劳动工具必须属于工人。

他是希望用这种办法来维护和平同盟的威望呢，还是他预先知道同盟不会自作自受地采纳**他这种"平等"**，因而是要寻找一个体面的借口，以便冠冕堂皇地退出和平同盟呢？因为同盟的奢望遭到了工人的拒绝，因此，在他的心目中已经丧失了作为可能的最高领导中心的地位。不管怎么说，他退出了和平同盟，搬到了日内瓦，以便在那里在另一个环境里创建他在内部邀请信中答应建立的各国人民的**同盟**，而这一次是叫做"**国际社会主义民主同盟**"。**已宣布的**这个同盟的意图和纲领仍旧是**各国人民联盟**（就是邀请信中所说的）的那些意图和纲领；这里也强调研究"**政治和哲学问题**"的特殊任务……

总委员会的内部通告中包含有这方面的一些说明和一些文件（第6页和第99页），但那里说的仅仅是已公布的**公开同盟**的纲领。现在，把**秘密同盟**的秘密文件公诸于世的时候来到了。

正如我在报告开始时所说的，无论是巴枯宁还是他的信徒都绝对否认不了这些秘密文件的存在。这些文件的存在是确凿无疑的；而当我们谈到同盟分子在俄国的活动的时候，巴枯宁反对国际的阴谋的证据将得到更加令人惊异的充实。

六

"国际社会主义民主同盟"只不过是真正的同盟——"**国际兄弟同盟的秘密组织**"的公开部分，这个组织共分"**三级**"：1. 国际兄弟会。2. 民族兄弟会。3. 社会主义民主同盟的**半秘密**半公开的组织。

在这里不可能引证巴枯宁用法文写的、分发给他的各级代理人和信徒的**数量巨大的**全部文件。我只能谈谈足以勾画出阴谋的主要轮廓的某几点。

第2章的标题是："国际社会主义民主同盟的**秘密**组织"。

从这一章的第2条里可以看出，争取国际接纳的是**同盟**一个公开的支部，巴枯宁分子曾因为这个支部遭到拒绝而发动了那样一场小题大做的攻击，这个公开支部的任务完全是为阴谋做伪装，规定同这个支部并列的还有另一个支部，它自作主张地称自己是日内瓦**中央**支部。①

"**日内瓦中央**支部是常设中央委员会的常任**代表团**。"

自治制的捍卫者们就是这样否定**权威**原则的，他们甚至废除了支部的任何**权威**，把它贬到**委员会的代表**的地位上去了。

同时，根据条例，支部的大门对非亲信者是关着的：

"它由中央局全体委员和那些**硬性规定**必须永远兼任**常设中央委员会**委员的监察委员会委员组成。"

这个中央支部"**是同盟的最高执行委员会**"。与这个执行**委员会**并列的是"**执行权力机关**"，它的名称是**中央局**，由三至五名委员组成②，他们永远必须同时是**常设中央委员会**委员。这个局也"是一个秘密组织"，"向一切民族委员会发出通知（**不要叫做秘密命令**）"……

这个秘密的中央**局**就是"公开同盟的**执行权力机关**"。

"作为这种组织，它根据不同国家和不同**情况**，同一切民族局保持**或多或少是公开**的联系，同时每月也从各民族局得到报告。"

接着借助下述简单的定义，用概念的方式，对这个局的权限作了说明：

"**它的管理机构**将同联邦制共和国的总统制相一致。"

---

① 吉约姆在代表大会上承认，同盟应当占有日内瓦中央支部的地位，因为，在同盟分子看来，后者不符合**真正的国际原则**。——原作者注
② 空白处有马克思打了着重号的恩格斯作的标记："孔博"。孔博掌握上述支部的文件。

现在世界上只有两个联邦制共和国，而瑞士是没有总统的，因此，自然而然地得出的结论就是，这个管理机构的权限相当于**合众国总统**的权限……而如果更仔细地研究一下秘密**同盟**的章程，把它同俄文的文件对照一下，就能清楚地看出，合众国总统所享有的权力比同盟的这个局还小得多哩！所有的钱——民族委员会、地区中心、民族兄弟、国际兄弟——都无例外地汇集到这个局，各地都给它送报告和从它那里接受命令。此外，这个局

"完全由**常设中央委员会**委员组成，所以它始终将是这个委员会的直接**代表机关**"。

规定它的名称

在巴塞尔代表大会前，"在第一次**公开全体大会**召开之前"，叫做"**临时中央局**"，"第一次公开全体大会……根据公开章程第七条规定"应当"作为国际**工人协会的一个分支**在最近这次工人代表大会期间召开"①。

这里我们应当特别注意下面这些对选举和代表团的自由和独立充满无限尊重之意的词句：

我们在条例中看到："不言而喻，这次大会（巴塞尔代表大会期间召开的公开全体大会）将任命**新中央局**委员。**但是**由于**中央局**绝对有必要**只**由**常设中央委员会**委员组成，所以常设中央委员会应当通过自己的各个**民族委员会**保证这样来**组织**和**领导**一切地方组织，使他们只派**常设中央委员会**的委员或者**绝对忠实于本国民族委员会**领导的人（如果没有常设中央委员会委员）作为代表出席大会，以便常设**中央委员会**能够经常控制同盟的整个组织。"

---

① 见本卷第 701—713 页。

这不是某个波拿巴的部长和省长在选举前夕为保证官方候选人当选而写的,这是巴枯宁写的;请看,他是怎样理解工人通过**自治**支部选举的代表**自由表达意见**的!

下面在第5条里,他以两项条文规定,**民族委员会**应当这样来组织本国的同盟:"使**常设中央委员会**委员永远在同盟中**占统治地位**,并……出席代表大会。"他还规定民族委员会"除了中央局以外不承认**别的领导机关**",在本国建立"同盟的公开的和秘密的民族组织"……

巴枯宁就这样巩固了反对国际阵营的同盟阵营,正如我们所看到的,他力图**确保**自己的委员会和民族组织不同我们协会的联合会委员会和总委员会发生任何**组织**接触。——

总之,无论是在同盟的秘密组织还是公开组织里,或者,更正确地说,是在半公开半秘密的组织里,**权威原则**没有起任何作用,而自治则得到了最严格的遵守。总之,**民族局**一定要把自己的地方组织的章程送交**中央局**批准,否则地方组织就不能参加同盟。

民族委员会可以"接受**新委员**",但是他的名字应当立即报请中央局批准。民族局和民族委员会(一个国家只要有**三名民族委员就足够**成立民族委员会!)无例外地由常设中央委员会的委员组成,常设委员会看起来是整个组织的最高一级,而事实上它还要服从**中央局**的更高一级的最高权力。上述章程规定,中央局应当在1868年12月到巴塞尔代表大会这段期间指导所有的委员会和所有国家,而事实上这种职能一直保持到今天。那么,归根结底,参加这个常设中央委员会的究竟是谁呢,全能的**中央局**是怎样组成的呢?

首先,我们要指出,**常设中央委员会、中央局、民族**委员会这些名称在和平和自由同盟里就已经有了。而事实上秘密章程也满不在乎地承认,**常设中央委员会**是由"创建同盟的全体盟员"组成的,而这些**创建同盟的盟员**则是"过去伯尔尼代表大会的参加者"。因此,这些**创建**

同盟的盟员也应当在自己中间选出一个驻在地设在日内瓦的**中央局**。但是，除了巴枯宁一人之外，他们都不住在日内瓦，于是秘密章程便以下述特别机智的方式对这个**局**的成员和选举程序做了解释：

"临时中央局将作为创建同盟的**全体盟员**临时**推选出来的**机构而提交日内瓦**发起小组**批准。这些创建同盟的盟员过去大多数是**伯尔尼代表大会**的参加者，他们已经**把自己的权力交给了公民 Б.**① 而各自回国去了！"

现在情况已经相当清楚：同盟的创建者们各自回国去了，他们把自己的权力交给了公民 Б.，而 Б."作为全体盟员推选出来的"，任命自己为**中央局**——公开同盟的执行**内阁**、秘密同盟的联邦制共和国的总统式的统治者，——为此他让自己虚构的选民……有权在一切国家建立民族委员会，即任命自己为中央局的 Б. 的顺从奴仆！

为了对某些过去伯尔尼代表大会的参加者表示敬意，我必须在这里指出，大莫卧儿的这个阴谋的可笑和卑劣并不能使所有社会主义少数派的成员丢脸。我深信，他们中的许多人离开伯尔尼代表大会时，是光明正大地接受同盟的**公开纲领**的，根本没想到还存在着一个巴枯宁制造和主持的秘密的纲领和他领导下的秘密团体。他完全欺骗了他们，而现在如何看待这件事，则是他们的事。

可是，巴枯宁在瑞士和瑞士以外的地方寻找并找到了一些喽啰，他亲自封他们为国际兄弟——这个团体的成员中最高级别，而其他人则不知道这个团体；例如，民族兄弟

"**不应当哪怕是怀疑**国际组织的存在（第15条）"。

"国际兄弟"则是"社会革命的伟大杠杆"，他们"除了世界革命以外没有

---

① 旁边有吴亭用铅笔加上的字："巴枯宁"。

别的祖国，除了反动以外没有别的异邦和别的敌人"（第1条）。

对他们来说，"不应当有比为革命服务和为**我们的**、以为革命服务为己任的秘密**组织**服务更重大、更神圣的事业、利益或义务。（第6条）""他未经他所属的委员会同意或命令不能采取任何行动和担任社会职务（第8条）"。

他**应当**经自己所属的委员会的同意去**充当同盟**领导的间谍，以满足巴枯宁的好奇心，——不过，这不是搞政府领域的各种活动情报的间谍，而是在各革命团体里进行侦察的**间谍**，因为巴枯宁法典的第9条宣布：

"任何一个国际兄弟，未经所属委员会的明确同意都不能参加任何秘密团体。而在需要的时候，即所属的委员会要求他这样做的时候，也必须经中央委员会同意。而且只有在他向它们公开一切可能直接或间接使它们感兴趣的秘密的条件下，他才能够参加这种秘密团体。"

巴枯宁就把这叫做"光明磊落"！！

对于巴枯宁同那些不愿向他的全能的专制统治顶礼膜拜的革命者之间这种**密切的**间谍联系，不应感到惊奇。我们在下面将看到，他要求，或者更确切地说，是不容抗争地命令自己的信徒败坏所有不完全接受他的纲领的**革命者**的名誉，告发他们，谋害他们，因为

"只有真诚地接受整个纲领以及由这个纲领而产生的一切理论后果和实践后果的人……才能成为国际兄弟"。

（见第5条），应当考虑到，他曾写过文章反对雅各宾派和布朗基派，况且还是在1869年，在波拿巴帝国时代。他巴枯宁指责他们追求**流血的专政：**

他鼓吹说："雅各宾派和布朗基派……不希望实行反对事物的激进革命，而

策划反对人们的流血革命,是十分自然的。但是……雅各宾派或**布朗基派**的胜利就意味着**革命的死亡**……我们是那些作为未来的专制者、立法者和革命保护者的革命者的天然敌人"……等等,等等(国际兄弟革命组织的纲领和目的第3条和第4条)。

他宣布**无政府状态**,但是,如果我们设想,这是指严肃意义上的**无政府状态**,那就大错特错了。不,他所理解的无政府状态是

"放纵现在称为恶欲的那种东西"、"解放了的人民生活的充分表现"(第5条),"但是"——

这个"但是"是十分重要的,到时候能用来使最不可调和的东西调和起来……

"但是有必要在构成生活本身和革命的全部毅力的人民的无政府状态中使革命思想(什么思想?谁的思想?)和**革命行动的统一**有某种机关作为自己的体现。"①

这所以是必要的,"正是为了建立这种革命同盟,为了革命战胜反动",——而刚刚谈到的那个**机关**在哪里呢,是不是指国际协会呢?不是,请看:

"这种机关应当是秘密的、世界性的国际兄弟联盟。"②

这并不妨碍巴枯宁一次又一次地宣布,革命

---

① 接着有吴亭用铅笔加上的字:"这一段的结尾明天送去,副本还没准备好。"结尾和后面两页是空白的。
② 对着这一段的空白处有吴亭的字:"第31页的结尾在《同盟分子在俄国的阴谋》**前面**。"

"都是在人民群众**本能意识**的深处酝酿的，**组织得很好的秘密团体**的任务就是帮助每一次革命的诞生"。

（我们马上就会看到，这种说法在署名的和不署名的俄国传单上被不加变动地重复着，在这些传单上，这些帮助革命诞生者被称做革命的**助产士**）

"在群众中传播与群众的本能相一致的思想，并且组织——不是组织革命的军队，革命的军队始终应当是人民本身——**一种革命的总参谋部**"。

（在他的俄文传单中可以看到字句完全相同的说法）

"由忠诚的、坚毅的、聪明的，主要地是真诚地热爱人民的，而不是沽名钓誉的人，因而能作为革命思想和人民本能之间的中介的人组成"。

一方面是具有本能的觉悟的整个群众，另一方面是无组织的军队的有组织的总参谋部；将由它们二者当中的哪一个来进行革命呢？是没有总参谋部的群众呢，还是由群众组成的总参谋部呢？如果是后一种情况，那么，这个参谋部将由多么大量的人组成呢？这不就几乎等于是整个群众了吗？

第11条（即最后一条）对这个问题做了说一不二的答复：

第11条"因此，这种人的数目不宜过多。整个欧洲的国际组织有100名紧密无间地团结在一起的革命者就足够了。最大的国家的组织有**二三百名革命者**也就足够了"。

我们不再往下看了。没有必要对这种形而上学再进行深入的探讨；我们现在就从这个想象的世界回到那个巴枯宁在其中建立秘密组织的现实世界里来。①

七
同盟分子在俄国的阴谋②

  1871年7月，圣彼得堡法院在俄国第一次**公开**进行了一次政治案件的审讯。

  被告席上坐着80多名**被告**③，在他们身边有一些以刚直不阿著称的优秀的俄国律师！几乎所有被告，**不分男女**，都是**青年学生，他们是从医学院、大学、工艺学院、林业学校，特别是莫斯科农学院的教室里被抓来的**。他们在出庭受审之前，从1869年11月底到1871年7月，一直被关在圣彼得堡要塞的牢房里。现在，他们走出了牢房，而在此之前，他们有两个伙伴已经死去，还有几个得了精神病或者永远损坏了健康，他们出来是为了听取认为有罪的判决，他们将离开牢房前往西伯利亚矿山，他们将去服苦役、要塞监禁和囚禁，期限是15年、12年、10年、7年和2年。那些被法庭宣告无罪的被告则将按行政程序流放，而在俄国，由于会遭到各种迫害和贫困，流放边远省份，甚至直接处于警察监视之下，就无异于缓慢地和残酷地被饿死。这幅图景是几名被告带着令人痛心的说服力描绘的，无论是法官还是检察官都没敢打断或反驳说话的人。

  这些被残酷地剥夺了学习和生活的年轻人做了什么事？

---

  ① 这页的末尾是空白的。
  ② 吴亭用铅笔写了一个注："七。俄国。涅恰耶夫—巴枯宁案件"。
  ③ 吴亭用铅笔写了一个脚注："87名。在那里……被捕的是一些年轻人，后来有的被释放，有的**被流放**。"

他们的罪名很重：他们参加了一个**秘密团体**，想要引起一场最血腥和最可怕的革命，——他们同国外，同一个革命委员会，同国际有联系，他们保存了国际的章程，最后，按照委员会的命令，根据团体的章程和革命纲领的原则，进行过几次诈骗活动，甚至还进行了一次谋杀活动。

他们中的任何人甚至一次也没有亲眼看见过委员会的任何一个成员，任何人也不知道这个委员会在哪里，他们同**国际革命委员会的一名密使联系**。这个密使持有**盖着国际协会和革命委员会的印章的委任状**；他把这些委任状发给一些人，然后让他们冒充协会委员会的特别代表，而对这些人本身则保证说，他们持有这种委任状就成了国际协会的委员，并可以得到参加秘密会议的许可。还是那个日内瓦的特使利用这个委任状和以委员会代表的身份，命令自己的信徒通过**警察**骗局迫使一个年轻人交出一张 6000 卢布的支票，最后，他援引委员会的**命令**，迫使自己的信徒帮助他杀害了团体的最著名和最积极的成员之一。干了杀人勾当之后，预见到其后果，密使赶忙隐藏起来了，而让自己的同谋去为所犯的罪行吃官司。过了不久，这样的事就发生了，由于谋杀案引起了秘密团体被破获①，秘密团体的所有参加者都被逮捕。同时还进行了搜查，结果所有文件都被没收。值得注意的是，警察在进行这次搜查时表现得非常敏锐，因此可以推测，他们事先得到了详细的情报。

我原来没打算在这里说明这一案件的全部细节，因为本报告相当狭小的范围容纳不下，仅仅这一个事件就要写一大本。因此，我只想谈两

---

① 除此之外，在整个审讯过程和起诉中，在有关使警察能破获这个秘密团体的情况方面，还有**不清楚**的地方；这就使人不禁产生怀疑，没有好细是做不到这一点的，密使在这整个事件中的整个作用极其可疑！——原作者注

空白处有吴亭的批注："注意"。

点：(1) 谈一谈这一阴谋的结果；(2) 这个秘密团体来自何处，它是由谁策划和组织的，进行这些活动是根据谁的命令，什么样的宣传导致了如此有害的后果，用什么方式把国际牵连进整个这一事件。

我不得不只花很少的时间来谈第一点，否则我就必须在这里阐述从1859年当朝沙皇时期第一次迫害年轻大学生引起的青年学生的反对派革命运动的激动人心和可歌可泣的历史了。只谈一件最重要的事实：1861年，为了回击以剥夺贫苦青年受高等教育的机会为目的的税收措施，回击为了使大学生屈服于警察代理人在大学本身的专横行为而实行的纪律守则，大学生们进行了坚决的和一致的抗议，抗议活动由秘密会议发展到街头，演变成了声势浩大的游行示威。圣彼得堡大学被暂时**封闭**，大学生们被投入监狱和流放。由于政府的这种行动，一大批被剥夺学习机会而又无法谋生的青年学生都加入了革命团体。这个团体的很多成员后来在流放中、在监狱里、在西伯利亚死去了。

尽管这样，青年照旧设法**接受高等教育**，这是没有指靠的青年人为自己打开生活出路、为人民谋利益和赡养自己年迈的双亲的唯一手段，他们的父母为了使儿子能进大学常常牺牲了一切。但是，为了受到这种高等教育，贫苦的大学生必须设法维持学习期间的生活，而要做到这一点只有一个办法——建立**互助储金会**。由于管理这种储金会要求所有大学生共同行动，因此就不能没有集会权。然而，政府始终顽固地禁止共同集会和互助储金会，这项禁令经常引起周期性的冲突、骚乱和对青年的自然要求的残酷镇压。最后，大学生中最严肃的分子决定不再给政府提供任何**借口**来驱散和镇压俄国青年知识分子的力量。他们并没想放弃自己的互助储金会和互助团体，而是设法把这些团体组织得能够通过分散的小型集会进行管理而无须召开大型的共同集会，因为大型的共同集会是政府害怕的红色魔鬼！

这种倾向在最近几年占了上风，以致1869年冬那些渴望采取更

"激进的"行动,即**示威游行**的人只能得到微弱的支持,而那些试图谈论"**革命抵抗**"(这无疑是不可能的,它只能引起无谓的和过早的牺牲)的人则遭到了整个大学生群众的嘲笑。

这种**考虑周密**的策略也是在近几年日益加强的青年的新动向影响下提出的。年轻人力图掌握科学知识,以便在自己同劳动群众的联系中加以实际应用,借助这种知识找到一种活动形式,使他们能建立同人民的直接接触,同时使人民获得生存的手段。从许多供词①中可以看出,早在1868年冬季,大学生就常常讨论为减轻人民的贫困而建立农业和工业协作社的可能性和最好方法。许多人准备在大学毕业后筹措旅费②去欧洲,以便考察**生产合作社**,然后在俄国广泛建立。

西方的榜样在这里起了重要作用。俄国大学生在报纸上看到,欧洲在组织协作社,工人试图以新的合作原则为根据同资本家进行斗争,他们想把这个原则用于俄国工人的境况,何况他们还看到,俄国的**组织**对于制定和发展合作原则是一个有价值的因素。思想就这样成熟起来了,人们所想的已经不是1863—1866年期间吸引青年注意力的小规模的男女大学生联合会了,那个时候曾经建立过男女装订工人组合和男女裁缝组合等;他们准备严肃地和科学地把这一原则灌输到人民群众本身的生活里去。同时,青年们也像1861—1862年间一样,继续用自己的课余时间从事工人阶级的教育事业和成立民众学校;尤其是农学院的大学生对这件事表现了真正的热情。宣传工作就是这样进行的,大学生们(我说的正是那些出庭受审的大学生)首先竭尽全力通过互助团体推动对自

---

① 顺便说说,参看《圣彼得堡消息报》1871年第198、199、200、204、227号上关于法庭审讯的报道,我在本报告中利用了这几号的报纸。——原作者注

② "筹措旅费"几个字是吴亭用铅笔补写上去的。

己的同学的教育，也推动了对人民的教育，准备将来通过**合作社**把工人阶级真正组织起来。

可是，突然之间计划破灭了，而他们自己则注定要在监狱或流放地死亡！他们中的某些人突然堕落到了杀害自己的同志，而且是最优秀的同志之一的地步。在我们看来，另一些人面临被控犯有叛国罪的局面还显得是一些天真的和不成熟的孩子，他们根本不知道在法庭上应当怎样自处，而这个法庭正企图向他们证明，他们是最地道的阴谋者，然而他们的全部罪行只能归结为受了致命的迷惑，相信了愚蠢的谎言，对于无耻的骗局没有进行足够的抵抗。一些人对这个骗局根本不重视；另一些人对它了解得太少并且把自己的幻想和愿望当做了实际，相信或者愿意相信确实存在一个强大的秘密组织，由它来改变俄国现行制度已是指日可待，他们只要等着参加一个总的运动就行了。第三种人不能设想整个这出密谋丑剧的推动者——那位密使和派遣他的那些人的奸诈和罪恶竟会达到这样登峰造极的程度；他们想在充满欺诈行为的地方看到**诚实**。归根结底，是所有这些人都程度不同地信赖那位**密使**，因为他是以一个伟大的协会的特使的面目出现的，而这个协会是名震全球的，俄国也不例外。没有可能了解真相和识别谎言的年轻人不加批判地听信了密使的训诫，对他的教导信以为真，因为这些教导是以伟大的国际协会的名义向他们提出的，而他们都知道，在欧洲，国际协会是工人阶级愿望的最严肃和最深刻的体现，是工人阶级解放的最可靠的道路。

我在这里证明的一切、每一件事实、每一个说法，我都可以用这个轰动一时的审讯的文件来证实，我声明，任何一个想要指责我说谎的人自己就是无耻的撒谎者，我将以无可辩驳的证据使他沉默。我在这里关心的不是对事件做一番生动的悲剧性的描述；我甚至不能以应有的方式把被告的所有证词做一番对比，然而，我的报告不是为公众做的，而仅仅是为代表大会做的，代表大会的参加者自己会对比我在下面叙述的事实，然后作出应有的决定。

八

  1869年1月，彼得堡各高等学校爆发了骚动。3月，一个年轻人从彼得堡来到日内瓦，他不做任何说明就企图取得所有俄国侨民的信任，以及进入俄文印刷所，他自称是彼得堡大学生的**代表**。他忽而叫这个名字，忽而叫另一个名字。侨民中有些人**清楚地**知道彼得堡没有派过任何代表，另一些人在同"代表"谈过话以后认为他是**奸细**。最后，他说了实话；他说他叫**涅恰耶夫**，他是从要塞里逃出来以后离开彼得堡的，他是因为作为主要领导人之一参加大学生运动而被关进要塞的。起草这份报告的人以及他的一些同志①，自己就曾被长期监禁在圣彼得堡的要塞里；根据我们自己的悲惨经验，我们断定，从要塞逃出来是不可能的②，因此，我们知道，涅恰耶夫又在**撒谎**了，正如他讲述自己**作为运动的领袖之一的革命活动**是撒谎一样，因为在我们收到的报纸和信件中指出了**受到政府迫害的**某些大学生的名字，**但是从来没有提到过涅恰耶夫**。

  但是，过了没几天，巴枯宁大喊大叫地出来为涅恰耶夫辩护了；他在所有的地方对所有的人宣布，涅恰耶夫是"一个在俄国建立和活动的巨大秘密组织的特使"。

  当时人们只向巴枯宁提出一个要求：不要把他那些其名誉可能因此

---

① "以及他的一些同志"几个字是吴亭用铅笔补写上去的。
② 不要说从要塞逃跑，就是从西伯利亚逃跑也几乎是不可能的。被实行者如此引为骄傲的唯一的一次著名的逃跑是巴枯宁完成的。但是我们将在附录里表明，这是在政府首肯下的假装的逃跑!!——原作者注
  "政府"二字是吴亭用铅笔写的。

受到损害的熟人的**名字**告诉这个可疑人物。巴枯宁答应了，但是他食言了，这从审讯材料中可以看出。①

涅恰耶夫曾设法同一位侨民②谈了话，在谈话时**他曾被自己的对谈者提出的证据窘住，不得不承认他不是秘密组织的代表**，而是他有一些同学和熟人，他想把他们组织起来，为此他必须抓住老的侨民，以便用他们的名字**影响青年**，得到他们的印刷所和**钱**。③ 涅恰耶夫的对谈者坚决拒绝参加这项活动；他数次向涅恰耶夫证明自己关于抛弃这种荒谬企图的忠告的正确性，之后谈话便中止了。**很快就出现了巴枯宁和涅恰耶夫给大学生的《几句话》**[144]。

涅恰耶夫在其中重复了自己从要塞逃跑的神话，并号召青年把自己的力量贡献给革命斗争。巴枯宁则在大学生的骚乱中发现了"反国家的破坏一切的精神"④，它在人民生活的深处扎下了根⑤，他祝贺自己的年轻兄弟的革命志向……

他高呼："这就是说，末日到了，这个卑鄙的全俄罗斯帝国的末日已经临近！"

接着，他在自己的《几句话》里顺便巧妙地责备了波兰人，说他们"幻想对本国人民进行新的奴役"，并宣布，如果他们能够组织起自

---

① 空白处有吴亭用铅笔写的字："注意，见下面"。
② 空白处有吴亭用铅笔写的字："尼·吴亭"。
③ 空白处有吴亭写的字："见下面"。
④ "见文件：'第2号'"。——原作者注
　　"第2号"几个字是用铅笔写的。
⑤ 应当指出，巴枯宁发表自己的《几句话》的时间，恰恰是青年们在受审讯和追究中要尽一切可能为自己的运动辩护，向政府和社会证明自己的要求的和平性质的时候。

己的**国家**，

"他们就将成为他们本国人民的压迫者，同时也就成为我们的敌人"。①

巴枯宁宣布，"目前的**尚属无害的**运动"，尽管它们"表面上是无足轻重的"（他是在受到**破坏精神**鼓舞的青年受追究的**时刻发现**这一真理的），其"**真正的意义**"在于"**现在**就已经**和人民同甘共苦**的没有等级和不知名的青年大军取代了""通过单个的人体现**愤怒的群众的全部力量**的斯切尼卡·拉辛（原文如此！）"。

但是，如果他们作为大学生，现在就已经和人民同甘共苦，那么，非常明显，他们的学业不会妨碍他们准备变为斯切尼卡·拉辛手下的**头领**吗？完全不会。他继续说道：

"所以，朋友们，赶快抛弃这个注定灭亡的世界吧。抛弃这些大学、学院和其他学校吧……到民间去吧"……但不是为了成为人民的"教师"或"独裁者——指导者"，"而仅仅是成为自我解放的**助产婆**、人民的**团结者**"、"人民的力量和努力"的**组织者**。巴枯宁因其反国家的破坏一切的精神而赋予"有知识的青年"的作用就是这样。

这现在"不要**在科学**上煞费苦心了，人们想以科学的名义把你们束缚起来，使你们失去力量"，——这种官方的"科学应当同那个以它为表达者的"、它为之服务的"世界同时灭亡"……

这就是巴枯宁对青年说的话，为了使自己的话更有力量，他在这里

---

① 官方的俄国报刊在波兰起义期间对波兰革命者也没有提出别的指责，也仅仅是说他们"压迫本国人民"。巴枯宁说的是哪些波兰人？难道是说波兰贵族吗？但是，难道任何别的国家的，例如俄国的贵族就不同样是本国人民的敌人吗？——原作者注

还引用了"西方**优秀人物的信念**",他还使自己承担了代表欧美工人向青年发出邀请的义务:

"这就是西方优秀人物的信念,那里也像俄国一样,以宗教,以形而上学,总之是以'资产阶级文明'为基础的旧世界,即国家的世界,正在同自己的必要的补充——继承权和家庭法一起崩溃,以便让位于国际的和自由地组织起来的做粗活的工人的世界。"

"欧美的工人世界正在准备斗争,它正在超越国界号召我们结成巩固的联盟。"

正如我们所看到的,在这里巴枯宁在俄国青年面前竟把自己装扮成了工人的代表,他还以工人都遵循这样的原则和信念这种不可反驳的论据来支持自己向他们宣扬的一切。——我之所以大段地摘引这份号召书,是因为它在同盟在俄国的阴谋中起了非常重要的作用:在每一个大学生献身之前,都要对他宣读这……作为福音书的《几句话》。

与《几句话》发表的同时,也出版了一些别的出版物[145]:(1)《**革命问题的提法**》;(2)《**革命原理**》;(3)《**"人民裁判"协会会刊**》第1期,莫斯科1869年夏季出版。①

---

① 过了一些时候,到1870年冬季,这些出版物在日内瓦书店都能买到;这些出版物的第1页上都印有"在俄国印刷"几个字。这些字只能有两个解释:或者是为了显示团体的无所不能,表示它可以在俄国自由地印刷小册子,不仅可供宣传的需要,而且可供向旅居**国外**的人出售;或者是为了使已经被捕的青年增加一条罪状,从而使他们遭到更坏的命运。二者兼而有之。实际上这些出版物当然全部是在日内瓦印刷的,印刷者先生们甚至没有注意到改变封面和印刷铅字,因此巴枯宁和奥格辽夫的某些作品的封面、开本和特点(不仅是意思上的,而且是印刷上的)都同秘密团体委员会的**恶劣**作品完全一样。——原作者注

这些小册子中的头一本——《革命问题的提法》① 一下子就泄露了自己的作者：我们在这本小册子中可以找到同巴枯宁和涅恰耶夫在《几句话》中所使用的完全一样的字句和说法，只不过是"反国家的破坏一切的精神"更加强烈了。我们认为：不仅要消灭国家，而且要消灭书斋里的革命者——国家的拥护者（即那些在**自己的书斋**里科学地研究革命问题并使用"人民国家"、"Volksstaat"这个术语的革命者）。

必须这样做的原因是：

"一切剥削者、一切这样或那样利用国家的存在、繁荣和强大，也就是利用人民的贫穷的人都**拥护国家**"，"不言而喻，**我们是拥护人民的**。"

而这个"我们"是指谁呢？在这里，巴枯宁根据**无政府主义**的同化规律把自己和"受过教育的青年"、自己的"青年朋友"等同起来了：

"**政府亲自**给我们指出了**我们**为达到自己的即人民的目的所应走的道路。它〔**政府**〕把**我们**（！）赶出了大学、学院和其他学校……**感谢它使我们站在这样光荣而坚实的立足点上。现在我们有了立足点，我们可以进行活动了**。

我们将做些什么呢？去指教人民吗？这是愚蠢的。**人民自己比我们更清楚他们应该怎么办**……我们不应该指教人民，而应该要人民起来暴动……"

小册子的匿名②作者（巴枯宁和涅恰耶夫）接着说，的确，人民自己在进行暴动，只不过迄今

---

① 在对着这个地方的空白处有吴亭写的字："这个文件的俄文原文在我处。尼·吴亭"。
② "匿名"这个词是吴亭用铅笔在行间加上的。

"人民进行的暴动一直**毫无结果**,因为他们是分散地进行暴动的……我们只能够给予他们一种帮助,但这是非常重大的帮助";"我们能够给他们以他们迄今还缺少的东西。而缺少这个东西是他们**一切失败的主要原因**——这就是通过(mettre ensemble)团结①他们自己的、暴动的和至今还是分散的力量**使各地的运动达到一致**"。

正如我们所看到的,同盟的**学说——自下而上的无政府状态和自上而下的纪律**——在这里再一次和盘托出了。正如我们在前面所看到的,这首先是通过暴动"放纵现在称为恶欲的那种东西",然而又"有必要在构成生活本身和革命的全部毅力的人民的无政府状态中使**革命思想和行动的统一**有某种机关作为自己的体现"。不过,由于环境不同,伯尔尼代表大会上的社会主义少数派在这里变成了"**有知识的青年**",而上面提到的那个**机关**变成了**世界同盟的分部**、它的**俄国支部**、**人民裁判协会**。

接着作者又说明,**为什么必须参加每一次局部性的暴动**:因为同人民的"**兄弟团结**""……只有**在行动中**才有可能实现,只有看到**我们参加了它自己的行动**,它才会承认我们是**自己人**。然而**一旦得到承认,我们就将是全能的了**"。最后,作者指出,在俄国什么人是真正的国际兄弟,是真正的革命者,"**集体的斯切尼卡·拉辛**"对他来说已经不够了,他已经不相信"**受过教育的青年**"会变成集体的斯切尼卡·拉辛了。他现在需要**许许多多**的斯切尼卡·拉辛,于是他号召**一切强盗都站到**他的**同盟**的**俄国支部**的旗帜下来:

"**抢劫**是俄国人民生活最光荣的形式之一。强盗就是人民的英雄、保卫者、复仇者;是**国家**以及国家所确立的**任何社会制度和公民制度的不可调和的敌人**;

---

① 在原稿上这里是俄文。

是同整个官吏贵族的文明和官方神甫的文明进行生死斗争的战士。① 谁不理解抢劫，谁也就不会理解俄国人民历史中的任何东西。谁不同情抢劫，谁也就不可能同情俄国人民生活，谁对人民世世代代无比深重的苦难就不会有同情心。这种人是敌人阵营——国家拥护者阵营中的人。只有抢劫才能证明人民的生命力、热情和力量……在俄国，强盗是**真正的、唯一的**革命者——是在行动上不可调和的、不知疲倦的、不可驯服的革命者，是人民的、社会的革命者，而不是政治的、属于某个阶级②的革命者……遍布全俄的，出没在森林、城市和乡村的强盗和被囚于帝国的无数牢狱中的强盗，构成一个不可分割、紧密联系在一起的**世界——俄国革命的世界**。在这个世界中，而且只是在这个世界中，很早以来就有了真正的、革命的秘密活动。

谁想在俄国认真地进行秘密活动，谁想进行人民革命，谁就应该加入这个世界……我们的任务是什么呢？

弟兄们，让我们沿着把我们赶出学院、大学和其他学校的政府现在给我们指出的道路，在一起投身到民间去，**到人民运动中去**，到强盗和农民的暴动中去，保持我们之间忠实而牢固的友谊，把一切零散的**庄稼汉**③骚动团结成为统一的整体。让我们把它们变成有理性的但是无情的人民革命。"

在第二份传单《革命原理》中，作者对国家的拥护者（国家主义者④）进行了指责，这种指责和它的用语都和同盟的秘密纲领中对雅各宾派和布朗基派的指责完全一样：**国家**的拥护者被指责为建造了处死革

---

① 在对着这一段的空白处有一个不知名者用铅笔写的批语："警察就是从这些人当中招募暗探，而妓女就是从他们当中招募皮条客的"。
② 对于小册子《革命问题的提法》俄文本中"非阶层的"这个俄文词，吴亭在译成法文时就是这样译的。
③ 这个词在法文原稿上是用俄文写的。
④ 在原稿上这几个字是用俄文写的。

命者兄弟的断头台和绞架！——"各国人民还没有进行过真正的革命"。他还重新谈到了自上而下地执行纪律的"机关"和为最终完成真正的革命而实行的同盟分子的顺应天命的阴谋：

> "为了进行真正的革命，需要的不是那些站在群众前头并对他们发号施令的人物，而是不知不觉地隐身于群众之中，不知不觉地使这一批群众和另一批群众联系起来，从而不知不觉地使**运动**具有**同一个方向**，具有同**一种精神**和同**一种性质**的人物。建立秘密的、从事准备工作的组织的意义仅在于此，它之所以必需也仅在于此。"

请看，这种神圣的无政府状态竟是这样的！不仅支部实行**自治**，而且**革命**本身也实行**自治**！

接着巴枯宁向青年宣扬破坏，宣扬消灭身居高位的人，这必须从采取行动做起，也就是说，从进行暗杀做起。

必须消灭目前的一切财富，消灭现存的一切。对于从事实际革命活动的人来说，任何**议论**未来的行为，用巴枯宁的话来说，都是"**犯罪的**，因为它会妨碍纯粹的破坏，会延缓开始革命的进程"。

> "我们只相信那些不怕拷打、不怕坐牢，**用事实**表明自己对革命事业的忠诚的人，因此，我们否定一切不随即见诸行动的言论。不明确地提出实现革命目标的时间和地点的无目的的宣传，我们则更加不需要了！……不仅如此，这种宣传还会妨碍我们，所以我们将尽一切力量来抵制这种宣传！……**我们希望现在只谈行动！……我们将用强力迫使**一切不想懂得这一点的饶舌家沉默！"

这些威胁和辱骂是针对这样一些俄国流亡者的，他们因为不愿同巴枯宁这个爱好虚荣和败坏俄国革命事业名誉的人物有任何共同之处而被他骂作**学理主义革命者**（我有幸也在此列，我们往后会看到，他是如何把他们出卖给**警察**的!)。因此，他更明确地说明了自己的威胁和暗示：

"我们要与一切不想返回祖国加入我们队伍的政治流亡者**断绝联系**。"

（俄国政府也正是这样宣布的，于是许多奸细来到了日内瓦，他们在进行革命密谋的借口下劝说流亡者返回祖国，甚至还向他们提供了伪造的护照和金钱!）

"而在这个队伍还不明显的时候，我们要与一切不促使这个队伍在俄国生活的舞台上公开活动的人断绝联系。**我们把那些已经声明自己是欧洲革命的工作人员的流亡者作为例外**。"

（这种特赦是巴枯宁和涅恰耶夫给予巴枯宁和已故的**赫尔岑**的，因为巴枯宁是欧洲革命的**工作人员**，而给予赫尔岑的原因，我们以后再回过头来说。）

"今后我们不会再重复这些话和不再发出号召了。有耳目的人会看到和听到实干家们的所作所为。如果这种人不参加他们的队伍，那他遭到灭亡就**不是我们的过错**了，正像如果由于怯懦和卑鄙而藏在幕后的一切同遮盖它们的幕一起被冷静地、无情地消灭不是我们的过错一样。除了从事消灭，我们不承认任何其他的活动，但是我们同意这样一种意见，就是这一活动的表现形式应当是极其多种多样的。毒药、刀子、绞索等等。在这样的斗争中革命仍然是神圣的! 可见, 大有用武之地! ……我们的知识，全欧洲的任何一个正直的人只要不轻蔑正义，都不会责备我们"……

"让一切健康的、年轻的人立即开始用火和剑根除祸害，清扫和开发俄罗斯大地的神圣事业，同那些将在全欧洲从事同样的事业的人亲密地联合起来吧。"

三一九

第三个出版物的作用是充当"**人民裁判**"协会的**机关刊物**。①

九
《人民裁判》②

我们所分析的那些传单的作者曾经说过,他们已经不再有时间写作了,他们将不再发表号召或警告了,但是,他们没有实现自己的保证。

请看,放在我们面前的是又一种出版物《"人民裁判"协会会刊》["Jugement populaire"]("расправа"这个词的含义决不像巴枯宁为同他友好的法国报刊任意地翻译的那样,是**司法**["justice"],甚至"judgement"["**判决**"]也不能完全表达出它的含义,它的含义更接近于"复仇"或"报复")。

整个这本小册子共 16 页,封面上标明的是第 1 期,1869 年夏季,莫斯科(正如我在前面说明的,既然作者们认为有必要把印刷这种出版物的日内瓦改为别的地名,那他们同样有权印上个**北京**)。

为了引起更加令人恐怖的印象,或者可能是为了更鲜明地表示自己

---

① 下面在手稿上有吴亭用铅笔写的附言:"我明早把对这个刊物的分析和摘录送出。尼·吴亭。"

"后面是第 10 节关于涅恰耶夫在俄国的活动。第 11 节关于涅恰耶夫的全部活动的发起者和最高领导是巴枯宁的证明。第 12 节巴枯宁在欧洲的鼓动。第 13 节结束语。第 14 节附录:巴枯宁是斯拉夫帝国的组织者、巴枯宁是罗曼诺夫王朝使命的宣传者,将于**明天送出——这已准备好了**。"

② 上面有吴亭的字迹:"**俄国案件**"。

的原则和情绪的色彩，作者把一定数量的刊物用**红色印刷油墨**印在**透明纸**上。

小册子首先宣告，"俄国人的全民起义是必不可免的，它已为期不远了"：

"我们，即无论如何总算获得发展"（这是什么性质的发展？俄语使人有理由认为说的是**智力**的发展）"的**那**一部分人民**青年**，应该为全民起义扫清道路，即消除阻碍它前进的一切障碍并且创造一切有利条件。鉴于暴动必不可免而且为期不远了这一点"：

"我们认为必须把俄国一切分散的革命努力联合到一个不可分割的事业中来；所以决定以**革命中心**（！）"的名义印发传单，遍布俄国的各个角落的每一个我们的同志，神圣的革命事业的任何一个工作人员"。

这些小册子与其说是用俄文写的，不如说是用**鞑靼文**写的，这就使得整个文字更加晦涩难懂和没有意义了。例如，作者大概是想说**复兴**，但却用了**更新**这个词，而又不指出究竟应当更新什么东西，

"哪怕是我们**不认识**的人，随时将可以从这些传单上看到，**我们想做什么，我们朝哪个方向前进**"。

我们马上就将最终了解到，作者们想做什么和他们朝哪个方向前进。

首先，他们宣布：

"思想对我们之所以珍贵，是因为它能够服务于激进地、普遍地破坏一切的伟大事业。谁要是按照书本来学习革命事业，谁就只会成为革命的废物……我们对言论已失去任何信心；言论只有当它随即见诸行动时，对我们才是有意义的。但是，现在称之为行动的东西，远不全都是行动。例如，**缩手缩脚地、过分谨慎**地组织秘密团体而没有任何外在的实际表现，这在我们看来不过是既可笑

又讨厌的儿戏罢了。只有肯定是在**破坏**妨碍人民**解放**的某种东西（**人、物、关系**）的一系列行动，我们才称之为**实际表现**。"

"我们不惜牺牲生命"（他们忘记说明：是**别人的**生命，而不是他们自己的）"不顾任何威胁、困难和危险"等等，

"我们应该通过一系列大胆而**果敢**的尝试冲入人民生活中去，并且使**人民**相信**我们**、相信自己、相信他们自己的威力，从而发动、团结和推动他们去胜利完成他们自己的事业"。

为什么是**我们**，这种**冲入**意味着什么？怎样调和关于起义眼看就要爆发的庄严保证和让青年去**唤醒**似乎正在沉睡的人民的坚定要求呢？作者们慷慨大度地让自己的读者——同道者自治地去解开这个闷葫芦。然后，这项革命纲领突然变成了一种书刊评论；而他们的作品永远是命令式的，永远是起威胁作用的。例如，作者们无缘无故地开始愤怒地把矛头指向《**人民事业**》的编辑，这是一家在日内瓦出版的俄文报纸，它的宗旨是向自己的读者介绍国际协会的纲领、原则和组织。由于巴枯宁打算通过最卑鄙的欺骗手段在俄国用自己的纲领来冒充国际的纲领，他就不能不用尽一切可能的手段来抵消以宣传国际协会的原则为宗旨的刊物的影响。在后面我们将会看到，当他的粗暴的威胁没有做到这一点时，他就企图在由他署名的一本小册子中以向俄国**警察直接告密**来达到目的。而在做到这一点之前，他在《人民裁判》第10期上说：

"如果上述这家杂志在这条我们一定要"（以行动）"对它表示和表明自己态度的道路上继续走下去的话……我们深信，真正的实干家们立即就会抛开一切理论，尤其是教条。对于虽然真挚但同我们的旗帜直接对立的各种著作，我们是能够用我们所握有的各种实际手段来防止它们流传的。"

"在最近国外出版的传单中，我们几乎毫无保留地推荐**巴枯宁的告非阶层的**

青年学生书"……

"巴枯宁劝你们离开学院、大学和其他学校,到民间去,是正确的"。

在这样自己恭维自己和给自己颁发了永无谬误证书之后,《**人民裁判**》的匿名作者提出了一个希望:"现在俄国流亡者中**一切正直的积极人士**,

例如:巴枯宁和《钟声……》的出版者(赫尔岑和奥格辽夫).

"构成一个总的、和谐的机体,开始为俄国的运动和睦地工作"。

"俄国革命委员会"机关报上的第二篇文章的标题是这样的:《略述过去和现在的事业观》(大概是指革命事业),并引了几行俄文诗作为题词。这篇文章真是妙极了。一些革命的字句未必能掩盖得住这篇简评**诋毁**、污蔑和嘲笑俄国整个过去的革命运动的卑鄙意图。一开始它就**把十二月党人大骂了一通**,然后又对整个俄国青年敬爱的导师、革命的作家和勇敢的、具有自我牺牲精神的鼓动家**车尔尼雪夫斯基**进行辱骂,车尔尼雪夫斯基现在正因为自己对人民事业的忠诚而在西伯利亚付出遭受各种折磨的代价。涅恰耶夫和巴枯宁卑鄙地辱骂他和在他周围组成方阵的所有革命者,这些革命者也为自己追求美好制度的愿望而付出了沉重的代价。这两个"伟大的革命者"给一切革命传统和这种传统在俄国的继续者抹黑,他们远远地超过了**俄国报刊雇佣的代理人**。让他们说明自己的行为吧,只要他们敢于和能够找到为自己的卑鄙行为辩护的任何理由就行!……

就像被收买的报刊一样,这一对作者攻击真正的革命者,为**极端民主派**效劳;他们把俄国农民当做巴枯宁的理想的社会主义者并且**赞叹说**:

"诚然,庄稼汉是从来不去臆想未来社会制度的形式的,然而,在消除了妨碍他们的一切以后（即在进行破坏一切的革命——这是第一件事情，因而对我们来说也是最主要的事情——以后），他们对生活的安排，比之按照**自命是人民的导师而主要是人民的指挥者的**那些教条主义社会主义者写出来的一切理论和计划所进行的安排，将要**有见识得多、好得多**。对于没有被文明眼镜损害了视力的人民的眼睛来说，这些**不受欢迎的导师**……想在科学、艺术等的掩盖下把**肥缺留给自己**及其同流的意图是**太明显**了。即使这些意图像受现代文明熏陶出来的人的不可分割的属性那样真诚，那样天真，人民也不会因此就觉得好受些。在斯切尼卡·拉辛离开阿斯特拉罕以后由瓦西里·乌斯在那里建立的哥萨克会议中，"**社会平等的理想目的**的实现比**傅立叶的法伦斯泰尔**中，比在卡贝、路易·勃朗和其他博学的社会主义者的**制度**下，比在**车尔尼雪夫斯基的协作社中要彻底得无比。**"

总之，车尔尼雪夫斯基这个"**教条主义**社会主义者"被指责为想要自命为人民的"**导师**"和"**指挥者**"，而这正是为了给自己准备"**肥缺**"。的确，他给自己准备的这个空缺真是令人羡慕——这就是处在最遥远和最荒凉的西伯利亚原野里的阴暗的牢房！我不必降低身份来维护我亲爱的朋友和敬爱的导师免遭这些警察革命者的卑鄙攻击，我仅仅要指出，即使是**明显的**被收买的报刊在斗争最激烈时也从来没敢以怀疑车尔尼雪夫斯基谋取私利来侮辱他。只有现在，当政府甚至严格禁止在报刊上提到车尔尼雪夫斯基的名字时，只有巴枯宁一个人敢于这样侮辱这位为俄国人民事业受难的伟大人物！

接下去的一整页（第13页）充满了对车尔尼雪夫斯基及其同志的恶劣透顶的攻击。如果所有这些同志（我也是其中之一）都能到这里来出席会议，我相信，他们都会像我一样地宣布，宁可让判处我们**死刑**的政府的枪弹穿透胸膛，也不愿参加这些玷污我们的事业的所谓革命者的队伍。

我得赶紧结束对巴枯宁和涅恰耶夫的这项超民粹派信条的分析了。

他们诋毁过去的一切，以**死威胁**所有现在不愿同他们一道走的革命者，他们宣告：

"**我们承担着**摧毁腐朽的社会大厦的责任"，"我们来自人民，被现代制度啃嚼得遍体鳞伤"（！）"因此对一切非人民的东西满怀仇恨，对于我们所憎恨的、除了祸害以外不能期望给我们任何东西的那个世界，我们不**知道有什么道德义务和尊敬可言**。我们只有一个**否定的**、始终不渝的计划——无情破坏的计划。我们直接拒绝规划未来的生活条件，因为这和我们的活动是不相容的；所以我们认为任何纯粹理论上的智力工作都是毫无好处的……我们只负责破坏现存社会制度；创造不是我们的事情，而是别人的事情，是我们的后来人的事情。"

最后，考虑到如果他们毫无例外地辱骂所有俄国的革命者，会使青年看透**他们是些什么人**，作者们在末尾改变了主意并宣布：

卡拉科佐夫（向皇帝开枪的那个人）"1866年4月4日……开创了我们的神圣事业"。

"从此以后青年们便开始意识到自己的革命力量……""这是榜样，这是事实！按其日益增长的意义来说，是任何宣传都不能相比的。"

"伊舒京分子①的高大形象已经铭刻在青年的脑海中并成了他们的榜样。"

在读了所有这一切之后，至少可以期待小册子的作者向我们宣布由他们的忠实信徒处死俄国皇帝了！！

他们确实开列了一长串名单，上面有他们**打算**消灭的人和他们说将

---

① 指一个秘密团体的组织者，卡拉科佐夫就是从这个团体里分裂出来的，他在其他成员不知道的情况下去用手枪行刺皇帝。应当指出，伊舒京仅仅是打算**恢复**因空前的恐怖活动和流放大批青年而中断的1861—1862年的革命者**团体的活动**。同时，他和他的同志们还制定了通过劫狱把**车尔尼雪夫斯基**从西伯利亚救出来的计划。——原作者注

立即被处死的"坏蛋",其中有些人甚至"**将被拔掉舌头**"……但是……

"**我们将不触动沙皇**……我们将让沙皇活到人民的、庄稼汉的审判到来的日子;这个权利是属于全体人民的"……

"让我们的刽子手……活到人民的雷雨大作的时刻吧……"等等。

俄国沙皇应该非常感谢这些破坏者的宽宏大量,因为他们宣布要以立即开始消灭一切来作为破坏一切的革命的预先准备步骤:物和人,一切——一切的一切——作家、国务活动家、富翁、教条主义者、权威主义的革命者——这一切人都将被用绞索、毒药、匕首、**枪弹**杀死,只有沙皇除外……

实际上,他们什么都不会去做,谁都不会去触动,他们只会给俄国青年中最开展和最忠诚的革命者带来危害。①

十
同盟在俄国的建立

涅恰耶夫被巴枯宁授予俄国革命世界的组织者的头衔,自称将是抢劫接生婆的"有文化的"青年的代表,他从日内瓦向彼得堡、基辅和其他城市发出信件。

他在4月7日给彼得堡的托米洛夫上校(他后来由于妻子被捕而忧伤致死)的妻子写信,说"在日内瓦事情多得很",坚决要求她派一位可靠的人到那里去同他商洽……很清楚,巴枯宁需要再有一名全权代表,因为谈的已不仅仅是安排**俄国的事务**,而是**全欧洲**的事务了。

涅恰耶夫写道:"要商谈的事情不仅牵涉到我们的**买卖**(代表革命

---

① 这页的末尾是空白的。

活动的暗语）而且牵涉到全欧洲的买卖。这里事如**鼎沸**。正在煮一锅全欧洲都喝不完的菜汤。您赶快进行吧。"① 后面注明了日内瓦的地址。

涅恰耶夫还给同一个地址发去一封接一封的电报……巴枯宁和涅恰耶夫知道俄国的秘密警察是要拆信的，他们怎么能**严肃地**设想在**信封**里给俄国认识的和不认识的人寄传单而不连累他们或者冒落到奸细手里的风险。

他们确实遇到了后一种情况：

（1）在俄国有许多人遭到逮捕，就是由于有一个人卑鄙地滥用对他的信任，这个人不冒任何风险、不顾从俄国转达给他的警告和请求，从平安无事的日内瓦发出这些信件。

"看在上帝的面上——一个巴枯宁不可能不知道其对人民事业的忠诚的人写信对我说——

> 看在上帝的面上，请转告巴枯宁，如果革命对他说来还有哪怕是一点神圣的东西，就叫他停止散发他那些荒诞的传单，由于这些传单，许多城市都发生搜查和逮捕事件，任何重要工作都陷于瘫痪。"

尽管我极不愿意同这个人来往，我还是请一个人（在必要时我可以说明他是谁，他将证实这件事）立即向他转达了这一切。我们听到的回答是，没有**发生过**任何这类事情，涅恰耶夫已去美洲！我们了解了他的**秘密章程**就会看到，这个章程规定要败坏尽量多的人的名誉。

（2）至于**奸细**，巴枯宁就同一个秘密**警察**的代理人保持着密切的关系，请看，这是一个什么情形。② **基辅**学院学生**马夫里茨基**收到了从

---

① 《圣彼得堡消息报》第187号。不言而喻，这封信没有寄到收信人的手里；它被秘密警察当局在邮局截去了，结果托米洛娃被逮捕，她只是在法院侦讯过程中才看到这封信。——原作者注

② 《圣彼得堡消息报》第187号。——原作者注

日内瓦寄给他的传单。他马上把传单交给了当局,而基辅总督就**利用**这些传单派了一个**代理人**,即**密探**到日内瓦去。巴枯宁和涅恰耶夫赶忙与这位来自俄国**南部**的**代表**建立了密切的友谊,交给他传单,告诉他据说是涅恰耶夫在俄国认识的人的地址,并且给了他一封**信**,作为委托书和介绍信。

让人们说说看,用这种方法**选择国际兄弟**、**代表**、国际革命委员会的全权代表,是出于愚蠢还是出于什么别的原因?

把上述代表派到俄国去,并向那里发了许多信、电报和传单以后,两位朋友——巴枯宁——世界革命同盟总委员会、涅恰耶夫——这个同盟的俄国分部——就分手了。委员会留在欧洲"作为显示身手的革命**工作人员**",以便像涅恰耶夫所说的"煮一锅全欧洲都喝不完的菜汤";而**俄国分部**则到俄国去了。

1869年9月3日,涅恰耶夫到莫斯科去见一位他在出国以前有些认识的青年人乌斯宾斯基;他以日内瓦世界革命委员会的**密使**(代表)的身份出现,委员会派他来是为了在俄国**发动**"人民起义"和"在青年学生中组织秘密团体"。

正如我们所看到的,这项使命完全符合巴枯宁的《几句话》和他的其他两份没有署名的传单。

涅恰耶夫持有委托证明书,委托证明书的内容如下:"兹证明持委托书者系受委托为世界革命同盟俄国分部的代表之一。No 2771"。在委托书上有:(1)法文的印章:"欧洲革命同盟。总委员会";(2)日期:1869年5月12日;(3)署名:**米哈伊尔·巴枯宁**。[①]

涅恰耶夫向乌斯宾斯基解释说,这个欧洲革命委员会派来的**密使**都将持有同样的委托书。

[①] 《圣彼得堡消息报》第180、181、187号和以后几号。——原作者注

经乌斯宾斯基建议，涅恰耶夫为了寻找一个可靠的住处到位于城郊的农学院去了，在那里找到了以忠于青年和人民的利益而闻名于该学院全体学生的**伊万诺夫**。

从这个时候起，农学院便成了涅恰耶夫组织的主要中心。起初涅恰耶夫用的是假名，他说他曾游历过俄国的许多地方，人民到处都准备起义，如果不是**革命者**号召他们在把俄国的一切革命力量联合起来的广泛而强大的组织尚未建立以前再稍微忍耐一下的话，他们甚至早就起义了。他劝**伊万诺夫**等尽快加入这个组织；它受一个**万能的委员会**领导；一切都是根据这个委员会的命令做的，但是委员会的成员和所在地应当使普通成员**不知道**。笼统地说，这个委员会和这个组织就是**世界联合会、革命同盟、国际工人协会的俄国分部**。

在这里，我必须说明一个情况，这对我的国际里的同志们虽然是难以理解的，但是知道这一点很重要，它有助于判断那些一方面滥用国际的良好名声，另一方面利用俄国青年的不了解情况的人的不正派行为。事情是这样的："l'association"、"l'alliance"、"l'union"这些词在翻译成俄文时都可以用联合会这个词来表达，而在俄国报刊上，也常常以"**同盟**"或"**联合会**"（"l'union"）这些代用词来代表我们的协会。同样，"association"（"协会"）和"societe"（"协会"）这两个词在用法上也没有区别。最后，"**全世界的**"和"**国际的**"这两个词在报刊上和口语中也大部分是不加区别的；在谈到我们的协会时，俄国人常常称它为**全世界的**。①

请看，巴枯宁和涅恰耶夫利用了语言学上多么微妙的地方，以便把100多名青年引入迷途并加以危害！——在审讯材料中，关于这一点有无法反驳的证据，我在下面将**引用**其中的一部分。不过，我首先要把关

---

① 这个词是用俄文写的。

于涅恰耶夫阴谋的叙述做个结束。

为了在他周围的青年身上培植忠于事业的自我牺牲精神,涅恰耶夫首先是让他们读两篇《几句话》(前面提到的他自己的和巴枯宁的传单)。从这两份传单中,他们可以看到,从西伯利亚逃走的1848年著名革命家起着巨大的作用,无论如何,他在工人中起着总全权代表的作用(他的传单可作证明,涅恰耶夫当然要用各种叙述来加强传单的力量),——他签署世界协会总委员会的委托书,就是这个人号召他们抛弃学业,等等,等等。

为了给他们提出一个自我牺牲的鲜明榜样,涅恰耶夫向他们读奥格辽夫所写的、以《**大学生**》为题的、印成传单的、献给"**青年朋友涅恰耶夫**"的一首诗[146]。在这首诗中,涅恰耶夫被描绘成一个理想的大学生,他被歌颂为从童年起就是**不知疲倦的战士**。接着就叙述了积极的科学工作如何帮助他渡过了少年的苦难,他对人民的忠诚如何日益增长和加强,"沙皇的报复和贵族的恐惧怎样迫使他漂泊流浪",——他到民间去了,号召所有农民"从东到西:联合起来吧……为了兄弟而勇敢地站起来吧",以便使"全体人民"都来为自己争取"土地和自由"!于是**他就在西伯利亚的冰天雪地里的苦役中结束了自己的生命**;"但是他一生从不**虚伪**(!)——他始终忠于斗争直到停止呼吸,他在流放中曾说:"要为全体人民捍卫住他们的土地和自由!"

这首诗是在1869年春季写作和印刷的,当时涅恰耶夫正在日内瓦,这首诗同其他传单一起寄往俄国。看来,**转抄这首诗的过程本身**已使新信徒具有了忠于事业的自我牺牲精神,因为涅恰耶夫根据委员会的命令叫每一位新加入的成员都转抄这首诗并加以传播。①

委员会(在俄国也就是涅恰耶夫自己)决定要使作为资产阶级文明

---

① 见某些被告的供词。——原作者注

的产物和寄生虫的玩物的一切**艺术**遭到**破坏一切**的命运,看来,同时也给涅恰耶夫发了指示,要**借助革命音乐**加强宣传工作。涅恰耶夫千方百计地要给《大学生》这首诗配上**曲子**,让青年能歌唱他的可悲的死亡。①

这个关于大学生即涅恰耶夫之死的神话并不妨碍涅恰耶夫有时把自己当做一个活人来谈论,甚至秘密地告诉别人,说涅恰耶夫现在以**工人**的身份住在乌拉尔,并且在那里组织了一些工人团体。②他的这些话主要是对那些"毫无出息"的人,即那些想建立工人协会的人说的,以便使他们佩服这个神话般的英雄。最后,当关于虚构的他从要塞逃跑以及关于他富有诗意地死在西伯利亚的神话使人们的思想有了足够的准备和新参加者可以称得上是他的忠实信徒的时候,他就实现了福音书上所说的**复活**,并且宣布,他自己不是别人,他就是**涅恰耶夫**!但是,现在这已经不是从前那个在学潮期间被彼得堡大学生嘲笑和鄙视(证人和被告的供词和我们自己的情报都证实了这一点)的那个涅恰耶夫了。巴枯宁完成了使他完全改变面貌的奇迹。涅恰耶夫成了世界革命委员会的全权代表。他的这个称号得之不易——是的,他也是经受了革命的考验才具备了组织的章程所要求的、他自己现在给大学生规定的条件:"他做了几件为**委员会**所知道和重视的事情,因而受到**赏识**。"这就是:当他在**布鲁塞尔**时,他组织了一次国际会员大罢工;大概是**比利时委员会**注意到了他的伟大的组织天才,便派他为代表去和国际的日内瓦组织接头,据他说,在那里他会见了巴枯宁。在日内瓦,他也是当一名工场**工人**(应该严格按照真实情况补充说:和革命工作者)。但是,据他自己说他"不安于小成",于是便决定回俄国,以便开始"革命活动"。他还断言,**由16名俄国流亡者**组成的参谋部全体人员都同他一道到了俄

---

① 见斯帕索维奇律师的发言。第190号。——原作者注
② 《圣彼得堡消息报》第202号。——原作者注

国（其实，没有一个流亡者回到俄国，而且在全欧洲也找不到 16 名俄国政治流亡者）。

正如我们所看到的，涅恰耶夫到了莫斯科以后，便企图在大学生中建立革命核心；看来，有两个大学生得到了他的特殊信任，这就是**乌斯宾斯基和伊万诺夫**。除这两个人之外再加上五六个青年人，这就是他在莫斯科所能"组织"的全部人员了。他指派这些亲信者中的 4 个人招募新的拥护者并建立**小组**或小支部。我们在这里就不谈这个组织的形式或计划了。在审讯材料中也有这个计划，这个计划和**同盟的秘密组织**的计划几乎完全相同。

我在这里只引用一些**组织总则**的条文，因为这些条文的**真实性**已为《**人民裁判**》**第 2 期**的作者所承认（即巴枯宁和涅恰耶夫；其实，我本可以全文引用这个文件，因为在全体被告出庭时宣读了这个文件，团体的主要成员中没有一个人否定文件的真实性）。

"第×条，本组织是以对个人的**信任**为基础的。

第×条，任何一个成员都不知道他属于哪一级，就是说不知道他离**中心**远还是近。

第×条，**无条件**①**服从委员会**的命令。

第×条，放弃自己的财产，把它交给**委员会**掌管。

第×条，凡是使我们的事业得到一定数量的新信徒，并用事实表明自己有力量有才能的成员，都可以**看到**这些指示，**以后或多或少也可以看到本团体**的章程。力量和才能的大小由**委员会**确定。"

为了取得莫斯科青年的信任，涅恰耶夫对他们说，组织在彼得堡已经达到了巨大的规模，而事实上彼得堡连一个团体、一个**小组**都没有。

---

① 这是用俄文写的。

他在说老实话的片刻时间里，曾当着团体的一个成员的面高声喊道："在彼得堡**他们像女人一样背弃了我，像奴隶一样出卖了我**。"

然而，为了在彼得堡招募一些人，他又在那里保证说，在**莫斯科**已经全部以最好的方式组织起来了。

有一次，为了要给莫斯科的人施加影响，他邀请了一位关心学生运动的彼得堡青年军官①同他一起到莫斯科去，并答应他看看自己的**小组**。这位青年人同意了，在路上涅恰耶夫封他为**国际协会日内瓦委员会特命全权代表**。他对他说："如果您不是会员，您就不能参加我们的会议，这是给您的委托书，它可以证明您是**国际协会**会员，作为协会会员，他们会让您参加。"这份委托书盖有法文印章，内称："兹证明持委托书者系国际协会的受托人。"据其他几位被告说，涅恰耶夫以十分严肃的方式向他们宣布，这位陌生人"确实是日内瓦革命委员会的受托人"。（见《圣彼得堡消息报》第225、226号所刊载的被告供词）

其他的一些人，例如，**多尔戈夫**，他是被告中最聪明的一个，是伊万诺夫的密友，他在法庭上供认，涅恰耶夫曾谈到秘密团体，这个团体的"目的是在人民提出抗议的时候支持他们，**引导**他们，以便取得好的结果"，当时涅恰耶夫提到**国际协会**，**并且说**，巴枯宁负责与该协会联系。（第198号）

另一个人，即里普曼在法庭上供认，涅恰耶夫为了使他放弃关于劳动组合的思想，就对他说，**国外**（在欧洲）有一个**国际工人协会**，在俄国

> "要达到**国际**所追求的**目的**，只要加入这个协会就够了。在莫斯科有该协会的分部"（同上）。

---

① 施马诺夫斯基。

从后来的一些供词可以看出——（其实，既然知道涅恰耶夫把自己的小组冒充为国际的支部，这也是意料之中的事），——涅恰耶夫完全把国际说成是一个**秘密团体**。

他向**亲信者们**保证，他们的**莫斯科支部**将以同**国际协会**一样的手段进行活动，即大规模地举行罢工并且建立联合会。

当被告**里普曼**向他索取该团体的纲领时，涅恰耶夫向他读了一张**法文传单**上的几个有关这个问题的地方。被告认为这就是**国际**的纲领，他还向法庭供认："因为俄国报刊上对这个团体（国际）谈得很多，所以我根本没有发现涅恰耶夫的建议有什么特别**罪恶**的东西。"

涅恰耶夫就把这份**法文传单**冒充为**国际协会的纲领**。主要被告之一，一个姓**库兹涅佐夫**的人也供称："涅恰耶夫向我宣读过**国际协会**的纲领"（供词，第181号），而他的兄弟①供认，他曾看见有人在他兄弟那里抄写被当做团体的纲领的**法文传单**（第202号）。——被告**克利敏**在法庭上供认，向他宣读过"**巴枯宁**加有附语的**国际协会的纲领**"，他还补充说，"我记得，纲领用的是非常一般的措辞，甚至没有谈到达到目的所应采取的手段，说的是**普遍平等**"等等（第199号）。②

被告**加夫里舍夫**解释说，"根据我的理解，那份**法文传单**包含有对曾经在日内瓦举行**代表大会**的社会主义**代表们**的意见的阐述"（第200号）。

难道这种说法不是隐隐约约地暗示着在伯尔尼代表大会上把全权授予中央局即巴枯宁并让它表达自己的原则的社会主义少数派吗？

好像是为了使我们对这一点不留下任何疑问，被告**斯维亚茨基**做了下述供状（第230号）：搜查时在他那里发现了一张用**法文**写的**传单**，标题是：《**国际社会主义民主同盟纲领**》。被告供称，各家报纸上都曾

---

① 谢苗·库兹涅佐夫。
② 见巴枯宁的秘密纲领。——原作者注

谈到"**国际协会**",被告就"对仅仅从理论上了解**它**的纲领产生了兴趣"。

总之,看了所有这些证明之后,已经可以肯定,**同盟的秘密纲领**是以**手抄本**的形式,加上巴枯宁的简短附言,冒充**国际协会的纲领**而散发出去的,人们就是以这种方式利用青年对国际的兴趣和同情进行投机,以便把他们变成涅恰耶夫和巴枯宁的盲从的代理人!!

既然这就是同盟的纲领,那么,努力在这些青年中建立的组织不就是同盟的秘密组织吗?既然巴枯宁就是同盟的**中央局**,那么,他不也就是自己的国际同盟的**俄国分部的中央局和总委员会**了吗?

实际上,在俄国不存在**任何革命**委员会;涅恰耶夫一个人就是那虚构的委员会。而在**日内瓦,委员会**就是巴枯宁;例如,主要被告**乌斯宾斯基收集小组的全部会议记录,以便把关于各次会议的报告寄给日内瓦的巴枯宁**。另一个主要被告普雷若夫证明,涅恰耶夫吩咐他到日内瓦去给巴枯宁送报告,往后我们将会看到,说巴枯宁参与和主谋这个案件的不是检察官,也不是起诉书,而是辩护律师本身,至于这些律师的名声,那么就是巴枯宁也不敢说他们是俄国政府的代理人,尽管他很想否定那些提出来反对他的事实或者是确实只有俄国的或任何别的国家的政府的代理人才做得出来的事实。

十一

委员会的命令、它的警察、它的恐怖活动、它的报复[①]

现在我应当说得更简短一些,因为,如果企图把整个审讯过程按顺序进行探讨,在这里列举这个同时是俄国委员会的名叫涅恰耶夫的代理

---

① 标题是吴亭笔迹写的。

人的所有捏造、谎言、诈骗活动和暴虐行为，哪怕只是9月3日至11月26日这个短时期内的——那就还要写一大厚本。如果以后有必要这样做，如果有人敢于反驳我的哪怕一个论断，我就准备从事这项工作，再提出新的证据。而现在我还是仅仅根据被告的那些供词和整个审讯的无可辩驳的材料，再简略地阐述一下这个案件的几个特点。

涅恰耶夫向自己的亲信（而他们也向其他的参加者）读了**章程**（我们在前面已经看到了它的样品）的一些条文和**法文传单**。除此之外，对他们来说一切都是秘密。例如，**多尔戈夫**向他表示异议说：

"在加入这个团体以前，他想知道这个团体的组织机构和活动手段；涅恰耶夫说，**这是秘密**，但是他以后会了解的"（第198号）。

当团体的成员想了解某件事时，涅恰耶夫就对他们说，根据章程规定任何人如果没有在某一件事情上做出卓著的成绩以前都无权知道任何情况。他还在任何方便的场合对他们重复说，为达目的不择手段（第199号）。

一名被告①当众供称："在我们同志"加入这个团体"以后不久，涅恰耶夫就开始用**委员会**的权力和**力量**来恫吓我们，据他说，有这么一个委员会，它在领导我们"。他说，"委员会有警察机关"，"如果成员中有谁……背弃了自己的诺言，违犯那些**居于**我们小组**之上**的人的命令，委员会"就要进行"**报复**"。同一个被告供认，当他发现了涅恰耶夫的诈骗勾当以后：他曾经告诉涅恰耶夫，他想洗手不干而到**高加索**去休养。**涅恰耶夫**回答说，这样不行，并向他暗示，委员会可能因他退出**团体**（这个团体仅仅存在于涅恰耶夫的想象和卑鄙捏造之中）而以**处死**相惩罚。然后，涅恰耶夫就命令他去参加一个会议，在会上谈论**秘密**

---

① 里普曼。

团体，以便罗致新信徒，并且朗读悼涅恰耶夫之死的那首诗；当被告拒绝执行的时候，涅恰耶夫就开始威胁他说："你无须争辩。"他高喊道："你应该无条件地执行委员会的命令"（第 198 号）。

如果这仅仅是唯一的事实，那个大阴谋家还可以否认自己的俄国分部全权代表的功绩，——但是，问题在于若干名被告都十分确切地证实了完全相同的事情，而他们是分属不同类别的，不可能相互串通。

例如，另一位被告也供认，该小组的成员发现被人欺骗以后，他们都想退出团体，但是不敢这样做，因为害怕委员会报复（第 198 号）。

一位证人①谈到他的朋友——被告之一时，丝毫不差地证明了同样的情况：被告弗洛林斯基已经不知道该怎样摆脱不让他工作的涅恰耶夫了；证人劝他离开莫斯科到彼得堡去，但是弗洛林斯基回答说，涅恰耶夫也会像在莫斯科一样很容易地找到他，涅恰耶夫完全是强奸了许多青年的信念，恫吓他们。弗洛林斯基最害怕的显然是涅恰耶夫的告密。利胡亭供认，我亲耳听见有人说（第 186 号），

> "涅恰耶夫从国外……把各种内容激烈的信件寄给他认识的人，想借此来陷害他们，使他们遭到逮捕。"

这种活动方式"是他的性格特征之一"（186 号）。

但是，在这些青年中任何人也不认为自己有权把涅恰耶夫当做一个卑鄙的告密者，当做奸细而予以杀害，虽然有的人（例如，叶尼舍尔洛夫）已经开始把他看做一个政府代理人，不过不是同盟的政府的，而是俄罗斯帝国政府的。任何人都没想过，因为他欺骗了他们，而要跟他"算账"，——任何人都不允许自己出现哪怕是采取谋杀手段来玷污革命事业的念头，而我们马上就会看到，涅恰耶夫正是这样做的。

---

① 利胡亭。

总之，委员会，也就是涅恰耶夫可耻地欺骗了自己的同志。在一个人数不多的小组的一次会议上，一个以委员会密使的身份参加会议的**陌生人**对会议表示不满意，小组成员之一**克利敏**（第199号）回答这位密使说，他们也感到不满：**起初**对**被招募**的成员说，每一个"小组可以或多或少地独立行动"，并不要求小组成员有"**任何服从**"，但是，后来的表现却完全不是这样，委员会把他们变成了"奴隶"。

其实，我在这里叙述的所有活动，都是严格地按照我们马上就会看到的**革命问答**的原则执行的。

为了引起恐怖，为了以**委员会**的名义进行指挥和发号施令，涅恰耶夫给自己准备了一个刻有"世界革命同盟俄国分部公用章"的图章。

他就用这种图章或印鉴盖在一些纸片上，在纸片上写道："本委员会命令您（做某某事）；它建议您（这也等于命令）完成某事，到某处去，等等，等等。"他就以这种自己权力的标志为武器，像一个专制的统治者一样行事……

诈　骗①

现在我就来谈谈涅恰耶夫最近的，更确切地说是前一次的两件功绩。

一个青年军官由于绝望了，决定退出这个团体；他想摆脱涅恰耶夫，但**不是用谋杀**的办法，而是**和和气气**地。涅恰耶夫表面上同意，但是要求他缴**赎金**：青年军官必须从另一个年轻人那里弄到一张6000卢布（约合2万法郎）的票据，为此目的，涅恰耶夫命令他完成下述任务。这里说的那个年轻人叫**科拉切夫斯基**，他因同1866年卡拉科佐夫

---

① 标题是吴亭笔迹写的。

案件（谋刺沙皇）有关系而在政治上受到牵连，并被判了长期徒刑；他的两个姊妹①也遭到了同样的命运；在我们谈论的事情发生的那个时候，他的一个姊妹又由于政治案件再次坐牢。因此，非常清楚和人所共知的是，他们全家都受到警察当局极其严密的监视，上面提到的年轻人随时都可能再次被捕。涅恰耶夫决定利用这种情况，上述那位青年军官遵照他的命令，捏造了一个借口请科拉切夫斯基到他家去，开始和他交谈，并把一些传单交给他，科拉切夫斯基出于好奇心收起了传单。科拉切夫斯基还没有走到街上，就有一位军官走来命令科拉切夫斯基跟着他走，并且说，他是第三厅（秘密警察）的官员，他知道科拉切夫斯基身上藏有策动暴乱的传单。仅仅保藏这些传单，就已足以使一个人遭受多年的审前羁押，然后再遭到流放。第三厅的"密探"叫**科拉切夫斯基**坐上一辆马车，随即便提出要他**贿买**，叫他立即在一张6000卢布的票据上签字。（科拉切夫斯基以富有闻名）在这个建议和去西伯利亚的前途之间无须选择——交易做成了，在票据上签了字。第二天，另一个青年人**涅格烈斯库尔**得知此事后马上怀疑到涅恰耶夫参与了这件事，立即找那位假的第三厅密探，要求他做出说明。军官矢口否认，他宣称根本不知道此事；票据被及时地藏起来了，只是到后来进行搜查的时候才被发现。由于阴谋败露和涅恰耶夫逃走，他终究没能偷走**科拉切夫斯基**的这笔钱。

至于**涅格烈斯库尔**，他的怀疑却引起了涅恰耶夫的另一起诈骗勾当，涅恰耶夫在**日内瓦**偷了他一件常礼服，当时他路过日内瓦并会见了巴枯宁，巴枯宁企图招募他——偷他的常礼服是为了能够**永远把他置于自己的控制之下**（第230号）。不久，他就被骗走了100卢布，并且涅恰耶夫最终还是使涅格烈斯库尔遭到了陷害（虽然涅格烈斯库尔对他恨

---

① 安娜·科拉切夫斯卡娅和柳德米拉·科拉切夫斯卡娅。

之入骨并且认为他什么罪恶勾当都干得出来），使他遭到逮捕，被关进监狱并死在狱中，了解他对运动的忠诚的朋友们都为他感到悲痛。

继诈骗活动而来的是谋杀。

十二
谋　杀①

我们已经不止一次地碰到过**伊万诺夫**的名字。他是莫斯科农学院的学生，是在他的同学中最**有影响**的人物之一。他为改善同学的境况而操劳，组织互助储金会，举办学生**食堂**，这对丧失谋生手段的大学生非常重要，因为这个食堂**免费**供应**伙食**，同时还是一个举行集会和文学晚会的借口，在这些集会上可以讨论社会问题。除此之外，伊万诺夫把自己的空闲时间用来教育住在农学院附近的农家子弟。他的同学证明，他满腔热情地投身在这项事业里，献出了自己的最后几个铜板，而自己经常不吃热餐；他们还说，他在农学院赢得了普遍的尊敬。

涅恰耶夫在上述情况下认识了伊万诺夫，并且很快就建议他参加一个以改善人民的境况等为目的的大规模秘密团体。伊万诺夫同意了，但是，在他们之间很快就发生了争执。伊万诺夫不能赞同涅恰耶夫和巴枯宁那些虽然充满恐怖主义的精神然而却是荒谬的传单；他不能理解，为什么**委员会**要命令他们去散布如巴枯宁和涅恰耶夫的传单或关于涅恰耶夫之死的歌曲、《**人民裁判**》，以及告**俄国贵族**书[147]这样一些作品。

最后这份传单是一件不能不引起每一个对此事持公正态度的评判者的正当惊讶的东西；我把它的摘录放在**附件**（第 3 号）中[148]。

既号召青年和人民举行起义，进行破坏一切的革命，同时又以柳里

---

① 标题是吴亭的笔记。

克（第一个俄国大公）的后代和一个呆在**布鲁塞尔**的贵族委员会的名义号召俄国贵族恢复自己被剥夺掉的专横地统治人民的权利等等——诚然，所有这一切都被加上了以反对不配取得**俄国王位**的**德国**沙皇的所谓革命词句制作的调料——这是一种令人吃惊的矛盾：一方面组织人民和青年学生反对帝国和特权阶级的"**革命**"运动；另一方面又组织帝国和特权阶级反对人民、共和主义者和社会主义者，依我看，所有这一切在**奸细-挑拨者**的诡计中已不止一次地碰到过。但是，如果抛开这个最后的说明不谈，那么，了解一下这种新的宣传方法的发明者还能怎样辩解，倒也是颇有教益的！

但是，在谈到整个运动已经开始变成悲剧的喜剧的结尾之前，我仅仅说明一点，即这份致俄国**贵族**的传单也和所有其他传单一起被同样热心地散发了！！

写在盖有上述印章的纸上的**委员会**的命令接连不断地发给涅恰耶夫的信徒。——伊万诺夫也开始**忍耐不住**了，便去打听：这个声名狼藉的**委员会**在哪里，它在干什么事情，这个总是立即站在涅恰耶夫一边为他的一切轻率行为辩护而反对其他成员切合实际和合乎逻辑的意见的委员会究竟是个什么东西？伊万诺夫表示希望和委员会的一个成员见见面；他有权提出这种要求，因为涅恰耶夫本人把他提拔到了一个比较高的级别（相当于同盟的秘密组织中的民族委员会委员的级别）。于是，涅恰耶夫便演出了前面描写过的假装来自**日内瓦的国际密使**的那出喜剧……

但是，伊万诺夫开始怀疑涅恰耶夫滥用了他们的信任。有一次，涅恰耶夫要求按照委员会的正式命令把预定供大学生互助储金会使用的一笔**钱**上交给**委员会**。伊万诺夫表示反对，于是发生了争吵；其他同志，尤其是伊万诺夫的朋友库兹涅佐夫，劝伊万诺夫服从委员会的决定，因为他们都承认了团体的章程，而章程规定他们必须服从。伊万诺夫对这种要求让了步，又一次按要求执行了。但是，从此以后，涅恰耶夫就开始想方设法**甩掉这个人**,大概他认为这是一个应该处死的教条主义的革命者吧。于是涅恰耶夫开始和乌斯宾斯基"**从理论上商谈,如何惩治和消灭**由于**不服从命令**可能会危害和毁掉整个**规模庞大的**秘密组织的那些不可靠的成员"。

伊万诺夫则开始表示怀疑**委员会本身是否存在**;随着怀疑的增加,相信有一个威力强大和规模巨大的组织的想法破灭了;他担心这一切都是空的,根本就没有组织,这只是涅恰耶夫的荒谬的招摇撞骗和一个大规模的骗局。而伊万诺夫因为已经一心一意想发动革命,所以他不愿扔下不管,不愿放弃预先进行组织工作以**加速人民革命的希望**,——于是他开始秘密地、悄悄地对自己的好朋友和搞密谋的同志们说,如果今后事情还是照这样发展下去,如果还是照旧用涅恰耶夫荒谬的命令来搪塞他们,全部活动都是些**无谓的琐事**,那他就要和涅恰耶夫分手并且**自己**设法建立一个好的组织。

应当指出,涅恰耶夫确实是让自己的小组搞一些**无谓的琐事**。小组必须定期召集会议,以审查学院的全体学生名单,确定应该吸收的人,并且寻求弄钱的方法。这种方法之一就是以帮助"受难的大学生"(即被当局开除和流放大学生)的名义来**募捐**;实际上这样募集来的钱直接落入了委员会——涅恰耶夫的腰包。还要弄到各种**服装**,保存在可靠的地方,——供涅恰耶夫自己化装之用。最后,主要的工作是抄写一个大学生的《死亡之歌》和前面提到的那些传单。他们必须把他们会议上谈到的一切尽可能准确地记录下来;如果他们敢于隐瞒什么东西的话,涅恰耶夫就威胁他们说**委员会**到处都有自己的暗探。每个人都要向小组提交关于他在会下所作的一切的书面报告。虽然实行这一套关于记录的**文牍主义繁琐做法**是为了起草**必须寄给巴枯宁**的报告,但是,根据我们对各秘密团体的历史和组织的整个了解,仍然应当指出,在任何时候和任何地方,在密谋者之间不允许作任何文字记载,这是不可违背的规则之一，是革命的原则之一；在任何地方和任何时候，都**只有**奸细和代理人——挑拨者才想方设法地搜集文字**材料**。我并不想说，密谋活动采用**文字记载**这件事本身就能说明出主意的是奸细和挑拨者，——我仅仅是断定，这种活动方式完全符合秘密警察代理人的明显的愿望。

于是，涅恰耶夫采取了断然的措施。他命令把**自己的传单**贴到大学生食堂的墙上去。

当时，伊万诺夫认为这个措施将危及大学生好不容易才向学院领导和政府争取来的全部成果。贴传单将意味着毁掉一切：食堂将被封闭，文学晚会将遭禁止，互助储金会将被解散，优秀的学生将被赶走（事实上果真如此：大学生食堂被查封了，所有**选举出来的**食堂管理**委员**都被流放！）。由于这件事发生了一场争执……涅恰耶夫还是重复那句老话："这是委员会的命令！"……

伊万诺夫完全陷于悲观失望。11月20日（1869年）他到支部成员**普雷若夫**那里去，对他说不愿再呆在这个团体里，要退出这个团体。普雷若夫把这话转告给乌斯宾斯基，乌斯宾斯基又赶忙把这事告诉涅恰耶夫，过了几个小时，他们三个人在**库兹涅佐夫**那里集合，那里还住着尼古拉也夫。

在那里涅恰耶夫说，由于伊万诺夫不服从**委员会**，应该**惩罚**他，必须**摆脱**他，使他以后无法为害。大概是因为伊万诺夫的好朋友库兹涅佐夫没有明白涅恰耶夫的意图；所以涅恰耶夫点明自己的意图说，必须把伊万诺夫**杀死**；库兹涅佐夫有点不同意；普雷若夫对着库兹涅佐夫高声说："涅恰耶夫发疯了，他想杀死伊万诺夫，必须制止他那样做！"

涅恰耶夫用自己常说的一句话制止了他们的动摇："你们也想起来反对**委员会的命令！**"在这句咒语的面前只能服从，何况涅恰耶夫已经开始大发雷霆了，他喊叫着说："如果不能用别的办法把他**杀死**的话，那么我和尼古拉也夫今天夜间到他房里去，**我们把他勒死**！"突然这位阴谋家尼禄想出了一个出色的主意：学院校园里有一个岩洞；夜间他们全都到那里去，并且像什么事都没发生过似地叫伊万诺夫也去，说是要把在那里隐藏了很久的**印刷机**掘出来，就在那里**把他弄死**……

可见，甚至在这个决定性的时刻，涅恰耶夫本人也给了伊万诺夫的忠诚以应有的评价。他深信，虽然伊万诺夫要退出这个团体，但是他一定会来帮忙掘印刷机的。他清楚地知道，伊万诺夫**不会告发**他和出卖他，因为如果他想这样做的话，那么他在通知自己决定退出团体以前或通知这项决定后立即就会做了。甚至在这最后的时刻，如果涅恰耶夫害怕伊万诺夫告密的话，他就会设想，伊万诺夫可以最简单不过地报告警察当局，说他们准备掘出印刷机，从而使警察当局能够把这些密谋者当场捕获。

但是情况不是这样，伊万诺夫对事业是忠诚的，他感到高兴，因为他**终于**得到了说明他开始怀疑的存在这个组织的肯定的证据，说明这个组织拥有**某种**手段（哪怕只是一些铅字）的证据，——他忘记了涅恰耶夫对变节者的一再**威胁**，当时他和一位朋友正在喝茶，尼古拉也夫奉涅恰耶夫之命在学院没找到他，就到这位朋友那里去找他，他匆忙告别了自己的朋友；匆忙地应召前往，没想到有任何危险。

而就在这时他已被涅恰耶夫判了死刑，而四个**同谋者**将参加执行死刑，——虽然他们，即这些**同谋者**，清楚地知道，伊万诺夫无法背叛，无法出卖委员会，哪怕就因为他同他们一样根本一无所知……他也不能去出卖。除此之外，涅恰耶夫知道，除了他自己这个神秘人物之外，没有什么可供告密的；他也知道，这都是他本人在巴枯宁的鼓励和教导下搞出来的一大堆谎言，除了他的想象之外，不存在任何委员会……

在漆黑的夜里，伊万诺夫毫不怀疑地走到岩洞附近，他继续向前走着，突然有人大喝一声从后面向他扑去，一场可怕的斗殴展开了；只听见涅恰耶夫的咆哮声和被他用双手**卡住脖子**的受害者的呻吟声；然后火光一闪，在一瞬间照亮了这个场面，受害者的声音听不见了，一颗手枪子弹击穿了他的头颅！

"快拿绳子、石头！"——涅恰耶夫一边喊，一边着手进行革命的葬礼。他们用绳子把尸体捆好，把石头绑在脚上，拖在水池边上。在把尸体扔进水池之前，涅恰耶夫翻遍了它的口袋，把文件和钱都掏出来……在这个驮鞑无赖**革命裁判**面前，卡里耶的幽灵以及他成批地把人淹死的行为和革命婚礼也为之逊色！

他们回到库兹涅佐夫家后，便采取措施掩盖杀人的痕迹；当面色阴沉和精神沮丧的同谋犯们在烧掉涅恰耶夫的血衣时，突然又一声枪响，子弹正好从四人之一的普雷若夫耳边飞过。涅恰耶夫道歉说，他想向尼古拉也夫解释**如何开手枪**！证人们一致声称，这是一次新的谋杀行为。涅恰耶夫想杀掉普雷若夫，因为普雷若夫那天早晨竟敢反对暗杀伊万诺夫！

发疯的野兽渴望喝血！………

十三
逃跑。巴枯宁的榜样[①]

在此以后，涅恰耶夫立即匆忙地离开了莫斯科，和**库兹涅佐夫**一道到彼得堡去了，而让乌斯宾斯基在莫斯科进行活动。在彼得堡，他装作在继续从事他那个组织的工作，但是，库兹涅佐夫感到非常惊异，他发现，比起莫斯科来，这里更谈不上有什么组织存在。于是他鼓起勇气问涅恰耶夫："委员会究竟在哪里？你就是委员会吗？"涅恰耶夫还是否

[①] 标题是吴亭笔迹写的。

认这一点，他肯定地说，委员会是存在的。但是，他已经顾不上装样子了，他必须准备逃跑了。

起先他逃到莫斯科，他在那里同**尼古拉也夫**谈话时承认，既然乌斯宾斯基已经被捕，那么其他的人很快也将跟着全部被捕，他涅恰耶夫现在也"**不知道该怎么办**"。那时，他的最忠诚的信徒尼古拉也夫也只好断然问他，那个声名狼藉的委员会是否真的存在，还是委员会只由涅恰耶夫一个人组成？

"他没有肯定地回答我的问题，他说，为了吸引人们从事这种事情，采取一切手段都是可以允许的，**在国外**也有这种规矩，**巴枯宁**也和其他人一样**按这种规矩**办事，既然这些人都遵循**这种规矩**，那么很明显，**他涅恰耶夫也可以这样行事**"。（第181号）

后来，他又命令尼古拉也夫和普雷若夫一起到土拉去**骗取**一个工人（尼古拉也夫的老朋友）的护照。不久他本人也到土拉去了，并设法让一位妇女①**陪伴**他去日内瓦。他首先是需要她作掩护，除此之外——我们马上就会看到是为了什么。

结果，他的诡计的盲目工具和牺牲品丧失了任何逃脱的可能，只能驯顺地等待被捕，然后以两年监禁和若干年苦役来抵偿对他的信任，与此同时，像他自己招认的那样，他却赋予自己一种权利，使他自己**遵循巴枯宁的规矩**——逃到日内瓦去，以便向同盟的总委员会，向这一切罪恶行为的主使人巴枯宁去报告自己已忠实地执行了对他的委托。

我不打算作长篇的评论，我只想在这里摘引我们大学过去的一位教授的一些话；他受到大学全体青年的爱戴和尊敬，他是一位律师，他的

---

① 亚历山大罗夫斯卡娅。

名字在整个俄国享有应得的声誉和尊敬,他始终是青年的最热烈的保护者之一;——我要引用的是斯帕索维奇律师的话,他在政治上的正直和思想上的独立性是没有任何疑问的。①

十四
巴枯宁的责任②

说到这里,我们自然而然地产生了几个特别重要的问题:

(1) 对于这项罪行,对于这种杀害俄国青年中最忠诚的革命者之一的卑鄙无耻的行为,对于这种造成一大批年轻人在监狱中、在苦役中、在西伯利亚、在流放中的精神上的死亡的丑恶行为,巴枯宁是否会表示支持?——**会的!**

(2) 巴枯宁是否给了涅恰耶夫在自己的罪恶活动中以他为靠山的权利?**给了!**

(3) 在发生了这一切事情之后,巴枯宁是否将公开否认他全部参加了这种革命无政府主义的创举?他是否会只限于在俄国搞自己的同盟的阴谋?难道他会说,他可能愿意承认自己的**可怕的"错误"**,难道他会向受他欺骗和被他彻底毁了的青年公开请求原谅,难道他会因为利用和玷污了国际,滥用国际的名义,以便用我们的原则的威信来掩饰谋杀行为而公开请求国际原谅吗?**不会的!**他将会像过去一样,他将继续玩弄自己的诡计,他将**公开用自己沾满无辜的鲜血的双手签字批准涅恰耶夫的一切行动。**

---

① 这些摘录的译文将在明天发出。——原作者注。见本卷第494—500页。这段话是吴亭的笔迹。
② 标题是吴亭的笔迹。

我将根据证据，**确凿的证据**——由他自己签字证明的证据，而不是我自己的内心的信念，来作出这种判断。

（1）正如我们在引用的演说中所看到的，在审讯文件中有一份**革命问答**，这是由涅恰耶夫带到莫斯科的，**全部供词和律师们提供的无可辩驳的证据**说明，这是**巴枯宁写的**。即使我们不是像现在这样明确地知道这一点，那么，只要读一下同盟的秘密纲领，也就足可以打消任何怀疑。摘引这个问答是不可能的，它已形成了一个整体，因此我附上它的整个译文（见附录二《革命问答》）①。

十五
巴枯宁和涅恰耶夫赋予妇女的作用②

对这种无政府主义疯狂行为进行评论，是没有意义的，而且也是不可能的。在这里，我仅仅指出一个情况，这个情况使这些革命者对待他们在口头上百般表示尊敬的人的态度罩上了一层凶险的色彩。你们已经看到在问答中**关于妇女**是怎么说的，做了阴险伪装的作者至少对"完全忠诚的妇女"似乎是抱十分爱护的态度的，并建议把她们看做这个团体最珍贵的财富。可是在审讯中有三位妇女出庭（不包括同涅恰耶夫毫无接触的第四位，即杰缅季耶娃-特卡乔娃）；这三位妇女是：托米洛娃女士、别利亚耶娃女士、亚历山大罗夫斯卡娅女士。

（1）其中的第一位所以被捕，是因为涅恰耶夫（为了表示感谢这位女士对他表现的好客精神，他送给她一条头巾，正如他向她所保证

---

① 《革命问答》全文见本卷所载《社会主义民主同盟和国际工人协会》中的第八节《同盟在俄国》。——译者注
② 标题是吴亭的笔迹。

的，这是他从一个著名的强盗头子那里得到的）在她最终被捕之前，在她被捕前把自己最后的 100 卢布寄给他之后，**一而再地**从日内瓦给她发电报和写信；她的被捕是他的信引起的，前面我们已经看到过这种信的样品。

（2）第二位是别利亚耶娃，这是一位十分年轻的姑娘，她依靠自己的劳动生活，并想方设法自学。涅恰耶夫遇见她，并如她在法庭上天真地承认的，答应给她找工作，向她保证说，当她参加了这个团体时，团体的所有成员都将为她谋求工作。她只有这一个幻想，她服从他，按照他的命令去彼得堡，按他的指示在那里去找一个人，——但是人们没有给她工作，而是给了她一点钱，并且不要偿还，她拒绝了，她不愿接受施舍。她很生气地回到了莫斯科，并把自己的想法告诉了涅恰耶夫。他要她相信，她这样做是愚蠢的，他自己就是**靠秘密团体的钱生活**，她也有这种权利，他又一次说服了她；很快他就把她提拔到最高的级别，使她成了地位最高的小组的成员。这个可怜的孩子听信了他的花言巧语，忍受着贫困和饥寒，心甘情愿地相信这种情况很快、立即就会改变，明天就会在现行制度的废墟上为人民建立起新的生活，这个强大和威严的组织的手中掌握着人民的幸福；当然，她也愿意参加这种解放自己的人民的光荣事业。最后，她奋不顾身地追随着这个大人物。正如她的姐妹在法庭上作证时说的，她爱上了涅恰耶夫，她准备为他去做一切事情（第 204 号）。结果怎样呢？他是如何报答她这种忠诚的呢？他是怎样对待这位革命姐妹的呢？他是按巴枯宁的问答给他规定的那样行动的。被告普雷若夫供称，涅恰耶夫坚持要普雷若夫到日内瓦去把关于团体活动的详细报告送给巴枯宁，并要别利亚耶娃同普雷若夫一起去，同时，在谈到她的时候命令普雷若夫，"**如果她落网，就甩掉她**；她不应该知道到什么地方去和去干什么；到达日内瓦后，必须把她锁在屋里不让出来"（第 203 号）。由于涅恰耶夫的诡计，她没有被锁在日内瓦，而是被锁在了彼得堡的要塞里！请看，这就是"妇女在政治和社会权利上同男人完全平等"——这就是巴枯宁在同盟的秘密纲领中引用的俄国社会主义民主派的纲领中的一句话！就因为这样，一位代表日内瓦工人支部出席绍德封代表大会的妇女在回答想证明同盟特别关心妇女问题的吉约姆先生时，才能有充分理由说："日内瓦的妇女正在争取**自己**的解放，**但不是在同盟的帮助下！**"[149]

（3）至于日内瓦之行，那么，完成这次旅行并晋见最高领袖人物的光荣落在了上述第三位妇女——亚历山大·罗夫斯卡娅女士的身上。涅恰耶夫去土拉找她，并要求她陪他去，并说这对他说来是绝对必要的。

在这件事情中**最令人吃惊的**是，这位女士在1861—1862年暴动期间声名狼藉；她坐过牢（她在狱中的表现是非常糟糕的——她突然进行了坦白，给法官写了自首书，牵累了许多人），然后，她被放逐到一个省城，置于警察当局的监督之下。她自己供认，她担心不发给她护照，**但是涅恰耶夫给她弄到了**。为什么涅恰耶夫要**故意**找这么一个由于她自己的地位而使他本人很容易落入警察之手的声名狼藉的女人作自己的旅伴呢？下面的叙述可能在一定程度上提供揭开谜底的钥匙。不管怎么说，涅恰耶夫同亚历山大罗夫斯卡娅女士到达了日内瓦。很快就印好了也标明**莫斯科**出版的《**人民裁判**》第2期。这一期杂志和一些别的巴枯宁主义著作都被委托给亚历山大罗夫斯卡娅女士带到俄国去。

十六

《人民裁判》第2期①

应当将这《人民裁判》第2期全部翻译出来，其中有着巴枯宁和

---

① 标题是吴亭的笔迹。

涅恰耶夫的许多精彩的名言和著名定理。

第一篇文章中又包含一首用**散文诗**写的**关于涅恰耶夫之死的歌**。这一次革命工作的大师是在作为**政治**（！）犯被送往西伯利亚的路上被宪兵们**勒死的**；当他在唐波夫被逮捕时——当然是化装成工人，并且，为了画面完整，是在小饭馆里，——引起了极大的不安，在省长办公室里只听到这样一些话："涅恰耶夫化了装，鼓动，告密，秘密团体，**巴枯宁分子**，革命。"这首关于死的歌曲的结尾自然是涅恰耶夫死去了；皮尔姆省省长就这件事给彼得堡发去了一封电报（这封电报被全文引用了）；另一封电报直接发给第三厅（也被全文引用了），甚至还知道，"宪兵头子接到这封电报后从椅子上跳了起来，**整整奸笑了一个晚上**"。

涅恰耶夫在**第二次**前往日内瓦**之前**就这样又**悲惨地死去了**；《人民裁判》第 2 期就是以这篇诗作当做开篇的。

接着承认了**谋杀伊万诺夫**的事实，这一行动被说成是（由涅恰耶夫体现的）

> "团体对有任何背弃义务行为的成员的报复。事业的真正工作者的严酷逻辑不应该在任何导致**事业成功**的事实面前，尤其是在能够拯救事业和使它不致灭亡的事实面前却步"！！……

我们已经看到，谋杀伊万诺夫是怎样"**拯救了事业**"！他们就把这叫做"事业成功"。

第二篇文章的标题是《**谁不赞成我们，谁就是反对我们**》，其中包含对谋杀伊万诺夫（没有指名）的行动的**哲学上的辩护**；为一切不加入俄罗斯化的同盟的革命者所安排的是同样的命运。

> "紧张的时刻到来了……两个敌对阵营……已经开始了**军事**（！）行动"，再不能中立了："站在中庸立场现在已经没有可能……这就是说：在两军对垒的时

候站在彼此射击的两个敌对力量的中间；这就是说：无谓的牺牲，被双方的霰弹击中而倒下，无法进行任何抵抗；这就是说：不是身受第三厅的鞭笞和毒打，就是被我们的手枪子弹打死。"

由此可见，巴枯宁和涅恰耶夫终于承认，在对待革命者方面，他们的目标和第三厅的目标归根结底是一致的——**相同的**：不皈依永无谬误的巴枯宁或不投靠警察的革命者都应该灭亡！——接着，文章以**假装讽**刺的语气对俄国政府表示谢意，感谢"它促使急切奔向**理想**目标的我们的事业向前发展和迅速前进！"

当把这一点写出来时，目标已经达到——这个所谓组织的全体成员都已经被捕了。这就是两位英雄要向政府表示感谢的原因，这就是他们所谓的"**理想目标**"！！

然后，他们再次号召快快加入他们的行列：他们敞开怀抱接纳一切正直的新生力量，同时预先警告这些力量，它们一旦投入了这个怀抱，就应该服从革命大家庭的一切要求，——今后，任何背离团体的行为，任何由于不相信著名原理的真实性和正义性而有意识地背叛团体的行为，都将导致犯错误者被从活人名单中除名。

最神圣的宗教裁判所说出来的也不过如此；而天主教会比起这两位英雄来还稍逊一筹，这两位英雄宣布，他们认为，"**那些他们**认为最可靠和最迅速的方法和规则就是**神圣的戒律**"。

谁不赞成我们，谁就是反对我们！再次重复了同样的理由：离开巴枯宁和涅恰耶夫就不能得救！他们奚落所有的被捕者：说什么这不过是一些软心肠的自由派，秘密团体对于它的组织的真正成员是加以保护的，是不允许别人把他们抓去的。

第三篇的标题是《未来社会制度的主要基础》，——这一点我们留待将来再谈，否则我们就永远也谈不完了。对于我们这些局外人来说，只要指出这篇文章中的下面这句话就足够了：要找到"摆脱现存的社会秩序"的出路"和根据新的原理来革新生活的方法，只能是把社会存在的一切手段都**集中到我们的委员会**手中"（"并且宣布人人都必须从事体力劳动"）——**委员会将规定**实行变革的一定日期并命令每一个劳动组合（合作社）任命自己的**评价员**（同当铺里的完全一样）；委员会还将指出国家的哪个地区应当从事哪种生产，然后又制定了一系列没完没了的**规则**！

这就是著名的赫罗斯特拉特所宣扬的无政府状态和自治的又一种但肯定不是最后一种形式！

前往俄国①

日内瓦方面派遣亚历山大罗夫斯卡娅女士，这位在第三厅监视下的妇女，带着所有这些废纸以及许多别的材料……前往俄国。在奸细的帮助下，第三厅的官员在国境线上等着她，把她抓了起来，没收了她的印刷品包裹，**她**……把一份**只有巴枯宁**可能知道的人的名单**交给了**这个官员，这有什么可奇怪的哩！为什么她要带这份名单？她要这名单有什么用处？以这种方式交出名单的命令是谁发的？？

被告之一，也是涅恰耶夫最亲近的人之一在法庭上供认，他"以前以为巴枯宁是个正派人"，他不明白巴枯宁和其他人怎么能够"这样**卑鄙地**使这个女人遭受被逮捕的危险"。

对这个谜的解释是，她之所以必须到日内瓦来，是因为她作为妇女是没有价值的，而他们必须借助她来散发自己那些愚蠢的和卑鄙的作品，或者是故意让她被捕，使报纸围绕他们的阴谋吵闹一番，从而使他

---

① 标题是吴亭的笔迹。

们制造的印象得到加强。①

十七
巴枯宁的署名。对上述一切的赞扬是由巴枯宁署名的②

我了解巴枯宁和他的门徒，我仍然几乎深信他们将厚着脸皮否认我所叙述的一切，并将开始证明，任何类似的活动从来没有事先征求巴枯宁同意。在这种情况下，如果……不是还有一份**文件**，还有**唯一的**，而且是能够证实一切和使得任何诡计、谎言、对自己亲手做的事的否认——这些如此常用的策略手段都无法施展的**文件**的话，这份报告就会毫无用处，就说明不了任何问题。③

这份文件是一本**小册子**，它以**米哈伊尔·巴枯宁**的全称署名、标有"1870年1月于日内瓦"字样。可见，这本小册子写于俄国的事件发生之后，其目的显然是继续迷惑公众，试探一下在俄国是否还能找到一些年轻人，可以用威胁的办法使他们参加运动，然后再毁灭他们。

这本小册子中还包含着**巴枯宁**的总**委员会**对它的**俄国支部**即涅恰耶夫在俄国所做的一切的**正式的赞扬**。在这之后，要想不仅否认巴枯宁对于在俄国犯下的暴行的支持，而且否认他个人的直接责任，这是绝对办不到的，——难道"骗子能把所有的人都当白痴"吗？

这本小册子也应当全文翻译出来——对它进行评论是既不可能也没

---

① 赫罗斯特拉特首先希望人们谈论他；《日内瓦报》报道这件阴谋时认为准备这件阴谋的是他巴枯宁，这使他感到极其高兴，并且使他完全忘记了《人民裁判》报似乎是在莫斯科出版的，而**用法文把**《日内瓦报》的这篇文章中摘录了整整一页印在该刊物上。——原作者注
② 标题是吴亭的笔迹。
③ 后面删掉了一句话："见巴枯宁写的《告俄国军官书》"。

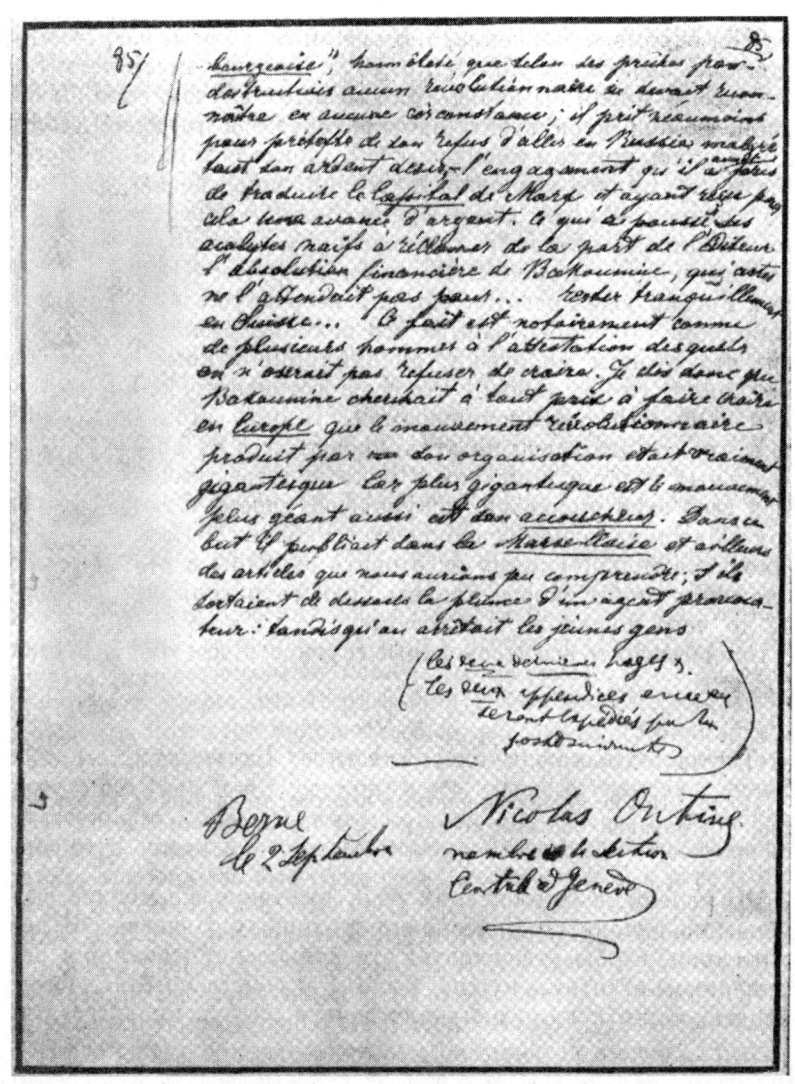

尼·吴亭提交给海牙代表大会的报告的一页，
上面有马克思用铅笔作的标记

好处的，其中的每句话都能自己给自己做说明。我附上一个小摘录本，没有增加任何内容。小册子以一篇声明（1870年1月）开始，声明说，鞑靼-德国奴役和**宽广的斯拉夫自由**之间进行斗争的时刻（根据作者的看法，这个时刻应该在1870年**春天**到来）迫近了。

见所附载有这本小册子的摘录的小笔记本。（附录4）[150]

结束语

这个报告还可以继续做下去，还有许多事情可以讲，还可以举出新的事实，说明这个人在欧洲这里在国际协会中散布不和，而在俄国则是如此之多的败坏我们协会名誉的罪行和卑鄙行为的主谋。我不知道我是否来得及在附录中再补充几段他那幻想建立**强大的全斯拉夫帝国**的第一篇**斯拉夫宣言（1861年）**[151]和他1862年**反对俄国革命青年**的小册子的摘录，在这本小册子里，他扮演了"农民的沙皇罗曼诺夫"的脉脉含情的赞颂者的角色，并且庄严宣布，他更乐意跟着这个罗曼诺夫走，而不乐意跟着任何一个人民的革命英雄走，只有罗曼诺夫能实现"巴枯宁为之献出了自己的一生的那项正确任务"，即"把**斯拉夫人**从土耳其人和德国人的可恨枷锁下解放出来"[152]。

我还应该而且也非常有必要提到一点，这就是巴枯宁和涅恰耶夫一方面表现得极端革命，要让所有只愿意从事政治活动和被当做学理主义者等等的其他革命活动家吃自己的手枪子弹，另一方面又在1870年1月和3月想起来恢复了赫尔岑的《钟声》，并开始在这个杂志上抛开一切社会问题，鼓吹**最资产阶级的立宪主义**，谦恭地要求实行政治改革……这也不是想象的结果，而是真正的事实。

我还可以讲一讲，过了两个月，这一对难分难解的朋友怎样互相判决把对方从活人名单中开除，从而判决了枪毙自己……用自己的枪弹，因为他们**显而易见**地放弃了自己神圣的戒律和公开背叛了自己**破坏一切**的纲领。唉，还会有什么东西比人心更靠不住啊，尤其是当事情涉及到钱袋的时候！两个永远不应当把自己的争吵公诸于众的国际兄弟，因为一笔金钱的账目，竟突然在大庭广众之中争吵起来了。小弟弟涅恰耶夫在自己新办的、用法文和俄文在伦敦出版的报纸《公社》上发表了一封信，他在信中要求巴枯宁交出他们从已故的赫尔岑那里得到的一笔经费的剩余部分。①

关于这件丑闻的记载没有谈这场因遗产而引起的官司的起因和后来解决这场官司的条件。但是，我认为有必要在这里指出巴枯宁的**欺骗手法**，他通过这种手法使欧洲报刊对这件不光彩的俄国事件作了不真实的报道，不过，某些报纸也可能是自愿被愚弄的。

例如，**洛克勒的《进步报》**难道不是巴枯宁阴谋的正式机关报吗？难道它的每一号报纸上没有登满《人民裁判》② 上的文章的译文、涅恰耶夫的赞扬文章和他的信吗？当我在绍德封代表大会上刚一提到俄国事件时，吉约姆就阻止了我，并宣布说，谈论**这些**受到瑞士政府追捕的**人**（！），就是从事密探活动。但是，吉约姆自己倒是这样干了，他在《**进步报**》上为这些伟大的俄国社会主义者的伟大成就作了一番吹嘘。他对

---

① 赫尔岑掌握着一笔为数25000法郎的款项，这是一位俄国青年（帕·亚·巴赫梅季耶夫——俄文版编者注）在1859年遗赠供作革命宣传之用的。赫尔岑从未同意把这笔钱交给任何人，但巴枯宁却使他相信，涅恰耶夫真是一个广泛而强大的秘密组织的代表，从而把这笔钱骗到了手。关于这件事我还有许多话可说，但是，我不愿意在这里攻击一个已经不能进行辩护的死人。——原作者注

② 这时，安斯写信告诉我说，他收到一些俄文小册子，但是他那里没有翻译。我立即给他回了信，指出这些小册子的真正的来历，他对此回答我说："您使我非常吃惊，幸好《进步报》使我放了心，它也刊登了这些译文，如果其中有什么不实之处，那它大概是知道的。"——原作者注

这两个丑角的令人感动的敬佩竟达到了这样的程度，以致使他为捍卫放弃政治活动而宣布："受到**我国**政府追捕的俄国革命社会主义者的纲领和原则就是这样的"（《**进步报**》）。吉约姆忘记了或者是不知道，在不到两年前，在同盟分子宣布法国工人放弃政治的绍德封代表大会前，沙桑的《**民主**》报写道："放弃政治——这是骗子为了愚弄白痴而想出来的胡说八道。"巴枯宁在1868年因弃权论而悲伤时就写过这样的话。那么，谁是**骗子**，谁是**白痴**呢？……

无疑，在自己的同盟朋友知道或不知道的情况下，巴枯宁想给整个欧洲、整个工人世界留下深刻印象，使它们相信，他是俄国的革命力量的伟大组织者。

正是因为这样，他对自己公开发表的著作做了**随心所欲的**删节，使人看起来觉得即使不算十分机智，至少也不怀恶意。

正是因为这样，他才趾高气扬地在《**马赛曲报**》¹⁵³和《**进步报**》上（在对赫尔岑进行颂扬的悼文中）宣布，他"到自由报刊无法到达的各遥远国家去作了一次长时间的旅行"刚刚回来，他想用这种办法使自己的读者相信，俄国的局势有了很大的革命转变，以致他认为非亲自莅临不可。实际上，尽管他的信徒一再邀请，他千方百计地避免到那里去，而在紧要关头，他甚至以"**资产阶级的**正直"为遮掩，而根据他的破坏一切的说教，这种正直本身是任何一个革命者无论在什么情况下都不应考虑的。为了替自己拒绝到俄国去（尽管热烈希望到那里去）找到正当理由，他同意了承担翻译马克思的《**资本论**》的任务，并且预支了一笔钱。这就使得他那些天真的信徒要求出版者解除巴枯宁所负的金钱方面的义务，而这恰恰是他所期待的，以便……心安理得地留在瑞士……有几个人确切地知道这一事实，对这几个人所说的话任何人都不敢不相信。总之，我断定，巴枯宁不惜任何代价力图使**欧洲**所有的人都相信，他的组织创建的革命运动确实是规模宏大的。因为运动的规模越大，则运动的**接生婆**就越伟大。为此目的他在《**马赛曲报**》和其他报纸上发表了一些文章，对于这些文章，我们只有把它们看做是出自奸细一挑拨者笔下的东西才能理解：① 就在青年遭到逮捕，② ……反动派重新使红色幽灵复活，洋洋得意并力图恢复恐怖统治的时候，就在这个时候，**巴枯宁**若无其事地在自己的签名之下从这里向反动派伸出了手，给它以可贵的帮助。实际上，他断定，在俄国为实现破坏一切的大动乱和他的伟大的庄稼汉革命的惊人爆发已经完全准备就绪，有纪律的和经过锻炼的青年队伍已经做好战斗准备，所有被捕者才真正是伟大的革命者……而这时他清楚地知道，所有这一切都是**谎言**；他撒谎是为了利用激进报纸的轻信进行投机，为了把自己装扮成所有现在在监狱中为自己对国际工人协会的信任付出代价的这些青年的永无谬误的接生婆……在这之后，他自己所要做的事就仅仅是为这些青年制造镣铐和锁链了，以便更快地看到把他们送往西伯利亚，——请看，此人已堕落到何种地步。

如何解释这一切不可思议的卑鄙行为和罪恶活动呢？

二③

《**哨兵报**》有一次在回答巴枯宁时写道：

---

① 原文中在这后面有一个附言："**最后**两页和两个附录在下一个邮班送到。
　　　　　　　　　　　　　　　　　　日内瓦中央支部成员
　　　　　　　　　　　　　　　　　　　　　　尼·吴亭
　　　　　　　　　　　　　　　　　　9月2日于伯尔尼"。
　　在下一页上有吴亭写的字："第83（或84）页是结论的继续和结尾"。
② 后面是吴亭笔迹补写的。
③ 原文如此。下面是吴亭的笔记补写的。

"即使您不是被收买的暗探,无论如何有一点也是很清楚的,就是无论哪一个被收买的暗探也不能比您造成的危害更大。"

我们在附录(五)中看到,斯帕索维奇律师对涅恰耶夫也发表了同样的看法。的确,要断定一个人是被收买的奸细,必须亲眼看到这个人从政府手里拿钱。但是,除非是遇到做法极端愚蠢的情况,否则这种事情是不会在光天化日之下干的,况且问题的实质也不在这里。实质在于这个人所干的坏事之所以比雇佣的奸细所能干的多得多,恰恰是因为他把自己装扮成伟大的革命者(这一点就已是公开的雇佣的奸细所做不到的)并卑鄙地欺骗许多诚实有为的人,从而把这些人从我们的事业中夺去……

其实干这种事是不是由于直截了当地要钱,还是由于自己的无政府主义的疯狂,由于"放纵自己的一切恶欲",由于煎熬着他的虚荣心驱使他去为自己在社会革命的历史上博得一个**赫罗斯特拉特**的大名,——这对我们来说现在在某种程度上是无关紧要的。让他的朋友们去解释他的行为的动机去,我则仅仅是说明无可辩驳的事实。

如果我们撇开由于他的所作所为而引起的关于他被政府收买的十分自然的怀疑,而像病理学家那样来分析这种卑鄙活动和乖戾行为,我们可以指出,这个人在每一行中都证明应当杀死所有不是直接来自他所谓的普通人民的人,因为他们不能成为真正的革命者;这个人卑鄙地**利用**这种貌似革命的逻辑来辱骂**波兰民族**,在他**不久前**(1870年)写的几本俄文小册子中**鼓吹同波兰人进行你死我活的斗争的必要性**,而这却是以社会革命(!!!)的名义干的——我们不能不说,这个人本身就属于我国封建地主(特维尔省的地主)中的特权贵族阶层,他的青年时代是在所谓关于黑格尔的哲学辩论和香槟酒中度过的,早在青年时代就染上了旧时帝国军官(他曾当过军官)的一切坏习气,然后又把他的鞑鞑靼贵族出身的一切劣根性带进了革命。这种鞑靼贵族的典型是人们所熟知的。这是真正的放纵恶欲：殴打、鞭笞和折磨农奴，强奸妇女，成天到晚地酗酒，想出各种野蛮而恶毒的方法来卑鄙地污辱自己的农奴的人格，——这就是这些老爷的**狂热的**和**革命的**生活。果真如此吗？难道这个鞑靼**地主的赫罗斯特拉特**没有把自己的一切丑恶本性、对自己的阶级兄弟的种种卑鄙的折磨带到革命里来吗？这个人千方百计地以培植革命信徒的名义培植忠于自己的农奴，像在革命问题中所表明的那样向他们宣扬对妇女和男人实行强制和剥削，唆使自己的门徒杀害某些人，他玷污了革命，糟蹋了革命。我们应当重新举起我们的旗帜，我们不容许肮脏的手把它弄脏。①

所有把自己称做他的朋友，集聚在他周围的人都应该立即考虑一下他本人所扮演的和他使这些人扮演的角色。他在**同盟**里的所有朋友难道能说他们与此无关，他们不知道自己所干的事吗？他们中的某些人的行为对我们的这个问题做了回答。

他们现在是否懂得，**宣扬放弃政治活动**，让里沙尔和勃朗这样的叛徒或他们的老师和朋友巴枯宁来领导群众，这意味着什么？他们是否懂得，向巴枯宁的**无政府状态**顶礼膜拜，听任他通过自己的 100 名国际兄弟专横地支配革命，这意味着什么？他的朋友——我说的仅仅是他的**"西方的"朋友**——是否终于会看到，他们所采取的那条以在协会里实行**自治**和拯救协会摆脱**权威主义**的借口来破坏我们美好的协会的路线正在走向何处？就在这同时，**这样**一个人仍然是他们自己的党的，即他们的汝拉联合会的主要人物之一，这个人认为自治就是肢解我们现存的组织，他之所以需要这样就是为了便于他自己用他在自己公开发表的和现在已为大家熟知的文章中宣扬的方法篡夺协会的最高领导权，就是为了

---

① 补写部分到此结束。下一页有吴亭笔迹写的说明："结束语的结尾"。

毁灭我们的协会，而协会的罪过则仅仅是因为它不向这个革命的专制君主叩头礼拜，不向这个以劳动群众和青年学生的生命和解放事业为代价，来寻找光荣和权力的赫罗斯特拉特叩头礼拜，而他竟敢说自己是劳动群众和青年学生的朋友和兄弟！

尼古拉·吴亭
于1872年9月7日

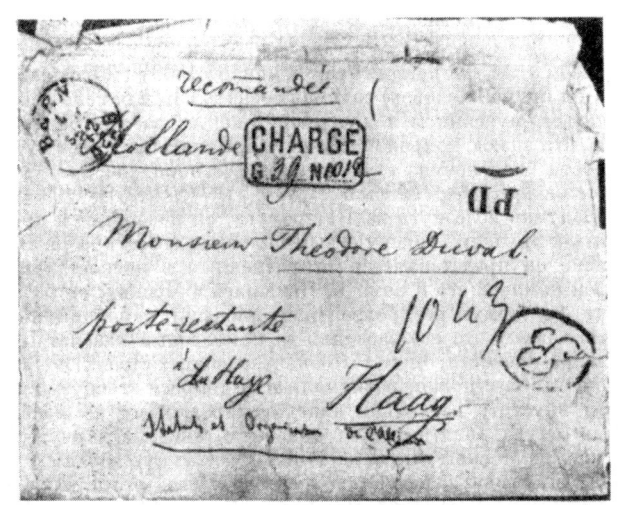

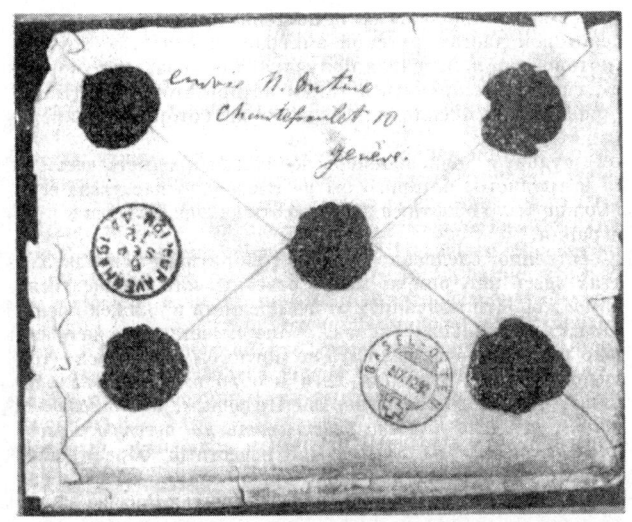

吴亭致代表大会代表泰·杜瓦尔的信的信封，
上面有马克思和吴亭作的标记

附录（五）
斯帕索维奇律师的演说摘录[①]

……"涅恰耶夫必须想方设法吹嘘自己，把自己抬高到比他实际上高得多的地位上。早在1869年1月，他就产生了一个**奇特**的想法，他（一个活人）想自己为自己编造一个神话，使自己变成一个受难者并以这个面目扬名于整个俄罗斯大地。我不知道"，在大学生闹事期间，他是否受过审讯，是否曾被起诉，"**至少没有被逮捕过**"。

"他做出从彼得堡溜走的打算之后，就煞费苦心地给朋友们写了一封便函，虚构了自己被捕的情节。他在这封便函中说自己已被解往要塞，请求朋友们记住他并帮助他。到了莫斯科以后，他又添枝加叶地把这个题目说得"更加"活灵活现"。他告诉人们，他被关在"彼得堡要塞的冰冷的囚室里；他在这结着冰的牢房里被冻僵了，以致在审讯时必须用刀子撬开咬紧的牙齿，灌几滴酒精"。但是，他从那里逃跑了，"穿上某位将军的大衣，并潜入了莫斯科；他已从莫斯科前往敖德萨；在那里又是一个新的故事"：似乎他又一次被抓住了，被逮捕了：他"被一名宪兵和一名官吏装在带篷马车里押解；但是他给了他们一个人一拳，于是他就再次到达莫斯科"。最后，这一次可是真的溜走了并且到了国外。"这次旅行是极其必要的：这次旅行将使他同一部分俄国流亡者建立联系，他希望这部分流亡者授予他以所谓的头衔"，批准他

---

① 附录（五）全文是吴亭的笔迹写的。

"获得一种能使他打算对之施加影响的人绝对服从的权威"。

"法官先生们，我现在必须涉及一个十分微妙和困难的问题，对于这个问题，如果能够避开不谈的话，本来是不应该涉及的：我指的是涅恰耶夫对俄国流亡者的态度。

其实，本来是不应该谈论流亡者的，因为他们不在这里，他们不能回答或辩护。但是，我对这个问题不能避而不谈，我必须涉及它，**哪怕是只说几句话**……我觉得，如果完全是在俄国土地上，这种事本来是不会出现的"（也就是说，在俄国本国），"这件事情中必然有外来的成分：有许多东西是涅恰耶夫剽窃的，而**最重要的**是**他从流亡者那里剽窃了帮助他影响俄国青年的东西**：某种活动方式、某些思想直至某种组织。关于同流亡者的这种来往，涅恰耶夫在第二次到俄国之后说过一些奇怪的事情。我们曾听到切尔凯佐夫公爵说，涅恰耶夫似乎到过比利时，在那里当过工人，组织过工人罢工，后来这些工人又派他作代表去日内瓦，在那里认识了巴枯宁，之后他就成了国际工人协会的……**会员**。

涅恰耶夫曾向被告乌斯宾斯基报告"认识"于1870年1月7日逝世的赫尔岑"的详细情况；"赫尔岑在谈到他时说：'在您的思想上……各种东西正在苦斗'"。涅恰耶夫曾对"单纯和轻信得多的"被告尼古拉也夫"说，赫尔岑仅仅在一开始时对他如此不信任，后来涅恰耶夫同他的关系很密切，并且用了几个星期对他进行**劝说**，终于使赫尔岑完全成了他的拥护者，完全同情《**人民裁判**》中所说的一切。

涅恰耶夫还说了关于巴枯宁、奥格辽夫、赫尔岑……的许多事情。涅恰耶夫说的不是真话，他撒了弥天大谎……在他的行动计划中，撒谎是达到某种目的的手段……

有许多事情确实是涅恰耶夫虚构的，但是，说他同某些侨民①，例如**巴枯宁**，保持着密切联系，这却是毫无疑义的。法庭上曾宣读过一封**巴枯宁亲笔写**的给第 2771 号的信，其中介绍了一个代理人，他应当把用这个代号的人说成一个俄国革命者"。

"有消息说，莫斯科流传着一种有**巴枯宁**亲笔写的**附言**的**国际协会章程**，这个附言是从他的一份传单中**摘出来的**。据乌斯宾斯基说，被告普雷若夫本该被派去给巴枯宁送报告"。

"最后，最重要的是乌斯宾斯基关于涅恰耶夫到达俄国前那段时期的事件的叙述……1869 年夏天，从国外来了一个叫**涅格烈斯库尔**的人（现已死去），这是一个非常出色的人，他同涅恰耶夫的关系很不好，要是他阻挠了涅恰耶夫的计划和打算的话，在莫斯科发生在伊万诺夫身上的事情，恐怕同样会在彼得堡发生在他身上。这个人一点也不同情涅恰耶夫，并且恨他，他说他曾到过日内瓦，曾看见**巴枯宁**和涅恰耶夫在一起，巴枯宁曾拍着涅恰耶夫的肩膀说：'瞧我们在俄国有些什么样的人啊！'……

涅恰耶夫到日内瓦后，可能说了一大堆关于俄国情况的谎话，似乎革命正在迫近……但是，为什么不以如此容易、如此便宜，比祈祷的价值高不了多少的办法，即以散发传单、若干小册子、若干铅印传单来对涅恰耶夫**表示赞同**呢？于是涅恰耶夫就这样带着这种轻便的行装出发到俄国去了。除了这些东西之外，还由他携带或是后来寄去了一颗有斧头标志的印章以及一本用密码写的书，他把这本书保存得很仔细，后来他又把它交给乌斯宾斯基保管，他没向任何人宣读过这本书。这就是所谓的**革命问答**……"在所有的文件中"问答……占有特殊的地位"并被涅恰耶夫"说成是一个**表明国际协会密使或代理人身份的特殊标志**……

---

① 流亡者。

如果要问：为什么不向任何人宣读这个如此费尽心思起草的**问答**，那就应当得出这样的结论：之所以不宣读它，是因为宣读了它会产生最令人厌恶的印象"。

在这里，律师分析了这个问答中的若干条文并宣布，青年会厌恶地抛弃这些规定，这些规定要求对那些因为有金钱、地位或联系而被问答的作者认为有罪的人（男子和妇女），必须掌握他们，骗取他们的信任，揭穿他们的秘密，把他们**出卖**给政府去处死……"非常多的人都会不满地放弃这种古怪的思想：只有胆大妄为的强盗界才是俄国唯一可靠的革命者。"……在做了十分详尽的分析之后，律师得出结论说："在问答的作者同涅恰耶夫之间有巨大的差别，这就是行动的革命者同思想的革命者之间的差别。"涅恰耶夫企图尽其所能地实现问答的理论……同时，"我们认为问答的作者是一个**理论家**，他在**闲暇时**，远离实际地炮制革命，在纸上打格子，再按这格子把人分成等级，判定让一些人**死亡**，规定**抢劫**一些人，恐吓另一些人，等等。这是最纯粹的抽象理论……涅恰耶夫从这里剽窃了许多东西……因此，我认为，**问答是流亡者的作品**，它对涅恰耶夫发生过一定的影响并被他在许多方面当做指南，像教科书一样。"我不敢说这是**巴枯宁**写的①，但至少是出自流亡者笔下……"后来在转入对涅恰耶夫的奇谈和谎言进行评论时，律师解释说："……他习惯于发号施令而不能容忍讨论。为了达到这个目的，为了加强自己的权力，他制造了并且自己承担了一系列……幻影"，他担保说，有一个特别的最高"委员会设在莫斯科附近，他同这个委员会联系，从那里接受命令。被当做这个委员会"来描绘的是"一个全世

---

① 显然，加上"不敢"这两个字仅仅是以一种委婉的形式来表示可以绝对肯定问答正是出自巴枯宁之手；律师采取这种表达方式是出于前面提到的考虑：流亡者不能出庭，因而他不愿意对他们提出指控。——吴亭注

界革命协会的神秘的网或俄国分部，**涅恰耶夫把这个协会同国际工人协会混为一谈**"（就是说，涅恰耶夫用这个协会来冒充国际工人协会）。**"对于不大了解国外情况的俄国人来说，要把这个全世界革命联盟同确实存在的，具有明确的目标和任务，但是同此事"没有任何"关系的"国际工人协会"混淆起来，是非常容易的"**①……

"……宣读了大学生叶尼舍尔洛夫的供词，他甚至怀疑涅恰耶夫是**密探**。我还不是这样想的，但是应该说，如果有一个密探为了某个目的而安排了一个计划，要**抓获**尽可能多的准备进行革命的人，那么，他在干这种事的时候确实不可能比涅恰耶夫干得更熟练了……"

"而涅恰耶夫这个人宁愿"没有争论和讨论，而要"安宁的统治和指挥……**发号施令似乎是他天生**的习惯"，而他偏偏"指责所有向他详细询问协会的人有这种习惯"。

"我不认为，这个组织的成员中所有的人都同样相信委员会的存在。从乌斯宾斯基的供词中可以非常清楚地看出，当涅恰耶夫离开以后只剩下他一个人在莫斯科，所有文件都由他经手处理，**送往国外给巴枯宁的**所有报告都是由他准备的时候，他就知道是没有任何委员会的了"……（然后律师谈到了**伊万诺夫**的相片）。

"已收集到的所有关于伊万诺夫的材料都是对他有利的。他是一个真正的民主主义者，是人民的儿子，他是一个农民，曾在日姆迪②受过教育，来到莫斯科后在极端贫困的情况下刻苦学习。据说，由于没有钱，他曾经好几个月不吃热饭。他善于独立思考，喜欢批判地"（有理性地）"对待任何事物，他的性格中有非常高尚的特点——这就是对自由的真正热爱，也就是说，厌恶任何压迫而不管它来自什么人。

---

① 空白处有吴亭作的标记："注意"。
② 在立陶宛。

人们指出，他还有一个特点……，这就是某种虚荣心。很可能，伊万诺夫参加组织后不愿当普通的走卒"（机器人）、"机器，而希望自觉地参加活动，并可能希望起一定的作用。整个说来，他作为一个再高尚不过、再正直不过的人的性格的基础本身……这个人一开始完全为涅恰耶夫所吸引，但是"，很快"他逐渐……开始思索，批判地对待，反驳涅恰耶夫的某些命令。如何执行这些命令？向**委员会**呼吁，——而**委员会**总是发出一些确认涅恰耶夫的命令的指示。于是就产生了这样的想法：委员会就是涅恰耶夫。伊万诺夫在同志们面前说出了这个想法"。恰恰是这一点吓得"涅恰耶夫到了这种地步"，以至于"同亲信，至少是同乌斯宾斯基"做了"那一次恰恰是**理论性的**谈话，……在这次谈话中可能没提伊万诺夫的名字"，他问道："**如何处置伊万诺夫？**"乌斯宾斯基在回答时表示怀疑"团体的权力有多大，团体是否有权支配一个人的生命？对这一点涅恰耶夫断然地说：'**你怎么能说管辖范围？如果有障碍，就意味着必须把它扫除！**'由此可见，问题本身早已……决定了"……

"在我结束我的陈述之前，我必须谈一谈**这件谋杀案的性质**，是什么原因促使涅恰耶夫犯下这个罪行的，即使在秘密组织的条件下这样的罪行在多大程度上是可以原谅的……法官先生，我认为，秘密团体、密谋组织由于自己生存的本能的必要性，只有在一种情况下，只有在发生威胁着它"（团体）"的叛变的情况下，才可以处死自己的成员。我认为，被秘密组织招募的每一个成员都必须……在参加"团体"之后知道，当事业在成熟的时候，当上 **10 万**的人正在工作的时候，只要走漏一个字，在出现了企图探听事业的秘密的**告密者**和**密探**的时候，就足以使这已经修建起来的整个建筑物突然遭到破坏。"

"在这种情况下很难不决定处死这个人，以防止告密……除了这唯一的情况之外，我不能容忍杀死人……这种做法"，即谋杀，"在一个共同事业的**竞争者**之间是不能容许的。如果在涅恰耶夫的品格中还有一丝一毫高尚的气质,如果他不是一个彻头彻尾的独裁者的话,那么,他当然会找到"办法来解决自己的冲突,"解决自己同伊万诺夫的冲突;如果他稍稍具有一点高尚的气质和**多少具有一些**对事业的**忠诚**,那么,他就可以直截了当地对伊万诺夫说:'兄弟,你想这样活动,而我则想那样活动;如果你认为合适,那么你就来代替我,坐在我的位子上;这是共同的事业,因此应当一致行动。'或者他可以对他说:'兄弟,你错了,我们去找同志们,让他们来当我们的调停人,让他们说谁对谁错;我们都是高尚的人,正直的人,把我们的意见摆到同志们的面前去吧;哪一方面占上风,那个人就留下,而另一个人就走开,不要来碍事。'伊万诺夫很可能会接受这种裁判……"

然而事实不是这样。涅恰耶夫需要证明听话和服从的思想。"伊万诺夫违背了提出的服从委员会命令的诺言和义务,应当……给别人一个样子看看,在他们身上引起能发生拯救作用的恐惧,用鲜血把事业粘结起来……真是卑鄙的诡辩!组织的基础是服从共同的事业,而不是服从涅恰耶夫先生。绝对服从委员会的命令的义务只有在委员会本身确实存在的条件下才能存在,但是,既然发现这个委员会并不存在,那么,成员们不履行服从它的义务并说出下面的话就是十分自然的:是的,我确实承担过服从委员会的义务,但是,既然发现不存在这样的委员会,那么,我就不愿意再受欺骗并不再承担义务。至于说到用鲜血来巩固事业,那么,我完全理解这句名言:联盟是巩固了,只不过是四个杀人犯之间的联盟;他们已经连结在一起了,他们都坐在被告席上;而这种鲜血并没有使组织得到加强;为人民谋福利的伟大的和高尚的事业任何时候都不是以无辜的、自流的鲜血粘结起来的。有人说,如果伊万诺夫处在涅恰耶夫的地位上,他也会采取谋杀的行动,这是不对的。"不对。"伊万诺夫绝对不会这样做。他是一个高尚的好人。"

附　录

一　巴枯宁的逃亡

1856年，巴枯宁被送往西伯利亚，但不是像人们可能会从他的叙述中所推论的那样是服苦役，而仅仅是流放。这个流放地变成了他玩弄阴谋从而获得成功并得到总督宠爱的舞台。

事情是这样的，当时西伯利亚的总督（充当沙皇的全权代理人的角色）是穆拉维约夫—阿穆尔斯基伯爵（这个称号是皇帝为了奖赏穆拉维约夫占据阿穆尔河地区而赐予伯爵爵位的同时赐给他的）。而这个出身于绞吏穆拉维约夫家族的穆拉维约夫伯爵是巴枯宁的亲戚。因此，巴枯宁在西伯利亚享有特殊地位和伯爵-总督的恩宠，而他对这种恩宠则得心应手地予以利用。

我们不想多谈巴枯宁在流放期间的活动；由于缺乏**书面**的证据，他可以像他惯常所做的那样否认这些活动。我们在这里仅仅提出一些人所共知和无可辩驳的事实。

1. 巴枯宁曾经公开反对1849年反对尼古拉一世的密谋的组织者和领袖**彼得拉舍夫斯基**。他千方百计地想加害于他，而作为西伯利亚总督的表兄弟，他可以轻而易举地这样做，而对政府的不可调和的敌人、不幸的彼得拉舍夫斯基的这种迫害，则使巴枯宁格外有权得到总督的恩宠。

巴枯宁同彼得拉舍夫斯基的这场斗争，以一个在西伯利亚和俄罗斯欧洲地区引起巨大轰动的暧昧事件告终。

那时是在官吏（国家职员）中盛行自由主义的时代，他们用这种伪装把自己装扮成小沙皇——解放者。

有一位这类老爷的行为受到责难，从而在总督的周围引起一场轩然大波，结果以造成死亡的决斗而告终。

这整个事件中交织着阴谋、个人纷争和欺骗勾当，引起了边疆地区全体居民的不满，他们指责总督的主要官员蓄意谋杀了在决斗中死亡的青年。风潮的规模之大，使当局开始担心会发生人民暴乱。① 巴枯宁在这整个事件中起了非常暧昧的作用，他利用这个机会达到了把彼得拉舍夫斯基流放到更远的地方去，从而封住他的嘴的目的。

由于《钟声》刊登这篇西伯利亚通讯，这件事得到广泛传播；但是，出于对巴枯宁的名字的尊重，其中删掉了有关他的细节，而在当时流传于彼得堡的该通讯的手抄本中是有这些细节的。**154**

2. 就在这个时期，整个说来比其俄罗斯欧洲部分的同行更加自由主义的西伯利亚商人产生了在西伯利亚开办大学的意图，他们抱有双重目的：免得送自己的子女去上遥远的俄罗斯大学，建立促进西伯利亚边疆区的发展的智力中心。这样做必须得到皇帝恩准。总督反对他们的设想，这主要是受了**巴枯宁的怂恿**。由于在西伯利亚这是人所共知的事

---

① 巴枯宁在这一事件中起了十分暧昧的作用；他站在被人民指责为进行谋杀的一方，也就是身居高位的官员的一方。他在一个长篇通讯中为包括穆拉维约夫在内的所有这些老爷辩护，他用另一个人的名字把这篇通讯寄给赫尔岑，而把自己的名字仅仅作为**见证人**写上，以证明这些虚假捏造的真实性。

　　赫尔岑认为发表这篇通讯时删掉巴枯宁的证词是明智的，而仅仅以暗示的方法提到他。另一方面，赫尔岑的健全理智在这种情况下表现为完全删掉了通讯中指责被害青年的朋友**彼得拉舍夫斯基**的那一部分。——原作者注

实，俄国人曾不止一次地问过巴枯宁；因为无法否认事实，巴枯宁总是这样来解释自己的行为，说是因为**自己准备逃跑**，便力图赢得总督，即自己的表兄弟的好感!!

3. 巴枯宁不限于利用和滥用总督的恩惠。他还**按照商妥的价钱把这种恩惠转卖给**一些资本家、企业主和包税者。而他们则最需要这种恩惠，从下面这个有趣的例子中便可看到这一点。1862年，在到了伦敦之后，巴枯宁并不羞于在书面上亲自签名证实自己在西伯利亚的**商业活动**。事情的经过是这样：在涅恰耶夫案件之后，在1869年和1870年巴枯宁的传单，即威胁说也要把臭名远扬的卡特柯夫处死的那些传单发表之后，卡特柯夫在《莫斯科新闻》上作了**下述揭露**：他手中有一些巴枯宁的信，信上写明"1862年于伦敦"[155]；在这些信里，**巴枯宁请求卡特柯夫**看在**老朋友**的面上借给他几千卢布，以应急需；他在信中承认，他在西伯利亚期间曾从一名（伏特加）包税者那里**每年**领取**补贴**，这个包税者付钱给他是为了**通过**他得到省长的关照。接着，他又承认，现在（1862年）在伦敦因这笔非法得到的私人奖赏或非官方奖赏的补贴而受到良心的责备，因而他打算从卡特柯夫那里弄到一笔钱还给包税者以清偿这笔债。卡特柯夫理所当然地拒绝了。

值得注意的是下列几点：第一，卡特柯夫宣称，他掌握着巴枯宁写的和签名的这些信；第二，巴枯宁方面从来没有否认过这一点，也从来没有驳斥过这种如此令人难堪的指责；第三，在巴枯宁向卡特柯夫提及他们旧时的友谊，向他提出相当暧昧的请求的那个时候，卡特柯夫早已在第三厅（秘密警察）里立功成名了，他已经完全把自己的报纸用来对包括车尔尼雪夫斯基在内的俄国革命者以及波兰革命进行卑鄙的告密。总之，巴枯宁是明知故犯地同一个告密者，同一个向俄国政府领取报酬的文化特务来往，向他要钱来对自己在西伯利亚替政府效劳的功绩进行结算！

4. 由于利用从包税者那里得到的那种**补贴**而积攒了一大笔钱,并且受到首长的高级庇护,巴枯宁才能随心所欲地离开西伯利亚来到欧洲……实际上,在确定的时刻**他不仅弄到了写有自己的真实姓名、可以在西伯利亚自由通行的护照,而且得到正式委托**,让他巡视边区直至最边远的东西伯利亚边界!他到达尼古拉也夫斯克港以后,就从那里毫无阻碍地乘船去日本,并能够有足够的旅费安然乘船前往美国。

大家清楚地知道,到达英国以后,巴枯宁认为有必要写信感谢一位帮助他实现这次所谓逃亡的俄国将军;而不了解自己的西伯利亚总督的**慷慨**的彼得堡政府则以罢免来感谢这位受到巴枯宁感谢的将军。

伟大的逃亡者就是这样于1861年底来到伦敦的。

二　巴枯宁在伦敦的革命宣传

(1) 泛斯拉夫主义宣言。(2) 颂扬亚历山大二世。

他准备在伦敦做什么和他准备什么时候把自己的文化才智用于为"**俄国事业**"服务?

这是俄国的革命酝酿时期。声名狼藉的解放农奴的宣言已经公布;车尔尼雪夫斯基及其拥护者为保存村社土地所有制的努力获得了成功,但是成功是如此不能令人满意,早在宣布"解放农奴"以前,车尔尼雪夫斯基就痛心地承认道:

"如果我知道,我提出来的这个问题会得到这样的解决,我宁愿遭到失败也不愿获得这样的满足;我宁愿让**他们按他们自己的心意行事**而不考虑我们的要求。"

事实上,关于废除农奴制的法令用欺骗的手段把土地从真正的所有者手中夺走,并宣布了实行强制农民赎买土地的制度。以车尔尼雪夫斯基为代言人的激进派从这个卑鄙的法令中获得了反对**皇帝**的各项改革的新的、无可辩驳的论据；而自由主义的捍卫者却站到赫尔岑的旗帜下面放声高呼："加利利人，你胜利啦！"加利利人就是亚历山大二世！自由派不满足于**解放**俄国的农奴；他们还要求沙皇举行**解放全体斯拉夫人**的征讨。莫斯科某些报刊中表现出来的泛斯拉夫主义的狂热就是由此而产生的。

在几个月的时间里（1861年夏天），车尔尼雪夫斯基曾两次认为自己不得不公开（在《同时代人》杂志上）揭穿泛斯拉夫主义者的阴谋，并且向斯拉夫人说明关于俄国现行**制度**和他们的泛斯拉夫主义朋友的自私自利的蒙昧主义的真相[156]。

但是，同**巴枯宁**从西伯利亚回来后初次登上政治舞台时所发表的**宣言**相比，所有俄国泛斯拉夫主义者的赞歌都算不得一回事。这篇宣言（确切地说，是宣言的第一部分，第二部分始终没有出现）作为附录刊载在1862年2月15日的《钟声》上，占了整整8页的篇幅，标题为：《**告俄国、波兰和全体斯拉夫族友人书**》。宣言一开始就作了如下的声明：

"我……保持着战无不胜的思想的勇敢精神，我的身心、意志、激情都**仍然忠实于朋友们**，忠实于伟大的共同事业和我自己。"

这是一个意味深长的开场白，它表明该文作者仍然忠于他自己，也就是忠于1848年和1849年在德国十分著名的巴枯宁，他在那里的功绩引起了关于他是俄国政府或其他某个政府的代理人的怀疑！

"久经考验的**老**（？）朋友以及与我们（？）同思想共意志的年轻朋友，现在我来到你们这里，**请求你们**：再次接受我加入你们的队伍，**允许我**在你们中间，和你们一道，把我的全部余年贡献给争取**俄国**的自由、争取波兰的自由、争取

全体斯拉夫人的自由和**独立**的斗争。"

巴枯宁之所以提出这种毕恭毕敬的请求，正如他所说的，是因为

"在异邦做一个活动家是**不愉快的**"。"我在革命的年代里对这一点深有所感：无论在法国还是在德国，我都**不能扎根**。因此，由于我还保持着当年对全世界进步运动的全部热烈同情，而且为了不白白地浪费我的余年，我现在应该把自己的**直接**活动局限在俄国、波兰和全体斯拉夫人的范围之内。在我的爱情和信仰中，这三个单独的世界是**不可分割的**"。

请看，里米尼联合会的大头领在1862年年满51岁时在感情和思想上是何等的**国际主义**啊！

公元1862年，伟大的**国家破坏者**、现在的**伟大的汝拉联邦主义者**曾用下面一席话宣扬对俄罗斯帝国的**统一**的崇拜和全斯拉夫的**爱国主义**：

"俄国的敌人开始兴高采烈地议论说：'俄罗斯帝国这个泥足巨人正在崩溃！'是的，它正在崩溃，但是，且慢高兴！这个帝国的崩溃不会像同时酝酿着的奥地利帝国和土耳其帝国的崩溃……为数4000万的巨大的大俄罗斯种族，这个有朝气、有智慧、有广泛才能、刚刚被触动的，因而是没有**被历史弄得衰竭**的部族将继续存在，可以说这个部族直到现在才做好了过自己的历史生活的**准备**。它的全部的过去还具有**伟大的准备**这一个意义。可能被伟大的未来命运的**本能**唤醒的大俄罗斯民族保存了自己，保存了自己的完整性，保存了自己原始的纯**斯拉夫的**（！）社会和经济结构，而没有受到任何外来的和内部的冲击和影响。自**莫斯科**王国建立以来，直到现在，他们可以说只是过着外部的**国家生活**（？！）。无论他们**在国内**的状况多么艰难，尽管他们陷于极度的破产和遭受

奴役，他们仍然珍重俄国的**统一**①、**力量和伟大**，并且甘愿为这些做出一些牺牲。这样就在大俄罗斯民族当中形成了**国家观念**和不讲**空话而务实际**的**爱国主义**（?!）。可见，在斯拉夫各部族之中只有这个民族（大俄罗斯民族）保全下来了，只有这个民族在欧洲站稳了脚跟（?），并且使一切人都感觉到它是一种**力量**。"

"别担心"，大俄罗斯民族"**不是弱小的**，它不会任人欺侮，它会保卫自己。甚至也别担心这个民族会丧失它的**合法**的（?）感召力，以及它用300年来为了自己**国家的完整**而以难以忍受的自我牺牲精神（!）建树的功绩在自己内部培植的政治力量"!!

这位泛斯拉夫主义的弹唱诗人高呼："我们将把我国的鞑靼人发送到亚洲去，把我国的德国人发送到德国去②，我们将是自由的纯粹的俄罗斯民族，到那时也就**不必担心**了，谁也没有**力量**，而且谁也不想把我们排除在欧洲之外了"!……

反权威主义的巴枯宁国际向这个绝对的俄罗斯民族发出了什么指示呢？它应该做什么呢？

发抖吧，暴君们！

---

① 这并不妨碍同一个巴枯宁在同一篇宣言中宣布，俄罗斯民族对于掠夺他们的官吏也去掠夺小俄罗斯人、立陶宛人和波兰人一事丝毫不感兴趣……"可是，**您的**全俄罗斯的国家**统一**的内容仅仅在于此"。于是，他就在自己歌颂国家光荣和统一的爱国主义抒情诗中，对着俄罗斯帝国，貌似革命地放了几枪。类似这样的极不聪明和极端狡猾的**自相矛盾之处**，在巴枯宁的一切政治著作中比比皆是。——原作者注

② 这篇宣言同巴枯宁用俄文写的所有的小册子和政论文章一样，充满了反对德国人的爱国主义抒情诗。如果听信巴枯宁的话，那么对波兰人的一切迫害等等就都可以用"**德国逻辑**"来解释。俄国政府似乎与这事毫无关系。——原作者注

我们的泛斯拉夫主义的马尔勃鲁克倡议进行斯拉夫人反对德国人的可怕的十字军征讨，这一征讨是 1849 年停顿的，据巴枯宁自己承认，**尼古拉一世**在临死前曾经完全同意进行这种征讨的主张：

"甚至有人说，尼古拉皇帝本人在临死前准备对奥地利宣战（？），他想号召奥地利和土耳其的一切斯拉夫人、马扎尔人、意大利人（！）发动总**起义**。

他自己制造了一场反对自己的东方风暴，而为了躲过这场风暴，他曾想从**一个独裁的皇帝变成一个革命的皇帝**（！！）。据说，致斯拉夫人的各篇呼吁书上已经由他签了字，而且其中还有一篇致波兰的呼吁书。不管他怎样仇视波兰，他还是**知道**（！）**没有波兰要发动斯拉夫人的起义是不可能的**，似乎是在迫不得已的情况下，他已经彻底战胜了自我，以致准备承认波兰的独立存在，但是由于他固有的专横的本性，只是在维斯拉河的西岸。但是，显然，这对他来说是多余的了，他死去了。**但是，自那时以来**，必须解放波兰的思想就没有消失过。现在，这种思想支配着所有人的头脑。"

我们看到，自俄国在波兰肆行恐怖活动的时期以来，这种思想是**怎样支配着**所有人的头脑的！

"问题仅仅在于怎样解放它。波兰人可能要求过高了。"

巴枯宁把尼古拉皇帝当做如此令人感动的榜样，他也鼓吹全体斯拉夫人的十字军征讨。同沙皇尼古拉一样，他**承认**波兰必须独立，不是因为波兰有权得到自由，而是因为

"只要**我们**还控制着波兰，我们就仍然是**德国人**的奴隶，是奥地利和普鲁士的迫不得已的同盟者，因为我们同它们一道以罪恶的方式瓜分了波兰……**德国人不会放弃**"（控制波兰），"但是我们必须放弃，我们必须停止充当**圣彼得堡的德国人**！我们必须这样做，首先是由于正义和因为我们应该最终摆脱自己反对

伟大的斯拉夫受难者的可耻的致命罪恶；是因为我们应该不再危害自己，危害自己的唯一出路，危害**自**己在波兰的未来"。

很难理解所有这一切是什么意思，但是作者本人所写的下面这些话可以为我们作出解释。

"只要我们还在压迫它"（波兰），"我们就无法进入**斯拉夫世界**"……"我们将成为**兄弟**，因为我们的兄弟情谊是全斯拉夫事业**必需**的……我认为，整个乌克兰，以及白俄罗斯、芬兰-拉脱维亚的而决**不是**德国的库尔兰和里夫兰，还有立陶宛本身，都将同波兰和俄国一道，同居住在奥地利和土耳其的所有其他斯拉夫部族一道，成为**全斯拉夫联盟的独立的成员**"（请看，巴枯宁的臭名远扬的自治是以什么样的形式体现出来的！）。"……我们只能做一件事——自愿地承认我们周围的所有斯拉夫和非斯拉夫部族的完全独立和自由。并且请你们相信，只要我们能做到这一点，我们的所有邻居都会同我们更亲密和更牢固地联合起来，其程度同他们现在与我们的联系是无法相比的。斯拉夫人将**需要**我们；波兰人本身将需要我们。**当全斯拉夫斗争的时刻来到的时候**，当需要在**西**（原文如此！）普鲁士、波兹南、西里西亚、布柯维纳、加里西亚、大捷克、**全**奥地利和**整个**土耳其捍卫斯拉夫土地的时候，他们自己会来邀请我们去帮助他们"！！！

最著名的官方**泛斯拉夫主义者**曾经幻想过更大规模和更全面地反对德国人、反对整个西方及"**其**德国政治科学"（巴枯宁的用语）的十字军征讨吗？

读了这些之后，对于巴枯宁关于"**全斯拉夫联邦政府**"的幻想就不会感到惊奇了。他的**斯拉夫宣言**就是以这种幻想作为结尾的。

三 《罗曼诺夫、普加乔夫还是彼斯捷尔?》
《人民事业》,1862 年

(巴枯宁反对革命青年的小册子和对亚历山大二世的赞扬)

"解放农奴"是对农民的欺骗和掠夺,它在俄国不可避免地引起了决心继续宣传真正的解放的激进派的形成。由于俄国缺乏出版自由,**《同时代人》**和《俄罗斯言论》这样的刊物不能直率地发表言论,于是就不得不求助于从 1861 年 6 月起的这个时期在俄国出现的**地下报刊**。宣布解放农奴以后,**自由派**中间表现出两种色彩,即自由主义的和激进的。这种分裂往后表现得越来越明显,并且很快就达到了形成两个不同阵营的地步,这两个阵营常常互相对立,甚至互相敌视。激进派中包括车尔尼雪夫斯基、拉甫罗夫、一大批政论家、人数众多的军官和全部青年学生。自由派由赫尔岑、某些泛斯拉夫主义者、相当一部分和平改良主义者和亚历山大二世的崇拜者为代表。

赫尔岑过去的威望和他的刊物的独立地位使得**自由派**有可能对激进派采取略嫌傲慢的态度,有时甚至直截了当地**蔑视**他们,尤其是对车尔尼雪夫斯基。①

---

① 说实话,《钟声》对车尔尼雪夫斯基的攻击是**荒谬的**,它使一些人感到痛心,使另一些人感到厌恶。赫尔岑竟敢于**暗示**说,车尔尼雪夫斯基最后可能会获得**勋章**,也就是说他将转向为俄国政府效劳。在大发雷霆的丘比特的这种无耻狂妄行为中最耐人寻味的是,赫尔岑这一次是同前宪兵格罗梅卡

遭受政府的迫害、失去了自己的机关报的激进派，在受到自由派攻击时，出于不得已，只能求助于地下刊物和有组织的革命鼓动。1861年3月，俄国的青年大学生们直接和坚决地表示拥护波兰解放。

1861年秋，俄国各大学掀起了一场革命运动，反对政府想用蒙昧主义的措施以及惩戒措施和**经济**措施剥夺三分之二大学生受高等教育的机会的阴谋。大学生们的抗议被宣布为**暴乱**，在彼得堡、莫斯科和喀山，有数百名青年被投入要塞和监狱的牢房，经过三个月的监禁以后被从大学里开除或被流放。由于担心青年会进一步加剧农民的不满，国家参议院决定严格禁止原来的大学生通过任何途径**在农村**担负任何职务！

受到迫害的不仅仅是大学生、教授们，例如巴甫洛夫，也遭到流放；大学生为代替大学课程而组织的公开讲座被封闭了；开始利用各种

（续前注）共同采取行动的，格罗梅卡后来是以告发俄国青年的评论家和（波兰起义后）**镇压**时期在波兰的一个省担任**总督**而著名的。

虽然车尔尼雪夫斯基在一篇非常克制的文章中呼吁赫尔岑**考虑一下**《钟声》在对俄国革命派**采取反对态度**时打算扮演的新角色会有什么后果，分裂还是明朗化了。在另一些场合，赫尔岑对车尔尼雪夫斯基的攻击则十分含糊不清。例如，赫尔岑把车尔尼雪夫斯基称做"**涅瓦河岸上的但以理**"，责备他**毒辣**（?!），郑重地声明，他准备当着马志尼、维·雨果、赖德律-洛兰、路易·勃朗等人的面，即当着整个国际**民主派**（按照赫尔岑的看法）的面，举起他那著名的酒杯祝贺伟大的解放者沙皇，——（他还在《钟声》上补充说）不管这些彼得堡**革命的**但以理们说些什么，因为"我知道，和他们的愿望和哀号相反，这种祝贺一定会在冬官得到良好的反应"。

《**青年的俄罗斯的宣言**》首先尖锐地批评了赫尔岑和整个伦敦的出版物[157]——**这就种下了祸根**！过了些时候，在1866年，赫尔岑有意冒充车尔尼雪夫斯基的**同志**，他竟有勇气宣布："**我们互相补充**"谢尔诺-索洛维也维奇写了一本小册子《**我们的家务事**》[158]来回答他。——原作者注。这是吴亭的笔迹。

借口来进行新的迫害。刚刚被批准成立的青年大学生**储金会**突然被查封；报纸被禁止。这一切激起了激进派的极端不满和愤怒。

正是在这个时候出现了这一派的地下宣言，题目是《**年轻的俄罗斯**》，还加上了引自《**罗伯特·欧文**》的题词。这个宣言对本国国内状况、各个党派和出版界的情况作了清楚而明确的阐述，最后作出了必须进行社会革命的结论，号召一切有思想的人在激进的旗帜周围团结起来。与此同时，宣言中还包含着**共产主义的信念**。

这个宣言还没来得及发表，由于各种情况的某种命定的巧合（如果不是像许多人不无根据地推测的，是警察本身努力的结果），在彼得堡便突然发生了许多起火灾。政府和反对报刊幸灾乐祸地抓住这个借口指控青年、大学生和一切激进派进行了这种犯罪活动。这种指控成了对一切被怀疑具有革命情绪的人，对一切被指控这一次**蓄意纵火**的人（在这之前和之后欧洲也常有这种事），采用最肆无忌惮的恐怖手段的信号……各个监狱又有了人满之患，在通往西伯利亚的大道上出现了一批又一批的流放者。激进派终于遭到了直接命中心脏的最可怕的打击，**车尔尼雪夫斯基**遭到逮捕并被关进了圣彼得堡要塞，在那里受到最酷虐的拷打，直到被判处苦役、押往西伯利亚时，才离开那里[159]……

在这可怕的时刻，需要具有充分的毅力和勇敢精神，以便把被破坏得七零八落的党集合起来，不允许"根除激进主义"（政府就是用这句话来说明自己的意图的），就在这经受严峻考验的时刻，**巴枯宁**出版了一本冠以前面提到的标题的小册子。

这本小册子是对俄国整个激进派的激烈的责骂。它对青年大学生进行**告密**，指出"《年轻的俄罗斯》宣言的作者"看来是**青年人**，同时，它却歌颂**农民沙皇**的光荣和全能，直接宣称他宁愿跟着沙皇走，而不愿跟着彼斯捷尔（十二月党人的领袖）或斯切尼卡·拉辛（17世纪的人民英雄)① 走。最后，他不敢**肯定**，俄国青年更愿意跟他一起在庶民的沙皇亚历山大二世的旗帜下前进，便以最卑鄙的方式诽谤这些青年。

所有这一切当然会遭到臭名远扬的里米尼人和汝拉人的否认，他们会提出可能有的各种抗议和做出各种威胁性的姿态，他们向这位（在全俄沙皇旗帜下）进行社会革命的不倦的和忠实的战士致以狂热的敬礼，而所有这一切中的每一个字都是巴枯宁在1862年的小册子中写下的。现在我们就来对这本小册子进行分析并引用其中的某些段落。

巴枯宁在小册子的开头部分宣布**那个时候**（即革命的时候）**临近**了，他写道：

"许多人还在猜测：俄国会不会发生革命？而没有发现革命现在已经在俄国出现。革命却逐步地开始了……它支配着一切东西、一切地方、一切聪明人的头脑；它**依靠政府的手**来进行甚至比依靠革命信徒的努力来进行**还要顺利**，它在没有使俄罗斯世界得到新生以前——在没有建立**和创造出一个新的斯拉夫世界**以前，不会**平静**，不会停息。"

"**王朝在准备自己的灭亡**"（它显然是在毁灭自己）。"它认为它想得救就要窒息而不是**激发**觉醒了的人民生活，这种生活如果被理解了的话，它会把沙皇王朝提高到前所未有的强大和光荣的高度……真遗憾。这样庄严而美好的（!）角色却很少落在沙皇王朝的身上；亚历山大二世可以很容易地成为**受人民膜拜**的偶像，成为俄国的第一个**农民沙皇**②，他的强大并不在于本国人民惧怕他和对本国人民使用卑鄙的暴力，而在于本国人民爱戴他，人民享有自由和过幸福的

---

① 1869年巴枯宁在其《人民裁判》上又反过来崇拜斯切尼卡·拉辛，并把他奉为比车尔尼雪夫斯基更高明的思想家。——原作者注

② 《钟声》和巴枯宁沆瀣一气，也把**农民沙皇**这个臭名远扬的杜撰的词变成了常用词，这个头衔是巴枯宁把亚历山大二世当做**农民**的解放者而奉送给他的。——原作者注

生活。① 依靠这种人民，他可能成为整个斯拉夫世界的救世主和**首脑**"……

为了完全变成这样的沙皇，还缺少什么东西呢？

"为此……只需要有一个在宽容精神和坚持真理方面开阔而坚强的**俄罗斯的心胸**。整个俄罗斯的、而且整个斯拉夫族的生气勃勃的**现实**都要求他来驾驭，决心做他的历史威名的注脚。"

在接下去的几行里可以轻易地发现，巴枯宁在鼓吹**消灭国家**时仅仅是对**德意志国家、对德国文明**所建立的国家作战，整个说来，他则是**俄罗斯帝国**的热烈拥护者。

例如，在我们分析的这本小册子的第9页上，他指责尼古拉皇帝采用了**彼得大帝的体制**——"**以德意志国家**的名义**否定**（？）和压迫人民的体制"。

在巴枯宁看来，亚历山大"应该**感觉到**"，这种国家不能继续存在：

"在**彼得的国家**的废墟上，只有农民的俄罗斯（**农业的俄罗斯**）、有生气的人民才能存在。"

这样表述可能更清楚一些：他想要**摧毁**彼得的国家，即**德意志的国家**，而代之以另一个**国家**，即他所说的"新的俄罗斯"，而为了完成这个事业，他选择亚历山大二世来担任它的领袖和组织者，担任那个在他面前"斯拉夫世界的大门必将敞开"的人民的沙皇。

这就是这个伟大的理想，这就是著名的**破坏**国家……**德意志的国**

---

① 我们在这里可以指出，任何一个稍微有头脑和正直的人都宁肯认为，沙皇的强大宁可说是建立在人民对他的**惧怕**上，而不是建立在人民对他的**热爱**上。——原作者注

家，以便给俄罗斯-斯拉夫**沙皇制度**腾地方。否认这个结论就意味着否认最无可争辩的确凿事实。

实际上，他接着就用两行文字证实了自己的**民主的沙皇制度**（第10页）：

"他**开头**……做得十分出色。他宣布给人民以自由，给经受了千年奴役的人民以自由和新生活。看来他［沙皇］是想要农民的俄罗斯，因为**在彼得的国家**中自由的人民是不可思议的。1861年2月19日，尽管关于解放农民的**命令**有一切……缺点和荒谬的矛盾，亚历山大二世终究是曾经统治过俄国的一位最伟大、最受爱戴、最强有力的沙皇"……

但是，巴枯宁接着就对沙皇发脾气了：他什么都不愿了解，因为"他是一个德国人"；**自由**是"违背亚历山大二世的一切本能的"，因为"**德国人**将永远不会理解和爱护农民的俄罗斯"，他"所考虑的，只是如何巩固……彼得国家的大厦。他想出了招致灭亡的、不可能实现的主意，他正在毁灭自己和他的**王朝**，并且准备使俄国陷于流血的革命"……

关于解放的命令的一切**矛盾**、一切枪杀农民的事件、大学生的学潮，总之，一切恐怖手段，在巴枯宁看来，完全是由于

"沙皇缺乏**俄罗斯精神**和热爱人民的胸襟（！），由于他如痴如狂地力图无论如何要保住**彼得的国家**"……

巴枯宁喊道："命运已经决定。"

"对于亚历山大二世来说，似乎已不再能够重新选择另外的道路。俄国主要的**革命者**不是我们，而是他，而现在流的血都要由他负责！"……

这庄严的词句也许可以在某种程度上解开一个谜，说明巴枯宁对亚历山大二世的慈父般的柔情：亚历山大二世是俄国的主要革命者，他在

从事革命，巴枯宁怎能不爱他。但是，这并不妨碍他以布鲁土斯①方式直接谴责自己的儿子；他责备亚历山大二世，说他是**德国人**。正如维克多·雨果深刻指出的，"**势不两立**"，**德国人**亚历山大二世要扼杀俄国人**亚历山大二世的革命**，德国人要保住**彼得的国家**，德国人不愿意成为农民的沙皇，那就让他对流血负责。

这就是最后的结论吗？绝对不是。这还仅仅是**开始**，真正的赞许还在后面哩。

巴枯宁继续写道：可是（亚历山大二世）

"他，而且只有他一个人，本来可以**不流一滴血**就在俄国进行一次最伟大、最有益的革命。**就是现在他还是可以这样做**，如果我们现在对和平的办法感到绝望的话，那并不是因为**为时已晚**，而是因为我们终于对亚历山大二世认识他能够挽救（？）自己和俄国的**唯一道路**的能力感到绝望了。从千年沉睡（？）中觉醒起来了的人民的运动是无法阻挡的。但是，如果沙皇坚决而大胆地把这个运动领导起来，那他为俄罗斯造福和增光的威力就会不可限量"！

巴枯宁再次求助于沙皇，并向他宣传说，必须把土地交给人民（伟大的革命发现！），必须给人民以自由和**地方自治**；他号召沙皇取消等级，从而使俄罗斯只有一个不可分割的人民。

过了六年，在1868年，由于没能使沙皇消灭阶级，或更确切地说，**做到各阶级平等**，巴枯宁又把同一个**联邦制**的社会纲领向和平和自由同盟提出，他再一次遭到失败，最后他决定亲自动手实现自己的纲领，他自行负责建立了自己的以**各阶级平等**为目的的著名的**同盟**！

他的地方自治和联邦制也同沙皇十分调和，而**他的自治**，正如他赶

---

① 鲁齐乌斯·尤尼乌斯·布鲁土斯——据传说是罗马共和国的创始人；曾下令处死自己的儿子，因为他们参加了反对共和国的阴谋。——译者注

忙声明的一样，绝不会危及**俄罗斯帝国的伟大统一**：

"也不要害怕由于实行**区域**的自治各个省份之间的联系就会断绝，俄罗斯大地上的**统一**就会遭到破坏。要知道各省的**自治**将只是行政方面、内部——（？）立法方面、司法方面的自治，而**不是政治方面**的自治。没有一个国家，也许除法国以外，能够像俄国这样，在人民当中有这种意义的制度的**统一、国家的完整和人民的尊严**"……

这时俄国所有有头脑的人都在思考召开国民议会（国民代表会议）的问题。巴枯宁也不能回避这个问题。不过，当时一些人宣传这种会议对解决财政困难的必要性，另一些人希望这种会议能结束君主政体，而巴枯宁则希望这种会议能进一步巩固**沙皇的权力和威严**，他希望这种会议也能显示**俄国的统一**。

"迄今只体现于沙皇一身的俄国大地的**统一**，现在再要求另一个代表机关——全民性国民代表会议……

……问题不在于会不会发生**革命**，而在于**革命的办法究竟是和平的还是流血的。如果沙皇**把人民的运动领导起来，同国民议会一起广泛而坚决地根据自由的精神来着手从根本上改造俄国的话，革命的办法就将是和平的、美满的（？）……但是，如果……沙皇想要倒退或者只是采取不彻底的措施……——那么革命的办法就将是可怕的。那时，**由于爆发全民起义**，革命就将具有**无情杀戮**（？）的性质。"（！？）

亚历山大"能够拯救俄国免于彻底破产，免于流血"。
总而言之，巴枯宁把人民起义估价为无情杀戮，——
他深信，只有沙皇能够充当革命的领袖和救星，
没有沙皇，革命就将导致俄国的彻底破产。
总而言之，沙皇万岁！

当时，俄国许多革命者深信，召开国民议会就是意味着**推翻**皇帝的王朝，正是出于自己的信念，他们提出了与其自愿召开不如**强制**召开的问题，——而巴枯宁却立即使革命者的期望落空，他向他们宣布，国民议会将反对他们而拥护沙皇。

他大声说道："……如果国民议会要和沙皇作对呢？"这是不可能的！

"要知道，是**人民**将派自己的代表出席国民议会，而人民直到现在都无限信仰沙皇，期望从沙皇那里得到一切。哪里会有作对的事呢？"

哪里会有？——这位沙皇的拥护者奴颜婢膝地忘记了解放农奴的命令、税收压榨、农民破产、**财产被判决出卖**、讨伐队、对青年学生和激进报刊的残酷镇压。这就是可能产生仇恨的**原因**。但是，这位沙皇主义的革命家不是这样看的：

"毫无疑问，如果沙皇现在"（1862年2月）"召开国民议会，他就会**第一次**看到那些真正忠实于他的人（！）都团结在他的周围。如果让**混乱状态再**继续**几年**（！！），民心就可能（？）改变。我们这个时代是瞬息万变的。但是，现在人民拥护沙皇，反对贵族①，反对官僚，反对穿着**德国**衣服的一切人。"②

---

① 这种把沙皇同贵族**分开**的说法是官方历史学家的主张，他们把**沙皇政权**置于站在人民一边反对贵族的地位，这种主张也是1863—1865年波兰的**平定者们**的主要论据；这些伪善者百般宣誓忠于**波兰**人民，断言他们仅仅反对仇恨人民和沙皇的**波兰贵族**。这些官方的**民主主义者**同**南美**合众国的民主主义者相比，真是毫不逊色！——原作者注

② 大家都知道，**斯拉夫主义者**或泛斯拉夫主义者为了拯救**斯拉夫文化**曾经穿上农民的衣服。一位斯拉夫主义者领袖的可悲故事是人所共知的：一个真正的农民看见他穿着农民的服装竟叫喊说："你们看这个**外国人**，他的穿着多奇怪"！！——原作者注

"对于人民来说，在这个**官方俄国**阵营中的一切人都是敌人，一切人都是，只有沙皇除外。"

想在假革命者巴枯宁的宣传中，在他充满惊人的矛盾的大杂烩中捕捉到**某种思想和倾向**的人，应当记住这两段话。这两段话确实暴露了巴枯宁的全部革命哲学，因为在他往后的所有著作中都可以找到这种哲学的证明。他对整个世界都施以打击，并威胁要**摧毁**整个世界：贵族、国家官吏、学理主义者、青年学生、俄国和波兰的革命党、学者、德国文明统统包括在内，只有**沙皇除外**。巴枯宁反对整个官方世界，反对**官方的俄罗斯**，他拥护人民，但他首先是**拥护沙皇**，他出于对祖国的爱而把沙皇同官方世界区别开来。由此可见，沙皇将合乎逻辑地成为**人民俄罗斯**的首脑！

巴枯宁继续写道："谁敢叫人民反对沙皇呢？即使有人敢，难道人民会相信他吗？不是沙皇不顾贵族的意志，不管官僚们的共同愿望，解放了农民吗？"（？）……

"俄国人民通过自己的代表第一次将要直接会见**自己的**沙皇。这是具有决定性意义的时刻，至关重要的时刻！他们彼此将怎样感到满意呢？"

（他忘记他已经告诉过我们，他们是相互爱慕的。）

"**这次会见**将关系着沙皇和俄国的整个未来。"

"人民使者们对沙皇的信任和忠诚是无限的，——如果沙皇依靠他们，对他们表示同样的信任和热爱，他就能够把自己的宝座竖立得比过去任何时候都更高，更稳固。但是，如果人民使者们见到的不是**救命恩人沙皇、庶民的沙皇**，而是**穿着普鲁士制服的彼得堡皇帝**、心胸狭窄的**德国人**，那会怎么样呢？"①

---

① 吴亭在页边标明"注意"。

如果沙皇不是给人民以他们期望已久的自由，而是什么也不给或者几乎什么也不给，那会怎么样呢？……

"如果那样，沙皇制度就要倒霉！**至少彼得堡德国人的**，即霍尔施坦-哥托尔普的**帝位将要完蛋**。"

可见，这一点在这里可以清楚地看出，巴枯宁把俄国的沙皇制度同彼得堡德国人的帝位区别开来。他的貌似革命的威胁意味着只推翻帝位，但是不推翻沙皇制度。他不抛弃沙皇制度，他安慰沙皇制度，向它描绘充满诱惑力的图景。他对他说：

"如果在决定整个俄国是生是死、是和平还是流血的那个危急（?）关头，在全民议会面前出现一个庶民的沙皇、善良的沙皇、正义的（?!）沙皇，他热爱俄国甚于自己……决心按照人民的意志来安排人民的生活，那么他有了这样的人民还有什么事做不到呢！谁敢起来反对他？和平、信仰，都将**奇迹般地**得到恢复，**款项**也有办法筹措，一切事情安排起来都会简单、自然，谁都**不感到吃亏**，谁都不感到拘束……**这样的沙皇所领导的国民议会将会建立一个新的俄罗斯**"……任何**恶毒的图谋**和任何**敌对的力量都无力反对沙皇和人民联合起来的威力**"……①

一方面是"**消灭德国人的国家**"，另一方面是"沙皇和人民**联合起来的威力**"。

这种威力应该用于针对**西方**的泛斯拉夫主义十字军征讨，巴枯宁也像俄国农民一样，只用**德国鬼子**一词代表西方（这是他真正称得上**民主主义者**的唯一的一点）——这就是同盟最高首领的极端革命的教义！

我们知道，他的那些为不诚实和无知（在这种情况下，无知就等于

---

① 吴亭在页边标明"注意"。

不诚实，因为这些赛义德们①有义务透彻理解那个命令他们故意在工人阵营中制造动荡和分裂的人的学说）所驱使的信徒们会说，所有这一切都不对，巴枯宁本人认为，这种**同盟**没有希望实现！对的，他认为：

"有没有希望组成这样的同盟呢？我们直截了当地说，没有。"

这句话是否有某种意义呢？难道这不是更有力地证明了巴枯宁对沙皇的忠诚吗？他宣称对组成这个同盟（幸好这是对俄国而言）不抱希望，但是他却鼓吹建立这个同盟。你们在下面将会看到，他坚持不断地要组成这个同盟，为了组成这个同盟，他卑鄙地诽谤革命青年，断言他们对沙皇抱奴隶般的顺从态度，而且他这样做的时候，恰恰是革命青年遭受中伤和迫害而没有任何可能公开驳斥诽谤者的时候。

现在让我们来继续摘录诽谤者的言论并看看他的行动。

我们已经看到，巴枯宁不指望实现自己的**沙皇和人民的同盟**，因为，据他说，沙皇不愿意放弃自己的**德国人的**尊严等等。接着他就吓唬沙皇说，如果他不赶快行动，革命青年可能将完成自己的任务，找到通向人民的道路。

"为什么青年不拥护您，而全体青年都反对您呢？要知道这对您说来是一个很大的不幸"……

各种学理主义者仇视革命青年是理所当然的，因为他们懂得革命青年不理睬他们是有道理的，革命青年避开他们是因为他们**散发出**学究气、谎言和死亡的臭气；而革命青年首先是需要

---

① 赛义德是阿拉伯语，是伊斯兰教徒对穆罕默德后裔的称呼。——译者注

"自由和真理。但是，为什么他们**离开**了沙皇①，为什么他们宣布反对第一个宣布给人民自由的那个人呢？……"

"是不是他们迷恋于**抽象的革命理想**和'**共和国**'这个**响亮的字眼**呢？

部分地说也许是这样。但是这是非常表面的、次要的原因。我们的**大多数先进**青年看来非常清楚，**西方的抽象概念**，无论是保守派的，自由资产的或者甚至是**民主派的**，——都**不适用于我们俄国的运动**；这个运动无疑是民主的和最具有社会性的，同时也是在与西方进行这类运动根本不同的条件下开展起来的。最主要的一个条件是，它主要不是俄国受过教育的和享有特权的那部分人的运动"……②

"俄国人民不是根据**抽象**原则来进行活动的，他们既不读外国的书，也不读俄国的书③，**西方的理想**对他们说来是格格不入的，保守派的、自由派的、甚至**革命派的**④**教条**主义想使他们服从自己的方针的一切企图都将是徒劳无功的……**他们有他们自己的理想**……我们相信他们的未来，我们寄希望于他们摆脱在**西方**也根深蒂固的、已化为法律的宗教的、政治的、法律的、社会的偏见——他们将为历史**提出新的原则**，**建立另一种文明**，就是说要建立新的**信仰**、新的**权利**、新的**生活**。"——

"在**这个伟大、严肃甚至严峻的人民面前，是不能轻率行事**的。青年们将抛弃**自荐的小学教师**这个可笑的、**令人讨厌的角色**……说到底，我们能教给人民

---

① 他们什么时候跟沙皇在一起过？——原作者注
② 因此，西方只具有文明的和享有特权的阶级的运动！这是 1862 年写的——由此可见。巴枯宁在 1862 年对欧洲革命具有多么准确的概念，他是如何理解 1848 年的革命运动的，在他看来，**人民**与此毫不相干。——原作者注。吴亭在页边标明："注意"。
③ 这句话说明，为什么巴枯宁在自己**最近的一次行动**中同涅恰耶夫一起对那些想学习一些东西的青年大发雷霆，——他宣布他们是犯罪。显然，巴枯宁认为，人民**因为**既不读外国的书，也不读俄国的书，从而如此明智和如此热爱**自己的**沙皇，那么青年也不应该读任何书，以便**同人民一样**，同时也不应该具有民主思想和革命思想！——原作者注。这个注是吴亭的笔迹。
④ 他用驴蹄踢了车尔尼雪夫斯基一下。——原作者注。注是吴亭的笔迹。

一些什么呢？""要知道，如果把自然科学和数学撇在一边，我们的全部聪明睿智的最高成就就是对**西方学说中的那些所谓确定不移的真理的否定、对西方的彻底否定**。而**我们的人民从来没有对西方醉心过，所以对它来说也根本谈不上否定西方**。"①

接着，巴枯宁对《**年轻的俄罗斯**》的作者们**大发雷霆**，指责他们死搬教条、想充当人民的导师。他痛斥作者们的"**极端幼稚**"。他指责他们犯了"**两个极大的错误**"：对人民采取教条主义的**轻视态度**（就是这些人曾经宣布要坚决加入人民的行列！）和对伟大的解放事业采取**轻率态度**！他指责他们对事业造成了**危害**，最后，他还讥笑他们，把他们称做什么也不懂、只会从他们读过的几本**西方书籍中汲取思想**（这真是罪大恶极！）的毛孩子，并且**向他们宣布，人民不会跟着这个革命派走**！

我们再说一遍，当时这一派的拥护者没有可能对他作出某种答复，因为俄国政府这时也对他们提出了同巴枯宁提出的一样的指责，还以他们在某些城市**纵火**为罪名把他们投入监狱，或送往流放地。这并没妨碍巴枯宁**想起为沙皇效劳的另一部分青年**。

"我国青年**绝大多数**（？！）属于人民派，属于把**人民事业的胜利**作为自己的唯一目的的那一派。这一派**没有成见，既不拥护沙皇，也不反对沙皇**（！！！），②如果沙皇本人开始了伟大的事业，以后又不背叛人民，这一派就永远不会离开沙皇。**现在还不晚**。现在**只要他自己去领导人民**（！！），这批青年就会很高兴地（！）跟着他走，**任何西方革命的成见都阻挡不了这批青年**（！）。"③

"而**德国人该回德国去了**。如果沙皇认识到他今后不应该成为**暴力的集中制**

---

① 吴亭在页边标明"注意"。
② 吴亭在页边标明："注意！"
③ 吴亭在页边标明："注意！"

的首脑，而应该成为各自由民族的**自由联邦**①的首脑，那么，依靠坚实的、复兴的力量，与波兰和乌克兰结成同盟，割断一切可恨的**德国人**的同盟，大胆地举起**斯拉夫族的旗帜，他就会成为斯拉夫世界的救主！**"②

请看，这里谈的是什么样的集中制和什么样的联邦主义！！

在这里，我们这位泛斯拉夫主义者，也像所有的泛斯拉夫主义者一样，被**自己的俄国的威严**弄得神魂颠倒了：

"俄国的威严对俄国人民如此可贵"（珍贵）（的确，俄国人民为俄国的威严付出了**昂贵的代价**），"俄国人民**永远**③不会放弃它"。

什么东西妨碍这种威严的实现呢？在这个问题上，巴枯宁像一个真正的俄国"**地主**"一样，竭尽全力痛骂国家教条主义者。在对除沙皇之外的国家要人进行这种攻击时，巴枯宁完全变成了一个**革命者**：他对他们发出进行流血革命和发生**悲剧**的威胁，正如他自己说的，他打赌说他们没有办法制止这场不可避免的革命。但是……在表示这种反对国家要人的革命态度的同时，他身上还有一种十分耐人寻味的东西：他指责国家要人力图利用沙皇同人民的团结进行投机，可是忘了他的整个革命哲学完全是以人民同自己的**地主沙皇**的这种神圣同盟为基础的。作为一个真正的地主，他虔诚地尊重农民的迷信，看来，农民确实相信造成他们的贫困状况的全部责任应由国家要人和官吏承担，而不应由沙皇承担，可怜的沙皇、农民的父亲自己也是不幸的，因为他无法摆脱那些阻止他造福人民的官吏的监护！！

---

① 吴亭在页边标明："巴枯宁的联邦主义"。
② 吴亭在页边标明："泛斯拉夫主义"。
③ 吴亭在页边标明："巴枯宁的**永远**"。

由于仇恨国家要人，巴枯宁甚至曾一度克制住自己的泛斯拉夫主义狂热，而承认这些国家要人决不会赐给斯拉夫各族人民以真正的自由，他正是因为这样才对他们作战的。

"实在说，讨伐德国人是一件**斯拉夫族的很好的**，而主要是**必要的事业**，无论如何总比为了讨好**德国人**（?!）而扼杀波兰人要好。**积极行动起来**，把斯拉夫人从**土耳其**和**德国**的枷锁下解放出来，这将是一件需要的、必要的事情，是解放了的俄国人民的**神圣职责**。而你们"（国家要人）"这些俄国和波兰自由的敌人将给斯拉夫人什么样的自由呢！"等等。

不过，这种保留条件使他离开泛斯拉夫事业的时间并不长。巴枯宁痛心地责备国家要人毁坏了俄国和**它的沙皇**，他向俄国的所有**保守**分子呼吁，要求他们在沙皇一旦不愿召开国民议会和患了**近视**的毛病（如此而已！）的情况下成立一个拯救俄国的**团体**。

同时，他还在**同一本**小册子里号召**革命派**团结在**人民事业**的旗帜下。

除其他条文外，他的人民事业纲领中还包含这样几点：

"**我们**"（巴枯宁和他自己的那个革命派）"希望**人民的**——即公社的、乡的、县的、区域的以及**国家的自治**，有沙皇还是没有沙皇，反正一样，看人民希望怎么样。"①（第2条）……"我们""准备并且必须帮助''波兰、立陶宛、乌克兰等"反对任何暴力和反对一切外来的敌人，**特别是反对德国人**，如果它们自己向我们求援的话。"（第4条）……"我们同波兰（?）、立陶宛、乌克兰一起，希望向目前在普鲁士王国、奥地利帝国和土耳其帝国的压迫下受折磨的我们的斯拉夫兄弟伸出援助的手，只要还有一个斯拉夫人仍然处在德国人、土耳其

---

① 吴亭在页边标明："注意！"。

人或者其他什么人的奴役之下",**我们就必须"不让利剑入鞘**①"(第5页)。②

第6条规定与意大利、匈牙利、罗马尼亚以及(?)希腊结成同盟。第7条宣布,

"我们将同一切斯拉夫部族一起,力求实现**斯拉夫人梦寐以求的理想:建立伟大的、自由的全斯拉夫族的联邦**——……**以便有一个统一的、不可分割的全斯拉夫族的力量。**"③ ……"这就是斯拉夫族事业的伟大的〔广泛的〕纲领,这就是人民俄罗斯事业的最高成就。就是为这个事业,我们献出了自己的全部生命。"(第43页)——

到此结束了吗?没有。请耐心一点,应当让这个人把自己彻底揭穿,他还有更坦率的招供。

巴枯宁又向自己提了一个问题:

"现在我们将同**谁在一起**走,走到**哪里去**,跟着**谁走**呢?走到哪里去?这我们已经谈过了。——**同谁在一起走**呢?——这我们也谈过了:显然,**不是同别人而是同人民在一起走**。但是,**跟着谁走**呢?**跟着罗曼诺夫走,跟着普加乔夫走,还是跟着彼斯捷尔走,如果发现了新的彼斯捷尔的话!**"

"**说实话**,如果罗曼诺夫能够并且想从**彼得堡的皇帝**变成**农民的沙皇**,**我们最乐意跟着罗曼诺夫走。我们乐意站到他的旗帜下面**",因为俄国人民本身还承

---

① 吴亭在页边标明:"注意!"。
② 这不是汉尼拔的誓言,而是亚历山大一世皇帝的誓言:自1812年战争时期起就保留了一种奖章,上面铸有身穿总司令制服、手握利剑的亚历山大一世像和下述铭文:"只要还有一个法国人呆在我的国土上,我就不让利剑入鞘。"——诚然,巴枯宁大大地扩充了这项誓言的含义,并且只要还有一个德国人呆在各斯拉夫民族的国土上,就不让**利剑**入鞘。——有多大功就受多少赏!——原作者注。这是吴亭的笔迹。
③ 吴亭在页边标明:"注意"。

认他，因为他的力量已经建立，**可以立即用于事业**，只要他对它进行**人民的洗礼**，它就能够成为一种不可战胜的力量。我们乐意跟着他走，还因为只有他**一个人**（原书上就有着重号）"**能够**进行并完成一场伟大的和平革命，不流一滴俄罗斯人或斯拉夫人的血。由于人们的愚蠢，流血革命有时是必要的，但是，它仍然是一种祸害、大祸害和很大的不幸，不仅对于革命的牺牲者说来是这样，而且对于**干净**而**彻底**地达到革命所追求的目的说来也是这样。在法国革命中，我们看到了这种例子。"①

这就是这位伟大人物从自己在 1848 年的伟大的和著名的经历中所能得出的结论，而据吉约姆自己承认，他对巴枯宁的热爱就是以这一经历为基础的；巴枯宁从法国革命的**例子**中看到，只有**沙皇**一个人有能力完成伟大的和真正的革命！！

"可见，我们对罗曼诺夫的态度是**明确的**②。**我们不是他的敌人**，但是也不是他的朋友，我们是人民**俄罗斯的**、**斯拉夫**的事业的朋友。**如果沙皇领导这个事业，我们就拥护他**。但是，当他要反对这个事业的时候，我们就将是他的敌人。"（暴君们，发抖吧！）"因此，**全部**问题就在于③：他是想做俄国的沙皇、农民的沙皇罗曼诺夫呢，还是想做霍尔施坦－哥托尔普的彼得堡皇帝？他是想为俄国、为斯拉夫人服务呢，还是想为德国人服务？这个问题很快就会解决，那时我们将知道我们该做些什么……"

够了！巴枯宁的副官和学生阿尔伯·里沙尔和加·勃朗为波拿巴的事业所做的辩护当然没有巴枯宁为农民的沙皇罗曼诺夫、现在的**德国人**的（这是用巴枯宁的话来说）全俄罗斯皇帝的事业所做的辩护那么雄辩。

---

① 吴亭在页边标明："注意"。
② 后面删掉了几个字：（《请听！请听!》）。
③ 后面删掉了一句话："他愿意为俄罗斯、斯拉夫人还是德国人服务？"

8年以后，在1871年1月，在《告俄国军官》这封信里，巴枯宁厚着脸皮回忆起了这个小册子，他无耻得惊人地以**父辈**的身份辩护说：

"现在我就不会写它了，——……从那以后我学到了许多东西。"①：

对于一个哪怕还有一点常识的人来说，这句乏味的话是没有任何意义的，尤其是这句话是像现在这样包含在一本给俄国军官看的小册子里的，因为这本新出的小册子是一份卑鄙的诽谤书，它充满了对1860—1863年的革命派的谎言和诽谤，以及对波兰起义和整个波兰人的最无耻的攻击。这本小册子流露出对波兰的疯狂的仇恨。它的作者肆无忌惮地公开地和不顾任何羞耻地鼓吹同波兰人结成耶稣会式的暂时的联盟，作为以后对他们进行残酷的战争的前奏。要想使人们了解这本小册子，就必须把它完全翻译出来，而我们是永远不会放过这个倒霉家伙的。

对聪明人无须多话！

尼·

第一次发表

原文是法文
俄文是按手稿译的

---

① 我弄错了，这不是巴枯宁在《告俄国军官》呼吁书中说的，而是他在小册子《革命问题的科学和**本质**》（1870年1月[160]）中说的，他说："现在我就不会写它了。从那以后我了解了许多东西，从那以后我学到了许多东西。"——原作者注。这个注是吴亭的笔迹。

同盟事件委员会[161]的报告①

由于没有足够的时间向你们提供完整的报告，调查委员会只能向你们提出②它自己的评价，这一评价是以提交给它的文件和它所取得的证词为依据作出的。

在听取了提出控告③方面的恩格斯、卡尔·马克思、符卢勃列夫斯基、杜邦、赛拉叶和斯瓦尔姆等公民的证词之后，和听取了被控参加秘密团体同盟的吉约姆、施维茨格贝尔、茹柯夫斯基、莫拉戈、马尔塞劳、法尔加-佩利塞尔等公民的证词之后，委员会宣布：

（1）曾经存在过根据完全违背国际工人协会章程的章程而建立的秘密同盟，但是，委员会不能充分证明，这个同盟还继续存在。

（2）由巴枯宁署名的章程草案和信件证明，这位公民企图在欧洲建立名为同盟的④团体，并可能获得了成功，这个团体具有一个在社会和政治观点上完全违背国际工人协会章程的章程。

（3）公民巴枯宁为达到把属于他人的财产完全或部分地据为己有的目的采取了不正当的手法，这是诈骗行为。

此外，为了不履行自己承担的义务，他或他的代理人采用了恐吓

---

① 委员会的报告是吕坎手写的，共有3页。
② 此处删掉了几个字："简要报告"。
③ 《自由报》刊登报告时以"协会"代替"提出控告"。
④ 《自由报》上在这后面有"秘密"二字。

手段[162]。

根据这些理由，委员会的委员公民们向代表大会建议：

（1）把公民巴枯宁开除出国际工人协会。

（2）把被控仍然留在名为同盟的团体①内的公民吉约姆和施维茨格贝尔也予以开除。

（3）由于在调查过程中已向我们证明，②公民马隆、布斯凯——后者是贝济埃（法国）警官的秘书，——和居住在波尔多的路易·马尔尚被控进行了以瓦解国际工人协会为目的的活动，因此，委员会要求也把他们驱逐出协会。

（4）至于公民莫拉戈、法尔加-佩利塞尔、马尔塞劳、阿莱里尼和茹柯夫斯基，委员会注意到他们关于他们不再属于同盟的上述③团体的正式声明，建议代表大会认为他们与案件无关。

为了限定自己的责任，委员会的委员们请求在协会的正式机关报刊上公布送交给他们的文件以及提供的证词。

   主 席 **泰·弗·库诺**（斯图加特和杜塞尔多夫代表）

   书 记 **吕坎**（法国代表）

   委员会委员 **保尔·维沙尔**（法国代表）④

我反对同盟事件调查委员会的报告，并保留向代表大会陈述自己的理由的权利。在我看来，在辩论过程中只查明了一点，即公民巴枯宁企图在国际内部组织秘密团体。

---

① 《自由报》上为："巴枯宁建立的秘密团体"。
② 《自由报》此处有："开除"。
③ 《自由报》此处有："秘密"。
④ 斯普林加尔的声明写在委员会其他委员签名的下面。

至于调查委员会大多数建议予以开除，我宣布，我不能以上述委员会的成员的身份表示态度，因为我没有得到这方面的授权；我宣布，我打算向代表大会表明我反对委员会。

罗什·斯普林加尔
1872年9月7日于海牙；委员会内①

委员会的委员们向代表大会报告：公民瓦尔特认为有必要在今天早晨向委员会主席递交一封信。

在这封信里，他为他由于**不取决于他的情况**而不能继续参加委员会的工作表示歉意。

主席　泰·弗·库诺

书记　吕坎

委员　罗什·斯普林加尔　保尔·维沙尔

1872年9月7日提交代表大会	原文是法文
委员会报告载于《自由报》1872年9月15日第37号，1872年10月20日第42号和《汝拉联合会简报》1872年9月15日—10月1日第17—18号	俄文是按原件译的

---

① 下面的内容是由吕坎写在第4页上的。

库诺给维沙尔的委托书

  由于我将去美国，兹委托公民维沙尔公布关于同盟事件的报告和文件，并在报告和文件上签署我的名字。

同盟事件调查委员会主席

泰·弗·库诺

1872年9月10日于海牙

第一次发表   原文是法文

                          俄文是按原件译的

奥·赛拉叶[163]关于布斯凯、马尔尚等人的书信的摘录①

阿贝尔·布斯凯

第一封信。

"你们可以指望公民阿贝尔·布斯凯对社会事业的完全忠诚。他是巴提诺尔-列特尔奈支部的成员,公民**马隆**、**勒弗朗塞**、库尔奈、**腊祖阿**等非常了解他。他是贝济埃社会主义委员会的主席。"

阿·卡拉斯

第二封信——1871年11月13日——两天后收到。

"……确信我们共同的朋友公民阿·卡拉斯的信任被滥用了,因为他依靠了贝济埃竞选委员会主席布斯凯先生,这个人是根本不配受到信任的,因为上述布斯凯是贝济埃首席警官的秘书……

公民阿·卡被卑鄙地欺骗了,必须赶快采取措施;

重要的是,参加国际工人协会的应该是工人,而不是警察。

公民卡拉斯已承认他犯了错误,经他同意,我们请求公民赛拉叶认为公民卡拉斯不久前寄给他的最后一封信是无效的,此外,请他在可能的情况下争取把布斯凯先生开除出国际。

---

① 这个文件上面有马克思加的标记和着重号。

受贝济埃社会主义民主派的委托

朱·卡纽提斯　昂利·弗朗西斯　阿·阿扎姆

乌尔班·帕热斯　普律纳尔　吉勒斯

受贝泽纳斯社会主义民主派的委托

阿·卡拉斯"

请看1871年12月19日《解放报》，那上面对这个人进行了公开揭露。在这家报纸的另一号上，马隆署名写了一份答复文件，其中说他不认识这位先生。

请看一封来自图卢兹的信，这封信揭露阿·布斯凯是侦缉警察的队长，这封信已转到海牙去了，还有另一封来自纳博讷的信，这封信是J.马丁署名的，它证实了这一揭露。

路易·马尔尚

波尔多通讯书记为答复揭露汝拉人的手法的信
于1871年11月24日写的信的摘录

"波尔多只是十分间接地参加了你们指出的各种运动。我们中的一些人（现在我省略了他们的名字）同一名来自巴黎的代表接近，据我们推测，这名代表现在是参加同盟的。——在波尔多遭到彻底失败和返回瑞士之后，这名代表从我们当中的一个人手中得到了我们的记录的副本。这些记录是怎样交给他的？我们正在设法查清这件事。用这些记录干了些什么呢？用于散布你们所说的那些谣言。你们知道，我们在思想上始终同总委员会完全一致。"

沙尔·多萨克署名的另一封波尔多来信的摘录，日期——1871年11月22日

"……与此同时，一个名叫路易·马尔尚的警察来到波尔多，人们说，他来是为了挑起发动，然后使它遭到失败。（这个马尔尚稳重的外表和忠诚甚至使我喜欢他，但是，公民，我给你们写信是为了谈我所听到的事，而不是为了说明我喜欢什么。）"

又及。11月24日（同一封信）

"今天，11月24日，我已了解到路易·马尔尚来波尔多的详细情况，证实了我关于此事所听到的最初的说法。根据这些材料，如果材料是正确的，那就十分清楚，这个人在警察中供职。

这就是那个担任日内瓦流亡者团体的书记的路易·马尔尚。"

布鲁斯

"5月17日，一个住在蒙彼利埃的名叫布鲁斯的人逗留在巴黎自己的一个亲属家里，借口是进行友好拜访，而实际上是为了进行有利于分裂分子的宣传……中午1时左右他同我们的某些会员见面进行谈判……不幸的是，人们对我警告得太晚了，因而我没能揭穿这个在我们中间传播分裂的**无赖**。我在蒙彼利埃有两个朋友，他们在七八天前警告我说，这位先生曾企图同他们建立联系。此外，他们还告诉我，这个**骗子手**，一句话，这个乳臭小儿不过是蒙彼利埃《人权报》前主编茹·盖·①的**替罪羊**，这个茹·盖也是你们知道的那些人的**引路人**。这个布鲁斯在蒙彼利埃的名声不好……请看，我们的对手利用的是些什么样的代理人！"

信上的署名是全权代表　J. 梅尔拉克

---

① 茹尔·盖得。

1872年6月7日于蒙彼利埃

"一个名叫布鲁斯的我们市的医学院大学生曾经往日内瓦给公民盖得写过几次信,而后者介绍他往伦敦给公民赛拉叶写信。

诚然,这位大学生布鲁斯先生是一位真诚的共和主义者,他已经屡次证明了这一点,但是,他不是一个实干的人。当在里昂格罗列街上进行逮捕的时候,这位先生身为激进派委员会主席竟由于害怕而逃跑了。我可以向你们举出能证实这件事的人来……因为他是被他怯懦地抛弃的激进派委员会的主席,所以他有某种影响。——请看,盖得的走卒是什么样的人。"

1872年8月18日于蒙彼利埃

"我告诉你们,布鲁斯先生在蒙彼利埃支部里引起了分裂,正如你们所知道的,这个人同日内瓦的盖得等人有书信来往。他拜访过其中的某些人,号召他们不要缴纳补充会费并在海牙代表大会结束后保持现状……

蒙彼利埃支部的区委员会决定:

(1)布鲁斯先生在蒙彼利埃支部中挑动分裂,他的行为是背信弃义的。

(2)上述布鲁斯曾阻止大约15名会员缴纳会费,以便阻止图卢兹派代表出席海牙代表大会。

(3)我们一致决定请出席会议的蒙彼利埃支部的代表公民阿·卡拉斯要求把大学生保尔·布鲁斯先生开除出国际工人协会,因为他行为不老实和引起蒙彼利埃支部的分裂。

  代 表 阿·卡拉斯

  区委员会委员 库唐 勒·拉佩索尼埃 日罗尼

又及。最近布鲁斯等已缴纳会费。"

布斯凯、贡德雷斯、巴卡夫

1872年7月14日于图卢兹

"……顺便说一下,我终于掌握了我们的**政治对手**的诡计的基本线索并且发现他们在埃罗省和其他地方**最积极的**走狗是贝济埃的**布斯凯**和纳博讷的**贡德雷斯**。至于前者,我推测,你们是非常熟悉的;而对后者,你们也是知道的;正是他曾向你们推荐另一个同样类型的无赖——佩皮尼扬的一个姓巴卡夫的人。此外,纳博讷的人都知道贡德雷斯是**密探**;据传,他甚至是为奥德省的前省长**雷纳尔**先生干事的。"

巴卡夫

在发生纳博讷事件期间,他是蒙彼利埃警察局的**奸细**,警察局指派他参与了第戎的迫害活动。然后,为了装样子而逮捕了他,在罗德出庭受审并被宣告无罪。

他从那里来到佩皮尼扬担任**警探**,现在西班牙为卡洛斯派①效劳。1872年3月27日佩泽纳斯来信摘录。

"……我刚说明了自己来访的目的,人们就告诉我,已经有另一个人来这里进行同样的宣传,他是三四天前到的,由日内瓦赋予**全权**。"

1872年6月23日于图卢兹

"日内瓦的**代理人**正在为瓦解我们的主顾而起劲地活动……如果你们不迅速向我提供有效地同他们斗争的手段,此事的责任将完全由你们承担……"

J. 梅尔拉克

---

① 西班牙反动的教权派专制集团,在19世纪上半叶支持国王斐迪南七世的弟弟、西班牙的王位追求者唐·卡洛斯,因而得名。——译者注

1872年6月26日于图卢兹

"……我从自己方面来说已为达到这个目的做了人的力所能及的一切。如果说我暂时遇到了障碍，那么，这就要怪他们了。

三四天前，他们（分裂主义者）派了一名**特使**到这里来查探基础。这名特使持有俄国护照，他同杜波尔塔尔公民和我们的几个会员谈过话，据说他曾建议他们问我有没有**会员证**或能证明我是协会会员的证件；据说他们告诉他：'他有总委员会的足够的委托。'他回答说：'这还不够，你们所说的总委员会的委托是很容易搞到的。'昨天晚上此人又去日内瓦了。"

1872年8月2日于图卢兹

"……我已发现，或者更正确地说是我们的一个人已跟踪查明这里的L街上有一个**由形形色色的共和主义者组成的汝拉委员会**。根据我所得到的情报，这个委员会的唯一目的就是在即将召开的代表大会上反对我们……"

全权代表

圣马丁

这里是委员会所掌握的一封来自巴黎的信。这封信的开头写着"马隆的分裂活动"等等。

1872年8月24日于阿维尼翁。
1872年8月11日于巴黎。

"……昨天列夫·梅契尼柯夫公民拜访了我，除其他内容外，他建议我参加汝拉联合会。这就证明，汝拉人始终在进行活动，而我们应当提防他们。"

1872年8月14日于巴黎。

"汝拉联合会在加紧活动；它已经在西班牙、在巴塞罗那取得了某些成绩，还企图在法国站住脚。除了这个从瑞士派来使我脱离总委员会并加入汝拉联合会的俄国人的到来，我还没有找到其他证据。当这些骗子不得不同正经人打交道时，他们是在白白地浪费时间。"

现在我来谈一谈上面已略微涉及到的圣马丁的情况。不言而喻，我将让你们自己去归纳这些不同的情况并进行分类。我只限于请求略去真名，无论是署名还是汝拉联合会进行活动的城市名。你们都非常懂得，我把名字告诉委员会，只是为了使它今后不承担责任。你们手上有四封我的信，但不知道这些信的日期，我在这里不提到这些日期，这是有用意的，但是；我认为有必要建议你们公布其中的一封信中所包含的贝·马隆提交的一段委托书的摘录。不过，这是你们的事情。

阿维尼翁的**沙穆**的通信中关于贝·马隆的简略叙述。

"1872年3月10日，我（爱德·沙穆）同鲁瓦扬奈见面，以便向他了解组织小组的方法；他什么都不愿意告诉我，所以我也就没有了解到；我只能说出，有一个叫埃斯泰夫的人，鲁瓦扬奈就呆在他那里，他是贝·马隆的通讯员。这个埃斯泰夫是一个依靠某些人为生的人。他和他的妻子都告诉我，他曾把贝·马隆的地址告诉**圣马丁**，他向我读了马隆的一封来信，但不愿对我所提的问题做任何说明。三天后，鲁瓦扬奈和埃斯泰夫到阿维尼翁来找我谈鲁瓦扬奈想创办一家报纸的事。于是我就会见了圣马丁，他又一次告诉我，他有贝·马隆的地址，他将同他保持经常的通信联系；我记下了这一点，没说一句话。当他没有吵闹的时候，我保持着沉默，但这种情况没有持续很久。当他开始进行吵闹的表演时，我也就如法炮制，当我对他发起战斗时，甚至他的一些朋友也同我站在一起反对他。

贝·马隆给予信任的就是这样的人。

在帝国时代，圣马丁先生起先住在阿普特，后来住在阿维尼翁，他曾经并且继续在这里当律师。1866年，他**曾经企图进入皇宫和美术部**。1869年，他在《南方民主报》工作，曾因对阿普特州长进行诽谤被判处罚款8000法郎。为了交付罚款,曾在阿普特和佩尔丢伊(沃克吕兹)的共和党人中进行募捐,但是,圣马丁没有用募捐来的钱交付罚款,却宁可让自己用劳动者的钱到巴黎去做了一次小小的旅行,而这些劳动者为避免出丑却不得不再进行一次募捐。9月4日,圣马丁主要关心的是设法让自己被任命为阿维尼翁省长的顾问。他担任这个职务时以对省长普雅德先生绝对顺从而著称,并且真的在省长手下通过特别委托当了官。在**巴黎公社**成立时他参加了这个运动,可是在1871年5月的那些日子之后,他又请求在这之前的一个月里被他称做凶手的凡尔赛政府授予他省长职位。

关于圣马丁先生,我手中有**他亲笔写的证据**。

如果要通过开除他的决议的话,我以我所代表的各省的支部的全体会员的名义,表示支持这样的决议!"

爱德华·沙穆收到的信:

1872年8月29日于阿维尼翁。

"……圣马丁先生已前往日内瓦同马隆会面……"

"5月或6月,圣马丁先生在阿维尼翁出版了名为《秩序报》的报纸。他在这家报纸上向臭名远扬的梯也尔说出了全部真实情况。与此同时,他还请求梯也尔给予他省长职务。我们手中有他**亲笔写的信**。"

亲爱的波特尔,只要看一看委员会的会议记录,您就能弄清楚整个这件事的主线。我认为没有必要向您提供来自伦敦"1871年支部"的信件和报纸文章的摘录,由于阿夫里亚尔、泰斯、卡梅利纳同马隆的友谊关系,主要地是由于他们对后者的目的不了解,汝拉人曾同该支部保持密切联系。当我想到这群恶棍一年之间在法国对我干的坏事时,使我感到非常遗憾的是,代表大会没有给以更严厉的打击,没有惩罚更多的罪犯。不管怎样,在恩格斯建议只公布调查结果的情况下,我希望在这样做的时候(我想你们会发表记名投票情况)提到我弃权的理由说明。我认为这样做尤其重要,是因为我确信马隆比人们对他在**同盟**事件中的行为的判断还要坏。他在被围困时的行为,他在3月18日的立场,甚至他在**公社**时期的作用，所有这一切都使我对他的过去持否定态度，对他的将来持怀疑态度。一句话，这是一个卑鄙的家伙。

顺便谈谈一个人的卑鄙行为，我们曾经开了一次韦济尼埃召集的代表大会！您当然已经听到过关于这次代表大会的报告，请看一件有助于您判断这次会议的可疑的代表性——会议的三名主席中有两名显然是为警察效劳的——的事情：贝·朗德克曾让自己的一个没有委托书的朋友去参加会议。在审查代表资格时，人们要求没有委托书的人退出，朗·的朋友准备离开，这时，朗·竟出言不逊，洋洋得意地对他说："你就代表你自己吧，就像在海牙代表大会上那样！"而他还被认为是很难有人比他更革命的了。另一方面，"1871年支部"拒绝派自己的代表出席，因为它不愿意赞同联邦主义者委员会的正式机关报《**联盟报**》，这个委员会在法国已被揭发是波拿巴主义的组织，而在流亡者的心目中是密探组织——反正差不多。

"1871年支部"虽然拒绝同联邦主义者委员会继续保持联系，可是却欢迎范·登·阿贝勒先生参加自己为听取比利时人的圣谕而召开的特别会议！我不知道这些谈判的结果，但是我知道一件事实是与正直的人不相称的，更不用说是小组、支部或联合会了，这就是范·登·阿贝勒先生曾在这里宣称总委员会的账目有问题，其中没有开列比利时人缴纳的金额，尤其是没有开列寄给公社流亡者的金额。对这种行为无需评论。我们期待着要他们承担责任，当这样做的时候，我希望不要宽恕他们。

衷心地握您的手。

奥·赛拉叶[①]

---

① 下面的文字是保·维沙尔的笔迹。

我证明所引用的文件的摘录是可靠的。

保尔·维沙尔

1872年9月23日于伦敦

星期日上午

我们的朋友赛拉叶刚刚做完引用的文件的摘录；我马上就寄给你们。

你们的 保尔·维·

第一次发表 原文是法文
俄文是按手稿译的

致国际工人协会会员[164]

同志们！

　　海牙代表大会的代表任命我们向你们提供关于在协会本身内部组成的名为**同盟**的秘密团体的活动的报告，我们现在执行这项委托。

　　针对①选举出来的委员会提出了许多尖刻的批评，我们的朋友中许多人认为，我们滥用了信任，他们要求代表大会把许多会员开除出协会，但是没有足够的证据证明这些会员背叛了无产阶级，企图使协会偏离它所提出的目标；另一些人以书面形式断言，委员会的成员都有偏心，是某一个集团的追随者，力图分裂工人的公民权和自由的一切真正保卫者。我们予以揭露的那个团体的成员在各地表示愤慨，甚至不惜在报刊上宣布：委员会由于缺乏必要的证据来为自己的评价说明理由，因而任何时候都不会发表自己的报告，它忘记了或者是希望使别人忘记，恰恰是它本身要求发表这个报告的，以免使自己承担责任。

　　委员会的成员对这一切都不予理睬；他们蔑视那些仅仅是为了打击人而不是打击原则的指责；他们期待着为发表自己的报告做好准备工作的那一天，他们清楚地知道，当这一天来到时，真正的协会会员，他们唯一的裁判者目睹了证据，协会的敌人对他们提出的故意为难的指责就会很快破产。

　　同志们，这一天来到了；如果说期待延长了，那么这仅仅是因为我

---

① 后面删掉了"代表大会"一词。

们也同你们一样是劳动者,一个星期只能勉强抽出几个小时来完成委托给我们的任务。

这就是为拖延这个报告的发表辩护的唯一理由。

今天,我们满怀着对你们的决定的信任,把我们的工作成果呈献给你们,并请求你们在你们的支部里确认代表大会所通过的决议——反对那些胆敢以**公民不平等**的说教和**谎言**来使协会偏离自己的目标的人的决议,一句话,就是反对那些在无产阶级中实行独裁的人的决议,他们掩饰自己想必是**可耻的**目的,企图把工人的力量集中在自己的手中,在他们方便的时候用来为自己谋取利益,从而达到自己的上述目的。

敬礼和平等。

委员会

海牙代表大会代表根据国际工人协会总委员会的建议任命的揭露名为同盟的秘密团体的活动的委员会的报告

在9月5日的会议上，根据公民**恩格斯**代表总委员会提出的建议，代表大会任命了一个由五个人组成的委员会，以便起草关于公民巴枯宁建立的名为同盟的秘密团体的活动的报告；如果这种活动违背国际工人协会的原则和目标，就应当向代表大会提出制止这种活动的措施。

代表大会任命下列公民组成委员会：维沙尔、库诺、瓦尔特、斯普林加尔（后者是根据那些认为自己受到总委员会的指责伤害的代表的请求，以及比利时代表的请求任命的）和公民波特尔。

该委员会于当晚集中，以便完成交给它的任务。

集中以后，它立即做了下述分工：

主席——公民泰·库诺，斯图加特代表。

秘书——公民吕坎和瓦尔特，法国代表。

委员——公民保尔·维沙尔，法国代表，罗什·斯普林加尔，沙勒罗瓦矿区的代表（比利时）。

分工后立即举行了一次会议，决定逐个听取被指控者和所有认为自己有责任就与此事有关的团体的活动作出说明的人的证词。

公民**恩格斯**代表总委员会宣读了下述报告。

文件一[①]

公民**恩格斯**在宣读了自己的报告之后要求把下述情况载入记录：在代表大会会议上，当大家要求任命委员会时，公民吉约姆否认对他提出的关于他参加名为**秘密同盟**的团体的指责的正确性。[②]

在第一次会议上，委员会全体成员看到了前面说到的章程，并根据笔迹承认是公民巴枯宁写的，同时还看到了这位公民写给公民 M.[③] 的信，信中提到公民吉约姆和施维茨格贝尔是这个团体的成员；然后，委员会确信存在着一个秘密团体，它具有可耻的因而也是同国际工人协会的章程不相容的和完全背道而驰的目的。

因此，所需调查的只有两件事：

（1）从一成立就参加这个团体并且同时是协会会员的那些公民，是否还继续留在这个团体的队伍里？

（2）这些公民是谁？以便把他们参加两个团体的事告诉国际的全体会员。

在这之后委员会会议休会，并确定第二天，即9月6日继续开会。

9月6日晚的会议

作为证人应召的公民**拉法格**提供下述证词：

我发现在协会内部存在着秘密团体是从它在西班牙出现时开始的。

---

① 报告全文见本卷第386—397页。
② 这一页末尾被撕掉。背面是空白。
③ 莫拉。

最初它是以国际工人协会的支部的名义组织起来的，由公民法奈利担任主席。

这位公民很快就把这一点告诉了公民莫拉和洛伦佐，1872年6月9日公民莫拉戈和科尔多瓦—伊—洛佩斯收到从瑞士寄来的、证明他们属于**兄弟**级别的会员证。

在回答公民**库诺**的问题时，公民**拉法格**宣布，同盟在西班牙存在的时间是在巴塞尔代表大会之后，同盟是并且一直是极端秘密的，它是在国际工人协会成立之后才在西班牙建立的，在同盟分子要求总委员会承认他们是支部之后，他们继续保留着自己的秘密组织。

他补充说，莫拉曾在萨拉戈萨代表大会上要求解散同盟，但是同盟当时并没有解散。

公民**斯普林加尔**问拉法格，是不是他揭露了同盟在西班牙的存在？

拉法格回答说，他认为自己有责任让国际会员知道存在着一个其章程不同于协会，而其成员却继续属于国际的团体。

此后，莫拉戈使得马德里联合会，或者不如说是其成员的大多数，即五名委员显然是同盟成员的该联合会的委员会把公民拉法格及其朋友们开除出了联合会委员会。

公民**库诺**问拉法格，他是否知道下面刊载的这封公民巴枯宁的信？

文件二[165]

拉法格回答说，他是从这封信寄出时起知道这封信的，但是记不得准确的日期。

在公民拉法格之后听取了公民**施维茨格贝尔**的证词。

他提供了下述证词：

回答主席的问题①：

施维茨格贝尔——第一个问题。

您是否认为存在着名为同盟的秘密团体？

我声明，在我看来，要求对同盟进行调查的人认为，受到指责的同盟曾经或仍然（在那些断定它存在的人看来）危害着国际。但是，我认为，如果对国际会员提出指责，国际代表大会只能因反对协会的过错而指责自己的成员。因此，我要求向我证明，我是怎样和由于什么而危害了国际。

我不容许国际、它的委员会或它的代表大会从调查秘密团体开始变成审判机关。

施维茨格贝尔

施维茨格贝尔

第二个问题：您是否认为这个秘密团体——秘密同盟——仍然存在？

根据我对第一个问题的声明，我完全没有必要回答第二个问题。

施维茨格贝尔

委员会对施维茨格贝尔提出的第三个问题：您是否认为巴枯宁会撒谎？

我了解巴枯宁；我非常尊重他；我认为，他和任何人一样有时会犯

---

① 下面是施维茨格贝尔写在6张单页纸上的对委员会主席提出的5个问题的回答。

错误，但是，我深信，他任何时候都不会故意地或因不够正直而做出错事。

施维茨格贝尔

对施维茨格贝尔提出的第四个问题。

如果巴枯宁说您参加了秘密同盟，您会同意他对您的看法吗？

我同巴枯宁的关系是密切的；我可以毫不犹豫地宣布，这种关系大大地推动了我的革命社会主义观点的发展和由此而必然产生的行动。我不知道巴枯宁怎样看待这种关系。

施维茨格贝尔

对施维茨格贝尔提出的第五个问题。

巴枯宁在一封信中介绍说，您同吉约姆都参加了秘密同盟。您如何回答？

我是在同盟作为国际的公开支部在日内瓦成立时参加同盟的。在我出席1869年1月3日在日内瓦召开的第一次罗曼语区代表大会时，公民杜瓦尔把我介绍给公民巴枯宁，我同他谈过同盟的纲领；我承认这个纲领。在这之后我就收到了证明我已被接纳的会员证；由于这是公开的事情，我丝毫没有隐瞒同盟本身，也没有隐瞒会员证；我把所有这一切都通知了汝拉山区的国际会员。

我知道，当谈到不否定同盟纲领的人时，巴枯宁习惯在自己的信里使用"同盟盟员"[①]的说法。

施维茨格贝尔

---

① 法文是"allié"，即同盟者、同盟的成员。

在听取了这些证词之后，公民**斯普林加尔**问施维茨格贝尔，他是否还是参加了秘密同盟，因为巴枯宁在自己的信里说他是参加者。

施维茨格贝尔回答说："他对他所尊敬的朋友的话不提出异议。"（照录原话。）①

在听完公民施维茨格贝尔的证词之后，委员会传唤公民**吉约姆**。

他坚决声明，从来没有参加过**公开同盟**，但是，对于他是否曾经参加或继续属于秘密同盟的问题，他拒绝就此作任何说明，他说，他**原则上**反对任何审讯。

公民**吕坎**向他指出，他曾经同意任命委员会并投票选举了委员会的成员；因此，他无权否定它的活动。

公民**斯普林加尔**告诉他，施维茨格贝尔刚才回答了问题并且同意参加委员会，以便了解委员会里发生的事情，而他是由他吉约姆提名的。

吉约姆不愿意回答问题并离开了会场。

公民马尔塞劳的证词

公民**库诺**问他，他是否承认在西班牙在国际内部存在着秘密团体。

马尔塞劳回答说，同盟是秘密的，但是，它在萨拉戈萨代表大会上已经自行解散，他援引了要求解散同盟的公民莫拉的话。

主席提出问题：除加迪斯支部之外，其他支部是否曾要求解散秘密同盟？他回答说：不是在代表大会上，而是在各个局部的会议上，大多数出席的会员都要求解散它。

对于他是否曾经把**秘密**同盟的解散通知总委员会的问题，他回答

---

① 最后这句话与施维茨格贝尔的其他回答不同，是由秘书补写上的。

说，他由于疏忽而忘记这样做了；不过，他也难于做到这一点，因为他在监狱里。

公民**斯普林加尔**问马尔塞劳，他是否同瑞士有联系？

马尔塞劳：个人没有联系，但是，我认为，我的朋友们有联系。

主席：在国际之前，西班牙是否有同盟存在？

马尔塞劳：我听说过这事，我知道加迪斯的情况正是这样的。在塞维利亚它是1871年5月28日建立的。

主席问他有没有秘密同盟的章程。

马尔塞劳回答说："曾经给过我同盟的章程，是1871年1月在日内瓦印刷的。"1872年3月或4月，曾给他看过手写的秘密同盟的纲领。

主席问，同盟是否还继续存在？

马尔塞劳答：**他的朋友之一曾经**向他**宣布**同盟已经**解散**。不过，他不知道，**在西班牙曾经存在像他所参加的那个支部那样的其他支部**。此外，他也和他的朋友们一样，直到现在都认为那是国际的纲领。

公民**维沙尔**问：如果同盟已不再存在，那怎么能做到把拉法格和他的朋友们从马德里联合会里开除出去呢？

马尔塞劳：这是联合会的事，而我不知道在联合会里也有那么多同盟的成员。①

斯普林加尔坚持要马尔塞劳回答，秘密同盟在西班牙是否仍然存在。由于马尔塞劳缄口不言，他对于同意参加委员会表示遗憾，因为那些选举他的人对他不信任。

---

① 下面有红铅笔写的批语："一定要在结语部分说明，同盟活动的参与者分为三个级别"。下面的第13页手稿付缺。

公民马克思的证词

主席问他是否知道同盟没有解散。

公民**马克思**回答说,他确信秘密同盟仍然在国际内部活动;但是,在这种情况下,往往缺少书面的证据,只有收集了各种证明,才能了解真相。

他根据可靠的来源断定,公民莫拉戈是西班牙人当中唯一的一个**第一级的同盟成员**。

他出示了公民卡菲埃罗的一封信,卡菲埃罗在代表大会前不久[①]还抱怨在意大利存在同盟,但是,在代表大会召开前一个星期,在拜访了公民巴枯宁并带着完全另一种思想离开之后,他立即就与同盟分子站在一起来攻击总委员会。

然后,公民**马克思**宣读了一封写给一名俄国出版商的信,公民巴枯宁所参加的一个秘密的俄国团体的成员在这封信里威胁这位出版商说,如果他再讨取他付给公民巴枯宁的 300 卢布预支翻译稿费的话,**就要好好地收拾他**[166]。

公民莫拉戈的证词

对于**主席**的问题,公民**莫拉戈**声明,**他同自己的朋友已经退出同**盟,因为**同盟越出了自己提出的目的**。

主席问他:

您是否认为存在着名为同盟的秘密团体?

[①] 页边用红铅笔写着:"它的日期"。

莫拉戈：是的。

主席：从何时起您就不再是同盟这个团体的成员了？

莫拉戈：我不记得。

主席：如果巴枯宁还把您算在秘密同盟的成员之列，您是否同意他对您所做的判断？

莫拉戈：这不是事实。

公民茹柯夫斯基的供词

主席建议他谈谈他所知道的情况。

茹柯夫斯基：

巴枯宁没有财产。一个青年人来请他翻译《资本论》。他听说，提出建议的是圣彼得堡的一名出版商，他曾预付给巴枯宁300卢布。公民涅恰耶夫来到日内瓦会见巴枯宁并对他说，由他来处理出版商要求还钱或者是交出答应翻译的稿子的事。

不过，茹柯夫斯基声明，他是听公民巴枯宁这么说的，他当时曾建议巴枯宁承担翻译来换取答应给他的余款。

他承认进行过威胁，但是他说这是涅恰耶夫干的。

他补充说，听说出版商……①

第一次发表	原文是法文
起草于1872年10—11月	俄文是按手稿译的

---

① 结尾付缺。

保·维沙尔的声明[167]

1873年7月18日于伦敦

致海牙代表大会任命的代表大会记录审订委员会的委员公民们。

亲爱的公民们：

在我被任命为调查同盟活动的委员会的成员时，我已断定，这个委员会的成员已经各奔东西，有的去比利时，有的去英国或者去美国，它不可能集合起来，我们便认为自己的职责就是把委托我管理的文件交到你们的手中。

从这时起，对我的委托就失去效力了。

因此，我同报告没有任何关系，这个报告可能由用来代替代表大会特别任命的那个委员会的某一个另外的委员会来提出。

亲爱的公民们，请接受兄弟的敬礼。

忠于你们的　保尔·维沙尔

第一次发表

原文是法文
俄文是按手稿译的

社会主义民主同盟和国际工人协会

根据国际海牙代表大会决定公布的报告和文件[168]

一
引 言

国际工人协会的目的是要把全世界无产阶级的分散的力量团结在一起,从而成为使工人们联合起来的共同利益的生动的体现者,因此,它必然要对形形色色的社会主义者敞开门户。国际的创建者和新旧大陆各个工人组织的代表,在历次国际代表大会上批准了协会的共同章程,他们没有注意到,国际纲领的广泛本身有可能让游民钻进来,并且在它内部建立不是要竭力反对资产阶级和各国现存政府,而是要竭力反对国际本身的秘密组织。**社会主义民主同盟**就是这样的组织。

在海牙代表大会上,总委员会要求调查这个秘密组织。代表大会委托五个人(公民库诺、吕坎、斯普林加尔、维沙尔和瓦尔特,最后一人退出了)组成委员会进行调查,该委员会在9月7日的会议上作了报告。代表大会决定:

1. 把米哈伊尔·巴枯宁开除出国际,因为他是同盟的创建者,并且品行不良;

2. 开除同盟盟员詹姆斯·吉约姆;

3. 公布有关同盟的文件。

由于同盟活动调查委员会的委员们已经到各个国家去了，委员会没有可能把它作报告所依据的那些文件公布出来，所以委员会中唯一的一个住在伦敦的委员、公民维沙尔把文件交给了记录委员会[169]，现在由记录委员会自己负责把它们转录在后面的报告中。

同盟事件牵涉的范围非常广，在代表大会期间工作的调查委员会只来得及审阅为做出实际结论所必需的最重要的文件，而大部分俄文文件未能加以研究；所以该委员会向代表大会提出的报告，只包括了问题的一部分，这个报告现在已不能认为是很完全的了。因此，为了使读者能够了解这些文件的精神和意义，我们不得不叙述一下同盟的历史。

我们所公布的文件有好几类。其中有些已经单独发表，主要是用法文发表的，但是要想正确地理解同盟的精神，就必须把它们同其他文件加以对比，因为这样一对比，它们就会更加清楚。公开同盟的纲领就属于这类文件。其他文件是国际的文件，都是第一次刊印；其中有一部分是秘密同盟西班牙支部的文件，这个支部的存在是1871年春天被同盟的一些盟员公开揭露出来的。凡是注意这个时期的西班牙运动的人，都只能把这些文件看做是关于现在或多或少已经是人所共知的事实的更加确凿的资料。这些文件的意义并不在于它们是第一次公布，而在于它们是第一次被互相加以对比，因而能揭示出决定这些文件出现的整个秘密活动，特别是在于我们能把它们同以下两类文件加以对比。第一类是用俄文发表的文件，它们揭露出同盟的真实纲领和行动方法。这些文件由于用俄文写成而难以看懂，所以迄今西方都不知道，这种情况就使得作者们可以在文件中尽情地运用自己的想像力和表达方式。我们所引用的这些文件的准确译文可以使读者正确地评价同盟的头目们的智力水平、道德水平、政治水平和政治经济学水平。

第二类文件只有一个，就是同盟的秘密规章；这是在这个报告中初次公布的唯一的一个篇幅较大的文件。可能会发生一个问题：把策划阴谋的一个秘密团体的文件公诸于世对革命者来说是不是允许的？首先我们要指出，这些秘密规章直接标明属于同盟事件调查委员会在海牙代表大会上要求公布的文件之列，没有一个代表投票反对这样做，甚至委员会中代表少数派的那位委员也是这样。可见，代表大会坚决指示公布这些文件，而代表大会的指示我们必须贯彻执行。事实上，有必要做如下的说明：

我们面对着的是一个戴着最极端的无政府主义的假面具的，目的是要打击那些不接受它的教条和领导的革命者而不是要打击各国现存政府的团体。这个由其一个资产阶级代表大会的少数派建立的团体，混入了工人阶级国际组织的队伍，企图先夺取这个组织的领导权，如果这个计划不能实现，就力图破坏这个组织。这个团体蛮横无理地用它自己的宗派主义纲领和自己的狭隘思想来偷换我们协会的广泛的纲领和伟大的意向：它在国际各个公开存在的支部内部组织自己的秘密的小支部，这些秘密小支部服从统一的命令，因此往往能通过事先商妥的一致行动来操纵国际的支部；它在自己的报纸上公开攻击一切不愿意屈从它的意志的人；并且，用它自己的原话来说就是，在我们的队伍中挑起了一场公开的战争。这个团体为了达到自己的目的，不择任何手段，不顾任何信义；造谣、诬蔑、恫吓、暗杀——所有这一切同样都是它惯用的伎俩。最后，这个团体在俄国完全窃取了国际的地位，并且在国际的名义的掩饰下犯刑事罪，进行诈骗、谋杀，政府的和资产阶级的报刊却把责任加在我们协会身上。而对于所有这些事实，国际都应该默不作声，因为对这一切应负罪责的团体是秘密的！国际手中握有自己的死敌——这个团体——的规章；在规章中它公开宣布自己是当代的耶稣会，并且声称在实践中使用耶稣会的一切办法是它的权利和义务；这些规章使这个团体对国际采取的一切敌对行动立即得到了说明；但是国际却不能够利用这些文件，因为这就意味着出卖秘密团体！

要对付这一切阴谋诡计，只有一个办法，然而是具有毁灭性力量的办法，这就是把它彻底公开。把这些阴谋诡计彻头彻尾地加以揭穿，就是使它们失去任何力量。用沉默的办法来遮盖这些阴谋，从我们这方面说来不仅是一种首先就会遭到同盟的首领们嘲笑的幼稚的做法，而且也是一种怯懦的表现。不仅如此，对于那些虽然是秘密同盟的盟员，但当这个团体刚一采取公开与国际为敌的立场就毫不犹豫地揭露了这个团体的存在及其行动方法的国际西班牙会员说来，这将是一种背叛行为。更何况这些秘密规章的内容在巴枯宁和涅恰耶夫他们本人用俄文发表的文件中都已经有了，而且表达的形式还更为明确。这些规章只不过是证实那些俄文文件罢了。

让同盟的首领们去喊什么背叛吧。我们将使他们受到工人们的蔑视，同时也将使他们得到各国政府的垂青，因为他们由于破坏工人运动而对各国政府有不可估量的劳绩。苏黎世的《哨兵报》在答复巴枯宁时完全有根据说：

"即使您不是被收买的暗探，无论如何有一点也是很清楚的，就是无论哪一个被收买的暗探也不能比您造成更大的危害。"[170]

二

秘密同盟

社会主义民主同盟纯粹是从资产阶级中产生出来的。它不是出自国际；它是资产阶级共和派的死产的团体——和平和自由同盟的后裔。当米哈伊尔·巴枯宁突然想要扮演无产阶级解放者角色的时候，国际已经

L'ALLIANCE

DE LA

DEMOCRATIE SOCIALISTE

ET

L'ASSOCIATION INTERNATIONALE DES TRAVAILLEURS.

RAPPORT ET DOCUMENTS PUBLIÉS PAR ORDRE DU CONGRÈS INTERNATIONAL DE LA HAYE.

LONDRES:
A. DARSON, SUCCESSEUR DE FOUCAULT,
46B, RATHBONE PLACE, OXFORD ST.

HAMBOURG:
EN VENTE CHEZ OTTO MEISSNER.

1873.

卡·马克思和弗·恩格斯的小册子
《社会主义民主同盟和国际工人协会》的扉页

根深蒂固。国际给他提供的，只是同一切国际会员一样的活动场所。为了在国际内崭露头角，他就必须首先进行顽强的、忘我的工作来为自己赢得声誉；但是，他认定，在和平同盟的资产者们方面他可以有更多的成功机会，可以有一条更便捷的途径。

于是，1867年9月他设法当选上了和平同盟的常设委员会委员，郑重其事地扮演起自己的角色来了。甚至可以说，他同凡尔赛的现任议员巴尔尼一起成了这个委员会的灵魂。为了要当和平同盟的理论家，巴枯宁曾经打算在该同盟的保护下出版一本名为《联邦主义、社会主义和反神学主义》的著作①。但是，不久他就看清了，和平同盟仍然是一个无足轻重的团体，参加这个团体的自由派只是把它的代表大会看做是把消遣散心的旅行同玩弄虚夸辞藻的讲演结合起来的一种手段，相反地，国际却在一天天发展壮大。因此，他便开始幻想使和平同盟加入国际。为了实现这个计划，他设法通过埃尔皮金的介绍于1868年7月被接受为日内瓦中央支部②的成员；另方面，他又在和平同盟的委员会中通过了一项决定，向国际的布鲁塞尔代表大会提出在两个团体之间缔结攻守同盟的建议。为了使和平同盟的代表大会能批准这个热情洋溢的倡议，巴枯宁起草了一个秘密通告，然后又说服委员会通过了这个通告并把它散发给和平同盟的"先生们"。**172** 他在这个通告中坦率地承认，和平同盟直到现在始终是一出可怜的闹剧，只有以"各国人民的联盟、工人的联盟"去对抗压迫者的联盟，才能使自己具有意义，

"……只有当我们希望成为千百万工人的诚挚的和真正的代表的时候，我们才能够有所成就"。

---

① 这部**各种主义**的圣经只印到第三印张就由于没有续稿而停印了。**171**——原作者注
② 国际的支部。

这个神圣同盟的天赋使命，就是赐给工人阶级一个自封的资产阶级议会，而工人阶级就会把有关自己的政治领导的事务委托给这个议会去管理。

通告最后说："为了成为一种有用的、现实的力量，本同盟应当成为伟大的经济利益和社会利益以及现在为欧美伟大的国际工人协会所如此成功地发展和传播的那些原则的**纯粹的政治体现者**。"

布鲁塞尔代表大会断然拒绝了和平同盟的建议。巴枯宁大失所望，愤怒万分。一方面，国际避开了他的监护。另方面，和平同盟主席古斯塔夫·福格特博士又狠狠地申斥了他一顿。

他写信给巴枯宁说："或者你不相信我们的邀请会获得成功，那你就是败坏了我们同盟的名誉；或者你知道你在国际中的朋友们给我们准备了什么样的意外礼物，那你就是以不体面的办法欺骗了我们。我问你，我们怎样向我们的代表大会交代……"

巴枯宁给他回了一封信，这封信他让所有愿意看的人都看过。

他写道："我没有能够预见到，国际的代表大会竟会用如此粗暴和傲慢的侮辱人的态度来回答我们；但是，这是由于某一个仇视俄国人的德国人集团〈他向别人口头解释说，指的是马克思的"集团"〉的阴谋所引起的。你问我，我们将怎么办？我将争取能荣幸地在我们代表大会的讲台上以委员会的名义来回答这种粗暴的侮辱人的态度。"

巴枯宁没有履行他的诺言，他改换了自己的装扮。他向和平同盟伯尔尼代表大会提出了一个离奇的社会主义的纲领，要求实现各阶级和个人的平等，希望以此来胜过这个同盟中目前只要求两性平等的那些太太们。可是他又失败了，于是他在一小撮少数派的陪同下离开了代表大会，前往日内瓦①。

　　巴枯宁所幻想的资产者和工人之间的联盟，不应该局限于公开的联盟。社会主义民主同盟的秘密规章（见"文件"第一号②）中已经指明，巴枯宁在这个同盟内部就已经奠定了必须领导这个同盟的秘密团体的基础。不仅各个领导机关的名称同和平同盟各机关的名称相符（常设中央委员会、中央局、民族委员会），而且在秘密规章中还宣称，"多数创建同盟的盟员"都是"过去伯尔尼代表大会的参加者"。为了使其他人承认自己是国际的领袖，他就必须以另一支军队的领袖的身份出现，这支军队对他本人的绝对忠诚应当由一个秘密的组织来保证。他打算使自己的团体公开加入国际，指望在一切支部中都扩展这个团体的分支，从而把国际的绝对领导权抓到自己手里。为此目的，他在日内瓦创建了社会主义民主同盟（公开的）。表面看去，这不过是一个普通的公开团体，它虽然完全溶化在国际中，同时却应该有不从属于我们协会的特殊的国际组织、中央委员会、民族局和支部；在我们的年度代表大会召开的同时，同盟应该公开召开自己的代表大会。但是，在这个公开同盟后面隐藏着另一个同盟，它又处于一个更加秘密的国际兄弟同盟——独裁者巴枯宁的禁卫军——的领导之下。

　　"国际兄弟同盟组织"的秘密章程指出，在这个同盟中有"三级：一、**国际兄弟会**；二、**民族兄弟会**；三、**国际社会主义民主同盟**的半秘密、半公开的组织"。

　　一、国际兄弟会的人数以"一百名"为限，组成神圣的红衣主教

---

① 在脱离的人当中，我们可以看到现任波拿巴警探的里昂的阿尔伯·里沙尔、那不勒斯的律师甘布齐（见有关意大利的那一章）、后来任公开同盟书记的茹柯夫斯基，和一个现在属于最反动的政党的日内瓦洋铁匠比特纳等人的名字。——原作者注

② 见本卷第679—693页。

会议，他们从属于中央委员会和各民族委员会，民族委员会则组成执行局和监察委员会。这些委员会本身要对"宪法会议"，或者说至少由三分之二的国际兄弟组成的全体大会负责。这些同盟兄弟

"除了世界革命以外没有别的祖国，除了反动以外没有别的异邦和别的敌人。他们反对任何妥协和让步的政策，并且认为，不把他们的原则的胜利当做立即和直接的目的的任何政治运动都是反动的"。

但是，由于这一条把"一百人"的政治行动推迟到希腊朔日①，由于这些不妥协派又不愿意放弃同社会职务有关的那些好处，所以第八条规定：

"任何一个兄弟，未经他所属的委员会同意都不能担任社会职位。"

我们谈到西班牙和意大利的时候，就可以看到，同盟的头目们怎样急急忙忙地把这一条规定付诸实践。国际兄弟

"是兄弟……每个兄弟对其余一切兄弟来说都应当是神圣的，比同胞兄弟更神圣；每个兄弟都应当从其余一切兄弟那里得到**可能范围**内的帮助和保护"。

涅恰耶夫案件告诉我们，这个神秘的可能范围是什么意思。

"一切国际兄弟都是彼此了解的。**他们之间永远不应当有什么政治秘密**。他们任何一个人，未经所属委员会的明确同意都不能参加任何秘密团体，而在需要的时候，即所属的委员会要求他这样做的时候，也必须经中央委员会同意。而且只有在他向它们公开一切可能直接或间接使它们感到兴趣的秘密的条件下，他才能够参加这种秘密团体。"

---

① 朔日是古罗马人对每月第一天的称呼。希腊日历中没有朔日这个名称。推迟到希腊朔日是指永无实现、永无成功之日。——译者注

皮埃特里和施梯伯之流只是用那些下贱的、堕落的人来当密探。而同盟为了使自己的伪兄弟能打入各个秘密团体，并叫他们刺探这些团体的秘密，竟不惜强迫那些按照同盟的计划应当领导"世界革命"的人物去当密探的角色。——而且这个革命丑角是用闹剧的形式在干卑鄙下流的勾当。

"只有真诚地接受整个纲领以及由这个纲领而产生的一切理论后果和实践后果的人，只有把智慧、毅力、忠诚〈！〉和沉着同革命热情结合起来的人，只有**身有魔胆的人**，才能成为国际兄弟。"

二、民族兄弟由国际兄弟根据同一个计划在每一个国家内组织成民族协会，但是，他们在任何情况下都不应当哪怕是怀疑国际组织的存在。

三、到处招募成员的秘密的国际社会主义民主同盟，拥有**常设中央委员会**这样一个立法机关。它召开的全体成员的会议，称为同盟的秘密全体大会。这种大会每年在国际的代表大会开会期间举行一次，或者在非常的情况下由中央局或日内瓦中央支部召开。

日内瓦中央支部是"常设中央委员会的常任代表团"和"同盟的执行委员会"；它分为**中央局**和**监察委员会**两部分。由三名至七名委员组成的中央局是同盟的实际执行权力机关：

"它接受日内瓦中央支部的指示，向一切民族委员会发出通知（**不是秘密命令**），并且从各民族委员会那里每月至少得到一次秘密报告。"

这个中央局异想天开地要成为亦驴亦马，成为既秘密又公开的东西；因为

"中央局作为组成秘密中央支部的两个部分之一，是一个秘密组织……作为

公开同盟的执行权力机关,中央局是一个公开组织"。

由此可见,早在同盟还没有产生以前,巴枯宁就事先建立了对自己的"亲爱的同盟"的这一整套秘密的和公开的领导了。而那些后来参加随便什么选举的盟员,只是在他表演的这出闹剧中跑龙套罢了。而且,我们很快就会看到,他毫不客气地宣布这一点;日内瓦中央支部的任务是给中央局发布指示,但是它本身也只是一个有名无实的支部,因为它的决定,即使是经多数通过的决定,只是在中央局多数委员不愿意向全体大会申诉反对这些决定的情况下,中央局才必须执行,如果提出申诉,中央局必须在三个星期以内召开大会。

"这样召开的全体大会只有在全体成员的三分之二参加的情况下,方为有效。"

我们可以看到,为了确保自己的独立性,中央局为自己规定了应有尽有的宪法保证。

也许有人会天真地设想,这个自治的中央局至少也是由日内瓦中央支部自由选举产生的。其实根本不是那么回事。临时中央局是

"作为创建同盟的全体盟员临时推选出来的机构而提交日内瓦发起小组批准的。这些创建同盟的盟员过去大多数是伯尔尼代表大会的参加者,他们**已经把自己的权力交给了公民B**而各自回国去了〈只有巴枯宁例外〉"。

可见,创建同盟的盟员只不过是脱离了和平同盟的几个资产者。

因此,攫取了整个同盟的制宪权力和立法权力的常设中央委员会是自己任命自己的。这个常设中央委员会的常任执行代表团——日内瓦中央支部,是自封的而不是由这个委员会任命的。这个日内瓦中央支部的中央执行局也不是由支部选举产生,而是由一致"把自己的权力交给了

公民B"的一小撮人强加于该支部的。

可见,"公民B"就是同盟的根本台柱。为了使他能一直担任这个首要角色,同盟的秘密章程一字不差地做了如下规定:

"对外,它的管理机构将同联邦共和国的总统制相一致",——

而在这个总统制还没有建立以前,已经有了总统——永恒的①"公民B"。

因为同盟是一个国际团体,所以在每一个国家中都将有民族委员会,它

"由所有属于同一民族的常设中央委员会委员组成"。

要成立一个民族委员会,有三名委员就足够了。为了保证切实保持教阶制的联系,

"民族委员会将是中央局和本国的一切地方组织之间的唯一中间机关"。

各个民族委员会

"应当保证这样来组织本国的同盟:使常设中央委员会委员**永远在同盟中占统治地位**,并代表同盟出席代表大会"。

这就是在同盟分子的语言中的所谓自下而上的组织建设。这些地方组织除了一个权利以外别无其他权利,这就是把自己的纲领和章程呈送民族委员会,以便提交

"中央局批准,否则地方组织不能参加国际社会主义民主同盟"。

---

① 原文是"permanent",即"永恒的"、"经常有效的"。

一旦这个独裁的、教阶制的秘密组织加入了国际以后，剩下的事就只是破坏国际了。为此，只要把国际的各个支部变成无政府主义的和自治的支部，并且把国际的各个中央机关变成简单的信箱，变成"通讯统计局"（后来他们真的打算这样做了），就足够了。

永恒的"公民B"的革命功勋簿并不怎么光荣，他还不能因此就指望在秘密同盟中特别是在公开同盟中，永远保持他所包揽的经常专政。所以，必须用民主的漂亮辞句加以掩饰。于是，秘密规章规定，临时中央局（应读做：永恒的公民）在同盟的第一次公开的全体大会举行以前将一直行使其职权，而第一次公开的全体大会将任命新的常设中央局的委员。但是，

"由于中央局绝对有必要只由常设中央委员会委员组成，所以常设中央委员会应当通过自己的各个民族委员会保证这样来组织和**领导**一切地方组织，使它们**只派常设中央委员会的委员**或者**绝对忠实于**本国民族委员会**领导**的人（如果没有常设中央委员会委员）**作为代表**出席大会，以便常设中央委员会**能够经常控制同盟的整个组织**"。

这些指示并不是波拿巴的大臣或地方长官在选举前夕发布的，而是超等的反权威主义者、毫无保留的无政府主义者、宣扬自下而上的组织的传道者、主张支部自治和各自治小组自由联合的巴亚尔——圣者米哈伊尔·巴枯宁为了保持住自己的永恒职位而发布的。

我们分析了旨在使"公民B"的专政得以永存的秘密组织；现在再看看他的纲领。

"国际兄弟联盟致力于普遍革命——在社会、哲学、经济和政治方面同时进行的革命，——以便首先在整个欧洲，然后在世界其他各地彻底铲除以财产、剥削、服从和权威（宗教的、形而上学的和资产阶级学理主义的或者甚至是雅各宾式革命的权威）原则为基础的现代秩序；我们提出的口号是：给劳动者以

和平,给一切被压迫者以自由,处死压迫者、剥削者和各种保护者,我们致力于破坏一切国家和一切教会,以及它们的全部机构和法规(宗教的、政治的、法律的、财政的、警察的、大学的、经济的和社会的),以便千百万不幸的人,受欺骗的、受奴役的、受摧残的、受剥削的人,最后摆脱他们的一切官方的和半官方的、集体的和个体的导师和恩人,而能大大地松一口气。"

瞧,这就是革命的革命性!为了达到这个惊人的目的,第一个条件就是不用普通革命者通常使用的手段去同现存的国家和政府作斗争,而是相反,用虚夸的、说教的言词去攻击

"国家制度和既是它的后果同时又是它的基础的私有制"。

因此,问题在于,要推翻的并不是波拿巴的、普鲁士的和俄罗斯的国家,而是抽象的国家、国家这个东西、哪里也不存在的国家。但是,如果说这些国际兄弟在他们同这个虚无缥缈的国家进行的激烈斗争中善于避开实实在在的国家用来对付普通革命者的警察皮鞭、监狱和子弹的话,那么另方面我们也看到,他们保留着只有经教皇的允许才能得到的,利用这些实实在在的资产阶级国家所提供的一切有利条件的权利。意大利议员法奈利、萨瓦公爵亚马多的政府官员索里阿诺,还有波拿巴警探阿尔伯·里沙尔和加斯帕尔·勃朗的例子,都表明教皇在这方面是多么富有谅解精神……这就是"同盟,直截了当地说,就是"公民 B 反对国家这一抽象观念的"阴谋"丝毫也不会惊扰警察局的原因。

因此,革命的第一个行动应该是颁布关于废除国家的命令,正如巴枯宁于9月28日在里昂所做的那样,尽管这样废除国家必不可免地是一个权威主义的行动。他所指的国家,包括任何政权,不管是革命的政权还是反动的政权,

"因为对我们来说,这个权威不管是叫做教会、君主国、立宪国、资产阶级

共和国或者甚至是革命专政，都不重要。我们把它们一律看做是剥削和专制制度的必然的根源而加以仇视和反对"。

因此他就声称，一切想在革命后的第二天"建立革命国家"的革命者，比一切现存政府还要危险得多，

"我们——国际兄弟——是这些革命者的天然敌人"，

因为破坏革命是国际兄弟的首要义务。

对这些关于立即废除国家和建立无政府状态的大话，在总委员会1872年3月的内部通告"所谓国际内部的分裂"的第37页①上已经作了回答。"无政府状态——这就是他们的只从各种社会主义体系中剽窃了一些标签的导师巴枯宁的战马。所有社会主义者都把无政府状态理解为：在无产阶级运动的目的——消灭阶级——达到以后，为了保持为数极少的剥削者对由生产者组成的社会绝大多数的压迫而存在的国家政权就会消失，而政府职能就会变成简单的管理职能。同盟则本末倒置，它宣布在无产阶级队伍中实行无政府状态，是摧毁集中在剥削老手中的强大的社会力量和政治力量的最可靠的手段。它以此为借口，竟要求国际在旧世界正力图置国际于死地的时候，用无政府状态来代替自己的组织。"

可是，我们彻底研究一下，无政府主义的福音书将导致什么样的结论；我们假定，可以用法令来废除国家。根据第六条的规定②，这一行动的结果就是：国家的破产，停止国家对追索私人债务的干预，停止缴纳任何捐税，解散军队、司法部门、官吏、警察和僧侣（！），废除官

---

① 见《马克思恩格斯全集》中文第1版第18卷第53—54页。
② 见本卷第691—692页。

方司法制度，同时烧毁一切规定了财产权的文书契约以及一切司法的和民事的文书废物，没收一切生产资本和劳动工具，归各工人协作社所有，并把这些协作社联合起来，"组成公社"。这个公社将给因此被剥夺了财产的个人供应最必需的用品，让他们自由地用他们自己的劳动挣得更多的东西。

里昂事件表明，只用一纸废除国家的命令远远不足以实现这一切美妙的诺言。但是，只用资产阶级国民自卫军的两个连，就足以粉碎这个美妙的幻想并且迫使巴枯宁收起他那创造奇迹的命令赶忙溜往日内瓦去了。当然，他并不认为自己的追随者都那样愚蠢，以致看不到有必要给他们一个组织计划，以保证实际实现他的命令。这计划就是：

"为了成立公社，要把不断行动的街垒联合起来并通过由每一个街垒选派一名或两名代表，由每一条街道或每一个街区选派一名代表——这些代表都应持有限权代表委托书，在一切方面都负责任并随时可以撤换——的办法成立革命公社委员会〈同盟的这些街垒真奇怪，在这里不是打仗，而是填发委托书〉。这样组成的**公社委员会**可以从委员会内部选出为公社的革命管理机关的每一个部门所特设的**执行委员会**。"

用这种方法组成为公社的起义首都，那时会向国内的其他公社宣布，它放弃管理这些公社的任何企图；它号召这些公社按革命的方式进行改组，然后再派出自己的负责任的、可以撤换的并且持有限权代表委托书的代表前往约定的会晤地点，以便成立起义的协作社、公社和省的联邦，并且把能够战胜反动派的革命**力量**组织起来。这个组织不局限于一个起义国家的各个公社；其他省或国家也可以参加这个组织，但是

"站在反动派方面的省份、公社、协作社和个人则将**不准加入**"。

因此，在这里一方面是废除国界，另一方面是宽大无边地容忍那些将会迅速恢复内战的反动省份，这两方面是并行不悖的。

可见，在这个由街垒－讲坛组成的无政府主义的组织中，首先有一个公社委员会，然后有各个执行委员会，这些委员会不管执行什么任务，肯定都要借助某种权力并且依靠社会强制力量；接着又有一个完整的联邦**议会**，其主要任务应当是组织这种**社会强制力量**。这个议会同公社委员会一样，应当把**执行权力**交给一个或几个**委员会**，这些委员会仅仅由于这一个事实便具有权威的性质，这种权威性质在斗争过程中要愈来愈加强。这样一来，"权威主义国家"的一切因素又会逐渐恢复；而我们就是把这个机器称为"自下而上地组织起来的革命公社"，那也没有多大意义。名称不能改变事实；自下而上的组织在任何资产阶级共和国中都存在，而限权代表委托书则早在中世纪就已经为人所知了。而且巴枯宁本人也承认这一点，他（在第八条①中）把自己的组织称为"新的革命国家"。

这个革命计划的实际价值更是不值一提，因为根据这个计划，人们不去战斗，却进行争论。

现在我们就来揭开同盟的所有这些装有两层和三层夹底的箱子中的秘密吧。为了实现这个正统的纲领，使无政府状态沿正确的道路发展，

"有必要在构成生活本身和革命的全部毅力的人民的无政府状态中**使革命思想和行动的统一有某种机关作为自己的体现**。这种机关应当是**秘密的、世界性的国际兄弟联盟**。

这个联盟的出发点是这样一种信念，即革命永远是既不能由个人也不能由

---

① 见本卷第692—693页。

秘密团体来进行。革命由事物的力量、事变和事实的进程所引起，它好像是自然而然地进行的。革命都是在人民群众本能意识的深处经过长时间的酝酿，然后才爆发出来的……组织得很好的秘密团体所能做的一切，首先就是在群众中传播与群众的本能相一致的思想，以帮助革命的诞生，并且组织——不是组织革命的军队，革命的军队始终应当是人民〈炮灰〉——**革命的总参谋部**，由忠诚的、坚毅的、聪明的，主要地是真诚的，而不是沽名钓誉的人，由有能力作为革命思想〈由他们垄断了的〉和人民本能之间的中介的人民之友组成"。

"因此，这种人的数目不宜过多。整个欧洲的国际组织**有一百名紧密无间地团结在一起的革命者就足够了**。最大的国家的组织有二三百名革命者也就足够了。"

总之，一切都在变化。无政府状态、"放纵人民生活"、"恶欲"等等已经不够了。为了保证革命的成功，必须有**思想和行动的统一**。国际的会员们正力图通过宣传、讨论和无产阶级的公开组织来建立这种统一，——而巴枯宁所要求的，只是一个由一百名**革命思想**的特权代表人物组成的秘密组织，一个自己任命自己的，在永恒的"公民B"的统率下组成的，待用的总参谋部。思想和行动的统一无非是教条主义和盲目服从。Perinde ac cadaver〔你要像死尸一样〕①。在我们面前的是一个真正的耶稣会。

说一百名国际兄弟应当"作为革命思想和人民本能之间的中介"，就是说要在同盟分子的革命思想和无产阶级群众之间挖一道不可逾越的鸿沟，就是承认这一百名近卫军士兵除了从特权阶级中招募以外是不可能的。

---

① 这是罗耀拉制定的规定耶稣会下级会员对上级会员要绝对服从的耶稣会会员的原则之一。

三

同盟在瑞士

同盟同福斯泰夫一样，它"认为，慎重是勇敢的最大要素"①。因此，"身上的魔胆"丝毫也不妨碍国际兄弟在现存各国政权面前卑躬屈节，而同时又不断卖劲地反对抽象国家的制度；但是，这个"魔鬼"却使他们把打击专门对准国际。最初他们想控制国际，而当这一手没有得逞的时候，他们便图谋破坏国际。现在我们就把他们在各个国际中的活动拿出来让大家看看。

国际兄弟无非是一个待用的总参谋部；他们缺乏军队。他们认定，国际恰巧就是为了这个目的而建立的。为了能够统率这支军队，就必须使公开同盟打入国际。但是，他们担心向总委员会申请加入国际会使同盟丢脸，因为这样一来他们便承认了总委员会的权力，所以为了这个目的，他们曾数次徒劳无功地向比利时联合会委员会和巴黎联合会委员会提出申请。由于屡次遭到拒绝，同盟才不得不于1868年12月15日向总委员会申请入会。同盟寄来了自己的章程和自己的纲领，其中公开地宣布了它的意图（"文件"第二号②）。同盟一方面声明它"完全溶化在国际中"，同时又图谋在国际内部组成第二个国际性的组织。除了由历次代表大会选举产生的国际总委员会以外，还要有一个自己任命自己的、设在日内瓦的同盟中央委员会；除了国际的各地方组织以外，还要有同盟的地方组织，后者将通过活动于国际的各个全国局之外的它们自己的民族局，"向同盟中央局提出请求加入国际"。这样，同盟中央局

---

① 莎士比亚《亨利四世》前篇第五幕第四场。
② 见本卷第693—696页。

就攫取了接纳加入国际的权利。除了国际的代表大会以外，还要举行同盟的代表大会，因为"出席每年召开的工人代表大会的同盟代表团"妄图"在单独的会场内"举行"自己的公开会议"。

12月22日，总委员会（在发表在它的通告《**所谓国际内部的分裂**》第7页①上的那封信中）声明，这些奢求显然是同国际的章程相抵触的，并且坚决拒绝接受同盟入会。几个月以后，同盟又写信给总委员会，问它是否承认同盟的原则。如果得到的答复是肯定的，同盟就声明它准备解散自己的组织，把自己改组为国际的普通支部。总委员会于1869年3月9日（见《**所谓国际内部的分裂**》第8页②）回信说，对同盟的纲领做出判断，对总委员会来说就是超越了自己的职权范围，如果把"各阶级的平等"改成"消灭阶级"的话，要使同盟的支部成为国际的支部，将不会有什么障碍。总委员会还补充说："如果**解散同盟以及同盟各支部加入国际的问题**最后决定了，那么，根据我们的条例，必须**把每一个新支部的所在地及其人数通知总委员会**。"

1869年6月22日，同盟日内瓦支部通知总委员会说，解散国际社会主义民主同盟已成为既成事实，说是已经建议同盟的所有支部"成为国际的支部"。被纲领上的几个签名所蒙骗的总委员会，以为同盟已被罗曼语区联合会委员会所承认，所以在接到这样坚决的声明以后，总委员会便接受了同盟。这里要补充一句，他们从来没有履行过我们提出的任何一个条件。相反地，从此以后，隐藏在公开同盟后面的秘密组织便开始拼命进行活动。在国际的日内瓦支部后面隐藏着秘密同盟的中央局；在那不勒斯、巴塞罗那、里昂和汝拉等地的国际支部后面，隐藏着同盟的秘密支部。这是个共济会组织，国际的普通会员及其领导中心甚

---

① 见《马克思恩格斯全集》中文第1版第18卷第11—14页。
② 见《马克思恩格斯全集》中文第1版第18卷第14—15页。

至没有怀疑过会存在这样一个组织；而巴枯宁指望依靠这个组织能够在1869年9月的巴塞尔代表大会上把国际的领导权抓到自己手里。秘密同盟利用它所要的各种不正派手腕，至少派了10名代表出席这次代表大会，其中有臭名远扬的阿尔伯·里沙尔和巴枯宁本人。同盟代表团带来了大批空白的、由于没有可靠人选而没有使用的代表资格证，虽然它曾建议把这些代表资格证让给国际的巴塞尔会员。可是，现有的同盟代表人数太少，甚至不足以迫使大会批准废除继承权——圣西门主义的旧破烂，而巴枯宁是想使废除继承权成为社会主义的起点的[173]；巴枯宁所幻想的、企图强迫代表大会把总委员会驻在地由伦敦迁往日内瓦的做法，收效就更小了。

当时在日内瓦，在几乎得到日内瓦的全体国际会员支持的罗曼语区联合会委员会和同盟之间进行了一场公开的战争。同盟在这场战争中的同盟者是洛克勒的《进步报》和日内瓦的《平等报》，前者是詹姆斯·吉约姆主编的，后者是罗曼语区联合会委员会的正式机关报，但是同盟分子占了编辑部的多数，他们利用一切借口来攻击罗曼语区联合会委员会。《平等报》编辑部紧紧抓住把总委员会驻在地迁往日内瓦这个主要目标，展开了反对当时的总委员会的运动，并且号召巴黎的《劳动报》支持它。总委员会在1870年1月1日的通告中声明；它认为没有必要同这些报纸进行论战。[174]同时罗曼语区联合会委员会也把同盟的人从《平等报》编辑部中赶了出去。

当时这一派人还没有穿上反权威主义的外衣。他们以为能够掌握总委员会，所以在巴塞尔代表大会上首先要求通过并且提出了有关组织问题的各项决议案，这些决议授予总委员会以"权威主义的权力"，而两年以后他们却如此疯狂地攻击起这些权力来了。下面是从詹姆斯·吉约姆主编的洛克勒《进步报》（1869年12月4日）上摘引的一段关于《社会民主党人报》[175]同《人民国家报》之间的冲突的文章，没有什么能比这段文章更好地说明他们当时对总委员会的权威作用的看法了。

"我们认为,我们协会总委员会**必须干预**并且开始调查在德国发生的事情,对施韦泽同李卜克内西之间的争端**做出决定**,从而**结束**我们由于这种奇怪状况而陷入的**暧昧不明的处境**。"

能不能相信,同一个吉约姆于1871年11月12日在桑维耳耶通告中又指责同一个过去不够权威的总委员会"想把**权威主义原则**带进国际中来"?

同盟的各家报纸从一出版起就不仅宣传同盟的特殊纲领(谁也不会因这一点去责难它们),而且执拗地制造并且保持它的纲领同国际的纲领之间的预谋的混乱。凡是在同盟控制着一家报纸成为一家报纸撰稿的一切地方,——在西班牙、在瑞士、在意大利,这种事情就层出不穷;而这个体系在同盟的俄文出版物中则达到了登峰造极的地步。

这个派系在绍德封的罗曼语区联合会代表大会(1870年4月4日)上进行了决战。事情是这样的:他们想强迫日内瓦各支部承认日内瓦公开同盟是联合会的一部分,并且把联合会委员会及其机关报迁往秘密同盟主宰一切的汝拉的随便哪一个地方去。

在代表大会开幕时,"同盟支部"的两个代表要求允许他们参加代表大会。日内瓦的代表们建议把这个问题搁到代表大会结束时再谈,并且立即研究更加重要的事情——讨论纲领。他们声明说,他们的限权代表委托书责成他们宁可离开代表大会也不允许这个支部参加自己的组织,

"因为同盟的人在策划阴谋,具有权力欲;投票赞成接受同盟就是投票赞成分裂罗曼语区联合会"。

但是,同盟不愿意错过这个机会。由于它的汝拉各小支部离得很

近，这使它能够获得微弱的虚假的多数，因为日内瓦和国际各大中心的代表人数极少。在吉约姆和施维茨格贝尔的坚持下，支部以一两票的成问题的多数被接受了。日内瓦的代表们立即打电报请示自己的支部，他们都接到指示要离开代表大会。由于绍德封的国际会员都支持日内瓦人，所以同盟分子被迫退出了属于绍德封各地方支部的代表大会会场。虽然按他们自己的机关报的说法（见1870年5月7日《团结报》），他们只代表15个支部，可是单在日内瓦一个地方就有30个支部，他们窃取了罗曼语区代表大会的名称，为瑞士罗曼语区任命了新的联合会委员会（舍瓦累和科尼翁①在委员会中红极一时），并且宣布吉约姆的《团结报》是罗曼语区联合会的机关报。这位年轻小学教员的专门使命，就是诬蔑日内瓦的"工厂"[176]工人——这些可憎的"资产者"，同罗曼语区联合会机关报《平等报》进行斗争，以及宣扬完全放弃政治。有关这一主题的最有分量的文章的作者，在马赛是巴斯特利卡，在里昂是同盟的两大台柱：阿尔伯·里沙尔和加斯帕尔·勃朗。

顺便指出，绍德封代表大会的偶然的、虚假的多数妄图代表罗曼语区联合会，但是他们却明显地违反了该联合会的章程，而且应该指出，同盟的头目们都大力参加了这个章程的起草工作[177]。根据第五十三条和第五十五条的规定，代表大会的任何重要决议都应当经参加联合会的三分之二的支部批准，才能具有法律效力。可是，单是表示反对同盟的日内瓦支部和绍德封支部就构成了支部总数的三分之二以上。在两次全体会员大会上，日内瓦的国际会员不顾巴枯宁及其朋友们的反对，几乎全体一致地表示拥护自己的代表们的做法，他们的代表们在全场鼓掌声中

---

① 过了两个月，这个委员会的机关报（7月9日《团结报》）宣布，这两个家伙都是**小偷**。他们把绍德封的一个裁缝合作社偷得精光，从而实际地证实了自己的无政府主义的革命性。——原作者注。

建议同盟不要乱钻，不要妄想参加罗曼语区联合会；在这种条件下本来是可以达到和解的。后来，几个失去幻想的同盟盟员建议解散同盟，但是巴枯宁和他的喽啰们全力反对这样做。同盟不顾一切，继续坚决要求参加罗曼语区联合会；结果罗曼语区联合会不得不通过决定，把巴枯宁和其他主要的同谋者从它的队伍中开除出去。

这样一来，在瑞士罗曼语区就出现了两个联合会委员会——一个在日内瓦，一个在绍德封。绝大多数支部都仍然忠实于日内瓦联合会委员会，而追随绍德封联合会委员会的只有15个支部，后面我们将会看到，这15个支部中有许多都一个个地不再存在了。

罗曼语区代表大会刚刚闭幕，绍德封的新委员会就写信要求总委员会进行干预，在信上签字的是书记弗·罗伯尔和主席昂利·舍瓦累（见前一页的注）。总委员会研究了双方所提出的文件，于1870年6月28日决定，保留日内瓦委员会原有的职权，并建议新的绍德封联合会委员会用一个地方性的名称。[178]绍德封的委员会对这个决定感到大失所望，于是便借口总委员会有权威主义大叫大嚷，忘记了是它首先要求总委员会进行干预的。这个委员会顽强地企图篡夺罗曼语区联合会委员会的名称，从而使瑞士联合会卷入了一场纷争，这迫使总委员会同它断绝了任何正式关系。

1870年9月4日，巴黎宣告成立共和国。同盟认定，"在瑞士打开革命九头蛇的锁链"（吉约姆文体如此）的时刻已经来到。《团结报》发出了一个宣言，号召成立瑞士志愿部队来反对普鲁士人。这个宣言——如果相信教育家吉约姆的话——虽然"丝毫也不是**匿名的**"，但是终究"没有署名"。遗憾的是，当报纸和宣言被没收，同盟的全部好战热情便化为乌有了。但是我，——渴望"拿自己的生命去冒险的"、热血沸腾的吉约姆高呼道，——"我仍然在自己的岗位上……在报纸的印刷所里"（1872年6月15日《汝拉简报》）。

里昂爆发了革命运动。巴枯宁急忙赶到他的中尉阿尔伯·里沙尔以及他的军士巴斯特利卡和加斯帕尔·勃朗那里去。9月28日，即他到达的那一天，人民占领了市政厅。巴枯宁便迁到市政厅去；于是，人们等待了这么多年的决定性时刻，巴枯宁有机会可以完成世界从未见过的最革命的行为的时刻来到了，——他下令**废除国家**。但是，国家以两连资产阶级国民自卫军的形式走进了门口忘记派警卫站岗的市政厅，肃清了大厅，并且使得巴枯宁不得不匆忙溜到日内瓦去。

正当好战的吉约姆"在自己的岗位上"保卫九月共和国的时候，他的忠实的阿哈特——罗班却逃出这个共和国，躲藏到伦敦去了。虽然总委员会知道，罗班是同盟最热心的拥护者之一，而且还是《平等报》上攻击总委员会的文章的作者，虽然布勒斯特各支部把罗班这种远不是英勇的行为告知了总委员会，总委员会由于法国委员缺额，还是让他当了总委员会委员。从这时起，罗班便在总委员会中不断执行绍德封委员会的半官方通讯员的职务。1871年3月14日，他建议召开国际的秘密代表会议来解决瑞士冲突。总委员会预见到，重大的事件正在巴黎酝酿成熟，就断然拒绝了这个建议。罗班一再提出这个问题，甚至建议总委员会对这个冲突作出最后决定。7月25日，总委员会决定把这个问题列为应由1871年9月召开的代表会议解决的问题之一。

同盟根本不愿意让代表会议调查它的阴谋，就在8月10日宣布，它从8月6日起已经解散。但是，它很快得到了几个法国流亡者的增援，于是又重新出现，以别的名称进行活动，例如：无神论社会主义者支部以及宣传和社会主义革命行动支部。根据巴塞尔代表大会第五项决议的规定[179]，总委员会完全同意罗曼语区联合会委员会的意见，拒绝承认这些支部——各种阴谋的新的策源地。

伦敦代表会议（1871年9月）批准了总委员会1870年6月28日关于汝拉分裂分子的决议。

由于《团结报》停刊了，同盟的新的信徒们便创办了有安德烈·莱奥女士参加撰稿的《社会革命报》。恰好当费雷正在狱中等待被押往萨托里去的时候，这位女士在和平同盟的洛桑代表大会上宣称：

"拉乌尔·里果和费雷是巴黎公社的两个穷凶极恶的人物，他们在此以前〈在人质被处死以前〉不断地要求——诚然，始终没有成功——采取血腥手段。"

这家报纸从第一号起就急急忙忙同《费加罗报》、《高卢人报》、《巴黎报》以及其他肮脏报纸站到一条线上，转载它们诋毁总委员会的卑鄙言论。它认为甚至可以在国际内部也燃起民族仇恨的火焰的良机已经到了。用它的话来说，总委员会是一个德国的委员会，领导它的是一个具有俾斯麦气质的人。

伦敦代表会议用关于瑞士冲突、关于工人阶级的政治行动、关于公开宣布不承认涅恰耶夫的言行等三项决议击中了同盟的心脏。[180]其中的第一项决议直接谴责了绍德封的假罗曼语区委员会，并且赞同总委员会的行动。代表会议建议汝拉各支部加入罗曼语区联合会，而如果这种联合不能实现，代表会议则建议山区各支部定名为汝拉联合会。代表会议声明，如果他们的委员会当着资产阶级公众继续在报纸上进行笔战，那么总委员会将拒绝承认这些报纸。——第二项决议，关于工人阶级的政治行动的决议，彻底清除了巴枯宁想把关于绝对放弃政治的学说列入国际的纲领来在国际内部制造的混乱。——第三项决议，有关涅恰耶夫的决议，是对巴枯宁的直接威胁。后面谈到俄国的时候，我们就会看到，使同盟的卑鄙行径瞒过西欧的耳目对巴枯宁本人有多么大的利害关系。

同盟正确地把这看做是宣战，并且立即展开了军事行动。支持假罗曼语区委员会的汝拉各支部于1871年11月12日在桑维耳耶召开了代表大会。出席的有似乎代表9个支部的16名代表。根据联合会委员会的报告，派出两名代表的库尔特拉里支部"停止了活动"；洛克勒中央支部"最后瓦解了",但是,后来为了派两名代表去参加十六人代表大会,它又暂时恢复了;库尔特拉里雕刻匠和花饰瓦工支部(2名代表)"组成了一个抵抗团体",不参加国际;绍德封的宣传支部(1名代表)"处于危急状态,它的状况不仅没有好转,反而在恶化";纳沙泰尔中央支部(2名代表,其中包括吉约姆)"受到很大损失,如果不是它的个别成员的自我牺牲精神,它的灭亡是不可避免的"。桑维耳耶和库尔特拉里区圣伊米耶的两个社会问题研究小组(4名代表),根据报告所说,是由于解散了库尔特拉里中央支部才成立起来的;这样一来,这个区的几个成员便以三重名义共派了6名代表!穆蒂埃支部(1名代表)看来只是一个委员会。可见,16名代表中有14名是代表已死的或垂死的支部。但是,为了清楚地了解无政府说教在这个联合会中所造成的瓦解状况,还应当把这篇报告稍微再往下读一点。在22个支部中只有9个支部派代表出席了代表大会;有7个支部一次也没有回答过委员会的呼吁,而4个已经宣布死亡。这就是自认为负有动摇国际的组织基础的使命的那个联合会的状况!

不过,桑维耳耶代表大会一开始还是服从伦敦代表会议的,伦敦代表会议曾建议召开桑维耳耶代表大会的各组织定名为汝拉联合会;但是同时,这个代表大会又显示了自己的无政府主义,宣布解散整个罗曼语区联合会(罗曼语区联合会则把汝拉人的自治权还给了他们,把他们从所有的支部中赶了出去)。后来代表大会便发表了一个大吹大擂的通告,其主要目的是对代表会议的合法性表示抗议,并且向他们要求立即召开的全协会代表大会提出申诉。

该通告指责国际背叛了自己的精神,这种精神正在于"对权威的极大抗议"。在布鲁塞尔代表大会以前,在这个最好的团体中,一切都进行得不能再好了,但是在巴塞尔,代表们昏了头,他们充满了"盲目的信任","违反了共同章程的文字和精神",而共同章程非常明确地宣布每一个支部和每几个支部实行自治。总之，国际在自己的旗帜上写上了权威主义，而汝拉联合会这个同盟的傀儡却在自己的旗帜上写上了支部自治。我们已经看到，同盟打算用什么方式来实现这种自治。

但是，巴塞尔代表大会的罪过同伦敦代表会议的罪过相比，就黯然失色了，因为伦敦代表会议的各项决议

"力图把国际由各自治支部的自由联合变为完全由总委员会控制的、各个服从纪律的支部的教阶制的和权威主义的组织，总委员会可以任意地拒绝接纳它们或者让它们停止活动"。

写这个通告的那些同盟分子显然忘记了，他们的秘密章程就完全是为了巩固永恒的"公民B"这位大人物所领导的"教阶制的和权威主义的组织"而制订的，其中包括各种指示：怎样使各个支部"服从纪律"，怎样使这些支部不是简单地让这位"公民"本人"掌握"，而且是"**完全掌握**"。

如果说代表会议的罪过已经是死罪的话，那么总委员会却犯下了一切罪中之罪——亵渎圣灵之罪。在总委员会中有"几个人"，他们把自己的

"代表资格证〈总委员会委员的〉看做是个人的私产，而伦敦对他们来说则是我们协会的永久的首都……一些人甚至到了这种地步……他们想确保他们的特殊纲领、他们自己的学说在国际内的统治地位……作为唯一在协会中具有公民权的正式理论……于是便慢慢地形成了一种正统思想，其中心是伦敦，其代表人物是总委员会的委员们"。

一句话，他们想用"集中制和专政"的办法来保证国际的统一。而正是在这个通告中，同盟妄图"确保自己的特殊纲领在国际内的优势"，把自己的纲领称为"对权威的极大抗议"，并且宣称，通过工人

自己的努力来解放工人的事业应当"没有任何权威主义的领导,即使这种领导是由工人选举产生并经工人批准的"。我们将会看到,在同盟有势力的一切地方,同盟所做的,正是它无中生有地指责总委员会的那些事情,——它企图把自己那种类似理论的东西作为"唯一在协会中具有公民权的正式理论"强加于人①。——所有这一切只不过是同盟当众进行的公开的活动;至于它的秘密活动,那么秘密规章的"精神和文字"已经告诉我们,"正统思想"、"自己的学说"、"集中制"和"专政"在这个"自治小组的自由联合"中的统治到了何等程度。我们完全明白,同盟想阻挠工人阶级建立自己的共同领导,因为巴枯宁有先见之明,在成立自己的同盟来作为革命的总参谋部的时候,就已经关心到这一点了。

总委员会不仅无意把任何正统思想强加于国际,相反地,它建议伦敦代表会议取消某些支部的宗派主义名称,而且这个建议被一致通过了②。

---

① 例如,马志尼要整个国际对教皇巴枯宁的荒谬谰言负责。总委员会认为,它不得不在意大利报纸上公开声明,它"始终反对屡次地想以狭隘的宗派主义的巴枯宁纲领来代替国际的广泛的、通俗易懂的纲领(它也使巴枯宁的信徒能够加入它的队伍)的企图;采用巴枯宁的纲领立刻就会使绝大多数国际会员被开除"181。茹尔·法夫尔的通告、地主议会议员萨卡兹关于我们协会的报告、在西班牙国会中关于国际的辩论过程中发表的那些反动演说182,以及对国际的一切公开攻击,都充满了从巴枯宁阵营编造的极端无政府主义的空话中摘出的引文。——原作者注

② 代表会议第二项决议第二条规定:"所有地方分部、支部、小组及其委员会,今后一律定名为国际工人协会分部、支部、小组和委员会,冠以该地地名。"第三条规定:"因此,所有分部、支部和小组,今后不得再用宗派名称,如实证论派、互助主义派、集体主义派、共产主义派等等,或者用'宣传支部'以及诸如此类的名称成立妄想执行与协会共同目标不符的特殊任务的分立主义组织。"——原作者注

总委员会在自己的内部通告（《所谓的分裂》第24页①）中谈到各个宗派时，就这样写道：

"无产阶级反对资产阶级斗争的第一阶段，带有宗派运动的性质。这在无产阶级还没有发展到作为一个阶级来行动的时期是有其理由的。有些思想家在批判社会矛盾的时候，提出了一些解决这些矛盾的幻想的办法，而工人群众则只有接受、宣传和实现这些办法。这些倡导者建立的宗派，按本质来说是弃权论的，即厌弃任何实际活动、政治、罢工、结社——总而言之，厌弃任何集体的运动。无产阶级绝大多数对他们的宣传始终是漠不关心的，甚至是敌视的。巴黎和里昂的工人不愿意理睬圣西门派、傅立叶派和伊加利亚派，就像英国的宪章派和工联派不承认欧文派一样。宗派在开始出现时曾经是运动的杠杆，而当它们一旦被这个运动所超过，就会变成一种障碍，那时宗派就成为反动的了。法国和英国的宗派，以及目前德国的拉萨尔派都证明了这一点。拉萨尔派多年来一直是无产阶级组织的绊脚石，而最终成了警察手中的简单工具。总之，这是无产阶级运动的童年，正像占星术和炼金术是科学的童年一样。在国际的建立成为可能以前，无产阶级必须跨过这个阶段。

同那些耽于幻想和相互争斗的宗派组织相反，国际是在反对资本家和土地占有者、反对他们的组织成为国家的阶级统治的共同斗争中联合起来的全世界无产阶级的真正的、战斗的组织。因此，在国际的章程中直截了当地提到追求共同目标、承认同一纲领的工人团体，这个纲领仅限于指出无产阶级运动的基本路线，而从理论上阐明这些路线，则要在实际斗争需要的推动下，在容纳一切色彩的社会主义信念的各个支部内，在它们的机关刊物和代表大会上，通过交换意见加以实现。"

同盟不想让国际成为战斗的组织；通告要求国际成为未来社会的精

---

① 见《马克思恩格斯全集》中文第1版第18卷第35—36页。

确的原型:

> "所以我们必须设法使这个组织尽可能地接近我们的理想……国际是未来人类社会的萌芽,它现在就应当正确地反映我们的自由和联邦的原则,并且应当抛弃任何会导致权威主义和专政的原则。"

如果汝拉联合会能够实现自己的计划,把国际变成还不存在的社会的正确反映,为了使国际服从于同盟及其永恒的独裁者"公民 B"的"权力和专政"这个秘密目的,而使国际失去一致行动的任何可能性的话,欧洲警察当局的愿望也就完全实现了,对欧洲警察当局来说,只要国际退出舞台,别的什么都是不需要的。

同盟的先生们为了向和平同盟和激进资产阶级中他们过去的同事们证明,他们发动的战役是针对国际的,而不是针对资产阶级的,他们把自己的通告散发给一切激进的报纸。甘必大先生的《法兰西共和国报》在一篇充满对汝拉人的鼓励和对伦敦代表会议的攻击的文章中,赶忙承认了他们的功绩。[183]《汝拉简报》对资产阶级报刊的这种支持十分高兴,在它的第 3 期上 *in extenso*〔**全文**〕转载了这篇文章,从而表明,最诚挚和睦的关系把超革命的同盟盟员和凡尔赛的甘必大分子联合起来了。为了在资产阶级中更广泛地传播关于国际内出现分裂的愉快消息,在许多法国城市特别是蒙彼利埃的街道上,在赶集日都出售桑维耳耶通告。大家知道,在法国,在街上出售印刷品是要经警察当局许可的①。

在同盟指望为自己搜罗到朋友和对总委员会不满的人的一切地方,到处大量散发这个通告。但是效果几乎等于零。同盟的西班牙盟员们反对召开通告所要求的代表大会,他们甚至敢于驳斥教皇。[185] 在意大利只

---

① 图卢兹审判案[184]:见1873年3月18日《改革报》(图卢兹报纸)。——原作者注

有特尔察吉一个人一度支持召开代表大会。在比利时没有知名的同盟盟员，但是在这里国际的整个运动混杂在关于放弃政治、自治、自由、联盟、分权制等的资产阶级的高谈阔论中，并且陷于狭隘的地方利益而不能自拔，在这里通告有某些成就。虽然比利时联合会委员会没有赞同召开全协会非常代表大会的要求——如果这样做，应该说是荒唐的，因为比利时曾经派出六位代表参加代表会议，——但是，该委员会拟定了一个共同章程草案，其中总委员会干脆被取消了。当比利时代表大会讨论这个提议时，洛德兰萨尔的一位代表指出，对工人来说最好的标准是他们雇主的情绪。根据取消总委员会这一思想所引起的雇主们的那种高兴的劲头，就已经可以断言，不可能

"犯比下令取消这种东西更大的错误了"。

所以，提议遭到否决。在瑞士，罗曼语区联合会对通告表示了有力的抗议[186]，而在其他一切国家中，它干脆遭到了蔑视的沉默。

总委员会以1872年3月5日的内部通告《所谓国际内部的分裂》回答了桑维耶通告和同盟的层出不穷的阴谋诡计。前面已经简述了这个通告的重要部分。海牙代表大会对这些阴谋和这些阴谋家进行了应有的惩罚。

当然，这些自己愈渺小就叫嚷得愈厉害的人，获得了不容置辩的成就。全部自由主义的和警察的报刊都公开站在他们那方面；他们对总委员会各个委员的诽谤，他们对国际的无力的攻击，得到了一切国家的冒牌改革家们的支持。在英国，支持他们的有资产阶级共和派，这些人的阴谋已被总委员会所挫败。在意大利，支持他们的有自由思想的教条主义者，这些人建议在斯蒂凡诺尼的旗帜下建立一个以罗马为当然会址的"唯理论者总协会"，这个协会是一个"权威主义的"和"教阶制的"组织，无神论修士和修女等等的修道院，这个组织的章程规定，在会议

厅里要给每一个捐助一万法郎的资产者立一座大理石胸像。最后，在德国他们受到了俾斯麦社会主义者的支持，这些人扮演着普鲁士德意志帝国的白衫党的角色，至于他们出版的警察的报纸《新社会民主党人报》[187]就更不用提了。

由于《社会革命报》已经不再存在，所以同盟便把《汝拉简报》变成了它的正式机关报。该报借口保护各自治的支部免遭总委员会的权威主义和伦敦代表会议的篡夺者行动之害，竭力破坏国际。《简报》在1872年3月20日那一期上，公开承认，

> "它所理解的国际，并不是现在包含一部分无产阶级的这种或那种组织。各种组织是次要的、转瞬即逝的事情……在更一般的意义上说，国际是在现代世界中占统治地位的被剥削者团结一致的感情。"

被归结为简单的"团结一致的感情"的国际，大概会比基督教的爱还更加虚幻呢。为了说明《简报》采取了多么正派的手腕，我们把苏黎世出版的波兰文报纸《自由报》总编辑托卡热维奇的一封信摘引一段如下：

> "《汝拉简报》第13期上刊登了**苏黎世波兰社会主义协会的纲领**，本协会再过几天就将开始出版自己的报纸《自由报》。我们全权委托您在接到这封信三天以后向国际总委员会声明，这个纲领是**假的**。"[188]

6月15日的《简报》刊有同盟盟员（巴枯宁、马隆、克拉里斯、吉约姆等）对总委员会内部通告的答复。这些答复对于总委员会对同盟及其首领们提出的指责一个也没有回答。教皇由于理屈词穷，骂这个通告是"一桶污水"，决定以此结束这场争端。

他宣称："但是，我永远保留向公意法庭告发一切诽谤者的权利，毫无疑问，下次代表大会将不会拒绝给我成立这种法庭。**只要这个法庭**为我提供作出

不偏不倚的认真的判决的一切保证，我一定会向它叙述有关政治性质以及私人性质的一切事实的全部必要的细节，不怕由于不客气地公开这些事实而产生的不痛快事情和危险。"

当然，公民 B 像通常一样并不吝惜自己的生命——他干脆没有到海牙去。

代表大会日益临近了，而同盟知道，在代表大会开始以前要公布关于涅恰耶夫案件的报告，代表会议把起草这个报告的工作委托给了公民吴亭。对于同盟来说，使这个报告不能在代表大会以前公布，使代表们无法得到关于这个案件的全部情报，是非常重要的。公民吴亭前往苏黎世完成自己的任务。他在那里刚刚住下，便成了受人谋害的牺牲品，我们毫不犹豫地把这次谋杀算到同盟的账上。在苏黎世，吴亭除了巴枯宁"完全掌握"的同盟的几个斯拉夫族盟员以外，没有别的仇敌。而且组织埋伏和暗杀是这个团体认可并经常使用的斗争手段之一；在西班牙和俄国，我们将会看到这一手段的其他例证。操同一种斯拉夫语的八个人在运河边的一个荒地上窥伺着吴亭，当他走近时，他们便从后面扑上去，用大石块猛击他的头部，使他的眼受重伤，如果不是当时有四个德国大学生赶来，他们在殴打以后一定会把他弄死并扔到运河里去的。凶手看到大学生便逃散了。这次谋杀并没有妨碍公民吴亭完成自己的著作并把它寄给代表大会。

四
同盟在西班牙

1868 年 9 月和平同盟在伯尔尼召开了代表大会以后，社会主义民主同盟的创建人之一、意大利议会议员法奈利到马德里去了。巴枯宁让他带了几封介绍信给议会议员加里多，加里多使他同资产阶级的和工人的共和派人士建立了联系。在此以后不久，即同年11月，从日内瓦给莫拉戈、科尔多瓦-洛佩斯（梦想当议员的共和党人、资产阶级报纸《战斗报》[189]的编辑）以及鲁巴乌·多纳德乌（落选的巴塞罗那候选人、一个假社会主义政党的创建人）寄来了同盟盟员证。寄来盟员证这个消息对国际年轻的马德里支部起了破坏作用。支部主席哈尔沃退出了支部，因为他不愿意属于这样一个协会，这个协会容忍有一个由资产者组成的秘密团体在自己内部存在并服从它的领导。

早在巴塞尔代表大会上，国际的西班牙各组织就已经是由两名同盟盟员——法尔加-佩利塞尔和森蒂尼翁——代表的，其中森蒂尼翁在正式的代表名单中被列为"同盟代表"。当国际的西班牙各组织在巴塞罗那召开了代表大会（1870年7月）以后，同盟便在帕耳马、巴伦西亚、马拉加和加迪斯建立起来了。1871年在桑维耳耶和哥多瓦分别成立了支部。1871年初，同盟的巴塞罗那代表莫拉戈和维尼亚斯建议联合会委员会的委员们（弗朗西斯科·莫拉、安赫尔·莫拉、安塞尔莫·洛伦佐、博雷尔等人）……在马德里成立同盟支部；但是这些委员反对这样做，他们声称，同盟如果作为一个秘密团体存在，那是危险的，而如果公开存在，那是无益的。在这一次，单是提起这个名称就已经在联合会委员会内部撒下了纷争的种子。博雷尔甚至预言：

"从今以后我们之间的任何信任都完了。"

但是，当联合会委员会的委员们因政府的迫害不得不流亡葡萄牙的时候，莫拉戈使他们想念了这个秘密团体的益处，于是根据他们的倡议在马德里成立了同盟支部。在里斯本，莫拉戈把几个葡萄牙人（国际会员）拉进了同盟。但是，他认为这些新手不够靠得住，所以他背着他们建立了另一个由在共济会会员中招募来的最糟糕的资产阶级分子和工人分子组成的同盟小组。这个新的、有前神甫博南萨参加的小组，企图按每十个人一个支部的形式来组织国际，它们应当在这个小组的领导下为皮尼希伯爵的计划服务，而这个政治阴谋家也的确成功地诱使它们从事以使他掌握政权为唯一的冒险事业。由于同盟在葡萄牙和西班牙策划阴谋，国际的葡萄牙会员退出了这个秘密团体，并且在海牙代表大会上要求为了共同事业的利益把这个团体从国际中开除出去。

在国际西班牙各支部的巴伦西亚代表会议（1871年9月）上，像通常一样同时也是国际的代表的那些同盟代表，在伊比利安半岛上最后成立了自己的秘密团体组织。他们中的大多数人认为，同盟的纲领和国际的纲领是一样的，这个秘密组织到处都存在，**加入**这个组织似乎是一种义务，同盟努力使国际进一步发展而不是使国际从属于自己，所以他们大多数人决定，应当让联合会委员会全体委员参加同盟的亲信组织。在此以前一直不敢回西班牙去的莫拉戈一得悉这个事实，便匆忙来到了马德里，他指责莫拉"想使同盟从属于国际"，说这一点违背了同盟的宗旨。为了使这个意见能得到重视，他在次年1月给梅萨看了巴枯宁的一封信，在这封信中巴枯宁发挥了统治工人阶级的马基雅弗利式的计划。这个计划如下：

  "同盟在外表上应该存在于国际之内，而实际上则应该稍微站在它旁边一点，以便更好地监督它和领导它。基于这种考虑，参加国际支部委员会的盟员**在同盟支部中永远应该是少数。**"（何塞·梅萨1872年9月1日交给海牙代表大会的声明）①[190]

在同盟的一次会议上，莫拉戈指责梅萨出卖了巴枯宁的团体，因为梅萨让联合会委员会全体委员参加了这个亲信团体，从而使他们在同盟支部中取得了多数，并且实际上确立了国际对同盟的优势。正是为了避

---

① 见本卷第398—399页。

免这种优势，秘密指令规定，只应当有一名或两名同盟盟员钻进国际的各委员会，并且要根据同盟支部的指示，在同盟支部的支持下领导它们，凡是应该由国际接受的决定，事先都要在同盟支部中研究好。从这个时候起，莫拉戈就对联合会委员会宣了战，并且也像在葡萄牙一样，建立了一个新的同盟支部，那些他认为不可靠的人仍然不知道这个支部。同盟的亲信盟员们在西班牙各地支持他，并且开始指责联合会委员会忽视自己对同盟所应尽的责任；关于这件事情，由达蒙——蒙托罗在同盟中的化名——签署的同盟巴伦西亚支部通告（1872年1月30日）[191]可以作证。

西班牙的同盟接到了桑维耳耶通告以后，并没有站到汝拉那一边去。甚至作为创始者的巴塞罗那支部在1871年11月14日的正式信件中也十分激烈地以道地的异教徒的口吻评论了教皇米哈伊尔，这个支部怀疑他同卡尔·马克思在进行个人竞争①。

联合会委员会表示赞同这封信，这说明当时瑞士中心在西班牙的影

---

① 阿莱里尼"以〈同盟〉巴塞罗那小组的名义"寄给"我的亲爱的巴斯特利卡和亲爱的朋友们"的这封信的副本被散发给了同盟的所有西班牙支部。现在我们从中作一些摘引：
"本届总委员会只存在到明年的代表大会为止，它的极其有害的活动只能是暂时的……相反地，公开的决裂会使我们的事业遭到很大的打击，即使我们的事业总的说来能够经得起这种打击，也难于恢复元气。因此，我们无论如何不能同意你们的**分立主义的倾向**……我们中有些人自己在想：在这一切事情中，或者与这一切事情同时，除了原则的问题以外，是否也**有私人的问题，例如我们的朋友米哈伊尔同卡尔·马克思之间、老同盟的盟员和总委员会委员之间竞争**的问题呢……我们痛心地在《社会革命报》上读到了对总委员会和卡尔·马克思的攻击……如果我们知道半岛上**那些影响着各地方委员会**的我们的朋友的意见的话，那这个意见可能会使我们改变立场而转向共同决定的方面，那时我们将在一切方面适应这种共同决定，"云云。
老同盟是在萌芽状态就被总委员会所摧毁了的公开同盟。我们摘引的这封信是阿莱里尼亲笔写的。——原作者注

响是多么微弱。但是，在此以后不久便可以看到，这些刚愎自用的人就幡然悔悟了。在讨论桑维耳耶通告的国际马德里联合会会议（1872年1月7日）上，由于莫拉戈领导的一个新的小组阻挠表决罗曼语区联合会的反通告，使讨论陷于中断。2月24日，拉法尔（拉斐尔·法尔加在同盟中的化名）向同盟马德里支部报告说：

"必须铲除总委员会的反动影响和权威主义的倾向。"

目前只是在帕尔马，在马略卡岛，同盟才使国际委员们公开赞同了汝拉通告。于是，教会纪律便开始粉碎反对承认教皇永无谬误的最后尝试。

面对着这种地下工作，西班牙联合会委员会知道，必须立即摆脱同盟。政府的迫害使它有理由这样做。它建议成立"国际的捍卫者"秘密小组，以防国际的解散，同盟的支部应当不知不觉地溶化在这些小组之中。大量盟员的参加必不可免地要改变这些支部的性质，只要迫害一停止，这些支部就会和这些小组一起消失。但是，同盟看出了这个计划的秘密目的后便搞垮了这个计划，然而，没有这种组织，政府一旦实行威胁，国际在西班牙的存在就会受到威胁。为了与此相对抗，同盟提出了下列建议：

"假如把我们置于法律之外，使国际具有一种**能够为政府所容许**的形式，将是合适的；各地方委员会最好应当成为秘密中心，它们在同盟的影响下，会使各支部具有完全革命的方针。"（1871年10月25日同盟桑维耳耶支部通告[192]）

行动上胆小怯懦，言语上勇敢无比——同盟在西班牙是如此，在一切地方也是如此。

伦敦代表会议关于工人阶级的政治的决议使同盟不得不公开反对国际，而这个决议也使联合会委员会有理由确证它同绝大多数国际会员是完全团结一致的。此外，决议也向它提出了在西班牙建立一个广泛的工人政党的思想。为了达到这个目的，首先必须使工人阶级完全脱离一切资产阶级政党，特别是共和党，因为它的大多数选民和拥护者都是在工人中网罗的。联合会委员会建议拒绝参加一切君主制和共和制的议员选举。为了驱散由于共和党人的假社会主义的花言巧语在人民中滋长的幻想，兼任联合会委员会委员的《解放报》编辑们给在马德里召开代表大会的共和联邦党的代表们写了一封信，要求他们采取实际的措施，并且建议他们就国际的纲领发表意见。[193]这意味着使共和党遭受可怕的打击！同盟却设法减轻这个打击，因为它和共和党人有密切联系。[194]它在马德里创办了《被判罪者》[195]周报，这家报纸提出同盟的三项美德：**无神论、无政府状态、集体主义**作为纲领，但是同时又建议工人们不要争取缩短工作日。除了莫拉戈"兄弟"以外，为该报撰稿的还有埃斯泰瓦内斯——共和党领导委员会的三个成员之一，不久前的马德里总督和陆军大臣。在马拉加有皮诺——假国际的联合会委员会委员，在马德里有菲力浦·马丁——现任同盟的推销员，曾充当共和党在选举运动中的代理人。而为了在西班牙议会中也有自己的法奈利，同盟打算提出莫拉戈作为候选人。

同盟仅仅因为两件事就不能饶恕联合会委员会：（1）联合会委员会在汝拉问题上弃权；（2）联合会委员会企图损害它的不可侵犯性。当委员会对共和党采取的立场破坏了同盟的全部计划以后，同盟便决定要惩办它。给共和党代表大会的信被同盟理解为是一种宣战的行动。该党最有影响的机关报《平等报》[196]疯狂地攻击《解放报》的编辑们，指责他们投靠了萨加斯塔。《被判罪者》周报顽固地保持沉默以支持这种卑鄙的指责。同盟还为共和党做了一件更大的事情。由于这一封信，它设法把《解放报》的编辑们开除出了同盟的影响占优势的国际马德里联合会。

尽管有政府的迫害，联合会委员会在代表会议以后的6个月活动中，在巴伦西亚把地方联合会的数目由13个增加到70个；在其他100个地方，它也筹备建立新的联合会，把8个行业的工人组成为全国规模的抵抗团体。此外，在它的支持下成立了规模巨大的卡塔卢尼亚工厂工人联合会。这些功绩为委员会的委员们造成了极大的精神影响，使得巴枯宁感到有必要使他们回到真理的道路上来，于是他在1872年4月5日给委员会总书记莫拉去了一篇很长的父亲式的训示（见"文件"第三号①）。虽然同盟至少派了12名代表出席并且尽了一切努力，但是萨拉戈萨代表大会（1872年4月4—11日）还是撤销了开除这些委员的决定，并且把被开除的两个人选入了新的联合会委员会，尽管他们再三拒绝提他们为候选人。

与萨拉戈萨代表大会的同时，像往常一样，同盟也举行了秘密集会。联合会委员会的委员们在会上提出了解散同盟的建议。为了不否决这个建议，他们狡猾地避开了它。两个月以后，在6月2日，仍然是这些公民以西班牙同盟领导人的身份并代表同盟的马德里支部给其他所有支部发出了一个通告，在通告中他们重新提出了自己的建议，并且作了如下的论证：

"同盟离开了在我们看来它在我国应该遵循的道路；它歪曲了使它得以产生的那个思想，同盟没有成为我们伟大协会的组成部分，没有成为推动国际的各个组织前进、帮助它们并促进它们发展的积极因素，却完全脱离了协会的其他部分，变成了一个特殊的、力图使一切都服从于它的仿佛是最高的组织；从而它就造成了我们内部的不信任、纠纷和分裂……在萨拉戈萨，同盟不仅没有提出建议并帮助解决问题，相反地，只是为代表大会的重要工作制造障碍。"

---

① 见本卷第696—698页。

在西班牙的所有同盟支部中，只有一个加迪斯支部答复了这个通告，它通知说它已经解散。可是就在第二天，同盟便再次设法把在6月2日通告上签名的那些人开除出了国际的马德里联合会。开除的借口是《解放报》6月1日的一篇文章，这篇文章要求调查

"各大臣、将军、行政官吏、公职人员、市长等人……以及一切没有担任国家职务但是在各届政府的卵翼之下生活，在议会中支持政府并戴着虚假的反对派的假面具来掩护政府的违法行为的那些政治活动家的财富，是怎样得来的……没收这些人的财产应当是革命后第二天将要实行的第一个措施"[197]。

同盟认为这篇文章直接攻击了它在共和党中的朋友，于是就指责《解放报》的编辑们背叛了无产阶级的事业，借口是他们要求没收这些盗窃国家资财的人的财产就是承认私有制。为了证明同盟的革命诈骗术后面所隐藏的、它想灌输给工人阶级的那种反动性，再也找不到比这更好的证据了。同盟分子把那些由于具有共产主义思想而被他们革除教籍的人当作私有制的维护者加以开除，为了证实同盟分子的诡诈性，再也找不到比这更好的证据了。

再次开除这些委员这个行动是违反现行章程的，章程规定要成立公意法庭，参加这个法庭的7名陪审员中，可以由被告本人推荐两名，对于法庭的决定他也可以在支部大会上提出申诉。可是同盟不愿意在它的自治方面受到限制，它没有这样做，而是在提出控告的同一个会议上就下令开除这些人。在支部的全体130个成员中，只有15个串通好了的人出席了会议。被开除者向联合会委员会提出了申诉。

由于同盟施展各种诡诈伎俩，这个委员会被迁往巴伦西亚。在萨拉戈萨代表大会上重新当选的两名前联合会委员会委员中，莫拉不同意当选，而洛伦佐几乎立即就提出辞职。从这个时候起，联合会委员会便连灵魂带肉体都被出卖给同盟了。因此，在答复被开除者的申诉时，它声

明自己并不主管这件事,虽然西班牙联合会章程第七条规定它有责任把违反章程的任何地方联合会暂时开除出去,让地方联合会保留有对这个决定向下一次代表大会提出申诉的权利。在此以后,被开除的人成立了"新联合会",并要求委员会承认它,但是委员会以支部自治为根据,坚决拒绝了它这个要求。于是,新马德里联合会便诉诸总委员会,总委员会根据组织条例第二节第七条和第四节第四条的规定[198]接受了它。海牙全协会代表大会同意了这个决定并且**一致**承认新马德里联合会代表①的代表资格证是有效的。

同盟明白这第一次反抗运动的全部意义;它知道,如果不在萌芽状态就把它掐死,那么在此以前一直如此温顺听话的西班牙国际就将从它手中溜走;于是它使出了自己的一切手段,包括正派的和不正派的。它起初是进行诬蔑。被开除的人(安赫尔·莫拉、弗朗西斯科·莫拉、何塞·梅萨、维克多·帕赫斯、伊格列西亚斯、萨恩斯、卡列哈、保利和拉法格)的名字被扣上了叛徒的帽子,刊登在报纸上,张贴在各支部的办公室里。莫拉为了履行总书记的职责而抛弃了自己的工作,一连好几个月都从他的兄弟那里得到接济,因为没有钱维持生活,但是他却被指责为似乎是靠国际供养过活。梅萨为了挣钱度日,正主办一个时装杂志并且刚刚为一个画刊翻译了一篇文章,他们就说他投靠了资产阶级。拉法格被指责为罪该万死,因为他利用卡冈都亚才配享受的午餐使新的同盟分子的联合会委员会的两名委员(马丁涅斯和蒙托罗)的孱弱的肉体受到了圣安东的诱惑,似乎他们的良心是藏在肚子里的。我们这里所谈的只是出现在报刊上的公开诬蔑。由于这些办法没有产生预期的效果,他们便转而进行恫吓。在巴伦西亚,莫拉中了联合会委员会委员们所设下的埋伏,他们手执木棍在那里等他。地方联合会的成员们拯救了

---

① 保·拉法格。

他，他们熟悉这些先生的手段，并且断言，洛伦佐是在这种使人心惊肉跳的证据的影响下提出辞职的。不久以后，在马德里又发生了类似的企图谋害伊格列西亚斯的事件。同盟分子的主教会议把《解放报》列入禁书目录，使这家报纸遭受了一切正统教徒的谴责；在加迪斯，为了使罪人们的心灵中产生一种对死的恐惧，曾经宣布，每一个卖《解放报》的人都将被当做叛徒赶出国际。同盟分子的无政府状态在宗教裁判官的实践中得到了实现。

同盟按照它自己的惯例，开始设法使国际的西班牙各组织出席海牙代表大会的整个代表团都由同盟盟员组成。为此目的，联合会委员会给各支部发出了一个内部通告，并且做了周密的安排，不让新马德里联合会知道这个内部通告。在这个通告中，提出派一个由国际全体会员投票选出的总代表团出席代表大会，并且由全体会员按人头每人派25生丁，以抵敷各种开支。由于各地方联合会没有时间就候选人问题交换意见，所以很明显，当选的将是同盟圈定的候选人，这些人都将用国际的钱去出席代表大会，而实际上结果也正是这样。这个通告到底还是落到了新马德里联合会的手中，并且被转寄给了总委员会，总委员会知道联合会委员会受着同盟的操纵，断定是采取行动的时候了，于是给西班牙联合会委员会写了一封信，信中说：

"公民们！我们有证据证实，在国际内部，特别是在西班牙，存在着一个自称为社会主义民主同盟的秘密团体。这个团体的中央设在瑞士，它认为自己的专门使命就是要使我们伟大的协会适应它的特殊倾向，并且把协会引向绝大多数国际会员根本不知道的目标。此外我们从塞维利亚的《理智》上知道，你们委员会中至少有三个委员是同盟的人……

当这个团体还是公开的时候，它的组织和性质就已经同我们章程的精神和文字相违背，所以，它违反自己承担的义务，而秘密存在于国际内部,就无异于直接背叛我们的协会。国际只承认有一种在权利和义务上都平等的会员;同盟却把他们分成两类,即亲信者和非亲信者,而且后者注定要由前者通过一个后者根本不知道的组织来领导。国际要求自己的会员承认**真理、正义和道德**是自己行为的准则;同盟却责成自己的拥护者必须向国际的非亲信的会员隐瞒这个秘密组织的存在,以及自己言行的动机和真正目的。"①

此外,总委员会责成他们提出一些材料来调查同盟(这方面的材料总委员会打算提交海牙代表大会),并且说明为什么他们认为,在联合会委员会中至少有三个知名的同盟盟员这一事实,同他们履行对国际的义务是可以并行不悖的。

联合会委员会写了一封支吾搪塞的回信,不过,它在信中承认了同盟的存在。

由于我们谈过的那些阴谋诡计都不足以保证在选举中获胜,同盟便决定在自己的各家报纸上提出法尔加、阿莱里尼、索里阿诺、马尔塞劳、门德斯、莫拉戈为正式候选人。投票的结果,马尔塞劳获得3568票,莫拉戈3442票,门德斯2850票,索里阿诺2751票。在其他候选人中,洛斯塔乌在卡塔卢尼亚的4个城市中获得2430票,虽然这些城市的纪律性还不够强;富斯特尔在卡塔卢尼亚的桑斯获得1053票。在其他候选人中没有一个人的票数超过了250票。为了保证使法尔加和阿莱里尼当选,联合会委员会授予同盟占统治地位的巴塞罗那城以直接选举自己的代表的特权,这里的代表自然就是阿莱里尼和法尔加了。同一个正式通告确认,提出洛斯塔乌和富斯特尔从而也就否决了同盟的正式候选人的卡塔卢尼亚的4个城市交了2654雷阿耳(合663法郎50生丁)供代表团抵敷各种开支,而由于工人不习惯于自己处理自己的事

---

① 见《马克思恩格斯全集》中文第1版第18卷第135—136页。

务，同盟能够使自己的候选人获得通过的西班牙其他各城市，却只交付了2799雷阿耳（合699法郎75生丁）。新马德里联合会有充分的根据说，同盟是用国际会员的钱派自己的代表去海牙的。除了这一切以外，同盟分子的联合会委员会根本没有缴纳应该上缴给总委员会的会费。

这一切同盟还嫌不够。它想让它的代表们都有同盟分子的限权代表委托书；请看它是怎样把各种委托书弄到手的。在7月7日的通告中，联合会委员会要求把各地方联合会提出的全部限权代表委托书合为一个共同的委托书，并且得到了批准。这个比波拿巴全民投票[199]更坏的手法使同盟有可能为自己的代表团拼凑一个它打算强加于代表大会的委托书，而如果国际的组织条例规定国际应该实行的投票方式不立即改变的话，同盟就禁止自己的代表参加投票。这不过是一种骗人的把戏，是卡斯泰拉尔百般赞扬的、和平同盟在采用的投票方式。在圣伊米耶代表大会上，西班牙的代表们不顾自己的委托书参加了按联合会进行的投票，这个事实就证明这是骗人的把戏。①

五
同盟在意大利

在意大利，同盟的建立先于国际。教皇米哈伊尔住在这里，并且在

---

① **森蒂尼翁**——巴塞罗那的医生，巴枯宁的私交，西班牙的同盟创建人之一，在海牙代表大会以前很久，他就建议国际会员不向总委员会缴纳会费，因为总委员会用会费来购买武器。他企图阻挠西班牙的国际捍卫被战胜了的公社的事业；由于违反了出版法而被监禁以后，他发表了一个宣言，勇敢地同当时受迫害的国际断绝关系；因此，巴塞罗那的全体工人都抛弃了他，但是他仍然是同盟的秘密领袖之一；这从下面事实中可以看出：1871年8月14日，即公社失败后过了三个月，同盟盟员蒙托罗在给一个同盟盟员的信中把森蒂尼翁当做可以介绍他并证明他是同盟盟员的人。——原作者注

激进的资产阶级青年中间建立了很多联系。国际在意大利的第一个支部——那不勒斯支部——从一成立起便处在这些资产阶级分子和同盟分

（续前注）**维尼亚斯**——医科大学的学生，森蒂尼翁在1872年1月26日的信中把他作为"国际在巴塞罗那的灵魂"介绍给李卜克内西，他在国际受到迫害的时期退出了国际，为的是不致损害自己家庭的声誉，虽然警察局并不准备费心把他关进监狱。——原作者注

法尔加-佩利塞尔——也是同盟的头目之一，森蒂尼翁在同一封信中指责他在遭迫害时让别人在法庭上替他的文章受过而自己却溜掉了。同盟分子的兔子般的勇敢在任何时候和任何地方都英勇地捍卫着自己的反权威主义的自治。他们对资产阶级国家的权威主义政权的抗议的表现，就是一溜了事。——原作者注

索里阿诺——另一名头目。秘密科学的教授……，在迫害加剧的时候退出了国际。在萨拉戈萨代表大会上他曾经有可悲的勇气反对拉法格和其他代表提出的公开举行会议的要求，因为他认为触怒政权当局是不明智的。最近，就是说在亚马多统治下，索里阿诺担任了政府中的职务。——原作者注

莫拉戈——小铺老板、小酒馆的常客，他依靠自己妻子和帮工们的劳动保持自己的职业赌徒的自治。当联合会委员会流亡里斯本的时候，他从委员会委员的岗位上开了小差，并且建议把国际的文件抛入海中。当萨加斯塔宣布国际为非法的时候，莫拉戈再次从马德里地方委员会委员的岗位上开了小差，到同盟的港湾里躲避风暴去了。同盟没有基督，却有很多的圣彼得。——原作者注

克莱门特·博韦——卡塔卢尼亚工厂工人联合会（las tres clases de vapor[200]）主席，他由于对财务采取了过分自治的态度而被撤职并被撵走。——原作者注

迪奥尼西奥·加尔西亚·弗赖列——1872年7月28日同盟机关报《联盟》发表了他的一封对新马德里联合会极尽攻击之能事的长信，并尊称他为"我们亲爱的同人"，他曾在圣塞瓦斯田的警察局供职，并且把国际一个支部的出纳处偷得精光。——原作者注

子的领导之下。同盟的创建者之一、律师甘布齐①让自己的"模范工人"卡波鲁索当上了支部主席。在巴塞尔代表大会上，巴枯宁同他的忠实的卡波鲁索一起代表了国际的那不勒斯会员，而法奈利②——这个同盟的安东内利、在国际之外组织起来的各工人协作社的代表——因病滞留在途中。

同至圣的父亲的亲密关系冲昏了我们的好汉卡波鲁索的头脑。回到那不勒斯以后，他自命高于其他一切同盟分子之上；在支部中他以主人自居。

"巴塞尔之行使卡波鲁索完全变了样……他从代表大会带回了许多与我们团体的原则截然对立的离奇思想和意图。他先是悄悄地，以后便大声地以专横的口吻谈起了他没有也不可能有的权力；他断言总委员会只信任他一个人，如果支部不听从他的话，他有权解散它，成立一个新的支部。"（1871年7月那不勒斯支部给总委员会的正式报告，由同盟的律师卡尔梅洛·帕拉迪诺起草并署名。）

---

① "律师卡洛·甘布齐是卡波鲁索的最热心的支持者之一，他认为卡波鲁索是同盟支部的模范主席。他给了卡波鲁索参加巴塞尔代表大会所必需的经费。当支部大会决定开除卡波鲁索的时候，甘布齐坚决反对在通报上公布这一事实，并且还劝说自己的朋友们不要坚持公布他的另一个可耻的私吞300法郎的事实。"（1871年7月12日卡菲埃罗的信）[201]——原作者注

② 法奈利早就当上了意大利议会议员。有人向甘布齐质问这件事，他说，当议员是一件大好事；这可以使你不受警察的侵犯，并且可以免费坐意大利一切火车。同盟禁止工人实行任何政治发动，因为要求某一个国家限制女工和童工的工作，就是承认国家并且对祸害的根源屈服；但是同盟的资产阶级领导人参加议会会议，享受资产阶级国家所给予他们的特权，却得到教皇的宽恕。法奈利在意大利议会所进行的无神论的和无政府主义的活动，到现在为止只有以"Dio e Popolo"["上帝和人民"]为口号的权威主义者马志尼才对之备加颂扬。——原作者注

卡波鲁索的权力显然是来自同盟中央委员会，因为国际从来没有给他这种权力。在好汉卡波鲁索看来，国际不过是个人发财致富的源泉罢了，所以他任命自己的女婿即前耶稣会教徒和卸任神甫

"为国际的教授，并且强迫不幸的工人听他关于尊重财产的冗长讲话和资产阶级政治经济学的其他胡言乱语"（卡菲埃罗的信）①。

在此以后，他就投靠了因国际在那不勒斯的成就而惊恐不安的资本家。他遵照这些资本家的命令诱使那不勒斯的毛皮工人参加了毫无希望的罢工。他和支部其他三个成员一起被关进监狱以后，竟私吞了支部寄给四名被囚者的300法郎生活费。由于这些光荣的功绩，他被开除出了这个一直存在到被强力驱散（1871年8月20日）时为止的支部。但是，同盟躲过了警察当局的迫害以后，却利用这一点来抢占国际的地位。卡尔梅洛·帕拉迪诺一方面寄发了我们前面摘引过的那篇正式报告，另方面又于1871年11月13日对伦敦代表会议表示抗议，使用的词句和论据同我们在标明的日期早一天的桑维耶耶通告中看到的毫无二致。

1871年11月，在米兰成立了一个由各色各样的分子组成的支部[203]。除了工人，即除了主要是由库诺吸收进来的机械工人以外，在这个支部

---

① 卡波鲁索在那不勒斯遭到反击之后过了两年，又恬不知耻地硬要总委员会接受这个人物，他为这个人做了这样的广告："国际主席公民！在巴塞尔工人代表大会上讨论过并且目前仍然为一切阶级思想家所研究的劳动与资本的大问题，现在已经解决了。研究社会问题这个复杂题目的人是我的女婿，即我的女儿的丈夫；他研究了上述代表大会的各项决定并且依靠科学的帮助，发现了解决这个难题的线索，从而提供了按照工人家庭和资产阶级各自的权利确立它们二者之间的完全均势的可能性。"云云（署名：斯蒂凡诺·卡普卢索）[202]。——原作者注

中还有完全受同盟的影响的大学生、小报记者、小职员。库诺由于是德国人，不知道同盟的秘密；但是，他有可能判定，在到洛迦诺这个同盟分子的罗马朝圣以后，这些资产阶级青年组成了秘密团体的一个支部。接着（1872年2月），库诺就被意大利警察当局逮捕，并被驱逐出境；由于这种从上面来的帮助，同盟获得了行动的自由，并且逐渐控制了国际的米兰支部。

1871年10月8日，在都灵成立了工人联合会[204]；它向总委员会请求加入国际。该联合会书记卡洛·特尔察吉这样一字不差地写道："Attendiamo i vostri ordini"——我们等候你们的**指示**。为了证实国际在意大利从最初时期起就要经过同盟这个官僚的一级，他通知说：

"总委员会将从巴枯宁那里得到拉韦纳工人协会宣布它是国际支部的信。"

12月4日，卡洛·特尔察吉通知总委员会，说工人联合会分裂了，因为该联合会的多数派是马志尼分子，而少数派则成立了名为"无产者解放社"的支部。他利用这个机会向总委员会为自己的《无产者报》要钱。以金钱支持报刊并不是总委员会的任务；但是在伦敦有一个募捐帮助国际的报刊的委员会。这个委员会已经打算寄出为数150法郎的补助金，就在这时《玫瑰小报》报道说，都灵支部公开站到汝拉人方面去了，并且决定派一名代表出席汝拉联合会召开的世界代表大会。两个月以后，特尔察吉在雷吉斯面前吹嘘说，他是在洛迦诺亲自从巴枯宁那里得到指示以后才通过这个决定的。鉴于对国际采取这种敌对的态度，委员会没有把钱寄去。

虽然特尔察吉是同盟在都灵的主要助手，但是教皇驻那里的真正使节是一个冒充为波兰医师的名叫雅科比的人。为了说明他对总委员会的所谓泛日耳曼主义的仇恨，这位同盟的医生指责总委员会

"在普法战争时期玩忽职守和毫无作为；总委员会对公社的灭亡应负罪责，因为它不善于利用自己的巨大力量去支援巴黎的运动；总委员会的亲德意志的倾向是极其触目的，因为当时在巴黎城下的德国军队中有4万名国际会员〈!〉，而总委员会却不能或者不愿意利用自己的影响来制止战争的继续〈!!〉"（1872年3月1日雷吉斯给总委员会的报告[205]）。

他把总委员会和支援报刊委员会混为一谈，指责总委员会拒绝把150法郎交给同盟分子特尔察吉是"遵循了受贿和贿买成性的各国政府的理论"。为了证明这个控诉是出自同盟的心灵深处，吉约姆认为他有责任在海牙代表大会上加以重申。

正当特尔察吉在他的报纸上公开擂起了同盟反权威主义的战鼓的时候，他自己又偷偷写信给总委员会，要求总委员会利用自己的权威拒绝接受都灵工人联合会的会费，并且按照规定手续把根本就不是国际会员的记者贝盖利开除出去。就是这个特尔察吉，"都灵警察局长的好友（amicone），在会晤时受到局长苦艾酒款待的人"（1872年4月5日都灵联合会委员会的正式报告），却在公开会议上泄露了总委员会派往都灵的流亡者雷吉斯到会的消息。得到这种提示后，警察局便马上跟踪雷吉斯，只是由于支部的帮助，雷吉斯才得以越过国境。

在都灵，特尔察吉是以下述方式完成自己的同盟分子的使命的。当对他提出严厉的谴责的时候，"他威胁说，如果不连选他当书记，如果支部不服从他，不承认他的权威或者对他提出责难，他就要烧毁支部的账簿。他威胁说不论出现上述任何一种情况，他都要去当警察局的密探（questurino），以示报复"（前面引过的都灵联合会委员会的报告）。特尔察吉利用种种理由企图吓倒支部。作为财务员和书记，他在出纳处大肆进行同盟分子的贪污盗窃活动。他不顾总委员会的坚决禁止，确定自己的薪金为90法郎；他把一些没有从出纳处支出然而却下落不明的款子记在账簿的已支项目内，他本人编制的会计收支报表写明库存现金56法郎，事实上这笔钱下落不明，而他又拒绝赔偿，同时他也不肯交出用从总委员会那里领到的200张会费券所收到的会费。大会一致把他逐出（scaccio）支部（前面引过的报告）。永远尊重支部自治的同盟批准了这个关于开除特尔察吉的决定，但又立即设法把他选为佛罗伦萨支部的名誉成员，不久以后又把他选为这个支部出席里米尼代表会议的代表。

几天以后，特尔察吉在3月10日的信中向总委员会这样解释他被开除的事：他不愿做这个由坏蛋和暗探（canaglia et mardocheria）组成的支部的成员和书记，因为这个支部"是由政府的走狗和马志尼分子组成的"，因为有人企图对他提出责难，"你们知道是为什么吗？——是由于我宣扬反对资本的战争！"（他在支部的出纳处实现了这种战争）。他想用这封信来证明，在对于除了想做总委员会的驯服的仆人以外没有任何别的希望的好汉特尔察吉的评价上，总委员会被人奇怪地引入了迷途。难道他"没有经常声明，要做国际的会员，就必须向总委员会缴纳会费"而不顾同盟的秘密指示吗？

"如果说我们参加了汝拉代表大会，那不是要对你们宣战，亲爱的朋友们，我们不过是随波逐流；我们力图进行调解并解决冲突。至于谈到对各支部实行集中制的问题，我认为，如果不损害它们所固有的一些自治，那么这种集中制是非常有益的。""我希望，最高委员会将拒绝接受马志尼派的工人联合会；你们可以相信，谁也不敢指责你们实行权威主义；我可以对这一点负全部责任……如果可能的话，我想得到卡尔·马克思的准确的传记；在我们意大利没有他的确凿无误的传记，我想首先领受这份荣誉。"

这一切阿谀逢迎是为了什么呢？

"不是为了我，而是为了事业，为了不把地方让给我的为数众多的敌人，为了向他们证明国际是团结的，我坚决请你们，如果还不迟的话，把最高委员会决定拨给我的 150 法郎的补助金寄给我。"

特尔察吉相信他可以不受处分，所以大概他又施展了新的诡谲伎俩，而使自己在佛罗伦萨陷于十分难堪的境地，甚至 Fascio Operaio〔工人联合会〕也被迫和他断绝关系。我们希望汝拉委员会将会更好地评价他的功绩。

同盟把特尔察吉当做自己的真正代表，把罗曼尼亚当做最合适的基地。同盟在那里建立了它的一批伪装成国际支部的支部；它们的第一个信条就是：不服从共同章程，不报告它们成立的消息，不向总委员会缴纳会费。这是真正自治的支部。他们起的名称是"工人联合会"，起着联合各种工人团体的中心的作用。

"是否应该为了共同的利益，为了保证'工人联合会'的充分自治而使它服从伦敦总委员会或者汝拉委员会的领导，还是应该保持充分的独立，同两个委员会都保持关系？"——

对于这个问题，1872 年 3 月 17 日他们在博洛尼亚召开的第一次代表大会用下列决议做了回答：

"代表大会把伦敦总委员会和汝拉委员会都只看做是简单的通讯统计局，大会责成它在博洛尼亚的地方代表机关同它们两者联系，并把结果通知各支部。"

"工人联合会"真疏忽极了，它竟向非亲信者泄漏了暗中存在一个同盟的秘密中心的事实。汝拉委员会被迫公开否认自己的秘密活动。至于总委员会，博洛尼亚代表机关根本没有让它知道自己的一点情况。

同盟一得悉关于在海牙召开代表大会的消息后，就把它这个"工人联合会"推上前台，它为了自己自治的权威或权威的自治，攫取了意大利联合会称号，并且于8月5日在里米尼召开了代表会议。在派代表到里米尼去的21个支部中，只有一个那不勒斯支部曾经加入国际，而真正积极活动的国际支部中没有一个派代表到那里去，甚至连米兰支部也没有派代表去。这个代表会议在下述决议中暴露了同盟所制定的运动计划：

"鉴于：伦敦代表会议（1871年9月）企图用自己的第九项决议把作为德国共产党理论的权威主义学说强加于整个国际工人协会；

总委员会是这种做法的鼓舞者和维护者；

权威共产主义者的学说是对意大利无产阶级革命感情的否定；

总委员会为了把自己特殊的**权威共产主义**学说强加于整个国际工人协会这个唯一目的，使用了像诬蔑和欺骗这样一些最不体面的手法；

总委员会在伦敦出版了1872年3月5日的内部通告，使它的不体面的行为达到了登峰造极的地步，在该通告中，它继续从事诬蔑和欺骗，暴露了它渴求权力的全部欲望，这在下面两个值得注意的地方暴露得尤其明显：

'在没有其他的被自愿承认的权威的情况下，如果没有"道义上"的权威，要执行决议是很困难的'（《内部通告》第27页①）；

'总委员会准备要求在下次代表大会上调查这个秘密组织及其鼓舞者在某些国家，例如在西班牙的活动'（第31页②）；

总委员会的反动精神引起了比利时人、法国人、西班牙人、斯拉夫人、意大利人和一部分瑞士人的革命义愤，以致有人建议撤销总委员会并且修改共同章程；

总委员会在海牙这个离开这些革命国家最远的地点召开全协会代表大会并不是偶然的。

根据这一切理由，

代表会议向全世界工人庄严声明，从此以后，国际工人协会意大利联合会不再同伦敦总委员会保持任何一致，同时重申在经济上同一切工人团结一致，

---

① 见《马克思恩格斯全集》中文第1版第18卷第40页）。
② 见《马克思恩格斯全集》中文第1版第18卷第45页）。

并且建议一切不赞同总委员会的权威主义原则的支部于1872年9月2日派自己的代表到纳沙泰尔（瑞士）去，而不是到海牙去，以便在这一天召开全协会反权威主义代表大会。

以代表会议的名义：主席卡洛·卡菲埃罗、书记安德烈亚·科斯塔1872年8月6日于里米尼。"

想以"工人联合会"来取代总委员会的企图遭到了彻底的破产。甚至同盟的普通分部西班牙联合会委员会也不敢把里米尼通过的决议拿出来让国际的西班牙会员进行表决。于是，为了纠正自己的失策，同盟也派代表参加了海牙代表大会，但同时仍然不放弃在圣伊米耶召开自己的反权威主义代表大会。

意大利只是由于特殊的天惠才成了同盟的乐土。教皇米哈伊尔在他给莫拉的信（"文件"第三号）中为我们揭开了这个秘密：

"意大利有其他国家所不足的东西：朝气勃勃、坚毅奋发的青年，他们**完全脱离了常轨，毫无升官发财的前途，看不到出路**，虽然出身于资产阶级，但是在道德和智力上还没有磨灭到像其他各国资产阶级青年那样的程度。现在他们不加思索地投到革命的社会主义中来，接受了**我们的全部纲领**，即同盟的纲领。我们的**天才**〈原来如此!〉而强大的敌手马志尼死去了，马志尼的党完全瓦解了，而加里波第则日益受到那些起着他的名字但是走得、确切地说是跑得无限远的青年的影响。"①

---

① 关于这一点加里波第本人是这样说的："我亲爱的克雷希奥！衷心感谢您给我寄来《社会未来报》，我将满怀兴趣地阅读它。您想在自己的报纸上进行反对谎言和奴役的斗争；这是一个很好的计划。但是我认为，同权威原则作斗争是妨碍国际取得成就的错误之一。巴黎公社之所以覆灭，就是因为在巴黎根本没有权威的政权，而只是一片无政府状态。西班牙和法国也吃了这一个祸害的苦头。祝《未来报》获得成就，仍然忠于您的朱·加里波第。"——原作者注

圣父是对的。在意大利，同盟并不是"工人联合会"，而是一帮游民。在意大利领导这一切伪国际支部的，都是那些没有委托人的律师、没有病人和缺乏知识的医生、打弹子的大学生、跑街售货员和其他商业职员，而主要的是一些声誉多少是值得怀疑的小报记者。唯有在意大利这个国家，国际的报刊，即自称的国际报刊才具有《费加罗报》所独有的那种性质。只要看一下这些伪支部的书记们的笔迹，就会深信，这些笔迹总是使这些办事员或者专耍笔杆的人露出马脚。同盟这样控制了各支部的正式职位以后，每当意大利的工人们希望彼此建立联系，或者与国际的其他委员会建立联系的时候，它就能够迫使他们请求这些把国际看做是"升官发财之途"和"出路"的身为同盟盟员的游民来帮助。

六
同盟在法国

同盟盟员在这里为数不多，但是十分热心卖力。在里昂领导同盟的是阿尔伯·里沙尔和加斯帕尔·勃朗，在马赛——是巴斯特利卡，三个人都是吉约姆主编的各家报纸的积极撰稿人。同盟正是依靠了他们，才能够在1870年9月破坏里昂运动；在他们看来，这次运动只有一种意义，就是使巴枯宁有可能颁布他那值得纪念的废除国家的法令。——同盟在里昂起义失败后的活动，在下面摘引的巴斯特利卡的一段信（1870年12月13日于马赛）中得到了很好的说明：

"我们的实际力量在工人中间是巨大的；但是自从最近遭受迫害以来，我们的支部还没有重新组织起来。我们没有下决心做这件事，是因为担心**在缺乏领导人的情况下人们恐怕会被腐蚀**。我们在等待时机。"

巴斯特利卡被编入了补充团，并且随时都可能被调离马赛。这个事实成了他不允许国际支部重新组织起来的充分理由,因为他认为同盟领导人亲自在场对于支部的自治是极为必要的。同盟活动的最明显的成绩,就是在任何时候和任何地方似乎都是由它代表的那个国际在里昂和马赛的工人心目中丧失了威信。

里沙尔和勃朗的下场是众所周知的。1870年秋天,他们到了伦敦,并且企图在法国侨民中为波拿巴复辟搜罗走卒。1872年1月,他们发表了一本小册子:阿尔伯·里沙尔和加斯帕尔·勃朗《**帝国和新的法兰西。人民和青年向法国人的良心的呼吁**》1872年布鲁塞尔版[206]。

他们以同盟的诈骗家所固有的谦虚精神宣告:

"我们是组成了法国无产阶级大军的人……我们是国际在法国的最有影响的领袖……我们幸而没有被枪杀,我们来到这里,是要在他们(**徒骛虚名的议员们、脑满肠肥的共和派、各式各样的冒牌民主派**)面前竖立起引导我们进行战斗的旗帜,并且不顾我们将要遭到的诽谤、威胁和各种攻击,向惊愕不已的欧洲发出出自我们意识深处的呼声,很快就会在所有法国人的心中得到共鸣的呼声;**皇帝万岁**!"

我们不去研究,由于"自己思想的自然发展"而成了帝国拥护者的这两个同盟盟员,实际上是像他们过去的朋友吉约姆在海牙所说的那样只是一些普普通通的"恶棍"呢,还是他们从同盟的教皇那里接受了专门的任务去参加波拿巴密探的队伍。俄国同盟的文件是与秘密章程相符合的,它揭穿了这个神秘团体的秘密的秘密,后面我们将要摘引这些文件的个别章节。文件直截了当地说,国际兄弟应该钻进一切地方,甚至可能受命到警察局去服务。而且,这两位兄弟对自己的农民的皇帝的崇拜并没有超过巴枯宁在1862年对他的农民的沙皇的崇拜。

在同盟盟员没有钻进去的那些法国城市中,国际自从公社复灭以来发展得很快。在海牙代表大会上，法国书记①曾经报告说，国际在三十多个省里都有自己的组织。同盟两个主要的法国通讯员——贝努瓦·马隆和茹尔·盖得（后者曾经在桑维耳耶通告上签名）知道我们的协会获得了这样迅速的发展，便企图破坏我们的协会，以利于同盟。当他们的书信没有发挥预期的作用时，便派去了密使，其中包括一个姓梅契尼柯夫的俄国人；但是他们的图谋毫无结果。这些人蛮不讲理地指责总委员会妨碍工人们

"在每个国家自由地、自发地、按照自己精神的特点和地方习惯组织起来"（1872年9月22日盖得的信）[207]，——

当工人们刚刚开始自由地、自发地……但是与总委员会完全协同一致地组织起来的时候，正是这些人对工人们说，坐在总委员会中的那些德国人正在压迫他们，而且为了得救，除了参加他们的正统的、反权威主义的教会以外，没有其他方法。法国工人只感到受凡尔赛分子的压迫，所以就把这些信件转寄给了总委员会，问它这一切是什么意思。

同盟在法国的这一活动最好地证明：它一旦失去了控制国际的希望，便开始反对国际。任何不服从它的领导的支部，都被它看做敌人，甚至是比资产阶级更可恨的敌人。**谁不同我们在一起，谁就是反对我们**——这就是同盟在其俄文宣言中公开宣布的原则。如果一般的运动不是毕恭毕敬地听从它的宗派主义压制，这个运动的成就对它说来就是不幸。所以正当法国工人阶级首先需要一个组织而不问其形式如何的时候，同盟却出来给梯也尔和地主议会帮忙，对国际宣战。

现在我们看一看，谁是同盟在其拥护凡尔赛分子的运动中的走狗。

在蒙彼利埃，盖得先生的代理人是某个保尔·布鲁斯，医学系的学

---

① 奥·赛拉叶。

生，他竭力在盖得从前主编《人权报》²⁰⁸的埃罗省到处进行同盟的宣传。在海牙代表大会召开前不久，当法国南部的国际会员商定集资派一位共同的代表出席代表大会的时候，布鲁斯就企图劝说蒙彼利埃支部不要缴纳应缴的一份，并且在代表大会没有解决各种争论的问题以前不要发表意见。法国南部委员会——蒙彼利埃支部——决定要求代表大会把布鲁斯从国际中开除出去，因为"他的行为不老实，引起了支部的分裂"。他的朋友盖得在10月从罗马寄给布鲁塞尔《自由报》的一篇通讯²⁰⁹中竟大骂这是对布鲁斯的权威主义的谋害行为，并且在通讯中指名道姓地称蒙彼利埃的卡拉斯是挑拨离间分子，而对布鲁斯却只写出姓名的缩写。警察当局利用这个情报，便派人跟踪卡拉斯，并且在此以后立即在邮局截获赛拉叶给卡拉斯的信，信中多处谈到图卢兹的丹特雷格。12月24日，丹特雷格被捕。

同盟在纳博讷的几个最积极的爪牙是：被揭露为密探的贡德雷斯；在纳博讷和佩皮尼扬担任过警探职务的巴卡夫；马隆的通讯员、律师德·圣马丁。德·圣马丁先生在1866年为了在皇室和艺术事务部内谋求差事而到处奔走。1869年，当他由于违犯出版法被判罚款800法郎的时候，共和党人联合集资替他缴付罚款；但是圣马丁没有用这些钱去缴付罚款，却用来到巴黎去稍微游览了一番，结果是工人们为了避免冲突不得不再次捐款。1871年的五月事件以后不久，这个圣马丁在凡尔赛政府中谋得了一个专区区长的职位。

同盟还有一个爪牙：1871年11月卡拉斯写信给赛拉叶说，

"您可以信赖公民阿伯尔·布斯凯对社会事业的绝对忠诚，他……是贝济埃社会主义委员会的主席"。

过了两天，即11月13日，赛拉叶接到了下面这份声明：

"我们已经证实……我们共同的朋友公民卡拉斯受了骗，误信了贝济埃选举委员会主席布斯凯先生，这个人完全不配受这种信任，因为他是贝济埃首席警官的秘书……公民卡拉斯已经承认错误，他成了这一错误的牺牲品，经他同意，我们请求公民赛拉叶把公民卡拉斯不久前寄给他的最后一封信看做是无效的，此外，如果可能的话，请求他设法把布斯凯先生从国际开除出去。受贝济埃和佩泽纳斯社会主义民主派的委托。"（后面是签名）

根据这个声明，赛拉叶在图卢兹的《解放报》（1871年12月19日）上揭露了这个布斯凯先生是警察局的密探。在标明"1872年7月24日于纳博讷"的那封信中指出，布斯凯先生

"身兼警察局大队长和日内瓦分裂分子的旅外代办的双重职务"。

因此，1872年11月10日的《汝拉简报》为他辩护完全是理所当然的。[210]

七
同盟在海牙代表大会以后

大家知道，在海牙代表大会的最后一次会议上，属于少数派的14名代表提出了一个抗议已经通过的各项决议的声明。这个少数派由下列代表组成：4个西班牙人、5个比利时人、2个汝拉人、2个荷兰人和1个美国人。

汝拉人和西班牙人在布鲁塞尔同比利时人就共同反对新的总委员会一事的基本原则达成协议以后，便到瑞士圣伊米耶参加由同盟依靠它在里米尼的喽啰们的帮助召开的反权威主义代表大会去了。

汝拉联合会的代表大会在这个代表大会以前就召开了，它否决了海牙的各项决议，其中包括关于开除巴枯宁和吉约姆的决议。因此，该联

合会被总委员会暂时开除。

在反权威主义代表大会上，同盟的人马全部到齐。除了西班牙人和汝拉人以外，到会的还有代表意大利的6名代表，其中包括科斯塔、卡菲埃罗、法奈利和巴枯宁本人。2名代表自命代表"几个法国支部"，1名代表自命代表2个美国支部。总共是15名同盟盟员。这个代表大会终于为巴枯宁提供了"作出不偏不倚的认真的判决的一切保证"；当然，会上充满了完全一致的气氛。这些人足足有一半不属于国际，但是他们授予自己最高法庭的称号，妄图对我们协会的全协会代表大会的行动作出最后判决。他们宣称，他们坚决反对海牙代表大会的一切决议，绝不承认海牙代表大会选举出来的新总委员会的权力。最后，他们代表自己的各个联合会（虽然他们没有任何权力能够这样做）签订了攻守同盟条约——"友好、团结和互相保护公约"[211]，以反对总委员会和一切承认海牙决议的人。在下面这个直接谴责巴黎公社的决议中，他们给自己的弃权论的无政府主义下了一个定义：

"代表大会声明：（1）无产阶级的首要义务是摧毁任何政权；（2）**建立任何一种以实现摧毁政权为目的的政权，哪怕是临时的和革命的政权，都无非是一种新的欺骗，都像所有现存的政府一样，对无产阶级会是危险的。**"

最后，他们决定号召其他自治论者的联合会参加这个新**公约**，并且在半年以后召开第二次反权威主义代表大会。

于是，国际内部便宣告分裂。从此以后，汝拉委员会就公开地把分裂分子事务的领导工作抓到了自己手里。跟着它跑的那一部分国际，无非是重新恢复起来的、曾经是秘密同盟的掩蔽物和工具的前公开同盟罢了。

西班牙同盟的四位艾蒙之子回到西班牙以后，发表了一篇充满了对海牙代表大会的诽谤和对圣伊米耶代表大会的颂扬的宣言。联合会委员会支持了这个诋毁书,并且遵照瑞士中心的指示于1872年12月25日在哥多瓦召开了本来只是到1873年4月才应该召开的西班牙代表大会。瑞士中心也赶忙向大家显示这个委员会对它所处的从属地位:汝拉委员会越过西班牙委员会直接向西班牙一切地方联合会寄发在圣伊米耶通过的各项决议。

在101个联合会(联合会委员会所引用的正式数字)中,派代表出席哥多瓦代表大会的只有36个;所以,这个代表大会是不折不扣的少数派代表大会。不久前刚成立的那些联合会派去了许多代表;亚尔科派去6名代表,而这个联合会过去从未派代表出席西班牙代表大会;甚至在海牙代表大会召开的时候它还不存在,因为它没有向西班牙代表团投过一票,也没有缴过一个生丁。像格腊西阿(500名会员)、巴达洛纳(500名会员)、萨瓦德耳(125名)、桑斯(1061名)这些规模巨大、活动积极的联合会却故意缺席。在48个代表的名单中,我们发现有14个知名的同盟盟员:其中有10个人代表的那些联合会并没有他们这样的成员或者大概不知道他们是什么人。同盟深信它所伪造的多数,所以在那里一意孤行。在巴伦西亚制定并在萨拉戈萨批准的西班牙联合会章程被否决了,西班牙联合会失去了领导,其联合会委员会被一个简单的通讯统计委员会所取代了,甚至连把西班牙各组织的会费转交给总委员会的职权也被取消了;最后,他们终于否决了海牙决议,加入了圣伊米耶公约,同国际决裂了。无政府主义竟到了这种地步:他们事先否决了下次全协会代表大会,并代之以新的**反权威主义**代表大会,

"以防下一次全协会代表大会不能通过拒绝承认海牙代表大会的方法来恢复国际的尊严和独立"。

在海牙,同盟想利用西班牙的限权代表委托书把当时对它最有利的表决方式强加于代表大会;而在哥多瓦它在九个月以前就已规定,下一

次全协会代表大会应该通过什么决定。必须承认,在实行各支部和联合会自治方面已经到了登峰造极的地步。

海牙代表大会把同盟及其首领们赶出了国际,就使西班牙的反同盟运动增加了新的力量。由新马德里联合会所发起的运动得到了萨拉戈萨、维多利亚、阿耳卡拉-德-埃纳雷斯、格腊西阿、列里达、德尼亚、庞特-德-维鲁马拉、托勒多、巴伦西亚等地的联合会和加迪斯的新联合会等的支持。联合会委员会关于在哥多瓦召开代表大会的通告要求代表大会对海牙全协会代表大会的各项决定进行裁决。这不仅公然违反了共同章程,而且也违反了西班牙的地方章程,该章程第十三条规定:

"联合会委员会将贯彻执行并且发动其他人贯彻执行全国代表大会和国际代表大会的决定。"

新马德里联合会向其他各地方联合会发出了一个通告,对这个行动做了回答。它在通告中声明,联合会委员会由于自己的行动已经把自己置于国际之外,因此它要求各地方联合会成立一个新的临时委员会来代替联合会委员会,并且责成新的临时委员会严格遵守章程,而不是唯同盟之命是从。这一建议被接受了;任命了新的联合会委员会,会址设在巴伦西亚。这个新的联合会委员会在其第一个通告(1873年2月2日)中,宣布自己是"历次国际代表大会和全国代表大会所制定和批准的国际的章程的忠实卫护者",并且对这样一些人提出坚决抗议,这些人想"在国际的队伍中推行无政府状态,在革命以前推行无政府状态,在胜利以前废除军备!资产阶级将多么高兴啊!"[212]

比利时人与西班牙人同时召开了自己的代表大会,也否决了海牙决议。总委员会以1873年1月26日的决议①对他们以及西班牙的分裂分

---

① 见《马克思恩格斯全集》中文第1版第18卷第736—737页。

子做了回答。总委员会在决议中声明,"凡是拒绝承认代表大会决议或故意逃避履行共同章程和条例所规定的义务的团体和个人,就是把自己置于国际工人协会的队伍之外,并且不再是协会的会员"。5月30日,总委员会又以下列决议①对这个声明做了补充:

"鉴于:1872年12月25日和26日在布鲁塞尔召开的比利时联合会代表大会决定,认为第五次全协会代表大会的各项决议是无效的;

从1872年12月25日到1873年1月2日在哥多瓦召开的部分西班牙联合会会员代表大会决定,不承认第五次全协会代表大会的各项决议,而赞同敌视国际的会议的各项决议;

1873年1月26日在伦敦召开的会议决定,否决第五次全协会代表大会的各项决议;

国际工人协会总委员会根据章程和组织条例,并且遵照它1873年1月26日的决议,宣布:

参加了上述布鲁塞尔、哥多瓦和伦敦的代表大会和会议或者承认它们的各项决议的一切全国性或地方性联合会、支部和个人,**已经自己把自己置于国际工人协会的队伍之外,并且不再是协会的会员。**"

同时,总委员会再次声明,根本不存在任何国际意大利全国联合会,因为窃取这个名称的任何一个组织,从来没有履行过章程和组织条例所规定的加入国际的任何一个条件;但是在意大利各地存在着履行自己对总委员会的义务并同总委员会保持联系的支部②。

汝拉人也于4月27—28日在纳沙泰尔召开了新的代表大会。出席代表大会的有代表瑞士10个支部和阿尔萨斯1个伪支部的19名代表;有2个瑞士支部和1个法国支部没有派代表出席。可见,汝拉联合会在

---

① 见《马克思恩格斯全集》中文第1版第18卷第738—739页。
② 见《马克思恩格斯全集》中文第1版第18卷第740页。

瑞士共有12个支部。但是，穆蒂埃的代表声明：他出席只是为了表示赞成同国际和解，他带有一个规定他不参加代表大会工作的限权代表委托书。事实上穆蒂埃支部从圣伊米耶代表大会召开的时候起就脱离了汝拉联合会。剩下还有11**个**支部。委员会的报告竭力避而不谈有关这些支部的内部情况和人数的任何材料，这一事实使我们有权利认为，这些支部不会比桑维耳耶代表大会以前具有更强的生命力。但是，报告却把汝拉人的外部力量——同盟在海牙代表大会以后所罗致的同盟者们——排成了战斗队形。用报告的原话来说，这几乎是国际的所有联合会：

"意大利"——但是我们知道，根本不存在任何意大利联合会。

"西班牙"——虽然西班牙的多数国际会员都倒向了分裂分子阵营，但是我们在前面已经谈到，西班牙联合会仍然存在并且同总委员会保持着经常的联系。

"法国——其中有已经真正组织起来的东西"，也就是由于没有派代表出席纳沙泰尔代表大会而向大会表示歉意的那个"法国支部"。我们决不是打算向汝拉人透露，在法国尽管有最近的迫害，但是仍然保存着"已经真正组织起来的东西"。最近的迫害十分清楚地表明，真正的组织究竟在谁那边，这些迫害也像往常那样关怀备至地放过了在法国的为数不多的几个同盟盟员。

"整个比利时"——都受同盟的愚弄，虽然它远不是赞同同盟的原则的。

"荷兰，除了一个支部以外"，——事实上**两个**荷兰支部赞成的不是圣伊米耶公约，而是海牙少数派的"反分立主义的"声明。

"英国，除几个分裂分子以外！"——"分裂分子"，即国际的绝大多数英国支部，于6月1日和2日在曼彻斯特召开了自己的代表大会，出席大会的有代表23个支部的26名代表[213]；而汝拉人的"英国"既没有支部，也没有联合会委员会，当然更不会有代表大会。

"美国，除几个分裂分子以外！"——国际的美国联合会存在着，并且在与总委员会完全协同一致的情况下进行着正常的活动。它有自己的联合会委员会和自己的代表大会。汝拉委员会的"美国"——是一些在自由恋爱、纸币、社会职务和贿买等方面进行投机活动的资产者，在海牙代表大会上威斯特先生非常出色地代表了他们，以致甚至连汝拉的代表们也不敢发言支持他和投票赞成他。

"斯拉夫人"，——即"苏黎世斯拉夫人支部"，它像往常一样，总是妄图代表整个民族。住在奥地利和匈牙利的波兰族、俄罗斯族、斯拉夫族国际会员——分裂分子的一切公开的敌人——根本没有计算在内。

这就是同盟的同盟者。如果11个汝拉支部都像这些同盟者中的大多数一样现实地存在的话，那么，它们的委员会有充分的理由闭口不谈它们的情况。

在同盟的这个战斗队中，引人注目的是没有瑞士。这是有其重要原因的。一个月以后，即6月1—2日，在俄尔顿召开了瑞士全国工人代表大会，以组织抵抗行动和罢工。[214] 5个汝拉人在会上宣扬支部绝对自治的福音；他们占去了代表大会一半以上的时间。最后还是进行表决；结果在80名代表中有75名投票反对5个汝拉人，于是他们别无他法，只好离开会场。

其实，同盟自己在其秘密集会上看来并不同意它想向群众灌输的关于它的实际力量的幻想。就在那次纳沙泰尔代表大会上，同盟设法通过了如下的决议：

"鉴于：根据共同章程所赋予的权利，每年召开一次国际的全协会代表大会而无需由总委员会专门召集，汝拉联合会建议国际的一切联合会于星期一，即9月1日在一个瑞士城市召开全协会代表大会。"

为了这次代表大会不再重演"为害无穷的海牙的错误"，同盟的代表及其同盟者于8月28日召开了反权威主义代表大会。根据对这个建议的讨论得出如下结论：

"我们将认为，国际的全协会代表大会只能是由各联合会直接召开的代表大会，而不是**所谓的纽约总委员会可能企图召开的那个代表大会。**"

这样一来，我们所面临的便是彻底的分裂以及由此产生的全部后果。国际会员将参加由总委员会受上次代表大会的委托在它认为合适的一个瑞士城市召集的代表大会。而同盟分子和受他们愚弄的那一批人则将参加他们根据自己的自治自行召集的代表大会。祝他们一路平安。

八
同盟在俄国

1. 涅恰耶夫案件

关于同盟在俄国的活动，我们是从1871年7月在彼得堡高等法庭审理的、以涅恰耶夫案件著称的那个政治审判案中得知的。在俄国，这是破天荒第一次在陪审法庭上公开审理政治案件。八十多个男女被告，除了少数几个人以外，全部都是青年学生。从1869年11月至1871年7月，在审前羁押期间，他们被关在彼得—保罗要塞的特别囚室里，结果其中有两个人死了，还有几个人精神失常。他们离开监狱，只不过是出来听取宣判，他们分别被判处15年、12年、10年、7年和2年的西伯利亚矿井劳动、苦役和监狱监禁。而那些被公开法庭宣判无罪的人，后来也"通过行政手续"被流放了出去。

他们的罪行在于他们参加了一个假冒国际工人协会名义的秘密团

体，拉他们加入的是一个持有据说是盖有国际印章的委托书的国际革命委员会密使。这个密使指使他们进行了多次诈骗活动，强迫他们当中的几个人帮助他进行暗杀；这次暗杀使警察局找到了秘密团体的线索，但是，正像常见的那样，密使本人已经隐蔽起来了。在侦查搜索的过程中，警察局对情况了解得那样清楚，可见，一定有人详细告密。在整个案件中，密使扮演的角色是十分暧昧的。这个密使就是握有委托书的涅恰耶夫，委托书的内容如下：

"兹证明持委托书者系受委托为世界革命同盟俄国分部的代表之一。——No. 2771。"

在这个委托书上有：（1）法文的印章："欧洲革命同盟。总委员会"；（2）日期：1869年5月12日；（3）署名：米哈伊尔·巴枯宁。①

1861年，为了回答旨在不让贫苦青年享受高等教育的财政措施和力图使这些青年屈服于警察当局淫威之下的惩戒措施，大学生表示了坚决一致的抗议，先是集会抗议，以后就上了街，汇成了声势浩大的示威游行。圣彼得堡大学事后被封闭了一个时期，大学生被关进了监狱或者遭到流放。政府的这种做法促使青年参加各种秘密团体，结果，秘密团体的大批成员最后自然是被下狱、被驱逐、被流放西伯利亚。其他的人为了保证贫苦的大学生能够有钱继续求学，成立了互助储金会。其中最认真的人决定以后再也不让政府抓到任何把柄来查禁储金会，因为这种组织可以举行小型会议来解决事务性问题。这种事务性会议顺便也提供了讨论政治问题和社会问题的机会。俄国的青年学生大部分是农民和其他贫苦人的子弟，他们对于社会主义思想怀着满腔热忱，甚至幻想马上

---

① 1871年《圣彼得堡消息报》[215]第180、181、187号和以后几号。——原作者注

就实现它。这个运动在学校中日益发展壮大，不断向俄国社会输送大批贫苦的、来自普通人民、有学识、对社会主义思想满怀热忱的青年。这个运动的思想鼓舞者是现在正在西伯利亚的车尔尼雪夫斯基[216]。于是，涅恰耶夫便利用国际的威望和这些青年的热情，企图使大学生相信，现在从事这些琐碎小事已经不合时宜了，因为已经有了一个巨大的、参加了国际的秘密团体，它正燃起世界革命的火焰，并且准备立即在俄国采取行动。他骗上了几个青年人，拉他们从事刑事犯罪，这使警察当局有了口实来完全粉碎这个对于官方俄罗斯来说是如此危险的学生运动。

  1869年3月，一个俄国青年来到了日内瓦，他冒充彼得堡大学生的代表，企图取信于全体俄国流亡者。他对别人作自我介绍时，用了各种不同的化名。有些流亡者确切地知道，彼得堡并没有派任何代表来；另一些人同这位假代表谈话之后认为他是个暗探。最后他终于说出了自己的真姓是涅恰耶夫。他说，1869年1月首都各学校发生风潮时，他作为这次风潮的主要发起人之一被关进了圣彼得堡要塞，后来又从那里逃了出来。有些流亡者曾经在这个要塞中渡过了漫长的囚禁生活，他们根据切身经历知道，从那里逃走是不可能的；因此，他们晓得，涅恰耶夫在这个问题上撒了谎；另一方面，因为他们收到的报纸和信件中谈到了遭通缉的大学生的名字，而其中一次也没有提及涅恰耶夫，所以他们认为，涅恰耶夫所谈的关于他的所谓的革命活动的故事是一个神话。但是，巴枯宁大叫大嚷地站到了涅恰耶夫那一边。他到处扬言，说这个人是"在俄国存在的并且正在进行活动的一个很大的秘密组织派来的特别使者"。于是，有人便去哀求巴枯宁不要把他们朋友的名字告诉这个人，因为他可能会陷害他们。巴枯宁答应了；审判案的材料将会表明，他是怎样履行自己的诺言的。

  涅恰耶夫曾经得到了一个机会与一位流亡者谈话。在谈话中，他被迫承认他并不代表任何秘密组织，但是他声称他有一批同志和熟人，他打算把他们组织起来；他还说，必须把那些老流亡者抓在手里，以便利用他们的威信来影响青年并且利用他们的印刷所和金钱。过了一些时候，出现了涅恰耶夫和巴枯宁告大学生的《几句话》。[217]在这里，涅恰耶夫复述了关于自己逃走的神话，并且号召青年们献身于革命斗争。巴枯宁在学潮中发现了"植根于人民生活最深处的反对国家的、破坏一切的精神……"①；他祝贺"自己的青年兄弟具有革命志向……这就是说，这个卑鄙的全俄罗斯帝国的末日快要到了！"他的无政府主义成了他用驴蹄去踢波兰人的借口，他指责波兰人只致力于

"复兴自己的历史国家〈!!〉。——可见，他们在幻想为自己的人民制造新的奴役"，如果他们这种幻想能够实现的话，那么"他们就会成为既是我们的敌人，又是他们本国人民的压迫者。为了社会革命和全民自由，我们将向他们开战"。

可见，巴枯宁完全赞同沙皇，认为无论如何必须阻挠波兰人按照自己的意愿去处理他们的内部事务。每次爆发波兰起义的时候，俄国官方报刊总是指责起义的波兰人，说什么他们是"本国人民的压迫者"。在第三厅②的各家机关报和洛迦诺的头号无政府主义者之间的关系是多么动人的融洽一致啊！

巴枯宁接着说，俄国人民今天所处的状况，很像是彼得大帝的父亲沙皇阿列克塞在位期间使得人民不能不发动起义的那种状况。那时起来领导人民的是一个强盗头子，哥萨克人斯切尼卡·拉辛，他为人民指出了走向"自由"的"道路"。人民现在要起事，只等待一位新的斯切尼卡·拉辛出来；但是这一次他

---

① 必须指出，《几句话》这个传单恰好是在迫害和宣判的时候公布的，当时青年们正尽力把自己运动的规模说小，而夸大运动规模则对警察当局十分有利。——原作者注
② 皇帝办公厅第三厅是俄国秘密政治警察的中央领导机关。——原作者注

"被现在已经和人民同甘共苦的、非阶层的青年大军所代替了……这一次的斯切尼卡·拉辛,不是单枪匹马的而是集体的〈!〉,因而也是不可战胜的英雄,是他们的主宰。这种英雄就是所有这些非凡的青年,拉辛的精神已经降临到他们的身上"。

为了成功地完成这种集体的斯切尼卡·拉辛的使命,青年们应该使自己变得愚昧无知:

"所以,你们赶快抛弃这个注定灭亡的世界吧。抛弃这些大学、学院以及其他学校吧……到民间去吧",去做"人民自我解放的产婆,去做把人民的力量和努力团结起来的人。在现在这个时刻,你们不要在科学上煞费苦心了,人们想以科学的名义把你们束缚起来,使你们失去力量……这就是西方优秀人物的信念……欧美的工人世界正召唤你们结成兄弟同盟。"

同盟在其秘密章程中对第三级盟员指出,"这个组织的原则……在俄国社会主义民主派的纲领中,将要更加明确地加以阐述"。在这里,我们所看到的是履行这一诺言的开始。除了一般的无政府主义的花言巧语和公民 B 永远无法掩饰的对波兰人的沙文主义仇恨以外,他在这里第一次把俄国强盗当做真正革命者的典型来加以颂扬,并且借口说现代科学无非是官方科学(能否设想有官方数学、官方物理学或官方化学呢?),说西方优秀人物的看法都是这样,从而便向青年宣扬对愚昧无知的崇拜。在传单的结尾,他暗示说,国际通过他建议这些甚至被他禁止研究无知兄弟会[218]的**科学**的青年联合起来。

作为福音书的《几句话》这个文件在涅恰耶夫的阴谋中起了很大作用。在每一个新信徒献身以前,都对他神秘地宣读这个文件。

与《几句话》这个文件(1869年)同时,也出版了一些俄文的匿名出版物:(1)《革命问题的提法》;(2)《革命原理》;(3)《〈"人民裁判〉协会会刊》(*Народная расправа*)第1期,莫斯科1869年夏季出版。[219] 所有这些著作都是在日内瓦刊印的；这一点从印刷铅字可以看出，它们和日内瓦出版的其他俄文书刊是用同一种印刷铅字刊印的，而且这个事实在所有俄国流亡者中是众所周知的事实。但是，这并不妨碍他们在第一页加上这样的印记："在俄国印行——Gedruckt in Russland"，以便使俄国大学生们相信，这个秘密团体有很好的条件在俄国本土进行活动。

《革命问题的提法》一下子就使它的作者露出了马脚，这里的措词用语同巴枯宁和涅恰耶夫在他们的《几句话》中使用的毫无二致：

"不仅要消灭国家，而且要消灭书斋里的革命者——国家的拥护者。不言而喻，我们是拥护人民的。"

巴枯宁根据无政府主义的同化规律，把自己和青年学生同化起来了。

"政府亲自给我们指出了**我们**为达到**自己**的即人民的目的所应走的道路。它把**我们**赶出了大学、学院和其他学校。感谢它使我们站在这样光荣而坚实的立足点上。现在我们有了立足点，我们可以进行活动了。我们将做些什么呢？去指教人民吗？这是愚蠢的。人民自己比我们更清楚他们应该怎么办〈请和秘密章程对照一下，秘密章程硬说群众具有"人民的本能"，而亲信者则具有"革命思想"〉。我们不应该指教人民，而应该要人民起来暴动。"迄今"人民进行的暴动一直毫无结果，因为他们是分散地进行暴动的……我们能够给予他们非常重大的帮助：我们能够给他们以他们迄今还缺少的东西，而缺少这个东西是他们一切失败的主要原因——这就是通过团结他们自己的力量使各地的运动达到一致。"

可见，同盟的学说——自下而上的无政府状态和自上而下的纪律——在这里已和盘地托出了。首先是通过暴乱"放纵现在称为恶欲的那种东西"，但是"有必要在构成生活本身和革命的全部毅力的人民的无政府状态中使革命思想和行动的统一有某种机关作为自己的体现"。这种机关就是世界同盟的俄国支部——**人民裁判协会**。

但是巴枯宁觉得光有青年还不够。他号召一切强盗都站到他的同盟的俄国支部的旗帜下来。

"抢劫是俄国人民生活最光荣的形式之一。强盗就是英雄、保卫者、人民的复仇者；是国家以及国家所确立的任何社会制度和公民制度的不可调和的敌人；是同整个官吏贵族的文明和官方神甫的文明进行生死斗争的战士……谁不理解抢劫，谁也就不会理解俄国人民历史中的任何东西。谁不同情抢劫，谁也就不可能同情俄国人民生活，谁对人民世世代代无比深重的苦难就不会有同情心。这种人是敌人阵营——国家拥护者阵营中的人……只有抢劫才能证明人民的生命力、热情和力量……在俄国，强盗是真正的、唯一的革命者——不说空话、不说书本上的动听词句的革命者，是在行动上不可调和的、不知疲倦的、不可驯服的革命者，是人民社会的革命者，而不是政治的，属于某个阶层的革命者……遍布全俄的，出没在森林、城市和乡村的强盗和被囚于帝国的无数牢狱中的强盗，构成一个不可分割的、紧密联系在一起的世界——俄国革命的世界。在这个世界中，而且只是在这个世界中，很早以来就有了真正的、革命的秘密活动。谁想在俄国认真地进行秘密活动，谁想进行人民革命，谁就应该加入这个世界……弟兄们，让我们沿着把我们赶出大学、学院和其他学校的政府现在给我们指出的道路，一齐投身到民间去，到人民运动中去，到强盗和农民的暴动中去，保持我们之间忠实而牢固的友谊，把一切零散的庄稼汉的〈农民的〉骚动团结成为统一的整体。让我们把它们**变成**有理性的但是无情的人民革命。"①

---

① 为了愚弄读者，巴枯宁把十七世纪和十八世纪各次人民起义的领袖同现代的俄国强盗和掠夺者混为一谈。至于谈到现代的俄国强盗和掠夺者，那么只要读一下弗列罗夫斯基的《俄国工人阶级的状况》一书[220]，就连最富有浪漫精神的人对于这些可怜的人所抱的种种幻想也会顿然消失。而巴枯宁却打算利用这批人组成俄国革命的神圣队伍。目前在俄国还在被大规模采用的唯一的抢劫形式——当然，如果不算各统治阶层的抢劫的话——就是被资本家们商业化了的盗马活动，而"不说空话的革命者"不过是在资本家手中的简单工具和牺牲品而已。——原作者注

第二个传单《革命原理》对秘密规章中发布的力争"彻底铲除……"的命令做了进一步的发挥。必须破坏一切，以便达到"完全的无定形"，因为即使只保留"一种旧形式"，它也会成为其他一切旧社会形式所赖以复活的"萌芽"。传单指责不看重这种无定形的政治革命者是欺骗人民。传单指责他们建立了

"新的绞架和断头台，用它们处死了过去幸免于难的革命兄弟……如此看来，各国人民还没有进行过真正的革命……为了进行真正革命，需要的不是那些站在群众前头并对他们发号施令的人物，而是不知不觉地隐身于群众之中，不知不觉地使这一批群众和另一批群众联系起来，从而不知不觉地使运动具有同一个方向，具有同一种精神和同一种性质的人物。建立秘密的、从事准备工作的组织的意义仅在于此，它之所以必需也仅在于此"。

这样一来，便向俄国公众和俄国警察当局暴露了在西方严加掩盖的、存在**国际兄弟**的事实。接着，传单宣扬有计划有步骤地进行暗杀活动，并且声称，对于从事实际革命活动的人来说，任何议论未来的行为都是

"犯罪的，因为它会妨碍**纯粹的破坏**，会延缓开始革命的进程。我们只信任那些不怕拷打、不怕坐牢，用事实表明自己对革命事业的忠诚的人，因此，我们否定一切不随即见诸行动的言论。不明确地提出实现革命目标的时间和地点的无目的的宣传，我们则更加不需要了。不仅如此，这种宣传还会妨碍我们，所以我们将尽一切力量来抵制这种宣传……我们将用强力迫使一切不想懂得这一点的饶舌家沉默"。

这些威胁是针对那些没有在巴枯宁的教皇宝座面前低头并被他骂为教条主义者的俄国流亡者的。

"我们要与一切不想返回祖国加入我们队伍的政治流亡者断绝联系；而在这

个队伍还不明显的时候,我们要与一切不促使这个队伍在俄国生活的舞台上公开活动的人断绝联系。**我们把那些已经声明自己是欧洲革命的工作人员的流亡者作为例外**。今后我们不会再重复这些话和不再发出号召了……有耳目的人会看到和听到实干家们的所作所为,如果这种人不参加他们的队伍,那他遭到灭亡就不是我们的过错了,正像如果藏在幕后的一切同遮盖它们的幕一起被冷静地、无情地消灭不是我们的过错一样。"

巴枯宁的面目在这里昭然若揭了。他命令流亡者冒着死亡的危险作为他的秘密团体的密探回到俄国去,——这方面他学习了俄国暗探的手法,俄国暗探曾给流亡者提供护照和金钱,要他们到俄国去完成密谋性目的,——但同时他却给自己发出了教皇许可证,允许他自己作为"欧洲革命的工作人员"太太平平地留在瑞士,在那里埋头写作各种宣言,来陷害那些被警察当局关在监狱中的不幸的大学生。

"除了从事消灭,我们不承认任何其他的活动,但是我们同意这样一种意见,就是这一活动的表现形式应当是极其多种多样的。毒药、刀子、绞索等等,革命把这些一律看做是神圣的手段。可见,大有用武之地!……让一切健康的、年轻的人立即开始用火和剑根除祸害、清扫和开发俄罗斯大地的神圣事业,同那些将在全欧洲从事同样的事业的人亲密地联合起来吧。"

我们要补充一下,这张堂皇的传单上所说的那种必然的强盗是以矫揉造作的卡尔·穆尔(席勒的《强盗》中的人物)的面貌出现的,《人民裁判》第 2 期[221]在援引这份传单的一段时,直接称它为**巴枯宁的传单**。

《"人民裁判"① 协会会刊》第 1 期开宗明义就声称,俄国人的全民

---

① 巴枯宁和涅恰耶夫总是把这个名词译为"justice populaire"["人民司法"],但是俄文的"расправа"这个词的含义并不是司法,而是裁判,甚至可以说是报复、算总账。——原作者注

起义是必不可免的,它已为期不远了。

"我们,即无论如何总是受过教育的那一部分人民青年,应该为全民起义扫清道路,即消除阻碍它前进的一切障碍并且创造一切有利条件……鉴于暴动必不可免而且为期不远这一点,我们认为必须把俄国一切分散的革命势力联合成为一个不可分割的整体;所以,决定**以革命中心的名义**印发传单,遍布俄国的各个角落的每一个我们的同志,神圣的革命事业的任何一个工作人员,哪怕是我们不认识的人,随时将可以从这些传单上看到,我们想做什么,我们朝哪个方向前进。"

接着,传单上宣称:

"思想对我们之所以珍贵,是因为它能够服务于**激进地、普遍地破坏一切**的伟大事业。谁要是按照书本来学习革命事业,谁就只会成为革命的废物……我们对言论已失去任何信心;言论只有当它随即见诸行动时,对我们才是有意义的。但是,现在称之为行动的东西,远不全都是行动。例如,缩手缩脚地、过分谨慎地组织秘密团体而没有任何外在的实际表现,这在我们看来不过是既可笑又讨厌的儿戏罢了。只有肯定是在破坏妨碍人民解放的某种东西(人、物、关系)的一系列行动,我们才称之为实际表现……我们不惜牺牲生命,不顾任何威胁、困难和危险等等,我们应该通过一系列大胆而果敢的尝试冲入人民生活中去,并且使人民相信我们、相信自己、相信他们自己的威力,从而发动、团结和推动他们去胜利完成他们自己的事业。"

但是,《裁判》杂志的革命辞句突然变成了对在日内瓦出版的、维护国际的纲领和组织的一家俄文杂志——《人民事业》[222]的攻击。很明显,对于巴枯宁在俄国以国际的名义所进行的同盟宣传来说,强迫这家揭穿其骗局的杂志沉默是极端重要的。

"如果上述这家杂志在这条我们一定要对它表示和表明自己态度的道路上继

续走下去的话……我们深信，真正的实干家们立即就会抛开一切理论，尤其是教条。对于虽然真挚但同我们的旗帜直接对立的各种著作，**我们是能够用我们所握有的各种实际手段来防止它们流传的。**"

在对自己这个危险的对手进行了这些威胁以后，《人民裁判》继续说道：

"在最近国外出版的传单中，我们几乎毫无保留地推荐**巴枯宁的告非阶层的青年学生书**……巴枯宁劝你们离开学院、大学和其他学校，到民间去，是正确的。"

可见，巴枯宁是永远不会放过自我吹嘘的机会的。

第二篇文章的标题是："略述过去和现在的**事业观**"。前面我们已经谈到，巴枯宁和涅恰耶夫是怎样威胁在国外出版的国际俄国支部的机关刊物的；在这篇文章中，我们将会看到，他们怎样大肆攻击车尔尼雪夫斯基，攻击这个在俄国吸引青年学生（巴枯宁和涅恰耶夫冒充是他们的代表）参加社会主义运动方面贡献最大的人。

"诚然，庄稼汉是从来不去臆想未来社会制度的形式的，然而，在消除了妨碍他们的一切以后（即在进行破坏一切的革命——这是第一件事情，因而对我们来说也是最主要的事情——以后），他们对生活的安排，比之按照自命是人民的导师而主要是人民的指挥者的那些教条主义社会主义者写出来的一切理论和计划所进行的安排，将要有见识得多、好得多。对于没有被文明眼镜损害了视力的人民的眼睛来说，这些不受欢迎的导师想在科学、艺术等的掩盖下把**肥缺**留给自己及其同流的意图是太明显了。即使这些意图像受现代文明熏陶出来的人的不可分割的属性那样真诚，那样天真，人民也不会因此就觉得好受些。在斯切尼卡·拉辛离开阿斯特拉罕以后由瓦西里·乌斯在那里建立的哥萨克会议中，社会平等的理想目的的实现比在傅立叶的法伦斯泰尔中，比在卡贝、路易·勃朗和其他博学的〈!〉社会主义者的制度下，比在车尔尼雪夫斯基的协作社中，要彻底得无比。"

接着有整整一页都是对车尔尼雪夫斯基及其同志们的谩骂。

车尔尼雪夫斯基为自己营得的**肥缺**就是俄国政府让他在西伯利亚坐牢，可是作为欧洲革命的工作人员而摆脱了这种危险的巴枯宁却只是**从国外**表现表现而已。而且正好在政府甚至严禁在报刊上提到车尔尼雪夫斯基的名字的时候，巴枯宁和涅恰耶夫先生却对他进行攻击。

我们这些"无定形的"革命者继续写道：

"我们承担着摧毁腐朽的社会大厦的责任……我们来自人民，被现代制度啃嚼得遍体鳞伤，因此对一切非人民的东西满怀仇恨，对于我们所憎恨的、除了祸害以外不能期望给我们任何东西的那个世界，我们不知道有什么道德义务和尊敬可言。我们只有一个否定的、始终不渝的计划——无情破坏的计划。我们直接拒绝规划未来的生活条件，因为这和我们的活动是不相容的；所以我们认为任何纯粹理论上的智力工作都是毫无好处的……我们只负责破坏现存社会制度。"

这两位喜欢从国外表现表现的人暗示说，1866年那次谋杀沙皇的活动是他们的秘密团体所计划的"一系列破坏一切的行动"之一：

"1866年4月4日卡拉科佐夫开创了我们的神圣事业。从此以后青年们便开始意识到自己的革命力量……这是榜样，这是事实！按其日益增长的意义来说，是任何宣传都不能相比的！"

随后，他们开列了一长串应由委员会立即处死的"坏蛋"名单。许多人"将被拔掉舌头"……但是，

"**我们将不触动沙皇**……我们将让沙皇活到人民的、庄稼汉的审判到来的日

子；这个权利是属于全体人民的……让我们的刽子手活到人民的雷雨大作的时刻吧"……

谁也不敢怀疑这些俄文的抨击性文章、秘密规章和巴枯宁从1869年以来用法文发表的全部著作都出于同一个来源。相反地，所有这三类著作是互相补充的。它们在某种程度上同臭名远扬的破坏一切的组织中划分亲信程度的三个等级相适应。公民B的法文小册子是为同盟普通盟员写的，这里考虑到了他们的成见。对他们只谈纯粹的无政府状态、反权威主义、各自治小组的自由联合以及诸如此类于事无损的东西：这一切都不过是空话。秘密规章是给西方的国际兄弟制定的：在这里无政府状态变成了"完全放纵人民生活……的恶欲"，但是在这种无政府状态中有一种秘密的指导因素——就是这些兄弟；对他们只做一些关于从罗耀拉那里剽窃来的同盟道德的很不明确的暗示；关于彻底铲除的必要性只是私带地提到，因为这些西欧人是在庸人成见中教养出来的，对待他们须要略加小心一点。对他们的说法是，使那些还不熟悉真正的无政府主义的人感到过于眩目的真理，将在俄国支部纲领中彻底加以阐明。这位先知只是同天生的无政府主义者，同上帝的选民，同自己神圣俄罗斯的青年才敢于坦率地讲话。在这里，无政府状态已经变成了普遍的破坏一切的行动，革命已经变成了一系列起初是单个人的然后是大规模的暗杀活动；唯一的行为规范就是被颂扬备至的耶稣会的道德；革命者的楷模就是强盗。在这里，坚决禁止青年进行思考和学习科学，因为这都是能够使他们怀疑破坏一切的正统思想的世俗事务。谁要是坚持理论上的异端邪说或者妄想对普遍的无定形性的教条进行庸俗的批判，谁就有受神圣的宗教裁判的危险。在俄国青年面前，教皇无论在实质方面和形式方面都用不着讲客气。他可以畅所欲言。思想的极度贫乏寓于无限夸张的无稽之谈之中，以致无法用法语把它的滑稽可笑之处全部表达出来，而不使它减色。正如一个俄罗斯人所说的，巴枯宁的语言甚至不是俄语，而是鞑靼语。这些没有头脑的侏儒谈吐可畏，摆出一副吓人的样子，想在他们自己眼中能显出革命巨人的姿态。这是青蛙和犍牛的寓言。

多么可怕的一群革命者！他们想要消灭一切，"一切的一切"，把一切都变成无定形的东西；他们拟定公敌名单，用匕首、毒药、绞索、枪弹对付他们要加害的对象；他们甚至打算把某些人的"舌头拔掉"，但是他们匍匐在沙皇的威严之下。的确，沙皇、官吏、贵族、资产阶级可以高枕无忧。同盟并不是同现存的国家，而是同革命者进行战争，因为革命者不想卑躬屈节地在它演出的悲喜剧中担任无足轻重的配角。给宫廷和平，对茅屋宣战！他们诬蔑车尔尼雪夫斯基；警告《人民事业》的编辑们说，要用"我们所握有的各种实际手段"迫使他们沉默；同盟用死亡来威胁一切不拥护它的革命者。这就是破坏一切的纲领中唯一已经开始执行的部分。我们现在谈一谈他们在这方面的第一个功绩。

从1869年4月起，巴枯宁和涅恰耶夫便着手为俄国革命准备基础。他们从日内瓦纷纷把信件、呼吁书和电报寄往圣彼得堡、基辅和其他城市。其实，他们知道，要把信件、呼吁书，特别是电报寄往俄国，"第三厅"（秘密警察）不可能不进行检查。这一切只能有一个目的——就是陷害人。在平安无事的日内瓦不冒任何风险的人物所使用的这些卑鄙手段，使得俄国有无数的人遭到逮捕。而且有人预先就警告过他们，说他们是在制造危险。我们掌握有一个证据，可以证明从俄国寄来的一封信的下面一段话已经告诉了巴枯宁。

"看在上帝的面上，请转告巴枯宁，如果革命对他说来还有哪怕是一点神圣的东西，就叫他停止散发他那些荒诞的传单，由于这些传单，许多城市都发生搜查和逮捕事件，任何重要工作都陷于瘫痪。"

巴枯宁回答说，这一切都是捏造，涅恰耶夫已经到美洲去了。但是，下面我们将会看到，巴枯宁的秘密法典规定，必须"使……沽名钓誉者和形形色色的自由主义者的名誉彻底扫地，使他们无法脱身，然后再利用他们"（《革命问答》第十九条）。

还有一个证据。1869年4月7日，涅恰耶夫写信给托米洛娃女士（一位上校的妻子，这位上校后来由于妻子被捕忧伤而死），说"在日内瓦事情多得很"，并且催促她派一位可靠的人到那里去同他商洽。"要商谈的事情不仅牵涉到**我们的买卖**，而且牵涉到全欧洲的买卖。这里事如鼎沸。正在煮一锅全欧洲都喝不完的菜汤。您赶快进行吧。"后面注明了日内瓦的地址。这封信没有寄到收信人的手里；它被秘密警察当局在邮局截去了，结果托米洛娃女士被逮捕，她只是在法院侦讯过程中才看到这封信（关于涅恰耶夫案件的报道，载于1871年《圣彼得堡消息报》第187号①）。

还有一个事实可以说明巴枯宁在策划阴谋时是经过周密考虑的。基辅学院学生马夫里茨基收到了从日内瓦寄给他的传单。他马上把传单交给上级，上级赶忙派一位代理人即密探到日内瓦去。巴枯宁和涅恰耶夫与这位来自俄国南部的代表过从甚密，交给他传单，告诉他据他说是涅恰耶夫在俄国认识的人的地址，并且给了他一封信，这封信只能看做是委托书和介绍信（《圣彼得堡消息报》第187号）。

1869年9月3日（新历9月15日），涅恰耶夫在莫斯科以日内瓦世界革命委员会密使身份去见他在出国以前就认识的一位青年人——乌斯宾斯基，对他出示了前面讲到过的委托书。涅恰耶夫告诉他说，持有

---

① 有关涅恰耶夫阴谋的一切事实，我们都是从《圣彼得堡消息报》发表的关于该案件的报道中引来的。我们将指明这些事实引自该报的第几号。——原作者注

同样委托书的该欧洲委员会的密使们将到达莫斯科，至于涅恰耶夫本人，他个人是受委托"在青年学生中组织秘密团体……以便在俄国发动人民起义"。经乌斯宾斯基介绍，涅恰耶夫为了找寻安全的避难所到离城相当远的农学院去了，在那里同伊万诺夫——以忠于青年和人民的利益而最出名的大学生之一——建立了联系。从这个时候起，农学院便成了涅恰耶夫的活动中心。起初他用的是假姓名，他说他曾游历过俄国的许多地方，人民到处都准备起义，如果不是革命者说服他们在把俄国的一切革命力量联合起来的广泛而强大的组织尚未建立以前应当忍耐的话，他们早就已经起义了。涅恰耶夫催促伊万诺夫和其他大学生赶快加入这个受万能的委员会领导的秘密团体，用这个委员会的名义可以干任何事情，但是秘密团体的成员不应该知道委员会的成员和所在地。这个委员会和这个组织就是**世界联合会、革命同盟、国际工人协会的俄国分部**！①

涅恰耶夫首先在大学生中散发前面提到的传单《几句话》，以便让他们知道，从西伯利亚逃走的1848年著名革命家巴枯宁在欧洲起着巨大的作用，他是工人的总全权代表，他签署世界协会总委员会的委托书，就是这位英雄劝他们抛弃学业等等。为了给他们提出一个忠诚至死不渝的鲜明榜样，他曾向他们朗读巴枯宁的朋友、赫尔岑的《钟声》的撰稿人奥格辽夫所写的，以"**大学生**"为题的献给"青年朋友涅恰耶夫"的一首诗[223]。在这首诗中，涅恰耶夫被描绘成一个理想的大学

---

① 应当指出，association，union，alliance（obchtchestvo，soiouz，tovarichtchestvo）这几个词在俄语中或多或少是同义词，在使用时常常没有区别。同样地，"国际的"这个词在大多数场合也可以译为"世界的"（"vsemirnyi"）。因此，在俄文报刊中"国际协会"这几个词译出来以后，用法文再译回来常常是"世界同盟"这几个词。巴枯宁和涅恰耶夫就是利用这种术语上的混乱现象，才得以利用我们协会的名称并戕害了大约一百名青年人。——原作者注

生,"从童年起就不知疲倦的战士"。奥格辽夫在他的诗中歌颂涅恰耶夫从少年时代起为了积极从事科学研究而经受的苦难;他怎样培养对人民的忠诚;沙皇的报复和贵族的恐惧怎样迫使他漂泊流浪（skitanie,流落他乡）;他怎样去游历,向四面八方的全体农民发出号召:联合起来吧,勇敢地挺起身来吧,等等,等等;他怎样在西伯利亚的冰天雪地里结束了苦役生活;但是他一生从不虚伪,他始终忠于斗争,他怎样在停止呼吸以前仍然反复地说:要为全体人民捍卫住他们的土地和自由！——这首同盟的诗发表于1869年春天,当时涅恰耶夫正在日内瓦寻欢作乐。这首诗和其他呼吁书一起,被成包成包地寄往俄国。简单地转抄这一首诗的做法显然是为了使新信徒具有自我牺牲精神,因为涅恰耶夫根据委员会的命令叫该团体每一位新加入的成员都转抄这首诗并加以传播（某些被告的供词）。

  各地进行的破坏一切的活动要使一切艺术和科学都成为无定形的东西,大概只有音乐得天独厚,能够摆脱这种命运。涅恰耶夫代表委员会指示要用**革命的音乐**支援宣传工作,并且千方百计地设法为这首诗歌杰作配上曲子,以便青年们高声歌唱（《圣彼得堡消息报》第190号）。

  关于他已经死去的神秘传说并不妨碍他暗示说,涅恰耶夫可能还活着,甚至并不妨碍他秘密地告诉别人,说涅恰耶夫现在以工人的身份住在乌拉尔,并且在那里组织了一些工人团体（《圣彼得堡消息报》第202号）。他主要是对那些"毫无出息"的人,即那些幻想建立工人协会的人公开了这个秘密;他想使他们佩服这个神话般的英雄。当关于虚构的他从彼得—保罗要塞逃走一事的传说以及关于他死在西伯利亚的富有诗意的传说已经使人们深信不疑的时候,当据他估计《革命问答》已经灌进了亲信者的头脑的时候,他终于实现了福音书上所说的复活,并且声称,涅恰耶夫就是"他"这位要人！但是,现在已经不是证人和被告所说的曾经为彼得堡大学生所嘲笑和鄙视的那个涅恰耶夫了。现在的涅恰耶夫是世界革命委员会的全权代表。巴枯宁完成了使他改变面貌的奇迹。涅恰耶夫符合他自己所宣传的那个组织的规章的一切要求；他"做了几件为委员会所知道和重视的事情，因而受到赏识"；在布鲁塞尔，他组织并领导了一次国际会员大罢工；比利时委员会派他为代表去和国际的日内瓦组织接头，在那里他会见了巴枯宁，但是，据他说他"不安于小成"，于是回到俄国，以便开始"革命活动"。他还断言，由16名俄国流亡者组成的参谋部全体人员都同他一道到了俄国。①

乌斯宾斯基、伊万诺夫，还有4名或6名青年，大概是莫斯科仅有的几个受这些狡猾手段愚弄的人。这些亲信者中有4个人受命招募新的拥护者并建立小组或小支部。在涅恰耶夫案件的文件中有这种组织计划，这个计划同秘密同盟的计划几乎完全相同。在法庭上宣读了"共同组织原则"，主要亲信者没有一个人否定这个文件的真实性；而且在巴枯宁和涅恰耶夫主编的《人民裁判》第2期上已经承认了下列几条的真实性：

"本组织是以对个人的**信任**为基础的。——任何一个成员都不知道他属于哪一级，就是说不知道他离中心远还是近。——**无条件服从委员会的命令**。——放弃自己的财产，把它交给委员会掌管。——凡是使我们的事业得到一定数量的新信徒，并用事实表明自己有力量有才能的成员，都可以看到这些指示，以后或多或少也可以看到本团体的章程。力量和才能的大小由委员会确定。"

为了欺骗莫斯科的成员，涅恰耶夫对他们说，在圣彼得堡已经有了一个庞大的组织，而事实上那里连一个小组、一个支部都没有。有一次，他糊涂了，当着一个亲信者的面高声喊道："在彼得堡他们像女人一样背弃了我，像奴隶一样出卖了我。"在彼得堡他又反过来说，在莫

---

① 俄国流亡者谁也没有回俄国去，而且在全欧洲也招募不到16名俄国政治流亡者。——原作者注

斯科，这个组织的发展快得惊人。

由于莫斯科有人表示希望见到委员会的一位委员，他邀请了一位关心学生运动的彼得堡青年军官同他一起到莫斯科去看看这些小组。这位青年人同意了，在路上涅恰耶夫封他为"**国际协会日内瓦委员会特命全权代表**"。

对他说："如果您不是我们团体的成员，您就不能参加我们的会议，这是给您的委托书，它可以证明您是国际协会会员；作为协会会员，他们会让您参加。"

委托书盖有法文印章，内称："兹证明持委托书者系国际协会的受托人。"据其他几位被告说，涅恰耶夫向他们保证，这位陌生人"确实是日内瓦革命委员会的受托人"（《圣彼得堡消息报》第225、226号）。

伊万诺夫的朋友多尔戈夫供认，"涅恰耶夫曾谈到秘密团体，这个团体的目的是在人民提出抗议的时候支持他们，引导他们，以便取得好的结果，当时涅恰耶夫提到国际协会，并且说，巴枯宁负责与该协会联系"（第198号）。——里普曼证明；涅恰耶夫"为了使他放弃关于劳动组合的思想，就对他说，国外有一个国际工人协会；要想达到该协会所追求的目的，只要加入这个团体就够了，在莫斯科有该团体的分部"（第198号）。从后来的一些供词可以看出，涅恰耶夫把国际说成是一个秘密团体，把他自己的团体冒充为国际的支部。于是，他便向亲信者们保证，他们的莫斯科支部和国际一样，将大规模地举行罢工并且建立联合会。当被告里普曼向他索取该团体的纲领时，涅恰耶夫拿出一张法文传单给他念了几段，上面谈到该团体的目的；被告认为，这张传单就是国际的纲领；他还补充说："因为报刊上对这个团体谈得很多，所以我根本没有发现涅恰耶夫的建议有什么犯罪的东西。"主要被告之一库兹涅佐夫声称，涅恰耶夫曾经对他们宣读国际协会的纲领（第181号）；库兹涅佐夫的兄弟供认，"他曾看见有人在他兄弟那里把一张法文传单译成俄文；他以为这张传单是某团体的纲领或章程"（第202号）。——被告克利敏说，向他宣读的是"巴枯宁加有附语的国际协会纲领，我记得，纲领用的是非常一般的措辞，甚至没有谈到达到目的所应采取的手段，说的是普遍平等"（第199号）。被告加夫里舍夫解释说，"可以认为，那份法文传单包含有对曾经在日内瓦举行代表大会的社会主义代表们的意见的阐述"。最后，被告斯维亚茨基使我们彻底弄清楚了这张神秘的法文传单究竟是什么东西，搜查时在他那里发现了一张用法文写的传单，标题是："国际社会主义民主同盟纲领"。斯维亚茨基说："在报纸上关于**国际协会**谈得很多，这引起了我的兴趣，很想纯粹从理论上来了解它的纲领。"（《圣彼得堡消息报》第230号）这些供词证明，同盟的秘密纲领是以手抄本的形式冒充国际的纲领而散发出去的。主要被告乌斯宾斯基的供词证明，世界革命委员会（涅恰耶夫自称是它的密使）和同盟中央局（公民B）是一回事。乌斯宾斯基声称，他收集小组的全部会议记录，"以便把关于各次会议的报告寄给日内瓦的巴枯宁"。主要被告之一普雷若夫声称，涅恰耶夫吩咐他到日内瓦去，把报告送给巴枯宁。

限于篇幅，我们在这里不能一一列举在审讯中揭露的这位巴枯宁的走狗所搞的一切骗局、蠢事、欺诈活动和暴力行为。我们只指出几件最有代表性的事实。

在这个组织中一切都是秘密的。多尔戈夫叙述说："在加入这个团体以前，他想知道这个团体的组织机构和活动手段；涅恰耶夫说，这是秘密，但是这个秘密以后会对他公开的"（《圣彼得堡消息报》第198号）。当该团体的成员敢于提出问题的时候，涅恰耶夫就堵住他们的嘴，说什么根据章程规定任何人如果没有在某一件事情上做出卓著的成绩以前都无权知道任何情况（第199号）。有一名被告说："在我们同意加入这个团体以后不久，涅恰耶夫就开始用委员会的权力和力量来恫吓我们,据他说,有这么一个委员会,它在领导我们;他说,委员会有自己的警察机关,如果有谁背弃了自己的诺言,违犯那些居于我们小组之上的人的命令,委员会就要进行报复。"有一位被告承认,"当他发现了涅恰耶夫的诈骗勾当以后,他曾经告诉涅恰耶夫,他想洗手不干而到高加索去休养。涅恰耶夫对他声称,这样不行,如果他竟敢退出这个团体,委员会可能要把他处死;当时涅恰耶夫就命令他去参加一个会议,在会上谈论秘密团体,以便罗致新信徒,并且朗读悼涅恰耶夫之死的那首诗。当被告拒绝服从的时候,涅恰耶夫就开始威胁他,说:你无须争辩,你应该无条件地执行委员会的命令"(第198号)。——如果这只是个别情况,那还可以对它表示怀疑,但是许多被告都供认了完全相同的事实,而他们无论如何是不可能事先商量好的。——另一位被告供认,该小组的成员发现他们受人欺骗以后,他们都想退出,但是不敢这样做,因为害怕委员会报复(第198号)。

一位证人谈到他的朋友——被告之一时说,被告弗洛林斯基已经不知道该怎样摆脱不让他工作的涅恰耶夫了;证人劝他离开莫斯科到彼得堡去,但是弗洛林斯基回答说,涅恰耶夫会在彼得堡找到他,就像在莫斯科找到了他一样;涅恰耶夫强奸了许多青年的信念,恫吓他们,弗洛林斯基显然是害怕涅恰耶夫告密。利胡亭供认:"我亲耳听见有人说,涅恰耶夫从国外把各种内容激烈的信件寄给他认识的人,想借此来陷害他们,使他们遭到逮捕。这是他的性格特征之一。"(第186号)叶尼舍尔洛夫甚至说,他已开始把涅恰耶夫看做是一个政府密探了。

有一次有一个不认识的人以委员会密使的身份列席了一个人数不多的小组的会议,并且表示不满意该小组的活动,小组成员之一克利敏回答他说,"他们也感到不满;起初对被招募加入该团体的人说,每个支部可以或多或少地独立行动,并不要求支部的成员一味服从;但是,后来的表现却完全不是这样,委员会使它们处于奴隶地位"(第199

号)。——涅恰耶夫用盖有"世界革命同盟俄国分部公用笺"钤记的公文纸发布命令，用的是下面这一套措辞："本委员会命令你做……"，完成某项任务，到某个地方去等等。

一个青年军官由于绝望了，决定退出这个团体。涅恰耶夫表面上同意，但是要求他缴赎金。叫他必须弄到一张有科拉切夫斯基签字的6000卢布（约合2万法郎）的票据。在1866年卡拉科佐夫谋杀事件以后，科拉切夫斯基同他的两个姊妹一起才服满了长期监狱监禁的刑期。在我们现在谈论的事情发生的那个时候，他的一个姊妹又由于政治案件的牵连再次坐牢。全家都受到警察当局极其严密的监视，科拉切夫斯基随时都可能遭到逮捕。涅恰耶夫就利用了这一点；上述那位青年军官遵照他的命令，捏造了一个借口请科拉切夫斯基到他家去，开始和他交谈，并把一些传单交给他，科拉切夫斯基出于好奇心收起了传单。科拉切夫斯基还没有走到街上，就有一位军官走来命令科拉切夫斯基跟着他走，并且说，他是第三厅（秘密警察）的官员，他知道科拉切夫斯基身上藏有策动暴乱的传单。必须指出，仅仅保藏这些传单，就已足以使一个人不仅是受多年的审前羁押了，如果这个人已经不幸和什么政治案件有牵连，那就得被流放去服苦役。第三厅的假密探叫科拉切夫斯基坐上一辆马车，随即便提出要他贿买，叫他立即在一张6000卢布的票据上签字。科拉切夫斯基被迫两者择一：或者接受这一建议，或者到西伯利亚去，于是只好在票据上签了字。第二天，另一个青年人涅格烈斯库尔得知此事后怀疑有涅恰耶夫在从中搞鬼，立即找那位第三厅的假密探，要求他说明这个骗局的真相。假密探矢口否认；票据被藏起来了，只是到后来进行搜查的时候才被发现。由于阴谋暴露和涅恰耶夫逃走，他没有取得这笔钱。涅格烈斯库尔早就知道涅恰耶夫的底细。在日内瓦，他成了涅恰耶夫策划的一次诈骗勾当的受害者；后来巴枯宁企图招募他。不久，他就被骗走了100卢布（第230号）。虽然他对涅恰耶夫恨之入骨并且认为涅恰耶夫什么卑鄙勾当都干得出来，但是终不免遭到涅恰耶夫的陷害。他被捕了并且死在监牢里。

我们前面谈到，伊万诺夫是涅恰耶夫所招募的第一批人员之一。这是莫斯科农学院最受爱戴、最有影响的学生之一。他全心全意地为改善自己同学的生活状况而操劳，组织互助储金会，办食堂，贫苦的同学可以在这里免费用膳，同时这里又可以作为讨论社会问题的方便的会场。他把全部空闲时间都用来教育住在农学院附近的农家子弟。同学们一致确认，他无限忠实于自己的事业，献出了自己最后几个铜板，而经常吃的是冷饭。

伊万诺夫对涅恰耶夫和巴枯宁的荒谬透顶的恐怖主义传单感到惊讶。他不能理解，为什么委员会要命令他去散发《几句话》、奥格辽夫的《死亡之歌》、《人民裁判》，最后还有巴枯宁那份纯粹是贵族的传单：《告俄国贵族书》①。他已经开始忍耐不住了，便去打听：委员会在

---

① 下面是引自巴枯宁的铅印传单《告俄国贵族书》中的一段："在十九世纪的五十年当中，我们曾经是从根本上动摇的皇座的支柱；1848年，在欧洲到处爆发人民的疯狂行为的风暴时期，我们用自己的英勇功勋拯救俄罗斯国家，使之免遭各种社会空想的冲击，为此我们得到了什么特权呢？……我们拯救了国家，使之免于支离破碎，并且扑灭了有席卷整个俄国之势的波兰大火；我们不惜自己的力量，以无比的大无畏精神直到现在仍然为在俄国根除革命分子而努力，为此我们得到了什么奖赏呢？——甚至被昏庸无能的亚历山大二世本人称为祖国拯救者的、以其英勇行为名扬于世的米哈伊尔·穆拉维约夫，难道不是出身于我们之中吗？——为了这一切，我们得到了什么呢？为了这一切无可估价的功绩，我们被剥夺了过去所有的一切……我们现在这个公开的号召是早就**准备好了和组织好了的绝大多数真心的俄国贵族**的声明……我们觉得我们的力量就在于我们正确，我们大胆地向暴君、德国的公爵亚历山大二世·萨尔梯柯夫-罗曼诺夫发出挑战，要他**在1870年将要**在柳里克的后代和俄国独立贵族党之间**爆发的**那场崇高的骑士战斗中和我们决一胜负。"

"以其英勇行为名扬于世的穆拉维约夫"不是别人，就是扼杀波兰的那个刽子手。——原作者注

哪里，它在干什么事情，这个在一切事情上都同意涅恰耶夫意见而谴责其他成员的委员会究竟是个什么东西。他表示希望和委员会的一个成员见见面；他有权提出这种要求，因为涅恰耶夫本人把他提拔到了相当于秘密同盟民族委员会委员级别的那一级。于是，涅恰耶夫便演出了前面描写过的来自日内瓦的国际密使的那出喜剧，才摆脱了窘境。

有一次，涅恰耶夫命令把预定供大学生互助储金会使用的一笔钱上交给委员会。伊万诺夫表示反对，于是在他们之间发生了一场争吵。其他同志劝伊万诺夫服从委员会的决定，因为他们都承认了章程，而章程规定他们必须服从。在他们的坚决要求下，伊万诺夫让了步，勉强地服从了这个决定。从此以后，涅恰耶夫就开始想方设法甩掉这个人，大概他认为这是一个应该处死的教条主义的革命者吧。他开始和乌斯宾斯基从理论上商谈，如何惩治和消灭由于不服从命令可能会为害和毁掉整个规模庞大的秘密组织的那些不可靠的成员。

涅恰耶夫这样处理他的秘密团体的事务，结果自然会使人对这个组织是否郑重的问题发生怀疑。各支部必须定期召集会议，以审查学院的全体学生名单，确定应该吸收的人，并且寻求弄钱的方法。这种方法之一就是以帮助"受难的大学生"即被行政上开除的学生的名义来募捐；这样募集来的钱直接落入了委员会——涅恰耶夫的腰包。还要求各支部弄到各种服装，保存在可靠的地方，供涅恰耶夫逃走时化装之用。但是，主要的工作是抄写《死亡之歌》和前面引用过的那些传单。这个阴谋的参加者应该把他们会议上谈到的一切都尽可能准确地记录下来，为了使他们什么也不敢隐瞒，涅恰耶夫还威胁他们说委员会到处都有自己的暗探。每个人都要向小组提交关于他在会下所做的一切的书面报告。根据这些报告来起草寄给巴枯宁的总结报告。

所有这一切幼稚的、宗教裁判所式的手法，使伊万诺夫怀疑到委员会本身是否存在和这个组织是否具有被那样大加宣扬的威力这些问题。

他开始猜测，这一切都要归结为荒谬的对人的剥削，这一切都是一场大骗局；他坦白地对他的好朋友们说，如果事情毫无进展并且一切都只不过是这些荒谬事情的话，那他就要和涅恰耶夫决裂，自己建立一个郑重的组织。

于是，涅恰耶夫采取了断然的措施。他命令把自己的传单贴到大学生食堂里去。伊万诺夫知道，贴传单的结果，必然招致封闭食堂、禁止集会和赶走优秀的学生。因此，他反对这样做（事实上果真如此：大学生食堂被查封了，管理食堂的全体代表都被开除）。由于这件事情发生了一场争执，但是涅恰耶夫还是照例重复他那一句老话："这是委员会的命令！"

伊万诺夫完全陷于悲观失望。1869年11月20日，他到支部成员之一普雷若夫那里去，对他说要退出这个团体。普雷若夫把这话转告给乌斯宾斯基，乌斯宾斯基又赶忙把这事告诉涅恰耶夫，过了几个小时，他们三个人在库兹涅佐夫那里集合，那里还住着尼古拉也夫。在那里涅恰耶夫说，应该惩罚这个起来反对委员会命令的伊万诺夫，必须摆脱他，使他以后无法为害。大概是因为伊万诺夫的好朋友库兹涅佐夫没有明白涅恰耶夫的意图，所以涅恰耶夫点明说，必须把伊万诺夫杀死。普雷若夫对着库兹涅佐夫高声说：涅恰耶夫发疯了，他想杀死伊万诺夫，必须制止他那样做。涅恰耶夫用自己常说的一句话制止了他们的动摇，他说："你们也想起来反对委员会的命令吗？如果不能用别的办法把他杀死的话，那么我和尼古拉也夫今天夜间到他房间里去把他勒死。"后来，他建议夜间把伊万诺夫骗到学院校园中的一个岩洞里去，说是要把在那里隐藏了很久的印刷机掘出来，就在那里把他弄死。

可见，甚至在这个决定性的时刻，涅恰耶夫本人也给了伊万诺夫的忠诚以应有的评价。他深信，虽然伊万诺夫要退出这个团体，但是他一定会来帮忙掘印刷机的，他不会出卖他的，因为如果他想这样做的话，那他在退出以前或者退出后立即就会做了。如果伊万诺夫想把涅恰耶夫出卖给警察当局的话，那么现在就是他把这个罪犯当场抓住的机会。但是情况恰好相反：伊万诺夫感到很幸福，因为他终于得到了说明存在这个组织的肯定的证据，说明这个组织拥有某种现实手段（哪怕是一些印刷铅字）的明显标志。他忘记了涅恰耶夫对变节者的一切威胁，当时他和一位朋友正在喝茶，尼古拉也夫奉涅恰耶夫之命到这位朋友那里去找他，他匆忙告别了朋友，去见召唤他的涅恰耶夫。

在漆黑的夜里，伊万诺夫毫不怀疑地走到岩洞附近。突然有人大喝一声从后面向他扑去。一场可怕的殴斗展开了；只听见涅恰耶夫的咆哮声和被他用双手卡住脖子的受害者的呻吟声；接着一声枪响，伊万诺夫应声倒下死去。涅恰耶夫的手枪子弹击穿了他的头部。"快拿绳子、石头"，——涅恰耶夫一边喊，一边搜死者的口袋，掏他的文件和钱。然后就把他扔进水池。

凶手们回到库兹涅佐夫家后，便采取措施掩盖罪迹。他们烧掉了涅恰耶夫的血衣。同谋犯们都面色阴沉，精神沮丧。突然又一声枪响，子弹正好从普雷若夫耳边飞过。涅恰耶夫道歉说："他想向尼古拉也夫解释手枪的构造。"证人们一致声称，这是一次新的谋杀行为。涅恰耶夫想杀掉普雷若夫，因为普雷若夫那天早晨竟敢反对暗杀伊万诺夫。

在此以后，涅恰耶夫立即匆忙地离开了莫斯科，和库兹涅佐夫一道到彼得堡去了，而让乌斯宾斯基在莫斯科进行活动。在彼得堡，他装作在继续从事他那个组织的工作，但是，库兹涅佐夫感到非常惊异，他发现，比起莫斯科来，这里更谈不上有什么组织存在。于是他鼓起勇气问涅恰耶夫："委员会究竟在哪里？你就是委员会吗？"——涅恰耶夫还是否认这一点，他肯定地向库兹涅佐夫说，委员会是存在的。涅恰耶夫回到莫斯科对尼古拉也夫坦白地承认，既然乌斯宾斯基已经被捕，那么其他的人也将全部被捕，因此他"不知道该怎么办"。那时，他的最忠诚的信徒尼古拉也夫也只好断然问他,那个神奇的委员会是否真的存在,还是委员会只由涅恰耶夫一个人组成。——"他没有肯定地回答我的问题,他说,为了吸引人们从事这种事情,采取一切手段都是可以允许的,在国外也有这种规矩,**巴枯宁**也和其他人一样**按这种规矩办事**,既然这些人都遵循这种规矩,那么很明显,他涅恰耶夫也可以这样行事。"(第181号)后来,他命令尼古拉也夫和普雷若夫一起到土拉去骗取一个工人(尼古拉也夫的老朋友)的护照。不久他本人也到土拉去了,在那里他请求亚历山大罗夫斯卡娅女士陪他去日内瓦,对他说来这是绝对必要的。

亚历山大罗夫斯卡娅女士在1861—1862年暴动期间声名狼藉;她甚至坐过牢,她在狱中的表现是非常糟糕的。由于决心自首,她向审理这一案件的法官写了自白书,这份自白书牵累了许多人。在干完了这一切以后,她迁居到一个省城去住,在警察当局的监视之下过日子。因为她担心不发给她护照,所以涅恰耶夫用某种方法给她弄到了一张。有人会问,为什么涅恰耶夫需要有这样一个只要与之同行就会使他在国境上被捕的女旅伴呢?但是,涅恰耶夫在亚历山大罗夫斯卡娅女士的陪同下顺利地到达了日内瓦,而且当那些被他愚弄的不幸的人被投进监狱的时候,他却和巴枯宁一道着手编辑《人民裁判》第2期。《日内瓦国民、政治和文学报》[224]报道了涅恰耶夫的阴谋,并且认为巴枯宁在其中起了领导作用,巴枯宁可能对此引以为荣,因此竟忘记了他的《人民裁判》是冒充在莫斯科出版的,而把《日内瓦国民、政治和文学报》上用法文写的文章连篇累牍地排进《人民裁判》中去。杂志刚一印好,就责成亚历山大罗夫斯卡娅女士把它和其他传单一道带到俄国去。在国境上专门等候亚历山大罗夫斯卡娅女士的第三厅密探没收了她的印刷包裹。她在被捕以后把一份只有巴枯宁可能知道的人的名单交给了那个密探。涅恰耶夫案件的被告之一,也是涅恰耶夫最亲近的人之一在法庭上供认,"他以前以为巴枯宁是个正派人,他不明白巴枯宁和其他的人怎么能够这样卑鄙地使这个女人遭受被逮捕的危险"。

巴枯宁借口要亲自领导他所预言的必然爆发的伟大革命,摆脱了自己到俄国去的责任,而他在欧洲却大肆活动,真像"身有魔胆"一样。洛克勒的《进步报》,即同盟在瑞士的机关报刊登了《人民裁判》上文章的长篇摘录。吉约姆在该报上大肆赞扬伟大俄国社会主义者们所获得的惊人成就,并且说,他的弃权论的纲领和他们的纲领是相同的①。

在绍德封代表大会上,吴亭曾经企图揭穿涅恰耶夫的卑鄙勾当,但是吉约姆打断了他,对他说,谈论这些人就是从事密探活动。至于巴枯宁,他在《马赛曲报》上把事情描绘成似乎他"到自由报刊无法到达的各遥远国家去作了一次长时间的旅行"[226],刚刚回来;他想通过这种方法造成一种印象,仿佛俄国的局势有了很大的革命转变,以致他认为非亲自莅临不可。

现在我们就来看看俄国同盟的悲喜剧是如何收场的。1859年赫尔岑根据俄国一位青年人的遗嘱得到了25000法郎,作为在俄国进行革命宣传的经费。[227]赫尔岑一直拒绝把这笔钱交给任何人,但是他受了巴枯宁的骗,巴枯宁使他相信了涅恰耶夫是一个规模宏大、力量雄厚的秘密组织的代表,于是便从他那里得到了这笔钱。因此,涅恰耶夫认为自己有权要求得到自己那一份。结果,这两位暗杀伊万诺夫的活动也不能把他们分开的国际兄弟却因为金钱而争吵起来了。巴枯宁拒绝把钱交给他,涅恰耶夫离开了日内瓦,1870年春天他在伦敦出版了一家俄文报

---

① 1868年,即同盟分子设法使他们关于放弃政治的理论获得承认的那一次绍德封代表大会前两年,巴枯宁在沙桑的《民主》[225]报上为法国工人放弃政治而痛哭流涕,当时他写道:"放弃政治——这是诈骗者为了愚弄白痴而想出来的蠢事。"——原作者注

纸《公社》（Община）[228]，公开要求巴枯宁把从已故的赫尔岑那里得来的资本的余额交给他。这就是国际兄弟"永远不彼此攻击，不公开**算帐**"的实际例证。

————

《人民裁判》第2期的社论还包含一首用散文诗写成的追悼死而复生、生而复死的英雄——涅恰耶夫的葬歌。这一次英雄是被押送他到西伯利亚去的宪兵们勒死的。他化装成工人，在唐波夫的一个酒吧间里被捕。他这次被捕在政府人士中引起了极大的不安。只听到一些不成句的话："涅恰耶夫，化了装的……告密……秘密团体……巴枯宁分子……革命。"皮尔姆省省长就涅恰耶夫之死给彼得堡发去了一封电报；这封电报被全文引用了。另一封也被全文引用的电报，是发给第三厅的，《人民裁判》知道，"宪兵头子接到这种电报后从椅子上跳了起来，整整奸笑了一个晚上"。涅恰耶夫就这样第二次死去。

社论中承认了暗杀伊万诺夫的事实。这一行动被说成是

"本团体对于任何背弃义务的成员的报复。事业的真正工作者的严酷逻辑不应该在任何导致事业成功的事实面前，尤其是在能够拯救事业和使它不致灭亡的事实面前却步"。

18名青年的被捕对于巴枯宁说来就是"事业的成功"。

第二篇文章的标题是"谁不赞成我们，谁就是反对我们"，这是一篇对政治暗杀活动的辩护词。他们为一切不加入同盟的革命者安排了伊万诺夫（虽然没有直接指名）那样的命运。

"紧张的时刻到来了……两个敌对阵营已经开始了军事行动……今后再不能采取中立态度了：站在中庸立场现在已经没有可能；这就是说：在两军对垒的时候站在彼此射击的两个敌对力量的中间；这就是说：无谓地牺牲，被双方的霰弹击中而倒下，无法进行任何抵抗；这就是说：不是身受第三厅的鞭笞和拷

打,就是被我们的手枪子弹打死。"

接着向俄国政府表示(大概是讽刺地表示)谢意,感谢"它促使急切奔向理想目标的我们的事业向前发展和迅速前进"。正当这两位英雄感谢政府加速了"理想目标"的到来的时刻,这个所谓秘密组织的全体成员都已经被捕了。——然后,这篇文章发出了新的号召。他们"敞开怀抱"接纳"一切正直的新生力量",同时预先警告这些力量,它们一旦投入了这个怀抱,就应该服从这个团体的一切要求。"任何背离团体的行为,任何由于不相信著名原理的真实性和正义性而有意识地背叛团体的行为,都将导致被从活人名单中除名。"接着,我们这两位英雄又奚落那些被捕者,说什么这不过是一些软心肠的自由派,秘密团体对于它的组织的真正成员是加以保护的,是不允许别人把他们抓去的。

第三篇文章叫做"**未来社会制度的主要基础**"。这篇文章说明,如果普通人由于犯罪、由于仅仅考虑一下未来的社会组织就受到惩罚,那是因为头目们早就已经把一切都安排好了。

"实现摆脱现存的社会秩序,根据新的原理来革新生活的方法,只能是**把社会存在的一切手段都集中到我们的委员会手中**,并且宣布人人都必须从事体力劳动。

在推翻了现存基础以后,本委员会立即宣布一切都是公共财产,并且建议建立工人团体〈artels〉,同时出版由内行人编写的统计汇编,指出在哪个地区最需要哪几种劳动部门,哪些情况可能妨碍从事哪种工作。

在规定实行变革的一定日期内以及必然随之而来的混乱时期,每个人都应该自己选择加入某个劳动组合……其余单干的和没有加入工人小组的人,没有正当理由都无权进入公共食堂、公共寝室以及其他任何为了满足工作者兄弟的不同需要而建筑的房屋,或者储藏供已经建立的工人团体的全体成员使用的成品和物资、食品和工具的房屋;总之,谁没有正当理由而不加入组合,谁就没有生存手段。对他说来，一切道路都被堵塞了，一切交通工具都剥夺了，剩下的只有一条出路：或者从事劳动，或者死亡。"

每一个劳动组合都选一个评判员（otzienchtchik），以调节工作的进程，填写生产和消费以及每个工人的生产率的登记簿，作为中介同当地的总办事处联系。由当地所有组合推选出来的成员组成的办事处主持这些组合之间的交换，管理一切公共设施（寝室、食堂、学校、医院），并且领导一切公共事务："一切共同的事务都由办事处负责管理，而一切需要特别的手艺和技巧的个人事务则由各组合单独处理"。接着还对教育、劳动时间、儿童抚养、免除发明家的劳动等问题做了详细规定。

"在一切都彻底公开、无所隐讳和每个人都参加活动的情况下，现在人们所理解的任何功名心和任何谎言都将消失得无踪无影……那时，尽可能为社会生产更多的东西和尽可能消费更少的东西就将成为每个人的意愿；那时的活动家的全部骄傲、全部功名心就在于意识到自己对社会的贡献。"

多么美妙的兵营式共产主义的典范呀！在这里一切齐全：公共食堂和公共寝室，评判员和为教育、生产、消费，总之为全部社会活动规定了各种办法的办事处。而作为最高领导者来统率一切的是无名的、谁也不知道的"**我们的委员会**"。毫无疑问，这是道地的反权威主义。

为了使这个荒诞的实际组织计划具有一种理论基础的外观，在这篇文章的标题下面安了一个小注：

"有志者可以在**我们**发表的著作'共产党宣言'中看到对**我们**的基本原理的详尽的理论阐述。"

的确，在1870年的每一号《钟声》[229]上，在巴枯宁的呼吁书《告俄国军官》和两期《人民裁判》的出版广告旁边，可以看到定价一法郎的、1847年的共产党（德国）宣言的俄译本的出版广告。巴枯宁一方面利用这个《宣言》在俄国使人相信他的鞑靼人的幻想，同时他又通过自己的在西方各国的同盟宣布这个《宣言》是一部宣扬极其有害的德国权威主义的共产主义学说、充满了异端邪说的著作（见里米尼代表会议的决议，吉约姆在海牙的发言，载于《汝拉简报》第10—11期、巴塞罗那《联盟》周报等）。

现在，当平民们已经知道"我们的委员会"预定要扮演什么角色的时候，就很容易理解，为什么这位竞争者对于国家和对于把工人力量集中起来的任何做法是这样地仇恨。事实上，在工人阶级还没有自己的各种代表机构以前，在"我们的委员会"的伪装下活动的巴枯宁和涅恰耶夫先生不可能成为公共财富的占有者，也不可能得到他们如此热心地授意别人应该具有的"多劳动少消费"的崇高而充满功名心的意愿的果实！

2. 革命问答

涅恰耶夫小心翼翼地保存着一本用密码写的名为《革命问答》的小册子[230]；他断言，持有这本小册子是国际协会一切密使或代办所独有的特权。法庭上的全部供词和律师们提供的无可辩驳的证据说明，这本《革命问答》是巴枯宁写的，而巴枯宁从来也不敢否认他是这本书的作者。而且这个著作的形式和内容都清楚地表明，它同我们前面已经谈到的秘密规章、《几句话》、传单和《人民裁判》，是出于同一个来源。它只不过是它们的补充罢了。这些想使一切都成为无定形状态以便在道德领域内也确立无政府状态的、破坏一切的无政府主义者，把资产阶级的不道德品行发展到了登峰造极的地步。读者根据几件样品就可以判断同盟的道德是什么东西了。这种道德的纯粹来自基督教的教条，最初是由十七世纪的埃斯科巴尔派[231]精心拟制出来的。同盟只是把这种道德的性质夸大到荒谬的程度，并且用自己的超无政府主义的、破坏一切的"神圣革命事业"代替耶稣会教徒的神圣的天主教的、使徒的、罗马的教会罢了。《革命问答》是这种道德的正式规约，它在这一次对这种道德作了系统的、毫不隐讳的阐述。我们根据1871年7月8日在法庭上宣读的文本把它们 in extenso〔全文〕引在这里。

"革命者对自己的态度

第一条 革命者是自我献身的人。他没有自己的利益、自己的事务、自己的感情、自己的爱好、自己的财产，甚至没有自己的名字。他的一切都融汇在唯一仅有的利益、唯一的思想、唯一的激情——革命之中。

第二条 他从内心深处，不仅在言论上而且在行动上与公民秩序、与整个文明世界及其一切法律、礼节、惯例和道德断绝任何联系。他是这个文明世界的无情敌人，如果他继续生活在这个文明世界之中，那只是为了更可靠地破坏它。

第三条 革命者鄙视任何学理主义，拒绝世俗科学，而让后辈去研究它。他只知道一门科学——破坏的科学。他研究机械学、物理学、化学，也许还有医学，都是为了这个目的，而且只是为了这个目的。他为了这个目的日日夜夜地研究一门活的科学——人，现在的社会制度在一切阶层中的性质、状况和全部条件。目的只有一个——最迅速、最可靠地破坏这个丑恶的（poganyi）制度。

第四条 他鄙视社会舆论。他鄙视和憎根目前社会道德的一切动机和表现。对他说来，凡是促进革命胜利的东西，都是合乎道德的；凡是阻碍革命胜利的东西，都是不道德的和罪恶的。

第五条 革命者是自我献身的人，他对国家和整个等级制的文明社会是无情的；他不应该期待对自己有任何宽恕。在他和社会之间，存在着或秘密或公开的、但是不间断和不可调和的你死我活的战争。他应该学会经得起拷打。

第六条 他对自己是严酷的，对别人也应该严酷。一切亲属、友谊、爱情、感激等温柔脆弱的感情都应该被唯一的革命事业的冷静激情抑制下去。他只有一种柔情，一种安慰，一种褒奖和满足——革命的成功。他日日夜夜只应该有一个思想，一个目的——无情地破坏。他沉着地、不倦地致力于这个目的，因此他应该准备牺牲自己，并且准备亲手摧毁妨碍达到这个目的的一切东西。

第七条 真正革命者的本性不容许有任何浪漫主义，任何伤感、欢乐和嗜好；甚至也不能容许有私仇和进行个人报复。革命激情应该成为他经常的、每时每刻的内心状态，并且要与冷静的考虑结合起来。无论何时何地，他都不应该受私欲驱使，而应该为共同革命利益的要求所支配。

革命者对革命同志的态度

第八条 对革命者说来，只有在行动上表明是与这个革命者自己从事同一种革命事业的人，才能够成为朋友和亲爱的人。这种同志在破坏一切的实际革命事业中的有用程度，是确定对他的友谊、忠诚和其他义务的唯一尺度。

第九条 革命者的团结是不言而喻的，因为这是革命事业的全部力量所在。在革命认识和革命激情方面处于同等程度的革命同志，应该尽可能共同讨论并且一致决定一切重大事务。因此，在实现既定计划的过程中，每个人应该尽可能依靠自己的力量。每个人都应该自己去完成一系列的破坏行动，只有在为事业的成功所必需的时候，才向同志们求教并取得他们的帮助。

第十条 每个同志手下都应该有几个第二级和第三级的革命者，即非完全亲信者。他应该把他们看做共同的革命资本中交由他支配的一部分。他应该节省地使用自己这部分资本，经常努力从中取得最大的利益。他应该把自己看做用于使革命事业取得胜利的资本，而且只应该看做是这种资本，未经完全亲信者的整个协会同意，他本人决不能单独加以支配。

第十一条 当同志遭受不幸，要决定是否搭救他的问题时，革命者不应该考虑什么私人感情，而只应该考虑革命事业的利益。因此，他一方面应该估计这位同志所能带来的好处，另一方面也应该估计由于搭救这位同志需要损失多少革命力量，权衡一下孰轻孰重，再行决定。

革命者对社会的态度

第十二条　吸收不是言论上而是行动上表现良好的新成员加入协会，应经全体一致通过，方为有效。

第十三条　只有抱着最彻底、最迅速地破坏国家的、等级制的、所谓文明的世界的信念，革命者才进入这个世界并在其中生活。如果他对这个世界还有所怜惜，他就不是革命者。**他应该毫不犹豫地消灭这个世界的地位、关系或者任何人。**他应该同样地仇恨所有的一切。如果他在这个世界中有亲属关系、朋友关系和爱情关系，那就更糟糕；**如果他的手能被他们拦住，他就不是革命者。**

第十四条　为了达到无情地破坏的目的，革命者可以而且常常应该假装成与他的本来面目完全不同的人生活在社会上。革命者应该潜入一切地方，一切上等阶级和中等阶级、小店铺、教会、贵族家庭、官僚界、军界、文艺界、**第三厅**〈秘密警察机关〉，甚至潜入皇宫。

第十五条　应该把这整个丑恶社会分成几类人：第一类应该立即判处死刑。本协会将以对革命事业成功的危害程度为序拟定罪犯名单，按名单次序进行处决。

第十六条　在拟定这种名单和确定上述次序时，决不应该以一个人的个人恶行，甚至不应该以他在本协会或人民中所激起的公愤为标准。这种恶行和这种公愤甚至可能有部分的好处，它们有利于激起人民的暴动。应该以处死某一个人能够给革命事业带来的好处的大小为标准。所以，首先应该消灭对革命组织特别有害的人，以及突然横死会引起政府的最大恐惧的人，使政府失去聪明而有毅力的活动家，从而动摇它的力量。

第十七条　第二类应该包括那些只是暂时〈!〉让他们活着，以便让他们用一系列兽行迫使人民必然发起暴动的人。

第十八条　第三类是为数众多的身居高位的畜生，或者虽然既没有特别智慧又没有毅力，但是由于所处地位而拥有财富、联系、威望和力量的人。必须用一切可能的方法剥削他们；把他们制服，把他们弄糊涂，并且**掌握他们的龌龊的秘密**，使他们变成我们的奴隶。这样一来，他们的权力、威望、联系、财富和力量就会成为创办各种事业的取之不尽的宝库和宝贵的帮助。

第十九条 第四类是国家中的沽名钓誉者和形形色色的自由主义者。可以按照他们的纲领同他们一起进行秘密活动，表面上假装是盲目地跟着他们走，实际上则要完全支配他们，**掌握他们的秘密，使他们的名誉彻底扫地**，使他们无法脱身，然后再用他们的手去扰乱国家。

第二十条 第五类是总爱在小团体内和在纸面上大发空论的教条主义者、秘密工作者和革命者。必须不断地推着他们、拉着他们前进，使他们去进行实际的、复杂困难的活动，结果多数人将无声无息地死去，少数人将受到真正的革命锻炼。

第二十一条 第六类，也是重要的一类，是妇女。她们又应该分为主要的三种人：一种是内心空虚、思想愚钝、麻木不仁的人，她们可以像第三类和第四类男子一样加以利用；另一种是热情、忠诚、能干的人，但不是我们的人，因为她们还没有锻炼到具有真正的、毫无空话的、实际的革命认识的程度，她们可以像第五类男人一样加以使用；最后一种妇女是完全是我们的人，即完全亲信者、完全接受了我们纲领的人，我们应该把她们看做是我们的无价之宝，我们没有她们的帮助是不行的。

本协会对人民的态度

第二十二条 除了人民即无知大众的彻底解放和幸福以外，本协会没有其他目的。但是本协会坚信，只有通过摧毁一切的人民革命才可能实现这种解放和达到这种幸福，所以**本协会将利用一切力量和手段促进那些**最终必然使人民无法容忍并迫使他们实行普遍起义的**不幸和灾祸发展和蔓延**。

第二十三条 本协会所理解的人民革命不是按照西方典范炮制的运动，这种运动总是不敢触动财产以及所谓文明和道德的社会秩序的传统，它迄今到处都只限于为了推翻一种政治形式而代之以另一种政治形式，并且力求建立所谓的革命国家。拯救人民的革命，只能是根本消灭一切国家并且根除俄国秩序的一切国家传统和阶级的革命。

第二十四条　因此，本协会不打算自上而下地把任何组织强加于人民。毫无疑问，未来的组织一定要从人民运动和生活中产生出来。但是，这是后辈的事业。我们的事业是可怕地、彻底地、普遍地、无情地破坏。

第二十五条　因此，我们接近人民首先就应该同人民生活中的这样一些分子联合起来，他们从莫斯科公国成立以来不是在言论上而是在行动上不断对直接或间接同该公国有联系的一切，对贵族，对官吏，对神甫，对商界①和小商人，人民的剥削者②提出抗议。我们要同慓悍的强盗界——俄国真正的、唯一的革命者——联合起来。

第二十六条　把这个强盗界团结成一个不可战胜的、摧毁一切的力量——就是我们的全部组织、秘密活动和任务。"

批评这种杰作就是掩饰它的滑稽性质。这样也就是过分地看重这个异想天开地要把鲁道夫、基度山、卡尔·穆尔和罗伯尔·马凯尔的形象都集于一身的无定形的破坏一切的人。我们只想借助于一些对比来说明这本《革命问答》的精神实质甚至连它的措辞都是同秘密规章以及同盟的其他俄文著作相同的，如果不算其中许多艰涩夸大之处的话。

同盟秘密规章中的三级亲信者在《革命问答》第十条中得到了再现，第十条谈到"第二级和第三级的革命者……非完全亲信者"。国际兄弟会章程第六条规定的国际兄弟的义务同《革命问答》第一条和第十三条提出的义务是相同的。章程第八条所指出的兄弟可以担任政府职务的条件，在《革命问答》第十四条中得到了"更加充分的阐明"，第

---

① 在巴枯宁的俄文本中用的是："商人等级"。
② 在俄文本中用的是："富农恶霸"。

十四条告诉他们，如果有命令，他们可以去当警察。向兄弟提出的（章程第九条）要他们彼此商量行事的劝告，在《革命问答》第九条中得到了重申。国际兄弟会纲领第二、三、六各条对革命性质的表述，同《革命问答》第二十二条和第二十三条的表述完全一样。在纲领第四条中提到的雅各宾派，在《革命问答》第二十条中变成了各种各样的"第五类人"，两个文件都规定要把他们处死。纲领第五条和第八条中论述真正无政府主义革命的进程时所表述的思想，同《革命问答》第二十四条所表述的思想毫无二致。

在《革命问答》第三条中包含的对科学的谴责，在一切俄文著作中都得到了重申。把强盗作为模范的革命者而加以理想化，在《几句话》中只是露出了一些苗头，而在其余一切著作中就已公开承认并加以宣扬了。《革命问答》第二十条所说的"第五类"，在《革命问题的提法》中称为"书斋里的革命者——国家的拥护者"。在那里，也同《革命问答》第二十五条和第二十六条一样，断言革命者的首要义务就是当强盗。在《革命原理》和《人民裁判》中只是开始宣扬破坏一切，《革命问答》第六、八和二十六各条则已把破坏一切规定为义务，而有计划有步骤的暗杀在第十三、十五、十六和十七各条也都谈到了。

3. 巴枯宁致俄国军官的呼吁书

但是，巴枯宁认为，必须使别人对他参与了所谓涅恰耶夫阴谋一事无法提出任何怀疑。他出版了标明"1870年1月于日内瓦"、署名"米哈伊尔·巴枯宁"的呼吁书《告俄国军官》。关于这个"定价一法郎"的呼吁书，在1870年的每一号《钟声》都登了广告，指明是巴枯宁的著作。现在我们从这个呼吁书中摘引几段。

和涅恰耶夫在俄国所做的一样，这个呼吁书一开头就声明说：

"在罗曼诺夫—霍尔施坦—哥托尔普王朝和俄国人民之间,在鞑靼-德意志族的桎梏和广泛的斯拉夫族的自由之间进行最后一次战斗的时刻必将来临。我们这里春天快要到来,而战斗将在早春时节开始……革命力量已经准备好了,像目前全俄国人民这样存在着深刻、普遍的不满的条件下,这场战斗的胜利是毋庸置疑的"。

有一个组织领导这个必不可免的革命,因为"秘密组织就像是革命军队的司令部,而革命军队就是全体人民"。

"在《告俄国的青年兄弟》这个呼吁书中:我曾经说过,在未来的、如此明显地日益临近的粉碎全俄罗斯帝国的事业中,领导人民群众的斯切尼卡·拉辛,将不是单枪匹马的勇士,而是集体的斯切尼卡·拉辛。任何人,只要不是傻瓜,自然都明白,我在这里指的是秘密的、现在已经存在并且进行活动的组织,这个组织是强有力的,因为它有自己的纪律,它的成员都无限忠实于它并且具有自我牺牲精神,而且他们个个都无条件地服从一个无所不知但是无人知道的**唯一的委员会**的一切命令和指示。

这个委员会的成员都完全放弃了自我;这就使得他们有权要求这个组织的一切成员都无条件地放弃自我。他们彻底抛弃了他个人的,构成一切沽名钓誉、贪权慕势的人的主要追求目标的一切,因此,由于永远放弃了个人的财产、官方的或公众的权力和力量以及社会上的任何名誉地位,他们就必然使得自己永远默默无闻,他们把事业的荣誉、表面的豪华和喧嚣让给别人,而只把事业的实质留给自己,同样地也不是留给自己个人,而是集体。

他们**像耶稣会教徒一样**,每个人甚至放弃了个人的自由,不过目的不是要奴役别人,而是为了人民的解放。在委员会中,以及在整个组织中,考虑问题、表示愿望、从事活动的不是个人,只是集体。把个人生命、个人思想和个人自由这样置之度外,在许多人看来似乎是不可能的,甚至是令人愤怒的。这确实是困难的,但同时也是必要的。对于那些才开始这样做和刚刚加入组织而还没有抛弃喜欢讲空话、瞎吹牛的恶习的人去说,对于那些玩弄名誉、个人人格和权利,并且总是以想像中的人性的可怜特征(在我们俄国社会中,在这些特征后面显露出来的是所有的人个个都最彻底地向最龌龊、最卑鄙的现实的条件屈服)来安慰自己的人来说,这就尤其困难。对于那些想在事业中求得自己虚荣心的满足,求得讲空话的借口,喜欢使自己戏剧式的面貌在事业中得到反映而不是热爱事业本身的人来说,这是困难的。"

"任何新的成员加入我们的组织都是自由的,他们知道,既然加入了这个组织,那他就属于它而不是属于他自己了。**加入组织是自由的,但是不能退出组织**,因为任何成员退出都必然会使这个组织的存在本身遭到危险,而这个组织不应该取决于一个人或几个人的轻率行为、一意孤行或者他们的谦逊、诚实和力量的程度大小……因此,每个人加入组织时都应该知道,他把自己、把他所有的全部精力、资金、才能和生命都**无须偿还地**献给了组织……这在它所公布的、委员会委员以及委员会以外的组织的其他一切成员都必须遵守的纲领中已经谈得很清楚、很明确……如果他确实有这种〈革命的〉激情,那么组织对他提出的一切要求,对他说来都是容易办到的。大家知道,对于激情来说根本不存在困难,激情不承认有不可能办到的事情,而且障碍越是难于克服,为激情所鼓舞的人的意志、才能和力量就越显得顽强。谁有这种激情,谁就不可能有个人的嗜好存在的余地;他甚至不是放弃这些嗜好,因为在他身上再也不存在这些东西了。本团体的严肃的成员清除了自己本身的任何猎奇心理,并且无情地追击其他一切人的猎奇心理。虽然他也认为自己值得得到任何信任,但是正因为他值得信任,即因为他是一个严肃的人,所以除了他为更好地完成他所担负的事情所必需的东西以外,他不企求也不希望知道任何东西。关于事业,他只是根据命令叫他跟谁谈就跟谁谈,叫他谈什么就谈什么;总之,他无条件地、严格地遵循他从上面得到的一切命令和指示,不询问,甚至也不设法打听他本人在组织中是哪一级;自然他只希望尽可能让他承担更多的事情,但是,同时他又耐心地等待把事情委托给他。

这种铁的、无条件的纪律可能会使新参加者感到惊讶,甚至感到屈辱;但是,任何正派的成员,任何真正聪明能干的人,只要他具有我前面谈到过的那种融汇一切的人民胜利的激情,这种纪律就不会使他感到惊讶和屈辱,而且相反地会使他高兴,同时会使他安心。严肃的成员会认识到,正是这种纪律才是每个成员相对的无个性的必要保证,才是全面胜利的条件,sine qua non〔必要的条件〕,只有这种纪律才能够团结真正的组织,并且建立集体的革命力量,这种力量依靠自发的人民的威力,将能够战胜和破坏国家组织的巨大力量。

别人会问:我们怎么能够信赖一个我们不知道的委员会的**独裁**领导呢?但是,这个委员会你们是知道的:因为第一,根据这个委员会公布的纲领你们可以知道它,这个纲领非常明确而清楚并且对每一个新加入组织的人还做了更加详细的解释;第二,通过你们知道和尊敬的那些人对它所抱有的无条件的信任,这个委员会已经对你们作了自我介绍,这种信任使你们只会加入这个组织,而不是别的组织。通过始终符合本组织的纲领和目的的、不倦的、坚决的和深入一切地方的活动,这个委员会很快就会使得本组织的真正成员更加了解它。大家都将自愿地服从它的**权威**,因为一方面他们在实践中愈来愈确信委员会的确实令人惊异的预见性、警惕性、理智的毅力和它的命令的合理性,另一方面,也愈来愈确信这种纪律的化险为夷的作用和必要性。

有人可能问我:如果委员会的成员对一切人说来都是无法探知的秘密,那么,你用什么办法能够得到有关该委员会的消息,并且确信它是有根据的呢?——我坦白地回答这个问题。这个委员会的任何一个成员、委员会的人数、甚至它的所在地,我都不知道。我只知道,委员会不是在国外,而是在俄国,这是理所当然的事情,因为一个国外的革命委员会对俄国来说是一件荒谬绝伦的事情,这也许只有流亡者中那些沽名钓誉的糊涂虫和夸夸其谈的饶舌家才能想出来,他们用'人民事业'① 这个响亮的名称来掩饰自己徒骛虚名和恶毒阴谋的懒散行为。

在十二月党人的贵族阴谋〈1825〉以后,伊舒京和他的同志们做了成立郑重组织的第一次尝试。本组织是第一个彻底成功的、整个俄国的革命力量的组织。它利用了一切准备和试验。任何反动派都不能迫使它解散,它的寿命将比

---

① 读者记得,由几位俄国青年在日内瓦出版的国际的俄文报纸用的是这个名称,这些青年非常清楚,这个所谓的委员会和巴枯宁的组织的真正价值。——原作者注

一切政府都长。只要它的全部纲领还没有成为俄国的日常生活，成为全世界的生活，它就不会停止活动。

大约一年以前，委员会认为把关于它存在的事实告诉我是有益的，于是给我寄来了它的纲领，同时还说明了俄国革命行动的总计划。我赞同了纲领和计划，确信这一事业以及从事这一事业的人都是严肃的，因此我做了我确信是在国外的任何一个正直的流亡者都应该做的事：无条件地服从了作为俄国革命事业的唯一代表和领导者的这个委员会的权力。我现在对你们讲话，也只是服从委员会本身的要求。此外我什么也不能对你们说。关于这个组织，我只补充一句话。我很了解整个组织的计划，所以我完全确信，现在任何力量也不能破坏这个组织。即使在行将来临的斗争中人民党遭到新的失败——我们谁也不害怕这种失败，我们相信人民事业即将胜利，——即使我们的希望没有实现，在那种情况下，在人民起义的最悲惨的毁灭中，在最野蛮的反动中，这个组织仍将完整无损……

这个纲领的基础是最广泛的、最人道的，这就是以社会财产和一切人都同样必须从事的共同劳动为基础的，一切人的最充分的自由和最彻底的平等，当然，应该把那些宁愿饿死也不肯工作的人除外。

世界各国的无知大众的纲领目前就是这样，这个纲领完全符合我国人民世世代代的要求和本能……我们组织的成员向下层人民①提出这个纲领的时候，感到惊佩不已的是，他们如此迅速、如此广泛地理解了它，并且如此热切地接受了它。就是说，纲领已经具备。它是不可改变的。谁赞同它，谁就应当跟着我们走。谁反对我们，谁就是一切人民敌人的朋友，就是沙皇的宪兵、沙皇的刽子手——我们的敌人……

我对你们说过，我们的组织建立得十分巩固，现在我再补充说一句，它在人民之中已经扎下了深远的根，即使我们现在遭到了失败，我们的反动派也无法破坏它……

一些奴仆成性的报纸和杂志遵从第三厅的主使，竭力要公众相信，政府已

---

① 在巴枯宁呼吁书的俄文本中用的是："无知大众"。

经把阴谋一网打尽了。政府什么也没有抓着，这个委员会和组织现在和将来都完整无损，政府本身很快就会确信这一点的，因为人民大爆发已经迫近。人民大爆发已经如此迫近，每个人现在就应该决定，他是想做我的朋友，人民的朋友呢，还是做我们的敌人和人民的敌人。对于一切朋友，不管他属于哪一个阶层，不管他的地位如何，我们的队伍都是欢迎的。但是你们会问：怎样找到你们呢？谁抱着为人民事业服务的真诚愿望和坚定意志去寻找这个组织，**在你们周围到处存在**、在你们的同志中已经有了**许多**成员的这个组织本身就会去寻找他。谁不赞成我们，谁就是反对我们。任您选择吧。"

巴枯宁在由他署名的这本小册子中，假装成似乎他不知道被他托名来说话和被涅恰耶夫托名在俄国活动的那个委员会的所在地和成员。但是，授权涅恰耶夫以委员会的名义活动的唯一的文件是由米哈伊尔·巴枯宁签署的，得到关于各支部的工作的报告的唯一的一个人，也是米哈伊尔·巴枯宁。因此，当米哈伊尔·巴枯宁宣誓无条件地服从委员会的时候，就是宣誓服从米哈伊尔·巴枯宁本人。

我们认为，无需乎再提供更多的证据来证明这篇由巴枯宁署名的著作，不仅在方针上而且在措辞上都和其他匿名出版的俄文文件完全相同。我们只想指出，巴枯宁在这里怎样运用《革命问答》的道德。他首先向俄国军官们宣扬这种道德。他向他们宣称，他和其他亲信者以革命的耶稣会教徒的身份进行活动是履行自己的义务，同时也填补了既有的空白点；他说，对于委员会，他们放弃了个人自由，他们的个人自由不会比有名的耶稣会"死尸"的个人自由更多些。为了使暗杀伊万诺夫一事不至于把军官们吓跑，他企图叫他们相信把任何想退出秘密团体的人杀掉是必要的。然后，他就用这种道德来对待他的读者，最无耻地欺骗他们。巴枯宁知道，政府不仅逮捕了俄国的全部亲信者，而且逮捕了十倍以上的被涅恰耶夫陷害的人，因为他们属于《革命问答》中规定的所谓的"第五类"人，他知道，在俄国连组织的影子也不存在了，那里不仅现在没有，而且从来就没有过任何委员会，如果不算当时和他一起呆在日内瓦的涅恰耶夫的话；此外，他知道这本小册子在俄国不可能找到任何一个拥护者，它只能成为政府采取新的迫害措施的借口；可是他仍然声称，政府根本谁也没有抓到，委员会在俄国继续存在，并且在那里开展着不倦的、坚决的、深入一切地方的活动，广泛表现出真正令人惊异的预见性、警惕性、有理智的毅力和令人惊叹不已的灵活性（案件审理过程中的供词成了这一切的证明），他的秘密组织，即1825年以后在俄国存在的唯一严肃的组织，是不可损害的，这个组织在热烈欢迎它的纲领的人民的下层中扎下了根，它在军官们周围到处存在，革命是不可避免的，再过几个月，即在1870年春天，革命就要爆发。仅仅为了自己能够怡然自得地在自己的伪国际兄弟面前对镜观赏"自己戏剧式的面貌"，声称"把个人生命、个人思想和个人自由置之度外"，声称自己比"那些玩弄名誉、个人人格和权利并且具有喜欢讲空话、瞎吹牛的恶习的人"更高尚的米哈伊尔·巴枯宁，就是这样向俄国人撒谎的，就是这样吹牛的。

在1870年，这个人向俄国人宣扬盲目地、无条件地服从来自上面一个匿名的、不可知的委员会的命令，宣称耶稣会的纪律是胜利的 sine qua non〔必要的条件〕，只有这种纪律才能战胜国家（不是俄罗斯国家而是一般国家）的可怕的集中制，宣布了比最原始的共产主义更加权威主义的共产主义，——在1871年也正是这个人却以反对德国共产主义者的权威主义和集中制为借口，以在建立自治支部和各自治小组的自由联合并且使国际变成所谓它应该成为的东西即未来社会的原型为借口，图谋在国际内部掀起分裂和破坏运动。如果未来社会真的按照同盟的俄国支部的榜样建立起来的话，那它一定会远远超过巴枯宁如此珍爱的耶稣教徒的圣父圣祖们的巴拉圭[232]。

<h1 style="text-align:center">九
结　语</h1>

　　国际一方面让各国工人阶级的运动和意愿享有充分的自由，同时它又能够把工人阶级团结成一个统一的整体，第一次使统治阶级及其政府感觉到了无产阶级的国际威力。统治阶级及其政府承认了这个事实，于是便集中一切力量来攻击我们全协会的执行机关——总委员会。自从巴黎公社覆灭以来，这种攻击日益变本加厉。同盟分子正好选择了这个时刻来对总委员会公开宣战！他们断言，国际手中的强有力的武器——总委员会的威望——无非是反对国际本身的武器而已。他们说，这种威望不是在反对国际的敌人的斗争中赢得的，而是在反对国际本身的斗争中赢得的。用他们的话说，总委员会的权力欲战胜了各支部和各国联合会的自治。为了拯救自治，除了使国际失去领导以外，没有其他任何办法。

　　实际上，同盟的活动家们知道，他们若不利用这个决定性的时刻，巴枯宁的100名国际兄弟就只有永远放弃秘密领导无产阶级运动的幻想。他们的粗暴的攻击得到了世界各国警察当局的报刊的赞扬。

　　关于自治和自由联合的响亮的词句，一句话，他们对总委员会宣战的号召，只是掩盖他们的真正目的的一种手法罢了。他们的真正目的是破坏国际，从而使国际屈从于同盟的秘密的、教阶制的和独裁的统治。

　　支部自治、各自治小组的自由联合、反权威主义、无政府状态——这就是非常适合那个"游民"团体的胃口的动听辞句。这些"毫无升官发财的前途，看不到出路"的"游民"在国际内部进行秘密活动的目的，是为了使国际屈服于秘密的专政并把巴枯宁先生的纲领强加于它！

剥去这个纲领的破烂的奇装异服，可以把它归结如下：

1. 把那些出身上等社会阶层的游民的生活所必然产生的一切龌龊行为，宣布为超革命的善行美德。

2. 把必须腐蚀极少数细心挑选出来的工人奉为原则，迎合他们的心理，用神秘的引为亲信的办法使他们脱离群众，强迫他们参加秘密领导机关所策划的阴谋和诈骗勾当，鼓励他们放纵自己的"恶欲"——这就是从根本上动摇旧社会。

3. 主要的宣传方法是：瞎吹秘密团体的规模如何庞大、力量如何雄厚，预言秘密团体所准备的革命必不可免等等，以此来吸引青年；在各国政府面前陷害那些出身于各富裕阶级的最进步的人，以便以后在金钱方面剥削他们。

4. 用刑事犯罪——这个革命的最高体现——的英雄们的**破坏一切**的行为来代替工人为争取自身解放而进行的经济斗争和政治斗争。总之，他们建议把在"按照西方典范炮制的各次革命"时期由工人自己清除了的流氓放出来，从而让反动分子无偿地支配这个由奸细密探组成的受过严格训练的匪帮。

在同盟的理论戏法和实际图谋中，究竟笑料多还是劣迹多，这很难说。不过同盟毕竟是在国际内部发起了一场无声的斗争，这场斗争在两年中使我们协会的活动遭到了困难，结果有一部分支部和联合会脱离出去了。因此，海牙代表大会通过的反对同盟的各项决定只是履行自己的义务罢了。代表大会不能让国际这个无产阶级的伟大创造陷入剥削阶级败类为它设置的罗网。至于那些想剥夺总委员会的职能的人，我们不能采取别的态度，只能把他们看做是叛徒或者傻瓜，因为失去这些职能国际就将变成一个无形的、涣散的，用同盟的语言来说就是

"无定形的"东西。

委员会：

欧·杜邦　　　弗·恩格斯

莱奥·弗兰克尔　A. 勒穆修

卡尔·马克思　　奥·赛拉叶

1873年7月21日于伦敦

十

补　充

1. 巴枯宁的逃亡

1857年，巴枯宁被解往西伯利亚，但是不是像人们根据他的叙述可能认为的那样去服苦役，而只是流放。当时西伯利亚的总督是穆拉维约夫-阿穆尔斯基伯爵，他是扼杀波兰的刽子手穆拉维约夫的亲戚和巴枯宁的亲戚。巴枯宁由于这种亲属关系和他对政府的效劳，在那里处于特殊的地位，受到特别的优待。

当时1849年阴谋的首脑和组织者彼得拉舍夫斯基[233]也在西伯利亚。巴枯宁对他抱着明显的敌对态度，并且千方百计地企图陷害他；作为总督的亲戚，他要做到这一点是不困难的。巴枯宁这样迫害彼得拉舍夫斯基成了他受上司赏识的又一个原因。在西伯利亚和俄国曾经轰动一时的一桩暧昧的事件结束了两个被流放者之间的这场斗争。对一位玩弄自由主义的高级官吏的行为的批评，在总督的周围引起了一场风波，结果导致了决斗和死亡。这个事件从头到尾都同个人阴谋和诈骗伎俩有紧密的联系，因此激怒了全体居民，他们指责高级官吏们是蓄意谋害这次决斗的牺牲者——彼得拉舍夫斯基的一位年轻的朋友。民愤非常大，政府甚至担心会发生人民暴动。巴枯宁坚决地站在包括穆拉维约夫在内的高级官吏那边。他利用自己的影响设法把彼得拉舍夫斯基流放到更远的地方去，并且还在他以目击者的身份写给赫尔岑的一封长信中为迫害彼得拉舍夫斯基的那批人辩护。赫尔岑把这封信登在《钟声》上的时候，删去了其中对彼得拉舍夫斯基的一切攻击，但是在转寄圣彼得堡时这封信的抄本使当地的公众知道了这封信的原文。

一般说来比其俄国的同行更倾向于自由主义的西伯利亚商人，想在西伯利亚创办一所大学，这样就无需把自己的子弟送到俄国很远的学校去上学，并且能够在自己的家乡建立一个文化中心。这需要经过皇帝的恩准。穆拉维约夫在巴枯宁的影响和劝说之下，表示反对这个方案。巴枯宁对科学的仇恨是有久远的根源的。这个事实在西伯利亚广泛地为人们所知道。俄国人多次向巴枯宁质问这件事情，巴枯宁无法否认这个事实，只好这样来解释自己的行为，说是当时他**正准备逃走**，因此力求博得自己的亲戚——总督的好感。

巴枯宁不仅自己享受和滥用了上司的优待，而且由于受到了少量的贿赂还为资本家、承包人和包税人争取这种优待。在涅恰耶夫的那些牺牲者身上搜获并由政府在1869—1870年间加以公布的巴枯宁的传单中，包含有公敌名单；列入名单的人之中有名噪一时的《莫斯科新闻》[234]总编辑卡特柯夫。为了报复，卡特柯夫在自己的报纸上作了如下的揭露：说是他那里有巴枯宁从西伯利亚到达伦敦以后写出的一批信件，在这些信件中巴枯宁要卡特柯夫看在老朋友的分上借给他几千卢布。巴枯宁承认，他在西伯利亚期间每年都从一个烧酒包销者那里得到一定数量的款子，这位包销者给他这笔钱，是想让他帮忙保证自己能得到总督的照顾。这笔不清白的外快（他在逃走以后就不再领取了）使他的良心受到责备，他想把自己用了的这笔钱还给那个包销者；为了实现这种善行，他便要求自己的朋友卡特柯夫资助他。卡特柯夫拒绝了。

当巴枯宁向自己的老朋友卡特柯夫提出这个要求的时候，卡特柯夫早就在第三厅的职务上声驰名赫，他利用自己的报纸来对俄国革命者特别是车尔尼雪夫斯基以及波兰革命进行告密。可见，1862年巴枯宁是向这样一个人要钱，这个人他知道是由俄国政府豢养的告密者和文化界的匪徒。巴枯宁连一次也不敢反驳这个沉重的指责。

巴枯宁用上述办法弄到了许多钱，同时又有官高势大的总督的庇护，要逃走是轻而易举的事情。他不仅领到了一张写着自己名字的可以在西伯利亚全境通行的护照，而且还接受官方的委托，巡视直到东部国境的边陲地区。到了尼古拉也夫斯克港口以后，他便立即不费周折地转赴日本，在这里他安然地坐上了开往美洲的船只，于1861年抵达伦敦。这位新的穆罕默德就这样实现了一次神奇的逃亡。

2. 巴枯宁的泛斯拉夫主义宣言

1861年3月3日，亚历山大二世在欧洲全体自由派的响亮的掌声中宣布废除农奴制。车尔尼雪夫斯基和革命派争取保持公社土地所有制的努力虽然获得了结果，但是结果是如此不能令人满意，早在关于废除农奴制的宣言尚未公布以前，车尔尼雪夫斯基就痛心地承认道：

"如果我知道，我提出来的这个问题会得到这样的解决，我宁愿遭到失败也不愿获得这样的胜利。我宁愿让他们按他们自己的意愿行事而完全不考虑我们的要求。"

事实上，关于废除农奴制的法令无非是一种诈骗伎俩。相当大一部分土地被从真正的所有者手中夺走，而宣布了实行农民赎买土地的制度。沙皇这个背信弃义的法令成了车尔尼雪夫斯基和他那一派人反对皇帝的各项改革的新的、无可辩驳的论据。而自由派却站到赫尔岑的旗帜下面，大声高呼："加利利人，你胜利啦！"加利利人这个词在他们嘴里就是亚历山大二世。——从此以后，以赫尔岑的《钟声》为主要机关报的自由派，就不断吹捧解放者沙皇，为了转移社会上对这个反人民的法令所引起的怨恨和抗议的注意力，他们竟呼吁沙皇继续进行他的解放事业，并且为解放被压迫的各斯拉夫民族、为实现泛斯拉夫主义的思想而开始一次十字军征讨。

1861年夏天，车尔尼雪夫斯基在《同时代人》（Современник）杂志[235]上揭穿了泛斯拉夫主义者的阴谋，并且向各斯拉夫民族说明了关于俄国的真正局势和他们的虚伪朋友——泛斯拉夫主义者主张自私自利的蒙昧主义的真相。当时，从西伯利亚回来的巴枯宁认为发表意见的时候到了。于是，他写了以《告俄国、波兰和全体斯拉夫族友人书》为题的长篇宣言的第一部分，作为附录刊载在1862年2月15日的《钟声》上。宣言的第二部分一直没有出现。

宣言一开始就做了如下的声明：

"我保持着战无不胜的思想的勇敢精神，我的身心、意志、激情都仍然忠实于朋友们，忠实于伟大的共同事业和我自己……久经考验的老朋友以及与我们同思想共意志的年轻朋友，现在我来到你们这里，请求你们：再次接受我加入你们的队伍，允许我在你们中间，和你们一道，把我的全部余年贡献给争取俄国的自由、争取波兰的自由、争取全体斯拉夫人的自由和独立的斗争。"

巴枯宁之所以向他的老朋友和年轻朋友提出这种毕恭毕敬的请求，是因为

"在异邦做一个活动家是不愉快的。我在革命的年代里对这一点深有所感：无论在法国还是在德国，我都不能扎根。因此，由于我还保持着当年对全世界进步运动的全部热烈同情，而且为了不白白地浪费我的余年，我现在应该把自

己的直接活动局限在俄国、波兰和全体斯拉夫人的范围之内。在我的爱情和信仰中，这三个单独的世界是不可分割的"。

1862年，即11年以前，当时年满51岁的伟大的无政府主义者巴枯宁声明崇拜国家和泛斯拉夫主义的爱国主义。

"直到现在，大俄罗斯民族可以说只是过着外部的国家生活。无论他们在国内的状况多么艰难，尽管他们陷于极度的破产和遭受奴役，他们仍然珍重俄国的统一、力量和伟大，并且甘愿为这些做出一切牺牲。这样就在大俄罗斯民族当中形成了国家观念和不讲空话而务实际的爱国主义。可见，在斯拉夫各部族之中只有这个民族保全下来了，只有这个民族在欧洲站稳了脚跟，并且使一切人都感觉到它是一种力量……别担心这个民族会丧失它的合法的感召力，以及它用三百年来为了自己国家的完整而以难以忍受的自我牺牲精神建树的功绩在自己内部培植的政治力量……我们将把我国的鞑靼人发送到亚洲去，把我国的德国人发送到德国去，我们将是自由的纯粹俄罗斯民族……"

为了使这篇以要求进行一场反对鞑靼人和德国人的十字军征讨为结尾的泛斯拉夫主义宣传更有分量，巴枯宁指点读者去找尼古拉皇帝：

"甚至有人说，尼古拉皇帝本人在临死以前不久准备对奥地利宣战，他想号召奥地利和土耳其的一切斯拉夫人、马扎尔人、意大利人发动总起义。他自己制造了一场反对自己的东方风暴，而为了躲过这场风暴，他曾想从一个独裁的皇帝变成一个革命的皇帝。据说，致斯拉夫人的各篇呼吁书上已经由他签了字，而且其中还有一篇致波兰的呼吁书。不管他怎样仇恨波兰，他还是知道，没有波兰要发动斯拉夫人的起义是不可能的……他已经彻底战胜了自我，以致准备承认波兰的独立存在，但是……只是在维斯拉河的西岸。"

就是这个从1868年以来一直伪装成国际主义者的人，在1862年为了俄国政府的利益宣扬种族战争。泛斯拉夫主义是圣彼得堡内阁的发明，它的目的无非是要把俄国的欧洲疆界向西面和南面推进。但是，因为他们不敢向居住在奥地利、普鲁士和土耳其的斯拉夫人直截了当地宣布，他们将要被溶化在大俄罗斯帝国之中，所以他们只是在这些人面前把俄国描绘成一个能够把他们从外国人的压迫下解放出来并把他们联合成伟大的自由联邦的强国。于是，泛斯拉夫主义就具有了各种不同的色彩，从尼古拉的泛斯拉夫主义一直到巴枯宁的泛斯拉夫主义；但是，这一切泛斯拉夫主义所追求的是同一个目的，实质上它们彼此之间是完全一致的，我们刚才引用的那段文字就证明了这一点。我们现在即将谈到的一篇宣言，将毫无疑义地确证这一点。

3. 巴枯宁和沙皇

我们已经谈到，由于废除农奴制，俄国自由派和革命派之间的斗争加剧了。在革命派的领袖车尔尼雪夫斯基的周围，团结了一个政论家的队伍、人数众多的一批军官和青年学生。自由派的代表是赫尔岑、几个泛斯拉夫主义者以及相当数量的和平改革派分子和亚历山大二世的崇拜者。政府支持了自由派。1861年3月，俄国的青年大学生们表示坚决拥护解放波兰；1861年秋天，他们曾试图反对"国家改革"，结果当局采取了惩戒措施和经济措施，剥夺了贫苦的大学生（他们占大学生总数的三分之二以上）受高等教育的机会。政府宣布他们的抗议是暴乱；在彼得堡、莫斯科和喀山，有数百名青年被关进监狱，经过三个月的监禁以后便从大学里被驱逐或开除。由于担心这批青年会加剧农民的不满，国家参议院特别决定禁止原来的大学生在农村中担任任何社会职务。但是，迫害并没有就此止步。他们把教授们例如巴甫洛夫驱逐出校；由被开除的大学生组织的公共补习班被封闭了；利用毫无根据的借口来采取新的迫害措施；刚刚被批准成立的"青年学生互助储金会"突然被查封；停止出版各种报纸。这一切激起了激进派的极大愤怒和怨恨，使他们不得不出版地下刊物。于是出现了这一派的宣言，题目是"年轻的俄罗斯"，还加上了引自"罗伯特·欧文"的题辞。[236]这个宣言对本国国内状况、各个党派的情况和出版界的处境作了清楚而明确的说明，它宣传共产主义，做出了必须进行社会革命的结论。宣言号召一切郑重的人在激进的旗帜周围团结起来。

这个地下印刷的宣言刚一出现，由于命定的巧合（如果警察当局没有插手其中的话）在彼得堡便发生了许多起火灾。政府和反动报刊幸灾乐祸地利用这个口实指控青年和一切激进派在纵火。各个监狱又有了人满之患，在通往流放地的各条道路上又一次出现了成群结队的受难者。车尔尼雪夫斯基遭到逮捕并被关进了圣彼得堡要塞，在那里经受了漫长的两年折磨以后，他又被押到西伯利亚去服苦役。

早在这场灾祸发生以前，赫尔岑和格罗梅卡（他后来作为波兰一个省的总督曾协助镇压波兰）就一个在伦敦一个在波兰恶毒地攻击激进派，并且诬蔑车尔尼雪夫斯基，说什么他得了勋章可能就会罢休了。——车尔尼雪夫斯基在一篇措词极其委婉的文章中呼吁赫尔岑考虑一下《钟声》在对俄国革命派采取了公开的敌对立场以后打算扮演的新角色会有什么后果。[237]赫尔岑郑重地声明，他准备当着他称为国际民主派的那些人的面，即当着马志尼、维克多·雨果、赖德律-洛兰、路易·勃朗等人的面，举起他那优美的酒杯祝贺伟大的解放者沙皇的健康；他还补充说，不管彼得堡革命的**但以理们**说些什么，我知道，和他们的愿望和哀号相反，这种祝贺一定会在冬宫（沙皇的府邸）得到良好的反应。革命的但以理们就是车尔尼雪夫斯基和他的朋友们。

巴枯宁超过了赫尔岑。正当革命派被完全击溃的时候，正当车尔尼雪夫斯基坐牢的时候，当时已经51岁的巴枯宁出版了他给农民沙皇的那本有名的小册子《罗曼诺夫、普加乔夫还是彼斯捷尔。人民事业》，《米哈伊尔·巴枯宁文集》1862年版。

"许多人还在猜测，俄国会不会发生革命，革命却逐步地开始了，它支配着一切地方、一切东西、一切聪明人的头脑。它依靠政府的手来进行甚至比依靠革命信徒的努力来进行还要顺利。它在没有使俄罗斯世界得到新生以前，在没有建立和创造出一个新的斯拉夫世界以前，不会平静，不会停息。王朝显然是在毁灭自己。它认为它想得救就要窒息而不是激发觉醒了的人民生活。这种生活如果被理解了的话，它会把沙皇王朝提高到前所未见的强大和光荣的高度……真遗憾！这样庄严而美好的角色却很少落在沙皇王朝的身上。亚历山大二世可以很容易地成为受人民膜拜的偶像，成为俄国的第一个农民沙皇①，他的强大并不在于本国人民惧怕他，而在于本国人民爱戴他，人民享有自由和过幸福的生活。依靠这种人民，他可能成为整个斯拉夫世界的救主和首脑……为此只需要有一个在宽容精神和坚持真理方面开阔而坚强的俄罗斯的心胸。整个俄罗斯的、而且整个斯拉夫族的生气勃勃的活动都要求他来驾驭，决心做他的历史威名的柱脚。"

接着，巴枯宁要求消灭彼得大帝的国家、**德意志**国家，并且建立"新的俄罗斯"。把这项事业的完成寄托在亚历山大二世的身上。

"他的开头做得十分出色：他宣布给人民以自由，给经受了千年奴役的人民以自由和新生活。看来他是想建立农民的俄罗斯，因为在彼得的国家中自由的人民是不可思议的。1861年2月19日，尽管关于解放农民的命令有一切失策之处和荒谬的矛盾，亚历山大二世终究是曾经统治过俄国的一位最伟大、最受爱戴、最强有力的沙皇。"——但是，"自由是违背亚历山大二世的一切本能的"，因为他是一个德国人，而"德国人将永远不会理解和爱护农民的俄罗斯……他所考虑的，只是如何巩固彼得国家的大厦……他想出了招致灭亡的、不可能实现的主意，他正在毁灭自己和他的王朝，并且准备使俄国陷于流血的革命"。

---

① 把农民沙皇的封号赠与亚历山大二世是巴枯宁和《钟声》的一项发明。——原作者注

《关于解放的命令》的一切矛盾、一切枪杀农民的事件、大学生的学潮，总之，一切恐怖手段，在巴枯宁看来，

> "完全是由于沙皇缺乏俄罗斯精神和热爱人民的胸襟，由于他如痴如狂地力图无论如何要保住彼得的国家……可是他，而且只有他一个人，本来可以不流一滴血就在俄国进行一次最伟大、最有益的革命。就是现在他还是可以这样做；如果我们现在对和平的办法感到绝望的话，那并不是因为为时已晚，而是因为我们终于对亚历山大二世认识他能够挽救自己和俄国的唯一道路的能力感到绝望了。经过千年沉睡以后觉醒起来了的人民的运动是无法阻挡的。但是，如果沙皇坚决而大胆地把这个运动领导起来，那他为俄罗斯造福和增光的威力就会不可限量"。

为此，他只需要给农民以土地、自由和 self-government〔**自治**〕。

> "也不要害怕由于实行区域的 self-government 各个省份之间的联系就会断绝，俄罗斯人地上的统一就会遭到破坏；要知道各省的自治将只是行政方面、内部立法方面、司法方面的自治，而不是政治方面的自治。没有一个国家，也许除法国以外，能够像俄国这样，在人民当中有这种意义的制度的统一、国家的完整和人民的尊严。"

当时在俄国有人要求召开国民议会①。一些人要求用这种议会来解决财政困难，另一些人要求用这种议会来推翻君主政体。巴枯宁希望用这种议会来显示俄国的统一，来巩固沙皇的权力和威严。

> "迄今只体现于沙皇一身的俄国的统一，现在再要求另一个代表机关：国民议会……问题并不在于会不会发生革命，而在于革命的办法究竟是和平的还是流血的。如果沙皇把人民的运动领导起来，同国民议会一起广泛而坚决地根据

---

① 在巴枯宁的俄文本中，这里和后面用的术语是："全民性国民代表会议"。

自由的精神来着手改造俄国的话，革命的办法就将是和平的、美满的。但是，如果沙皇想要倒退或者只是采取不彻底的措施，那么革命就将是可怕的。那时，由于爆发全民起义，革命就将具有无情杀戮的性质……亚历山大二世能够挽救俄国免于彻底破产，免于流血。"

可见，在1862年，革命对巴枯宁说来意味着俄国的彻底破产，于是他央求沙皇预防国内发生革命。对于许多俄国革命者说来，召开国民议会就是意味着推翻沙皇王朝，但是，巴枯宁却使他们的期望落空，他向他们宣布：

"国民议会将反对他们而拥护沙皇。可是，如果国民议会要和沙皇作对呢？——这难道可能吗？要知道，是人民将派自己的代表出席国民议会，而人民直到现在都无限信仰沙皇，期望从沙皇那里得到一切。哪里会有作对的事呢？……毫无疑问，如果沙皇现在〈在1862年2月〉召开国民议会，他就会第一次看到那些真正忠实于他的人都团结在他的周围。如果让无政府状态①再继续几年，民心就可能改变。我们这个时代是瞬息万变的。但是，现在人民拥护沙皇，反对贵族，反对官僚，反对穿着德国〈即欧洲〉衣服的一切人。对于人民说来，在这个官方俄国阵营中的一切人都是敌人，**一切人都是，只有沙皇除外**。谁敢叫人民反对沙皇呢？即使有人敢，难道人民会相信他吗？**不是沙皇不顾贵族的意志，不顾官僚们的共同愿望，解放了农民吗？**"

"俄国人民通过自己的代表第一次将要直接会见**自己的**沙皇。这是具有决定性意义的时刻，极关紧要的时刻！他们彼此将怎样感到满意呢？这次会见将关系着沙皇和俄国的整个未来。人民使者们对沙皇的信任和忠诚是无限的。如果沙皇依靠他们，对他们表示同样的信任和热爱，他就能够把自己的宝座竖立得比过去任何时候都更高，更稳固。但是，如果人民使者们见到的不是救命恩人

---

① 巴枯宁用的是："混乱状态"。

沙皇、人民的①沙皇，而是穿着普鲁士制服的彼得堡皇帝、心胸狭窄的德国人，那会怎么样呢？如果沙皇不是给人民以他们所期望的自由，而是什么也不给或者几乎什么也不给，那会怎么样呢？……如果那样，沙皇制度就要遭殃。至少彼得堡的帝位，即德国人的、霍尔施坦—哥托尔普的帝位将要完蛋。

如果在决定整个俄国是生是死、是和平还是流血的问题的那个危急关头，在国民议会面前出现一个人民的沙皇、**善良的沙皇、正义的沙皇**，他热爱俄国，决心按照人民的意志来安排人民的生活，那么他有了这样的人民还有什么事做不到呢！谁敢起来反对他？和平、信仰，都将奇迹般地得到恢复，款项也有办法筹措，一切事情安排起来都会简单、自然，谁都不感到吃亏，谁都不感到拘束。**这样的沙皇所领导的**国民议会将会建立一个新的俄罗斯。任何恶毒的图谋和任何敌对的力量都无力反对沙皇和人民联合起来的威力……有没有希望组成这样的同盟呢？我们直截了当地说，没有。"

不管巴枯宁在那里说些什么，他仍然没有放弃诱导自己的沙皇的希望，为了影响沙皇，他用革命青年吓唬他，如果沙皇迟疑不决，这些革命青年就将完成自己的事业，为自己打开一条通向人民的道路。

"为什么青年不拥护您，而全体青年都反对您呢？要知道这对您说来是一个很大的不幸……青年首先需要自由和真理。但是，为什么他们离开了沙皇，为什么他们宣布反对第一个宣布给人民自由的那个人呢？……是不是他们迷恋于**抽象的革命理想和'共和国'这个响亮的字眼**呢？部分地说也许是这样，但是这是非常表面的、次要的原因。我们的大多数先进青年非常清楚，**西方的抽象概念**，无论是保守派的、自由资产阶级的或者甚至是民主派的，**都不适用于俄国的运动**……俄国人民不是根据抽象原则来进行活动的……西方的理想对他们说来是格格不入的，保守派的、自由派的、甚至革命派的教条主义想使他们服从自己的方针的一切企图都将是徒劳无功的……他们有他们自己的理想……他

---

① 巴枯宁用的是："庶民的"。

们将为历史提出新的原则，建立另一种文明，就是说要建立**新的信仰**、新的权利、新的生活。

在这个伟大、严肃、甚至严峻的人民面前，是不能轻率行事的。青年们将抛弃自荐的小学教师这个可笑的、令人讨厌的角色……我们能教些什么呢？要知道，如果把自然科学和数学撇在一边，我们的全部聪明睿智的最高成就就是对西方学说中的那些所谓确定不移的真理的否定、对西方的彻底否定。"

接着，巴枯宁大骂《年轻的俄罗斯》一文的作者们，指责他们死搬教条、想充当人民的导师和糟蹋事业；他把他们称为什么也不懂、只会从他们读过的几本西方书籍中吸取思想的毛孩子。当政府把这些青年当做纵火犯关进监狱的时候，对他们提出的指责同这是一模一样的。为了让自己的沙皇安心，巴枯宁声称：

"人民并不拥护这个革命派……我国青年绝大多数属于人民派，属于把人民事业的胜利作为自己的唯一目的的那一派；这一派没有成见，既不拥护沙皇，也不反对沙皇，如果沙皇本人开始了伟大的事业，以后又不背叛人民，这一派就永远不会离开沙皇；现在还不晚，只要他自己去领导人民，这批青年会很高兴地跟着他走。**任何西方革命的成见都阻挡不了这批青年。而德国人该回德国去了。**如果沙皇认识到他今后不应该成为暴力的集中制的首脑，而应该成为**各自由民族的自由联邦**的首脑，那么，依靠坚实的、复兴的力量，与波兰和乌克兰结成同盟，割断一切可恨的德国人的同盟，大胆地举起全斯拉夫族的旗帜，他就会成为**斯拉夫世界的救主！**

实在说，讨伐德国人是一件斯拉夫族的很好的，而主要是必要的事业，无论如何总比为了讨好德国人而扼杀波兰人要好。积极行动起来，把斯拉夫人从土耳其和德国的枷锁下解放出来，这将是一件必要的事情，是解放了的俄国人民的神圣职责。"

在这个小册子中，他号召革命派在人民事业的旗帜下团结起来。下面就是这个沙皇式的人民事业的纲领的几个要点：

"第一条 我们〈巴枯宁及其同伙〉希望人民的——即公社的、省的①、区域的以及国家的 self-government〔**自治**〕,有沙皇还是没有沙皇,反正一样,看人民希望怎么样。——第二条……我们准备并且必须帮助波兰、立陶宛、乌克兰反对任何暴力和反对一切外来的敌人,特别是反对德国人。——第四条我们同波兰、立陶宛、乌克兰一起,希望向目前在普鲁士王国、奥地利帝国和土耳其帝国的压迫下受折磨的我们的斯拉夫兄弟伸出援助的手,只要还有一个斯拉夫人仍然处在德国人、土耳其人或者其他什么人的奴役之下,我们就必须不让利剑入鞘。"——

第六条规定与意大利、匈牙利、罗马尼亚和希腊结成同盟;这恰好就是当时俄国政府所寻求的同盟。

"第七条 我们将同一切斯拉夫部族一起,力求实现斯拉夫人梦寐以求的理想:建立伟大的、自由的全斯拉夫族的联邦……以便有一个统一的、不可分割的全斯拉夫族的力量。这就是斯拉夫族事业的广泛的纲领,这就是人民俄罗斯事业的最高成就。就是为这个事业,我们献出了自己的全部生命。现在我们将同谁在一起走,走到哪里去,跟着谁走呢? 走到哪里去? ——这我们已经谈过了。同谁在一起走呢? ——这我们也谈过了:显然,不是同别人而是同人民在一起走。但是,跟着谁走呢? 跟着罗曼诺夫走,跟着普加乔夫走,还是跟着彼斯捷尔走,如果发现了新的彼斯捷尔的话?②

说实话:如果罗曼诺夫能够并且想从彼得堡的皇帝变成农民的沙皇,**我们最乐意跟着罗曼诺夫走**。我们乐意站到他的旗帜下面,因为俄国人民还承认他,

---

① 巴枯宁用的是:"乡的、县的"。
② 罗曼诺夫是沙皇的姓;普加乔夫是叶卡捷琳娜二世在位时期一次伟大的哥萨克人起义的领袖;彼斯捷尔是反对尼古拉一世的1825年阴谋的首脑,他被绞死了。——原作者注

因为他的力量已经建立,可以立即用于事业,只要他对它进行人民的洗礼,它就能够成为一种不可战胜的力量。我们乐意跟着他走,还因为**他曾经一个人进行并完成了一场伟大的和平革命,没有流一滴俄罗斯人或斯拉夫人的血**。由于人们的愚蠢,流血革命有时是必要的,但是,它仍然是一种祸害、大祸害和很大的不幸,不仅对于革命的牺牲者说来是这样,而且对于干净而彻底地达到革命所追求的目的说来也是这样。在法国革命中,我们看到了这种例子。

可见,我们对罗曼诺夫的态度是明确的,**我们不是他的敌人**,但是也不是他的朋友。我们是人民俄罗斯的、斯拉夫的事业的朋友。如果沙皇领导这个事业,我们就拥护他。但是,当他要反对这个事业的时候,我们就将是他的敌人。因此,全部问题就在于:他是想做俄国的沙皇、农民的沙皇罗曼诺夫呢还是想做霍尔施坦—哥托尔普的彼得堡皇帝?他是想为俄国、为斯拉夫人服务呢还是想为德国人服务?这个问题很快就会解决,那时我们将知道我们该做什么。"

遗憾的是,沙皇认为无需乎召开国民议会,而从这个小册子可以看出,巴枯宁已经提出自己作为这个议会的议员候选人了。他的竞选宣言和对罗曼诺夫的屈膝下跪算是白费功夫了。他的幼稚的轻信态度可耻地受了欺骗,于是他没有其他出路,只好冒冒失失地投身到破坏一切的无政府状态中去。

这位对自己的农民沙皇五体投地的导师做出了这些无聊的杜撰,他的学生和朋友阿尔伯·里沙尔和加斯帕尔·勃朗就有充分的权利高呼:农民皇帝拿破仑第三万岁!

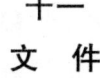

1. 同盟的秘密规章

我们现在所掌握的这一份规章,有一部分是巴枯宁亲手写的。他把这些规章的副本不仅分发给了亲信者,而且也分发给了他期望用自己这个辉煌的纲领的启示录去加以诱骗的许多人。想当著作家的虚荣心压倒了拐骗者阴郁隐讳的习性。

国际兄弟同盟组织

三级:

一、**国际兄弟会**。
二、**民族兄弟会**。
三、**国际社会主义民主同盟**的半秘密、半公开的组织。

一、国际兄弟会章程

1. 国际兄弟除了世界革命以外没有别的祖国,除了反动以外没有别的异邦和别的敌人。

2. 他们反对任何妥协和让步的政策,并且认为,不把他们的原则的胜利当做立即和直接的目的的任何政治运动都是反动的。

3. 他们是兄弟,他们永远不互相攻击,既不公开地,也不在法庭上解决自己的争端。由双方从兄弟中推选出来的仲裁法庭,就是他们唯一的裁判机关。

4. 每个兄弟对其余一切兄弟来说都应当是神圣的,比同胞兄弟更神圣。每个兄弟都应当从其余一切兄弟那里得到可能范围内的帮助和保护。

5. 只有真诚地接受整个纲领以及由这个纲领而产生的一切理论后果和实践后果的人,只有把智慧、毅力、忠诚和沉着同**革命热情**结合起来的人,只有身有魔胆的人,才能成为国际兄弟。我们既不把义务,也不把牺牲强加于人。但是，具有这种热情的人一定会成就许多事业，甚至根本不意识到他是在做出牺牲。

6. 对兄弟来说，不应当有比为革命服务和为我们的、以为革命服务为己任的秘密组织服务更重大、更神圣的事业、利益或义务。

7. 兄弟永远有权拒绝完成中央委员会或他所属的民族委员会对他的委托，但是，如果连续多次拒绝，他就表明自己是敷衍塞责的人或懒惰的人，并且可能被所属的民族委员会暂时开除，而根据民族委员会的提请则可能被中央委员会暂时除名，直到宪法会议作出最后决定为止。

8. 任何一个兄弟，未经他所属的委员会同意都不能担任社会职位。他们任何一个人，未向所属的委员会请示都不能进行同该委员会所确定的行为规范相矛盾或者甚至相抵触的公开行动或发表这类的言论。每当两个或两个以上兄弟在一起时，他们对一切重大社会事务应当进行磋商。

9. 一切国际兄弟都是彼此了解的。**他们之间永远不应当有什么政治秘密。**他们任何一个人，未经所属委员会的明确同意都不能参加任何秘密团体，而在需要的时候，即所属的委员会要求他这样做的时候，也必须经中央委员会同意。而且只有在他向它们公开一切可能直接或间接使它们感到兴趣的秘密的条件下，他才能够参加这种秘密团体。

10. 国际兄弟组织分为：A. **总委员会或宪法会议。**B. **中央委员会。**C. **民族委员会。**

A. 总委员会

这是或者按确定的期限定期召集的，或者由中央委员会多数作为非常会议召集的，全体或者至少是三分之二国际兄弟的会议。它是我们整个组织的最高制宪权力机关和最高执行权力机关，它可以修改我们组织的纲领、章程和组织规章。

B. 中央委员会

由（a）**中央局**和（b）**中央监察委员会**组成。凡是不担任中央局委员的一切国际兄弟，只要离中央局相当近，可以在两天以内召集起来，——当然还有因过路而在当地的一切兄弟——都是中央监察委员会的委员。在其他方面，它们在一切相互关系中，都遵循社会主义民主同盟章程（见第二条至第四条）。

C. 民族委员会

每一个民族委员会都由当时在全国性组织中心或其附近的一切国际兄弟（不论他们属于哪个民族）组成。每一个民族委员会又分为：（a）**民族执行局**和（b）**民族监察委员会**。民族监察委员会应当包括当时在当地的、没有参加执行局的一切国际兄弟。其相互关系与社会主义民主同盟执行局和监察委员会之间的相互关系相同。

11. 吸收新的兄弟须由民族委员会全体当时在当地的委员（不得少于三人）作出**一致决定**，并经**中央委员会**三分之二的多数**批准**。**中央委员会**可以根据自己全体委员的一致决定，直接吸收新的兄弟。

12. 每一个民族委员会应当每星期至少开会一次，以便监督和活跃该委员会执行局的组织工作、宣传工作和行政工作。它是自己的每一个成员在有关他们革命品质或者有关他们同社会的相互关系的一切方面的行为的当然裁判官。它的决定应当提交中央委员会批准。它指导自己全体成员的活动和公开的言论。它通过自己的执行局或者由它所指派的兄弟同**中央局**保持经常的通信联系，至少每两星期一次。

13. **民族委员会**组织本国的民族兄弟的秘密**联盟**。

二、民族兄弟会

14. 民族兄弟在每一个国家内应当这样组织起来：使他们永远不能脱离国际兄弟共同组织的领导，特别是**总委员会**和**中央委员会**的领导。他们的纲领和章程只有经**中央委员会**批准以后才能最后生效。

15. 每一个民族委员会如果认为合适的话，都有权规定两类民族兄弟：（a）一类是在全国内彼此了解的民族兄弟；（b）一类是只是在不大的小组范围内彼此了解的兄弟。民族兄弟无论在什么场合都不应当哪怕是怀疑国际组织的存在。

16. 在全国的一切重要地点建立**省中心**，省中心由国际兄弟或第一类民族兄弟的全体或其中一部分组成，任务是尽可能深入而且尽可能广泛地发展秘密组织和宣传它的原则，它们不限于在城市中进行活动，而且也要在乡村中和在农民中传播这些原则。

17. 民族委员会应当尽快地筹到不仅是它自己的组织顺利地进行活动所必需的，而且也是整个协会的共同需要所必需的经费。因此，它们将把经费的一部分——一半？——上缴中央局。

18. 民族局应当非常积极地进行活动，记住只有当在那些应当实现原则、纲领和章程的人身有魔胆的时候，这些原则、纲领和章程才有价值。

国际社会主义民主同盟的秘密组织

1. 同盟**常设中央委员会**由**各常设民族委员会**的全体委员和**日内瓦中央支部**的成员组成。

这一切成员召开的全体会议就构成同盟的**秘密全体大会**，秘密全体大会是同盟的制宪权力机关和最高权力机关，它每年最少在工人代表大会期间召开一次，其参加者以同盟在各个不同国家中的组织的代表的资格出席；大会也可以由**中央局**或**日内瓦中央支部**在任何时候召开。

2. 日内瓦中央支部是常设中央委员会的常任代表团。它由**中央局**全体委员和那些硬性规定必须永远兼任常设中央委员会委员的**监察委员会委员**组成。**中央支部**在宪法和行为规范的范围内是同盟的**最高执行委员会**，但是，宪法和行为规范只有**全体大会**才能制定和修改。中央支部根据普通多数票决定一切实际问题（但不是宪法问题和一般政治问题）；只要中央局的多数委员不愿意向**全体大会**申诉，这样通过的决议**中央局**就**必须执行**，如果申诉，中央局必须在三个星期以内召开**全体大会**。这样召开的全体大会只有在全体成员的三分之二参加的情况下，方为有效。

3. **中央局**——执行权力机关——设委员三名至五名或者甚至七名，他们必须同时是**常设中央委员会委员**。**中央局**作为组成**秘密中央支部**的两个部分之一，是一个秘密组织。作为这种组织，它接受**中央支部**的指示，向一切**民族委员会**发出通知（不是秘密命令），并且从各民族委员会那里每月至少得到一次秘密报告。作为公开同盟的**执行权力机关**，中央局是一个公开组织。作为这种组织，它根据不同国家和不同情况，同一切**民族局**保持或多或少、或秘密或公开的联系，同时每月也从各个民族局得到报告。对外，它的管理机构将同联邦制共和国的总统制相一致。**中央局**作为同盟的既秘密又公开的执行权力机关，将使本团体的秘密宣传和公开宣传活跃起来，并且用一切可能的办法促进同盟在一切国家中发展。它掌管根据公开章程（b）条的规定由一切国家上缴供共同需要用的那一部分经费。它出版报纸和小册子，并且派自己的旅外代办到还没有同盟组织的国家中去建立组织。它在为了同盟的利益而必须实行的一切措施中，都应当服从**秘密中央支部**多数的决定，中央局全体委员都参加秘密中央支部。**中央局**是一个同时既公开又秘密的组织，而且它完全由**常设中央委员会**委员组成，所以它始终将是这个**委员会**的直接代表机关。**临时中央局**将作为**创建同盟**的**全体盟员**临时推选出来的机构而提交**日内瓦发起小组**批准。这些创建同盟的盟员过去大多数是伯尔尼代表大会的参加者，他们已经把自己的权力交给了公民 B① 而各自回国去了。临时中央局在第一次公开全体大会召开以前将一直行使其职权。根据公开章程第七条规定，第一次公开全体大会将作为国际工人协会的一个分支在最近这次工人代表大会期间召开。不言而喻，这次大会将任命**新中央局**委员。但是，由于**中央局**绝对有必要只由**常设中央委员会**委员组成，所以常设中央委员会应当通过自己的各个民族委员会保证这样去组织和领导一切地方组织，使它们只派常设中央委员会的委员或者绝对忠实于本国民族委员会领导的人（如果没有常设中央委员会委员）作为代表出席大会，以便常设中央委员会能够经常控制同盟的整个组织。

4. **监察委员会**对中央局的全部活动实行监督。它由住在**中央局**所在地或其附近的所有常设中央委员会委员以及临时住在或者路过当地或附近的所有委员组成，但是组成中央局的委员除外。根据监察委员会两名委员的要求，监察委员会全体委员应当在三天以内到齐，同中央局委员一起召集**最高执行委员会中央支部大会**，其权利在第二条中已经作了规定。

5. **民族委员会**由所有属于同一民族的常设中央委员会委员组成。一个民族有了三名常设中央委员会委员，则由中央局或者必要时由中央支部建议他们成立本国的民族委员会。每一个民族委员会都可以任命本国中央委员会的新委员，但是任命必须根据该委员会全体委员的一致决

---

① 米·巴枯宁。

定。民族委员会在任命新委员时应当立即通知中央局，中央局给新委员注册，从而授予他以常设中央委员会委员的一切权利。日内瓦**中央支部**同样也有权根据支部全体成员的一致决定来任命新委员。

每一个**民族委员会**都有在本国建立和组织同盟的公开的和秘密的民族组织的专门任务。它通过应该由它建立的、完全由常设中央委员会委员组成的**民族局**，对民族组织实现最高领导并成为这个组织的首脑。**各个民族委员会**对相应的民族局的关系、权利和权力将同**中央支部**对**中央局**的关系、权利和权力一样。由相应的**民族局**和**监察委员会**联合组成的**民族委员会**，除了**中央局**以外不承认别的领导机关，民族局无论在宣传和行政方面还是在征收和上缴会费方面，都将是中央局和本国的一切**地方组织**之间的唯一中间机关。**民族委员会**通过相应的民族局应当保证这样去组织本国的同盟：使常设中央委员会委员永远在同盟中占统治地位，并代表同盟出席代表大会。

随着各个民族局建成了地方组织以后，民族局就应当把它们的章程和纲领提交中央局批准，否则地方组织不能参加国际社会主义民主同盟。

国际社会主义同盟纲领

1. 国际同盟建立的宗旨，是要在我们纲领所宣布的那些原则的基础上组织和加速世界革命。
2. 根据这些原则，革命的目的只能是：（a）在欧洲破坏任何统治和一切权力（宗教的、君主的、贵族的、资产阶级的），从而也就是破坏现存的一切国家及其全部政治、法律、官僚和财政机构。（b）在以集体所有制、平等和正义为起点的，自由联合起来的劳动这个唯一的基础上建立新社会。

3. 我们所了解的革命，确切地说是事物的力量现在必不可免地要提出来的革命，实质上带有国际性或者普遍性。面对着拥有熟练的组织所提供的一切威慑手段的欧洲一切特权利益和一切反动力量的带有威胁性的联合，面对着现在在资产阶级和工人之间到处呈现的深刻分裂，任何民族革命，如果它不立即扩展到其他一切民族，都不可能获得成功；但是，如果它本身不包含普遍性的一切因素，就是说如果它不是破坏国家并且借助于平等和正义去缔造自由的、公开社会主义的革命，它就永世不能跨越一个国家的国界而具有普遍性；因为除了在站在世袭土地占有制和资本方面的一切机构的废墟上彻底解放劳动的口号以外，现在什么也不能把伟大的、唯一真正的时代力量——工人——联合、发动和调动起来。

4. 由于即将爆发的革命只能是普遍的革命，所以同盟，直截了当地说就是应当准备、组织和加速革命到来的阴谋，也应当是这样的。

5. 同盟追求双重目的：(a) 它致力于在一切国家的人民群众中传播对政治、社会经济和一切哲学问题的正确观点。它将利用报纸、小册子和书籍，并且通过建立公开团体的办法，积极进行宣传；(b) 它将努力把一切人：聪明的、精力充沛的、坚定的、有善良意志的、矢忠于我们思想的人，都吸引过来，以便在整个欧洲，并且尽可能也在美洲建立一个正是由于这样联合起来而变得更加有力的忠诚的革命者的无形的网。

国际兄弟革命组织的纲领和目的

1. 这个组织的原则和国际社会主义民主同盟纲领的原则相同。这些原则在**俄国社会主义民主派**纲领有关妇女问题、从宗教观点看家庭、法律和国家的那一部分中，将要更加明确地加以阐述。

中央局保留有在不久以后对这些原则提出更加详尽的理论阐述和实际阐述的权利。

2. 国际兄弟联盟致力于普遍革命——在社会、哲学、经济和政治方面同时进行的革命——，以便首先在整个欧洲，然后在世界其他各地彻底铲除以财产、剥削、服从和权威（宗教的、形而上学的和资产阶级学理主义的或者甚至是雅各宾式革命的权威）原则为基础的现代秩序；我们提出的口号是：给劳动者以和平，给一切被压迫者以自由，处死压迫者、剥削者和各种保护者，我们致力于破坏一切国家和一切教会，以及它们的全部机构和法规（宗教的、政治的、法律的、财政的、警察的、大学的、经济的和社会的），以便千百万不幸的人，受欺骗的、受奴役的、受摧残的、受剥削的人，最后摆脱他们的一切官方和半官方的、集体的和个体的导师和恩人，而能大大地松一口气。

3. 我们确信，个人和社会的祸害的根源与其说在单个的个人之中，不如说在事物组织和社会地位之中，所以不管是从正义感出发，还是出于利害的考虑，我们都将是人道的，我们将毫不留情地摧毁这种地位和事物本身，以便能够在对革命没有任何损害的情况下宽恕人们，我们否认社会有**意志自由**和进行惩罚的虚构的权利。正义本身，按照这个词的最合乎人性、最广泛的意义来说，无非是所谓否定的和过渡性的思想；它提出各种社会问题，但是并不去周密地考虑它们，而只是指出一条解放人的唯一可行的途径，就是通过自由和平等使社会人道化；只有在日益合理的社会组织中才可能提供积极的解决办法。这是非常合乎期望的解决办法，是我们的共同理想……这是通过普遍团结所达到的每一个人的自由、道德、理性和福利——人类的博爱。

每一个单个的人都是他在其中诞生、发展并继续受其影响的自然环境和社会环境的不以意志为转移的产物。人的全部不道德行为的三个重要原因就是：政治的、经济的和社会的不平等，作为不平等的自然结果的愚昧无知，以及这两者的必然后果——**奴役**。

由于社会组织在任何时候和任何地方都是人们所犯的罪行的唯一原因，所以惩罚罪犯是社会方面的伪善行为或者显然的荒谬论调，因为任何惩罚都是以罪行为前提的，而罪犯们永远都是无罪的。犯罪和惩罚的理论是神学的产物，即荒谬论调和宗教伪善行为相结合的产物。

可以承认社会在其目前过渡状态中所具有的唯一权利，就是为了自卫而**杀死**它自己制造出来的罪犯的自然权利，而不是审判和惩治这些罪犯的权利。这种权利甚至也不是按这个词的确切含义来说的；不如说这是令人悲痛的但是必不可免的自然事实，是现社会的无力和愚钝的标志和结果；社会愈少地使用这种权利，它就愈接近于它本身的真正解放。一切革命者，一切被压迫者，一切受苦受难者，都是现代社会组织的自然满怀憎恨和复仇情绪的牺牲品。他们应当记住，各种各样的国王、压迫者和剥削者同人民群众中出现的罪犯一样，也是有罪的。他们都是恶棍，但不是罪人，因为他们和普通的罪犯一样，都是现代社会组织的不以意志为转移的产物。起义的人民在初期要把他们中的许多人杀死是毫不足怪的；这将是一种不幸，也许是必不可免的，但是也像暴风雨所造成的破坏一样，是无足轻重的。

但是，这个自然事实将既不是道德的，甚至也不是有益的。在这方面，历史上充满了富有教益的例证。例如1793年可怕的断头台，虽然不能指责它毫无作为和拖延误事，但是它并没有把法国的贵族阶级消灭。使贵族即使没有被彻底消灭，无论如何也是受到了深深的震惊的，并不是断头台，而是没收和拍卖贵族的土地。而且一般地可以说，政治屠杀从来没有使一个党派遭到过致命的打击，政治屠杀用来反对特权阶级尤其显得无力，因为力量的根源与其说是在人们之中，不如说是在事物的秩序即**国家制度**和既是它的后果同时又是它的基础的**私有制**使特权者所处的那种地位之中。

所以，要实现激进的革命，就必须攻击地位和事物，摧毁财产和国家；这样并不需要消灭人们，使自己注定走向真正的和必不可免的反动，而反动在每一个社会中过去和将来永远都只会导致屠杀人们。

但是，要想有权以人道对人而又不损害革命，就必须对地位和事物毫不留情；就必须摧毁一切，而特别是和首先是摧毁财产和它的必不可免的后果——**国家**。这就是革命的全部秘密。

雅各宾派和布朗基派成为社会主义者与其说是出于信念，不如说是出于必要性，对于他们说来，社会主义是手段，而不是革命的目的，这是不值得奇怪的，因为他们想实行专政，就是说想实行国家中央集权，而国家由于必不可免的和逻辑的必要性，必定会使他们走向恢复财产，因此，我们说，他们不希望实行反对事物的激进革命，而策划反对人们的流血革命，是十分自然的。但是，这种以建立高度集中的革命国家为基础的流血革命必不可免地要导致军事专政的出现，导致新统治者的出现，这一点我们在下面将更加详尽地论证。所以，雅各宾派或布朗基派的胜利就意味着革命的死亡。

4. 我们是那些作为未来的专制者、立法者和革命保护者的革命者的天然敌人，他们在现代的君主国家、贵族国家和资产阶级国家还没有被破坏以前，就已经幻想要建立同现存国家一样集中并且比现存国家更加专制独裁的新的革命国家，他们是如此习惯于由某种权威自上而下地建立的秩序，并且如此害怕在他们看来是无秩序而实际上只不过是人民生活的直接的、自然的表现的东西，以致在革命还没有制造出这种光荣的和能拯救一切的无秩序以前，他们就已经幻想要结束革命并且用行动来控制某种权力，在这种权力之下，革命只有名存实亡，而这种权力事实上只能是新的反动，因为它将注定使受法令支配的人民群众重新遭受服从、停滞和死亡的厄运，即遭受新的、假革命的贵族的奴役和剥削。

5. 我们心目中的革命，其意思就是放纵现在称为恶欲的那种东西并且破坏在同一种语言中称为"社会秩序"的那种东西。

我们不害怕无政府状态，而且呼吁这种状态，我们坚信，从这种无政府状态即解放了的人民生活的充分表现中，自由、平等、正义、新秩序和反对反动势力的革命力量本身一定会诞生出来。这种新生活——人民革命——无疑将会迅速建立起来，但是它建立自己的革命组织时将自下而上地、从地方到中央地以自由原则为根据，而不是自上而下地、从中央到地方地以任何权威为榜样，——因为对我们来说，这个权威不管是叫做教会、君主国、立宪国、资产阶级共和国或者甚至是革命专政，都不重要。我们把它们一律看做是剥削和专制制度的必然的根源而加以仇视和反对。

6. 我们心目中的革命从第一天起就应当根本、彻底地破坏国家和一切国家机构。这种破坏的自然和必然的后果是：（a）国家的破产；（b）授权每一个债务人自行偿付（如果他希望这样做的话）债务，以停止国家对追索私人债务的干预；（c）停止征缴任何直接或间接的捐税；（d）解散军队、司法部门、官吏、警察和僧侣；（e）废除官方司法制度，废除一切法律上称为权利的东西，并停止实现这些权利。这样，也就废除和烧毁一切规定了所有权和依法继承权的文书契约（买得的和赠予的）、一切诉讼案件，总而言之，废除和烧毁一切司法的和民事的文书废物。在一切地方和一切方面都以革命行动代替国家所创立并加以保障的权利；（f）没收一切生产资本和劳动工具，归各工人协作社所有，由它们集体使用；（g）没收一切教会和国家的财产以及属于个人的贵重金属，归组成公社的一切工人协作社的联合同盟所有。公社将给这样被剥夺了财产的人供应最必需的用品以补偿被没收的财产，往后只要他们愿意和有本倾，他们可以用他们自己的劳动挣得更多的东西。（h）为了成立公社，要把不断行动的街垒联合起来并通过由每一个街垒选派一名或两名代表，由每一条街道或每一个街区选派一名代表——

这些代表都应持有限权代表委托书，在一切方面都负责任并随时可以撤换——的办法成立革命公社委员会。这样组成的公社委员会可以从委员会内部选出为公社的革命管理机关的每一个部门所特设的执行委员会。(i) 发表组成了公社的起义首都的宣言，声明首都在消灭了权威主义的和执行监护任务的国家（它有权这样做，因为它像其他地方一样被国家所奴役）以后放弃自己的权利，确切地说，放弃管理和强制各个省份的任何野心，(k) 号召一切省份、公社和协作社抛弃一切，效法首都的榜样，首先以革命的方式**进行改组**，然后再派自己的代表（同样地一律都应持有限权代表委托书，是负责任的和可以撤换的）到规定的集合地点去，以便成立为了同样的原则而举行起义的各协作社、公社和省的联邦，并且把能够战胜反动派的革命力量组织起来。派遣不是肩披某种绶带的正式的革命全权代表而是革命的宣传员到一切省份和公社去，特别是到农民中去，因为能够使农民革命化的，既不是什么原则，也不是某种专政的告示，而只是直接的革命行动，是必不可免地在一切公社中将使国家的正式法律生活完全停止的那些后果。废除民族国家还有一种含义，就是为了同样的原则而举行起义的任何别的国家、省份、公社、协作社，或者甚至个人，不问各国的现存国界及其属于各种不同的政治系统或民族系统，都将被吸收到革命联邦中来；而站在反动派方面的本国的省份、公社、协作社和个人则将不准加入这个联邦。因此，由于为了使起义的各国能够互相卫护而扩展革命和组织革命这一事实本身，以废除国家和破坏国家为基础的革命的普遍性就将获得胜利。

7. 如果政治革命不变成社会革命，如果民族革命正是由于它的激进社会主义的性质和对国家的破坏不变成普遍的革命，那现在要进行胜利的政治革命和民族革命都是不可能的。

8. 因为革命在任何地方都应当由人民来进行，并且革命的最高领导权应当经常归于组成了各农业协作社和工业协作社的自由联邦的人民，所以，通过革命代表团自下而上地组织起来的、不分旧的国界和民族差异而包括为了同样的原则而举行起义的一切国家的、新的、革命的国家的任务，将是管理各个社会机关，而不是管理各国人民。它将建立一个**新的祖国**——反对一切反动势力同盟的**普遍革命同盟**。

9. 这个组织排除任何专制和执行监护任务的统治权力的思想。但是，正是为了建立这种革命同盟，为了革命战胜反动，有必要在构成生活本身和革命的全部毅力的人民的无政府状态中**使革命思想和行动的统一有某种机关作为自己的体现**。这种机关应当是**秘密的、世界性的国际兄弟联盟**。

10. 这个联盟的出发点是这样一种信念，即革命永远是既不能由个人也不能由秘密团体来进行。革命由事物的力量、事变和事实的进程所引起，它好像是自然而然地进行的。革命都是在人民群众本能意识的深处经过长时间的酝酿，然后才爆发出来的，表面上常常是由于无关紧要的原因所引起。组织得很好的秘密团体所能做的一切，首先就是在群众中传播与群众的本能相一致的思想，以帮助革命的诞生，并且组织——不是组织革命的军队，革命的军队始终应当是人民——革命的总参谋部，由忠诚的、坚毅的、聪明的，主要地是真诚的，而不是沽名钓誉的人，由有能力作为革命思想和人民本能之间的中介的人民之友组成。

11. 因此，这种人的数目不宜过多。整个欧洲的国际组织有一百名紧密无间地团结在一起的革命者就足够了。最大的国家的组织有二三百名革命者也就足够了。

2. 公开同盟的纲领和章程

和平和自由同盟的社会主义少数派由于伯尔尼代表大会多数派投票正式表示反对一切工人联合会的基本原则，即反对**阶级和个人在经济和**

社会方面的平等,结果便脱离了这个同盟,从而也就赞同在日内瓦、洛桑和布鲁塞尔召开的**各次工人代表大会**上宣布的那些原则。这个少数派中属于各个不同民族的几个成员建议我们组织一个加入伟大**国际工人协会**,但其**特殊使命**是根据地球上一切人普遍和真正平等的伟大原则研究政治问题和哲学问题的新的**国际社会主义民主同盟**。

我们自己也确信这个倡议是**有益的**,因为它将给欧洲和美洲的真诚的社会主义民主派**提供一个相互了解和确立自己思想的手段**,而摆脱资产阶级民主派认为现在必须大加吹捧的假社会主义的任何压力,因此,我们认为和这些朋友们共同倡议建立这个新组织是自己的责任。从这个观点出发,我们组成了**国际社会主义民主同盟**中央支部,现在把中央支部的**纲领**和**章程**公布出来。

国际社会主义民主同盟纲领

(1)同盟奉行无神论;致力于废除宗教崇拜,用科学代替信仰,用人的正义代替神的正义。

(2)同盟首先力求实现**各阶级**和个人(不分男女)**在政治、经济和社会方面的平等**,为此应当从**废除继承权**开始,以便将来每个人能按照他的生产劳动享受物质福利,以便根据最近在布鲁塞尔召开的工人代表大会的决议,使土地、劳动工具以及任何资本都成为整个社会的集体财产,并仅仅由从事劳动的人使用,即由农业协作社和工业协作社使用。

(3)同盟力求使一切儿童,不分男女,从出生时起,就享有同等的发展条件,得到抚养、教育以及在科学、生产和艺术的一切阶段上学习的同等条件,因为同盟深信,这种起初只是在经济和社会方面的平等,将日益导致人与人之间的普遍的、伟大的、自然的平等,将导致各种人为的不平等的消失，这种不平等是既虚伪又不正义的社会组织的历史产物。

（4）同盟与一切专制制度为敌，**不承认除共和制以外的任何其他政体**，无条件反对同反动派结成任何同盟，因此，任何政治行动若不以工人反对资本的事业的胜利为直接和立即的目的，同盟也一概反对。

（5）同盟认为，现存的一切政治的和权威主义的国家，正在**愈来愈把自己的职能缩小为管理本国公益事业的简单行政机关的职能**，这些国家必将在工农业自由协作社的普遍联合体中消失。

（6）鉴于社会问题只有在世界各国工人的国际团结或者普遍团结的基础上才能得到彻底的和真正的解决，**同盟反对以所谓的爱国主义和各民族竞争为基础的任何政策**。

（7）同盟力求实现一切地方协作社在自由的基础上的普遍联合。

章　程

（1）**国际社会主义民主同盟**是作为**国际工人协会**的支部成立起来的，它完全接受协会的共同章程。

（2）**创建同盟的盟员**临时在日内瓦组成**中央局**。

（3）属于一个国家的创建同盟的盟员成立本国的**民族局**。

（4）民族局负有在一切地方成立**社会主义民主同盟地方组织**的任务，各地方组织将通过本国的民族局向**同盟**的中央局提出请求加入**国际工人协会**。

（5）一切地方组织遵照**国际工人协会**各地方支部通过的实际办法，成立自己的局。

（6）凡是**同盟**的盟员都有义务每月缴纳 10 生丁的会费，其中一半留给各民族组织用于自己的需要，另一半上交中央局会计处用于中央局的共同需要。在那些认为这个数额太高的国家，民族局取得中央局同意后可以降低。

(7) 在每年一次的工人代表大会期间，作为**国际工人协会**一个分部的**社会主义民主同盟的代表团**，将在单独的会场内举行自己的公开会议。

3. 巴枯宁给马德里的弗朗西斯科·莫拉的信

（原信为法文）

1872年4月5日于洛迦诺

亲爱的**同盟盟员**和同志：我们巴塞罗那的朋友们建议我把情况写信告诉您，而我也非常高兴做这件事，因为，据我所知，我本人以及我的朋友们，即汝拉联合会的**同盟的同志们**，无论在西班牙还是在其他国家都成了伦敦的总委员会诽谤的对象。真令人痛心，在这个可怕的危机时期，正当要决定整个欧洲的无产阶级好几十年的命运的时候，正当无产阶级、人类和正义的一切朋友应当兄弟般地联合成为反对共同敌人——即组成为国家的特权者世界——的统一战线的时候，那些过去为国际出过很多力而现在被权威主义的恶欲推着走的人，不去到处建立那个唯一能够制造力量的自由联盟，却竟然堕落到造谣撒谎、制造分裂，我说这是十分令人痛心的。

为了使您能正确地理解我们的意愿，我只向您说一点就够了。我们的纲领就是你们的纲领，就是您在你们去年的代表大会上宣布的那个纲领，如果您仍然忠实于这个纲领，那就是说您是我们的同道者，原因很简单，因为我们是您的同道者。我们仇视专政、执政主义和权威主义的原则，正如您仇视这个原则一样；我们坚信，任何政权都是管辖者蜕化变质的必不可免的根源，都是被管辖者遭受奴役的原因。国家意味着统治，而人的本性生来就是这样的：任何统治都表现为剥削。我们在任何时候、任何地方都无条件地反对国家，反对它的任何表现，因此我们更加不想在国际内部同国家妥协。我们认为伦敦代表会议和它所通过的各项决议是一个沽名钓誉的阴谋，是一场政变，因此我们表示抗议，并且抗议到底。我不涉及私人问题，唉，如果最近这次全协会代表大会开成了的话，他们在会上占据的位置是太大了，我很怀疑这次代表大会是否能开成，因为如果事情像现在这样发展下去的话，那么不久在整个欧洲大陆就将没有一个可以供无产阶级的代表们集会进行自由讨论的地方了。此刻一切视线都萦注于西班牙，关注着你们的代表大会的结局。大会的结果将怎样呢？如果您能收到这封信的话，那也在代表大会以后。信寄到您手里的时候是逢上革命的最高潮呢还是逢上反动的最高潮？我们意大利、法国和瑞士的所有朋友们都怀着极大的不安等待着来自你们国家的信息。

您一定知道，最近在意大利，国际和**我们亲爱的同盟**都获得了广泛的传播。无论在乡村还是在城市，人民都处于完全革命的即经济上绝望的境况中，群众开始最认真地组织起来，他们的利益开始变成思想。在此以前，意大利所不足的，不是本能，而是组织和思想。现在这两者都在形成，这样一来，意大利在西班牙之后并且和西班牙一起，也许是现在最革命的国家。意大利有其他国家所不足的东西：朝气勃勃、坚毅奋发的青年，他们**完全脱离了常轨，毫无升官发财的前途，看不到出路**，虽然出身于资产阶级，但是在道德和智力上还没有磨灭到像其他各国资产阶级青年那样的程度。现在他们不加思索地投到革命的社会主义中来，**接受了我们的全部纲领，即同盟的纲领**。我们的天才而强大的敌手马志尼死去了，马志尼的党完全瓦解了，而加里波第则日益受到那些起着他的名字但是走得、确切地说是跑得无限远的青年的影响。我给巴塞罗那的朋友们寄去了一个意大利的地址。不久将把其他地址给他们寄去。**同盟**的西班牙**盟员**同意大利盟员正在建立直接的接触，很好，这是必要的。您能收到意大利的各家社会主义报纸吗？我特别向您推荐：西西里岛吉尔真提的《平等》周报（*Eguaglianza*）；那不勒斯的《钟声报》（*Campana*）；博洛尼亚的《工人联合会报》（*Fascio Operaio*）；米兰的《玫瑰小报》，特别是《铁锤报》（*Martello*）。不幸的是《铁锤报》被封闭了，该报的编辑全被监禁起来。

在瑞士我向您推荐两名**同盟盟员**：詹姆斯·吉约姆（瑞士纳沙泰尔校场街5号）和阿代马尔·施维茨格贝尔，雕刻匠（汝拉联合会委员会委员和通讯书记），瑞士伯尔尼汝拉山脉桑维耳耶，雕刻匠阿代马尔·施维茨格贝尔先生收。（接着写的是巴枯宁的地址。）

同盟和兄弟情谊

米·巴枯宁

请代我向莫拉戈**兄弟**转致敬意，并请他把自己的报纸寄给我。

你们能收到汝拉联合会的简报吗？

此信读后请烧毁，因为其中提到一些人的姓名。

————

海牙代表大会把巴枯宁开除出国际，不仅因为他是同盟的创建者，而且也由于他品行不良[238]。证实他品行不良的真实文件还掌握在我们手中，但是我们出于政治上的考虑，暂不公布。

完

卡·马克思和弗·恩格斯在保·拉法格的参与下写于1873年4—7月 1873年8月以小册子在伦敦和汉堡出版	原文是法文 俄文是按小册子译的 《马克思恩格斯全集》俄文第2版第18卷第323—452页（参看《马克思恩格斯全集》中文第1版第18卷第365—515页）

卡·马克思和弗·恩格斯遗稿

卡·马克思和弗·恩格斯
1869—1871年总委员会记录摘要[239]

1869年
(巴塞尔代表大会以后)

1869年9月28日。荣克说收到克吕泽烈将军从纽约的来信。信是写给代表大会的,但是到得太晚。

关于巴塞尔代表大会报告的印刷问题。

宣读了纽约裱糊工人的信。他们要求总委员会施加影响,制止工人的输入,因为输入工人会使目前正在罢工的工人遭到失败。对此采取的措施(后来收到了得到总委员会的信的曼彻斯特、爱丁堡等地工联理事会的来信)。

1869年10月5日。宣读瓦尔兰从巴黎写来的信。他报告说,代表们已经开过会,他们决定要尽力促进各自的团体加入协会。

奥哲尔在以前的一次会议上曾**提名**累瑟姆和拉姆博德为候选人。推迟。

黑尔斯(**鲁克拉夫特**附议):"总委员会应着手建立以代表大会决议为其纲领基础的国际工人协会英国支部;该支部应称为'**全国劳工同盟和国际工人协会英国支部**'"。

韦斯顿报告说,10月13日将在贝尔酒店召开会议,建立一个宣传

土地问题和工人提出的其他措施的组织。

1869年10月12日。通过关于建立国际英国支部的提案。

1869年10月19日。

1869年10月26日。莫特斯赫德当选。

决定"起草一个要求释放（爱尔兰的）政治犯和说明总委员会对这个问题的看法的决议"。

11月2日。① 黑尔斯："上星期三（10月24日）土地和劳动同盟成立，总委员会许多委员进入了该同盟的执行委员会，目前没有必要做其他（有关英国支部）的事情。"

11月9日。

11月16日。②《平等报》登载的反对总委员会的文章（**马克思揭开了关于爱尔兰问题的讨论**）。马克思提出的关于爱尔兰政治犯的决议。

11月26日③。（讨论爱尔兰问题。）

11月30日。(通过关于爱尔兰政治犯的决议。)

12月7日。

12月14日。④ 荣克宣读《平等报》上攻击总委员会关于爱尔兰问题的决议的文章（**施韦泽、李卜克内西**等）。[月度报告]。⑤

---

① 在手稿中，1869年11月2日和1870年2月8、15、22日的摘要旁有一道竖画线。——编者注

② 在手稿中，1869年11月16、26日的摘要旁有三道竖画线。——编者注

③ 应为"11月23日"。

④ 在手稿中，1869年12月14日，1870年1月1日、2月1日、5月10日、7月12日，以及1871年3月14日、4月25日、7月25日的摘要旁画有"×"符号。——编者注

⑤ 这篇手稿中的方括号是马克思加的。

1870 年

[1月1日。关于《平等报》等的秘密通告信。① 爱尔兰问题等。报告等。]

1月4日。罗伯特·休谟被指定为（美国长岛的）通讯员。（寄给德国委员会（不伦瑞克）3000张会员卡。）

《进步报》（洛克勒）和《平等报》（日内瓦）抱怨苏黎世的运动（《哨兵报》）**政治性太强**。

1月11日。② 日内瓦委员会来信说，支部不赞成《平等报》的行动。[编辑委员会提出辞职，他们的辞职被接受。]

1月18日。

1月25日。杜邦提议，"在法国的任何团体，只要任命有与总委员会联系的通讯书记，即被认为在事实上加入了国际"。（**通过**。）

2月1日。瑞士中央委员会任命了《平等报》新编辑部成员。

赛拉叶收到布鲁塞尔来信。比利时总委员会赞同总委员会对《平等报》的攻击所作的答复。③

2月8日。**实证主义无产者协会**申请入会。

2月15日。杜邦报告了里昂新旧支部之间的分歧。（提交小委员会*。）

2月22日。在那不勒斯，在**国际**开会的地方搜查文件，而警官并

---

① 卡·马克思《总委员会致瑞士罗曼语区联合会委员会》。
② 在手稿中，1870年1月11日、4月12日、5月3日、6月28日、7月19日的摘要旁画有"+"符号。——编者注
③ 卡·马克思《总委员会致瑞士罗曼语区联合会委员会》。

未出示搜查证。主席、书记和一个律师因抗议搜查非法遭到逮捕。

《觉醒报》刊登西班牙一家报纸的报道说,奥地利、意大利和法国的政府将对**国际**采取严厉措施。

3月8日。① 小委员会关于**里昂问题**的报告。②（里沙尔等。）

3月15日。巴黎**实证主义无产者**协会的来信〔杜邦曾要求他们把他们的章程和条例寄来〕。

同意接纳他们,但不是作为"宗派",并且向他们指出**他们的**纲领和国际的纲领之间的**分歧**。

3月22日。在日内瓦建立了俄国人支部。他们希望马克思当他们的代表。

3月29日。

4月4、5、6日。拉绍德封代表大会。

4月5日。

4月12日。荣克收到**拉绍德封**的来信,代表大会发生分裂。由于多数人投票赞成接纳日内瓦的同盟,日内瓦和拉绍德封的代表退出大会,自己继续开会。委托荣克向双方写信了解事情的详细情况。

4月19日。（荣克说）瑞士的两方说法不一。新委员会代表大约600会员,老委员会代表大约2000会员。

4月26日。（吉约姆给荣克的信。）

5月3日。关于臆造的反对巴登格的阴谋的决议③（全民投票）。〔巴黎和里昂支部的许多成员被捕。〕

---

① 在手稿中,1870年3月8、15日的摘要旁有两道竖画线。——编者注
② 见《马克思恩格斯全集》中文第1版第44卷第524—525页。
③ 卡·马克思《关于对法国各支部的成员的迫害。国际工人协会总委员会声明》。

5月10日。反对**在伦敦的法国人支部**的决议①。(5月10日。)荣克提议，以后正式文件都应有全体总委员会委员署名，不管他们是否出席会议。

5月17日。**决议**："鉴于：

巴塞尔代表大会规定巴黎为国际工人协会应届代表大会的集会地点；

法国目前存在的制度使代表大会不能在巴黎举行；

然而为了准备代表大会的召开又必须立即作出决定；

章程第三条责成总委员会在必要时改变代表大会所规定的集会地点。

德国社会民主工党中央委员会建议总委员会把应届代表大会的集会地点移至德国。

总委员会在5月17日的会议上一致决定，国际工人协会应届代表大会今年9月5日在美因茨召开。"

德巴普在给赛拉叶的信中询问总委员会对瑞士问题的看法。

荣克。佩雷（日内瓦）来信，他希望由总委员会来解决瑞士的问题。

5月24日。(围绕关于《蜂房报》的决议的争论。)②

5月31日。巴黎人反对把代表大会集会地点移至美因茨。关于克吕泽烈的问题。——荣克介绍奥斯本·华德。荣克介绍正在罢工的巴黎铸铁工人的代表杜瓦尔。总委员会指派代表团（荣克和黑尔斯）帮助他和工人团体取得联系。议决发给纽约的休谟证书。

---

① 卡·马克思《总委员会关于"在伦敦的法国人联合支部"的决议草案》。
② 卡·马克思《总委员会关于〈蜂房报〉的决议草案》。

6月7日。

6月14日。日内瓦新的同盟歇业（建筑业）。

6月21日。关于日内瓦问题的告各工会等书①。

6月28日。卢昂的地区代表大会被禁止。

日内瓦来信要求总委员会尽快作出决定。（**关于这个问题的讨论。**）

（关于**同盟**，见韦斯顿的声明。）（**通过提议**：日内瓦委员会保持其原有的职权；新的委员会可以挑选一个地区性的名称。②）

马克思提议把总委员会从伦敦迁往布鲁塞尔（此事拟在应届代表大会上提出）（把关于总委员会迁移问题的提议通知各支部）。**提议被通过**。黑尔斯表示准备提议重新考虑这个问题。

7日5日。巴黎人希望驳斥检查官奥卢瓦捏造的罪名，但他们没有给总委员会寄来任何材料。杜邦抱怨没有得到答复。

7月12日。法国人支部。勒梅特尔。——实证主义者支部寄来会费。——机械工人联合会决定援助铸铁工人的钱。——建议（马克思提出的）："给各支部写信，请他们考虑把总委员会迁离伦敦是否合适。如果他们赞成迁离，则建议迁往布鲁塞尔等等。"③——**美因茨代表大会的议程**。

7月19日。日内瓦委员会对总委员会的决议表示感谢。荣克写信给拉绍德封方面，指责他们放弃政治。——巴黎支部的反战宣言。——委托马克思起草**反战宣言**。

7月26日。倍倍尔和李卜克内西谈德国军事贷款（北德意志联邦

---

① 卡·马克思《日内瓦对建筑工人实行的同盟歇业》。
② 卡·马克思《总委员会关于瑞士罗曼语区联合会委员会的决议。总委员会致罗曼语区联合会委员会》。
③ 卡·马克思《给各支部的机密通知》。

国会。柏林)。——(在他们的书面声明《他们为什么弃权》中公开宣布自己是国际会员。)——**宣读了7月23日的关于战争的第一篇宣言。**①

8月2日。赛拉叶宣读了比利时的来信,说总委员会应留在伦敦;但通知说,比利时参加大会的代表要质问为什么总委员会干涉瑞士的事情。马克思说,在巴门、慕尼黑、布勒斯劳等地发表了反对战争的抗议书。荣克谈瑞士的事情。《团结报》上的文章。吉约姆方面还没有正式答复。巴黎人要求迅速解决这一问题。提交小委员会。马克思提议询问各支部,是否同意代表大会延期举行。提议被通过。

8月9日。荣克收到那不勒斯的来信,说卡波鲁索背叛了他们。

8月16日。再印(第三次)关于战争的宣言1000册。瑞士和德国(中央委员会)来信,要求总委员会仍然留在伦敦,并授权总委员会确定代表大会召开的时间和地点。

8月23日。将在日内瓦印刷关于战争的宣言德文本15000份和法文本15000份。比利时委员会来信收回对瑞士争端的意见(见8月2日记录),并同意代表大会延期。日内瓦的罗曼语区委员会也赞成代表大会延期和总委员会留在伦敦。

通过了代表大会延期举行的决议。

8月30日。纽约成立法国人支部。奥斯本·华德出席会议并讲了话。

8月6日。马克思和德国社会民主党通信②,他们表示将履行自己的职责。通过起草关于战争的**第二篇**宣言的决议。

9月9日。宣言被通过。

---

① 以下是恩格斯做的摘录。
② 卡·马克思和弗·恩格斯《给社会民主工党委员会的信》。

9月13日。赛拉叶去巴黎。

9月20日。不伦瑞克人被捕。被驱逐出美因茨。柏林、慕尼黑、奥格斯堡、纽伦堡等地抗议兼并。派一个5人代表团与阿伦德尔大厅的委员会共同筹备保卫法兰西共和国和反对兼并的示威。

9月27日。报告（联合委员会）已同意派代表团去见格莱斯顿，要求承认法兰西共和国。

10月4日。

10月11日。柏林和慕尼黑集会反对普鲁士的战争政策。关于巴枯宁9月28日[①]在里昂的行为的信。财务委员会的报告。

10月18日。北明翰工联理事会加入协会。对比利时的国际报纸不登载关于战争的第二篇宣言表示反对。任命财务书记。

10月25日。比利时的《国际报》终于刊登了关于战争的第二篇宣言的第一部分。——海奈曼组织的集会。德国工人教育协会的抗议。决定**讨论内部事务**时，除总委员会委员外不准任何人参加。

11月1日。帕特森（新泽西州）和纽约来信说，那里的法国人支部和德国人支部发表了反对战争的联合宣言。奥布里（卢昂）来信说，波拿巴派仍然控制着政权，并且在行动。

11月8日。委托书记参加干预委员会的会议。

11月15日。由于战争迫近，纽约举行群众大会。

11月22日。布勒斯特来信说，10月2—10日，当地委员会的12名委员全部被捕，10月27日以阴谋破坏国家安全的罪名受审。2人被判处2年徒刑，1人被判处1年徒刑（仅仅因为参加了讨论保卫国家的大会）。——从公布的波拿巴的文件来看，在全民投票前夕对国际的迫害是蓄意组织的。

---

① 原文误为27日。

11月29日。曼彻斯特工联理事会答应给予**道义上的支持**。杜邦被任命为郎卡郡的代表。①

12月6日。马克思建议书记把委员们前三个月的出席情况开列一个统计表。建议被通过。

12月13日。书记宣读了一份列有委员们的姓名和他们9月以来缺席次数的统计表。此表列入会议记录,今后委员们谁出席谁缺席都要记下来。

12月20日。报告准备在纽约成立中央委员会。(**见出席情况登记表**)(在12月份最后一次会议**以后**)(1870年9月至12月和1871年1月至3月底)。

1871 年

1月3日。

1月17日。北明翰工联理事会加入协会。质问《邮袋报》对**国际**采取什么态度。(这些人赞成兼并。)马克思发言反对奥哲尔在圣詹姆斯大厅的夸夸其谈(关于**法夫尔之流**)(反对我们的**第二篇宣言**)。

1月24日。纽约成立美国中央委员会。

1月31日。瑞士(日内瓦罗曼语区联合会)来信说,他们从西班牙收到了要求建立密切联系的信件,但是在接受这一要求之前,他们想知道西班牙支部同总委员会有没有联系;如果没有,他们也不同西班牙

---

① 接着是马克思用铅笔写了这几句话:"1869—1870年期间,日内瓦罗曼语区联合会委员会拒绝接纳[日内瓦"同盟"支部]加入国际工人协会罗曼语区联合会。该支部得到总委员会的承认。"从另一页起继续是马克思作的摘录。

建立联系。恩格斯被委派为西班牙书记。

恩格斯提出的关于（普法）战争（和英国政府的态度）的决议案。①

2月7日。关于普法战争的讨论。英国政府的态度。

2月14日。（讨论继续进行。）

2月21日。**土地改革协会在土地国有化**这一问题上向工人党靠拢（**穆勒**）。哈里斯认为这是搞垮土地和劳动同盟的一个步骤。

2月28日。关于土地改革协会的讨论。（决定讨论它的纲领。）

公民赛拉叶的报告（围城期间的巴黎联合会委员会）。

3月7日。（关于纽约中央委员会的讨论。）（马克思谈1856年的巴黎宣言。）

3月14日。**罗班**。（在伦敦召开有所有支部代表参加的会议。）（被否决。）（关于1856年宣言的辩论。）（爱尔兰问题。）

3月21日。马克思说：战争爆发时，已给大陆各支部去信，通知不可能在美因茨或巴黎举行代表人会；所有回信的支部都请总委员会选择应届代表大会召开的时间和地点。**罗班**说，巴黎没有收到这封信。**决定给英国报纸寄去一个声明，驳斥强加于巴黎联合会委员会**的伪造的（关于开除德国人的）决议②。

（3月18日决议。）

伦敦东区支部。

3月28日。赛拉叶被派往巴黎。拨给他妻子5镑。

加诸于**我们德国朋友**的罪名仅仅是**国际会员**（所有其他的罪名都被取消了）。**威灵顿游乐场举行的中央共和派大会**（目的是建立共和派俱

---

① 见《马克思恩格斯全集》中文第1版第44卷第667—668页。
② 卡·马克思《总委员会给〈泰晤士报〉等报纸编辑部的声明》。

乐部)。威德建议加上"社会的和民主的"几个字。(26票赞成增加，50票反对。)**关于在伦敦东头建立支部的决议。**

4月4日。旧金山支部。贝斯纳尔格林区支部。

4月11日。(安特卫普等地雪茄烟工人被解雇。)(总委员会采取的行动。)

4月18日。总委员会第一次审查托伦的问题。

4月25日。开除托伦。得到批准①。

5月2日。阿普尔加思和奥哲尔。(埃卡留斯提议，这次对他们暂不使用宣言必须有总委员会全体委员署名的规定。莫特斯赫德反对。委托荣克同阿普尔加思谈谈此事，委托埃卡留斯同奥哲尔谈谈此事。)

5月9日。**埃卡留斯辞去总书记职务。**(阿普尔加思让总委员会决定是否在宣言上署上他的名字。奥哲尔希望在宣言付印之前能够过目。)

新西兰来信。

5月16日。**黑尔斯当选为总书记。**

5月23日。英国人将召开大会促使英国政府不要采取反对法国流亡者的行动。大会已开过，以后就这一问题又召开过一系列会议。

5月30日。马克思宣读**关于"内战"的宣言。(通过。)**

6月6日。公社。英国报刊。马志尼。(**国际民主协会**企图起重要作用。)(公民**卡迪奥出现。**)

6月13日。 (6月12日。对**法夫尔**通告的答复寄往《泰晤士报》。②)**发表关于内战的宣言。**(公民**博德里出现。**)

6月20日。奥哲尔和鲁克拉夫特退出。(出丑的会议。)(关于**侯里**

---

① 见《马克思恩格斯全集》中文第1版第44卷第681页。
② 卡·马克思和弗·恩格斯《总委员会关于茹尔·法夫尔的通告的声明》。

欧克的丑闻。①）

关于伪造的巴黎（国际）的宣言的声明。②

6月27日。成立流亡者救济委员会，每星期六开会。关于奥哲尔、鲁克拉夫特、侯里欧克等人的声明。③ 马克思给《每日新闻》的关于宣言的信。

[《法兰西内战》] 第一版售完。

7月4日。麦克唐奈当选。

卡菲埃罗来信。让罗伯特·里德带着宣言到各地作关于公社的讲演。沃尔弗少校（蒂巴尔迪等）、马克思与《派尔-麦尔新闻》。

7月11日。阿西案件—比果（代理人勒姆利出席）。关于沃什伯恩的宣言。拉特森（普鲁斯）索取国际发表的一切文件。

7月18日。里沙尔问题（没有当选为总委员会委员）。埃利奥特（被否决）。

埃尔曼被选为比利时书记。

流亡者救济金问题。

7月25日。新奥尔良支部。（《公社报》是他们的机关报。）罗马教皇④和马志尼反对国际。⑤ 罗班提出瑞士问题。提交代表会议讨论。

决定召开秘密代表会议（9月17日）。⑥

8月1日。马林的大主教，国际天主教工人协会。华盛顿支部。

罗沙建议成立调查公社历史的委员会（利用流亡者的力量和向流亡

---

① 弗·恩格斯《总委员会关于侯里欧克的信的声明》。
② 弗·恩格斯《总委员会给〈旁观者〉和〈观察家〉编辑部的信》。
③ 弗·恩格斯《总委员会关于侯里欧克和鲁克拉夫特的信的声明》。
④ 庇护九世。
⑤ 见弗·恩格斯关于马志尼和国际的关系的发言报道。
⑥ 见弗·恩格斯关于召开1871年伦敦代表会议的发言记录。

者调查）（科恩）。

8月8日。因新堡同盟歇业新堡和伦敦的机械工人派出的代表团。总委员会派代表团到比利时等国。通知国际各支部不要让工人到太恩河畔的新堡去。

阿普尔加思的信。今后来宾不许出席会议。

8月15日。利物浦和莱斯特郡的拉夫伯勒的支部。代表会议只限于研究组织问题和政策问题。

8月22日。（把公社社员迁移到加拿大的方案。）

8月29日。流亡者协会派出的代表团。争论。

9月5日。马克思、恩格斯、黑尔斯、荣克辞去流亡者委员会委员的职务。关于代表会议的建议。

卡·马克思和弗·恩格斯大约起草于1871年9月	原文是英文
第一次用俄文发表	俄文是按手稿译的
	参看《马克思恩格斯全集》中文第1版第44卷第529—541页

卡·马克思
1870年6月—1872年4月
总委员会记录摘要[240]

总委员会会议

1870年6月28日总委员会会议

马克思提议布鲁塞尔为下届总委员会驻在地等。这项决议案送往各支部。

通过。

黑尔斯表示准备提议重新审议这一问题。

7月5日。继续讨论。讨论暂停。

7月12日。马克思:"给各支部写信,请他们考虑把总委员会迁离伦敦是否合适。如果他们赞成迁离,则建议迁往布鲁塞尔"(代表应把答复同委托书一起带来)(给代表们的指示)。只有3票赞成黑尔斯的修正案。

美因茨代表大会议程。

8月2日会议。

赛拉叶宣读比利时的一封来信,信中提议代表大会在阿姆斯特丹举行。除意大利和西班牙外,它距所有的国家都很近。比利时人要求总委员会仍然留在伦敦,他们反对把它迁到布鲁塞尔。

关于代表大会的讨论。

马克思反对布鲁塞尔人关于阿姆斯特丹的建议。应该给所有的支部写信，询问他们是否同意延期。也许可以象1865年那样召开一次代表会议而不开代表大会。

荣克反对代表大会。瑞士在征集入伍（6万人）。

黑尔斯提议（埃卡留斯附议），要求各支部说明是否赞成大会延期，如果赞成，则授予总委员会以确定开会日期的权力。（**通过**。）

马克思：如果各支部同意，可以在这里召开代表会议，但他主张征求意见。

8月9日。西班牙人提议巴塞罗那作为代表大会集会地点。

8月16日。荣克宣读了瑞士德语区委员会的来信，信中同意代表大会延期，并让总委员会确定时间和地点；德国社会民主党的来信大意相同。两封信都反对把总委员会迁离伦敦。

8月23日。赛拉叶宣读了比利时委员会的来信，信中同意代表大会延期。日内瓦罗曼语区委员会也写来相同内容的信，要求总委员会留在伦敦。

通过了代表大会延期举行的决议。

11月22日会议（波拿巴政府档案中的文件）。

"在全民投票前夕，奥利维埃曾写信通知法国所有城市，必须把国际的领导人逮捕起来，不然投票就不能顺利进行。"[①]

11月29日会议。[②] 马克思报告说，我们的不伦瑞克朋友们带着镣铐从勒特岑被押解回来，以叛国罪名受审。为了吓唬资产阶级，受警察控制的报纸连篇累牍地发表文章告诉人们，这些人都是那个要颠覆一

---

① 在手稿上，11月22日会议的摘要被马克思整段删掉。
② 11月29日的摘要旁划有"+"符号。——编者注

切、建立世界共和国的国际协会的同伙。

1871 [—1872]

3月14日。罗班提议召开代表会议。(被否决。)

7月25日。恩格斯提议召开代表会议，罗班附议。

本月马林的大主教建立了一个国际天主教工人协会，目的是和国际工人协会相对抗。

2月20日。关于吴亭的声明。①

3月12日。关于美国的决议。②

4月16日。**柯克伦。福塞特**。③

草拟于1872年8月27日以后
第一次发表

原文是英文和德文
俄文是按手稿译的
参看《马克思恩格斯全集》中文第1版第44卷第599—601页

---

① 卡·马克思和弗·恩格斯《总委员会关于瑞士当局的警察暴行的声明》。

② 卡·马克思《国际工人协会总委员会会议通过的关于合众国联合会的分裂的决议。1872年3月5日和12日》。

③ 卡·马克思《国际工人协会总委员会关于柯克伦在下院的演说的声明》。

卡·马克思
总委员会向海牙代表大会的报告草稿[241]

4月23日。波拿巴发布告人民书，号召全民投票，向他表示信任。

4月29日。巴黎①发生逮捕。借口有人阴谋杀死路易·波拿巴，在巴黎、里昂、布勒斯特等大城市逮捕国际会员。（奥利维埃通告）

5月8日。全民投票。

巴黎联合会委员会诉讼案。

7月9日部分因加入被禁团体，部分因加入秘密团体受到审讯。

7月12日。巴黎会员发表《告各国工人书》，呼吁反对战争，德国工人和各国的国际会员响应。

7月15日。议院通过关于战争的决定。

7月19日。法国宣战。

第一次发表	原文是英文
草拟于1872年8月27日以后	俄文是按手稿译的

---

① 后面删掉几个字："等大城市"。

弗·恩格斯
托卡热维奇的来信摘译

苏黎世一家社会主义报纸的编辑托卡热维奇 1872年8月2日给符卢勃列夫斯基的信①

《汝拉简报》第13期附刊第3页上刊登了《苏黎世波兰社会主义协会纲领》，本协会过几天将开始出版自己的报纸《自由报》。我们全权委托您在接到这封信3天以后向国际总委员会声明，这个纲领是假的。

我证明译文正确。②

瓦列里·符卢勃列夫斯基

1872年8月15日于伦敦

第一次全文发表

原文是法文

俄文是按手稿译的

---

① 恩格斯在背面用黑墨水和黑铅笔标明:"V, No 2, 托卡热维奇"。
② 下面是符卢勃列夫斯基的亲笔签名。

弗·恩格斯
总委员会1871—1872年度财务活动和财务账目总平衡报告[242]

9月1日　结余5镑4先令8便士　9月30日
9月	收入	1镑	14先令	4便士	9月	支出	2镑	13先令	2.5便士
10月		74	3	6	10月		29	6	5.5
11月		7	7	3	11月		31	17	10.5
12月		36	17	7	12月		26	–	7.5
1月		10	6	10.5	1月		13	6	10.5
2月		1	15	1	2月		9	12	6.5
3月		–	12	6	3月		5	10	9.5
4月		8	13	8	4月		4	19	7.5
5月		–	17	9	5月		6	4	2.5
6月		–	8	–	6月		7	19	10
7月		3	10	8	7月		4	12	3.5
		[150	10	1.5]			6	65	6
		6	6	5			142	4	4
		151	11	10.5	赛拉叶—支出		[4	–	7]
		142	4	4	支付章程德文版用款		[2	18	4]

结余　　9镑　7先令　6.5便士

荣克经手	[151 镑	11 先令	10.5 便士]			
从法国付给赛拉叶	7	15	7			
从德国	2	18	4			
	15	7				
	3	15				
	11	12				
这里应做双重扣除	194 镑	14 先令	1.5 便士	62/3	26	
12 镑 5 先令 —	30	12	—	20/73/3.18		
15 3 —	164	2	1.5			
— 4 —						
3 —						
30 12 —						
扣除1874年度结余	5	4	8			
	158 镑	17 先令	5.5 便士			

这里应加上

塞拉叶——

德国的会费

[4 — 7]					
[2 18 4]	6	18	11		
	165 镑	16 先令	4.5 便士		

结算

收入151 镑 11 先令 10.5 便士

　　　　支出 142 镑　　4 先令　4 便士　负债

8月份43 镑 2 先令 3 便士

　　　　支出　48　4　—　马克思垫款 11　12

结余	4	5	9.5			
	194	14	1.5			
	194	14	1.5	出版章程德文本	3	18

总委员会1871~1872年度
　实际收入
　共计同上　　194　14　1.5　　因出版《内战》
　　　　　　　　　　　　　　　付特鲁拉夫　7　—

减去1871年9月1日
　的结余　　　5　4　8　　因出版章程
　　　　　　　　　　　　　付特鲁拉
　　　　　　　　　　　　　　夫　—　—

　　　　　　　189　9　5.5
　　　　　　　30　12　—

减去偿还马克思的
垫款15镑7先令
减去偿还恩格斯的
垫款15镑5先令
　　　　　158镑17先令5.5便士

赛拉叶支付邮费化掉
　的会费　　　4　—　7
抵偿出版章程德文本
费用的德国会费　2　18　4
　　　　　　　　6　18　11

实际收入共计　　165　16　4.5

各团体

英国 1870—1871年度			**出售印刷品**	1镑	2先令	3便士
编筐工人	17镑	6先令		5镑	18先令	6便士
			从美国	—	2	6
细木工红木工	1	2	1便士	1	9	3
联合协会				—	4	6
西头鞋匠	—	6	—	—	1	8
	2	5	7	**付房租**		
德国人支部	1	—	—	71年10月31日宴会		
	3	5	7	和会议费用	7	7	—
全国改革同盟	—	5	—			

外国

瑞士为代表会议提供　　⌈2镑　16先令　一便士
比利时为代表会议提供　｜4　　8　　　—
西班牙为代表会议提代　⌊12　　—　　　—

　　　　　　　　　　　　19　　4　　　—
兑币时损失　　　　　　　—　　5　　　6
　　　　　　　　　　　　18　18　　　6

1870—1872年度
美国联合会委员会　　　[4　　8　　　]
荷兰　　　　　　　　　—　　16　　　8
都灵　　　　　　　　　—　　16
米兰　　　　　　　　　—　　8　　　　4
　　　　　　　　　　　25　　7　　　　6

[包括1871—1782年度]　[6　　9　　　—]

5月28日和6月21日给马丁	14镑	12先令	
	5	一先令	一便士
	12	7	—
印刷费			
71年9月30日给特鲁拉夫	10	—	
71年10月31日给特鲁拉夫	10	—	
71年11月4日给赖德鲁印代表会议决议	7	5	
71年12月9日 印章程给格拉格	10	15	6
72年1月23日给达夫	3	10	—
	41	10	6
支付《法兰西内战》法文版用款	3	15	
	45	5	6
还给马克思的出版费	2	1	8
	47	7	2
奥地利	2	10	—
同上,诺马耶寄来的	—	15	9
汝拉联合会	1	9	4
奥地利	—	8	4
	30	3	5
兑币时损失	—	1	6
	30	1	11

法国	7 镑	15 先令	7 便士
	37	17	6
德国	2	18	4
	40	15	10
奥地利	—	2	2
	40	18	—
给马克思—	11	12	—
因《法兰西内战》			
付给特鲁拉夫	7	10	—
因章程给他	—	—	—
章程德文版	—	—	—
日内瓦，德国人支部	—	11	—
巴黎德国人支部	—	2	6
	41	11	6
书记5周的薪金			
（每周10先令）	—2	10	—
从10月初起43周			
（每周15先令）	32	5	—
	34	15	—

不属于国际的3月15日基金
　的结余

　　　　　　　　　　　4镑　6先令　4便士

个人会费　　　捐款

　　　　　　　　　　　50镑　—

　　　　　　　　　　　30镑　—

各支部

1）英国支部	3 镑	5 先令	7 便士			
2）各外国支部	30	1	11			
在去年代表会议上各外国的和瑞士的支部	[2	16	]			
[日内瓦德国人支部]						
[比利时各支部]						
瑞士各支部提供给代表会议	2	16				
汝拉人	—	11	8			
比利时人	4	8	—			
西班牙人	12	—	—			
	19	15	8			
[美国	4	10	2]			
美国	4	10	2			
荷兰	—	16	8			
意大利（都灵和米兰）	1	4	4			
奥地利和匈牙利	3	14	1			
日内瓦德国人支部	—	11				
汝拉联合会	—	17	8			
德国	2	18	4			
法国，包括德国人支部	7	18	1	22 镑	10 先令	4 便士
				42	5	—
兑币时损失				—	7	—
救济流亡者				41	18	—

1871年12月9日		—10镑			
1872年1月2日		—4镑			
5月28日给马丁		—2镑			
6月21日给马丁		—3镑			
		14镑			
		5镑			

5镑	4先令	8便士	158镑	17先令	5.5便士
5	12	3	2	1	8
19	15	8			
22	3	4	160	19	1.5
7	8	8	60	4	7
60	4	7	100	14	6.5
			7	15	
			3	15	
			4		

700
480
———
2. 18. 4
220
218

第一次发表 　　　　　　　　　　　　　　　　原文是英文
　　　　　　　　　　　　　　　　　　　　　俄文是按手稿译的

弗·恩格斯
关于共同章程和组织条例的讨论安排的建议

我建议着手讨论组织章程有关总委员会的第二章，并在此之后讨论共同章程与此有关的第3、4、5和6条。①

弗·恩格斯

第一次发表	原文是法文
提交1872年9月6日第十次会议	俄文是按手稿译的

---

① 建议是用铅笔写在一张纸上的。

弗·恩格斯
赫普纳在1872年9月6日晚上会议上发言①摘记[243]

主张放弃政治［者］，警察［们］，施韦泽［派］。［在］1870——沙文主义者，在色当之后转变。唯心主义。——强迫接受教条。他号召他们：了解他们想要什么。总委员会的宣［言］——8000本《内战》。

反对权［威］、个人迷信。革［命］。公社［权威］不够，总委员会权［威］过多。

第一次发表　　　　　　　　　　　　　　　　　　　原文是德文
　　　　　　　　　　　　　　　　　　　　　　　　俄文是按手稿译的

---

① 见本卷第71—72页和161—164页。

卡·马克思和弗·恩格斯
尼·吴亭的报告的附录[244]

1. 《和平和自由同盟的机密通告》。
2. 《告［俄国］青年兄弟的几句话》。
3. 告俄国贵族书。
4. 《告俄国军官》。
5. 《革命问答》。
6. 巴枯宁给莫拉的信（1872年4月5日）。
7. 吴亭的信。1872年8月14—15日。对他的谋杀[245]。
8. 委员会给柳巴文的信[246]。
9. 柳巴文给我的信（1872年8月8—20日）[247]。
10. 巴拉诺夫的信（1872年6月10—22日①）[248]。
11. 丹尼尔逊[249]。
12. 苏黎世，8月16日。巴枯宁。关于涅恰耶夫的声明[250]。
13. 里米尼代表大会[251]。
14. 马隆，1871年3月21日②[252]。
15. 梅萨的声明。

---

① 原件上误为："29"。
② 原件误为："1870年"。下面3项是恩格斯写的。

16. 巴枯宁的章程。原件和副件[253]。

17. 苏黎世的波兰人。汝拉人的伪造。

第一次发表	原文是英文、德文和法文
写作日期不早于1872年9月6日	俄文是按手稿译的

卡·马克思
代表大会杂记[254]

1. 代表名单（印刷的，错误极多）。
2. 吴亭有关诺斯塔克和杜瓦尔的札记。
3. 库诺在伦敦印刷同盟文件的全权证书。
4. 从丹麦寄给恩格斯的两封信。
5. 罗马成立新的支部（全是工人）。
6. 库诺—施拉姆事件。
7. 毛里齐奥港致代表大会。
8. 共同章程草案（比利时）。
9. 邀请赴阿姆斯特丹（巴尔贝斯基）。
10. 杜邦的便函（需要钱）。
11. 法尔卡什的全权委托书。
12. 拉法格给恩格斯的信。
13. 梅洛特关于流亡者事务[255]致比利时人的信。
14. 章程的修改（费雷支部）。
15. 弗里德兰德的小纸条。
16. 杜西（吴亭的信）寄（妈咪①）。
17. 吴亭寄（杜瓦尔，寄给我）（杜西）（寄杜瓦尔）。

---

① 指马克思夫人。——译者注

18. 戈洛文给我的信[256]。
19. 麦克唐奈的便函。
20. 我作的总委员会会议记录摘要。

第一次发表 　　　　　　　　　　　　　　　原文是德文
写于1872年9月10日以后　　　　　　　　　俄文是按手稿译的

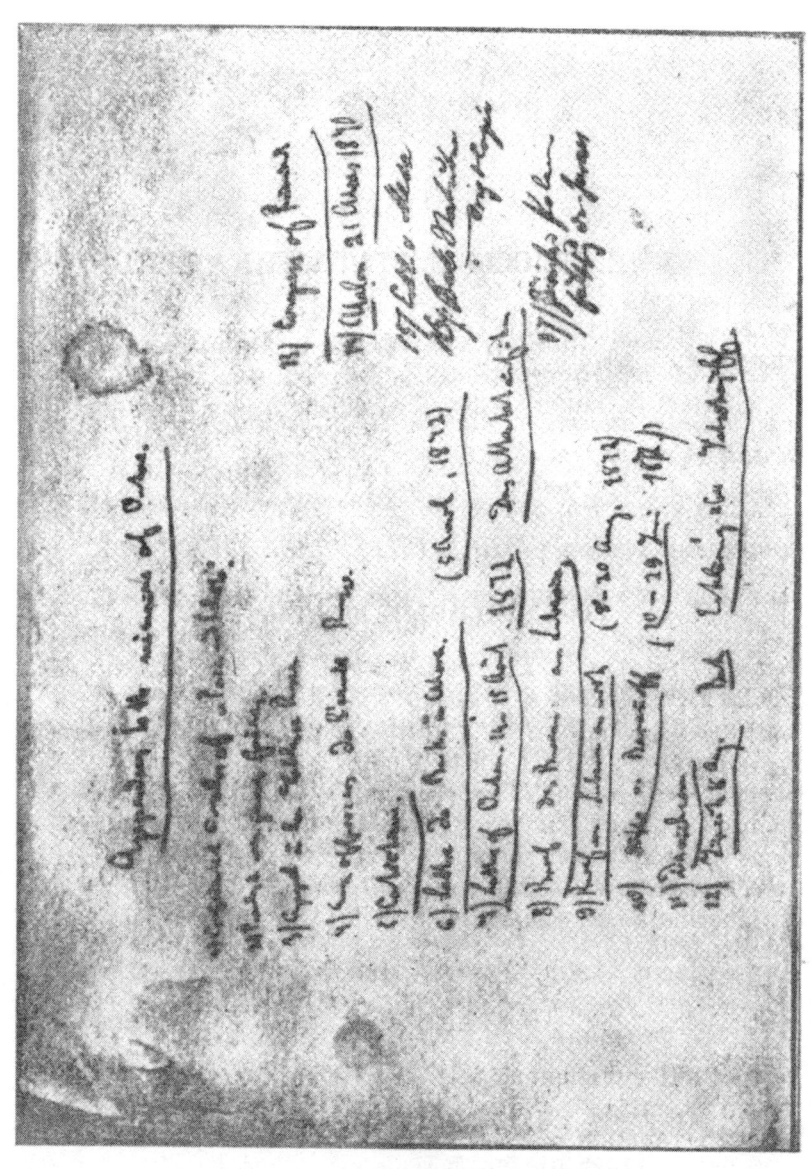

卡·马克思和弗·恩格斯抄写的吴亭报告的附录

卡·马克思
会费和支部统计

比利时（100法郎）。
德国。
西班牙。
葡萄牙加上从里斯本寄给恩格斯的信。
英国。哈克尼支部。
汝拉人（致总委员会）。
阿姆斯特丹（致库尔奈）。
财务报告（1870和1871）。

合众国

伍德赫尔关于第12支部致总委员会的信。
维·伍德赫尔致马克思的信[257]。
埃卡留斯1871年12月20日（关于第12支部和威斯特致马克思的信）[258]。
威斯特1871年12月8日（致马克思的信）[259]。
联合会委员会关于第2支部致总委员会的信。
统计报告（纽约和加利福尼亚）。
联合会委员会章程。

左尔格。关于合众国的报告。

我自己关于第 12 支部的摘记[260]。

费拉德尔菲亚代表大会。

支　出

给拉法格 80 盾。

给阿尔诺 5 英镑。

给皮尔 15 塔勒。

给伦巴第街女主妇，支付煤气和赔偿损坏椅子的费用 2.5 英镑。

给赛拉叶和杜邦 3.5 英镑。

拉法格，给吕坎 100 法郎。

第一次发表	原文是德文
写作日期不早于 1872 年 9 月 10 日	俄文是按手稿译的

卡·马克思

同　盟

1. 组织和纲领（杜西的副本）。

2. 同上，原件（部分是巴枯宁的笔迹）。

3. 吴亭关于同盟在瑞士和俄国的情况的机密通知。[①]

4. 这一报告的附录：

（1）《和平和自由同盟的机密通告》。在背面写有：埃尔皮金公民收：这是巴枯宁的笔迹。

（2）《告俄国青年兄弟的几句话》（米·巴枯宁1869年5月于日内瓦）。

（3）告俄国贵族书。

（4）《告俄国军官书》，巴枯宁签署。

标明日期为：1870年1月于日内瓦。

（5）《革命问答》，巴枯宁用俄文写的。

（6）巴枯宁给莫拉的信，1872年4月5日于洛迦诺。

（7）吴亭1872年8月14—15日的信。对他的谋杀。

（8）代理人局给柳巴文的信。

（9）柳巴文给我的信。1872年8月8—20日。

[①] 吴亭的报告全文见本卷第405—493页。

(10)巴拉诺夫给我的信(6月10—22日①)。

(11)丹尼尔逊(1872年)8月9—21日来信。

(12)苏黎世。1872年8月16日,巴枯宁关于涅恰耶夫的声明。

(13)里米尼代表大会。

(14)马隆(1871②3月21日)。

第一次发表 原文是英文、法文和德文
俄文是按手稿译的

---

① 在原件上误为:"29日"。
② 在原件上误为:"1870"。

卡·马克思

代表大会的其他文件

一、委托书

1. 代表资格审查委员会报告。

2.（1）纽约第2支部。联合会委员会给总委员会的信。索瓦的委托书。纽约第12支部。威斯特的委托书,**由伍德赫尔签署。**

（2）a. 马尔塞劳、拉斐尔·法尔加-佩利塞尔、阿莱里尼、托·冈·莫拉戈的委托书。

（2）b. 尼·茹柯夫斯基的委托书（日内瓦宣传和革命社会主义行动支部）。

（3）马赛发给阿莱里尼的委托书。

（4）都柏林发给麦克唐奈的委托书。

（5）维德尔河谷发给弗吕兹的全权委托书,全权委托书得到比利时代表们的确认。

（6）马克思的委托书（纽约第1支部,莱比锡,总委员会）。罗奇（联合会委员会）。伯恩哈德·贝克尔（比雷菲尔德）。波特尔（布鲁塞尔外国人支部）（吕坎！）。

菲力浦·贝克尔（巴塞尔）。这一委托书还包含关于巴塞尔支部的财务报告。

（7）海牙发给维克多·达夫的委托书。

（8）日内瓦女工支部发给哈丽雅特·罗的委托书。

（9）赖兴堡（维也纳）发给奥伯温德的委托书。

（10）赫普纳（雷根斯堡）。

（11）恩格斯（纽约第2支部）（布雷斯劳）。

第一次发表　　　　　　　　　　　　　原文是英文、德文和法文
　　　　　　　　　　　　　　　　　　俄文是按手稿译的

卡·马克思
关于代表资格审查委员会[261]

委员会报告第1号

（2）**委托书**（**索瓦**，纽约第 2 支部，**威斯特**，第 12 支部）。

海姆①（赖兴堡）。

赫普纳，雷根斯堡。

恩格斯（纽约支部和布雷斯劳支部）。

马尔塞劳、**佩利塞尔**、**阿莱里尼**、**莫拉戈**（西班牙）。

阿莱里尼（马赛）、**茹柯夫斯基**（日内瓦宣传支部）。

维克多·达夫（海牙）、**麦克唐奈**（都柏林）。

弗吕兹（维德尔河谷）、**马克思**（纽约第 1 支部，莱比锡）。

罗奇、**伯·贝克尔**（比雷菲尔德）、**波特尔**（吕坎）（**布鲁塞尔法国人支部**）。

菲·贝克尔（巴塞尔，财务报告）。

哈丽雅特·罗（日内瓦）。

第一次发表　　　　　　　　　　　　　　　原文是英文
　　　　　　　　　　　　　　　　　　　俄文是按手稿译的

---

① 奥伯温德被删去，代之以海姆。

卡·马克思

调查委员会

(1) 库诺询问证人的记录。

(2) 吕坎的报告。先是前言（两页，写在一张纸上），其次是1—16页，但缺第13页和结尾。

证 词

(1) 恩格斯，两页文件。

(2) 新马德里联合会。

(3) 勒弗夫尔·龙西埃①：最近各次会议。

(4) 赛拉叶（有关布斯凯、马尔尚、布鲁斯〔盖得的代理人〕、贡德雷斯、巴卡夫、梅契尼柯夫、圣马丁的信件）。②

a. 给赛拉叶的信件的摘录（第1—11页）；

b. 有关布斯凯的信、有关布鲁斯的信、有关马隆的信……瓦尔特的信；

c.《解放报》(图卢兹)：腊祖阿的文章，赛拉叶的答复。

第一次发表

写作日期不早于1872年11月14日

原文是德文、英文和法文

俄文是按手稿译的

---

① 见本卷第221—223页。

② 见本卷第533—542页。

弗·恩格斯
《社会主义民主同盟和国际工人协会》小册子所用材料[262]

社会主义民主同盟

1. 委员会向代表大会的报告和注释。
2. 关于委员会各次会议的详细报告。
3. 文件。

吴亭的报告

1—4. 巴枯宁和汝拉人关于分裂的答复的引文。公意审判。

6. 对巴枯宁和同盟的指控的表述。秘密章程和巴枯宁最初传播这一章程的情况。

9. 在苏黎世的谋杀。

12. 舍瓦累和科尼翁——两个小偷——详情细节——佩龙,他被逐出日内瓦中央支部。

12/18. 国际在瑞士罗曼语区的历史。

13. **公开**同盟的最初立场。

18/20. 公开同盟。

19. 同盟名义上解散,汝拉委员会承认它以宣传支部的名义继续活动。

20.（秘密同盟）。和平和自由同盟。

21/22. 巴枯宁写的和平和自由同盟的秘密通告。

22. 古斯塔夫·福格特给巴枯宁的回信和巴枯宁给福格特的回信。**德国人**。

23. 和平同盟伯尔尼代表大会。建立公开同盟。

24. （Ⅵ）秘密同盟。秘密章程至31。

31. （Ⅶ）涅恰耶夫案件。关于被告的个人资料等等。

32/33. 指控概述。

34. 互助储金会。大学生反对政府的斗争。

35/36. 大学生向涅恰耶夫提出的要求。

37. 涅恰耶夫的品行。滥用国际的名义。

38/39. （Ⅷ）关于涅恰耶夫的传记资料。

39. 巴枯宁立即接纳他。把名誉受损的人的名字告诉他。吴亭同涅恰耶夫的谈话。

39/41. 《**告青年兄弟的几句话**》，应抛弃科学，这也是国际所要求的。

40.

41. 匪帮的更进一步的出版物，而首先是提出革命公式。1869年夏天。无政府状态——组织。

42/43. 强盗。

43/44. 又是无政府状态和组织。

45. 领袖应隐匿在人群中，为此目的——秘密同盟。建议，特别是那些不是巴枯宁分子的俄国革命者。

45/47.

47. 《人民裁判》第 1 期出版。威胁要破坏一切，反对《人民事业》。

48. 推荐巴枯宁的《几句话》。巴和《钟声》编辑部，一些卓越的正直的流亡者。

49. 侮辱十二月党人和尼·车尔尼雪夫斯基：俄国农民——真正的社会主义者。

50. 社会主义的教授们寻求的只是**肥缺**（如在涅恰耶夫的书信中……）。

51. 又是谩骂车尔尼雪夫斯基。

51/52. 道德理论。

52. 谋杀计划——只是不谋杀沙皇。

52/53. ……①

54. 涅恰耶夫的阴谋。——托米洛娃女士，损害名誉的**电报和宣言**。——巴枯宁和间谍。

55. 涅恰耶夫赴俄国（1869 年 9 月）。在莫斯科。乌斯宾斯基。涅恰耶夫的委托书。

56. 特别是进入农学院。大学生，特别是伊万诺夫。

56. 在俄语中混淆"联合会"、"会社"、"协会"这几个词，混淆"世界的"、"国际的"这两个词。涅恰耶夫招募人员的方式。——奥格辽夫献给涅恰耶夫的诗。

57. 革命音乐。

58. 继续运用招募方式。

58. 涅恰耶夫关于他在欧洲、比利时和日内瓦的英雄业绩的假

---

① 原件空缺。

话——他虚构的16名追随者。——总共招募到6—8人。

59. 秘密团体章程，与同盟章程吻合。

59/60. 关于传播的假话。彼得堡和莫斯科被利用来互相攻击。关于国际的声明。

60/61. **公开同盟冒充国际纲领的纲领**。

61/62. 这里是斯维亚茨基的准确的资料——没有任何俄国委员会，但俄国人支部的会议记录是寄给巴枯宁的，涅恰耶夫吩咐普雷若夫去见巴枯宁。

62. ……①

63. 涅恰耶夫对被招募的人**保密和欺骗**。——搞恐怖，恫吓。

63/64. 从国外寄去陷害人的信件。

64. 害怕告密。

64. 委员会的印章。

65.

65. 6000卢布票据的**骗局**。

至66——涅格烈斯库尔的大衣和100卢布，66——

67. **伊万诺夫的被杀害**——伊万诺夫小像，他同涅恰耶夫的联系，**涅恰耶夫也给他《告贵族书》**。

67. 摘要。

67/68. 涅恰耶夫窃取大学生互助储金会的钱。

68. 涅恰耶夫交给被招募的人员什么任务——**寄给**巴枯宁的总结报告。

69. 涅恰耶夫命令把自己的传单贴到食堂里去。

70. 伊万诺夫反对这样做；1869年11月20日他要退出这个团体。

---

① 原件空缺。

次日夜里他遭杀害。

70/71.

72. 涅恰耶夫的逃跑，详细情况和涅恰耶夫的招认。在土拉，他带走一位正遭到迫害和怀疑的女士。

73.

74. **巴枯宁的参与**。涅恰耶夫带来的革命问答是巴枯宁写的。涅恰耶夫给托米洛娃寄大量陷害电报和信件。

75. 别利亚耶娃女士被涅恰耶夫勾引，她爱上了他，她应同普雷若夫一起去日内瓦，而在那里她将被捕，被投入日内瓦的监狱。

75/76.——亚历山大罗夫斯卡娅女士陪涅恰耶夫赴日内瓦，带有大量传单并被逮捕。

77. 《**人民裁判**》**第 2 期**。——涅恰耶夫的又一次死讯，这次说的是在押往西伯利亚途中被勒死的；他那时还在俄国。

77. 恫吓敌人和中立者。

78/79. 社会问题的解决：实行普遍的劳动义务制和一切生产资料集中由委员会掌握。

79/80. （推荐的《共产党宣言》，见第五部分下面的 2 页俄文原件。）

80. 亚历山大罗夫斯卡娅的归来。逮捕——在法庭上关于这方面的供词。

81. 巴枯宁签署的《告俄国军官书》证明，他是涅恰耶夫的同谋。（开头）文件注明1870 年 1 月，即逮捕后立即。

82. 结尾。——这个时间前后——1870 年 1 月和 3 月巴枯宁和涅恰耶夫企图使《钟声》复刊——完全是资产阶级立宪主义的！两个月后——因为赫尔岑的钱争吵起来——涅恰耶夫出版《公社》。

83. 洛克勒的《进步报》刊登了《人民裁判》上的涅恰耶夫的信件

译文，袒护涅恰耶夫；在绍德封代表大会上，吉约姆发言袒护涅恰耶夫而攻击吴亭，并自吹自擂说在这一案件上他们与俄国伟大的社会主义者们同心同德——巴枯宁关于放弃政治的主张，早两年前——巴枯宁在《马赛曲报》吹嘘说他刚从俄国回来。

84. 然而，他对自己的人解释说，他由于翻译马克思的著作而离不开瑞士！

85.《告军官书》只对反动派有利。83 至——《哨兵报》：他的行动像奸细——84——还在 1870 年即反对波兰人——他的出身——85 至——

附录。1. 斯帕索维奇的演讲一。

二、巴枯宁的逃跑 四页。

1. 泛斯拉夫主义宣言。

5.——沙皇 13——

赛拉叶的文件

1. 1871 年 11 月 29 日的《解放报》。——腊祖阿谈分裂。《社会革命报》的摘要，我们想把国际变成秘密团体（**为瑞士**）。

2. 12 月 19 日的《解放报》。赛拉叶的回答。

3. 赫德盖姆，1872 年 8 月 6 日——圣马丁被揭露是同盟的代理人。

4. 赛拉叶向委员会的报告：（1）**布斯凯**，（2）马尔尚，（3）布鲁斯，（4）**巴卡夫**（和**贡德雷斯**），（5）**圣马丁**（和**梅契尼柯夫**）。

5. 里加尔、腊祖阿，1872 年 4 月 23 日——马隆寄往贝济埃的信。

6. 纳博讷，1872 年 7 月 24 日——布鲁斯一身兼多职。

7. 1872 年 8 月或 9 月？1 日——布鲁斯散发汝拉人对《所谓的分裂》的答复。

8. 蒙彼利埃，1872年8月18日——集资派赛拉叶作为它出席海牙代表大会的代表一事。——布鲁斯，开除。

9. 阿维尼翁，1872年8月24日。——赛拉叶掌握的有关圣马丁的情报的原件。

马克思手中的文件

1. 公开同盟的法文纲领（**瑞士**）。
2. 佩龙等1872年1月16日于日内瓦发表的声明（**瑞士**）。
3. 巴斯特利卡1870年9月（？）13日致拉法格：推荐阿·里沙尔。
4. 巴斯特利卡1871年1月12日致拉法格——再次谈阿·里沙尔。
5. 蒙彼利埃1872年9月19日——要求开除布鲁斯。
6. 蒙彼利埃1872年11月20日——布鲁斯——附：盖得致布鲁斯。
7. 赛拉叶1872年11月14日反对马尔尚的声明。
8. 波尔多，1872年11月25日，丹特雷格的肮脏勾当。
9. 罗马，1872年8月13日，盖得。成立马隆的支部（**瑞士**）。
10. 吴亭1872年11月1日的信：（1）第3页。让巴枯宁为《主要基础》①负责；（2）奥格辽夫——和赫尔岑的钱，第5—6页；（3）奥格辽夫，第6页等；（4）从未见过巴枯宁关于涅恰耶夫的小册子[263]，第8页；（5）密探斯切姆普科夫斯基——涅恰耶夫和巴枯宁最好的朋友，第11页。
12. 罗马，1872年9月22日，盖得致日罗尼——反对海牙代表大会和建议在法国开始行动。——国际的**审判员们**想把新的纲领塞给

---

① 《主要基础》这几个字是用俄文写的。

他——总委员会本应进行颠覆行动以利于公社,像巴枯宁和同盟在里昂和马赛(!!!1870年9月!)所做的那样。

第一次发表 原文是德文
写作日期不早于1872年11月25日 俄文是按手稿译的

弗·恩格斯
关于丹特雷格和盖得的札记[264]

丹特雷格。

埃罗省佩泽纳斯铁路局的绘图员,1871年12月24日写信告知黑尔斯,说有一个代表7个手工业团体的激进民主主义委员会请求参加国际。

赛拉叶1月4日写信询问佩泽纳斯的卡拉斯,因为卡拉斯1871年10月23日在致埃卡留斯的信中请求加入国际,而且援引了贝济埃社会主义民主委员会(其委员曾因参加国际在贝济埃被判了罪)的话给自己担保;委员会提供了完全可以满意的消息(1871年11月13日):"我们共同的朋友"。同时,库尔奈、埃德等在巴黎非常熟悉这些委员们。

卡拉斯(1872年1月14日)说:"丹特雷格公民是**可敬的**人,我已同他商定,我们将携手共事。"从1871年12月6日起,图卢兹的镀金匠参加国际(信由M.佩蒂乌签署),14日,他们的参加获得批准。——3月23日,中央委员会为活跃宣传在图卢兹采取行动;7个委员(罗伯尔,1872年3月23日)。

丹特雷格目前提议赴图卢兹并在那里工作……,这一建议获得通过,从……逗留在图卢兹,在此之后获得总委员会全权代表资格;因此,图卢兹人来得及打听他的情况。学生支部1872年7月11日(杰维尔签署)选举他为南部地区总委员会的代表,当时没有任何人抱怨他。

8月18日，北方省图卢兹中央支部全体会议一致选举他为自己出席海牙代表大会的代表（21人签字，全都是审判案的被告），南方省（17人签字）、中央省（9人签字）、西方省（20人签字）也都选了他。

盖得。

8月8/18日——蒙彼利埃支部（卡拉斯和其他3人签字）声明说：保尔·布鲁斯（医学院学生，同盖得保持通信联系）制造分裂，要求会员不要按规定捐款资助图卢兹的代表，并且要求海牙代表大会未作出决定之前不要采取任何措施。——他们要求把他开除出国际。——当时他的朋友盖得从罗马写了一篇通讯登在12月14日的《自由报》上，披露对布鲁斯的攻击，并**直接说出**蒙彼利埃的**卡拉斯**是挑拨者。由于这一披露，赛拉叶给卡拉斯的一封信（1872年12月19日或20日）**在邮局被截获**；这封信是对11月5日的信的复信，信中谈到丹特雷格的情况，而12月24日丹特雷格被捕了。11月5日的信的作者在信中说对丹特雷格是完全信任的。

第一次发表	原文是法文
弗·恩格斯写作日期不迟于1872年12月	俄文是按手稿译的

弗·恩格斯
《社会主义民主同盟和国际工人协会》小册子所用文件目录

一、我们的文件

1. 《分裂》。
2. 佩龙的信。①
3. 《公开同盟的章程》。②
4. 《解放报》（关于同盟实际没有解散）。
5. 新马德里联合会通告。③
6. 《联盟》报第155号，同盟章程。
7. 《各行业支部的章程》第17—18页。同盟的纲领，第23页，支持总委员会的权力等。
8. 萨拉戈萨代表大会的决议。表决向旧的联合会委员会致谢，第53页。撤销代表大会的开除决定，第53、54页。
9. 委员会7月7日的内部通告。④

---

① 这一行字在原件上被删去。
② 这一行字在原件上被删去。
③ 这一行字在原件上被删去。
④ 这一行字在原件上被删去。

10. 我7月24日给西班牙联合会委员会的信。

11. 登有西班牙联合会委员会的答复的《联盟》。

12. 巴枯宁致莫拉的信。①

13. 声明。②

二、得自梅萨的文件③

1. 里斯本寄来的关于莫拉戈在那里搞阴谋诡计的信。

×2. 伊比利安半岛联合会的章程。

×3. 国际巴伦西亚支部的通告（蒙托罗的附件）。

4. 阿莱里尼1871年11月14日致巴斯特利卡的信。

×5. 国际帕耳马支部的通告。

×6. 国际巴塞罗那支部的通告。（法尔加）。

×7. 国际塞维利亚支部寄往马德里的通告。

8. 同盟塞维利亚支部，通告。

9. 《国际维护者》的章程。

×10. 国际塞维利亚支部1872年2月23日的通告。

11. 梅萨的声明。

同盟伊比利安秘密联盟的文件。

---

① 这一行字在原件上被删去。
② 这一行字在原件上被删去。
③ 在俄文版和英文版中，这一部分的第2、3、5、6、7、10项均标有"×"符号。——编者注

三、得自吴亭等人的文件[①]

1. 《和平和自由同盟的秘密通告》。
2. 巴枯宁。《告青年兄弟的几句话》。
3. 告俄国贵族书。
4. 《告俄国军官》。
5. 《革命者问答》。
6. 巴枯宁致莫拉的信。
7. 吴亭1872年8月14日的信(企图谋杀)。
8. 代理人局,致柳巴文的信。[②]
9. 柳巴文的信。
10. 巴拉诺夫的信。
11. 丹尼尔逊的信。
12. 巴枯宁及其同伙。就涅恰耶夫的引渡发表的声明。
13. 里米尼代表会议的决议。
14. 马隆,1870年3月21日。
15. 梅萨,就巴枯宁致莫拉戈的信发表的声明。

三[③]、瑞士

1. 《和平和自由同盟的秘密通告》。

---

① 整个这一部分被划掉,其中第6和第15项被删去。
② 是用俄文写的。
③ 原文如此,有两个第三部分。——编者注

2. 公开同盟章程。①

3. 佩龙②致总委员会；同盟的诺言。

4. 秘密同盟章程。

5. 斯拉夫人关于涅恰耶夫的声明。③

6. 戈克的信。**265**

7. 公开同盟（德国的）纲领。

8. 桑维耳耶通告。

9. 对《所谓分裂》的答复。

四、吴亭的报告④

五、俄　国

1. 委员会的信⑤（副本）。

2. 托卡热维奇致符卢勃列夫斯基的信（纲领是假的）。

3. 《告俄国军官》。

4. 《告青年兄弟的几句话》。

5. 《革命者的问答》。

6. 告俄国贵族书。

7. 斯拉夫人的声明，吴亭的一份。

---

① 马克思在旁边用铅笔注明："这是1月3日"。
② 原件上误作："培列"。
③ 是用俄文写的。
④ 在原件上第四部分放在第三部分的前面。
⑤ 是用俄文写的。

8. 两份俄文报纸;《共产党宣言》。

六、其　他

1. 里米尼代表会议的各项决议。
2. 马隆。
3. 巴枯宁的信。①
4. 委员会的信②（我抄的副本）。
5. 巴拉诺夫的信。
6. 丹尼尔逊寄来的两个信封（空信封）。
7. 秘密章程。原件。

第一次发表　　　　　　　　　　　　原文是德文、法文和西班牙文
编写于1873年4月16日以后　　　　俄文是按手稿译的

---

① 是用俄文写的。
② 是用俄文写的。

注　释

1. 1872年6月11日，总委员会根据马克思的建议，通过了关于1872年9月2日在荷兰召开应届代表大会的决议。当时确定的主要议程是关于改组的问题。总委员会在同荷兰联合会委员会进行了协商之后，于6月18日确定在海牙举行代表大会；由恩格斯、瓦扬、麦克唐奈组成一个专门委员会，起草关于即将召开的代表大会的正式通知（见中文版《国际共产主义运动历史文献》第8卷——《第一国际总委员会文献（1871—1872）》）。恩格斯写的这个通知发表于1872年6月29日《国际先驱报》第13号；1872年7月3日《人民国家报》第53号；1872年7月7日《平等报》第14号；1872年7月13日《解放报》第57号；1872年7月14日《自由报》第28号。恩格斯用英文和法文写的这个通知的草稿都保存下来了。——1

2. 这些文件是未经整理的代表大会会议记录，由代表大会的法文记录员勒穆修用铅笔写在账本上，共36页。头几次会议的记录用墨水写在4张较小的无格白纸和8张从同一种账本上撕下来的纸上（其中1张经过裱糊）。

　　9月7日的记录经马克思亲手用黑色的墨水和栗色、黑色铅笔标上了页码，并作了一些修改。

　　原稿上有3段补加上去的话，这是拉法格和左尔格亲笔给自己的发言所作的记录。——7

3. 国际北美联合会代表大会于1872年7月6—8日在纽约举行。

　　这里所提到的第42支部的抗议书文本在海牙代表大会的文件中没有保存下来，不过关于它的内容可以从发表于1872年8月10日国际法国支部的机关报《社会主义者报》第45号上的《声明》中判断出来。该《声明》说："我们认为，是说明我们对即将在海牙代表大会上讨论的问题的观点的时候了，我们认为,这一观点是同我们所代表的各个支部的观点相一致的。

在我们看来,如果我们打算今后还要实现行动统一——这种统一决定着我们的道义的影响和物质的力量——的话,那么把总委员会作为一个机构保存下去是必要的。如果我们的协会被分割成许多互不联系的联合会,那么它就会丧失任何意义,就没有任何根据自称为国际。

人事的更动有可能制止最近盛行的、给我们的协会带来了巨大损失的个人之间的斗争。

我们希望:章程中将要作的修改,首先应当是为了反对滥用权力;代表大会尤其要对暂时和永远开除支部的程序加以调查,并作出明确的规定。

关于牺牲支部的权利而由国家或地区的代表大会派遣代表出席全协会代表大会的问题应予以讨论,我们希望,支部的权利将以明确无误的语言予以规定。

应当考虑,还要对联合会委员会的义务进行调整,因为各联合会委员会往往表现出同我们的原则和组织相抵触的过分权威的倾向。如果只给它们保留在一个联合会内的各个支部之间以及联合会与总委员会之间起通讯局的作用,从而结束我们目前存在的这种不彻底的集中制,那么我们将非常高兴。

而我们首先希望的,就是在我们的广泛的、得到了充分运用的原则基础上的团结。我们认为,如果协商一致的精神能够在代表大会的代表们中间占上风,那么代表大会的工作就一定能促进我们的组织的巩固。

第2、10、14、29、49和43支部。"——9

4 指北美联合会纽约代表大会关于向每个国际会员增收55美分会费以应付出席海牙代表大会的美国代表的开支的决议。——10

5 总委员会承认新马德里联合会的决议见中文版《国际共产主义运动历史文献》第8卷——《第一国际总委员会文献(1871—1872)》。——13

6 萨加斯塔通告发表于1872年1月,是西班牙政府对茹尔·法夫尔呼吁欧洲各国政府共同对国际进行斗争的通告的答复。——14

7 在举行伦敦代表会议时,总委员会收到了宣传和革命社会主义行动支部于1871年9月8日写的通知,说它于9月6日成立的信以及该支部的章程。该支部在1871年10月4日和20日写的两封信中都重提了自己的申请。

在1871年10月24日的总委员会会议上研究过接纳该支部的问题，根据巴塞尔代表大会的第5项决议，决定征求日内瓦的罗曼语区联合会委员会的意见。曾委托瑞士通讯书记海·荣克把这个决定通知新建立起来的该支部（见中文版《国际共产主义运动历史文献》第7卷——《第一国际总委员会文献（1870—1871）》）。罗曼语区联合会委员会坚决反对承认这个"阴谋和纠纷的新策源地"。

参加该支部的有老巴枯宁分子茹柯夫斯基等人，还有一些公社社员克拉里斯、拉库尔、米雄、勒弗朗塞、安·阿尔诺。1872年5月13日，在讨论社会主义行动和社会主义宣传的相互关系这个问题时，该支部内发生了分裂，围绕着该支部举办的公共食堂而产生的一些细小的分歧所造成的紧张气氛，使这一分裂更加复杂化了。——19

8 记录不确切；这里说的是《国际工人协会共同章程》中关于"总委员会"那一节的第5条（见中文版《国际共产主义运动历史文献》第7卷——《第一国际总委员会文献（1870—1871）》）。——19

9 莫拉戈指的是1872年6月27日保·拉法格以新马德里联合会的名义所写的以传单的形式出现的通告信《致西班牙的国际会员》，以及他发表在国际的刊物上的一些文章。——22

10 北美的分立主义的联合会委员会是1871年12月18日成立的。根据纽约的两条街的名字——它的地址在这两条街的交叉路口——，这个委员会在文献中有时称为"普林斯街委员会"，有时称为"斯普林街委员会"，以区别于设在布鲁姆街和福赛斯街交叉路口的沃德旅馆10号的有各无产阶级支部参加的临时联合会委员会。——24

11 这个文件没有保存在代表大会的材料中。——26

12 第12支部已被总委员会根据巴塞尔代表大会的第6项决议于3月5—12日作出决定予以暂时开除（见中文版《国际共产主义运动历史文献》第8卷——《第一国际总委员会文献（1871—1872）》）。

维多利亚·伍德赫尔的支持者于1872年5月9—11日在阿波罗音乐厅召开会议，似乎是以国际的名义推荐她为美国总统候选人。普林斯街委员会全体成员出席了这次会议。

由分立主义的普林斯街委员会于 1872 年 7 月 9 日和 10 日召开的费拉德尔菲亚代表大会，在自己的决议中宣布所谓的国际联邦脱离总委员会而独立。——28

13　代表大会的文件中保存着资格审查委员会关于认为威斯特的委托书无效的提案的理由说明：

"1. 鉴于威斯特公民是第 12 支部的成员，该支部已被总委员会暂时开除，而且这种暂时开除仍然有效。

2. 鉴于威斯特公民是否认总委员会的权力的费拉德尔菲亚代表大会的参加者。

3. 鉴于威斯特公民是拒绝向总委员会缴纳会费的普林斯街联合会委员会的成员。"

马克思的发言的详细记录见本卷第 133—135 页。——28

14　指 1871 年伦敦代表会议的第 17 项决议，该决议责成总委员会："如果国际的任何机关报效法《进步报》和《团结报》，在它们的篇幅内当着资产阶级公众讨论那些只应在地方委员会和联合会委员会以及总委员会的会议上，或者在联合会代表大会或全协会代表大会讨论组织问题的秘密会议上予以讨论的问题，那么总委员会有责任一概予以公开揭露和拒绝承认"（见中文版《国际共产主义运动历史文献》第 7 卷——《第一国际总委员会文献（1870—1871）》）。

显然，左尔格是指维·伍德赫尔致《世界报》编辑的信，该信以《国际内的分裂》这个标题于 1872 年 4 月 16 日发表。——30

15　指一些纽约支部（第 2、9、12 等支部）和几个工会在得到关于巴黎公社的领导人被枪杀的消息后，于 1871 年 12 月 18 日共同组织的表示抗议的游行示威。有 1 万多人举着标语、旗帜等参加了这次追悼游行。游行示威者当中有各民族的代表：黑人、爱尔兰人、古巴人、法国人、德国人和意大利人。——30

16　指普林斯街委员会书记罗格朗 1872 年 6 月 18 日致担任美国通讯书记的勒穆修的信。该信发表于 1872 年 8 月 15 日和 9 月 1 日汝拉联合会机关报《国际工人协会汝拉联合会简报》第 15、16 号。——31

17 在尼·茹柯夫斯基的记录（参见注释74）中后面还有："**恩格斯**倒想了解一下，这个出色的牟尔豪森支部是怎样一个支部。**马克思**要求任命调查同盟的委员会；通过"。——35

18 德国社会民主工党美因茨代表大会于1872年9月7—11日举行。代表大会完全赞同海牙代表大会的各项决议。——37

19 1872年7月14日在布鲁塞尔召开的比利时联合会非常代表大会讨论了欧·安斯提出的国际章程的新草案，其中建议彻底废除总委员会。代表大会以多数票否决了这个激进的提案，赞成保留总委员会，不过对它的权限要加以限制。但是代表大会支持关于修改共同章程的要求，并建议把安斯拟定的草案作为基础提交国际代表大会。——38

20 恩格斯讽刺巴枯宁主义者散布流言蜚语说总委员会委员，首先是马克思和恩格斯搞"泛日耳曼主义"。见本卷第144页。——39

21 同盟事件调查委员会没有来得及完成这一追加的委托。——44

22 朗维埃在自己的发言中宣读了巴黎的费雷支部致代表大会代表书（见本卷第254—258页）中的部分内容。

费雷支部（为纪念巴黎公社著名活动家泰奥菲尔·费雷而命名）是公社失败以后在巴黎成立的法国最早的国际支部之一。1872年7月27日，根据马克思的建议，总委员会特设章程审查委员会审查了该支部的章程以后，批准了该支部（见中文版《国际共产主义运动历史文献》第8卷——《第一国际总委员会文献（1871—1872）》）。——48

23 保存下来了一些不完整的、大概是关于该委员会的工作情况的记录（见本卷第299页），由于时间不够，委员会的报告没有写出来。——48

24 指汝拉联合会于1871年11月12日在桑维耳耶召开的代表大会上通过的反对1871年伦敦代表会议各项决议的通告信——《致国际工人协会各联合会的通告信》。——50

25 指1871年5—10月纽卡斯尔建筑工人和机器制造工人的大罢工，由于总委员会给予了有力的支援，这次大罢工以胜利告终（见中文版《国际共产主义运动历史文献》第7卷（《第一国际总委员会文献（1870—1871）》）和第8卷

（《第一国际总委员会文献（1871—1872）》）。

巴黎的铜匠于1867年2—3月间举行罢工，罢工工人曾直接请求总委员会给予帮助，关于这次罢工，见中文版《国际共产主义运动历史文献》第5卷（《第一国际总委员会文献（1864—1867）》）和第6卷（《第一国际总委员会文献（1868—1869）》）。

1872年夏，要求实行八小时工作制的圣加（纽约）缝纫机工人曾通过临时联合会委员会请求总委员会制止输入欧洲工人（见中文版《国际共产主义运动历史文献》第8卷——《第一国际总委员会文献（1871—1872）》）。——51

26 这个提案没有通过。——53

27 指贝济埃警察局长的秘书阿伯勒·布斯凯。支部的一些成员于1871年11月13日写信给法国通讯书记奥·赛拉叶，要求把布斯凯开除出国际。这封信载于本卷第533页，稍有删节。——59

28 1871年伦敦代表会议第9项决议说："鉴于：

章程的导言中说：'工人阶级的经济解放是一切政治运动都应该**作为手段**服从于它的伟大目标'；

国际工人协会成立宣言（1864年）宣称：'土地巨头和资本巨头总是要利用他们的政治特权来维护和永久保持他们的经济垄断的。他们不仅不会赞助劳动解放的事业，而且恰恰相反，会继续在它的道路上设置种种障碍……所以，夺取政权已成为工人阶级的伟大使命'；

洛桑代表大会（1867年）曾通过如下决议：'工人的社会解放同他们的政治解放是不可分割的'；

总委员会就公民投票（1870年）前夕臆造的国际法国支部会员密谋事件发表的声明中说：'按本会章程的精神。本会在英国、在欧洲大陆和在美国的所有支部的专门任务，毫无疑问是不仅要成为工人阶级斗争的组织中心，而且要支持上述各国的任何一种有助于达到我们的最终目标——工人阶级的经济解放——的政治运动'；

最初的章程的歪曲了的译文给曲解章程提供了凭据，这种曲解已给国际工人协会的发展和活动带来危害；

肆无忌惮的反动势力正在残酷地镇压工人的一切争取解放的尝试,并竭力用暴力来保存阶级差别以及由此产生的有产阶级的政治统治;

鉴于:

工人阶级在它反对有产阶级联合权力的斗争中,只有组织成为与有产阶级建立的一切旧政党对立的独立政党,才能作为一个阶级来行动;

工人阶级这样组织成为政党是必要的,为的是要保证社会革命获得胜利和实现这一革命的最终目标——消灭阶级;

工人阶级由于经济斗争而已经达到的本身力量的团结,同样应当成为它在反对大土地所有者和大资本家的政权的斗争中的杠杆,——

代表会议提请**国际**会员们注意,

在工人阶级的斗争中,它的经济运动是和政治行动密切联系着的。"(见《马克思恩格斯全集》中文第1版第17卷第454—456页)——72

29 吉约姆宣读了《共产党宣言》中提出的在夺取政权以后到达社会主义的一些过渡措施的示范纲领:

"1. 剥夺地产,把地租用于国家支出。

2. 征收高额累进税。

3. 废除继承权。

4. 没收一切流亡分子和叛乱分子的财产。

5. 通过拥有国家资本和独享垄断权的国家银行,把信贷集中在国家手里。

6. 把全部运输业集中在国家手里。

7. 按照共同的计划增加国家工厂和生产工具,开垦荒地和改良土壤。

8. 实行普遍劳动义务制,成立产业军,特别是在农业方面。

9. 把农业和工业结合起来,促使城乡对立逐步消灭。

10. 对所有儿童实行公共的和免费的教育。取消现在这种形式的儿童的工厂劳动。把教育同物质生产结合起来,等等。"(见《马克思恩格斯文集》第2卷第52—53页)。——73

30 1870年9月4日法国宣布成立共和国。先进工人对由右翼共和党人与赤裸裸的保皇党人组成的临时政府深感担心。各支部的会员和各种工会的代表于9月4

日晚上自发地聚集在国际巴黎联合会在科尔德里广场的办公地点开会，希望行使对政府的活动实行监督的权力。会上选出的代表团要求内务部长甘必大立即取消警察总局，废除各种非常法律，实行教会与国家分离，选举由负责的和可以罢免的代表组成的市政委员会。

9月5日，在有大约500名国际会员和工会会员参加的一个会议上通过了一项决议：在巴黎各区成立共和警备委员会，作为巴黎劳动者的政治独立性的一种特殊形式。——74

31 在巴塞尔代表大会上，在废除继承权问题上，马克思的科学社会主义的捍卫者同巴枯宁的无政府主义的追随者之间发生了第一次公开冲突。

根据日内瓦支部"社会主义民主同盟。中央支部"的提议，关于废除继承权的问题被列入了巴塞尔代表大会的议事日程。总委员会讨论过这个问题并向代表大会提出了由马克思起草的报告（见中文版《国际共产主义运动历史文献》第6卷（《第一国际总委员会文献（1868—1869）》）和第7卷（《第一国际总委员会文献（1870—1871）》），这个报告主要是批判巴枯宁的唯心主义观点，揭露它的改良主义实质，并且针锋相对地正面阐述了历史唯物主义的基本观点和马克思主义的无产阶级革命理论。

1869年9月11日，埃卡留斯在代表大会的会议上宣读过总委员会的这个报告。辩论表明，相当多的代表理论修养不够，接受不了总委员会这个报告中所阐明的科学论据。

在这次会议上由代表大会选出的继承权问题委员会（参加的人有：德雷尔、里沙尔、布里斯梅、吉约姆、巴枯宁、亨格、德巴普、李卜克内西、赫斯、约·菲·贝克尔、法尔加-佩利塞尔）提出了一个报告，这个报告建议代表大会声明，消灭继承权"是劳动的必要条件之一"。

在表决总委员会的报告时，投赞成票者19人，反对者37人，弃权者6人，缺席者13人；对继承权问题委员会的报告投赞成票者32人，反对者23人，弃权者13人，缺席者7人。由于这两个报告都没有得到绝对多数票，所以巴塞尔代表大会没有就关于继承权的问题通过决议（见中文版《国际共产主义运动历史文献》第10卷——《第一国际第三次（布鲁塞尔）、第四次（巴塞尔）代表大会文献》）。

吉约姆在代表大会上投票赞成继承权问题委员会的报告，反对总委员会的报告。——74

32 此处记录不清楚，又见本卷第168页。

弗兰克尔认为，总委员会因缺乏经费未能履行日内瓦代表大会关于印发有关无产阶级运动的材料的决议。

总委员会在致瑞士罗曼语区联合会委员会的机密信中曾指出了未履行这一决议的另一个原因："……现在国际的各种机关报正在出色地执行原来应由公报完成的任务，它们用各种语言出版，并且以互相交换的方式广为传播。出版价值昂贵的公报去做不要花销已经在进行的事情是荒谬的"（见中文版《国际共产主义运动历史文献》第6卷（《第一国际总委员会文献（1868—1869）》）和第7卷（《第一国际总委员会文献（1870—1871）》）。——88

33 指巴塞尔代表大会的下述决议："今后只有属于国际并向总委员会缴纳规定的会费的团体、支部和小组的代表，才能参加代表大会并进行表决。

但是，那些法律使得成立国际工人协会有困难的国家的工人团体的代表可以参与讨论原则问题，但不能参与讨论组织问题，也不能参加对这些问题的表决"（见中文版《国际共产主义运动历史文献》第10卷——《第一国际第三次（布鲁塞尔）、第四次（巴塞尔）代表大会文献》）。——89

34 指1872年6月15日《汝拉联合会简报》第10—11期上发表的阿·克拉里斯的文章，这篇文章是对总委员会的内部通告《所谓国际内部的分裂》的答复。——94

35 1870年9月4日帝国崩溃以后，在里昂广泛地开展了民主运动。于9月15日到达里昂的巴枯宁，企图攫取领导权以便实现他的无政府主义纲领。他打算占领市政局的企图于9月28日以彻底失败而告终。巴枯宁在里昂的冒险行动瓦解了国际在法国南部的力量并且削弱了革命民主阵营。——94

36 一家温和的自由派报纸《俄罗斯世界》于1872年9月1（13）日发表了特约通讯员写的关于这次会议的更加详细的报道："主席宣布：白天举行的秘密会议上已经决定，1872—1873年度总委员会的驻地将迁至纽约，总委员会将由卡瓦纳、圣克莱尔、劳雷尔、勒维埃尔、倍尔特兰、波尔特、德雷尔、大卫、帕耶、努瓦尔和卡尔等公民组成。

总委员会有权增补三个住在美国的委员。那次秘密会议还决定，下届代表大会将在瑞士举行，总委员会有权指定召开代表大会的城市。

接着，龙格公民纠正一家报纸发表的关于代表大会以前一次会议上宣读过的报告的报道，说在那个报告中根本没有谈到俾斯麦公爵，像报道中瞎写的那样。报道中转述的对茹尔·法夫尔的评价也不正确，报告中只是说他是一位软弱的部长。

说实在的，代表大会已经结束了，议程上的所有的问题都已讨论完了；但有些人特别是达夫公民出来说明国际的历史和目的，并且企图证明它的目的是正当的。达夫主要是企图证明，1789年以来法国的历次革命都不是有利于人民的，多半只不过是人员的更换而已。他断言，国际正在为改善工人阶级的生活而努力，并且力求不通过政治途径，而是在经济的基础上，通过增加工资等方法来达到这一目的。

阿姆斯特丹的范·德尔·豪特公民赞同这些观点，他说，任何时候也不应采取暴力，恢复供求平衡的唯一的好办法就是办合作社，英国的经验以及阿姆斯特丹的一个例子（面包房）已经证明了这一点。发言人特别号召荷兰工人提高到国际原则的水平。

范·登·阿贝勒和布里斯梅公民也谈到了上述问题。主席还宣布，代表们都被邀请去参加阿姆斯特丹的集会，接着宣布代表大会闭幕。"——95

37 麦·内特劳在他的一本石印的《巴枯宁传》中引用了茹柯夫斯基的笔记，其中谈到了代表大会的这次会议讨论调查委员会的报告的过程：

"瓦尔特，他的信件；他无法发表意见，因为没有任何确凿的证据。"他解释说，由于时间不够不可能先了解情况然后发表意见。

接着，茹柯夫斯基的笔记中说：

库诺"要求投信任票"。

阿莱里尼反驳说："你们对情况一无所知，却控告别人。这是宗教裁判所。"

若昂纳尔谈到马隆和他的功绩：关于其他的人，"他让他们听天由命"。

[另一处用铅笔作的记录]：

"委员会是否好好地完成了自己的工作？我对某些公民有意见，不过我对无耻行径感到愤慨……为马隆辩护。这是政治上的责难。这是最可耻的判决。不过我承认，这些责难并不能证明开除是正确的。至于巴枯宁、吉约姆和施维茨格贝尔，他们一直是反对我们的。请注意严重的责任……我们就会灭亡。如果马隆的情况是这样的话，对此我将感到非常遗憾。"

罗什·斯普林加尔［用铅笔记的］：

"控告人：这个团体是秘密的还是公开的？是秘密的。人们是从哪里得到这些秘密文件的？书面的证据。恩格斯和马克思——口头的证据。谁没有牵连。你们没有得到……章程草案。莫拉戈兄弟。他使用了旧的术语。巴·的文件。（我感到遗憾的是，一个献身于民主的人会写出这样一个草案来）。建立团体的企图"。"证据不足。你们是从何处取得证据的？"

马克思："证据是我提供的。不是我们搜集来的，而是有人给我们寄来的。"

斯普林加尔："这个说法不确切。文件是转寄给恩格斯的。文件是众所周知的东西，是公开的和秘密的同盟支部的文件。它们是从哪儿弄来的呢？是人家给我们寄来的，我们没有索取过。"［最后这一句显然是摹仿马克思的话。］

吕坎："我们曾经颇为犹豫不决。我们打算公布这些文件。巴枯宁的企图——应当自卫。我们应当开除那些想要推翻我们的人呢，还是应当等到他们实现自己的企图、等到他们开始推翻我们的时候（原文如此！）。给我们以公布文件的权力吧"。

［另一张纸上还有］：

吉约姆："这是有倾向性的审判。两次公开会议。全协会代表大会。政治问题。两个或三个发言人——多数，于是辩论结束。听取少数派的意见——关于开除的问题，以便……这一点引人注意。诚实的——可耻的手法"。

施维茨格贝尔："被告人。我们早就被当做被告人看待了。可耻的勾当。我将永远忠于国际。工人们将谴责多数派的决定"。

维沙尔：［茹柯夫斯基用铅笔作的笔记至此结束，每个读者可以很容易地

用总的材料加以补充。]——95

38　米·巴枯宁通过在海德堡学习的大学生尼·柳巴文接受了彼得堡出版商波利亚科夫关于翻译卡·马克思的《资本论》第1卷的约稿。1869年9月28日，柳巴文给巴枯宁预付了300卢布稿费。12月19日和31日，巴枯宁寄去了译稿的开头部分，据柳巴文1872年8月8（20）日给马克思的信中说，这部分"充其量不过两印张"，以后就没有译下去了（见《卡·马克思、弗·恩格斯和革命的俄国》1968年莫斯科俄文版第257—260页）。

　　1870年3月3日，柳巴文收到一封用虚构的"俄国革命组织委员会"的名义写于1870年2月25日的信，信中恐吓说，如果不解除巴枯宁所承担的义务，就要对他进行惩罚（见本卷第402—404页）。——99

39　在代表大会的材料中保存着这一发言人自己在两张纸上用荷兰文的记录以及作者自己译成的德文，勒穆修在上面作了载入记录的记号。——104

40　弗·阿·左尔格所作的记录的这个抄件是由泰·库诺手抄的，共24张（48页），左尔格在第36页上亲笔签了字（第13—36页被折叠成1个本子）。左尔格另附了1张亲笔写的补充，标明了号码Ⅰ、Ⅱ、Ⅲ，还注明了参照抄件第46—48页。这就证明抄件的第二部分也经左尔格核对过。

　　抄件中有左尔格亲笔增加、修改和删去的文句，还有卡·马克思用棕色铅笔作的一些记号。

　　1958年出版了威斯康星大学保存的一个不知名者转抄的抄本（*The First International. Minutes of the Hague Congress of 1872, with Related Documents*. Edited and translated by Hans Gerth. Madison, 1958）。

　　把这两个抄本加以对照的结果表明，二者同出于一个原件。据左尔格说，原件共60页（见1872年10月12日左尔格致马克思的信），至今没有找到。

　　此次发表的版本在脚注中注明了库诺的抄本与威斯康星大学抄本的不同之处。——106

41　见注释10和12。——114

42　纳沙泰尔公国长期是普鲁士国王的世袭领地，根据1815年维也纳会议的决定被转交给瑞士联邦作为它的第21州。当地的保皇党人长期以来试图恢复原来

的秩序。1857年3月，普鲁士国王放弃了在纳沙泰尔州的一切权利。——117

43 见注释4。——118

44 指保·拉法格论述萨拉戈萨代表大会的第二篇文章，该文发表在1872年5月5日布鲁塞尔的《自由报》第18号上。这篇文章第一次公开揭露了秘密同盟的存在。——121

45 在马·巴里的报告中，马克思的这个发言的记录是这样的：

"马克思说，巴里没有任何问题，他的委托书是无可争辩的。关于适当与否的问题，这是应由选举代表的支部决定的问题。至于有人提出疑义说，巴里不是公认的英国工人领袖，那么这是他的光荣，因为几乎每一个公认的英国工人领袖都被格莱斯顿、摩里、迪尔克等人收买了。至于巴里已被不列颠联合会委员会开除，大家都对此了解得清清楚楚"（M. Barry, *Report of the Fifth Annual General Congress of the International Working Men's Association*, held at the Hague, Holland, September 2–9, 1872, London [1873], p. 9）。——124

46 这话是马尔塞劳对拉法格的影射所作的答复，在左尔格的记录中被省略了，参看勒穆修的记录（本卷第21—22页）。——129

47 第9项决议，见注释28。——130

48 见注释12。——130

49 见注释11。——132

50 这里显然是笔误。马克思指的是第12支部的抗议，该抗议发表在1871年11月25日《伍德赫尔和克拉夫林周刊》第80期。参见中文版《国际共产主义运动历史文献》第8卷——《第一国际总委员会文献（1871—1872）》。——133

51 总委员会坚决支持北美联合会的无产阶级派，通过了马克思在1872年3月5—12日提出的各项决议；第12支部被暂时开除出国际，直到应届代表大会为止。

1872年3月15日马克思在致左尔格的信中说明了埃卡留斯在总委员会内讨论这个问题时的表现。马克思写道："埃卡留斯在3月12日的会议结束时私下告诉我，他将不给纽约寄去决议，并将在下一次会议上提出不再担任合众国书记的职务……在讨论时，埃卡留斯对你们的委员会采取了非常敌视的态度。他在发言和表决时，都反对决议第3项的第2条。此外，使他恼火的是，为了节省时间，我没有把决议草案提交给有他参加的小委员会，而直接提交给了总委员会。由于总委员会听取了我对这样做的原因的解释之后完全赞同这个做法，埃卡留斯才不得不压住自己的怒火"（见《马克思恩格斯全集》中文第1版第33卷第430—431页）。——135

52 世界联邦主义委员会是在1872年初成立的，参加这个委员会的有分裂后的1871年法国人支部的某些成员，被伦敦德意志工人共产主义教育协会开除的一些拉萨尔分子以及其他敌视总委员会的分子。他们的主要攻击对象是，伦敦代表会议关于工人阶级的政治行动和关于同宗派主义进行斗争的两项决议。1872年5月21日，批准了马克思起草的《总委员会关于世界联邦主义委员会的声明》（见《马克思恩格斯全集》中文第1版第18卷第89—92页）。——137

53 指1872年3月5日和12日总委员会会议上所通过的关于合众国联合会的分裂的决议（见《马克思恩格斯全集》中文第1版第18卷第56—59页）。

1872年5月4日《伍德赫尔和克拉夫林周刊》第103期从4月15日纽约《世界报》上转载了这些决议，并加上了按语，说总委员会无权干涉各支部的内部事务，并且反对它作为协会的领导机关的权力。按语特别攻击了总委员会关于各支部应由2/3的工人所组成这一要求。——137

54 见注释15。——138

55 在代表大会的文件中没有保存这封信。——138

56 见注释16。——138

57 见注释18。——143

58 在代表大会的文件中没有保存关于该委员会的工作情况的材料。——145

59 见注释21。——147

60 见注释23。——151

61 见注释25。——152

62 见注释28。——155

63 在1870—1871年普法战争期间，约·巴·施韦泽采取沙文主义立场，投票赞成军事预算，企图破坏国际在德国工人心目中的威信。

由于特耳克揭露了施韦泽与柏林警察局有联系，施韦泽于1872年5月被开除出协会。——163

64　在巴塞尔代表大会上讨论把直接的人民立法这一条补充列入议程时，马克思的拥护者同巴枯宁分子在关于国家的作用以及关于政治斗争的问题上进行了原则性的争论。1869年9月7日列斯纳从巴塞尔给马克思写信说："昨天午饭后对苏黎世的问题进行了一场激烈的争论。**巴枯宁**在这个问题上表现出了对一切政治行动的厌恶态度。但是，**李卜克内西**、**里廷豪森**等人狠狠地训斥了他一通；会后他像狮子一样咆哮如雷。法国人中的多数都反对他。"（见中文版《国际共产主义运动历史文献》第10卷——《第一国际第三次（布鲁塞尔）、第四次（巴塞尔）代表大会文献》）——164

65　见注释29。——165

66　见注释34。——170

67　见注释34。——171

68　显然在左尔格的原稿中漏掉了勒穆修的名字。见本卷第95页。——171

69　见注释38。——174

70　在代表大会的文件中保存着泰·库诺书写的少数派声明的英译文（见本卷第212—213页）。——175

71　在代表大会的文件中保存着左尔格书写的马尔塞劳声明的英译文。——176

72　海·施留特尔的《国际在美国》（1918年芝加哥德文版）这本书的第136—137页之间的插页发表了这个提案及其亲笔签名的影印件。

在代表大会的文件中仅仅保存着泰·库诺的抄件。——197

73　除此之外，在代表大会的文件中还保存着不认识的笔迹写的对奥·赛拉叶的这一提案的说明，恩格斯在其反面写着普兰塔德的地址（普兰塔德在伦敦有一家小餐馆和一个食宿处，许多法国流亡者在此避难）。——205

74　见注释53。——212

75　海牙代表大会的头两次会议没有作正式记录，1872年9月21日弗·恩格斯在致弗·左尔格的信中遗憾地谈及过这一点。不过这两次会议的一部分很详细的记录被保存下来了，那是尼·茹柯夫斯基作的，写在4张规格为15.6×10.3

厘米的带格的白纸上。由日内瓦宣传和革命行动支部发给茹柯夫斯基的委托书，在解决关于巴枯宁的同盟问题之前，没有被代表大会批准。茹柯夫斯基是代表大会上无政府主义少数派的拥护者，他的记录是有倾向性的，但可以作为对刊印在本书前面的左尔格的记录的补充，可以使人了解代表大会上的斗争的性质和紧张程度。

詹·吉约姆写道：茹柯夫斯基死后，在他的档案中发现了一份关于海牙代表大会的详细记录，这是茹柯夫斯基在代表大会以后加工整理过的记录；此外，还有几张记录稿是在最后一次会议过程中用铅笔写的。无政府主义的历史学家麦·内特劳在他所写的巴枯宁传记（《米哈伊尔·巴枯宁传（1896—1898）》伦敦、纽约德文版）的第 62 章中，这份手稿几乎全部被引用了。——216

76 麦·内特劳在自己的著作中引用了这个发言的另一份记录："马克思发言反对这种表决方式，他说，我们在这里是代表各支部，而不是代表各联合会，否则，我们的代表大会就不具有普遍的性质了"。——216

77 勒费弗尔-龙西埃是流亡在伦敦的公社社员，他不是以代表身份而是以国际会员的身份出席海牙代表大会的。他作了会议记录，应记录编辑委员会一些委员的请求，给他们寄去了有关代表大会第十五次会议的记录。勒弗夫尔-龙西埃的记录补充了正式的记录。

这封信共计 5 页。——221

78 在执行委员 1872 年 7 月 19 日会议上，马克思受托起草总委员会向国际工人协会第五次代表大会的报告，并作为报告人在海牙代表大会上作这个报告。马克思提出的报告于 1872 年 8 月底经总委员会会议批准。9 月 5 日，马克思在海牙代表大会的公开会议上用德文宣读了这个报告；在宣读之前，马克思告诉与会者说，因为报告决定要在报刊上发表，所以他不得不只是概略地谈到国际的工作。接着，总委员会的报告由代表大会的一些书记分别用法文、英文和荷兰文宣读，并经全体代表通过，只有西班牙代表——同盟盟员们在表决时弃权。报告发表在英国、德国、比利时、西班牙和瑞士等国国际的报刊上，并用德文印成传单。总委员会报告的俄译文最早发表在 1933 年《共产国际》杂志第 7—8 期

上。——227

79　1870年4月23日,法国政府颁布了关于举行全民投票的法令,目的在于巩固拿破仑第三政府已经摇摇欲坠的地位。问题是被这样提出的:如果对第二帝国的政策表示不赞同,那也就是反对任何民主改革。全民投票于1870年5月8日举行。

　　1870年4月24日《马赛曲报》第125号刊登了由国际巴黎联合会和工团主义联合会提出的反对全民投票的抗议声明。该声明以传单的形式印行,题为《国际巴黎支部联合会和工人协会联合总会反对全民投票的宣言》1870年巴黎版。——227

80　指马克思于1870年5月3日所写的总委员会声明《关于对法国各支部的成员的迫害》(见《马克思恩格斯全集》中文第1版第16卷483—484页)。——227

81　马克思指的是1870年底至1871年在巴黎发表的两卷集《皇室文件和通信》,该书第1卷中载有大臣奥利维埃下令逮捕国际会员的那些紧急文件。——228

82　指1870年6月22日至7月8日进行的对国际巴黎组织成员的第三次审判。被传讯的有38人,其中包括瓦尔兰(他躲藏起来了)、弗兰克尔、若昂纳尔、阿夫里亚尔、沙兰以及工人运动的其他著名活动家。被告分别被判处两个月至一年的监禁和罚款。——228

83　见《马克思恩格斯全集》中文第1版第17卷第4页。——228

84　呼吁书发表在1870年7月12日法国报纸《觉醒报》第409号上,在呼吁书上签字的有150名国际会员。国际的许多报纸也转载了这个呼吁书。——228

85　设在不伦瑞克的德国社会民主工党委员会于1870年9月5日发表了宣言《告全体德国工人》。宣言发表在1870年9月11日《人民国家报》第73号上。但是,在宣言发表以前,在9月9日,不伦瑞克委员会全体委员即遭逮捕。——229

86　1870年11月26日在德意志国会讨论关于增加反法战争拨款问题时,倍倍尔和李卜克内西要求拒绝增加战争拨款并且要求立即同法兰西共和国签订和约,不准兼并。1870年12月17日倍倍尔被捕,随后不久李卜克内西也被捕。

　　虽然如此,在1871年3月的普选中,倍倍尔又被选为国会议员。——230

87　1871年6月6日茹尔·法夫尔发出了一个通告,通告呼吁各国政府共同对国际进行斗争。这个给法国驻各国外交代表的、要求把公社流亡者作为刑事犯加以

引渡的紧急通告标明的日期是1871年5月26日。——231

88 **工人总联合会**是匈牙利的第一个社会主义组织；该联合会的活动遍及匈牙利的首都——佩斯和匈牙利各个最大的工业城市。联合会进行了社会主义宣传，领导了工人的罢工斗争。联合会的领导人（卡罗尔·法尔卡什、安塔尔·伊尔林格尔、维克多·居耳菲尔迪）加入了国际工人协会匈牙利支部，同奥地利和德国的社会民主党人并且直接同马克思有联系。1871年6月11日，联合会组织了声援巴黎公社的游行示威。因此，政府解散了该联合会，而联合会的领导人和来自维也纳的奥地利工人运动的代表一起，都被控叛国而遭到逮捕。但是由于指控没有任何证据，并且由于社会舆论的压力，被告都被宣告无罪。——231

89 **杜弗尔法案**于1872年3月14日由法国国民议会通过。——231

90 **芬尼亚社社员**是爱尔兰革命兄弟会这个秘密组织的参加者，这个组织从19世纪50年代末起在侨居美国的爱尔兰人中间建立，后来又在爱尔兰本土出现。芬尼亚社社员为争取爱尔兰的独立和建立爱尔兰共和国而斗争。——232

91 指意大利内务大臣朗扎1871年8月14日勒令解散国际各支部的通告。根据这个通告，国际在意大利的唯一的一个大支部——那不勒斯支部被摧毁。

　　1872年1月，西班牙内务大臣萨加斯塔也发布了一个勒令解散国际的组织的通告。朗扎和萨加斯塔的两个通告似乎是意大利政府和西班牙政府对茹·法夫尔呼吁共同对国际进行斗争的号召的答复。

　　关于**萨加斯塔**通告，见注释6。——233

92 搜查吴亭的住宅以及审查他个人的文件和国际的文件的事是在1872年1月26—28日发生的。日内瓦各支部的州委员会对欧洲各国政府反对国际的阴谋的这种表现，提出了强烈的抗议，并且在2月6日的集会上为此通过了一项专门的决议。国际总委员会也在2月20日通过了由马克思和恩格斯起草的"总委员会关于瑞士当局的警察暴行的声明"（见《马克思恩格斯全集》中文第1版第17卷第529—530页），这个声明发表在国际的报刊上。——234

93 指1872年9月德国、奥匈帝国和俄国的皇帝在柏林的会晤，这是一次恢复这些国家的反动同盟的尝试；在他们所讨论的问题中也包括关于共同对革命运动

进行斗争的问题。——235

94 在总委员会执行委员会1872年7月19日的会议上，恩格斯被指定为财务报告的报告人。他受委托"除了财务报告外……还作了关于协会成立以来的会费收入以及总委员会的支出的总报告，或者说得更确切些，总结算。从中可以看清楚，总委员会过去能支配多少零星的资金，并且尽管资金不足，总委员会仍然办了许多事"（见中文版《国际共产主义运动历史文献》第8卷——《第一国际总委员会文献（1871—1872）》）。

这个报告是恩格斯亲笔用法文写在两张20.2×25.2厘米的纸上的。第2张纸的背面有财务委员会成员表示批准的批语和亲笔签名。——236

95 北美联合会委员会给海牙代表大会的报告是左尔格亲笔写的，写在4页编好页码的纸上。文件上没有签名。手稿上有不认识的笔迹用铅笔作的标记。——241

96 **共产主义俱乐部**是1857年在纽约根据共产主义者同盟过去的盟员的倡议成立的，它对在美国传播马克思主义的思想起了很大作用。1867年7月2日，这个组织在美洲第一个正式加入了国际（见中文版《国际共产主义运动历史文献》第5卷（《第一国际总委员会文献（1864—1867）》）和第6卷（《第一国际总委员会文献（1868—1869）》）。——241

97 **全德工人联合会**是1865年10月作为拉萨尔派全德工人联合会分会在纽约成立的。联合会的领导人（阿·施拉格和弗·莫尔）力图同马克思和总委员会建立联系。1869年1月，联合会进行了改组并加入了全国劳工同盟，作为纽约市第5劳工同盟。1869年12月12日通过了加入国际的决定。——241

98 **全国劳工同盟**于1866年8月在美国工人第一次全国代表大会上成立。它很快就同国际工人协会建立了联系。——241

99 1869年8月16—23日在费拉德尔菲亚举行的全国劳工同盟代表大会派出两名代表——卡梅伦和列克尔出席巴塞尔代表大会。但只有卡梅伦出席了代表大会，在代表大会上致了贺词（见见中文版《国际共产主义运动历史文献》第10卷——《第一国际第三次（布鲁塞尔）、第四次（巴塞尔）代表大会文献》）。——241

100　指纽约委员会成员与1871年2月到达纽约的获赦的爱尔兰芬尼亚社社员会晤时宣读的呼吁书,见《人民国家报》1871年4月1日关于这一群众集会的通讯报道和国际工人协会北美中央委员会1871年2月12日致总委员会的信(见中文版《国际共产主义运动历史文献》第7卷——《第一国际总委员会文献(1870—1871)》)。

　　看来是指第1支部1870年春发表的抗议书,抗议克吕泽烈将军撇开第1支部去宣传协会的事业,自吹自擂,还抗议他于1870年4月2日刊登在《马赛曲报》上的文章《告美国工人》,他在文章中把自己和法国驻华盛顿的大使相提并论。——241

101　法语共和同盟是在美国的法国流亡者组织,成立于1868年11月,它团结了小资产阶级民主主义者和空想社会主义的拥护者。它的一些分会同总委员会有联系。

　　1870年5月,共和同盟的两个分会合并,成立了纽约国际法国人支部,通称"第2支部"。同年8月。这个支部得到总委员会的确认。——241

102　指1870年11月19日在纽约举行的群众大会。大会通过了呼吁书,谴责了继续进行反对法兰西共和国的战争和对阿尔萨斯-洛林的吞并,同时呼吁美国政府运用自己的影响来援助共和制的法国。——241

103　关于费雷支部,见注释22。

　　在石印的正文中有许多印刷错误。——244

104　纳博讷支部成立于1872年3月。米耳克曾是它的书记。

　　这一致海牙代表大会书是由一个不认识的笔迹写在两张很薄的白信纸上的。头两页看来是在准备向代表大会宣读的文本时被删掉了。在第3和第4页上盖有印章:"国际工人协会波尔多联合会委员会"。——248

105　关于杜弗尔法,见本卷第231—232页(《马克思恩格斯全集》中文第1版第18卷第148页)。——248

106　巴黎各支部声明的原件没有在代表大会的材料中保存下来。声明全文发表在1872年9月15日的《自由报》上;1872年9月8(20)日的《圣彼得堡消息报》用俄文发表了它的一部分。——250

107　关于费雷支部,见注释22。——254

108　即**费雷支部**纪念巴黎公社一周年宣言，全文见中文版《国际共产主义运动历史文献》第8卷——《第一国际总委员会文献（1871—1872）》。——257

109　巴黎"劳动者权利"支部致海牙代表大会书保存下来的是副本，副本是代表大会代表皮·弗吕兹手抄在编好页码的8页（4张）纸上的。——259

110　卢昂联合会的报告是奥布里用黑墨水写在11张卷烟纸上的。

　　签署报告的是"H. R."——亨·里卡尔——这是埃·奥布里的假名。报告就是用这个假名刊登在比利时《国际报》上的。

　　国际卢昂（诺曼底）支部领导人埃米尔·奥布里曾代表支部出席国际的历次代表大会和代表会议，只是未能出席海牙代表大会，因为他当时由于参加巴黎公社而有再次被捕的危险。——266

111　对于该条，前苏联时期出版的本卷俄文版（1970年）和英文版（1976年）均作了这样的解读："这一条反映了一些社会主义活动家的小资产阶级空想观点，他们不懂得剥削者的国家的中央集权制与无产阶级解放斗争必需的中央集权制之间的区别。"——271

112　葡萄牙联合会委员会给代表大会的报告保存下来的是副本，副本是法译本，写在编好号码的8张纸上。

　　文件上有另外一个人在修辞方面作了修改。——274

113　巴塞尔支部给代表大会的报告是支部书记让·杜马写在一张纸上的。——286

114　马克思在《总委员会向国际工人协会第四次年度代表大会的报告》（见《马克思恩格斯全集》中文第1版第16卷第417—432页）中，对1868—1869年冬瑞士工人的经济斗争作了详尽的评述。——287

115　库诺和施拉姆之间的事件在鲁·施拉姆有关海牙代表大会的回忆录里（见施拉姆的书《国际在帝国国会面前和社会问题》1878年米兰德文版第35—49页），以及库诺的回忆录里（见《回忆马克思恩格斯》1961年人民出版社版第238—239页）有详细叙述。——296

116　这个文件是在代表大会第九次会议上为审阅代表大会已经收到和刚刚收到的材料而选出的委员会的一些成员作的零星摘录。这些摘录由不同的笔迹记在两张纸上，用普通铅笔和蓝铅笔记的是法文；用墨水笔记的是荷兰文。在第1

张纸上，用普通铅笔作的摘录又用蓝铅笔描过。——299

117 海牙代表大会通过的决议的正式文本是由参加了决议出版委员会的马克思和恩格斯起草并审定的。大多数决议都是以1872年夏天总委员会在预先讨论代表大会的议程时通过的马克思和恩格斯的各项建议为基础的。其中包括：第七条a项、关于章程的决议、关于条例的决议、关于开除美国第12支部的决议，等等。关于总委员会驻在地的决议是由马克思和恩格斯在代表大会上共同提出的，恩格斯的发言说明了提出这一决议的理由。关于各抵抗团体之间的国际联系的决议是根据拉法格的建议通过的。保存下来的有恩格斯用法文写的准备送去出版的决议全文。——300

118 资格审查委员会的这个文件是由朗维埃和德雷尔用法文写在9张纸上的，委员会的全体委员都签了名。在第9张纸上有卡·马克思用黑墨水钢笔和红铅笔作的附记，即写在委员会委员签名旁边的与这些姓名按拉丁字母顺序排列的位置相应的数字（1，2，3，4，5，6，7）和关于在代表大会第四次会议上就索瓦和阿莱里尼的委托书投票表决的结果：

"缺席　　　22
　　　　　　38
赞成　　　9
弃权　　　11
投票反对38，弃权14"①

报告于1872年9月2日在代表大会第二次会议上宣读。——317

119 里廷豪森的委托书没有在代表大会的材料中保存下来。

在1872年7月31日的《人民国家报》第61号上发表了下述关于科伦支部选举参加代表大会的代表的报道："科伦，7月25日。星期日，7月21日，在维斯多尔夫公民的房子里举行**本地的国际工人协会会员会议**。海恩里克斯当选为会议主席，他宣布开会，报告说本地工人加入了国际，提醒说即将在海牙召开代表大会，然后让里廷豪森发言。里廷豪森强调说：我们在这里聚

---

① 原文如此。——译者注

会不是开联合会或支部的会议，而是国际会员自由聚会。

里廷豪森简短地阐明了国际的宗旨，并指出，国际的目的是研究社会科学和把工人团结起来去实现得出的结论。之后，发言人宣读了总委员会关于应届代表大会的决定（《人民国家报》第58号）。然后他阐述了各不相同的支部对组织的看法，指出有一个流派的出发点是竭力要把国际拆散成互相隔绝的民族团体。

然后宣布休息，休息时许多工人声明加入国际工人协会。

会议主席**海恩里克斯**发言，主张保持现有组织，其他发言人的主张与此相同，随后一致决定**派代表参加海牙代表大会**，经过无记名投票表决，**里廷豪森**公民当选，60票当中有57票赞成。一致通过了里廷豪森的建议——力争在国际工人协会以后的某一次代表大会上明确规定领导的政治原则。

在舒马赫用明白清楚的话解释了国际主义的原则，与会者纷纷致词祝贺国际，然后，会议主席宣布闭会。我们可望把邻近一些州的成员吸收进国际，他们将自行派出自己的代表"。——321

120 关于**宣传和革命行动支部**，见注释7。——334

121 罗曼语区联合会代表大会于1872年6月2—3日在斐维举行。代表大会完全赞同伦敦代表会议的各项决议，并强调：巴枯宁分子提议取消总委员会，"这无异于完全破坏作为国际组织的我们的国际协会"。

代表大会通过了关于争取缩短工作日的斗争的必要性，关于协会建立妇女支部，以及关于工人和雇主冲突调停委员会的决议。——342

122 代表大会代表正式名单曾以单独的传单（《1872年9月2—7日在海牙（荷兰）举行的全协会第五次代表大会代表名单》）形式在阿姆斯特丹发表。名单曾分别寄给国际的印刷机构。在印刷的名单中有不确切的地方，还有与代表大会记录和国际的报刊转载的名单不同的异字。

在中央党务档案馆里保存着两份印刷好的名单，一份经恩格斯改正过，另一份经库诺改正过。——368

123 这个文件是调查委员会主席泰·库诺在委员会开会时亲自作的询问证人的记录。记录写在3张一折为二、两面书写的纸上（12页）。每张纸两面都有库诺

的签名，并标明了日期。两面都用黑墨水笔和红铅笔重叠地编了号（1，2，3）。——375

124　国际西班牙联合会萨拉戈萨代表大会于1872年4月4—11日举行。代表大会否决了瑞士巴枯宁主义者关于立即召开全协会代表大会的要求，但是，在无政府主义者的影响下，通过一项决议，支持比利时联合会关于重新审查协会共同章程以加强地方组织的自治的建议。代表大会否决了某些巴枯宁主义者代表关于按照无政府主义精神重新审查西班牙联合会章程的建议。但是，在选举新的联合会委员会时，巴枯宁主义者成功地使得被选进委员会的人基本上是同盟盟员。——376

125　1872年8月4—6日在里米尼举行了意大利无政府主义团体的代表会议。在1872年8月6日的特别决议里，代表会议号召国际各支部不要派代表到海牙参加应届代表大会，而派代表参加定于1872年9月2日在纳沙泰尔召开的巴枯宁主义者的分立主义代表大会。这项分裂主义的建议没有得到国际的任何一个支部的支持，甚至包括巴枯宁主义的组织。在收到里米尼代表会议的决议之后，恩格斯代表总委员会发表了一份告意大利各支部书，揭露巴枯宁主义者的这个诡计（见中文版《国际共产主义运动历史文献》第8卷——《第一国际总委员会文献（1871—1872）》）。——376

126　指拉法格于1872年6月27日代表新马德里联合会草拟的揭露秘密同盟活动的告西班牙国际会员书。呼吁书以传单形式出版，标题是《告西班牙国际会员书》，1872年于马德里。——378

127　恩格斯关于社会主义民主同盟的报告是由他在1872年9月5日向海牙代表大会调查同盟秘密活动的专门委员会提出的。在报告中所提到的那些文件也由恩格斯交给了委员会。恩格斯根据总委员会的指示起草的法文报告手稿保存了下来。报告草稿上有明显是吕坎所写的说明，内容是："秘密章程的全文夹在此处。"报告所附的文件的目录也保存下来了，恩格斯所编的目录中的文件编号和报告中的文件编号是一致的。——386

128　指维·帕赫斯代表新马德里联合会写的给国际西班牙各联合会成员的通告。该通告发表在1872年8月10日《解放报》第61号上。莫斯科原中央党务档

案馆中保存着该号报纸的剪报,恩格斯在上面用墨水笔和红铅笔写了两遍"No 4(第四号)"。——387

129 1872年6月2日的通告是由《解放报》编委同时也是同盟盟员梅萨、帕赫斯、弗·莫拉、伊格列西亚斯等人起草的。在给西班牙同盟全体盟员发出的这个通告中,宣布解散同盟的马德里组织,并建议同盟在西班牙的一切组织都效法它的榜样。这个通告发表在1872年7月27日《解放报》第59号上。——388

130 西班牙联合会巴伦西亚代表会议是在1871年9月9—17日秘密举行的。代表会议最后制定并通过了巴塞罗那代表大会(1870年)就已基本上拟订好了的西班牙联合会的章程以及各地方联合会和各支部的示范章程,从而也就确定了国际在西班牙的组织结构。

代表会议通过的章程规定,每个地方同一行业的全体工人联合组成一个支部;若干支部成立一个地方联合会,地方联合会在自己的代表大会上选出地方联合会委员会。所有地方联合会组成全国联合会,全国联合会在自己的代表大会上选出全国联合会委员会。巴伦西亚代表会议扩大了联合会委员会的成员,设立了五个地区的通讯书记的职位,并且通过决定,个人可以直接加入联合会。——393

131 指1872年3月马德里地方联合会中无政府主义多数派把《解放报》编辑部委员弗·莫拉、梅萨、伊格列西亚斯、帕赫斯、卡列哈、保利开除出该联合会一事。这些被开除者都是巴伦西亚代表会议选出的西班牙联合会委员会委员。开除他们的理由是,该报编辑委员会1872年2月25日发表了一封《致在马德里开会的共和联邦党代表们》的公开信。——393

132 关于**萨拉戈萨代表大会**,见注释124。——394

133 **巴塞罗那代表大会**是国际西班牙各支部的第一次全国代表大会,于1870年6月举行;出席这次代表大会的有代表150个工人团体的90名代表。代表大会成立了国际工人协会西班牙联合会,并选出了联合会委员会。代表大会通过了致总委员会书,声明联合会承认国际的共同章程;大体上拟订了西班牙联合会、地方联合会和支部的章程(章程在1871年巴伦西亚代表会议上最后制

定)。同时在无政府主义者即同盟在西班牙的秘密组织的成员的影响下,代表大会通过了一项反对参加政治斗争的决议。——394

134 《1872年4月4—11日在萨拉戈萨召开的西班牙联合会第二次工人代表大会文件摘录。由本届代表大会选出的委员会根据所收到的文件和意见编辑》第109—110页。

　　保存下来的有一份恩格斯提交给海牙代表大会委员会的、上面有他的批注的小册子。——394

135 指无政府主义者企图通过由各个小的、而且常常是不存在的支部派出代表的办法来制造虚假的多数并夺取国际(在1869年9月6—11日第一国际巴塞尔代表大会上)和罗曼语区联合会(在1870年4月4—6日于绍德封召开的该联合会代表大会上)的领导权一事(见《马克思恩格斯全集》中文第1版第18卷第15、18页)。——396

136 这项声明写在一张纸上。背面有恩格斯用黑墨水笔和红铅笔作的标记"No 15"。在恩格斯编制的目录中按这个编号提到了这项文件(见本卷第754页),在恩格斯对马克思的《吴亭报告的附录》(见本卷第729—730页)目录的补充里也提到了这个文件。——398

137 在前苏联中央党务档案馆里保存着这封信的俄文原件和恩格斯手写的副本。此外,还保存着马克思把这个文件译成法文和德文的亲笔草稿以及沙·龙格抄写的法文译文。——402

138 1871年伦敦代表会议委托吴亭起草一份关于涅恰耶夫审判案的简短报告,以便提交给总委员会,然后在报刊上发表。但是,起草报告的工作拖延了,并直接提交海牙代表大会了。

　　报告用黑墨水笔写在93页浅蓝和白色带格的信纸上,纸的规格为27.2×21.5厘米(按吴亭编的页码为86页,因为有6个页码是重复的:31、32、47、83、84、85);报告的附录为42页,页码分别为1—32和1—10。

　　这份手稿是1872年8月底到9月初由一个不知名的人写的,经过吴亭的校对和改正。吴亭把报告和文件分几批寄给代表大会代表泰奥多尔·杜瓦尔。第一批为手稿的第1—30页(本卷第405—436页)以及和平和自由同盟的一封机密信,吴亭于1872年8月27日寄给杜瓦尔。第二批寄的是手稿第31—46页(本卷第436—450页);第三批是手稿第47—73页和斯巴斯帕索维奇演说的译文摘录(本卷第450—477页和第494—500页),还附有传单《高尚的俄国贵族》。

第四批于1872年9月2日写完(本卷第477—488页)并同《革命问答》和《告俄国军官书》的译文一起寄去。

第五批(第83—86页)于9月7日完成(本卷第488—489页)。

第六批即最后一批是附录(本卷第499—528页),到1872年11月1日才寄出(参看《卡·马克思、弗·恩格斯和革命的俄国》第264页)。各批之间衔接的地方都有两面空白的空页。

整本报告上有恩格斯用黑墨水笔作的标记"孔博",马克思用红铅笔画的横线和着重号,以及一个不知名的人用蓝铅笔画的横线和着重号,这些记号分属不同时间,看来,是在准备写小册子《社会主义民主同盟和国际工人协会》时期画的。——405

139 1872年6月15日《汝拉联合会简报》第10—11号上刊载的巴枯宁主义者对总委员会的通告《所谓国际内部的分裂》的答复,也曾以单行本的形式发表,标题是《汝拉联合会的某些国际会员对伦敦总委员会的内部通告的答复》。——405

140 见注释63。——415

141 指1869年12月11日《平等报》第47号上的编辑部文章。——418

142 指扩大总委员会权力的巴塞尔代表大会关于组织问题的决议;第5号决议赋予总委员会拒绝接受新支部的权力,第6号决议赋予把某支部暂时开除直到下届代表大会为止的权力。正如吉约姆所写的,"总委员会的权力的这种扩大,部分地是在巴枯宁的影响下造成的。巴枯宁和他的朋友们有意识地在这方面背叛了自己的联邦制原则,因为巴枯宁把总委员会看做是反对某些瑞士支部的反动性的堡垒。巴枯宁认为,总委员会毕竟比国际的大多数支部要革命得多"(吉约姆《国际》1922年彼得勒—莫斯科版第116页)。——421

143 见1868年12月1日《钟声》第14—15号。前苏联中央党务档案馆保存着一册恩格斯作了"其他"和"巴枯宁的演说"两个标记的杂志。

见《姆·姆·姆罗茨科夫斯基（奥斯特罗加）和巴枯宁在和平和自由同盟伯尔尼代表大会（1868年）上的演说》，日内瓦，1869年版。——427

144 指巴枯宁于1869年5月印发的传单《告俄国青年兄弟的几句话》和涅恰耶夫于1869年在日内瓦印发的传单《告彼得堡大学、研究院和工学院的学生们》。——442

145 1869年5月印发的传单《革命问题的提法》和1869年夏天印发的传单《革命原理》都是巴枯宁写的。《"人民裁判"协会会刊。第10期，1869年夏莫斯科版》是在日内瓦出版的。——444

146 尼·奥格辽夫的诗原先是献给奥格辽夫和赫尔岑的朋友，1866年去世的С. И. 阿斯特拉柯夫的。巴枯宁劝作者为了"事业"的利益把它改为献给谢·格·涅恰耶夫的。这首诗便换上了献给涅恰耶夫的字样于1869年在日内瓦印成了许多单页，并且被涅恰耶夫当成一种证明他是奥格辽夫的全权代表的标志。——460

147 指号召书《高尚的俄国贵族！》（《我们再次出头露面的时刻到了》）。这份传单于1861年2月19日前在日内瓦车尔涅茨基印刷所印刷，共有4页（13×9厘米）。传单的署名是："柳里克的后代和俄国独立贵族党"。——470

148 吴亭寄去的标题为《附件第3号》的传单保存下来了，这是号召书《高尚的俄国贵族！》的摘录的法文译文（马克思和恩格斯在关于同盟的小册子中利用了一部分摘录）。

《附件第3号》
（《告俄国贵族书》摘录）
（铅印传单）

"在19世纪的50年当中，我们曾经是从根本上动摇的皇座的支柱；1848年，在欧洲到处爆发人民的疯狂行为的风暴时期，我们用自己的英勇功勋拯救俄罗斯国家，使之免遭各种社会空想的冲击，为此我们得到了什么特权呢？……我们拯救了国家，使之免于支离破碎，并且扑灭了有席卷整个俄国之势的波兰大火；我们不惜自己的力量，以无比的大无畏精神直到现在仍然为在俄国根除革命分子而努力,为此我们得到了什么奖赏呢?——甚至被昏庸无能的亚历山大二世本人称为祖国拯救者的、以其英勇行为名扬于世的米哈伊尔·穆拉维约夫,难道不是出身于我们之中吗?——为了这一切,我们得到了什么呢?为了这一切无可估价的功绩,我们被剥夺了过去所有的一切。谁能反对我们的联盟?这是一支人们力图摧毁,但是任何时候也摧毁不了的力量!……

我们的祖先世世代代自由地支配着俄国的皇座,他们把这个权利传给了我们!难道我们会忘记这个遗言吗!!

我们现在这个公开的号召是**早就准备好了和组织好了的绝大多数真正的俄国贵族**的声明。

俄国贵族同善良的俄国农民有深刻的道义联系,这种联系虽然是不易捉摸的,但都是与生俱来的。1870年2月19日以后,我们的德国政府想使善良的俄国人民脱离我们,这同想使皇座摆脱我们,要我们让位给德国仆从一样,也是办不到的……我们从我们的权利中感觉到了力量,我们大胆地向暴君、德国的公爵亚历山大二世·萨尔梯柯夫-罗曼诺夫发出挑战,要他在1870年将要在柳里克的后代和俄国独立贵族党之间爆发的那场崇高的骑士战斗中和我们决一胜负。"

摘录上有恩格斯用黑铅笔作的标记"V. No 6(五、第6号)"。——470

149 吴亭引用的是玛利亚·鲁维耳对吉约姆的反驳(见1870年4月23日《平等报》第47号)。——480

150 指巴枯宁的小册子《告俄国军官书》(日内瓦,1870年)。上述手稿保存下来了,手稿为30张没有装订的小规格练习本纸,第1页上有标题:《附录第4号。巴枯宁的小册子《告俄国军官书》摘录,署名为巴枯宁,标明日期是:"日内瓦,1870年"。小册子《社会主义民主同盟和国际工人协会》全文引用了手稿。手稿上有恩格斯用铅笔作的标记"V. No.3(五、第3号)"。——486

151 见米·巴枯宁《告俄国、波兰和全体斯拉夫族友人书》(1862年2月15日《钟声》第122和123期附录)。——486

152 见米·巴枯宁《人民事业。罗曼诺夫、普加乔夫还是彼斯捷尔》(伦敦,1862

年）第42、43页。吴亭是用自己的话转述的。——486

153　指巴枯宁的文章《赫尔岑》和《关于俄国革命运动致〈人民国家报〉编辑李卜克内西的信》，这两篇文章分别发表在1870年3月2日和1870年4月24日《马赛曲报》第72号和第125号上。——488

154　1859年4月16日，在伊尔库茨克发生了 M. C. 涅克留多夫和 Ф. A. 别克列米舍夫之间的决斗，结果涅克留多夫被打死。发生决斗的背景引起广大公众的密切注意。东西伯利亚总督办公厅官员 M. C. 涅克留多夫曾长期遭受尼·尼·穆拉维约夫-阿穆尔斯基的亲信，特别是 Ф. A. 别克列米舍夫的攻击。涅克留多夫是迫不得已同意决斗的。当局知道即将进行决斗，但没有采取任何措施阻止决斗，这种纵容态度引起了伊尔库茨克民主人士的激烈抗议。涅克留多夫的葬礼变成了一次有近万人参加的大规模示威。米·瓦·布塔舍维奇-彼得拉舍夫斯基、Ф. H. 李沃夫、弗·费·拉也夫斯基积极参加了社会抗议行动的组织工作。彼得拉舍夫斯基在涅克留多夫的墓前发表演说，尖锐揭露西伯利亚行政当局和尼·尼·穆拉维约夫-阿穆尔斯基滥用职权庇护杀害涅克留多夫的凶手。

《钟声》曾刊登西伯利亚来信报道决斗的详情。

穆拉维约夫的亲信曾对指责他们的信件表示抗议，并通过当时流放在西伯利亚的米·亚·巴枯宁把自己的反驳寄给赫尔岑。

看来，吴亭指的是《就别克列米舍夫和涅克留多夫的决斗致编辑部的信》，这封信由亚·伊·赫尔岑加注释和编者按语后在《钟声》上发表（《审判!》，1860年7月1日第6号第60—64页和1860年7月15日第7号第68—71页）。医生和评论家 H. A. 别洛戈洛维伊是最早在《钟声》上报道决斗详情者之一（《审判!》1859年11月15日第2号），据他证明，这封信是米·巴枯宁写的。

目录中还有巴枯宁1870年12月8日的《答〈钟声〉》。——502

155　见1870年1月《莫斯科新闻》第4号。——503

156　指尼·加·车尔尼雪夫斯基的文章《民族的笨拙》（1861年《同时代人》第7期）、《人民的糊涂》（1861年《同时代人》第9—10期）以及同年《同时

代人》7月号上的政治评论。——505

157 传单《年轻的俄罗斯》是一个从事禁书的石印和传播的大学生革命小组的成员彼·格·扎伊奇涅夫斯基于1862年5月写的,以所谓中央革命委员会的名义印发。该传单反映了俄国革命者中最左分子的观点。传单在莫斯科、彼得堡和外省广泛流传。

传单的题词是亚·伊·赫尔岑的《往事与思考》的第3册第9章(《罗伯特·欧文》)中的一段话,这段话的最后几句是:"……现在你们会懂得,人类和人民的未来取决于谁……例如,取决于我们和你们。往后我们还能袖手旁观吗?"

赫尔岑认为,这个传单的出现不符合革命民主派在当时那个社会政治斗争阶段的任务,因此对反动派有利,他在《年轻的和年老的俄罗斯》一文中责备传单的作者脱离生活,不了解人民的需要和情绪,并且痛斥了利用《年轻的俄罗斯》的作者的失策来达到自己的目的的反动派。——511

158 指亚·谢尔诺-索洛维也维奇《我们的家务事。答赫尔岑先生的文章〈秩序将会胜利〉(〈钟声〉第3卷第238期)》1867年斐维版。扉页上的题词引自涅克拉索夫的诗《片刻骑士》。——511

159 车尔尼雪夫斯基于1862年7月被逮捕。1864年前他被关在彼得堡要塞,后来被判处在西伯利亚服七年苦役并终身流放在那里。——512

160 指米·巴枯宁《科学和迫切的革命事业》第1册,1870年日内瓦版。——528

161 调查委员会的报告和关于代表大会的报道一起发表在1872年9月15日布鲁塞尔《自由报》第37号上。1872年10月6日,这家报纸发表了代表大会的西班牙代表对报告中涉及他们的措词的抗议。为对此作出回答,调查委员会的成员吕坎给报纸编辑部写了一封信,指出发表报告的令人不能满意的性质以及西班牙代表的信的诽谤性质。1872年10月20日,《自由报》编辑部发表了这封信,同时附上了同现有报告手稿完全一致的调查委员会正式报告。这两个文本的不同之处反映在脚注中。——529

162 见注释38。——530

163 这个文件是法国通讯书记奥·赛拉叶编纂的法国通信者揭露同盟分子在海牙

代表大会前夕的阴谋活动的信件的摘录，由同盟事件调查委员会成员保尔·维沙尔签署。文件是寄给当时正在起草委员会的报告的吕坎的。马克思和恩格斯在写小册子《社会主义民主同盟和国际工人协会》（见本卷第555—697页）时利用了摘录。——533

164 调查委员会的报告的前言是同盟事件委员会书记吕坎草拟的。他在给维沙尔的信中说："应当在调查报告前面加上我起草的前言……为我们拖延发表日期请求原谅"。

看来，由于吕坎生病并于1872年12月去世，报告没有写完。

报告文本保存下来的为16页，单面书写，页码为1—16（其中第4页重复，缺第13页）。吕坎的签名有几种式样，因为这不是他的真名。——543

165 指米·巴枯宁1872年4月5日致弗·莫拉的信。——547

166 见注释38。——552

167 在泰·库诺去美国和吕坎逝世之后，起草关于同盟的报告的工作由记录整理委员会（马克思、恩格斯、勒穆修、弗兰克尔、杜邦、赛拉叶）承担。马克思和恩格斯承担了主要工作，代表大会代表保尔·拉法格积极协助他们。委员会于1873年4月着手工作，1873年8月出版的小册子《社会主义民主同盟和国际工人协会》就是委员会的工作成果。——554

168 《社会主义民主同盟和国际工人协会》是马克思和恩格斯于1873年4—7月在保·拉法格的参与下，依据海牙代表大会秘密同盟活动调查委员会所提供的大量文件写成的。其中包括拉法格、梅萨等人从西班牙寄来的材料，约·菲·贝克尔从瑞士寄来的材料，丹尼尔逊和柳巴文从俄国寄来的材料，以及吴亭受1871年伦敦代表会议的委托而写的长篇报告（见本卷第405—493页），马克思和恩格斯在写第八章"同盟在俄国"时利用了这个报告。有一部分文件是在海牙代表大会以后才交给马克思和恩格斯的；同盟的有几个说明它的目的和任务的文件，马克思和恩格斯在第十一章里引用了。从马克思和恩格斯编写的他们在写作过程中使用过的文件的目录可以看出，马克思和恩格斯掌握有吴亭寄来的许多俄文书刊的法译本；因此，巴枯宁的文件的许多引文都是根据法译文摘录下来的。

该文件于1873年8月用法文印成单行本发表；1874年，它以《一个反对国际工人协会的阴谋》为题在不伦瑞克用德文出版。恩格斯直接参加了德译本的审订工作。纽约《工人报》刊载过《社会主义民主同盟》。《社会主义民主同盟》的俄译本最先摘要刊印在1928年维·波朗斯基编的《米·巴枯宁的传记材料》一书第3卷中。——555

169　指海牙代表大会1872年9月7日会议上选出的记录和决议出版委员会，其成员有卡·马克思、弗·恩格斯、欧·杜邦、列·弗兰克尔和奥·赛拉叶。后来，海牙代表大会法文书记勒穆修也参加了该委员会。实际上，海牙代表大会文件的全部出版工作是由马克思和恩格斯完成的。——556

170　引的是1872年10月5日《哨兵报》第40号上发表的一篇匿名文章《再谈谈巴枯宁》。文章连续刊载在10月12、19和26日该报第40、42和43号上。——558

171　米·巴枯宁《联邦主义、社会主义和反神学主义。向和平和自由同盟中央委员会提出的说明理由的建议》，是巴枯宁的一部未完成的著作，1867—1868年间在伯尔尼以单行本出版。——560

172　指由和平和自由同盟常设中央委员会执行局主席古·福格特签署的该执行局1868年9月22日的机密呼吁书。马克思和恩格斯握有一份寄给埃尔皮金的呼吁书。——560

173　在巴塞尔代表大会上，马克思的科学社会主义的拥护者和巴枯宁的无政府主义的追随者之间由于废除继承权问题发生了第一次公开的冲突。由于米·巴枯宁于1869年6月在日内瓦建立的那个支部的坚决要求，这个问题被列入了代表大会的议程。这个支部叫做"社会主义民主同盟。中央支部"，实际上是秘密同盟的领导机关。巴枯宁把关于继承权问题的讨论强加于国际代表大会，是破坏性地转移代表大会的注意力，使大会不去解决欧洲工人运动所面临的关于纲领和策略的迫切问题。马克思起草了一个报告，阐明了总委员会对继承权的看法（见《马克思恩格斯全集》中文第1版第16卷第414—416页）。在讨论这个问题的时候，代表大会没有通过任何决定，因为没有一个建议得到了必要的绝对多数票的赞成。但是，巴枯宁的这个事先策划好的、想把自

己的思想强加于国际的企图遭到了破产。——575

174 指卡·马克思所写的、经总委员会1870年1月1日会议批准的致瑞士罗曼语区联合会委员会的通告（见《马克思恩格斯全集》中文第1版第16卷第435—436页）。——575

175 《社会民主党人报》（*Social-Demokrat*）是拉萨尔派的全德工人联合会的机关报。从1864年12月15日至1871年用该名称在柏林出版。从1871年至1876年以《新社会民主党人报》为名出版。——575

176 "工厂"（La Fabrique）——当时人们对日内瓦及其郊区的钟表和珠宝饰物的生产的称呼，这种生产在工场手工业类型的大小作坊里进行，同时也由家庭手工业工人进行。——577

177 《罗曼语区支部联合会章程，经1869年1月2、3和4日在日内瓦国际四季小组的处所内召开的罗曼语区代表大会通过》，第15—16页（*Statuts pour la Fédération des sections romandes adoptés parle congrès Romand, tenu a Genève au Cercle international des Quatre—Saisons, les 2, 3 et 4 janvier 1869*, pp. 15—16）。

章程草案是在巴枯宁的参与下拟定的。——577

178 指马克思于1870年6月29日写的总委员会关于瑞士罗曼语区联合会委员会的决议（见《马克思恩格斯全集》中文第1版第16卷第490页）。——578

179 指1869年巴塞尔代表大会的决议《关于接受新的支部参加国际工人协会的程序》；这项决议授予总委员会以接受或不接受新的支部的权利。在设有联合会委员会的地方，在决定接受或不接受的问题时应该考虑到联合会委员会的意见。——579

180 指的是伦敦代表会议的两项决议：《关于瑞士罗曼语区的分裂》和《关于工人阶级的政治行动》，以及卡·马克思受总委员会的委托所写的关于涅恰耶夫盗用国际名义的决议（见《马克思恩格斯全集》中文第1版第17卷第459—460、454—456、470页）。——580

181 引的是恩格斯于1871年12月6日所写并在许多报纸上发表的《总委员会就马志尼关于国际的若干文章给意大利几家报纸编辑部的声明》（见《马克思恩格斯全集》中文第1版第17卷第511—513页）。——583

注　释

182　茹·法夫尔的通告和萨卡兹的报告，指1871年6月6日法国外交部长给法国驻各国外交代表的通告。茹尔·法夫尔在通告中呼吁各国政府共同对国际进行斗争。马克思和恩格斯起草的总委员会关于茹·法夫尔的通告声明见《马克思恩格斯全集》中文第1版第17卷第392—394页。同时也指萨卡兹在1872年2月5日代表杜弗尔法案审查委员会所做的报告。

　　1871年10月在西班牙议会下院发生了由于保守派资产阶级政府打算通过立法手续来解散国际在西班牙的组织而引起的辩论。在辩论过程中发言的那些反动派的代表利用了同盟的文件和警察当局伪造的文件来诬蔑国际。虽然左派共和党人卡斯特拉尔、加里多、索里耳亚等人反对这样做，他们揭穿了对国际的诬蔑，并且指出建议采取的措施是同宪法相抵触的，但是政府还是得到了支持。1872年1月，内务大臣萨加斯塔颁布了解散西班牙的国际的通告。——583

183　《法兰西共和国报》(La République francaise)是一家法国资产阶级激进派的日报，由莱·甘必大创办，从1871年起在巴黎出版。

　　3月11日，该报刊载了一篇关于国际的匿名文章，1872年3月15日《汝拉联合会简报》第3期转载了这篇文章。——585

184　对法国南部的国际各支部成员的土鲁斯案件是在1873年3月10—26日进行的。根据杜弗尔法被捕的人被判处了不同期限的监禁和罚款。关于土鲁斯案件以前的各次逮捕事件，见恩格斯《国际和〈新社会民主党人报〉》一文（见《马克思恩格斯全集》中文第1版第18卷第359—362页）。——585

185　指同盟盟员阿莱里尼1871年11月14日给巴斯特利卡的信。为了让国际的所有西班牙支部都知道该信的内容，巴塞罗那支部把它寄发给了西班牙各支部。该信的副本由恩格斯列入有关同盟事件的文件中，一起交给了海牙代表大会。——585

186　1871年12月2日，在日内瓦召开了国际各支部的会议，会上通过了一项反对桑维耳耶无政府主义代表大会的各项决定的决议；1871年12月20日，瑞士罗曼语区联合会委员会为此通过了一个专门的文件：《罗曼语区联合会委员会对桑维耳耶代表大会十六名参加者的通告的答复》，发表在1871年12月24

日《平等报》第 24 号上；《平等报》本身也提出了抗议。——586

187　"白衫党"或"白罩衫党"是对第二帝国警察当局所组织的匪帮的称呼，这些由游民组成的匪帮冒充工人，举行挑衅性的示威游行和发动，为迫害真正的工人组织制造借口。——587

188　引的是托卡热维奇1872年8月2日给符卢勃列夫斯基的信，后者把这封信交给了恩格斯。这里所说的"苏黎世社会主义革命波兰协会纲领"是巴枯宁写的，并且1872年7月27日发表在《汝拉联合会简报》第13期的附刊上。在无政府主义者影响下产生的波兰社会民主协会起初接受了巴枯宁的这个纲领，但是不久便在波兰社会主义者托卡热维奇的影响下摈弃了它。

《自由报》(*Wolnosc*)的出版没有实现。——587

189　《战斗报》(*El Combate*)是一家西班牙资产阶级共和派的日报，联邦主义者的机关报，在马德里出版。——589

190　梅萨致海牙国际代表大会代表的这个声明，包含有揭露在西班牙存在着秘密同盟的事实，它由梅萨寄给了恩格斯，而恩格斯则把它转交给了同盟活动调查委员会。——590

191　指手写的国际巴伦西亚支部给国际西班牙各支部的机密通告，通告中提出，如果爆发革命就要为争取实现充分的分权制和成立"无政府公社"而斗争。——591

192　由马尔塞劳起草的社会主义民主同盟塞维尔支部的通告，于1871年10月25日寄给国际马德里支部；通告陈述了该支部由于政府的迫害而通过的决定。——592

193　指1872年2月25日《解放报》编辑委员会"致在马德里开会的共和联邦党代表们"的公开信，该信发表在1872年3月3日《解放报》第38号上。国际马德里委员会中的无政府派的委员们要求编辑部收回这封信；但是作为《解放报》编辑同时又兼任西班牙联合会委员会书记职务的梅萨，断然拒绝实现这个要求。1872年3月9日，他在和委员会其他委员进行协商后发出了一封类似的信，但已经用的是联合会委员会的名义了。——593

194　1872年3月7日，无政府主义者的马德里委员会向共和联邦党代表会议发出

了一封信，信中表示完全不赞成《解放报》编辑部的信（见注193），并宣称编辑部的信"是同国际的原则相抵触的"。——593

195 《被判罪者》（*El Condenado*）是西班牙无政府主义者的一家周报，从1872年至1874年由托·莫拉哥在马德里出版。——593

196 《平等报》（*La Igualdad*）是西班牙资产阶级民主派的一家日报，从1868年至1870年在马德里出版；它是最激进的资产阶级报纸之一，有许多空想社会主义者和共和主义者为该报撰稿；1868年至1869年间一部分马德里的工人聚集在该报周围。——593

197 马克思和恩格斯引用的是1872年6月1日在《解放报》上发表的编辑部文章《革命的消息》。——595

198 指组织条例第二节第七条和第四节第四条。第二节第七条规定，总委员会有权解决属于一个全国性组织的团体或支部之间，或各全国性组织之间可能发生的纠纷；第四节第四条规定，每一个联合会均有权不接受或者开除个别团体或支部，但它无权取消它们的国际组织的名称（见《马克思恩格斯全集》中文第1版第17卷第481—482页）。——596

199 指1870年5月8日在法国举行的全民投票。——599

200 Union de las tres clases de vapor（三种工厂工人联合会）是卡塔卢尼亚最早的工会之一，它联合了纺织工厂的织布工人、纺纱工人和短工。该联合会是国际的集体会员。——600

201 引的是卡菲埃罗于1871年7月12—16日写给恩格斯的一封信，信中谈到了国际那不勒斯支部的状况。——601

202 引的是卡波鲁索1872年1月21日给奥哲尔的一封信。——602

203 国际米兰支部是在恩格斯的直接影响下由泰·库诺组成的。1871年12月，在库诺的影响下，马志尼派的工人道义互助和教育协会的一部分会员退出了该协会，成立了无产者解放工人小组，这个小组于1872年1月7日宣布自己是国际的支部。该团体通过了一个符合国际共同章程的章程。1872年1月30日，恩格斯向总委员会报告了这个支部成立的情况，并且声明说它的章程符合国际的原则；于是支部被接受加入国际工人协会。在恩格斯的领导下，库诺在该支部内部进行了反对参加了该支部的无政府主义者的斗争，使该支部在无政府主义者反对总委员会的斗争中没有支持无政府主义者。——602

204　工人联合会于1871年秋在都灵成立，它受到马志尼分子的影响。1872年1月联合会中产生了一批无产阶级分子，他们组成了**无产者解放社**，后来这个团体被接受为国际的一个支部。在1872年2月以前该团体一直受警探特尔察吉的领导。——603

205　雷吉斯关于受总委员会委托巡视意大利的报告是以给恩格斯的书信的形式写成的。1872年2月的下半月，雷吉斯到米兰和都灵去了十天，在那两个地方了解了各支部的情况，宣传了国际工人协会的各项决议。雷吉斯根据恩格斯的指示，向各支部的成员说明了无政府主义观点同国际的原则和任务是根本对立的。——604

206　A. Richard et G. Blanc. L'Empire et la France nouvelle. Appel du peuple et de la jeunesse à la conscience francaise. Bruxelles, 1872.——610

207　引的是茹·盖得给蒙彼利埃国际各支部成员的信，该信是在1872年9月22日写给支部领导人之一日罗尼的。1872年11月20日，日罗尼把盖得的这封信转寄给了总委员会。——611

208　《人权报》(Les Droits de l'Homme) 是法国共和党左派的一家日报，1870年至1871年由茹·盖得在蒙彼利埃出版。——612

209　这篇通讯发表在1872年10月20日《自由报》第42号上。——612

210　1872年11月10日《汝拉联合会简报》第20—21期上发表了茹尔·蒙特尔的一封抗议把布斯凯开除出国际的信。——613

211　"Pacte d'amitié de solidarité et de défense mutuelle"是1872年9月15日在圣伊米耶举行的无政府主义代表大会上通过的。——614

212　西班牙联合会委员会1873年2月2日的通告发表在1873年2月8日《解放报》第85号上。——616

213　1873年6月1—2日，在曼彻斯特召开了国际不列颠联合会第二次代表大会。大会听取了不列颠联合会委员会的报告，并且通过了关于不列颠联合会条例、关于宣传、关于必须建立国际工会联合会、关于宣布红旗为不列颠联合会会旗等决议。"关于政治行动"的决议具有特别的意义,在这个决议中代表大会号召不列颠的国际会员在英国建立与一切现存政党相对立的独立的工人政党。——618

214 1873年6月1—3日在俄尔顿举行的瑞士各工人组织、工会组织、合作社组织和其他组织的代表大会,是根据国际各支部的倡议召开的。在代表大会上成立了瑞士工人联合会,这个联合会一直存在到1880年,它根据国际的原则把各种工人组织联合起来。这次代表大会为瑞士社会民主党的成立打下了基础。——619

215 《圣彼得堡消息报》(Санкт-Петербургские ведмости)是俄国的一家日报,政府的机关报;1728年至1914年用这个名称出版;1914年至1917年改称《彼得格勒消息报》(Петроградские ведомости)。——621

216 车尔尼雪夫斯基于1862年7月被捕。1864年前他一直被关在彼得—保罗要塞,后来被判处在西伯利亚服七年苦役并终身流放在那里。——622

217 指巴枯宁于1869年5月在日内瓦印发的传单《告俄国青年兄弟的几句话》和涅恰也夫于1869年在日内瓦印发的传单《告彼得堡大学、研究院和工学院的学生们》。——623

218 "无知兄弟会"是1680年在兰斯成立的一个教团的绰号,该教团的成员必须献身于教育穷人子弟的事业;在该教团的学校中,学生接受的主要是宗教教育,在其他方面却只能得到非常贫乏的知识。——624

219 1869年5月印发的传单《革命问题的提法》和1869年夏天印发的传单《革命原理》都是巴枯宁写的。——625

220 H. 弗列罗夫斯基《俄国工人阶级的状况。考察与研究》1869年圣彼得堡版。——626

221 《"人民裁判"协会会刊》第2期,1870年冬圣彼得堡版,第9页。第2期和第1期一样都是在日内瓦出版的。——628

222 《人民事业》(Народное дело)是一批俄国革命流亡者于1868年至1870年在日内瓦出版的杂志(从1870年4月起改为报纸);第一期是巴枯宁主编的,后来,从1868年10月起,编辑部(其中有吴亭等人)同巴枯宁决裂并反对

他的观点;从1870年4月起,它是国际工人协会俄国支部的机关报,执行马克思和总委员会的路线;登载国际的文件。——629

223 尼·奥格辽夫的《大学生》这首诗原先是献给奥格辽夫和赫尔岑的朋友、1866年去世的С. И. 阿斯特拉柯夫的。巴枯宁从奥格辽夫那里得到了这首诗的手稿以后,写信给他说,如果把这首诗献给涅恰耶夫的话,"对于事业会更有益处"。这首诗便改换上了献给涅恰耶夫的字样于1869年在日内瓦印成了许多单页,并且被涅恰耶夫当成一种证明他是奥格辽夫的全权代表的标志。——635

224 《日内瓦国民、政治和文学报》(*Journal de Genève national, politique et littéraire*)是保守派报纸,1826年出版。——646

225 《民主》(*La Démocratie*)是法国资产阶级民主派的一家日报,从1868年11月至1870年在巴黎出版。

从1868年3月开始,该报编辑沙桑出版了一种丛书,在这些丛书中被该报邀请的撰稿人表述了自己的观点。巴枯宁1868年4月给沙桑的信就是为这种丛书而写的。巴枯宁的信于1868年4月底发表在丛书第6辑上。——647

226 引的是巴枯宁发表在1870年3月2日《马赛曲报》第72号上的《赫尔岑》一文。——647

227 指的是俄国地主 П. А. 巴赫梅季耶夫于1858年交给赫尔岑的一笔宣传费(所谓巴赫梅季耶夫基金)。1869年,赫尔岑在巴枯宁和奥格辽夫的压力下,同意把这项基金分为两份,其中一份由奥格辽夫交给了涅恰耶夫。1870年,赫尔岑逝世以后,涅恰耶夫又从奥格辽夫那里得到了这项基金的另一半。——647

228 《公社》(*Община*)是由谢·涅恰耶夫和弗·谢列布廉尼科夫主编的一家报纸的名称,该报的创刊号于1870年9月在伦敦出版;1871年出版的第2号由出版者们自己销毁了。——648

229 《钟声》(亚·伊·赫尔岑创办的俄国解放机关报)(*Колокол. Орган русского освобождения, основанный А. И. Герценом*)是涅恰耶夫和谢列布廉尼科夫1870年春在日内瓦出版的一家报纸的名称,该报只出版了几号。——650

230 指《革命者问答》，它是巴枯宁在1869年夏用密码写的，并且印了几本。在1869年进行搜查时，在彼·加·乌斯宾斯基那里发现了一本，这本问答的全文转载在1871年《政府通报》第162号关于涅恰耶夫案件的报道中；马克思和恩格斯所用的就是这个文本。——651

231 埃斯科瓦尔派是西班牙耶稣会教徒埃斯科瓦尔-门多萨（1589—1669）的追随者。埃斯科瓦尔-门多萨公开宣扬，善良的意愿可以证明受道德和法律谴责的行动无罪（目的可以证明手段的正当性）。——652

232 指16世纪初至17世纪中叶在南美洲主要是在现在的巴拉圭的领土上出现的耶稣会教徒的神权政体国家。——664

233 指1845年在米·瓦·彼得拉舍夫斯基周围形成的、由小贵族以及平民知识分子所组成的青年小组；该小组成员赞同资产阶级民主派的观点，有许多成员宣传空想社会主义的思想。在小组的会议上曾经讨论社会问题和政治问题，也讨论过建立积极的革命组织的计划。但是，彼得拉舍夫斯基分子没有来得及制定这种计划和建立真正广泛的革命组织；1849年4月，该小组的参加者被逮捕并被流放。——666

234 《莫斯科新闻》（*Московские ведомости*）是一家古老的俄国报纸，从1756年至1917年出版；1859年开始每日出版；从19世纪50年代起该报具有了反动性质。——667

235 《同时代人》（*Современник*）是俄国的一家文学和社会政治性杂志，从1836年至1866年在彼得堡出版（从1843年起每月出版）；它由亚·谢·普希金创办，从1847年起，该杂志的编辑是涅克拉索夫和帕纳也夫。别林斯基、杜勃罗留波夫和车尔尼雪夫斯基曾经为该杂志撰稿；在19世纪60年代，该杂志实际上是俄国革命民主派的机关报。——669

236 革命传单《年轻的俄罗斯》是俄国革命者彼·格·扎伊奇涅符斯基写的，在1862年5月中印发；该传单反映了俄国革命民主主义者中最左的、革命的观点。

该传单的题词引自赫尔岑的《罗伯特·欧文》一文。——672

237 指的是赫尔岑同车尔尼雪夫斯基、杜勃罗留波夫之间发生的冲突，这次冲突是由于赫尔岑在评价由沙皇政府一手包办的废除农奴制一事上向自由主义方面动摇而引起的。革命民主派的代表们在《同时代人》杂志上以及在致《钟声》的信件中尖锐地批判了赫尔岑的这种动摇。在19世纪60年代，赫尔岑在与自由主义决裂以后便彻底站到革命民主派方面来了。——672

238 在马克思和恩格斯提交海牙代表大会秘密同盟活动调查委员会的文件中，有涅恰耶夫受巴枯宁的委托以不存在的俄国革命组织的名义于1870年2月写给柳巴文的一封信，当时柳巴文正准备在俄国出版《资本论》第1卷。在这封信中，他们威胁柳巴文说，如果柳巴文不免除巴枯宁所承担的把《资本论》第1卷译成俄文的责任，就要制裁他。柳巴文通过丹尼尔逊于1872年8月把这封信转寄给了马克思。——698

239 下面发表的总委员会会议记录摘要，是马克思和恩格斯在准备总委员会向1871年伦敦代表会议的报告时作的，一直摘到代表大会前。有关代表大会延期和总委员会驻在地的那部分摘要，马克思在代表大会上的一次发言中曾经利用过（见本卷第58—59和157页）。马克思认为这一摘要很重要，把它列入代表大会文件清单（见本卷第731—732页）。马克思、恩格斯在摘要中指出了在巴塞尔代表大会和海牙代表大会之间的这段时间内总委员会所关心的重大问题：总委员会与各地工人运动和工会的密切联系，对罢工斗争的积极有效的支持，各国国际组织的壮大，会员所遭受的迫害，重大的理论讨论（爱尔兰问题），反对巴枯宁主义的斗争，国际在普法战争和巴黎公社期间的立场，对法国流亡者的援助等。

会议记录的全文和对记录的说明，见中文版《国际共产主义运动历史文献》第6卷（《第一国际总委员会文献（1868—1869）》）和第7卷（《第一国际总委员会文献（1870—1871）》）。

手稿共3页，写在两张宽幅（32.2×20.5厘米）的纸上。从第2页到第3页是恩格斯摘记的；有红铅笔写的记号。——701

240 这一摘要是1872年8月27日以后，即黑尔斯把记录本交给马克思之后编写的。——714

241 这个草稿是马克思直接写在会议记录的摘要后面的，上面画了对角斜线，这在马克思起草的手稿中表示在誊清时已经利用了,在这里则表示在起草向代表大会的报告(见本卷第227—235页)时已利用了这一材料。——717

242　恩格斯的这一手稿是总委员会1871—1872年度财务活动和财政账目总平衡报告的草稿。与最后的财政账目表(见本卷第719—726页)相比,这一手稿更为详细,揭示了总委员会同各地方组织的广泛联系,总委员会的活动的多种多样。在手稿中,有些行被删掉,有些地方画了对角斜线,这些地方已用方括号标出,并同若干改动一起已经恢复。手稿写在两张白纸上(一张是有横格的),材料在第1张纸上排列成两栏,在第2张纸上排列成若干栏,页边上有对各种得数的验算。——719

243　弗·恩格斯的摘记是在代表大会1872年9月6日晚上的会议上用铅笔记的,在这次会议上德国的代表阿·赫普纳作了发言。手稿是写在格拉泽·德·维尔布罗尔1872年9月5日给恩格斯的信的内信封上的(赫普纳的发言见本卷第71—72页和第161—164页)。——728

244　《尼·吴亭的报告的附录》的抄件是马克思抄的,分两排抄在15.4×12厘米的信封上,最后3项是恩格斯添写的。手稿是用黑墨水笔书写的。在莫斯科原苏联中央党务档案里保存有抄件里列举的所有文件。——729

245　尼·吴亭的信的全文见《卡·马克思、弗·恩格斯和革命的俄国》俄文版第249—256页。在吴亭的信上有马克思用黑墨水笔标明的编号"No.7"。——729

246　见注释38。——729

247　柳巴文的信的全文,见《卡·马克思、弗·恩格斯和革命的俄国》俄文版第257—260页。——729

248　巴拉诺夫的信的全文,见《卡·马克思、弗·恩格斯和革命的俄国》俄文版第245—246页。——729

249　丹尼尔逊1872年8月9—21日的信的全文,见《卡·马克思、弗·恩格斯和革命的俄国》俄文版第260—261页。——729

250　在前苏联中央党务档案里保存有1872年8月苏黎世沙贝利策出版社用法文印刷的俄国政治流亡者的传单,传单的背面有恩格斯用黑铅笔写的字:"No.7。关于涅恰耶夫"。第1页下面有大概是吴亭写的字:"这些人多么滑头:他们全都参与了，巴枯宁唆使涅恰耶夫去干所有这些罪行，但涅恰耶夫刚被关进监狱，巴枯宁就厚颜无耻地否认自己参与其事"。

传单的俄文本发表在 P. M. 坎托尔《通缉涅恰耶夫》一书的附录里，见该书 1925 年列宁格勒—莫斯科俄文版第 137—138 页。——729

251 在前苏联中央党务档案里保存有附有里米尼代表会议决议的传单；文件的背面有恩格斯用黑墨水笔写的字"No. 12"。——729

252 指马隆在印刷好的巴黎第 17 区区政府反对三月十八日革命的一份抗议书上的签字。在中央党务档案里保存有第 17 区抗议书抄本，上有恩格斯用黑铅笔写的字："Ⅵ No. 2，马隆 3 月 21 日反对三月十八日革命"。抄本由不认识的笔迹抄在一张无格白纸上。声明全文是："第 17 区区政府。第 17 区区长和区长的助手已被暴力夺走了权力，现根据正规地授予他们的全权声明：自本日起，第 17 区停止一切市政活动。

掠夺者如使用区政府的印章、实行征用、支出资金，将被看做是犯罪行动。

区政府保留有普遍选举授予它的全权，一旦临时的篡权完结，它即重新履行自己的职责。1871 年 3 月 21 日于巴黎［在原件副本上误写为"1870 年"］。

区　　长　F. 法夫尔
区长助理　威利奈夫·卡舍·马隆。"

但是，3 月 24 日，马隆在巴黎报刊上发表声明说，他在抗议书上的签名是在事先既未告知他也未得到他的同意的情况下别人代签的。3 月 23 日马隆便以第 17 区区长助理的身份发表单独声明，支持国民自卫军关于公社选举的号召。这个声明的副本也保存在中央党务档案里，内容如下：

"巴黎——巴提诺尔，1871 年 3 月 23 日。面对当前的事件，巴黎当选的各市区政府一直在努力争取协调一致。但茹尔·法夫尔先生的没有先例的言论，极大地破坏了所有这些努力所取得的成就。他竟然声称：'这群卑鄙乱民的队伍充斥各种社会渣滓，其暴乱必须坚决加以镇压'。

在这种局势下，撇开由于战胜政府的侵犯而进入市政厅的中央委员会的问题不谈，要恢复秩序，使法国人不再由于法国人而流血，只有一条办法，那就是选举巴黎市政委员会。

> 正因为如此，为了协调一致和为了维护我们亲爱的共和国，我认为参加应于3月26日举行的选举是自己的义务。
>
> 贝·马隆
>
> 第17区区长助理。"——729

253 在原苏联中央党务档案中保存有吴亭致代表大会代表杜瓦尔的信的信封，上有马克思写的字："章程，原件和副本"。——730

254 马克思有关海牙代表大会的杂记是1872年9月在代表大会期间和之后不久记的，用黑墨水笔记在3张16.8×20.8厘米的纸上。——731

255 看来是指1871年7月在伦敦成立的公社流亡者协会的领导人企图掌握总委员会筹集的流亡者基金的资金分配。特利埃、梅洛特、吕利埃等人力图同其他国家的国际组织建立直接联系，以便绕开总委员会，直接从它们那里取得它们为流亡者筹集的资金以及总委员会收到多少款的情报。1871年8月格拉泽·德·维尔布罗尔把梅洛特和吕利埃致布里斯梅的信告知了马克思，该信抱怨总委员会并提议把在比利时为公社社员募集的款项寄给他们。——731

256 伊·戈洛文的信的正文，见《卡·马克思、弗·恩格斯和革命的俄国》俄文版第263—264页。——732

257 看来是指维·伍德赫尔和约翰·利特尔1872年8月13日给马克思的信。——734

258 埃卡留斯1871年12月20日给马克思写信说，必须把纽约第12支部开除出国际。——734

259 在原苏联中央党务档案里保存有威斯特1871年12月8日谈及国际北美联合会第1支部和第12支部之间的冲突的信。信上有马克思画的线。——734

260 见中文版《国际共产主义运动历史文献》第8卷——《第一国际总委员会文献（1871—1872）》。——735

261 马克思这个关于资格审查委员会的摘记，是1872年11—12月在为出版代表大会材料作准备时写的，写在几个16.5×10.5厘米的信封上。——740

262 《社会主义民主同盟和国际工人协会》小册子的材料目录写在12.7×20.3厘米的两张纸上，其中一张是有横格的。——742

263 指在日内瓦用法文出版的小册子《涅恰耶夫是不是政治犯？》（*Netschajeff est-il*

un criminel politique ou non?)。小册子的俄译文收在 P. M. 坎托尔的《通缉涅恰耶夫》的附录3中,见该书1925年列宁格勒—莫斯科版第138—144页。——748

264 弗·恩格斯写关于丹特雷格和盖得的摘记的时间不早于1872年12月底,是写在一页信纸上的。——750

265 指阿·戈克1873年4月16日的信,信上有恩格斯作的标记"III No 6"。——755

人名索引

A

阿贝勒，昂利·范·登（Abeele, Henri van den 生于1847年）——比利时无政府主义者，职业是商人，国际海牙代表大会（1872）代表，1873年5月30日总委员会通过决议把他开除出国际。

阿尔瓦拉辛，塞韦里诺（Albarracin, Severino 死于1878年）——西班牙无政府主义者，职业是教师，西班牙联合会委员会委员（1872—1873）；1873年亚尔科起义的领导者之一；革命失败后流亡瑞士。

阿尔梅达-桑托斯，何塞（Almeida y Santos, José）——国际工人协会会员，出席国际工人协会各支部葡萄牙里斯本地方委员会会议的代表。

阿尔诺，安东（Arnaud, Antoine 1831—1885）——法国布朗基派革命家，国民自卫军中央委员会委员和巴黎公社委员；公社被镇压后流亡英国；国际总委员会委员（1871—1872），海牙代表大会（1872）代表，由于代表大会决定将总委员会迁往纽约而退出国际。

阿尔维斯，丹尼尔（Alves, Daniel）——国际工人协会会员，曾担任葡萄牙国际工人协会各支部里斯本地方委员会会议主席。

阿夫里亚尔，奥古斯坦（Avrial, Augustin 1840—1904）——法国工人运动活动家，职业是机械工人，左派蒲鲁东主义者；机械工人工会的组织者，国际巴黎支部联合会委员会委员，巴黎公社委员，公社的劳动和交换委员会、执行委员会和军事委员会委员；公社被镇压后流亡英国，在那里曾一度加入反对总委员会的1871年法国人支部。

阿莱里尼，沙尔（Alerini, Charles 生于1842年）——法国无政府主义者，科西嘉人，国际马赛支部成员，马赛的公社（1871年4月）组织者之一，公社被镇压后流亡意大利，后迁西班牙，并在那里宣传无政府主义，《革命团结报》（巴塞罗那出版）的编辑；国际海牙代表大会（1872）代表，1873年5月30日总委员会通过决议把他开除出国际。

阿列克塞，米哈伊洛维奇（Алексей, Михайлович 1629—1676）——俄国沙皇（1645—1676）。

阿普尔加思，罗伯特（Applegarth, Robert 1833—1925）——英国工联主义运动改良派领袖之一，职业是红木工，粗细木工联合会总书记（1862—1871），工联伦敦理事会理事，国际总委员会委员（1865、1868—1872），国际巴塞尔代表大会（1869）代表，改革同盟的领导人之一；1871年拒绝在总委员会的宣言《法兰西内战》上签名，后来脱离了工人运动。

阿森西，维森特（Asensi, Vicente）。

阿沙尔（Achard）——法国马赛国际工人协会会员。

阿斯普罗，塞莱斯蒂诺（Aspro, Celestino）——葡萄牙里斯本国际工人协会会员。

阿西，阿道夫·阿尔丰斯（Assi, Adolphe-Alphonse 1841—1886）——法国工人运动活动家，职业是机械工人，国民自卫军中央委员会委员和巴黎公社委员，公社被镇压后被流放到新喀里多尼亚岛。

阿扎姆，阿莱斯（Azam, Ales）。

埃伯哈特（Eberhardt）——比利时裁缝，国际海牙代表大会（1872）代表，曾参加代表大会的无政府主义者少数派，1873年5月30日总委员会通过决议把他开除出国际。

埃德，埃米尔·德西雷·弗朗索瓦（Eudes, Émil-Désiré-François 1843—1888）——法国革命家，布朗基主义者，国民自卫军的将军和巴黎公社委员；公社被镇压后被缺席判处枪决，流亡瑞士，后迁英国；1880年大赦后回国，后为布朗基派中央革命委员会组织者之一。

埃尔曼，阿尔弗勒德（Herman, Alfred 1843—1890）——比利时工人运动活动家，职业是雕刻家，国际比利时支部的组织者之一，总委员会委员和比利时通讯书记（1871—1872），国际布鲁塞尔代表大会（1868）、伦敦代表会议（1871）和海牙代表大会（1872）的代表，在海牙代表大会上加入无政府主义者少数派。

埃尔皮金，米哈伊尔·康斯坦丁诺维奇（Элпидин, Михаил Константинович 1835—1908）——19世纪60年代初喀山学生运动的参加者，1865年侨居日内瓦，在那里创办了俄国印刷所，该印刷所出版了《人民事业》杂志；国际会员，巴枯宁同盟盟员，后来成为沙皇暗探局密探。

埃尔赞格尔，路易（Elzingre, Louis）。

埃卡留斯，约翰·格奥尔格（英语拼音为：约翰·乔治）（Eccarius, Johann Georg 1818—1889）——国际工人运动和德国工人运动活动家，工人政论家，职业是裁缝；侨居伦敦，正义者同盟盟员，后为共产主义者同盟盟员，伦敦德意志工人共产主义教育协会的领导人之一，国际总委员会委员（1864—1872）。总委员会总书记（1867年—1871年5月），美国通讯书记（1870—1872），国际各次代表大会和代表会议的代表；1872年以前曾支持马克思，1872年海牙代表大会后成为英国工联的改良派领袖，后为工联主义运动的活动家。

埃利奥特，托马斯（Elliott, Thomas）。

埃利奥特，约翰（Elliott, John）——美国小资产阶级民主主义者；国际会员，资产阶级改良的积极宣传者。

埃斯太瓦内斯-墨菲，尼古拉斯（Estébanez y Murphy, Nicolas 1838—1914）——西班牙政治活动家和作家，共和党人，1868—1874年革命的积极参加者，马德里总督（1873），革命失败后流亡葡萄牙，后迁法国。

埃斯特豪（Esterhau）。

埃斯泰夫（Estève）。

安东内利，贾科莫（Antonelli, Jiacomo 1806—1876）——意大利红衣主教，教皇庇护九世最亲近的枢密官，1850—1870年实际上操纵了教皇国。

安迪纽（Andignoux）。

安斯，欧仁（Hins, Eugen 1839—1923）——比利时教员，蒲鲁东主义者，后为巴枯宁主义者，国际比利时支部创始人之一，国际布鲁塞尔代表大会（1868）和巴塞尔代表大会（1869）的代表。

安辛格，威廉（Ansing, Willem 1837—1900）。

奥伯温德，亨利希（Oberwinder, Heinrich 1846—1914）——奥地利工人运动活动家，新闻工作者，19世纪60年代初为拉萨尔分子，后成为爱森纳赫派，国际巴塞尔代表大会（1869）代表，《人民呼声报》和《人民意志报》的编辑，1873—1874年发表机会主义的纲领，19世纪70年代末脱离工人运动，80年代末被揭露是普鲁士警察局的密探；1890年起是《人民报》的编辑。

奥布里，埃米尔（Aubry, Emile 约1829—1900）——法国石印工人，国际的著名活动家，蒲鲁东派，国际卢昂联合会的创始人和领导人，巴黎出社的参加者。

奥格辽夫，尼古拉·普拉东诺维奇（Огарёв, Николай Платонович 1813—1877）——俄国革命民主主义者，诗人和政论家，亚·伊·赫尔岑的朋友和战友。

奥利维埃，埃米尔（Ollivier, Emile 1825—1913）——法国政治活动家，温和的资产阶级共和党人，1857年起为立法团议员；19世纪60年代末为波拿巴主义者，曾任政府首脑（1870年1—8月）。

奥卢瓦（Aulois）——法国检查官。

奥斯坦，弗朗索瓦·沙尔（Ostyn, François Charles 1823—1912）——法国旋工，比利时人，蒲鲁东主义者，国际巴黎支部联合委员会委员；国民自卫军中央委员会委员和巴黎公社社员；公社被镇压后流亡瑞士，追随巴枯宁主义者，无政府主义日内瓦代表大会（1873）代表。

奥哲尔，乔治（Odger, George 1820—1877）——英国工联改良派领袖之一，职业是鞋匠，曾参加建立工联伦敦理事会，1862—1872年为理事会书记，英国波兰独立全国同盟、土地和劳动同盟及工人代表同盟盟员，1864年9月28日伦敦圣马丁堂国际工人协会成立会议的参加者，国际总委员会委员（1864—1871）和主席（1864—1867），伦敦代表会议（1865）和日内瓦代表大会（1866）的参加者，曾参加改革同盟执行委员会，在争取英国选举改革斗争期间执行与资产阶级妥协政策；1871年反对巴黎公社，拒绝在总委员会的宣言《法兰西内战》上签名，遭到总委员会的谴责，于是声明退出总委员会；后继续攻击国际领导和公社参加者。

B

巴登格（Badinguet）——见拿破仑第三（Napoléon III）。

巴尔贝斯，西吉斯蒙·奥古斯特·阿尔芒（Barbès, Sigismond-Auguste-Armand 1809—1870）——法国革命家，小资产阶级民主主义者，七月王朝时期秘密革命团体的领导人之一；法国1848年革命的积极活动家，制宪议会议员，因参加1848年五月十五日事件被判处无期徒刑，1854年遇赦；被赦后流亡国外，不久即脱离政治活动。

巴尔尼，茹尔·罗曼（Barni, Jules-Romain 1818—1878）——法国政治活动家，唯心主义哲学家，和平和自由同盟的组织者之一，1872年起为议会议员。

巴甫洛夫，普拉东·瓦西里耶维奇（Павлов, Платон Васильевич 1823—1895）——俄国历史学家，基辅和彼得堡第一批主日学的组织者；1862年因与革命组织有联系被行政当局驱逐出彼得堡。

巴赫梅季耶夫，帕维尔·亚历山大罗维奇（Бахметьев, Павел Александрович 生于1828年）。

巴卡夫（Bacave）——法国警探，曾钻进国际纳博讷支部，支持无政府主义者，1873年被揭露。

巴枯宁，米哈伊尔·亚历山大罗维奇（Бакунин, Михаил Александрович 1814—1876）——俄国无政府主义者；无政府主义创始人之一；在第一国际内进行分裂和破坏活动，在海牙代表大会（1872）上被开除出国际。

巴拉诺夫，弗拉基米尔·奥托曼诺维奇（Баранов, Владимир Оттоманович）。

巴里，马尔特曼（Barry, Maltman 1842—1909）——英国新闻工作者，社会主义者，国际会员，海牙代表大会（1872）代表，国际总委员会委员（1871—1872）和不列颠联合会委员会委员（1872—1874），支持马克思和恩格斯反对巴枯宁派和英国工联改良派领袖；国际停止活动后他仍继续参加英国的社会主义运动，同时为保守党的报纸《旗帜报》撰稿，19世纪90年代成为保守党人"社会主义派"的支持者。

巴斯特利卡，安德烈·奥古斯坦（Bastelica, André-Augustin 1845—1884）——法国和西班牙工人运动活动家，职业是印刷工人，国际会员，巴枯宁主义者，1870

年10—11月马赛革命发动的参加者，国际总委员会委员（1871），1871年伦敦代表会议代表。

巴亚尔，皮埃尔（Bayard, Pierre 约1475—1524）——法国骑士，同代人称颂他是勇敢和高贵的榜样，是"大无畏而又可责难的骑士"。

保利，伊波利托（Pauly, Hipolito）——西班牙工人运动活动家，职业是印刷工人，国际西班牙联合委员会委员（1871—1872），《解放报》编委（1871—1873），新马德里联合会委员（1872—1873），曾与西班牙无政府主义影响进行斗争。

贝杜什（Bedouge）。

贝尔曼（Belman）。

贝尔纳，马利（Bernard, Marie）。

贝尔特兰德，弗兰西斯·J（Bertrand, Francis-J.）——美国工人运动活动家，雪茄烟工人，德国人，在纽约的国际第6支部通讯书记，国际北美各支部联合会委员会委员（1872）和《工人报》编委，海牙代表大会（1872）上选出的总委员会的委员。

贝盖利，朱泽培（Beghélli, Giuseppe 1847—1877）——意大利新闻工作者，资产阶级民主主义者，加里波第进军的参加者，几家共和派报纸的编辑。

贝克尔，伯恩哈德（Becker, Bernhard 1826—1882）——德国政论家和历史学家，拉萨尔分子，全德工人联合会主席（1864—1865），后来加入爱森纳赫派；国际海牙代表大会（1872）代表；1874年后脱离工人运动。

贝克尔，泰（Becker, Th.）。

贝克尔，约翰·菲力浦（Becker, Johann Philipp 1809—1886）——德国工人运动和国际工人运动活动家，职业是制刷工，19世纪30—40年代德国和瑞士民主运动的参加者；以瑞士军队军官身份参加反对宗得崩德的战争；1848—1849年革命的参加者，在巴登—普法尔茨起义时指挥巴登民团；1848—1849年革命后成为马克思的拥护者，19世纪60年代是第一国际的积极活动家，在瑞士的国际工人协会德国人支部的组织者，国际伦敦代表会议（1865）和国际各次代表大会代表，《先驱》杂志的编辑（1866—1871）和《先驱者》杂志的编辑（1877—1886）；1868年10月参加社会主义民主同盟临时委员会，在马克思和恩格斯的影响下同巴枯宁决裂；马克思和恩格斯的朋友和战友。

倍倍尔，奥古斯特（Bebel, August 1840—1913）——德国工人运动和国际工人运动活动家，职业是旋工；1867年起领导德国工人协会联合会，第一国际会员，1867年起为国会议员，德国社会民主党创始人和领袖之一，曾同拉萨尔派作斗争，普法战争期间坚持无产阶级国际主义立场，捍卫巴黎公社；1889、1891和1893年国际社会主义工人代表大会代表；马克思和恩格斯的朋友和战友；第二国际的创建人和领导人，在19世纪90年代和20世纪初反对改良主义和修正主义；是"最受工人群众爱戴的、党的无可争辩的、一致公认的领袖"(《列宁全集》中文第2版第23卷第387页）。

比果，莱昂（Bigot, Léon 1826—1872）——法国律师和政论家，左派共和党人、巴黎公社被镇压后作为公社社员的辩护人出席凡尔赛军事法庭。

比特纳，胡果（Büttner, Hugo）——瑞士白铁匠，和平和自由同盟的参加者，同盟盟员。

彼得拉舍夫斯基（布塔舍维奇-彼得拉舍夫斯基），米哈伊尔·瓦西里耶维奇（Петрашевский(Буташевич-Петрашевский), Михаил Васильевич 1821—1866）——俄国革命家，空想社会主义者，彼得堡先进的俄国非贵族出身的知识分子小组（1845）的组织者，1849年被捕并被判处终身苦役。

彼得一世（Пётр I 1672—1725）——1682年起为俄国沙皇，1721年起为全俄皇帝。

彼斯捷尔，帕维尔·伊万诺维奇（Пестелъ, Павел Иванович 1793—1826）——十二月党人运动活动家之一，南方协会的创始人和领导人。

俾斯麦，奥托（Bismarck, Otto 1815—1898）——公爵，普鲁士和德国国务活动家和外交家，普鲁士容克（地主）的代表；曾任驻彼得堡公使（1859—1862）和驻巴黎公使（1862）；普鲁士王国首相（1862—1872和1873—1890）；北德意志联邦首相（1867—1871）和德意志帝国首相（1871—1890）；实行"铁血政策"，通过三次王朝战争实现了德国的统一；参与镇压巴黎公社，是工人运动的死敌，1878年颁布《反社会党人非常法》。

庇护九世（世俗名乔万尼·马里亚·马斯塔伊-费雷蒂）（Pius IX (Pio Nono)（Giovanni Maria Mastai-Ferretti）1792—1878）——罗马教皇（1846—1878）。

别利亚耶娃（娘家姓柯诺瓦洛娃），伊丽莎白·伊万诺夫娜（Беляева〔урожд. Коновалова〕Елизавета Ивановна 生于 1843 年）。

波尔特，弗里德里希（Bolte, Friedrich）——美国工人运动活动家，雪茄烟工人，德国人，国际北美支部联合会委员会书记（1872），在纽约出版的《工人报》编委，海牙代表大会代表，会上选出的国际总委员会委员（1872—1874），1874 年因《工人报》问题被开除出总委员会。

波拿巴，路易（Bonaparte, Louis）——见拿破仑第三（Napoléon III）。

波特尔，弗雷德里克（Potel, Frédéric 死于 1872 年 12 月）（假名吕坎 Lucain）——在比利时的法国侨民，国际会员，布鲁塞尔的法国侨民支部出席海牙代表大会（1872）的代表。

博德里（Baudry）——法国人，巴黎公社的参加者，流亡伦敦。

博雷尔，恩里科（Borrel, Enrico）——西班牙无政府主义者，职业是裁缝，国际西班牙第一批支部的创建人之一，西班牙联合会委员会委员（1870—1871）。

博韦，克莱门特（Bové, Clementé）——西班牙无政府主义者，职业是织工，卡塔卢尼亚工厂工人联合会主席。

博克，保尔（Bok, Paul）。

博南萨（Bonança）——葡萄牙无政府主义者，被免去教衔的教士。

博伊斯特伯爵，弗里德里希（Beust, Friedrich Graf von 1809—1886）——萨克森和奥地利的国务活动家，反对在普鲁士霸权下统一德国并支持德国各小邦独立；1849—1866 年历任萨克森政府各部大臣；奥匈帝国外交大臣（1866—1871）和首相（1867—1871），奥匈帝国驻伦敦大使（1871—1878）和巴黎大使（1878—1882）。

勃朗，加斯帕尔·安东（Blanc, Gaspard-Antoine 生于 1845 年）——法国巴枯宁主义者，职业是养路领工员，1870 年里昂起义的参加者，巴黎公社被镇压后成为波拿巴主义者。

勃朗，路易（Blanc, Louis 1811—1882）——法国小资产阶级社会主义者，历史学家；1848 年临时政府成员，政府工人问题委员会即卢森堡宫委员会主席；采取同资产阶级妥协的立场；1848 年 8 月流亡英国，是在伦敦的小资产阶级流亡者的领导人之一；1871年国民议会议员，反对巴黎公社。

布尔克哈特，特奥多尔（Burckhardt, Theodor）——德国人，国际工人协会会员。

布朗基，路易·奥古斯特（Blanqui, Louis-Auguste 1805—1881）——法国革命家、工人运动活动家，空想共产主义者，许多秘密社团和密谋活动的组织者，1830年和1848年革命的积极参加者；秘密的"四季社"的领导人，1839年5月12日起义的组织者，曾多次被判处徒刑；巴黎1870年10月31日起义的领导人之一，巴黎公社时期被反动派囚禁在凡尔赛，曾缺席当选为公社委员。

布朗热（Boulanger）——国际工人协会日内瓦中央女工支部成员。

布里克斯，哈罗德（Brix, Harold 1841—1881）——丹麦工人运动和社会主义运动活动家，新闻工作者，国际哥本哈根支部创建人之一，《社会主义者报》编辑，丹麦社会民主党（1876）的组织者和领导人之一。

布里斯梅，德西雷·让·弗朗索瓦（Brismée, Désiré-Jean-François 1823—1888）——比利时民主运动和工人运动活动家，职业是印刷工人；蒲鲁东主义者，国际比利时支部（1865）创建人之一，1869年起为比利时联合会委员会（总委员会）委员，国际布鲁塞尔代表大会（1868）代表，巴塞尔代表大会（1869）副主席，海牙代表大会（1872）代表，追随巴枯宁派，后抛弃无政府主义，为比利时工人党执行委员会委员。

布鲁斯，保尔（Brousse, Paul 1854—1912）——法国小资产阶级社会主义者，职业是医生；巴黎公社的参加者，公社被镇压后流亡国外，追随无政府主义者；1879年加入法国工人党，后来是法国社会主义运动机会主义派——可能派的领导人和思想家之一。

布罗特（Brodt）——国际工人协会日内瓦中央女工支部成员。

布吕安，卡斯帕尔·阿洛伊斯（Bruhin, Caspar Alois 生于1824年）——瑞士政论家和政治活动家，1864年起为乡村巴塞尔州检察官；国际会员，巴塞尔代表大会（1869）代表。

布斯凯，阿贝尔（Bousquet, Abel）——法国无政府主义者，曾是国际工人协会会员，后被揭发是警察局雇员并被开除出国际支部。

C

车尔尼雪夫斯基,尼古拉·加甫里洛维奇(Чернышевский, Николай Гаврилович 1828—1889)——俄国革命民主主义者和空想社会主义者,哲学家、作家和文学批评家,俄国社会民主主义先驱。

D

达尔(Daal)。

达夫,维克多(Dave, Victor 1845—1922)——荷兰无政府主义者,职业是新闻工作者,秘密同盟的领导人之一,国际比利时联合会委员会委员,海牙代表大会(1872)代表,属于代表大会的无政府主义者少数派,1873年西班牙各次革命事件的参加者;第一次世界大战期间是和平主义者。

大卫,爱德华(David, Edward)——美国工人运动活动家,法国人,在国际海牙代表大会(1872)上被选入总委员会,但拒绝当选。

丹尼尔逊,尼古拉·弗兰策维奇(Даниельсон, Николай Францевич 1844—1918)(笔名尼古拉一逊 Николай-он)——俄国经济学著作家,19世纪80—90年代民粹派思想家之一;曾与马克思和恩格斯通信多年,把马克思的《资本论》第一、二、三卷译成俄文(第一卷是和格·亚·洛帕廷合译的)。

丹特雷格,让·菲力浦·埃米尔(Dentraygues, Jean-Philippe-Émile 约生于1837年)(假名斯瓦尔姆 Swarm)——法国铁路职员,国际土鲁斯支部成员,海牙代表大会(1872)代表;在国际会员土鲁斯案件(1873)中出卖过自己的同志。

德巴普,塞扎尔·艾梅·德西雷(De Paepe, César-Aime-Désiré 1841—1890)——比利时工人运动和社会主义运动的活动家,印刷工人,后为医生;国际比利时支部创建人之一,比利时联合会委员会委员,国际伦敦代表会议(1865)、洛桑代表大会(1867)、布鲁塞尔代表大会(1868)、巴塞尔代表大会(1869)和伦敦代表会议(1871)代表;海牙代表大会(1872)以后曾一度支持巴枯宁派;比利时工人党的创始人之一(1885)。

德克雷,L.(Decraille, L.)——巴枯宁派的日内瓦宣传和社会主义革命行动支部成员。

德莱塞，A.（Dreiser, A.）——国际工人协会杜塞尔多夫支部成员。

德雷尔，西蒙（Dereure, Simon 1838—1900）——法国和国际工人运动的活动家，职业是鞋匠，布朗基主义者，国际巴黎支部成员，曾参加《马赛曲报》编辑部；巴黎公社委员，公社被镇压后流亡美国，国际巴塞尔代表大会（1869）和海牙代表大会（1872）代表，海牙代表大会（1872）上选出的总委员会的委员；1882年起为法国工人党党员。

德洛姆，埃马纽埃尔（Delorme, Emmanuel）——国际工人协会日内瓦支部成员。

迪尔克，查理·温特沃思（Dilke, Charles Wentworth 1843—1911）——英国政治活动家和作家，共和主义者，自由党激进派的首领之一，议会议员；曾任外交副大臣（1880—1882），地方自治事务大臣（1882—1885）。

狄慈根，约瑟夫（Dietzgen, Josef 1838—1888）——德国社会民主党人，自学成功的哲学家，独立地得出了辩证唯物主义若干原理；职业是制革工人，国际海牙代表大会（1872）代表。

狄茨朔尔德（Dietzschold）。

蒂内尔，V.（Tinayre, V.）——国际工人协会日内瓦中央女工支部成员。

杜昂，J. 巴蒂斯特（Duan, J. Baptiste）。

杜邦，欧仁（Dupont, Eugène 约 1831—1881）——国际工人运动活动家，法国工人，乐器匠，1848年巴黎六月起义参加者，1862年起住在伦敦，国际总委员会委员（1864年11月—1872年），法国通讯书记（186—1871），伦敦代表会议（1865）和日内瓦代表大会（1866）的参加者，洛桑代表大会（1867）的主席，布鲁塞尔代表大会（1868）、伦敦代表会议（1871）和海牙代表大会（1872）的代表；在国际里执行马克思的路线；1870年迁居曼彻斯特并组织了国际支部，国际不列颠联合会委员会委员（1872—1873），1874年迁居美国；马克思和恩格斯的战友。

杜毕伊（Dupuis）——国际工人协会巴黎劳动者权利支部成员，制革工人。

杜波尔塔尔（Duportal）。

杜弗尔，茹尔·阿尔芒·斯塔尼斯拉斯（Dufaure, Jules-Armand-Stanislas 1798—1881）——法国律师和国务活动家，奥尔良党人，曾任社会公共工程大臣

(1839—1840),1848年是制宪议会议员,为卡芬雅克政府的内务部长(1848和1849);镇压巴黎公社的刽子手之一,19世纪70年代任司法部长,内阁总理(1876和1877—1879)。

杜马,J.(Dumas, J.)——国际巴塞尔支部成员。

杜蒙(Dumont)——见法伊埃,欧仁·路易(Faillet, Eugène-Louis)。

杜瓦尔,泰奥多尔(Duval, Théodore)——瑞士工人运动活动家,职业是细木工,公开的社会主义民主同盟的建盟盟员之一,1870年初脱离巴枯宁派;国际罗曼语区联合会委员会委员,曾与巴枯宁派的影响进行斗争,海牙代表大会(1872)和日内瓦代表大会(1873)代表。

杜西(Tussy)——见马克思,爱琳娜(Marx, Eleanor)。

多尔戈夫,尼古拉·斯捷潘诺维奇(Долгов, Николай Степанович 生于1844年)——俄国民粹派,1869年学潮的参加者,涅恰耶夫组织的参加者,在19世纪70年代与"土地和自由"社有联系。

多萨克,沙尔(Daussac, Charles)。

E

厄梅,亨利希(Oehme, Heinrich)。

恩格斯,弗里德里希(Engels, Friedrich 1820—1895)——马克思主义的奠基人之一,国际无产阶级的领袖和导师,马克思的朋友和战友。

F

法尔加-佩利塞尔,拉斐尔(Farga Pellicer, Rafael 1840—1903)——西班牙无政府主义者,职业是印刷工人和新闻记者;同盟和在西班牙的第一批国际支部的组织者之一,秘密同盟的领导成员,《联盟》周报的编辑(1869—1873);国际巴塞尔代表大会(1869)和海牙代表大会(1872)代表;西班牙无政府主义组织的领导人之一,1873年5月30日总委员会通过决议把他开除出国际。

法尔卡什,卡罗伊(Farkas, Karoly 1843—1907)——匈牙利工人运动和社会主义运动活动家,马克思主义宣传家,职业是五金工人;国际匈牙利支部的组织者和领导人之一,国际海牙代表大会(1872)代表;匈牙利全国工人党(1880)和匈牙利社会民主党(1890)的组织者之一。

法夫尔,加布里埃尔·克劳德·茹尔(Favre, Gabriel-Claude-Jules 1809—1880)——法国律师和政治活动家,温和的资产阶级共和派领袖之一;1848年先后任内务部秘书长、外交部副部长,制宪议会和立法议会议员(1848—1851),19世纪60年代为立法团议员;国防政府和梯也尔政府的外交部长(1870—1871),曾同德国进行关于巴黎投降及签订和约的谈判,镇压巴黎公社的刽子手。

法奈利,朱泽培(Fanelli, Giuseppe 1826—1887)——意大利资产阶级民主运动活动家,意大利1848—1849年革命和1860年加里波第进军的参加者;马志尼主义者,从19世纪60年代起是巴枯宁的近友,秘密同盟的领导成员;在西班牙的国际支部和同盟小组(1868)的组织者,国际巴塞尔代表大会(1869)代表;1865年起为意大利议会议员。

法伊埃,欧仁·路易(Faillet, Eugène-Louis 1840—1912)(假名杜蒙 Dumont)——法国工人运动活动家,巴黎公社的参加者,巴黎和卢昂支部出席国际海牙代表大会(1872)的代表;后为法国工人党党员。

范·赫德盖姆(Van-Heddeghem 约生于1847年)(假名瓦尔特 Walter)——警探,曾钻进国际巴黎支部,国际海牙代表大会(1872)代表;1873年被揭露。

费, C. (Fäh, C.)。

费德雷尔,武尔(Federer, Vul.)——国际罗尔沙赫支部成员。

费尔特曼(Feltman)。

费雷,泰奥菲尔·沙尔·吉尔(Ferré, Théophile-Charles-Gilles 1845—1871)——法国布朗基派革命家,19世纪60年代法国共和主义运动的积极参加者;巴黎公社社员,公社社会保安委员会领导人和公社副检察长,被凡尔赛分子枪杀。

弗赖列,迪奥尼西奥·加尔西亚(Fraile, Dionisio Garcia)——西班牙无政府主义者。

弗兰克尔,莱奥(Frankel, Leo 1844—1896)——匈牙利工人运动和国际工人运动活动家,职业是首饰匠;巴黎公社委员,曾领导劳动和交换委员会;国际总委员会委员(1871—1872),国际伦敦代表会议(1871)和海牙代表大会(1872)代表，匈牙利全国工人党的创始人之一，1889年国际社会主义工人代表大会副主席之一；马克思和恩格斯的战友。

弗朗西斯，昂利（Francis, Henri）。

弗雷（Frey）。

弗里德兰德，胡果（Friedländer, Hugo）——德国社会民主党人，苏黎世支部出席国际海牙代表大会（1872）的代表。

弗列罗夫斯基，恩（Флеровский, Н.）——别尔维，瓦西里·瓦西里耶维奇（Берви, Василий Васильевич 1829—1918）的笔名。

弗吕兹，皮埃尔（Fluse, Pierre）——比利时蒲鲁东主义者，职业是织工，国际会员，国际布鲁塞尔代表大会（1868）、伦敦代表会议（1871）和海牙代表大会（1872）代表，支持巴枯宁派。

弗洛林斯基，伊万·伊万诺维奇（Флоринский, Иван Иванович 约生于1845年）——彼得罗夫-拉祖莫夫农学院旁听生，涅恰耶夫组织的参加者，1871年被判六个月徒刑。

福尔纳奇埃里（Fornaccieri）——美国工人运动的参加者，意大利人，国际海牙代表大会（1872）上选出的总委员会的委员。

福格尔，冯·法尔肯施坦·爱德华（Vogel von Falkenstein, Eduard 1797—1885）——德国将军，普法战争时期任德国沿海地区总督。

福格特，古斯塔夫（Vogt, Gustar 1829—1901）——瑞士经济学家，原系德国人，资产阶级和平主义者，和平和自由同盟组织者之一，统计局局长（1860—1862），《欧洲联邦》的编辑（1867—1870），卡尔·福格特的弟弟。

福塞特，亨利（Fawcett, Henry 1833—1884）——英国资产阶级庸俗经济学家，约翰·斯图亚特·穆勒的追随者，1865年起为议会议员，自由党人。

符卢勃列夫斯基，瓦列里（Wróblewski, Walery 1836—1908）——波兰和国际革命运动的活动家，革命民主主义者，1863—1864年波兰解放起义领导人之一，巴黎公社的将军；国际总委员会委员和波兰通讯书记（1871—1872），海牙代表大会（1872）代表，积极参加反对巴枯宁派的斗争；19世纪70年代末，在瑞士同波兰流亡者接近；1880年大赦后回到法国，同马克思和恩格斯保持联系。

傅立叶,沙尔(Fourier, Charles 1772—1837)——法国空想社会主义者。

富斯特尔,路易斯(Fuster, Louis)——西班牙箍桶工人,国际桑城支部成员。

G

盖得,茹尔(Guesde, Jules 1845—1922)(真名巴西尔,马蒂厄 Basile, Mathieu)——法国工人运动和国际工人运动活动家;初期是资产阶级共和党人,19世纪70年代前半期追随无政府主义者;后为法国工人党(1879)创始人之一和马克思主义思想在法国的宣传者;法国社会主义运动革命派的领导人,曾同机会主义进行斗争;第一次世界大战期间为社会沙文主义者。

盖列夫,保尔·约翰森(Geleff, Paul Johansen 1842—1921)——丹麦工人运动和社会主义运动活动家,国际丹麦支部的组织者(1871)之一,丹麦社会主义民主党的创始人(1876)和领导人之一;1877年侨居美洲,后脱离工人运动。

甘必大,莱昂(Gambetta, Léon 1838—1882)——法国国家活动家,资产阶级共和党人,国防政府的成员(1870—1871),该政府中图尔代表团团长,各省武装反抗普鲁士的组织者,1871年创办《法兰西共和国报》;内阁总理兼外交部长(1881—1882)。

甘布齐,卡洛(Gambuzzi, Carlo 1837—1902)——意大利律师,19世纪60年代初是马志尼主义者,后为无政府主义者,意大利秘密同盟和无政府主义组织的领导人之一。

哥尔茨(Goltz)。

戈登,E.(Godon, E.)。

戈克,阿曼杜斯(Gögg, Amandus 1820—1897)——德国新闻工作者,小资产阶级民主主义者,1849年是巴登临时政府成员,革命失败后流亡国外;国际会员;19世纪70年代加入德国社会民主党。

戈洛文,伊万·加甫里洛维奇(Головин, Иван Гаврилович 1816—1886)——俄国自由派地主,侨居英国,政论家,19世纪40—50年代同赫尔岑和巴枯宁很接近。

格尔哈特,亨德里克(Gerhard, Hendrik 约1829—1886)——荷兰工人运动的参加者,职业是裁缝,荷兰联合会委员会委员,海牙代表大会(1872)代表,追随巴枯宁派。

格尔奈尔特，C.（Gernert, C.）。

格拉夫，约翰（Graf, John）。

格拉格（Graag）。

格莱斯顿，威廉·尤尔特（Gladstone, William Ewart 1809—1898）——英国国务活动家，托利党人，后为皮尔分子，19世纪下半叶是自由党领袖之一；曾任财政大臣（1852—1855和1859—1866）和首相（1868—1874、1880—1885、1886和1892—1894）。

格罗伊利希，海尔曼（Greulich, Herman 1842—1925）——德国装订工人；1865年侨居苏黎世；1867年起为国际瑞士支部委员之一，《哨兵报》的创办人和编辑（1869—1880），后为瑞士社会民主党创始人之一，该党右翼领袖，第二国际改良派领袖之一。

格罗梅卡，斯捷潘·斯捷潘诺维奇（Громека, Степан Степанович 1823—1877）——俄国温和自由派政论家，1863—1864年波兰解放起义时是波兰农民事务委员会主席，后为希特里兹总督。

格罗斯兰，雅克（Grosselin, Jacques 1835—1892）——瑞士钟表匠，国际会员，巴塞尔代表大会（1869）代表。

贡德雷斯，欧仁（Gondres, Eugène）——法国警探，曾钻进国际纳博讷支部，1873年被揭露。

H

哈科特，W. 埃德威尔（Harcourt, W. Edwell）——矿工，国际澳大利亚联合会组织者之一，国际海牙代表大会（1872）代表。

哈尔沃，胡安（Jalvo, Juan）——西班牙无政府主义者，西班牙同盟小组的创建人之一，国际马德里支部主席。

哈里斯，乔治（Harris, George）——英国工人运动活动家，后为宪章主义者布朗特尔·奥勃莱恩的社会改良主义观点的信徒，全国改革同盟盟员，国际总委员会委员（1869—1872），总委员会财务书记（1870—1871）。

哈特曼，A.（Hartmann, A.）。

海姆，路德维希（Heim, Ludwig）——见奥伯温德，亨利希（Oberwinder, Heinrich）。

海奈曼（Heinemann）——普鲁士警探和在英国的间谍，1869年起为在伦敦出版的《海尔曼》德文周报的主编。

汉尼拔（Hannibal 公元前247—183）——杰出的迦太基统帅。

豪特，范·德尔（Hout, van der）——荷兰工人，阿姆斯特丹支部出席国际海牙代表大会（1872）的代表。

赫德盖姆（Heddeghem）——见范·赫德盖姆（Van-Heddeghem）

赫尔岑，亚历山大·伊万诺维奇（Герчен, Александр Иванович 1812—1870）——俄国革命民主主义者，唯物主义哲学家、政论家和作家；1852年起侨居英国，在英国建立了"自由俄国印刷所"并出版《北极星》定期文集《钟声报》。

赫罗斯特拉特（Herostratus）。

赫普纳，阿道夫（Hepner, Adolf 1846—1923）——德国社会民主党人，《人民国家报》编辑之一，国际海牙代表大会（1872）代表；后侨居美国；第一次世界大战期间采取社会沙文主义立场。

黑贝尔，弗（Heber. Fr.）。

黑德，范（Heerde, van）。

黑尔斯，约翰（Hales, John 生于1839年）——英国工联运动活动家，职业是织工，改革同盟执行委员会委员，国际总委员会委员（1866—1872）和书记（1871—1872）；曾参加改革同盟以及土地和劳动同盟，国际伦敦代表会议（1871）和海牙代表大会（1872）代表；从1872年起领导不列颠联合委员会中的改良派，反对马克思及其拥护者，企图夺取国际在英国的组织的领导权，阻挠建立独立的国际爱尔兰支部；1873年5月30日总委员会通过决议把他开除出国际。

黑格，Pr.（Hege, Pr.）——国际工人协会乌斯特支部成员。

黑格尔，乔治·威廉·弗里德里希（Hegel, Georg Wilhelm Friedrich 1770—1831）——德国古典哲学的代表，客观唯心主义者，系统研究了唯心主义辩证法；德国资产阶级思想家。

亨格，弗里茨（Heng, Fritz）——瑞士雕刻工，巴枯宁同盟领导人之一，国际会员，巴塞尔代表大会（1869）代表。

侯里欧克，乔治·杰科布（Holyoake, George Jacob 1817—1906）——英国政论家，改良主义者，19世纪30—40年代为欧文主义者和宪章派，后为合作运动的活动家。

胡果，路易斯（Hugo, Louis）——国际工人协会会员。

华德，奥斯本（Ward, Osborne）——美国工人运动的参加者，受改良主义者影响的国际布鲁克林支部委员，在国际海牙代表大会（1872）上被选为总委员会委员，但拒绝当选。

淮亚特，查尔斯·阿瑟（Wyatt, Charles Arthur）。

霍夫曼，H.（Hoffmann, H.）——国际巴塞尔支部成员。

霍赫斯特拉滕，G.（Hoogstraten, G.）——荷兰阿姆斯特丹的国际工人协会会员。

霍克，W.（Hock, W.）——国际工人协会会员。

J

吉罗尼斯（Gironis）。

古尔肯斯（Gilkens）。

吉勒斯（Gilles）。

吉约姆，詹姆斯（Guillaume, James 1844—1916）——瑞士教师，无政府主义者，巴枯宁的拥护者，国际会员，国际日内瓦代表大会（1866）、洛桑代表大会（1867）、巴塞尔代表大会（1869）和海牙代表大会（1872）的参加者，社会主义民主同盟组织者之一，《前进报》、《团结报》和《汝拉联合会简报》的编辑；由于进行分裂活动，在海牙代表大会上被开除出国际，第一次世界大战期间为社会沙文主义者。

加夫里舍夫，格奥尔格·雅柯夫列维奇（Гавришев, Георгий Яковлевич 约生于1846年）——彼得罗夫-拉祖莫夫农学院学生，涅恰耶夫组织的参加者，1871年被判四个月徒刑。

加里波第，朱泽培（Garibaldi, Giuseppe 1807—1882）——意大利革命家，民主主义

者，意大利民族解放运动的领袖，曾参加意大利1848—1849年革命；1849年4—7月罗马共和国保卫战的主要组织者；19世纪50—60年代领导意大利人民争取民族解放和国家统一的斗争；1860年领导向南意大利的革命进军；1862年为了把罗马从教皇军队和法国侵略者手中解放出来而组织了远征；反奥地利战争的参加者（1848—1849、1859和1866）；19世纪70年代声援巴黎公社，赞成在意大利建立国际的支部。

加里多-托尔托萨，费南多（Garrido y Tortosa, Fernando 1821—1883）——西班牙联邦共和主义者，空想社会主义者和历史学家，议会议员（1869—1873），写有许多关于西班牙历史方面的著作。

杰缅季耶娃，亚历山大·德米特里耶夫娜（Дементьева, Александра Дмитриевна 1850—1922）。

杰维尔（Deville）。

K

卡贝，埃蒂耶纳（Cabet, Étienne 1788—1856）——法国政论家，和平空想共产主义的著名代表人物，《伊加利亚旅行记》一书的作者，1841—1849年是《人民报》的编辑。

卡迪奥（Cadiot）或卡德罗（Cadrot）——法国人，巴黎公社的参加者。

卡尔，康拉德（Carl, Conrad 死于1890年）——德国裁缝，19世纪50年代初侨居美国，美国工人运动的参加者，国际北美联合会中央委员会委员，曾参加《工人报》编辑部，海牙代表大会（1872）上选出的总委员会的委员；1874年由于进行分裂活动而被开除出总委员会。

卡尔斯霍文（Calshoven）。

卡列哈，英诺森特（Calleja, Inocente）——西班牙工人运动活动家，职业是首饰匠，国际西班牙联合会委员会委员（1871—1872），《解放报》编委（1871—1873），新马德里联合会委员（1872—1873）；曾与西班牙无政府主义影响进行斗争。

卡瓦纳，赛米尔（Kavanagh, Samuel）——美国工人运动的参加者；爱尔兰人；海牙代表大会（1872）上选出的总委员会的委员。

卡菲埃罗，卡洛（Cafiero, Carlo 1846—1892）——意大利工人运动的参加者，国际会员，1871年在意大利执行总委员会的路线；1872年起为意大利无政府主义组织的领导人之一，19世纪70年代末抛弃了无政府主义，1879年用意大利文出版了马克思的《资本论》第一卷简述。

卡拉科佐夫，德米特里·弗拉基米罗维奇（Каракозов, Дмитрий Владимирович 1840—1866）——俄国民粹派革命家，秘密革命协会"组织"的会员，1866年4月行刺亚历山大二世；被处绞刑。

卡拉斯，阿（Callas, A.）——法国裱糊工，蒙彼利埃支部书记，执行总委员会路线，1873年被捕并被判处一年徒刑。

卡里耶，让·巴蒂斯特（Carrier, Jean Baptiste 1756—1794）。

卡龙，J.（Caron, J.）。

卡梅利纳，泽菲兰（Camélinat, Zéphyrin 1840—1932）——法国工人运动和社会主义运动的著名活动家，职业是青铜匠，国际巴黎支部领导人之一，巴黎公社的参加者，公社被镇压后流亡英国，大赦后回到法国；法国社会主义运动的积极参加者，1885年起是众议院议员，1920年起是法国共产党党员。

卡纽提斯，朱斯坦（Canutis, Justin）。

卡帕雷，何塞（Caparé, José）。

卡波鲁索，斯蒂凡诺（Caporusso, Stefano）——意大利无政府主义者，职业是裁缝，国际那不勒斯支部创建人之一，并任该支部主席，巴塞尔代表大会（1869）代表；1870年由于盗用公款而被开除出支部。

卡塞尔（Cassel）。

卡斯蒂利翁，路易斯（Castilón, Luis）。

卡斯泰拉尔-里波尔，埃米利奥（Castelar y Rypoll, Emilio 1832—1899）——西班牙政治活动家，历史学家和作家，右翼共和党人领袖，1873年9月—1874年1月是政府首脑，该政府为西班牙君主制复辟扫清了道路。

卡特柯夫，米哈伊尔·尼基佛罗维奇（Катков, Михаил Никифорович 1818—1887）——俄国反动政论家，《莫斯科新闻》编辑（1850—1855和1863—1887）。

卡梅伦，安德鲁·卡尔（Cameron, Andrew Carl 1834—1890）——美国工人运动活动家，《工人辩护士报》（芝加哥）的编辑，曾以美国全国劳工同盟代表的身份出席国际巴塞尔代表大会。

孔博，阿梅代·本杰明（Combault, Amédée Benjamin 约生于1838年—死于1884年以后）。

孔贝，欧仁（Combe, Eugène）。

坎嫩贝格（Kannenberg）。

科恩或科因，詹姆斯（Cohn 或 Cohen, James）——英国工人运动活动家，雪茄烟工人，伦敦雪茄烟工人协会主席，国际总委员会委员（1867—1871），丹麦通讯书记（1870—1871），国际布鲁塞尔代表大会（1868）和伦敦代表会议（1871）代表。

柯克伦-贝利，亚历山大·邓达斯·罗斯·威沙特（Cochrane-Baillie, Alexander Dundas Ross Wishart 1816—1890）——英国政治活动家和著作家，保守党人，议会议员。

科尔多瓦-洛佩斯，弗朗西斯科（Cordova y Lopez, Francisco）——西班牙新闻记者，资产阶级共和党人，1868年起是马德里的同盟盟员。

科拉切夫斯卡娅，阿拉·尼古拉耶夫娜（Колачевская, Алла Николаевна 约生于1845年）。

科拉切夫斯卡娅，柳德米拉·尼古拉耶夫娜（Колачевская, Людмила Николаевна 约生于1850年）。

科拉切夫斯基，安德烈·尼古拉耶维奇（Колачевский, Андрей Николаевич 1848—1888）——俄国贵族，1866年遭警察秘密监视，因涅恰耶夫分子案件受法庭审讯，被宣告无罪。

科尼翁，埃米尔（Cognon, Émile）——法国无政府主义者，职业是雕刻工，住在瑞士，罗曼语区联合会委员会委员，1870年被开除出国际。

科斯塔，安德烈亚（Costa, Andrea 1851—1910）——意大利工人运动和社会主义运动活动家，19世纪70年代是意大利无政府主义组织的领导人之一；1879年批判了无政府主义，后来为争取建立独立的工人政党而斗争，1892年起是意大利社会党党员，在党内追随改良派；1882年起是议会议员。

克拉夫林，田纳西（Claflin, Tenessee 1845—1923）——美国资产阶级女权主义者，曾企图利用在美国的国际组织来实现一系列资产阶级改良，曾和自己的姐姐维·伍德赫尔一起出版《伍德赫尔和克拉夫林周刊》。

克拉里斯，阿里斯蒂德（Claris, Aristide 1843—1916）——法国政论家，无政府主义者，巴黎公社的参加者，公社被镇压后流亡瑞士，在那里加入了无政府主义者的宣传和革命社会主义行动支部，《社会革命报》（1871—1872）编辑。

克雷希奥（Crescio）——意大利新闻工作者，皮亚琴察《社会未来报》的编辑。

克利敏，英诺森·费多罗维奇（Климин Иннокентий Федорович 生于1847年）——彼得罗夫-拉祖莫夫农学院学生，涅恰耶夫组织的参加者，1871年被判一年徒刑。

克里米兴，海尔曼（Criemichen, Hermann）。

克吕尔（Krüll）。

克吕泽烈，古斯塔夫·保尔（Cluseret, Gustave Paul 1823—1900）——法国政治和军事活动家，克里木战争（1853—1856）的参加者，曾参加解放意大利（1860），站在北部方面参加美国内战（1861—1865），获将军衔；国际会员，追随巴枯宁派，里昂和马赛革命起义（1870）的参加者，巴黎公社委员，军事代表（1871年4月），公社被镇压后流亡比利时；大赦后回到法国，1888年起是众议院议员，追随社会主义者；1889年国际社会主义工人代表大会代表。

克楠，菲力浦（Coenen, Philippe）——比利时工人运动活动家，职业是鞋匠，安特卫普《工人报》编辑部秘书，国际布鲁塞尔代表大会（1868）、伦敦代表会议（1871）和海牙代表大会（1872）代表，在海牙代表大会上支持巴枯宁派，后为比利时社会党的组织者之一。

柯尼希，格奥尔格（König, Georg）。

库德雷（Coudray）。

库尔奈，弗雷德里克·埃蒂耶纳（Cournet, Frédéric-Étienne 1839—1885）——法国布朗基派革命家，政论家，巴黎公社委员，公社被镇压后流亡英国，国际总委员会委员（1871—1872），国际海牙代表大会（1872）代表，由于代表大会决定将总委员会迁往纽约而退出国际；19世纪80年代法国布朗基派组织领导人之一。

库格曼，路德维希（Kugelmann, Ludwig 1828—1902）德国医生，1848—1849年革命的参加者，国际会员，国际洛桑代表大会（1867）和海牙代表大会（1872）代表；1862—1874年经常和马克思通信，把德国的情况告诉马克思；马克思和恩格斯的朋友。

库诺，泰奥多尔·弗里德里希（Cuno, Theodor Friedrich 1846—1934）——德国工人运动和国际工人运动活动家，社会主义者，1871—1872年和恩格斯经常通信，与意大利无政府主义进行积极斗争；国际米兰支部的组织者，国际海牙代表大会（1872）代表，后侨居美国，在那里参加国际的活动；后来参加美国工人运动和社会主义运动，为美国工人组织劳动骑士团的领导人之一，并为社会主义刊物撰稿。

库唐（Coutans）。

库兹涅佐夫，阿列克塞·基利洛维奇（Кузнецов, Алексей Кириллович 1845—1928）——俄国民粹派，涅恰耶夫组织的参加者，1871年被判10年苦役；后来加入社会革命党，曾在赤塔参加1905年革命。

库兹涅佐夫，谢苗·基利洛维奇（Кузнецов, Семен Кириллович）。

L

拉法格，保尔（Lafargue, Paul 1842—1911）——法国工人运动和国际工人运动的著名活动家，杰出的马克思主义宣传家和政论家，国际总委员会委员，西班牙通讯书记（1866—1869），曾参加建立国际在法国的支部（1869—1870），在西班牙和葡萄牙的支部（1871—1872）；海牙代表大会（1872）代表；法国工人党的创始人之一（1879）；《社会主义者报》编辑；1889年国际社会主义工人代表大会代表，1891年当选为众议院议员；马克思和恩格斯的学生和战友；马克思女儿劳拉的丈夫。

拉甫罗夫，彼得·拉甫罗维奇（Лавров, Петр Лаврович 1823—1900）——俄国社会学家和政论家，民粹派思想家之一，哲学上的折中主义者；1870年起侨居国外；国际会员，巴黎公社参加者；《前进！》杂志编辑（1873—1876）和《前进!》报编辑（1875—1876）；1889年国际社会主义工人代表大会副主席之一；从19世纪70年代初起同马克思和恩格斯通信。

拉科尔（Lacord）。

拉拉加尔德（Lalagarde）。

拉姆博德（Lampbord）。

拉佩索尼埃（Lapeyssonier）。

拉普（Rapp）。

拉斯，阿（Ras, A.）。

拉瓦莱特（Lavalette）。

拉绍（Lachaud）。

拉辛，斯捷潘·季莫费耶维奇（Разин, Степан Тимофеевич 死于1671年）——17世纪俄国最大一次农民和哥萨克反农奴制起义的领袖。

腊祖阿，欧仁·昂热尔（Razoua, Eugène-Angèle 1835—1878）——法国新闻工作者，共和党人，接近新雅各宾派，国民议会议员，巴黎公社成立后辞职；巴黎公社的参加者，任军事学校校长，军事法庭成员；公社被镇压后流亡日内瓦，曾为许多定期刊物（包括无政府主义杂志《劳动者》）撰稿。

莱奥，安德烈（Léo, André 1829—1900）（真名莱奥迪尔·尚普塞 Léonile Champseix）——法国女作家和政论家，巴黎公社的参加者，公社被镇压后流亡瑞士，支持巴枯宁派。

莱特，桑托斯（Leite, Santos）。

勒德吕（Ledrux）。

赖德律-洛兰，亚历山大·奥古斯特（Ledru-Rollin, Alexandre Auguste 1807—1874）——法国政论家和政治活动家，小资产阶级民主主义者领袖之一，《改革报》编辑；1848年是临时政府成员，制宪会议和立法会议议员，在议会中领导山岳党；1849年6月13日示威游行后流亡英国，一直住到1870年初，在伦敦的小资产阶级流亡者的领导人之一；1871年国民议会议员，为抗议与德国签订和约而辞职。

赖歇尔，恩斯特（Reichel, Ernst）。

朗德克，贝尔纳（Landeck, Bernard 生于1832年）——法国首饰匠，未被国际接受的伦敦1871年法国人支部成员。

朗维埃，加布里埃尔（Ranvier, Gabriel 1828—1879）——法国布朗基派革命家，职业是装饰画家；巴黎公社委员，军事委员会和公安委员会委员，公社被镇压后流亡英国；国际总委员会委员（1871—1872），海牙代表大会（1872）代表，由于代表大会决定将总委员会迁往纽约而退出国际。

朗扎，乔万尼（Lanza, Giovanni 1815—1882）——意大利国家活动家，资产阶级自由主义者，财政大臣（1858—1859），内务大臣（1864—1865），1869—1873年任首相兼内务大臣。

劳雷尔，卡尔（Laurel, Karl）——美国工人运动的参加者，瑞典人，国际海牙代表大会（1872）上选出的总委员会委员。

勒德鲁瓦，沙尔·约瑟夫（Ledroit, Charles Joseph 生于1878年）。

勒费弗尔-龙西埃（Lefebvre-Roncier）。

勒弗朗塞，古斯塔夫（Lefrançais, Gustave 1826—1901）——法国革命家，左派蒲鲁东主义者，职业是教员；1848年革命的参加者，19世纪60年代末起为国际会员，巴黎公社委员，公社被镇压后流亡瑞士，在那里加入无政府主义派。

勒梅特尔，弗雷德里（Le Maître, Frédérick）。

拉姆利（Lumley）。

勒穆修，本杰明·孔斯旦（Le Moussu, Benjamin-Constant〔Konstant〕（生于1846年）——法国工人运动活动家，职业是雕刻工，巴黎公社参加者，公社被镇压后流亡伦敦；国际总委员会委员和在美国的法国人支部通讯书记（1871—1872），海牙代表大会（1872）代表，支持马克思和恩格斯反对巴枯宁派。

勒维埃尔（Levièle）——美国工人运动的参加者，法国人，国际海牙代表大会（1872）上选出的总委员会委员。

雷德曼（Redemann）。

雷吉斯，维塔勒（Regis, Vitale）（化名埃蒂耶纳·佩沙尔 Etienne Péchard）——意大利革命家，在伦敦的国际意大利人支部成员，巴黎公社的参加者，国际总委员会委员（1871—1872），西班牙1873年各次革命事件的参加者。

雷蒙，沙尔（Reymond, Charles）。

雷纳尔（Raynal）。

莱瑟姆，罗伯特·马斯登（Latham, Robert Masden）。

李伯尔斯，布鲁诺（Liebers, Bruno）——荷兰工人，国际海牙支部的成员，曾积极参加海牙代表大会（1872）的筹备工作。

李卜克内西，威廉（Liebknecht, Wilhelm 1826—1900）——德国工人运动和国际工人运动活动家；1848—1849年革命的参加者，共产主义者同盟盟员，国际会员，曾在德国工人运动中进行反对拉萨尔主义、捍卫国际的原则的斗争，1867年起为国会议员；德国社会民主党创始人和领袖之一，《人民国家报》编辑（1869—1876）和《前进报》编辑（1876—1878 和 1890—1900）；普法战争时期站在无产阶级国际主义立场，捍卫巴黎公社；1889、1891 和 1893 年国际社会主义工人代表大会代表；马克思和恩格斯的朋友和战友。

李奇，菲力浦（Ricci, Filippo）。

里德，罗伯特（Reid, Robert）——英国新闻工作者，1871年为英美报纸驻法国通讯员；同情巴黎公社。

里杜埃（Riduet）。

里果，拉乌尔（Rigault, Raoul 1846—1871）——法国布朗基派革命家；巴黎公社委员，社会保安委员会代表，1871年4月26日起是公社的检察长；5月24日被凡尔赛分子逮捕，未经审讯即被枪杀。

里加尔（Rigal）——见丹特雷格（Dentraygues）。

里卡尔（Riccard）——见奥布里（Aubry）。

里克（Rick）。

里普曼，费多尔·费多罗维奇（Рипман, Федор Федорович 约生于1842年）——彼得罗夫-拉祖莫夫农学院学生，涅恰耶夫组织的参加者，1871年被判一年徒刑。

里沙尔，阿尔伯（Richard, Albert 1846—1925）——法国记者，国际里昂支部领导人之一，秘密同盟盟员，1870年里昂起义的参加者，巴黎公社被镇压后成为波拿巴主义者；19世纪80年代追随法国社会主义运动中的机会主义派别——阿列曼派。

里廷豪森，莫里茨（Rittinghausen, Moritz 1814—1890）——德国政论家，小资产阶级民主主义者；1848—1849年曾为《新莱茵报》撰稿，国际会员，1884年以前为德国社会民主党党员；1877—1878年和1881—1884年为国会议员。

利胡亭，伊万·尼基季奇（Лихутин, Иван Никитич 约生于1848年）——1869年学潮的参加者，在彼得堡建立了与涅恰耶夫有联系的小组，1871年被判一年零四个月徒刑。

利沙加勒，普罗斯佩·奥利维耶（Lissagaray, Prosper Olivier 1838—1901）——法国新闻工作者和历史学家，巴黎公社的参加者，曾参加资产阶级民主主义团体"新雅各宾派"；公社被镇压后流亡英国，《一八七一年公社史》（1876）一书的作者；1880年回到法国，《战斗报》的创办人（1882）和编辑，反对法国工人党内马克思派的领袖。

利特尔，约翰（Little, John）。

列斯纳，弗里德里希（Lessner, Friedrich 1825—1910）——德国工人运动和国际工人运动的著名活动家，职业是裁缝；共产主义者同盟盟员，1848—1849年革命的参加者，在科伦共产党人案件（1852）中被判处三年徒刑，1856年起侨居伦敦，伦敦德意志工人共产主义教育协会会员，国际总委员会委员（1864年11月—1872年），国际伦敦代表会议（1865）、洛桑代表大会（1867）、布鲁塞尔代表大会（1868）、巴塞尔代表大会（1869）、伦敦代表会议（1871）和海牙代表大会（1872）的参加者，不列颠联合会委员会委员；在国际里为马克思的路线积极斗争，后为英国独立工党的创始人之一；马克思和恩格斯的朋友和战友。

林格尔，莱茵赫（Ringger, Reinh）。

柳巴文，尼古拉·尼古拉耶维奇（Любавин, Николай Николаевич 1845—1918）——俄国化学家；1867年毕业于彼得堡大学，1886—1906年任教授，写有许多化学方面的著作；19世纪60年代曾参加一些革命大学生团体，60年代末参加《资本论》俄文版的准备工作。

柳里克（Рюрик 死于879年）——半传说中的瓦利亚基军队统率者。据编年史的记述，为柳里克王朝罗斯公爵的始祖。

龙格，沙尔（Longuet, Charles 1839—1903）——法国工人运动活动家，蒲鲁东主义者，职业是新闻工作者；加入在伦敦的国际法国人支部，在支部中捍卫总委员会的路线，国际总委员会委员（1866—1867 和 1871—1872）；比利时通讯书记（1866），国际洛桑代表大会（1867）、布鲁塞尔代表大会（1868）、伦敦代表会议（1871）和海牙代表大会（1872）代表；巴黎保卫战的参加者（1870—1871），巴黎公社委员，公社被镇压后流亡英国，后加入法国社会主义运动中的机会主义派别——可能派，1889 年国际社会主义工人代表大会代表，19 世纪 80—90 年代被选为巴黎市参议会参议员；马克思的女儿燕妮的丈夫。

卢巴，赖蒙德（Luba, Raimundo）。

鲁巴乌·多纳德乌，何塞（Rubau, Donadeu José）。

鲁克拉夫特，本杰明（Lucraft, Benjamin 1809—1897）——英国工联改良派领袖之一，职业是木器匠，1864 年 9 月 28 日圣马丁堂会议的参加者，国际总委员会委员（1864—1871），国际布鲁塞尔代表大会（1868）和巴塞尔代表大会（1869）代表；改革同盟执行委员会委员；1871 年反对巴黎公社，拒绝在总委员会的宣言《法兰西内战》上签名，他的背叛行为遭到总委员会的谴责，于是退出总委员会。

鲁瓦扬奈（Royannez）。

路德维希，古斯塔夫（Ludwig, Gustav）——德国社会民主党人，美因茨支部出席国际海牙代表大会（1872）的代表。

路易，波拿巴（Louis, Bonaparte）——见拿破仑第三（Napoleon Ⅲ）。

罗，哈丽雅特（Law, Harriet 1832—1897）——英国无神论运动女活动家，国际总委员会委员（1867—1872）和国际曼彻斯特支部成员（1872）。

罗班，保尔（Robin, Paul 1837—1912）——法国教师，巴枯宁主义者，社会主义民主同盟领导人之一（1869 年起），国际总委员会委员（1870—1871），国际巴塞尔代表大会（1869）和伦敦代表会议（1871）代表。

罗伯尔，弗里茨（Robert, Fritz）——瑞士教师，巴枯宁主义者，国际布鲁塞尔代表大会（1868）和巴塞尔代表大会（1869）代表，曾参加《团结报》编辑部。

罗格朗（Laugrand, P.）——北美的分立主义的联合会委员会"普林斯街委员会"的书记。

罗曼诺夫王朝（Романовы）——俄国沙皇和皇帝的王朝（1613—1917）。

罗奇，约翰·托马斯（Roach, John Thomas）——英国工人运动活动家，国际总委员会委员（1871—1872），海牙代表大会（1872）代表，不列颠联合会委员会通讯书记（1872），曾领导联合会里的改良派，1873年5月30日总委员会通过决议把他开除出国际。

罗塞尔，维森特（Rossell, Vicente）——西班牙无政府主义者，职业是织工，西班牙联合委员会委员（1872—1873），1873年5月30日总委员会通过决议把他开除出国际。

罗沙，沙尔（Rochat, Charles 生于1844年）——法国工人运动活动家，国际巴黎联合委员会委员，巴黎公社的参加者，国际总委员会委员和荷兰通讯书记（1871—1872），1871年伦敦代表会议代表。

罗斯奈尔（Rossner）。

洛伦佐，安塞尔莫（Lorenzo, Anselmo 1841—1915）——西班牙工人运动活动家，职业是印刷工人；国际会员（1869年起），国际西班牙支部的组织者之一，西班牙联合会委员会委员（1870—1872），国际伦敦代表会议（1871）代表。

洛斯陶，巴尔多梅罗（Lostau, Baldomero 约生于1845年）。

罗耀拉，依纳爵（Loyola, Ignaty 1491—1556）——西班牙贵族，天主教组织——耶稣会的创建人。

吕茨，莉娜（Lutz, Lina）。

吕茨，玛丽亚（Lutz, Marie）。

吕坎（Lucain）——见波特尔，弗雷德里克（Potel, Frédéric）

M

马丁，菲力浦（Martin, Felipe）——西班牙无政府主义者。

马丁，孔斯坦（Martin, Constant）——法国革命家，布朗基主义者，巴黎公社的参加者，公社被镇压后流亡伦敦，国际总委员会委员（1871—1872），1871年伦敦代表会议代表。

马丁，J.（Martin, J.）。

马丁内斯，弗朗科（Martinez, Franco）——西班牙无政府主义者，职业是染色工人，国际西班牙联合会委员会委员（1872—1873）。

马尔塞劳，尼古拉斯·阿隆索（Marselau, Nicola Alonso）——西班牙无政府主义者，社会主义民主同盟西班牙组织的领导人之一，塞维尔《理智》周报的编辑（1871—1872）；国际海牙代表大会（1872）代表，1873年5月30日总委员会通过决议把他开除出国际。

马尔尚，路易（Marchand, Louis）——法国巴枯宁主义者，曾被巴黎公社派赴波尔多，公社被镇压后流亡瑞士，任流亡者协会的书记并为《社会革命报》撰稿，根据波尔多支部的要求被开除出国际。

马尔提，卡耶塔诺（Marti, Cayetano）。

马夫里茨基，瓦西里·阿布拉莫维奇（Маврицкий, Василий Абрамович 1850—1910）——基辅正教中学学生，因涅恰耶夫分子案件受法庭审讯，由于证据不足停止法院侦查，后为神甫和教会著作家。

马克，大卫（Mack, David）。

马克思–艾威林，爱琳娜（Marx-Aveling, Eleanor 1855—1898）（杜西 Tussy）——19世纪80—90年代英国工人运动和国际工人运动的活动家、政论家；曾在恩格斯直接领导下工作，积极参加非熟练工人群众运动的组织工作，1889年伦敦码头工人罢工的组织者之一；1889、1891和1893年国际社会主义工人代表大会代表；马克思的小女儿，1884年起为爱德华·艾威林的妻子。

马克思，卡尔（Marx, Karl 1818—1883）——科学社会主义的奠基人，思想家，国际无产阶级的领袖和导师。

马克思，燕妮（Marx, Jenny 1814—1881）（父姓冯·威斯特华伦 von Westphalen）——马克思的妻子、忠实的朋友和助手。

马隆，贝努瓦（Malon, Benoît 1841—1893）——法国社会主义者，国际会员，1866年日内瓦代表大会代表；1871年国民议会议员，后辞职；国民自卫军中央委员会委员和巴黎公社委员，公社被镇压后流亡意大利，后迁居瑞士，加入无政府主义者组织汝拉联合会；1880年被赦免后回到法国；后来成为法国社会主义运动中可能派的领袖和思想家之一。

马鲁，茹尔·爱德华（Malou, Jules Edouard 1810—1886）——比利时国务活动家，属于天主教党，曾任财政大臣（1844—1847 和 1870—1878），内阁首相（1871—1878）。

马齐奥（Mazzio）。

马志尼，朱泽培（Mazzini, Giuseppe 1805—1872）——意大利革命家，资产阶级民主主义者，意大利民族解放运动领袖之一，意大利 1848—1849 年革命的积极参与者，1849 年为罗马共和国临时政府首脑；1850 年是伦敦欧洲民主派中央委员会组织者之一，19 世纪 50 年代反对波拿巴法国干涉意大利人民的民族解放斗争；1864 年成立国际工人协会时企图置国际于自己的影响之下，1871 年反对巴黎公社和国际。

麦克唐奈，约瑟夫·帕特里克（MacDonnell, Joseph Patric 1847—1906）——爱尔兰工人运动活动家，芬尼亚运动的参加者，国际总委员会委员和爱尔兰通讯书记（1871—1872），国际伦敦代表会议（1871）和海牙代表大会（1872）代表；不列颠联合会委员会委员（1872），1872 年 12 月侨居美国，积极参加美国工人运动。

毛，弗里德里希（Mau, Friedrich）——国际工人协会杜塞尔多夫支部成员。

毛奇，赫尔穆特·卡尔·伯恩哈德（Moltke, Helmut Karl Bernhard Graf von 1800—1891）——普鲁士元帅，军事活动家和著作家，普鲁士军国主义和沙文主义的思想家之一；1835—1839 年在土耳其军队中供职；曾任普鲁士总参谋长（1857—1871）和帝国总参谋长（1871—1888），普法战争时期实际上的总司令。

梅尔拉克，J.（Merlhac, J.）。

梅洛特（Melotte）。

梅契尼柯夫，列夫·伊里奇（Мечников, Лев Ильич 1838—1888）——俄国地理学家，社会学家和政论家；1860 年加里波第进军的参加者；曾为《钟声》和《同时代人》撰稿；19 世纪 60 年代后半期接近巴枯宁。

梅萨-列奥姆帕特，何塞（Mesa y Leompart, José 1840—1904）——西班牙工人运动和社会主义运动活动家，职业是印刷工人，国际西班牙支部的组织者之一，西班牙联合会委员会委员（1871—1872），《解放报》编委（1871—1873），新马德里联合会委员（1872—1873），曾积极与无政府主义进行斗争，西班牙的第一批马克思主义宣传者之一，西班牙社会主义工人党创始人之一（1879），曾将马克思和恩格斯的许多著作译成西班牙文。

梅伊，C.（May, C.）——国际工人协会日内瓦德国人支部成员。

门德斯，胡安（Mendez, Juan）——西班牙农业工人，无政府主义者。

蒙代，G.（Mondet, G.）——国际工人协会会员。

蒙托罗，佩雷格林（Montoro, Peregrin）（假名达蒙 Damon）——西班牙无政府主义者，职业是织工，国际西班牙联合会委员会委员（1872—1873）。

米耳克，弗里茨（Milke, Fritz）——德国社会民主党人，印刷工人，国际柏林支部的成员，曾任书记；海牙代表大会（1872）代表。

米约或米洛，T.（Millot, T.）——法国流亡者，职业是装订工人，国际北美支部中央委员会委员，持资产阶级激进主义立场。

米雄，A.（Michon, A.）——日内瓦宣传和社会主义革命行动支部成员。

明希，J.（Münch, J.）——日内瓦工人教育协会成员。

莫耶，B.（Moje, B.）——卢塞恩德国工人同盟成员。

莫西（Mosie）——国际工人协会日内瓦中央女工支部成员。

莫拉，安赫尔（Mora, Angel）——西班牙工人运动活动家，职业是木匠，西班牙联合会委员会委员（1870—1872），《解放报》编委（1871—1873），新马德里联合会委员（1872—1873），曾与无政府主义影响进行斗争，1879年起为西班牙新社会主义工人党党员。

莫拉，弗朗西斯科（Mora, Francisco 1842—1924）——西班牙工人运动和社会主义运动活动家，职业是鞋匠，国际西班牙和葡萄牙各支部组织者之一，国际西班牙联合会委员会委员（1870—1872），《解放报》编委（1871—1873），新马德里联合会委员（1872—1873），曾与无政府主义影响进行积极斗争，同马克思和恩格斯通信；西班牙社会主义工人党的组织者之一（1879）。

莫拉戈-冈萨雷斯，托马斯（Morago Gonzales, Tomas）——西班牙无政府主义者，职业是雕刻工，西班牙的同盟创始人和领导人之一，国际西班牙联合会委员会委员（1870—1871），国际海牙代表大会（1872）代表，1873年5月30日总委员会通过决议把他开除出国际。

莫特斯赫德,托马斯(Mottershead, Thomas G. 1826 左右—1884)——英国织布工人,国际总委员会委员(1869—1872),丹麦通讯书记(1871—1872),国际伦敦代表会议(1871)和海牙代表大会(1872)代表;海牙代表大会以后领导不列颠联合会委员会里的改良派,1873 年 5 月 30 日总委员会通过决议把他开除出国际。

默尔勒,K.(Möhrle, K.)。

穆拉维约夫,米哈伊尔·尼古拉耶维奇(Муравьев, Михаил Николаевич 1796—1866)——伯爵,俄国国务活动家,农奴主和地主利益的捍卫者;1863 年波兰起义时被任命为驻波兰特命全权总督,由于残酷地镇压起义而获得"绞吏"的外号。

穆拉维约夫·阿穆尔斯基(旧译木哩斐岳幅),尼古拉·尼古拉耶维奇(Муравыев-Амурский, Николай Николаевич 1809—1881)——伯爵,俄国国务活动家,曾任东西伯利亚总督(1847—1861)。

穆勒,约翰·斯图亚特(Mill, John Stuart 1806—1873)——英国资产阶级经济学家和实证论哲学家,政治经济学古典学派的模仿者,詹姆斯·穆勒的儿子。

N

拿破仑第三(路易-拿破仑·波拿巴)(Napoleon III, Louis Bonaparte 1808—1873)——拿破仑第一的侄子,第二共和国总统(1848—1851),法国皇帝(1852—1870)。

奈勒尔斯赫姆,H.(Nellershem, H.)。

内特劳,麦克斯(Nettlau, Max 1865—1944)——德国无政府主义者,历史学家。

尼古拉一世(Николай I 1796—1855)——俄国皇帝(1825—1855)。

尼古拉耶夫,尼古拉·尼古拉耶维奇(Николаев, Николай Николаевич 约生于 1850 年)——涅恰耶夫组织的参加者,曾参加杀害大学生伊万诺夫,1871 年被判 7 年 4 个月徒刑,流放西伯利亚。

尼禄,克劳狄乌斯(Nero Claudius 37—68)——罗马皇帝(54—68)。

涅格烈斯库尔,米哈伊尔·费多罗维奇(Негрескул, Михаил Федорович 1843 左右

—1871）——俄国19世纪60年代学生运动的积极参加者；1869年因涅恰耶夫案件而被捕，1870年因病获释。

涅恰耶夫，谢尔盖·格纳季耶维奇（Нечаев, Сергей Геннадиевич 1847—1882）——俄国无政府主义者，巴枯宁主义者，1868—1869年彼得堡学生运动的参加者；1869—1871年曾与巴枯宁有密切联系，1869年在莫斯科成立密谋组织"人民惩治会"；1872年被瑞士当局引渡给俄国政府，死于彼得-保罗要塞。

诺布雷-弗朗萨，何塞（Nobre-França, José）——葡萄牙社会主义运动和工人运动的参加者，国际里斯本第一批支部的组织者之一，1872—1873年同马克思和恩格斯通信。

诺马耶，路德维希（Neumayer, Ludwig）——奥地利社会民主党人，政论家；国际会员，国际巴塞尔代表大会（1869）代表；《维也纳新城周报》编辑。

诺斯塔克，茹尔（Nostag, Jules）。

O

欧文，罗伯特（Owen, Robert 1771—1858）——英国空想主义者。

P

帕尔米阿斯，何塞（Parmias, José）。

帕赫斯，维克多（Pagés, Victor 约生于1850年）——西班牙工人运动活动家，职业是鞋匠，西班牙联合会委员会委员（1871—1872），《解放报》编委（1871—1873），新马德里联合会委员（1872—1873），曾与西班牙无政府主义影响进行斗争。

帕热斯，乌尔班（Pagés, Urbain）。

帕拉迪诺，卡尔梅洛（Palladino, Carmelo 1842—1896）意大利无政府主义者，职业是律师，秘密同盟的领导人之一，意大利无政府主义组织的创始人之一，国际那不勒斯支部成员。

潘达斯特尔（Pandastre）。

培列，昂利（Perret, Henri）——瑞士工人运动活动家，雕刻工，在瑞士的国际领导人之一,社会主义民主同盟盟员(1868—1869),罗曼语区联合会委员会总书记(1868—1873),《平等报》编辑,国际日内瓦代表大会(1866)、巴塞尔代表大会(1869)和伦敦代表会议(1871)代表;1869年和巴枯宁派断绝关系,但在国际海牙代表大会后采取调和主义立场。

佩蒂乌(Pétioux)。

佩龙,沙尔·欧仁(Perron, Charles-Eugéne 1837—1919)——瑞士工人运动活动家,珐琅彩绘工,后为制图家;巴枯宁主义者,国际洛桑代表大会(1867)和布鲁塞尔代表大会(1868)代表,社会主义民主同盟中央局委员,《平等报》编辑(1869),《团结报》编辑和汝拉联合会领导人之一;后来脱离工人运动。

佩尼希,德(Peniche, de)。

佩雷拉,何塞(Pereira, José)——国际工人协会会员,出席国际工人协会各支部葡萄牙里斯本地方委员会会议的代表。

皮埃特里,约瑟夫·玛丽(Pietri, Joseph Marie 1820—1902)——法国政治活动家,波拿巴主义者;曾任巴黎警察局长(1866—1870)。

皮奥,路易(Pio, Louis 1841—1894)——丹麦工人运动和社会主义运动活动家,马克思主义的宣传者;国际丹麦支部创建人(1871)之一,《社会主义者报》编辑;丹麦社会民主党创建人(1876)之一;1877年侨居美洲。

皮尔,S. F. (Pihl, S. F.)——丹麦工人运动活动家,哥本哈根支部出席国际海牙代表大会(1872)的代表。

皮隆(Pillon)。

皮尼耶(Pignier)。

皮诺,米格尔(Pino, Miguel)——西班牙无政府主义者,职业为机械工人,社会主义民主同盟马拉加小组的创建人。

蒲鲁东,比埃尔·约瑟夫(Proudhon, Pierre Joseph 1809—1865)——法国政论家、庸俗经济学家和社会学家,小资产阶级思想家,无政府主义的创始人之一,1848年是制宪议会议员。

普加乔夫,叶梅利扬·伊万诺维奇(Пугачев, Емельян Иванович 1742左右—1775)——1773—1775年俄国最大一次农民和哥萨克反农奴制起义的领袖。

普雷若夫，伊万·加甫里洛维奇（Прыжов, Иван Гаврилович 1829—1885）——俄国政论家，涅恰耶夫小组的积极参加者，1871年被法庭判处12年苦役，终身流放西伯利亚。

普律纳尔（Prunar）。

普伦（Pulen）。

普雅德（Pouyade）。

普雷若夫，伊万·加甫里洛维奇（Прыжов, Иван Гаврилович 1827—1885）。

Q

切尔凯佐夫公爵，瓦尔拉姆·约翰·阿斯拉诺维奇（尼古拉耶维奇）（Церкезов, князь, Варлаам Джон Асланович〔Николаевич〕1846左右—1925）。

琼斯，爱德华（Jones, Edward）——国际曼彻斯特支部书记，1872年秋起是曼彻斯特区域委员会书记；支持总委员会反对改良主义者的斗争。

R

让德鲁，G.（Jeandru, G.）

荣克，海尔曼（Jung, Herman 1830 1901）——国际工人运动和瑞士工人运动活动家，职业是钟表匠，德国1848—1849年革命的参加者，侨居伦敦；国际总委员会委员和瑞士通讯书记（1864年11月—1872年），总委员会财务委员（1871—1872），国际伦敦代表会议（1865）副主席，日内瓦代表大会（1866）、布鲁塞尔代表大会（1868）和巴塞尔代表大会（1869）以及伦敦代表会议（1871）主席，不列颠联合会委员会委员；海牙代表大会以前在国际里执行马克思的路线，1872年秋加入不列颠联合会委员会里的改良派，1877年以后脱离工人运动。

茹柯夫斯基，尼古拉·伊万诺维奇（Жуковский, Николай Иванович 1833—1895）——俄国无政府主义者，19世纪60年代初彼得堡革命小组的参加者；1862年起流亡瑞士，社会主义民主同盟日内瓦支部书记，1872年为抗议开除巴枯宁而退出国际。

若昂纳尔，茹尔（Johannard, Jules 1843—1882）——法国工人运动活动家，石印工人，国际总委员会委员（1868—1869 和 1871—1872）和意大利通讯书记（1868—1869），1870 年在圣丹尼建立国际支部；巴黎公社委员，追随布朗基派，公社被镇压后流亡伦敦，海牙代表大会（1872）代表。

S

萨恩斯，瓦伦廷（Saenz, Valentin）——西班牙工人运动活动家，职业是店员，国际西班牙联合会委员会委员（1871—1872），《解放报》编委（1871—1873），新马德里联合会委员（1872—1873），曾与西班牙无政府主义影响进行斗争。

萨加斯塔，普拉克塞德斯·马泰奥（Sagasta, Praxedes Mateo 1825—1903）——西班牙国家活动家，自由派的领袖，内务大臣（1871—1872），外交大臣（1874），内阁首相（1881—1883、1885—1890、1892—1895、1897—1899 和 1901—1902）。

萨卡兹，弗朗索瓦（Sacaze, François 1808—1884）——法国法官，保皇派，1871 年起为国民议会议员。

萨克斯（Sachse）。

萨特勒（Sattler）。

塞蒂（Cetti）。

赛克斯顿，乔治（Sexton, George）——英国社会主义者，职业是医生，国际总委员会委员（1872 年 5—8 月），海牙代表大会（1872）代表；在不列颠联合会委员会（1872—1873）里反对改良派分子。

赛拉叶，奥古斯特（Serrailler, Auguste 生于 1840 年）——法国工人运动和国际工人运动活动家，职业是制楦工人，国际总委员会委员（1869—1872），比利时通讯书记（1870）和法国通讯书记（1871—1872），1870 年 9 月第二帝国崩溃后，曾作为总委员会全权代表被派往巴黎；巴黎公社委员，国际伦敦代表会议（1871）和海牙代表大会（1872）代表，不列颠联合会委员会委员（1873），马克思的战友。

森蒂尼翁，加斯帕尔（Sentiñon, Gaspar 死于 1903 年）——西班牙无政府主义者，职业是医生，西班牙同盟的创始人之一；秘密同盟的领导成员；国际巴塞尔代表大会（1869）代表；1873 年 5 月 30 日总委员会通过决议把他开除出国际。

瑟里齐埃（Cerisier）。

沙穆，爱德华（Chamoux, Eduard）。

沙桑，沙尔·路易（Chassin, Charles Louis 1831—1901）——法国政论家和历史学家，资产阶级共和党人，和平和自由同盟的参加者，《民主》周报的创办人和编辑（1868—1870）。

莎士比亚，威廉（Shakespeare, William 1564—1616）——英国作家。

舍瓦累，昂利（Chevalley, Henri）——瑞士无政府主义者，职业是裁缝。

圣克莱尔（Saint-Clair）——美国工人运动的参加者，爱尔兰人，国际海牙代表大会（1872）上选出的总委员会委员。

圣马丁，德（Saint-Martin, D.）——法国律师，巴枯宁主义者。

施拉姆，鲁道夫（Schramm, Rudolf 1813—1882）——德国政论家，小资产阶级民主主义者，1848年是普鲁士国民议会议员，属于左派，革命后流亡英国；反对马克思；60年代时拥护俾斯麦；康拉德·施拉姆的哥哥。

施马诺夫斯基（Щимановский）。

施佩耶尔，卡尔（Speyer, Carl 生于1845年）——德国细木工，19世纪60年代为伦敦德意志工人共产主义教育协会书记，国际会员，1870年侨居美国、国际海牙代表大会（1872）代表，1872年起为总委员会委员。

施佩特茨曼（Spetzmann）。

施梯伯，威廉（Stieber, Wilhelm 1818—1882）——普鲁士警官，普鲁士政治警察局局长（1850—1860），迫害共产主义者同盟盟员的科伦案件（1852）的策划者之一，并且是这一案件的主要证人；同维尔穆特合编《十九世纪共产主义者的阴谋》一书；普奥战争（1866）和普法战争（1870—1871）时期为军事警察局局长，在法国境内的德国情报机关的头子。

施韦泽，约翰·巴普提斯特（Schweitzer, Johann Baptist 1833—1875）——德国拉萨尔派代表人物之一，1864—1867年为《社会民主党人报》编辑；全体工人联合会主席（1867—1871）；支持俾斯麦所奉行的在普鲁士霸权下"自上"统一德国的政策；阻挠德国工人加入国际工人协会，反对社会民主工党；1872年他同普鲁士当局的勾结被揭露，因而被开除出联合会。

施维茨格贝尔,阿代马尔(Schwitzguébel, Adhémar 1844—1895)——瑞士工人运动活动家,职业是雕刻工,国际会员,巴枯宁主义者,社会主义民主同盟和汝拉联合会的领导人之一,国际海牙代表大会(1872)代表,1873年被开除出国际。

舒马赫,格奥尔格(古斯达夫)(Schumacher, Georg〔Gustav〕生于1844年)——德国社会民主党人,职业是制革工人,后为商人;佐林根支部出席国际海牙代表大会(1872)的代表,1884年起为帝国国会议员,属于德国社会民主党的机会主义派,1891年国际社会主义工人代表大会代表;1898年帝国国会选举时转向自由党人,因而被开除出社会民主党。

斯蒂凡诺尼,鲁伊治(Stefanoni, Luigi 1842—1905)——意大利作家和政论家,资产阶级民主主义者,唯理论者,加里波第进军的参加者。《自由思想》杂志的创办人和编辑,支持巴枯宁派。

斯帕索维奇,弗拉基米尔·达尼洛维奇(Спасович, Владимир Данилович 1829—1906)。

斯普林加尔,罗什(Splingard, Roch)——比利时一支部出席国际海牙代表大会(1872)的代表,无政府主义者,1873年5月30日总委员会通过决议把他开除出国际。

斯切姆普科夫斯基(Stempkowski)。

斯托克,约翰(Stock, John)。

斯瓦尔姆——见丹特雷格,埃米尔(Dentraygues, Emile)。

斯维亚茨基,弗拉基米尔·伊万诺维奇(Святский, Владимир Иванович 约生于1847年)——彼得堡涅恰耶夫小组的参加者,1871年被宣告无罪。

索里阿诺,特立尼达(Soriano, Trinidad)——西班牙无政府主义者。

索瓦,阿尔塞讷(Sauva, Arsène)——法国社会主义者,职业是裁缝。卡贝的追随者,美国伊加利亚派移民区的领导人之一;巴黎公社的参加者,巴黎公社被镇压后流亡美国;海牙代表大会(1872)代表,在代表大会上支持无政府主义者少数派;19世纪70年代参加美国的社会主义运动。

T

泰斯，阿尔伯·弗雷德里克·费利克斯（Theisz, Albert Frédéric Félix 1839—1880）——法国工人运动活动家，职业是金属切割工，蒲鲁东主义者，巴黎公社委员，公社被镇压后流亡英国，国际总委员会委员（1871）和财务委员。

特尔察吉，卡洛（Terzaghi, Carlo 约生于1845年）——意大利律师，都灵无产者解放社书记，1872年成为警探。

特鲁拉夫，爱德华（Truelove, Edward 1809—1899）——伦敦出版商，前宪章主义者，欧文的信徒；1858年2月因发表为奥尔西尼谋刺拿破仑第三辩护的文章而受审。

特罗胥，路易·茹尔（Trochu, Louis, Jules 1815—1896）——法国将军和政治活动家，奥尔良党人，曾参加侵占阿尔及利亚（19世纪30—40年代）、克里木战争（1853—1856）和意大利战争（1859），国防政府的首脑，巴黎武装力量总司令（1870年9月—1871年1月），背叛地破坏城防；国民议会议员（1871年）。

梯也尔，阿道夫（Thiers, Adolph 1797—1877）——法国资产阶级历史学家和国务活动家，奥尔良党人，内务大臣（1832和1834），首相（1836和1840），第二共和国时期是制宪议会和立法议会议员；政府首脑（内阁总理）（1871），共和国总统（1871—1873），镇压巴黎公社的刽子手。

提巴尔迪，帕奥洛（Tibaldi, Paolo 1825—1901）——意大利革命家，加里波第的拥护者；国际会员，巴黎公社参加者。

提梅尔，亨利（Timmer, Henry 1839—1925）。

托卡热维奇，约瑟夫（Tokarzewicz, Józef 1841—1910）——波兰革命家，记者和作家，1863年起侨居法国和瑞士，在苏黎世的国际波兰人支部成员，曾对巴枯宁图谋置波兰流亡者于自己影响下的行为作斗争。

托雷斯，维森特（Torres, Vicente）。

托伦，昂利·路易（Tolain, Henri Louis 1828—1897）——法国雕刻工，右派蒲鲁东主义者，国际巴黎支部领导人之一，国际伦敦代表会议（1865）、日内瓦代表大会（1866）、洛桑代表大会（1867）、布鲁塞尔代表大会（1868）和巴塞尔代表大会（1869）代表；1871年国民议会议员；在巴黎公社时期投向凡尔赛分子，被开除出国际；后为参议员。

托马斯，弗朗西斯科（Tomás, Francisco 1850左右—1903）——西班牙无政府主义者，职业是泥水匠，国际西班牙联合会委员会委员（1872—1873），西班牙无政府主义组织的领导人之一，1873年5月30日总委员会通过决议把他开除出国际。

托米洛娃，伊丽莎白·克里斯蒂安诺夫娜（Томилова, Елизавета Христиановна 约生于1839年）——因涅恰耶夫分子案件受法庭审讯，1871年被宣告无罪；19世纪80年代参加萨拉托夫民意党小组。

托米洛夫（Томилов）。

W

瓦耶（Voyez）。

瓦尔德（Wald）。

瓦尔兰，路易·欧仁（Varlin, Louis-Eugène 1839—1871）——法国工人运动的杰出活动家，装订工人，左派蒲鲁东主义者，国际法国支部领导人之一，国际伦敦代表会议（1865）、日内瓦代表大会（1866）和巴塞尔代表大会（1869）代表，国民自卫军中央委员会委员，巴黎公社委员，1871年5月28日被凡尔赛分子杀害。

瓦尔特（Walter）——见范·赫德盖姆。

瓦特（Voitet）。

瓦扬，爱德华·玛丽（Vaillant, Edouard-Marie 1840—1915）——法国社会党人，布朗基主义者；巴黎公社委员，国际总委员会委员（1871—1872），洛桑代表大会（1867）、伦敦代表会议（1871）和海牙代表大会（1872）代表，由于代表大会决定将总委员会迁往纽约而退出国际；1884年起为巴黎市参议会参议员；1889和1891年国际社会主义工人代表大会代表；法国社会党创建人之一（1901）；第一次世界大战期间采取社会沙文主义立场。

威德，查理（Wade, Charles）——英国共和运动的参加者。

威尔纳（Werner）。

威里（Wery）。

威廉一世（William I 1797—1888）——普鲁士亲王，摄政王（1858—1861），普鲁

士国王（1861—1888），德国皇帝（1871—1888）。

威斯特，威廉（West, William）——美国小资产阶级激进主义者，伍德赫尔银行职员，国际北美各支部中央委员会委员，第12支部（纽约）书记，在海牙代表大会（1872）上被开除出国际。

韦济尼埃，皮埃尔（Vésinier, Pierre 1826—1902）——法国小资产阶级政论家，反波拿巴主义者，流亡者，在伦敦的法国人支部组织者之一，曾参加1865年国际伦敦代表会议的工作，因诽谤总委员会于1866年被开除出总委员会，根据布鲁塞尔代表大会（1868年）的决议被开除出国际；巴黎公社委员，公社被镇压后流亡英国，在伦敦出版《联盟报》，为世界联盟委员会委员，该组织反对马克思和国际总委员会。

韦里，比埃尔（Waehry, Pierre）。

韦斯皮利埃（Vespillier）。

韦斯顿，约翰（Weston, John）——英国工人运动活动家，职业是木匠，后为厂主；欧文主义者，1864年9月28日圣马丁堂会议的参加者，国际总委员会委员（1864—1872），积极参加总委员会的工作，1865年伦敦代表会议代表，曾参加改革同盟执行委员会，土地和劳动同盟的领导人之一，不列颠联合会委员会委员（1872）。

维尔马尔，雷蒙（Wilmart, Raimond）（假名维尔莫 Wilmot）——法国革命家，巴黎公社的参加者，波尔多支部出席国际海牙代表大会（1872）的代表；1873年流亡布宜诺斯艾利斯，在那里宣传马克思主义的思想。

维尔莫（Wilmot）——见维尔马尔，雷蒙（Wilmart, Raimond）。

比尼亚斯，加尔西亚·何赛（Viñas, Garcia José）——西班牙医学院学生，无政府主义者，西班牙同盟（1868）的组织者之一，1873年各次革命事件的参加者。

维沙尔，保尔（Vichard, Paul）——法国工人运动活动家，巴黎公社的参加者，国际海牙代表大会（1872）代表。

维斯舍（Visscher）。

维图（Vitoux）。

沃尔弗，路易吉（Wolff, Luigi）——意大利少校，马志尼的拥护者，伦敦意大利工人组织——共进会的会员，1864年9月28日圣马丁堂会议的参加者，国际总委员会委员（1864—1865），1865年伦敦代表会议的参加者，1871年被揭露为波拿巴的警探。

沃什伯恩，伊莱休·本杰明（Washburne, Elihu Benjamin 1816—1887）美国政治活动家和外交家，属于共和党，曾任驻巴黎公使（1869—1877），实行反对巴黎公社的政策。

乌姆兰德，W.（Umland, W.）。

乌斯，瓦西里·罗迪昂诺维奇（Ус, Василий Родионович 死于1671年）。

乌斯宾斯基，彼得·加甫利洛维奇（Успенский, Петр Гаврилович 1847左右—1881）——涅恰耶夫组织的积极参加者之一，曾参加杀害伊万诺夫，1871年被法院判15年苦役，流放西伯利亚。

乌泽多姆，卡尔·格奥尔格·路德维希·吉多（Usedom, Karl Georg Ludwig Guido 1805—1884）——伯爵，普鲁士和德国外交家，驻法兰克福国民议会全权代表（1848）和驻美因河畔法兰克福联邦议会全权代表（1858—1859），驻意大利大使（1863—1869）。

吴亭，尼古拉·伊萨科维奇（Утин, Николай Исаакович 1845—1883）——俄国革命家，学生运动的参加者。"土地和自由"社社员，1863年起流亡英国，后迁瑞士；国际俄国支部的组织者之一，《人民事业》编辑部委员（1868—1870），《平等报》编辑之一（1870—1871），曾进行反对巴枯宁及其信徒的斗争，1871年国际伦敦代表会议代表，19世纪70年代中脱离革命运动，1880年回到俄国。

伍德赫尔，维多利亚（Woodhull, Victoria 1838—1927）——美国资产阶级女权主义者，1871—1872年企图夺取国际北美联合会的领导权，组织了一批由资产阶级分子和小资产阶级分子组成的支部，曾领导被总委员会和海牙代表大会（1872）开除出国际的第12支部；曾和自己的妹妹田纳西·克拉夫林一起出版《伍德赫尔和克拉夫林周刊》。

X

希尔斯，艾德蒙（Hills, Edmund）——国际不列颠联合会委员会书记（1872），曾反对委员会里的改良派。

西尔瓦，何塞·达（Silva, José da）。

西里尔，维克多（Cyrille, Victor）——法国无政府主义者，职业是店员；巴黎公社的参加者，巴黎公社被镇压后侨居意大利、瑞士和比利时；国际海牙代表大会（1872）代表；后为警探。

西蒙（Simon）。

夏尔尼埃，H.（Charnier, H.）。

肖伊，亨利希（Scheu, Heinrich Andreas 1845—1926）——奥地利社会民主党人，艺术家，国际会员，国际海牙代表大会（1872）代表；1875年侨居英国，1891年国际社会主义工人代表大会代表，安德烈亚斯·肖伊的弟弟。

谢尔诺-索洛维也维奇，亚历山大·亚历山大罗维奇（Серно-Соловьевич, Александр Александрович 1838—1869）——俄国革命民主主义者，车尔尼雪夫斯基的追随者，曾参加19世纪60年代初俄国的革命运动，后侨居日内瓦，国际会员，瑞士工人运动的参加者。

休谟，罗伯特·威廉（Hume, Robert William）——美国小资产阶级激进主义者，国际会员。

许尔曼，C.（Schürmann, C.）。

Y

雅科比，巴维尔·伊万诺维奇（Якоби, Павел Иванович）——俄国政治流亡者，职业是医生，巴枯宁的密友，19世纪70年代初在意大利宣传无政府主义观点。

亚历山大一世（Александр Ⅰ 1777—1825）。——俄国皇帝（1801—1825）。

亚历山大二世（Александр Ⅱ 1818—1881）——俄国皇帝（1855—1881）。

亚历山大罗夫斯卡娅，瓦尔瓦拉·弗拉基米罗夫娜（Александровская, Варвара Владимировна 约生于1833年）（父姓契里科娃 Цирикова）——涅恰耶夫组织的参加者，1871年被判流放西伯利亚。

亚马多（Amadeus 1845—1890）——意大利国王维克多-艾曼努尔二世的儿子，西班牙国王（1870—1873）。

叶卡捷琳娜二世（Екатерина Ⅱ 1729—1796）——俄国女皇（1762—1796）。

叶尼舍尔洛夫，格奥尔基·彼得罗维奇（Енишерлов, Георгий Петрович 约生于1849年）——彼得堡工学院学生；1868—1869年学潮的参加者，曾因涅恰耶夫分子案件受法庭审讯，由于证据不足被释放。

伊格列西亚斯，帕布洛（Iglesias, Pablo 1850—1925）——西班牙工人运动和社会主义运动活动家，职业是印刷工人，政论家，国际西班牙联合会委员会委员（1871—1872），《解放报》编委（1871—1873），新马德里联合会委员（1872—1873），曾与无政府主义影响进行斗争；西班牙社会主义工人党创建人之一（1879），后来成为该党改良派领袖之一；1889、1891和1893年国际社会主义工人代表大会代表。

伊舒京，尼古拉·安德烈耶维奇（Ишутин, Николай Андреевич 1840—1879）。

伊万诺夫，伊万·伊万诺维奇（Иванов, Иван Иванович 死于1869年）——彼得罗夫-拉祖莫夫农学院学生，19世纪60年代学生运动和涅恰耶夫组织的参加者，被涅恰耶夫杀害。

雨果，维克多（Hugo, Victor 1802—1885）——法国作家，第二帝国时期制宪议会和立法议会议员，1851年十二月二日政变后流亡泽稷岛；1855年底被英国当局驱逐出境。

Z

肖恩，R.（Sean, R.）——国际工人协会乌斯特支部成员。

左尔格，弗里德里希·阿道夫（Sorge, Friedrich Adolph 1828—1906）——国际工人运动、美国工人运动和社会主义运动活动家，德国1848—1849年革命的参加者；1852年侨居美国，国际美国各支部的组织者，联合会委员会书记，海牙代表大会（1872）代表，纽约总委员会总书记（1872—1874），北美社会主义工人党的创始人（1876）之一，马克思主义的宣传家；马克思和恩格斯的朋友和战友。

朱约姆（Giullaume）——国际工人协会日内瓦中央女工支部成员。

报刊索引

《巴黎报》(*Paris-Journal*)——一家和警察当局有联系的反动日报；1868—1874年由昂利·德·佩恩在巴黎出版。它支持第二帝国的政策，第二帝国崩溃后支持国防政府和梯也尔政府；对国际和巴黎公社进行诽谤。

《北德总汇报》(*Norddeutsche Allgemeine Zeitung*)——德国保守派的日报；19世纪60—80年代是俾斯麦政府的半官方报纸；1861—1918年在柏林出版。

《被判罪者》(*El Condenado*)——西班牙的无政府主义者的一家周报，1872—1874年由托·莫拉戈在马德里出版。

《俄罗斯言论》(*Русское Слово*)——文学和科学月刊，1859—1866年在圣彼得堡出版；1861年起，德·伊·皮萨列夫是其主要撰稿人之一。

《法兰西共和国报》(*La République française*)——法国资产阶级激进派的日报；由莱·甘必大创办，1871年起在巴黎出版。1872年3月11日，该报刊载了一篇关于国际的匿名文章，3月15日《汝拉联合会简报》第3期转载了这篇文章。

《费加罗报》(*Le Figaro*)——法国的一家文学政治周报，1854年在巴黎创刊，1866年改为日报，并成为第二帝国政府的喉舌。

《蜂房报》(*The Bee-Hive Newspaper*)——英国工联的机关报（周报）；从1861年至1876年在伦敦出版。用过如下三种名称：《蜂房》、《蜂房报》、《便士蜂房》；该报与工联的改良主义领袖和资产阶级激进派代表人物有密切联系。1864年11月该报被宣布为国际的机关报。国际工人协会的正式文件和总委员会历次会议的报道都刊登在该报上面。但是，刊登在该报上的国际文件常被篡改或删节，为此，马克思曾一再提出抗议。1869年，自由资产阶级活动家赛·莫利收买了该报，成为该报的出版者。此后该报实际上已成为资产阶级的喉舌。1870年4月，总委员会根据马克思的建议，与《蜂房报》断绝了一切关系。

《改革报》(*La Réforme*)——法国图卢兹出版。

《高卢人报》(*Le Gaulois*)——法国保守君主派的日报,是大资产阶级和贵族阶级的喉舌;1867—1929年间在巴黎出版。

《工人联合会报》(*Il Fascio Operaio*)——意大利的一家周报,1871—1872年在博洛尼亚出版,巴枯宁派的喉舌。

《公社报》(*Община*,法文 *La Commune*)——由谢·涅恰耶夫和弗·谢列布连尼科夫主编的一家报纸,该报的创刊号于1870年9月用俄文和法文在伦敦出版;1871年出版的第2号由出版者们自己销毁。

《公社》(*La Commune*)——月刊,国际新奥尔良支部的机关刊物,1871年6月—1873年12月出版。

《国际报》(*L'Internationale*)——比利时的一家周报,是国际比利时支部的机关报,1869—1873年在德巴普的直接参与下在布鲁塞尔出版;1873年时该报持无政府主义立场。该报刊登过一些国际的文件。

《国际工人协会汝拉联合会简报》(*Bulletin de la Fédération jurassiennede l'Association internationale des travailleurs*)——瑞士无政府主义者的机关刊物;1872—1878年由詹·吉约姆主编,用法文出版,起先是半月刊,从1873年7月起改为周刊。

《国际先驱报》(*The International Herald*)——英国的一家周报,1872年3月—1873年10月在伦敦出版;1872年5月—1873年5月,是国际不列颠联合会委员会的正式机关报;该报发表了关于总委员会会议和不列颠委员会会议的报道、国际工人协会的文件、马克思和恩格斯的文章。1872年底和1873年初,该报在反对脱离不列颠联合会委员会的改良主义者的斗争中起了重大作用。由于该报的发行人和编辑威·赖利脱离了工人运动,从1873年6月起马克思和恩格斯就不再替该报撰稿了,国际不列颠联合会的材料也不再在该报发表。

《解放报》(*La Emancipacion*)——西班牙的一家工人周报,国际马德里支部的机关报,1871—1873年在马德里出版;1871年9月—1872年4月是西班牙联合会委员会的机关报;曾同西班牙的无政府主义影响进行斗争;1872—1873年,该报曾发表了《共产党宣言》,还发表了《哲学的贫困》和《资本论》第1卷的一些章节以及恩格斯的许多文章。

《解放报》（Emancipation）——在法国图卢兹出版的一家报纸。

《进步报》（Le Progrès）——巴枯宁派的报纸，公开反对总委员会；1868 年 12 月—1870 年 4 月由吉约姆主编，用法文在瑞士洛克勒出版。

《觉醒报》（Le Réveil）——法国的一家周报，从 1869 年 5 月起改为日报，左派共和党人的机关报；1868 年 7 月—1871 年 1 月在巴黎出版，由沙·德勒克吕兹主编；该报曾刊载国际的文件和有关工人运动的材料。

《劳动报》（Le Travail）——法国的一家周报，国际巴黎各支部的机关报，1869 年 10 月 3 日—12 月 12 日在巴黎出版；该报的主要撰稿人之一是法国工人运动活动家、装订工人欧仁·瓦尔兰。

《理智》（La Razón）——西班牙的一家无政府主义周报，1871—1872 年间在塞维利亚出版。

《联盟》（La Federacion）——西班牙的一家工人周报，国际巴塞罗那联合会的机关报，1869—1873 年在巴塞罗那出版，受巴枯宁派的影响。

《联盟报》（La Fédération）——世界联盟委员会的机关报，经常反对国际总委员会。编辑是韦济尼埃和朗德克等人。该报起先（1872 年 9 月 28 日出版的第 6 号以前）为周报，后来为不定期。材料用法文和英文（一部分是同时用两种文字）刊印。

《马赛曲报》（La Marseillaise）——法国的一家日报，左派共和党人的机关报，1869 年 12 月—1870 年 9 月 9 日在巴黎出版。1870 年 5 月 18 日—7 月 20 日被波拿巴政府查禁。该报曾刊载国际总委员会的文件以及有关国际在法国等国的活动和工人运动的材料。

《玫瑰小报》（Gazzettino Rosa）——意大利的一家日报，左派马志尼主义者的机关报。1867—1873 年在米兰出版；该报在 1871—1872 年维护巴黎公社，发表国际工人协会的报告和文件；从 1872 年起，受巴枯宁派的影响。

《每日新闻》（The Daily News）——英国自由派的报纸，工业资产阶级的喉舌；1846—1930 年用这个名称在伦敦出版。

《民主》（La Démocratie）——法国资产阶级民主派的一家周报，1868 年 11 月—1870 年在巴黎出版。

《莫斯科新闻》(Московские ведомости)——一家古老的俄国报纸,1756—1917年出版,1859年起每日出版;19世纪50年代起具有了反动倾向。

《南方民主报》(Démocratie du Midi)——法国的一家报纸。

《南荷兰和海牙日报》(Dagblad van Zuidholland en's Gravenhage)——在海牙出版的一家日报。

《派尔-麦尔新闻》(The Pall Mall Gazette)——英国一家日报,1865—1920年在伦敦出版;该报奉行保守的方针。1870年7月—1871年6月,马克思和恩格斯曾同这家报纸保持联系,这个时期该报曾刊载恩格斯一组文章《战争短评》。

《平等报》(L'Égalité)——瑞士的一家周报,国际罗曼语区联合会的机关报;1868年12月—1872年12月在日内瓦用法文出版。1869年11月—1870年1月,参加该报编辑部的巴枯宁、佩龙、罗班等人曾利用该报攻击国际总委员会;1870年1月罗曼语区联合会委员会改组了编辑部,撤销了巴枯宁主义者的职务,自此以后该报开始拥护总委员会的路线。

《平等报》(La Igualdad)——西班牙资产阶级民主派的一家日报,从1868年至1870年在马德里出版;它是最激进的资产阶级报纸之一,有许多空想社会主义者和共和主义者都曾为该报撰稿;1868—1869年间一部分马德里的工人聚集在该报周围。

《平等周报》(L'Eguaglianza)——意大利的一家周报,1871年7月—1872年在吉尔真蒂(西西里岛)出版,是当地国际支部的机关报。

《〈人民裁判〉协会会刊》(Издания Общества 《Народной Расправы》)(莫斯科,圣彼得堡)——实际上在日内瓦出过两期(1869年夏第1期和1870年冬第2期);由米·巴枯宁和谢·涅恰耶夫编辑。该刊反对支持第一国际总委员会路线的《人民事业》。

《人民国家报》(Der Volksstaat)——德国社会民主工党(爱森纳赫派)的中央机关报,于1869年10月2日—1876年9月29日在莱比锡出版(每周两次,从1873年7月起改为每周三次)。该报反映了德国工人运动中的革命派代表人物的观点,因而经常受到政府和警察的迫害。由于编辑常被逮捕,致使该报编辑部成员不断更换,但报纸的领导权始终掌握在威·李卜克内西手里;主持《人民国家报》

出版的奥·倍倍尔在该报中起了很大的作用。该报从创刊起就经常刊登马克思和恩格斯的文章；马克思和恩格斯认为《人民国家报》的活动具有重大意义，密切注视它的工作，批评它的某些疏忽和错误，经常帮助编辑部，不断纠正报纸的路线，因此该报成为19世纪70年代优秀的工人报刊之一。

《人民事业》（*Народное Дело*）——一批俄国革命流亡者于1868—1870年在日内瓦出版的杂志（从1870年4月起改为报纸）；1868年9月第1期由巴枯宁主编，从1868年10月起，编辑部（其中有吴亭等人）同巴枯宁决裂并反对他的观点；从1870年4月起，它是国际工人协会日内瓦俄国支部的机关报，执行马克思和总委员会的路线；刊登国际和总委员会的文件，至1870年9月停刊共出版17期。

《人权报》（*Les Droits de l'Homme*）——法国共和党左派的一家日报，1870—1871年由茹·盖得在蒙彼利埃出版。

《日内瓦国民、政治和文学报》（*Journal de Genève national, politique et littéraire*）——一家保守派报纸，从1826年起出版。

《哨兵报》（*Die Tagwacht*）——瑞士的一家社会民主派报纸，1869—1880年在苏黎世用德文出版，1869—1873年是国际瑞士各德国人支部的机关报，后来是瑞士工人联合会和瑞士社会民主党的机关报。

《社会革命报》（*La Révolution Sociale*）——1871年10月—1872年1月在日内瓦用法文出版的一家周报；从1871年11月起为无政府主义者的汝拉联合会的正式机关报。

《社会民主党人报》（*Social-Demokrat*）——拉萨尔派的全德工人联合会的机关报。从1864年12月15日至1871年用该名称在柏林出版。1871—1876年用《新社会民主党人报》的名称出版。该报发表了马克思和恩格斯的许多文章和声明。

《社会思想报》（*O Pensamento Social*）——葡萄牙的一家社会主义周报，1872年2月—1873年4月在里斯本出版，国际支部的机关报；该报刊登过国际的文件以及马克思和恩格斯的文章。

《社会未来报》（*L'Avvenire Sociale*）——在意大利皮亚琴察出版的无政府主义者的报纸。

《圣彼得堡消息报》（*Санкт-Петербургские Ведомости*）——俄国的一家日报，政

府的正式机关报；1728—1914年用这个名称出版；1914—1917年用《彼得格勒消息报》（*Петроградские Вьдомости*）的名称出版，1917年停刊；19世纪50年代每周出两次，由科学院出版，1875年起由国民教育部出版。

《泰晤士报》（*The Times*）——英国最大的一家保守派日报，1785年起在伦敦出版。

《铁锤报》（*Il Martello*）——意大利报纸，国际米兰支部的机关报；1872年2—3月出版；该报在编委库诺的影响下发表了许多反巴枯宁派的文章。

《同时代人》杂志（*Современник*）——俄国的一个文学和社会政治杂志，1836—1866年间在圣彼得堡出版（从1843年起为月刊）；由亚·谢·普希金创办，从1847年起涅克拉索夫和帕纳耶夫成了它的编辑，别林斯基、杜勃罗留波夫和车尔尼雪夫斯基都曾为该杂志撰稿；19世纪60年代该杂志实际上是俄国革命民主派的机关刊物。

《团结报》（*La Solidarité*）——瑞士巴枯宁派的周报，1870年4—9月在纳沙泰尔用法文出版，1871年3—5月在日内瓦出版。

《未来呼声报》（*La Voix de l'Avenir*）——1865—1868年在拉绍德封出版的一家周报；从1867年起是国际在瑞士的各罗曼语区支部的正式机关报；受蒲鲁东主义的影响。

《无产者报》（*Il Proletario*）——意大利的一家报纸，1872—1874年在都灵出版；该报袒护巴枯宁派，反对总委员会和伦敦代表会议的决议。

《新社会民主党人报》（*Neuer Social-Demokrat*）——德国的一家报纸，1871—1876年在柏林每周出版三次；拉萨尔派的全德工人联合会的机关报；该报的方针反映拉萨尔派所执行的迎合俾斯麦的制度和巴结德国统治阶级的政策，反映了拉萨尔派领导人的机会主义和民族主义；该报站在宗派主义的立场上，反对国际和德国社会民主工党；支持巴枯宁派和其他反无产阶级流派的仇视总委员会的活动。

《星报》（*Star*）——一家英文报纸。

《邮袋报》（*Felleisen*）——瑞士的一家周报，是瑞士的德意志工人教育协会的机关报，1862—1874年在苏黎世和日内瓦出版；1868年8月起接近国际，发表了一些关于国际活动的材料。

《战斗报》（*El Combate*）——西班牙资产阶级共和派的日报，联邦主义者的机关报,在马德里出版。

《秩序报》(*L'Ordre*)——在法国阿维尼翁出版。

《钟声》(*Колокол*)——俄国革命民主主义的报纸,1857—1865年由亚·伊·赫尔岑和尼·普·奥格辽夫在伦敦赫尔岑创办的"自由俄国印刷所"用俄文不定期出版,1865—1867年在日内瓦出版,1868—1869年改用法文出版,同时出版俄文版附刊。

《钟声报》(*La Campana*)——意大利的一家周报,1872年在那不勒斯出版,是巴枯宁派的机关报。

《钟声》(亚·伊·赫尔岑创办的俄国解放机关报)(*Колокол. Орган русского освобождения, основанный А. И. Герценом*)——涅恰耶夫和谢列布连尼科夫1870年春在日内瓦出版的一家报纸的名称,该报只出版了几号。

《自由报》(*La Liberté*)——比利时民主派的报纸,1865—1873年在布鲁塞尔出版;1872—1873年每周出版;1867年起成为国际工人协会在比利时的机关报之一。

《自由报》(*Wolność*)——计划出版的苏黎世波兰社会主义协会的报纸,但出版计划没有实现。

图书在版编目(CIP)数据

第一国际第五次(海牙)代表大会文献/许宝友主编.
—北京:中央编译出版社,2011.12
(国际共产主义运动历史文献. 第12卷)
ISBN 978-7-5117-1142-7

Ⅰ.①第…
Ⅱ.①许…
Ⅲ.①第一国际-代表会议-文件
Ⅳ.①D125
中国版本图书馆 CIP 数据核字(2011)第 246267 号

第一国际第五次(海牙)代表大会文献

出版人	和 龑
责任编辑	杜永明
责任印制	尹 珺
装帧设计	田晗工作室
排版制作	醍醐(北京)文化发展有限公司
出版发行	中央编译出版社
地　址	北京西城区车公庄大街乙5号鸿儒大厦B座(100044)
电　话	(010)52612345(总编室)　(010)52612341(编辑室)
	(010)66161011(团购部)　(010)52612332(网络销售)
	(010)66130345(发行部)　(010)66509618(读者服务部)
网　址	www.cctphome.com
经　销	全国新华书店
印　刷	北京印刷一厂
开　本	787毫米×960毫米　1/16
字　数	710千字
印　张	55.25
版　次	2011年12月第1版第1次印刷
定　价	320.00元

本社常年法律顾问:北京大成律师事务所首席顾问律师　鲁哈达
凡有印装质量问题,本社负责调换,电话:(010)66509618